김일성·김정일·김정은

백두혈통과 정치리더십

김일성 · 김정일 · 김정은

백두혈통과 정치리더십

김창희 지음

전북대학교출판문화원

머리말

북한 연구에서 가장 중요한 것은 정치지도자에 관한 분석이다. 북한의 최고지도자에는 여러 가지 수식어가 붙어 있다. 위대한 수령으로부터 최고의 존엄 그리고 최고영도자 등이다. 북한에서는 어떻게 이러한 명칭이 붙게 되었고, 당연하게 받아들일 뿐만 아니라 계속해서 이어지고 있는가? 김일성－김정일－김정은으로 이어지는 백두혈통의 승계라는 것은 과연 무엇이며, 이것을 가능케 하는 독특한 정치체계의 작동 기제를 살펴보는 것은 북한 연구의 가장 핵심적인 것이다.

김일성－김정일－김정은으로 이어진 정치권력승계 문제를 체계적으로 규명하기 위해서는 시대적 배경과 상황 등을 함께 조명해보는 것이 필요하다. 우리는 이 문제에 대해 너무나 피상적으로만 알고 있고, 언론이 보도하는 내용만이 전부인 것으로 받아들이는 경향이 있다. 현존하는 정치체제를 여러 가지로 분류하는데 가장 일반적인 것은 민주주의 정치체제, 전체주의 정치체제, 권위주의 정치체제이다. 정치체제란 넓게 해석하면 국가경영의 기본적인 틀로서, 국가목표나 정부 구조 그리고 권력 배분에 관련된 원칙과 규범을 의미한다.

전체주의 정치체제에는 유일한 공식 이데올로기가 존재하는데, 전체주의 사회에서 정치지도자는 이를 이용하여 권력을 정당화하거나 합법화하고 국민통합을 이끌어 낸다. 이렇게 정치지도자에 의해 공식화된 이데올로기는 하나의 신앙이자 도그마인데, 이를 구현하기 위해 필요한 권력 장치로 단일 정당을 구축하고 있다. 국가기구는 사회 내의 모든 조직을 규율하고 강제할 수 있으나, 국가기구는 당내에 존재하는 통치 구조를 가지고 있다. 이런 체제에서 당이나 국가의 우위에 최고지도자가 존재하는데 전체주의 체제의 전형적인 국가로 구 소련을 들 수 있다.

북한은 전체주의적 정치체제의 특성을 가지고 있다. 북한은 자신들의 사회를 '사회주의 대가정'이라고 주장하는데, 이는 가부장적인 왕조체제를 연상케 한다. 북한이 사회주의를 표방하면서도 국가를 '사회주의 대가정'으로, 최고정치지도자를 '어버이'로 부르는 등 가부장적인 정치문화를 가지고 있다. 북한은 전통적인 정치문화로 왕권의 적장자 상속을 혈통 계승 내지는 수령 후계자로 전이시켰다. 수령에게 끝없이 충실해야 수령의 후계자가 지니고 있는 역사적 사명을 원만히 수행할 수 있고, 수령의 혁명위업을 대를 이어 계승해 갈 수 있다는 것이다.

이와 같이 북한에서는 김정일과 김정은의 권력승계의 당위성을 강조하였다. 김일성이 사망한 후에 유훈통치를 강조할 수 있었던 것도 이런 맥락으로 볼 수 있었는데, 이는 김정은 체제에서도 계속되었다. 우리는 승계가 혈통요인에 따라 추진되는 것을 세습이라고 한다. 북한은 군주국가라고 할 수는 없지만 대표적인 세습에 의한 김일성으로부터 김정일로 정치권력의 이전은 다시 김정은으로까지 이어서 3대 세습을 완성하였다. 여기에서 가장 중요하게 내세우는 것이 '백두혈통'이다. 북한은 "우리가 대를 이어 걸어가는 백두의 행군길은 주체의 길이다. 선군혁명 방식으로 세기적인 승리와 변혁을 이룩해온 것이 백두에서 시작된 조선혁명의 력사와 혁명의 전통이다. 백두에서 시작된 혁명의 길은 우리의 영원한 행군의 길이며 민족번영의 지름길이다"라고 주장해 왔다. 백두에서 시작된 김일성의 혁명 전통은 김정일의 선군혁명 노선이 되었고, 이는 백두혈통인 김정은으로 이어졌다. 북한에서 내세운 지도자론이나 후계자론의 핵심 내용인 '혁명계승론, 세대교체론, 역사적 준비단계론'도 모두 이것과 관련되어 있다.

이것을 어떻게 규명하고 접근해야 할 것인가는 내재적 접근과 외재적 접근의 논의가 있다. 내재적 접근이란 연구대상이 되는 사회나 집단의 내재적 작동 논리를 이해하고 그것의 현실 적합성과 이론 그리고 실천적 특징의 한계를 규명해 내는 접근을 말한다. 외재적 접근은 내재적 접근의 제한성을 극복할 수 있는 방법으로, 여타 사회주의 나라와 비교하는 비교론적 방법, 하나의 모델을 상정하는 방법, 외재적 요인들을 분석하는 방법 등을 포함한다. 북한을 연구하는 데는 절충적 방법인 사회과학적 접근이 필요하다.

터커Robert C. Tucker의 정치리더십의 기능적 접근은 북한에도 적용할 수 있다. 그는 독재자도 정치지도자로서의 리더십을 발휘할 수 있다는 이론적 근거를 제시하고 있다. 터커의 정치리더십은 기능적으로 접근하기 때문에 그것이 발휘되는 시점은 정치지도자가 자신이 접한 정보를 해석하고 행동 지침의 목적 및 관심사의 우선순위를 결정하면서부터이다. 이것은 상황을 판단한 후 처방을 내리는 진단적 기능, 정책형성의 처방적 기능, 정책수행의 지지를 위한 동원적 기능의 세 가지 측면으로 구분할 수 있다.

'김일성 민족, 김정일 조국, 김정은 나라'라고 하는 북한에서, 이들은 최고영도자로 자리매김하고 절대적인 권력을 휘둘러 왔지만, 극한의 상황에서 국가 목표를 내걸고 방향 설정과 집단 경로에 대한 전략을 제시하면서 정치리더십을 발휘하였다. 이러한 과정에서 김일성은 주체를 내세워 자신들의 정통성을 주장하였으며, 경제의 자립을 위해 천리마라는 노력경쟁의 동원정책을 통하여 인민들의 지지를 끌어내었다. 여기에서 작동 논리로 작용한 것은 수령과 인민과의 관계였다.

김정일은 동유럽 사회주의가 급변하는 상황에서 '우리식 사회주의'를 꺼내들었고, 공식적인 김정일 체제가 출범하면서 강성대국건설이라는 비전을 제시하고 선군정치를 만능의 보검이라고 하면서 정당화했다. 김정일은 신사고를 강조하면서 21세기는 인민생활의 향상을 위해 새로운 경제정책으로 변화를 모색하였다. 그러나 김정일의 실리사회주의를 추구하는 정치리더십은 선군이라는 한계를 벗어날 수 없었다. 김정은은 유일영도를 통해 북한을 정상국가로 만들고 인민생활을 향상시켜 사회주의 강국을 건설한다는 야심 찬 목표를 제시했다. 새로운 통치이념으로 김일성-김정일주의를 내세우고, 이를 실천함으로써 사회를 새로운 역사적 단계에 도달시키겠다는 것이다. 국가전략 노선으로 '경제건설과 핵무력건설 병진노선'을 채택하고 강위력한 핵무력 위에 평화와 부강번영이 있다고 했다. 국제사회의 압력에도 굴복하지 않고 자력자강에 의한 핵무력건설을 고수하며 자신의 입지를 다지고 유일영도력을 발휘해 왔다. 그러나 김정은은 병진노선의 역사적인 임무 완수를 선언하며 '경제건설 총력집중'으로 전략 노선을 전환하였다. 그는 사회주의경제건설을 위해서 국제사회와 연계가 필요하다는 진단하에 '조선반도 비핵화'라는 처방을 내리고 협상카드로 활용하고 있다.

이 책은 총 4부로 구성하고 각기 3개의 장으로 나누어 서술했다. 먼저 제1부는 백두혈통과 정치권력승계 문제를 다루었다. 백두산을 중심으로 한 김일성의 항일투쟁과 북한의 지도자로서의 정치과정은 백두혈통 주장의 핵심 사항이다. 백두혈통 계승자로 '백두산의 아들 김정일'의 선군정치와 청년대장에서 '위대한 계승자'가 된 김정은의 정치권력승계와 리더십을 조명하고 분석한다. 역사 없는 정치는 뿌리가 없고, 정치 없는 역사는 열매가 없다고 한다. 북한의 과거와 현재를 섭렵하려면 할아버지, 아버지, 아들이 언제 어디에서 태어나 성장하고 정치과정을 겪었는가를 살펴보는 것은 필수이다. 이들의 정치리더십을 기능적 측면에서 접근하였다.

제2부는 김일성·김정일·김정은의 통치 이데올로기이다. 북한의 '위대한 령도자'가 추구하는 통치 이데올로기는 주체사상과 선군사상 그리고 김일성-김정일주의로 역사와 시대를 아우르고 있다. 김일성은 주권국가로서 자주성을 강조하고 또한 자신의 권력을 확고히 하기위한 투쟁적 측면에서 주체문제를 제기하였는데, 이것이 사상으로 정식화되고 체계화되면서 인간중시에 '사회정치생명체론'이 가미되어 주체사상으로 완성되었다. 김정일의 우리식 사회주의는 북한만의 독특한 정치형태인 선군정치에 정당성을 부여하면서, 이를 발전시켜 선군사상으로 체계화하였다. 주체사상과 선군사상에 사상 이론적 기초를 두고 있다 하면서도, 김정은이 새롭게 완성했다

는 혁명사상이 김일성–김정일주의이다. 일반적으로 사상은 시대의 상황을 반영한다고 하는데, 북한에서 김일성·김정일·김정은은 주어진 정치상황에서 왜 그리고 어떻게 통치이념을 구현하였는가를 설명한다.

제3부는 국가기구의 최고 직위인 주석·국방위원장·국무위원장과 헌법에 관한 것이다. 북한은 당·국가체계이지만 최고지도자가 어디에 권력의 비중을 두느냐에 따라 달라진다. 김일성은 자주적인 국가를 내세우며 1972년 '사회주의 헌법'을 제정하였고, 여기에서 탄생한 주석이라는 직위 때문에 '주석제 헌법'이라고도 한다. 김정일의 우리식 사회주의는 선군정치를 내세우게 했고, 북한만의 독특한 '국방위원장 중심제'라는 정치체제를 만들어 냈다. 김일성과 김정일의 직위인 주석과 국방위원장 앞에는 영원한이라는 수식어가 붙었다. 김정은 시대의 정치과정에서 나타난 두드러진 특징은 당 중심의 정치이지만, 수차례의 헌법개정을 통해 가장 정성을 들여온 것은 국가수반인 국무위원장의 직위와 위상 강화에 있다. 김정은 국무위원장은 현재 국가를 대표하는 절대자로 현재 진행형에 있는 인물이다.

제4부는 김정은의 정치리더십 발휘로 인한 유일영도와 자강력제일주의 그리고 국가핵심노선의 전환에 관한 것이다. 김정일 사후 북한에서 절대적인 명제로 내세워 진행시킨 것은 김정은의 유일중심과 유일영도 문제였다. 김정은의 유일영도체계 완성과 함께 사회주의 경제건설을 위한 수단으로 자강력제일주의를 내세웠다. 자신들의 자원과 기술 그리고 힘이라는 자강의 결과물로 핵무력의 완성을 내놓았다. 핵실험과 대륙간탄도미사일을 내세우며 병진노선을 완

성했으니, 이제 경제건설 총력집중노선에 매진하겠다는 것이다. 김정은은 여러 가지 국내외 상황의 제약으로 자신의 의도대로 풀리지 않자 정면돌파전을 내세웠다.

1988년 "북한의 정치사회화에 관한 연구"라는 논문으로 박사학위를 받았으니, 30여 년이 되는 세월 북한을 연구해 왔다. 1985년부터 대학에서 강의를 시작한 이래 수십 편의 북한 관련 논문과 여러 권의 저서도 출간하였다. 정년을 앞두고 그동안의 연구를 체계적으로 정리하여 북한을 연구하거나 관심이 있는 사람들에게 도움이 되는 무언가를 남기기를 소망해왔다. 전북대학교 저술 장려 지원사업의 선정은 도화선이 되었고, 연구성과와 경험을 바탕으로 특화된 결과물을 내놓게 되었다. 어느 책의 머리말에 '항상 바보같이 나의 종교는 전북대학교라고 말한다'고 썼는데, 전북대학교 출판문화원에서 『김일성·김정일·김정은–백두혈통과 정치리더십』을 출간하게 된 것을 진심으로 감사하게 생각한다.

2020년 12월

연구실 창문 너머로 모악산을 바라보며

김 창 희 배상

목차

제1부
백두혈통과 정치권력승계

제1장 백두산과 김일성의 정치과정

제2장 정치권력의 승계와 후계체제론

제3장 북한의 정치지도자와 정치리더십

제2부
김일성·김정일·김정은의 통치 이데올로기

제4장 김일성 통치이념 주체사상

제5장 우리식 사회주의와 선군사상

제6장 김정은 시대의 김일성-김정일주의

제3부

주석·국방위원장·국무위원장과 헌법

제7장 정치체제와 김일성 주석

제8장 국방위원장 중심제와 김정일 국방위원장

제9장 정상국가와 김정은 국무위원장

제4부
유일영도 정치리더십의 정책과 국가전략

제1부

백두혈통과 정치권력승계

제1장 백두산과 김일성의 정치과정
제2장 정치권력의 승계와 후계체제론
제3장 북한의 정치지도자와 정치리더십

제1장

백두산과 김일성의 정치과정

제1절 백두산과 백두혈통의 승계

1. 백두산 선군혈통

북한정치에서 가장 중요한 문제는 정치지도자와 권력승계에 관한 것이다. 북한이 여기에서 내세운 논리의 핵심은 혁명전통계승론이다. 북한은 선군혁명의 전통을 김일성의 항일빨치산 활동에 두고 이를 통하여 '조선혁명'이 완수되었다고 하면서, 백두에서 총대로 시작된 선군혁명은 선군혈통으로 대를 이어 계속되어야 한다는 것이다. 그러므로 김정일은 항일투쟁기에 백두산 밀영에서 태어나 위대한 혁명가로 성장하였고, 백두의 혁명전통을 순결하게 계승하였다고 주장한다. 김일성은 "김정일동무를 백두산의 아들이라고 하는 것은 항일혁명의 산아라는 뜻이며 민족의 아들이라는 뜻입니다. 그는 항일혁명의 투사들의 품에서 인생의 첫걸음을 떼고 우리 혁명의 향도성으로 솟아오른 조선의 아들입니다"라고 했다.[1] 김정일이 사망하자 이번에도 북한에서는 '백두산의 아들 김정은 동지'가 성스러운 혁명위업을 이어간다고 밝혔다. 그리하여 북한은 백두혈통으로 이어진 '김일성 민족, 김정일 조국, 김정은 나라'라고 주장하고 있다.

김정은 시대에도 백두산은 트레이드마크였다. 2019년 10월에 김정은이 백두산에 올랐다고 하면서 "백두의 첫눈을 맞으시며 몸소 백마를 타시고 백두산 정상에 오르시었다"라고 조선중앙통신은 보도했다. 그 후 49일 만에 김정은은 백마를 타고 다시 백두산에 나타났는데, 이때의 백두산 군마 등정에는 김정은 국무위원장의 부인인 리설주가 뒤를 따랐고 북한의 최고위급 인사들이 대거 수행하였다. 눈밭에서 나뭇가지를 모아 불을 놓고 언 손을 녹이는 김정은 부부의 모습도 보도하였다. 이는 항일투쟁기의 김일성과 김정숙의 모습을 연출한 것으로 동료들과 함께한 '고난의 행군'을 상기시키는 것이었다. 선대들의 극한적인 빨치산 활동에서 항일 의지를 불태운 것과 같이, 제국주의 미국에 대한 항전 의지를 표출한 것이다. 김정은 위원장 일행이 백두산에 오르기 전에 '백두산지구 혁명전적지들'이라 불리우는 '청봉숙영지' '백두산 밀영'들을 시찰한 것은 이것을 말해주고 있다.

북한은 항일빨치산 혁명전통을 내세우면서 민족해방을 가져온 장본인으로 김일성을 내세웠다. 김일성이 일본 관동군에게 밀려 소련으로 넘어간 1940년 후반부터 1945년의 역사는 지워버리고 다른 것으로 대체되었다. 물론 김일성 사망 이후 발간된 회고록 등에는 이

---

1 북한에서 발행한 『백두산의 아들』 1권과 2권에는 머리말보다 앞 페이지에 김일성이 말했다는 이 문구를 박스로 처리해 놓았다. 『백두산의 아들 1』, 평양: 평양출판사, 2010; 『백두산의 아들 2』, 평양: 평양출판사, 2011.

때의 정세와 상황에 대한 언급은 있다. 어쨌든 북한의 주장은 백두산 밀영에 '조선혁명사령부'를 두고 김일성은 항일무장투쟁을 조직하여 이끌었기 때문에, 백두산은 민족의 태양 김일성의 산이고 혁명전통의 중심으로 자리 잡았다는 것이다. 즉, "경애하는 수령님의 전략구상에 따라 건설된 백두산 밀영은 조선혁명의 사령부가 자리 잡고 있는 심장부였고, 조국이 해방될 때까지 백승의 무훈을 떨치시며 항일무장투쟁을 령활하게 조직 령도하시였다"라고 주장한다. 그리하여 "백두산은 민족의 태양 김일성 장군님의 존함과 더불어 빛나는 주체혁명의 성산으로, 온 민족이 열렬히 우러러 따르는 태양의 산으로 되었다"라는 것이다.[2]

이렇게 북한에서는 김일성의 항일빨치산 활동을 혁명전통으로 미화하고, 당시 그 근거지가 백두산이라 하여 그를 백두혈통의 시원이라는 신화와 전설을 만들었다. 그렇기 때문에 김정일의 출생지도 백두산 밀영이라 하고, 이것을 백두산 가문의 선군전통으로 연결시키며 선군혈통을 주장했다. 북한은 '김일성동지가 1930년 여름 카륜회의에서 주체사상에 기초하여 조선혁명에 관한 주체적 혁명노선을 제시했다'고 한다.[3] 김일성이 창시한 주체사상에 뿌리를 두고 있는 것이 김정일의 선군사상이고, 이는 '주체사상의 계속이며 더 높은 단계'라고 하였다. 김정은은 자신의 통치이념으로 할아버지와 아버지의 사상을 계승한 김일성-김정일주의를 내세웠다.

2 『선군태양 김정일장군 1』, 평양: 평양출판사, 2006, p. 4.

3 『정치사전』, 평양: 평양출판사, 1973, p. 1055.

2. 백두혈통의 승계

북한이 이렇게 역사 만들기를 진행한 가장 중요한 이유는 김일성의 개인숭배와 신격화를 위한 것이었지만, 여기에 더하여 아들 김정일의 권력승계를 위해 필요했던 것이다. 권력세습과 혈통승계를 위해 만들어진 혁명전통계승론의 중심에는 백두혈통이 있었다. 김일성 사망 후 김정일은 유훈통치를 주장하면서 '혁명의 붉은기'를 내세웠고, 모든 북한 역사의 시발을 1930년대 항일빨치산 활동 시기에 맞추는 역사 만들기를 하였다. 김정일 체제가 공식적으로 출범하면서 내세운 것이 선군정치이다. 선군정치는 선대 수령의 선군혁명영도의 정통성 계승으로 새로운 높은 단계의 발전이고, 오늘날의 시대적 요구에 부응하여 새롭게 정립된 기본 정치방식이라고 하였다. 이렇게 김정일 선군정치의 역사적 시원은 백두혁명전통에 두고 있다.

북한에서 김정은을 후계자로 내세우면서 가장 중점을 두고 심혈을 기울인 것은 백두혈통이다. 그렇기 때문에 김정일은 김정은이 백두산을 닮았다라고 했고, 김정은은 할아버지의 화신이 되고자 하였다. 김정일 사망 후 당중앙위원회 정치국 회의에서 김정일의 유훈에 따라 김정은을 인민군최고사령관에 추대하였고, 2012년 공동사설에서 '백두에서 시작된 혁명적 진군은 계속되고 대를 이은 김정은동지는 선군조선의 승리와 영광의 기치이니 결사옹위해야 한다'고 하였다. 김정은으로 '수령영생위업의 새 역사'가 펼쳐지고 있다면서, 그의 통치에 대한 정통성과 정당성을 부여하였다.

이같이 북한에서는 '주체혁명위업의 대, 선군의 대'라는 표현을 쓰고 있다. 그러면서 "백두산 혈통을 그대로 이으신 경애하는 김정은동지는 백두에서 개척된 주체의 선군혁명위업, 사회주의강성국가건설위업의 대를 이를 또 한분의 걸출한 위인"이라고 추켜세웠다.[4] 전통적인 권력승계인 세습은 혈통을 잇는 정치이고, 이것이 북한정치의 핵심이 된 것이다. 김정일 사망 이후 출간된『위인 김정일』에는 "모습과 기상도 어버이 수령님과 위대한 장군 그대로이신 김정은"이라고 하면서, 김정은의 고결한 충정과 역사 속에 "김일성—김정일민족이 창조한 수령영생의 숭고한 력사"가 재현되고 있다고 하였다.[5]

이지순은 북한의 문학작품에서도 이를 발견할 수 있다며 2012년 2월 김정일 70회 생일 기념으로 발표된 서사시 〈영원한 선군태양 김정일동지〉를 들고 있다. 이 작품은 김정일을 김일성과의 혈통적 유대와 정치적 계승성을 동시에 보여주면서, 김정은 승계의 정당화를 보여준다는 것이다. 3세대 후계 구축은 직접적인 혈연관계로서 "위대한 혁명일가"의 구성원이라는 점에서 정통성을 갖고, 정치적 혈연관계로서 "대가정안에서 한 운명 속에 묶으면서 백두혈통과 만경대 가문의 연속성을 통해 후계의 정당성 구축하고자 하였다"고 한다.[6]

북한은 그들의 정통성을 김일성의 항일빨치산 활동에서 찾으면서, 역사 만들기를 통해 민족 해방의 화신이라는 김일성 신화를 만들어 냈다. 여기에서 나온 것이 '김일성 민족'이고 김정일이 부강조국으로 건설했다며 '김정일 조선'이라는 표현을 쓰고 있다. 북한은

---

4 전일, "주체혁명위업의 대는 선군의 대",『정치법률연구』제3호(루계 제39호), 과학백과사전출판사, 2012, p. 8.

5 『위인 김정일』, 평양: 외국문출판사, 2012, pp. 354-356.

6 이지순, "북한 서사시의 김정은 후계 선전 양상",『북한연구학회보』제16권 제1호, 북한연구학회, 2012, pp. 240-241.

이제 '김정은의 나라'가 되었다. 김정은 시대 통치이념으로 김일성-김정일주의를 내세운 것은 혈통승계의 정당성을 확보하는 것으로, 김일성을 '백두혈통'의 시원으로 하여 이제 할아버지, 아버지, 손자인 김정은이 이를 물려받아 통치하는 것을 정당화하는 것이다. 그리고 김정은은 선군혈통과 백두혈통을 계승한 지도자로 수령영생위업을 실현해 가고 있다.

3. 백두산과 항일투쟁 기록물

백두혈통의 시원은 바로 김일성이고 그가 항일빨치산 활동의 정점을 찍었던 곳이 바로 백두산 근거지이다. 백두산 근거지는 "위대한 수령 김일성동지의 현명한 령도 밑에 1930년 후반기에 백두산을 중심으로 한 넓은 지역에 반유격구 형태로 창설된 유격근거지"이다.[7] 북한에서 "백두산은 '량강도 삼지연군에 있는 우리 나라에서 가장 높고 웅장한 산으로 제일 높은 장군봉은 2,750m이다'라고 한다. 꼭대기에는 천지가 있으며 남동쪽으로 백두산 줄기가 뻗어 있고 압록강과 두만강이 이곳에서 시작한다. 위대한 수령 김일성동지께서 조직령도하신 항일무장투쟁의 혁명사적이 깃들어 있으며 위대한 령도자 김정일동지께서 탄생하신 뜻깊은 고향 집이 있다. 위대한 수령님께서 창설하신 백두산 근거지, 백두산 밀영은 조선혁명의 강력한 성세로서 조선인민의 반일민족해방운동의 불패의 거점이 되었다. 백

7 『조선말대사전(증보판) 2』, 평양: 사회과학출판사, 2007, p. 488.

두산은 조선인민의 불굴의 기상을 상징하며 피어린 투쟁의 자욱이 깃들어 있는 혁명의 성산이며 조종의 산이다"라고 한다.[8]

북한에서 항일혁명기에 김일성에 대한 기록이나 주장은 여러 곳에서 발견할 수 있다. 1958년에 사회과학원 역사연구소에서 발간한『조선통사』는 원시시대부터 시작하여 삼국시대, 고려시대, 조선시대 그리고 일제 강점기와 해방 후 1956년까지의 역사를 서술하고 있다. 특히 '조선인민혁명군'의 항일투쟁 역사는 많은 부분을 할애하여 기록하고 있다. 이에 대해 좀 더 세세하게 기록되어 있는 대표적인 저작물은『조선전사 현대편』이 있다.[9] 조선전사 현대편은 제16권부터 제22권까지 총 7권에 걸쳐 김일성의 출생에서부터 해방 이전까지의 역사를 기술하고 있다. 여기에서 항일무장투쟁을 어떻게 전개하였는가를 적고 있는데, 특히 제19권과 제20권은 김일성의 백두산을 중심으로 한 항일무장투쟁의 활동이 아주 상세하게 기록되어 있다. 예를 들면 제19권 제4장은 "조선인민혁명군 주력부대의 백두산 국경지대에로의 진출, 항일혁명전쟁의 새로운 전략적기지—백두산근거지 창설"이고, 제5장은 "백두산 서남부 일대를 중심으로 무쟁투쟁의 확대강화" 그리고 제7장은 "조선인민혁명군의 국내진공작전, 력사적인 보천보전투"이다. 제20권은 1937년 8월부터 1940년 8월까지 즉, 보천보전투 이후 백두산 동북부 지역에서의 무장투쟁을 담고 있다.

여기의 장본인인 김일성은 1992년 그의 나이 80세에『세기와 더불어』라는 회고록을 쓰기 시작했다. 김일성은 1912년 4월 15일에

8 『조선말대사전(증보판) 2』, p. 488.
9 『조선전사 현대편』, 평양: 과학백과사전출판사, 1981.

태어났으니, 만 80세가 되어 자신의 생을 정리해보고 싶은 생각도 있었을 것이다. 회고록은 그가 사망한 1994년 7월 9일 이전에 5권까지 출간되었다. 제1권의 머리글 첫 문장은 “무릇 인생만년에 자기의 한생을 회고한다는 것은 참으로 감회로운 일이다. 걸어온 행로가 같지 않고 보고 듣고 느낀 생활 체험이 천차만별이라 사람들은 서로 다른 심경으로 지나온 나날을 더듬어보게 되는 것이다”라고 시작하여, 정치가로서 깊은 추억과 잊을 수 없는 회포 속에서 자신의 한생을 돌이켜 본다고 하였다. 이는 뒤에서 다시 살펴보기로 한다.

김일성 사망 이후 북한에서『김일성전집』이 출간되었다. 이것은 1992년을 시발로 2012년까지 100권을 발간하였다. 조선로동당출판사에서 출간한 이 전집은 1992년 김일성 80회 생일 맞아 제2권(1945년 8월에서 1945년 12월)부터 출발하였다. 그리고 김일성 사망 후 해방 50주년을 기념하여 제1권을 1995년에 내놓았다. 북한에서는 김일성이 항일빨치산 시절부터 그가 사망했을 때까지의 발언, 연설, 서한, 명령 등을 ‘로작’이라 하고, “혁명발전의 새로운 요구와 인민들의 한결같은 념원에 따라 경애하는 수령님의 로작들을 종합적으로 묶은 〈김일성전집〉을 출판한다”고 하였다. 제2권부터 제94권은 1945년부터 1994년까지 50년간의 로작을 엮어 놓았다. 제2권 첫 번째 글은 1945년 8월 20일 군사정치간부들 앞에서 한 연설, “해방된 조국에서의 당, 국가 및 무력건설에 대하여”가 실려 있다. 그리고 제94권 마지막은 1994년 7월 6일 그러니까 사망 3일 전에 경제부문 책임일꾼협의회에서 한 “사회주의경제건설에서 새로운 혁명적 전환을 일으킬데 대하여”로 장식하고 있다.

여기에서 중요한 것은 김일성전집 제1권과 제95권에서 제100권이다. 제1권은 1926년 10월부터 1945년 8월까지의 기록으로 소위 항일빨치산활동에서 김일성이 했다는 발언과 보고, 연설에 대한 것이다. 여기에 항일혁명기에 김일성이 '청년동맹을 창립, 카륜회의에서 당조직을 결성, 조선혁명군결성, 무장투쟁, 반일유격대창건, 반일민족해방투쟁, 백두산 근거지'에서 했다고 주장하는 연설 등을 모아 놓았다. 제95권은 상술한 회고록『세기와 더불어』제1권이고, 제100권은 회고록 제6권을 싣고 있다. 이렇게 김일성전집은 회고록 여섯 권을 담아 총 100권으로 출간되었다.

회고록『세기와 더불어』를 살펴보면 제1권에서 제5권은 1912년 4월에서 1937년 3월까지의 기록이다. 그러므로 김일성 전체 삶의 3분의 1도 안되는 기간의 기록을 남긴 것이다. 그리고 제6권은 1937년 3월부터 그해 11월까지를 유고遺稿로 그의 생일에 맞춰 1995년에 출판되었다. 김일성의 회고록 제6권을 출간한 것은 이때의 기록이 항일무장투쟁에서 가장 중요한 보천보전투가 있었던 해였기 때문이다.[10] 여기에서는 보천보전투를 "보천보의 불길(1), 보천보의 불길(2)"로 나누어 상세하게 기록하고 있다. 회고록 총 여섯 권은 김일성전집의 95에서 100권으로 실려 있다.

『세기와 더불어』는 계승본繼承本이라 하여 김일성 사망 2년 후인 1996년에 제7권이 출판되었고, 마지막 제8권은 김정일의 공식적 체제가 출범하기 이전인 1998년 7월에 마무리하였다. 제7권은

---

10 보천보전투는 1937년 6월 4일부터 5일까지 김일성부대가 함경남도 갑산군 보천면에 있는 일본 경찰지서 등을 기습공격하여 일본 군경을 타격한 전투이다. 북한에서는 보천보전투를 일제시기에 있었던 유일한 국내 무력진공이라 하고 김일성의 '조선인민혁명군'이 했다고 하여, 조선혁명운동의 정통성을 부여하는 사건이다.

1937년 11월부터 1940년 3월까지 김일성이 만주에서 한 항일운동에 대한 기록으로 회고 형식으로 이루어졌다. 제8권은 1940년 3월부터 1945년까지 김일성의 활동을 적고 있다. 앞의 역사기록에서 살펴보았지만 김일성의 항일투쟁은 김일성이 해방될 때까지 백두산을 근거지로 이루어졌다고 주장했다. 그러나 제8권은 김일성이 사망한 이후에 나왔기 때문에, 김일성이 소련 땅으로 들어가서 군사정치활동을 한 것을 기록하고 있다. 후에 북한의 학자들이 이것을 국제연합군의 활동이라 하면서, '조선인민혁명군'의 독자성을 주장하고 있다.

제2절 백두산과 항일투쟁기

1. 항일운동의 시발로 청년운동

북한에서 말하는 김일성의 역사는 김일성의 항일혁명시기인 1920년대로 거슬러 올라간다. 『조선전사』에는 '김일성동지께서는 혁명의 큰 뜻을 품으시고 1925년 1월 22일 다시 만주로 가서, 1926년 화성의숙에 입학하여 청년학생들 속에서 일제를 몰아내고 조국광복을 위한 투쟁을 하였다'고 서술하고 있다.[11] 즉, 이때 타도제국주의동맹(ㅌ. ㄷ)을 결성했다고 하면서, 이것이 첫 혁명적 청

11 『조선전사 현대편 16』, 평양: 과학백과사전출판사, 1981, pp. 57-61.

년조직의 시발이라 하고 있다.[12] 『김일성전집』 제1권의 첫 번째 글이 "제국주의를 타도하자: 타도제국주의동맹결성모임에서 한 보고 1926년 10월 17일"이다.[13] 이것은 북한이 김일성의 '조선혁명역사'의 출발을 여기에 두고 있다는 것을 말해준다. 그는 타도제국주의동맹을 결성한 후 혁명활동의 중심지를 길림으로 옮기고 1927년 1월 17일에 위원毓文중학교에 입학하였다. 여기에서 ㅌ. ㄷ의 기치 밑에 여러 청년조직을 묶어 8월 28일 '조선공산주의청년동맹'을 결성했다는 것이다.[14] 북한은 "조선공산주의청년동맹은 반제청년동맹의 핵심들을 골간으로 여러 청년조직들에 대한 통일적 지도를 보장하는 가장 전투적이며 혁명적인 전위조직"이라 하였다.[15] 조선공산주의청년동맹은 단순한 청년조직이 아니라 각계각층의 단체들을 조직지도하는 혁명전위조직으로, 조국해방의 투쟁에서 핵심적 역할을 하였다고 주장하고 있다.[16] 이렇게 항일투쟁에서 청년동맹의 주도적인 역할을 부각시키면서, 청년지도자 김일성의 역사를 만들어 갔다. 1929년 가을에 김일성은 반일 활동으로 중국군벌당국에 체포되어 수개월 감옥살이를 하기도 하였다. 그의 회고록에는 "나는 1930년

12 "ㅌ. ㄷ의 목적은 장차 조선에 사회주의, 공산주의를 건설하기 위하여 투쟁하며 당면하게는 일본제국주의를 타도하고 조선의 해방과 독립을 이룩하자는 것이다." 『정치사전』, pp. 1145-1146.

13 『김일성전집 1』, 평양: 조선로동당출판사, 1995, pp. 1-8.

14 『조선전사 현대편 16』, pp. 70-71. 김일성전집 1권에 역시 "조선공산주의청년동맹 창립에 즈음하여: 조선공산주의청년동맹결성회의에서 한 연설 1927년 8월 28일"을 싣고 있다.

15 『조선전사 현대편 16』, p.78.

16 최수남, "조선청년운동이 걸어온 승리와 영광의 90년", 『김일성종합대학학보(력사, 법률)』 제63권 제3호(루계 제525호), 김일성종합대학출판사, 2017, p.3-4.

5월 초에 길림감옥을 나섰다. 나는 감옥에서 초기공산주의운동과 민족주의운동을 총화하였고, 그 교훈에 기초하여 조선혁명의 앞길을 설계하였다"고 쓰여 있다.[17] 북한은 김일성이 "10대에 벌써 혁명의 진리를 발견하시고 혁명과 건설에서 자주의 기치를 높이 추켜드신 위대한 수령님이시야말로 선견지명하고 담대한 정치가이시였다"라고 하는데, 그 혁명의 역사를 백두혈통으로 청년 김정은이 이어가고 있다고 한다.[18]

2. 김일성의 항일빨치산 활동

김일성은 반일 활동으로 중국군벌당국에 체포되어 수개월 옥살이를 했고, 감옥을 나온 후 길림성에 있는 국민부 산하의 청년조직 단체에서 활동하였다. 그가 김성주에서 김일성으로 이름을 바꾼 것도 이때였다. 1931년 초에 이 조직이 붕괴되자 간도지방으로 이동하여 공산청년동맹 요원으로 활동했고 중국공산당에 입당했다. 김일성이 본격적인 항일유격투쟁을 벌인 것은 1931년 9월 일본의 만주침략전쟁인 만주사변이 일어난 때부터이다.

만주 중국공산당은 항일유격대를 건설하였고 김일성도 여기의 일원이 되었다. 김일성은 당시 공산당 청년조직에 관계하고 있었기 때문에, 중국 구국군 산하 부대에 별동대를 조직하여 활동하였다. 북

17 『김일성전집 95』, 평양: 조선로동당출판사, 2011, p. 361.

18 전정식, "자주는 위대한 수령 김일성동지의 절세의 위인상의 상징", 『김일성종합대학 학보(철학, 경제학)』 제64권 제1호(루계 제529호), 김일성종합대학출판사, 2018, p. 4.

한에서는 별동대를 조직한 이때를 조선인민군 창설 기념일(1932년 4월 25일)로 기념하고 있다.[19] 이 유격대는 양징위楊靖宇라는 중국인을 총사령관으로 하는 동북인민혁명군 산하에 통합되었다. 이 부대는 몇 해 만에 규모가 커지고 활동 영역도 넓어지게 되었고, 1936년 2월 20일에 '동북항일연군'으로 명칭을 바꾸었다. 김일성의 항일빨치산과 정치활동 연구에 많은 업적을 남긴 서대숙은 이 부분에 대해 상세하게 설명하고 있다.[20]

김일성의 이름이 알려지게 된 계기는 1937년 6월 4일에서 5일에 발생한 보천보전투를 통해서였다. 북한에서는 김일성의 항일빨치산 활동을 혁명전통으로 미화하고, 당시 그 근거지가 백두산이라 하여 그를 백두혈통의 시원이라는 신화와 전설을 만들었다. 어쨌든 이것을 계기로 김일성은 이름 있는 유격대장으로서 두각을 나타내게 되었다. 당시 국내 언론들은 이례적으로 이 사건을 대대적으로 보도했는데, 동아일보는 두 차례에 걸쳐 호외를 발행했다. 『조선전사 현대편』에는 "조선인민혁명군의 국내진공작전, 력사적인 보천보전투"라 하여, 당시의 상황과 김일성의 업적을 자세하게 기록하고 있다.[21] 상술한 바와 같이 김일성 회고록 중 제6권은 유고로 출판되었는데, 이 내용은 모두 보천보전투에 대한 기록이다.

---

19 1949년 편찬한 조선중앙연감은 "조선인민군은 북조선인민위원회 창립 2주년 기념일인 1948년 2월 8일 탄생되었다"고 한다. 『조선중앙연감 1949』, 평양: 조선중앙통신사, p. 86: 조선인민군의 공식 창건일은 1977년까지 1948년 2월 8일이었으나, 김일성이 자신이 조직한 항일빨치산부대 즉, 조선인민혁명군이 실제 뿌리라며 1978년에 1932년 4월 25일로 변경하였다. 김정은은 2018년 2월 8일로 다시 변경하였다.

20 서대숙 저, 서주석 역, 『북한의 지도자 김일성』, 서울: 청계연구소, 1989, pp. 3-44.

21 『조선전사 현대편 19』, pp. 278-291.

김일성은 1940년 후반부터 1945년까지 소련에 머물렀으나 북한에는 이에 대한 기록은 전혀 없었다. 『조선전사 현대편』 제21권은 1940년부터 1943년 9월까지 항일무장투쟁의 역사를 담고 있고, 제22권은 1943년 9월부터 1945년 8월까지의 일제와의 최후 결전과 종국 승리의 투쟁 역사를 담고 있는데 소련에 머물렀던 기록은 찾을 수 없다. 여기에는 김일성이 동만주에서 항일투쟁을 했다는 것뿐이고 김일성의 빨치산부대를 '조선인민혁명군'이라 표기하고 있다. 이 조선전사가 쓰여진 때가 1981년이기 때문에, 소련으로 이주해서 활동한 것에 대한 언급이 전혀 없었던 것이다.

일본의 관동군은 1939년 말부터 1940년에 걸쳐 동계대토벌에 나서, 항일유격대에게 큰 타격을 가했다. 1938년 3만 명에 이르던 동북항일연군은 1940년 1,400명으로 크게 줄었다. 이에 부대 활동이 어려워지자 유격대의 역량을 지키는 것이 중요했다. 그래서 1940년 8월 '소할바령회의'에서 앞으로 일제는 반드시 패망할 것이므로 유격대 역량을 지키고 정치, 군사 간부를 기르려면 유격대 활동을 소부대 활동으로 바꾸어야 한다는 결정을 내렸다.

북한은 소할바령회의를 "위대한 수령 김일성동지께서 조국광복의 대사변을 준비있게 맞이할데 대한 전략적 방침을 제시하신 력사적인 인민혁명군 군정간부회의이다. 1940년 8월 10일부터 11일까지 중국 길림성의 돈화현 소할바령에서 진행되었다. 위대한 수령님께서는 회의에서 〈조국광복의 대사변을 준비있게 맞이할데 대하여〉라는 보고를 하시었다. 회의는 우리 인민의 항일무장투쟁을 그의 종국적 승리를 위한 새로운 전략적 단계로 발전시키는데서 전환적인 계기로 되었으며 세계인민들의 혁명위업과 국제반파쑈투쟁의 강화

발전을 힘있게 추동하는 데서 중요한 사변으로 되었다"고 한다.[22]

이에 앞서 1940년 1월 이미 '하바롭스크 회의'에서는 동북항일연군을 소련으로 옮길 것을 논의했고 이에 따라 김일성을 포함하여 동북항일연군 잔여 병력은 소만국경을 넘어 소련으로 들어갔다. 이들은 1942년 7월에 동북항일연군 '교도려'에 편재되었고, 교도려는 소련군 아래 있는 국제홍군 '제88특별여단'이 되었다. 이것을 후에 북한에서는 국제연합군 결성이라고 한다.

3. 소련이주로 국제연합군 결성

북한에서 소련의 활동에 대한 기록이 나온 것은 김일성 사망 이후 회고록 제8권에서이다. 여기에서 김일성이 소련 땅으로 들어간 것을 인정하면서 보다 더 넓은 국제적 판도에서 군사정치활동을 활발히 전개한 것이라고 주장한다. 최근의 북한 자료를 보면 김일성의 소련 이주를 국제연합군 편성이라고 하고 있다. 위에서 설명한 소련으로의 이주에서 김일성의 항일빨치산 부대를 조선인민혁명군이라 하고 그 독자성과 독립성을 강조하고 있다. 즉, "1940년 12월부터 1941년 3월 중순까지 하바롭스크에서는 조, 중, 쏘 세 나라 군사지휘관 회의가 진행되었다. 위대한 수령님께서 하바롭스크 회의에 참석하시였다", "쏘련이 원동군과 동북항일연군을 하나로 합치는 군사체계의 창설을 제안"하였고, 김일성은 "독자성을 포기하고 쏘련군대

22 『조선말대사전(증보판) 2』, p. 779.

에 통합되라는 제의는 심중한 문제"가 있다고 하였다. 그리하여 "하바롭스크회의에서는 조성된 긴박한 국제정세에 대처하여 무장력을 각기 독자성을 인정하는 조건에서 통합할데 대하여 의견의 일치를 보게 되었다"고 한다.[23] 북한에서 강조하고 있는 것은 소련군 하에 편재된 것이 아니라 독자성을 가진 부대로 있었다는 것이다.

북한에서는 소련에 이주한 이후에도 만주일대를 드나들며 투쟁을 계속하였다고 한다. 즉, "1941년 3월 중순까지 계속된 하바롭스크 회의 이후 쏘련측은 조선인민혁명군과 동북항일련군에 원동지역에 2개의 기지를 제공해 주었다. 하나는 워로쉴로브 근처에 있는 남야영이였고 다른 하나는 하바롭스크부근에 설치된 북야영 이었다"고 하면서, "조선혁명인민군 기본집단이 동북항일련군의 전우들과 함께 쏘련의 원동에 새로운 림시기지를 꾸린 다음 국내와 만주일대를 드나들면서 소부대활동을 활발히 벌려나가게 된 것은 항일혁명의 최후 승리를 마련하기 위한 투쟁을 보다 높은 단계로 발전시킬 수 있는 중요한 첫걸음이 되었다"고 주장하고 있다.[24] 김일성은 이 당시 활동했던 다른 인물들에 대해서 "원동의 림시기지에서 조선인민혁명 지휘관인 안길동지와 동북항일련군안의 조선인지휘관들인 김책, 최용건, 강건동지들과 협의를 하시고 그후 주보중, 장수전 등 동북항일련군 제2, 3로군 지휘관들과도 협의하였다"고 적고 있다.[25]

---

23 안영, "조선혁명가들의 결정적역할에 의한 국제련합군 편성과 력사적의의", 『김일성종합대학학보(력사학)』 제65권 제1호(루계 제544호), 김일성종합대학출판사, 2019, pp. 11-12.

24 안영, "조선혁명가들의 결정적역할에 의한 국제련합군 편성과 력사적의의", pp. 7-8.

김일성의 회고록 『세기와 더불어』에는 "1942년 7월 우리는 쏘련, 중국동지들과 함께 국제연합군을 편성하고 조선혁명의 주체적력량을 백방으로 강화해나가면서 국제반제력량과 공동투쟁을 통하여 일제의 격멸과 제2차대전에 승리를 기여하였습니다"라고 쓰여 있다.[26] 북한에서 이를 다음과 같이 뒷받침하고 있다. 즉, "1942년 8월 1일 조선인민혁명군과 동북항일연군, 쏘련원동군 대표들이 합의에 따라 원동기지에서는 국제련합군의 편성이 선포되었다. 조, 중, 쏘 세 나라의 혁명군대의 연합무력인 국제연합군은 형식상 쏘련원동군 독립88려단으로 분리되는 특수부대로 조직되었다"고 하여 독자성을 강조하고 있다.[27] 결국 김일성 항일빨치산부대는 소련군 편재 하에 들어간 것이다.

그러나 북한에서는 이렇게 소련에 이주하여 국제연합군을 결성하였고, 이곳을 근거지로 하여 항일투쟁을 계속하였다고 주장하고 있다. 즉, "국제련합군인 국제려단은 정규부대였다. 조선인민혁명군은 국제련합군의 편성을 계기로 하여 정규군의 체제를 갖추게 되었다"면서, "쏘련군대의 적극적인 지원 밑에 식량과 피복, 무장장비 등 군사후방물자를 원만하게 해결하게 되었다. 원동기지는 조선인민혁명군의 작전준비와 훈련, 휴식 및 후방공급사업을 원만히 보장해주는 안전하고 믿음직한 기지였다"고 한다. 그리하여 "조선인민혁명군은 백두산지구비밀근거지를 중심적 령도거점으로 하여 국내의 전반적 지역에 설치된 비밀근거들과 함께 정치군사활동을 할 수 있

---

25 안영, "조선혁명가들의 결정적역할에 의한 국제련합군 편성과 력사적의의", p. 14.

26 『세기와 더불어』 계승본 제8권, p. 233.

27 안영, "조선혁명가들의 결정적역할에 의한 국제련합군 편성과 력사적의의", p. 14.

게 되었다"고 하여, 백두산과의 지속성을 강조하였다.[28]

이것으로 김일성이 백두산 밀영에 자리잡고 항일투쟁을 계속하였다고 하고 있다. 즉, "경애하는 수령님의 전략구상에 따라 건설된 백두산 밀영은 조선혁명의 사령부가 자리 잡고있는 심장부였고, 조국이 해방될 때까지 백승의 무훈을 떨치시며 항일무장투쟁을 령활하게 조직 령도하시였다"이다. 그리하여 "백두산은 민족의 태양 김일성 장군님의 존함과 더불어 빛나는 주체혁명의 성산으로, 온 민족이 열렬히 우러러 따르는 태양의 산으로 되었다"는 것이다.[29]

이렇게 북한이 주장하는 바와 같이 독립된 부대로 항일투쟁을 계속할 수는 없었으나, 88여단 교려대 생활 중에 가장 주목할 만한 것은 1945년 7월 말 그동안 중국공산당에 속해 있던 조선인 공산주의자들의 분리이다. 이들은 해방 후 조선에서 당 건설과 해방사업을 추진하기 위해 조선공작단을 결성했다.[30] 조선공작단의 책임은 김일성이 맡았다. 그들은 소련군과 함께 일본과의 전쟁에 참가하기를 희망했지만, 이것이 실현되지는 않았다.

서대숙은 김일성의 항일운동 업적은 뚜렷하고 무장투쟁은 실존하였으나, 신화적으로 여겨질 만큼 지나치게 과장되었다고 하였다. 그와 함께 항일 유격대에 참가했던 빨치산들이 김일성의 항일운동에 조선독립운동의 혁명전통을 부여하고, 그것을 공산정권 창조의 신화처럼 부풀려서 북쪽에 세워진 북한의 정통성을 뒷받침하고 있다.[31]

---

28 안영, "조선혁명가들의 결정적역할에 의한 국제련합군 편성과 력사적의의", p. 16.
29 『선군태양 김정일장군 1』, 평양: 평양출판사, 2006, p. 4.
30 이종석, 『새로쓴 현대북한의 이해』, 서울: 역사비평사, 2000, pp. 404-405.
31 서대숙 저, 서주석 역, 『북한의 지도자 김일성』, p. 27.

4. 백두산 근거지와 백두산 관련 주장

이렇게 북한에서는 김일성의 항일무장투쟁을 신화화 하기 위해서 백두산을 들고나왔다. 백두혈통은 북한이 자신들의 권력승계의 정통성과 정당성을 위해 만든 용어로 김일성을 시원으로 하기 위해서는 백두산을 신성화할 필요가 있었다. 다음은 북한에서 주장하는 백두산 근거지와 관련된 용어들을 설명한다.

1) 백두산 근거지[32]

북한에서는 1930년 후반기 김일성이 항일무장투쟁을 하면서 백두산을 중심으로 그 주변 일대의 지대에 창설한 혁명근거지를 백두산 근거지라고 한다. 즉, “위대한 수령 김일성동지께서는 1936년 2월 력사적인 남호두회의에서 새로운 형태의 유격근거지를 창설하고 무장투쟁을 국내깊이에로 확대할 데 대한 방침을 제시하신데 뒤이어 그해 5월 동강회의에서 새로운 유격근거지 창설을 위한 구체적인 방침을 내놓으셨다” 하였다. 이때 김일성이 다음과 같이 교시하였다고 한다.

즉, “지금 우리에게 요구되는 새로운 형의 유격근거지는 우선 조선혁명운동을 전반적으로 조직지도할 수 있는 유리한 지대여야 하며 마음대로 류동하며 광활한 지대여서 자유자재로 유격활동을 할 수 있는 곳이라야 한다. 그러한 지대로는 바로 백두산을 중심으로 한 압록강, 두만강 연안의 조선북부지대와 장백현, 림강현, 무송현

---

32 이 부분은 1973년 북한에서 펴낸 정치사전의 내용을 요약 정리하였음. 『정치사전』, 510-511.

일대가 될 수 있을 것이다. 우리는 이 산림지대들의 자연적 요새를 리용하면서 밀영들을 설치하고 이 지대에 포괄되여 있는 적통치구역의 인민대중속에서 비 합법적인 혁명단체들을 광범위 조직하여야 한다. 이렇게 되면 새로운 유격근거지는 백두밀림의 유리한 지형과 지방혁명단체들의 조직의 비밀로써 공고화된 불패의 성새를 이루게 될 것이다"라고 하였다.

백두산을 중심으로 한 압록강, 두만강 연안은 주민들의 구성과 자연지리적 조건으로 보아 새로운 형태의 유격근거지 창설에 매우 유리한 곳이었다. 이 지대에는 조선 사람들이 많이 살고 있으며 특히 이들은 일찍부터 '우리 나라' 반일민족해방운동의 탁월한 지도자이신 김형직 선생의 지도와 혁명적 영향을 받아 반일투쟁을 활발히 벌여왔다. 위대한 수령 김일성동지께서는 새로운 근거지 창설을 위하여 1936년 8월 적의 중요한 정치군사적 중심지인 무송현 전투를 비롯한 수많은 전투를 조직하시여 적들을 군사적으로 완전히 제압하시는 한편 도처에 밀영들을 건설하시고 정치공작원들과 소부대들을 백두산 일대에 보내시여 군중정치사업을 강화하고 조국광복회 하부조직을 확대하게 하심으로써 근거지창설을 위한 군중적 기반을 마련하시였다. 위대한 수령 김일성동지께서는 이러한 정치군사적 성과와 1930년대 전반기 두만강연안의 유격근거지 창설경험에 기초하시여 백두산 근거지를 창설하시였다.

위대한 수령 김일성동지께서 독창적으로 창설하신 백두산 근거지는 일정한 지역을 중심으로 고정되어있는 근거지가 아니라 조선인민혁명군 부대들이 정세의 변화에 따라 부단히 이동하면서 자유자재로 활동할 수 있게 된 반유격구형태의 비밀근거지였다. 백두산 근거지는 항일무장투쟁을 더욱 전면적으로 확대강화 할 수 있게 하였다. 백두산 근거지는 적들의 발악적인 공세가 강화되는 조건에서도 조선혁명인민군 부대들이 근거지방에 머무르지 않고 대규모적인 군사활동을 자유자재로 전개할 수 있게 하였으며 후방기관들의 안전과 부대들의 휴식도 보장할 수 있게 하였다.

백두산 근거지는 조선혁명전반에 대한 위대한 수령 김일성동지의 통일적이며 체계적인 지도를 보장한 혁명의 책원지였다. 수령님께서는 이 근거지에 의거하시여 령활한 유격전을 조직전개하는 한편 전국 각지에 조국광복회조직망을 확대하여 나가시고 당 창건을 위한 조직 사상적 준비사업을 강력히 추진시켜나가시였을을 뿐 아니라 국내인민들의 반일투쟁에 대한 직접적인 지도를 강화하시였다.

2) 백두산과 사전정의

북한의 조선말 사전에는 백두산과 관련된 것을 다음과 같이 정리하고 있다.

> **백두산근거지:** “위대한 수령 김일성동지의 현명한 령도밑에 1930년 후반기에 백두산을 중심으로 한 넓은 지역에 반유격구 형태로 창설된 유격근거지”(『조선말대사전(증보판) 2』, p. 488)
>
> **백두산밀영:** “항일혁명투쟁시기에 위대한 수령 김일성동지의 지도밑에 창설된 조선혁명의 본거지, 중심적령도거점. 주체 25(1936)년 9월 하순 현재의 량강도 삼지연군 백두산 기슭 소

백수골에 건설되었다. 밀영에는 위대한 수령 김일성동지께서 계시던 혁명의 사령부귀틀집과 위대한 령도자 김정일동지께서 탄생하시어 어린시절을 보내신 고향집이 있다. 백두산 밀영은 조선혁명의 책원지인 동시에 심장이었으며 조선인민혁명군의 종합적인 작전기지, 활동기지, 후방기지였다."(『조선말대사전(증보판) 2』, pp. 488-489)

백두산3대장군: "백두산의 위대한 세분의 위대한 장군이라는 뜻으로 〈위대한 수령 김일성동지, 위대한 령도자 김정일 동지, 항일의 녀성영웅 김정숙동지〉를 높이 칭송하여 이르는 말"(『조선말대사전(증보판) 2』, p. 489)

백두산천출장수: "항일혁명투쟁시기에, 백두산의 하늘이 낸 장수라는 뜻으로 〈혁명의 성산 백두산을 근거지로 하여 조선혁명을 승리에로 이끄신 천출위인이신 김일성 장군님〉을 높이 우러러 이르는 말"(『조선말대사전(증보판) 2』, p. 489)

백두산총대: "〈위대한 수령 김일성동지께서 백두산에서 추켜든 조선혁명의 시원으로 되는 혁명의 무기를 이르는 말〉"(『조선말대사전(증보판) 2』, p. 489)

백두령장: "백두산의 탁월한 장군님이라는 뜻으로 〈위대한 수령 김일성동지와 위대한 령도자 김정일 동지〉를 칭송하여 이르는 말"(『조선말대사전(증보판) 2』, p. 488)

백두광명성: "항일투쟁혁명기에 백두산우에 환하게 빛나는 별이라 뜻으로 〈위대한 령도자 김정일동지〉를 우러러 형상적으로 이르는 말. 백두광명성 빛나는 조선의 미래는 찬란하다"(『조선말대사전(증보판) 2』, p. 488)

백두태양: "항일투쟁혁명기에 백두산에 솟은 태양이라는 뜻으로 〈영명하신 김일성장군님〉을 높이 우러러 형상적으로 비겨 이르는 말"(『조선말대사전(증보판) 2』, p. 489)

—

제3절 김일성의 소련에서 입국과 정치과정

1. 스탈린 지시와 김일성의 입북

맥밀런Margaret MacMillan은 『역사 사용설명서*The Uses and Abuses of History*』에서 '우리는 역사를 악용하여 편향되거나 그릇된 역사를 만들어 내어 자신들의 행위를 정당화한다. 그러다 보니 우리는 원하는 것을 쉽게 골라 선택할 수 있고, 역사를 지금 하고 싶어 하는 거의 모든 것을 위해 사용할 수 있다. 우리는 과거에 대한 거짓말을 꾸며내거나 단한 가지 관점만을 보여주는 역사를 기록함으로써 역사를 악용한다" 고 한다.[33]

33 마거릿 맥밀런 지음, 권민 역, 『역사 사용설명서: 인간은 역사를 어떻게 이용하고 악용하는가』, 서울: 공존, 2017, p. 8.

북한이 주장하는 김일성 항일혁명투쟁에 관한 것과 김정일이 백두산 밀영에서 출생했다는 것도 자신들이 원하는 것만 선택하여 기록한 것이고 꾸며내기도 한 것이다. 특히 맥밀런은 소련의 예를 들면서 "소련에서 스탈린Joseph V. Stalin은 거물 경쟁자인 트로츠키Leon Trotsky를 책과 사진과 기록에서 지워버렸다고 말한다. 스탈린은 자기식대로 소련 공산주의의 역사를 썼는데, 소련 공산주의가 승리하고 발전하는 과정에 등장하는 인물은 스탈린 자신과 레닌Vladimir Ilich Lenin 두 사람밖에 없다"고 했다면서, 정치가들은 상대를 낙인찍거나 폄하하는 데 역사를 이용하고 악용하는 도구로 사용했다는 것이다.[34]

스탈린은 1922년 러시아 공산당 서기장에 취임했다. 레닌의 경고에도 불구하고 그가 와병에 있는 사이 소련은 스탈린 등의 3두체제와 트로츠기의 두 세력으로 나뉘었다. 트로츠키는 사실 볼셰비키혁명의 실질적인 설계자이며 내란진압에 가장 눈부신 공로를 세웠을 뿐 만아니라 국방상으로 병권을 장악하고 있었다. 스탈린은 트로츠키를 제거하는 등의 권력투쟁 과정에서 많은 시련을 겪으면서, 민족애국주의를 강조하고 영웅심리가 발동하여 개인숭배 내지 우상화에 몰두하였다. 스탈린은 볼셰비키혁명 이후 금지되었던 '조국, 위대한 조국의 아들, 소비에트 애국주의' 사용하였고, 이전의 역사를 스탈린의 척도로 재해석함으로써 역사를 왜곡하였다. 이리하여 스탈린은 전지전능한 인물이 되어 소련의 거의 모든 문헌은 '위대한 스탈린대원수님의 말씀에 따르면'으로 시작하였다.

---

34 마거릿 맥밀런 지음, 권민 역, 『역사 사용설명서: 인간은 역사를 어떻게 이용하고 악용하는가』, p. 41.

스탈린과 김일성의 관계는 김일성이 소련 땅에 발을 디디는 때부터 설정된 것이라 볼 수 있다. 상술한 바와 같이 일제강점기 현재 중국의 동북 3성인 만주에서 활동하던 김일성의 항일빨치산부대는 1939년 말부터 일제의 대토벌에 견디기 어려워 1940년 8월 소련으로의 이주를 결정하였다. 1940년 10월 23일에 소만국경을 넘어 블라디보스토크 근처의 보로시초프에 설치된 야영으로 이동하였다.[35] 이곳에서 최용건, 김책 등 만주의 다른 조선인 유격대지도자들과 합류하였다. 그 후 여러 항일유격부대가 소련군 내에 편재되어 동북항일연군 88여단 교려대에 소속되었다. 김일성은 여기에서 훈련을 받았고 김정숙과의 사이에서 1942년 2월 16일 아들 김정일이 태어났다. 북한의 역사가 근본적으로 역사 지우기를 하고, 김정일 탄생 신화라는 왜곡된 역사를 만들고 있는 것이 바로 이 부분이다. 김일성 사망 전에는 이 부분에 대하여 전혀 언급하지 않다가, 상술한 바와 같이 후에 국제연합군이라고 자기중심적으로 서술하고 있으나 여전히 김정일의 출생 문제에 대해서는 함구하고있다.

1945년 8월 하순 소련군 총사령관 바실레프스키A. M. Vasilevsky원수에게 스탈린의 긴급 지시가 떨어졌는데, 자신의 뜻에 맞게 조선을 이끌어갈 지도자를 추천하라는 것이었다. 그는 88여단의 김일성을 추천했고 모스크바에서 스탈린과의 면담이 이루어진 후, 북한에 귀국시켜 활동하도록 도와주라는 지시가 떨어졌다는 것이다.[36] 소련점령군사령부는 평양을 장악한 후인 9월 19일에 김일성일파를 원산항을 통해 귀국시켰다.

35 이종석, 『새로 쓴 현대북한의 이해』, p. 402.

36 김학준, 『북한 50년사』, 서울: 동아출판사, 1995, pp. 85-88.

북한의 백두혈통이라는 역사는 김일성으로부터 시작한다. 그러나 그들 자신의 기록은 달리 설명하고 있다. 1980년과 1981년 북한에서 출간한『조선전사 현대편』제16-33권은 김일성 유일체제하에 수령 김일성의 신화를 쓰고 있어, 김일성의 영도로 해방을 맞이하게 되었다고 하고 있다. 그런데 김일성이 북한을 완전하게 장악하기 전인 1949년 출간된『조선중앙연감』에서는 다른 기록을 찾을 수 있다. 예를 들면 "조선해방과 쏘련의 결정적 역할"이라는 장에 기록된 내용을 보면 "자기의 역량으로 일제를 타도하기에 이르지 못하고 쏘련군대의 결정적 역할로 해방되었다"는 대목이 나온다. 북한은 이렇게 역사를 다시 쓰고 지우면서, 정통성의 기반을 김일성의 항일빨치산 활동에 두고있다.

북한에서는 백두산 밀영에서 전투하며 해방을 맞았다고 하기 때문에, 김일성이 해방 이후 소련 땅에서 북한으로 들어온 사실에 대해서는 언급하지 않고 있다. 단지 "항일성전을 승리에로 이끄시고 조선에 개선하신 김일성장군이 1945년 10월 10일 혁명의 참모부인 조선로동당을 창건하시고 나흘 후인 10월 14일 평양시환영군중집회에서 력사적인 개선연설을 하시었다"고만 쓰고 있다.[37] 그러나 조선중앙연감에는 10월 14일 평양시민중대회 석상에서 김일성이 "우리의 해방과 자유를 위하여 싸운 쏘련 군대에게 진심으로 감사드린다. 36년간 우리를 억압하던 일본제국주의는 쏘련군의 영웅적 투쟁으로 멸망을 당하였다. 우리 민족은 36년간의 암흑생활에서 광명을 맞아 해방과 자유를 얻고 또 삼천리강산은 찬연한 아침 해발같이 희

37 『선군태양 김정일장군 1』, p. 30.

망에 빛나게 되었다. …… 민주를 사랑하는 전민족이 완전히 대동단결하여 민주주의 자주독립국가를 건설하자! 조선독립만세! 쏘련군대와 쓰딸린 대원수 만세! 조선민족의 굳은단결만세!"라고 연설했다고 적고 있다.[38]

『조선전사 현대편 23』에는 해방에 대하여 쓰고 있으나, 위와 같은 내용은 전혀 없다. 여기에서는 "조선의 해방은 민족의 태양이시며 전설적인 영웅이신 경애하는 수령 김일성동지께서 조직령도하신 항일혁명투쟁의 빛나는 승리가 가져다준 위대한 결실이었다"하고 있다. 그리고 전국 각지에 〈김일성장군환영위원회〉가 결정되었다고 하였다.[39]

북한의 역사를 기록한『조선전사 현대편』을 비롯한 모든 역사서에는 김일성이 소련에서 활동했다는 기록이 없다. 물론 이것이 쓰인 것은 김일성이 스탈린에 버금가는 위상을 가지고 개인숭배가 진행되고 있었을 때이다. 그 후 모든 기록은 김일성의 항일투쟁을 미화하였고 그의 '위대한 영웅적 투쟁'에 의해 조선이 해방되었다는 것이다. 그런데 이렇게 북한이 역사를 지우거나 다시 쓰는 것은 백두혈통과도 연결되어 있다.

---

38 『조선중앙연감 1949년판』, 조선중앙통신사, 1949, p. 63.

39 『조선전사 현대편 23』, 과학백과사전출판사, 1981, pp. 7-11.

2. 한반도의 소련 점령과 당과 행정체제

1) 소련 점령군사령부의 역할

제2차 세계대전이 끝나면서 한반도는 일제식민지를 벗어났지만 38도선을 중심으로한 소련과 미국의 점령은 분단의 시발이었다. 이때 확정된 38도선은 형식적으로 일본군 무장해제를 위한 편의적인 군사분계선이었다. 소련이 일본에 선전포고를 한 것은 히로시마에 원자폭탄이 투하된 바로 직후였다. 스탈린은 원자폭탄이 투하되어 전쟁이 끝날 것이 예견되자, 8월 7일에 소련극동군에게 진격 명령을 내렸다. 소련극동군 산하의 제25군 치스차코프Ivan M. Chistyakov 대장이 그 임무를 수행하였다. 소련극동군은 8월 12일에는 경흥과 웅기 그리고 함경북도 나진항과 청진항을 차례로 점령하였다. 소련군 선발대는 24일 평양과 함흥에 공수되었는데 25일과 26일에는 38도선의 경계에 임하였다. 치스차코프 사령관은 8월 26일에 도착해 '조선 주둔 점령군사령부'를 설치하였다.

소련 점령군사령부는 이제 북반부는 조선인들에 의하여 다스려져야 한다고 하였지만, 점령에 수반되는 정치적인 민정업무는 로마넨코A.A. Romanenko 소장이 지도하였다. 그는 소련 점령군의 민정총국의 책임자로 북반부의 주민들과 정치지도자를 다루었고, 이그나체프A. M. Ignatiev 대령은 민간행정업무의 실무를 다루었다. 미소공동위원회의 협상을 맡았던 스티코프T. F. Shtykov 대장은 제25군의 민정업부를 감독하기 위해 평양에 머물렀는데, 1948년 말 소련이 철수할 때 스탈린은 그를 초대 북한주재 소련대사에 임명했다.[40] 로마넨코 휘하의 이그나체프는 한인 지도자들과 접촉하며 북반부의 소비에트

화 과정을 담당했고, 김일성의 권력장악과 유지를 지원했던 핵심 인물이었다.[41]

소련이 공산주의적 전체주의 체제를 한반도의 북반부에 이식하여 북한이 탄생하였다. 여기에서 공산주의 이데올로기는 마르크스의 과학적 사회주의라기보다는 오히려 전체주의적 요소가 강하게 내포되었다. 해방 이후 북쪽을 점령한 소련 점령군사령부는 새로운 공산주의 정권을 수립하기 위하여 북조선 공산당과 김일성을 통하여 공산주의 이데올로기를 인민들에게 주입시키는데 중점을 두었다. 공산주의 이데올로기를 교양하는 데 있어서 북한의 주민들은 새로 이민해온 사람들이나 다름없었다. 북한에 정권이 수립된 이후 김일성은 항일혁명의 영웅으로 미화되면서, 새로운 북한 체제를 이끌어가는 지도자로 추앙되었다. 북한은 김일성의 항일빨치산 경력을 피억압 독립운동으로 승화시켜 제국주의에 대한 공동전선을 형성해야 한다는 혁명이론을 펼쳐나갔다. 김일성의 개인적 권위는 정치사회화 과정을 통하여 인민의 행동 패턴을 규정하는 중요한 지표이며 하나의 상징적 힘이 되었다.

스탈린이 점령군사령부를 통하여 북한에 소비에트 체제를 정착시키는 정치과정을 진행시켰고, 결과적으로 그들이 의도한 정치체제가 형성되었다. 북한에서는 정부가 수립되기 이전부터 당이 먼저 만들어져 정치과정의 모든 면을 주도하였다.

---

40 서대숙 저, 서주석 역,『북한의 지도자 김일성』, p. 55.

41 서대숙 저, 서주석 역,『북한의 지도자 김일성』, p. 56.

2) 당의 설립과정

소련이 북쪽에서 해야 할 중요한 것은 공산당의 창설이었다. 김일성은 소련 점령군사령부가 진주해 있는 유리한 조건이기 때문에, 공산주의자들의 분산된 여러 조직체를 시급히 통합하여 중앙집권적인 유일당 조직지도기관을 북조선에 설치할 것을 제의했다.[42] 1945년 10월 10일부터 13일까지 평양에서 개최된 '서북 5도당 책임자 및 열성자 대회'에서 조선공산당 북조선분국의 설치를 결성하였는데 이를 조선로동당 창건이라 하고 있다. 북한에서는 '김일성이 당 창건을 위한 가장 정확한 방침을 제시하고, 항일투쟁기에 당 창건의 조직사상적 기초를 축성하여 당을 창건할 수 있는 대중적 기반을 다져 역사적 뿌리를 마련'하였다. 이를 기반으로 1945년 10월 10일 당이 창건되었다고 한다.[43] 분국 설립 후에 10월 23일 서울의 조선로동당 중앙위원회의 승인 절차까지 밟았다. 12월 17일에서 18일 양일간 평양에서 개최된 북조선조직위원회 확대회의에서 김일성을 책임자로 선임하였다. 김일성은 〈북조선 공산당 단체들의 사업에서의 착오와 결함에 대하여〉라는 보고를 통하여 당의 조직을 더욱 강화하기 위한 과업을 제시하였다. 당 중앙지도기관을 개선하고 김일성이 책임 비서가 되면서, 중앙지도기관으로부터 세포에 이르기까지 조직체가 갖추어졌다.[44]

이같이 형식상으로는 박헌영의 승인 하에 분국을 세웠지만, 분국

---

42 『조선통사(하) 1958년판』, 사회과학원 역사연구소, 서울: 도서출판 오월, 1989, pp. 295-296.

43 『정치사전』, pp. 784-785.

44 『조선통사(하) 1958년판』, p. 298.

설립 과정은 김일성이 주도했고 독자적인 공산당 조직의 착수인 것이다. 조직국 제1비서에는 김용범, 제2비서 오기섭 그리고 조직부장에는 김일성이 선출되었다.[45] 함경남도를 지키던 오기섭이 9월 말부터 평양에서 정치활동을 시작했고, 완고한 원칙주의자 오기섭은 김일성과 사사건건 대립하게 된다.[46]

1945년 12월 17일에서 18일 양일간에 평양에서 조선공산당 북조선조직위원회 제3차 확대집행위원회가 소집되었고, 이때 김일성은 북조선분국 최고 책임자로 부상하였다. 김일성이 공식적으로 당 책임비서에 오름으로써 공식적으로 오기섭을 누르고 당권을 장악한 것이었다. 이는 국내파 오기섭은 말할 것도 없고 남조선에 있는 조선공산당 중앙인 박헌영까지도 제치면서 소련의 후견 하에 확실하게 김일성 자신의 위치를 굳힌 것이다. 1946년 조선공산당 북조선분국 제7차 회의에서 '북조선 공산당'으로 명칭이 변경되었다. 이는 이제 분국이 아니라 하나의 정당이라는 의미를 가지는 것이기도 했다. 이는 다른 정당과 통합시키기 위한 소련 점령군사령부의 조치이기도 했다.

한편 1945년 12월 13일 중국에서 공산당의 비호 아래 '화북조선독립동맹'을 조직해 항일운동을 했던 소위 연안파의 공산주의자들이 입국했다. 김두봉, 최창익, 무정, 윤공흠 등이었는데, 당시 소련 점령군사령부가 김일성파를 중심으로 공산당 분국을 조직하고 있었기

45 백학순, 『북한 권력의 역사: 사상·정체성·구조』, 파주: 한울아카데미, 2010, pp. 45-48.

46 분국 출범 이후에도 오기섭과 그의 지도하에 있던 함경남도 도당은 김일성 중심의 조선공산당 북조선분국 지도에 따르지 않으려 하였다. 안문석, 『오기섭 평전』, 전북대학교 출판문화원, 2013, p. 43.

때문에 이들이 운신할 수 있는 폭이 좁을 수밖에 없었다. 이들 연안파는 1946년 2월 16일 김두봉을 위원장으로 조선신민당을 창당하고 중산층을 지지기반으로 정치적 입지를 확대시키려 하였다.

3) 로동당 제1, 2차대회

1946년 7월 28~29일에 북조선 공산당과 조선신민당이 양당 중앙확대연석회의를 열고 합당을 결의하고 선언서를 채택하였다. 그리하여 8월 28일부터 30일까지 3일간 평양에서 북조선 로동당 창립대회를 개최하여 당 강령과 규약을 채택하였다. 당중앙위원회가 구성되어 위원장에 김두봉, 부위원장에 주영하가 선출되었다. 이들과 함께 연안파의 최창익, 소련파의 허가이가 5인 정치위원회를 구성하였다. 소련 점령군사령부의 비호에 의하여 북한의 좌파연합 정당을 탄생시킨 것이다. 북조선 로동당이 창립되면서, 당 기관지인 로동신문을 창간하였다. 이를 북한에서는 로동당 제1차대회라고 부른다.[47] 지도부 구성은 위원장에 김두봉, 부위원장에 김일성, 주영하가 선출되었는데, 이는 통합반대의 무마를 위한 다른 계파에 대한 배려였다. 당시 소련의 입장은 공산당과 신민당이 따로 존재하는 것은 전혀 무의미하고 해로울 뿐이고, 당의 통일적 지도 밑에 근로대중이 뭉쳐야 한다는 것이었다. 북조선 로동당 중앙위원회는 남쪽에 영향

47 창립대회는 336,339명의 당원을 대표 801명의 대의원 참석하여 임원을 선출하였고, 함경북도 대표 허국봉의 제의로 스탈린 대원수가 명예의장으로 선출되고 창립대회 명의로 그에게 보내는 축하전문이 낭독되었다. 서대숙 저, 서주석 역,『북한의 지도자 김일성』, p. 68;. 북한에서는 공산당원 27만 6,000여명과 신민당원 9만 명이 참여하였고, 1년 후 68만 명으로 늘어났다고 한다.『조선전사 23』, p. 435.

을 행사하여 조선공산당, 조선인민당, 남조선 신민당이 통합되어 남조선 로동당을 발족케 하였다. 이렇게 남·북 로동당의 결성은 김일성과 박헌영의 위상을 결정적으로 바꾸어 놓았다.[48]

1947년부터 북조선 로동당의 주도 하에 정치변혁에 상응하여 사상 의식을 변혁시키는 정책을 추진하였다. 이 기간을 '사회주의 혁명 예비기'로 설정하고 실험적이고 부분적인 사회주의적 개조를 실시하는 노선을 수립하였다. 대표적으로 경제 부분에서 1947년 12월 화폐개혁을 실시하였고, 다음 해 2월 6일에는 북조선인민회의 제4차회의를 소집하여 경제계획의 실행 결과를 평가하기도 하였다.[49]

1948년 3월 27일에서 30일까지의 북조선 로동당 제2차대회에서도 역시 스탈린은 명예의장으로 선출되었다. 김일성은 중앙위원회 사업총화보고에서 "조선민족을 완전히 해방하기 위해 북조선에 민주기지를 건설해야 하고 이것을 확고히 하기 위해서는 공산당이 강화되어야 한다"고 재강조하였다.[50] 북한에서는 이를 "대회는 김일성원수가 진술한 사업결산 보고를 토의하고 해방 후 우리 조국에 조성된 특수한 정세하에서 쏘련군대가 진주한 북조선에 민주기지를 창설하고 그것을 강화 발전시켜온 당노선을 확인하였다"고 한다.[51] 대회에서는 당중앙위원회 사업결산 보고와 당규약 수정에 관한 문제와 당 중앙지도기관 선거 등의 의안이 상정되었다. 북한에서는 당 제2차대회가 당의 공고·발전과 조선인민의 민주주의 자주독립국가건설을 위한

---

48 김창희, 『북한정치사회의 이해(제4판)』, 파주: 법문사, 2006, p. 45.

49 이승현, "북한정권의 수립과정", 이은호·김영재 공편, 『북한의 정치와 사회』, 서울: 서울프레스, 1994, p. 104.

50 북한연구소 편, 『북한정치론』, 서울: 사단법인 북한연구소, 1979, p. 120.

51 『조선통사(하) 1958년판』, p. 349.

투쟁에서 거대한 역사적 의의를 가지는 것이었다고 하였다.[52]

북조선 로동당은 1948년 8월 정부수립을 위하여 남조선 로동당과 연합중앙위원회를 구성하였고, 북한 정부수립 후인 1949년 6월 30일에는 1국 1당 원칙에 따라 남조선 로동당을 흡수하여 조선로동당으로 당명을 변경하였다. 1949년 6월 30일 조선로동당의 창당은 북한 정치사에서 중요한 의미를 갖는다. 이는 스탈린주의적 당·국가체제의 형성을 제일차적 목적으로 설정하여 기존체계 하에서 맹아적으로 존재하던 시민사회 제거를 통한 당·국가체제의 흡수통합 전략이었다.[53]

소련군이 진주한 상황에서 북쪽에는 조만식의 건준세력과 오기섭 등의 토착 공산주의 세력이 주도권을 행사하려 하였지만, 점령군사령부가 설치되면서 모든 것을 점령사령부의 의도대로 조직화해나갔다. 이렇게 소련 점령군사령부가 주도하는 가운데 김일성파, 소련파, 국내 공산주의자들이 혼재하는 양상을 보였다. 그러나 점령군사령부는 전적으로 김일성파에게 힘을 실어 주었는데, 민간행정을 담당했던 이그나체프 대령은 김일성의 권력 장악과 유지를 지원했던 핵심 인물이었다.[54] 소련의 지시에 따라 로마넨코 소장과 이그나체프 대령이 김일성을 중심으로 하는 당을 창설 창설할 것을 도와줌으로써 북쪽의 소비에트화 과정을 완성시켜나갔다.[55]

---

52 『조선통사(하) 1958년판』, p. 350.

53 최성, 『북한정치사』, 서울: 풀빛, 1997, p. 81.

54 이그나체프 대령은 소련 점령군이 철수한 이후에도 소련대사의 고문으로 북한에 남아 있다가 6.25 한국전쟁 중에 미군의 공습을 받아 평양에서 사망했다. 김창희, 『김정일의 딜레마』, 서울: 인물과 사상사, 2004, p. 51.

55 서대숙 저, 서주석 역, 『북한의 지도자 김일성』, p. 62.

4) 북조선 임시인민위원회

해방되자 북쪽에서 먼저 활동을 개시한 것은 조만식을 중심으로 한 인사들로, 이들은 서울에서 조직된 건국준비위원회 평남지부를 결성하는 형식으로 활동을 시작하였다. 소련 점령군사령부도 이를 인정하지 않을 수 없었고, 9월 19일 평양에 들어온 김일성을 평양시민에게 소개한 사람도 조만식이었다. 북한은 소련 점령군이 직접 통치하는 군정청 대신 사령부 안에 '민정관리총국'을 두었는데 사실상의 군정청 역할을 하였다. 북쪽에 당이 설립되고 통합하는 과정뿐만 아니라 모든 정치과정에서 이들이 주도적인 역할을 하였다. 이들은 조만식의 지휘하에 있는 평남건준의 해체를 요구하는 대신 광범위한 세력을 망라한 조직구성을 요청하였다. 로마넨코 소장의 주도하에 평남건준은 국내 공산주의자 현준혁 중심의 조선공산당 평남정치위원회와 합쳐져 평남인민정치위원회를 조직했다.[56] 중앙정부의 역할을 했던 평남인민정치위원회는 각 도의 인민위원회를 통합하여 10월 28일 5도 행정국으로 발전하였다. 1946년 1월 17일에는 김일성이 항일혁명기에 결성했다는 '조선공산주의청년동맹'을 '조선민주주의청년동맹'으로 개편해 김일성의 지지기반을 다졌다. 이는 중앙행정기관 설립의 탄력으로 작용하여 2월 8일에 북조선 중앙행정기관인 북조선 임시인민위원회가 발족하였다. 2월 9일에는 김일성이 위원장으로 선출되었고 부위원장에 김두봉 그리고 서기장에는 강량

---

56 현준혁은 박헌영과 연결된 사람으로 서울에 잠복해 있다가, 해방을 맞아 재건파 공산당의 평남지구조직의 책임을 지고 평양에 와있었다. 그러나 그는 1945년 9월 28일 자동차에 치여 살해되었다.

욱이 선임되었다. 실질적인 집행기구인 행정기구로 10개의 국을 두었는데 보안국장은 최용건이 맡았다. 북한에서는 북조선 임시인민위원회의 수립은 '조선인민의 국가 생활에서 거대한 정치적 사건이며, 주권 문제가 해결되었다는 것을 의미한다'고 하였다.[57]

북한에서는 토지개혁이 시행되었고 북조선 임시인민위원회는 '중요 산업국유화' 등을 각종 법령을 공표하면서 '제반 민주개혁'을 실시하였다. 북조선 임시위원회가 개혁을 성공적으로 추진하자 소련점령군사령부는 상당한 권한을 넘겨주었다. 이러한 사업 중에 중요한 것은 종합대학 창립에 대한 것이었고, 북조선 임시 인민위원회는 1946년 7월 8일 이를 공식 결정하였다. 그 명칭이 '김일성종합대학'으로 정해져 7개 학부와 1,500여 명의 학생으로 10월 1일에 개교하였다.[58] 여기서 종합대학의 명칭 앞에 김일성의 이름이 붙었다는 것은 북한에서 김일성이 차지하고 있는 위상이 어떠하다는 것을 보여주는 대목이다.

북조선 임시인민위원회는 1946년 9월 5일 '북조선 도시군 인민위원회 위원 선거에 관한 법령'을 선포하고 11월 3일에 선거를 실시하였다. 선거를 실시한 후 1947년 2월 17일에서 20일까지 '북조선 시·도·군 인민위원회 대회'를 소집하여 임시인민위원회가 인민회의에 주권을 넘겨준다는 것을 승인하였다. 최고의 입법기관으로 '북조선인민회의'를 설치하고, 최고행정기관으로 북조선임시인민위원회를 북조선인민위원회로 개편하였다. 북조선인민회의 대의원도 237명 선출하였다. 입법기관인 북조선인민회의가 구성되었고, 2월 21일

57 『조선통사(하) 1958년판』, p. 303.

58 『조선전사 현대편 23』, pp. 285-287.

제1차 회의를 열어 위원장에 김두봉, 부위원장에 최용건과 김달현을 선출했다. 행정기관인 북조선인민위원회는 위원장에 김일성, 부위원장에 김책과 홍기주가 선출되었다.

—

제4절 조선민주주의인민공화국과 김일성 중심의 권력체계

1. 조선민주주의인민공화국 정부수립

정부 수립 과정에서 인민위원회 선거는 당의 주도하에 치러졌고, 헌법이 만들어지는 과정도 당이 관여하였다. 1948년 7월 13일 당중앙위원회 제2차 회의에서 〈조선민주주의인민공화국 헌법초안의 실시와 조선최고인민회의 선거에 있어서 당 단체들의 과업〉에 대한 결정을 채택하였다.[59] 북한에서 헌법이 마련되었고 최고 주권기관은 최고인민회의로 입법권을 행사하는 기관이었다. 선거일로 결정된 8월 25일에 최고인민회의 대의원 선거가 실시되었다. 중앙선거위원회가 212개의 선거구에서 대의원 선거를 실시하여 212명이 당선되었다고 발표하였다. 남한에서도 1,080명의 인민 대표자가 선출되었고, 이들에 의하여 360명의 최고인민회의 대의원이 선출되었다.[60] 결국 최고인민회의 대의원 527명 가운데서 212명은 자신

59 『조선통사(하) 1958년판』, p. 355.

60 『조선중앙연감 1949년판』, p. 44.

들의 직접선거에 의하여 360명은 남쪽에서 간접선거에 의하여 선출했다고 주장하였다.

최고인민회의 제1차 회의가 9월 2일부터 10일간 평양에서 개최되었다. 최고인민회의 의장에는 허헌이 선출되고, 최고인민회의 상임위원장에는 김두봉이 선출되었다. 상임위원회 위원장은 형식상 국가원수에 해당하는 자리였으나 그것은 명목상인 것이었다. 제1차 회의에서는 헌법 초안을 약간 수정하고, 이를 '조선민주주의인민공화국헌법'으로 채택하였다. 헌법이 채택되자 최고인민회의는 김일성을 수상으로 임명하고 그에게 내각 조직의 추천을 일임하였다. 이렇게 김일성이 내각의 수상이 되었는데, 그의 정치권력 강화는 소련점령군사령부 민정관리총국의 로마넨코 소장과 이그나체프 대령의 지원에 의한 것이었다. 김일성은 북한에 공산주의체제를 수립하려고 노력하는 소련을 위해 잘 일해 주었고, 소련은 그 대가로 그가 권력을 추구하는 것을 도와주었다.[61]

제1차 내각에 김일성파는 김일성을 비롯한 김책(부수상겸 산업상), 최용건(민족보위상), 연안파는 박일우(내무상), 김원봉(국가검열상), 최창익(재정상), 허정숙(문화선전상), 국내파는 박헌영(부수상겸 외상), 이승엽(사법상), 박문규(농림상), 주영하(교통상), 장시우(상업상), 그 밖에 남한의 인민당 대의원 백남운(교육상), 천도교 청우당 김정주(체신상), 신진당의 이용(도시경영상), 관료출신 정준택(국가계획위원장), 이병남(보건상), 허영택(노동상), 이극로(무임소상)가 추천되었다.

최고인민회의는 김일성이 제출한 내각 구성안을 만장일치로 승인

61 서대숙 저, 서주석 역, 『북한의 지도자 김일성』, p. 93.

하였고, 1948년 9월 9일에는 조선민주주의인민공화국 수립을 선포하였다. 김일성은 자신의 정치적 기반의 부족과 그의 항일빨치산 동료들의 지명도가 없다는 것을 알고 있었다. 그렇기 때문에 김일성은 반대세력과 투쟁할 때에 자기를 지지했던 사람들을 지도부에 기용하였다. 이는 주로 한국에 뿌리가 없던 소련파였다. 그는 연안파를 중립화시킴으로써 경쟁자들이 단결하여 자신에게 대항하는 것을 방지하는 데 성공했다.[62] 그 후에 내각의 변화가 자주 있었고 김일성은 내각의 구성원을 자신에게 충성하는 사람들로 충원하면서, 방해되는 사람들을 제거하는 데 이용하였다.

김일성은 1948년 9월 10일 최고인민회의에서 정강을 발표하였다. 조선민주주의인민공화국은 남북조선인민의 총의에 의하여 수립된 '통일적조선중앙정부'로 민주주의 자주독립국가를 건설할 목적으로 네 가지 과업을 실천하기 위하여 투쟁할 것을 선언하였다. 제시한 과업은 ① 소련군과 미군의 동시 철군, ② 정치 경제 문화에서 일제 통치 잔재 제거, ③ 반민족적 반인민적 법령 척결과 산업국유화 법령정비, ④ 부강한 민주주의적 독립국가을 위해 민족적 인민경제체계 수립이었다. 이를 성과 있게 실현하기 위한 구체적인 대책도 제시하였다.[63] 김일성은 정부수립 이후 첫 신년사에서 1948년은 독립투쟁의 역사에서 가장 빛나는 업적을 쌓아 올렸다고 자찬하였다. 조선민주주의인민공화국헌법을 제정하였고 정부가 수립되어, 완전한 자주독립국가를 건설하기 위한 기초와 조건들을 갖추었다는 것이다.

---

62 서대숙 저, 서주석 역, 『북한의 지도자 김일성』, p. 93.

63 『조선중앙연감 1949년판』, pp. 44-47.

북한에 정권이 수립된 이후 김일성은 항일 혁명의 영웅으로 미화되면서, 새로운 북한체제를 이끌어가는 지도자로 추앙되었다. 북한은 김일성의 항일빨치산 경력을 피억압 독립운동으로 승화시켜 제국주의에 대한 공동전선을 형성해야 한다는 혁명이론을 펼쳐나갔다. 김일성의 개인적 권위는 정치사회화 과정을 통하여 인민의 행동패턴을 규정하는 중요한 지표이며 하나의 상징적 힘이 되었다.

2. 김일성의 전쟁 계획과 허점 공격설

북한은 소련군이 1948년 12월 26일까지 완전히 철군했음을 선언하였다. 김일성은 1949년 신년사 "국토의 완정과 조국의 통일을 위하여 궐기하자"에서 당시의 상황과 그의 의지를 표명하였다. 그는 미군이 조선반도에서 완전히 철수할 때까지 맹렬히 투쟁할 것을 주문하였다.[64] 미군이 철수하지 않은 이유를 남한을 영원히 예속시켜 식민지로 만들기 위해서라고 주장했다. 그러면서 김일성은 국토완정과 자주독립국가건설을 위해 거족적으로 투쟁하고 총궐기하자고 하였다.[65]

64 남한에서는 정부수립이후 미군 철수가 1948년 9월 15일에서 1949년 1월 15일로 조정되었다. 결국 미군은 5월 28일에 철군을 시작하여 6월 29일 철군을 완료하고, 주한미군사고문단에 소속된 미군 480~500명만 남았다. 신복룡, 『한국분단사연구: 1943-1953』, 서울: 한울아카데미, 2001, p.598.

65 『김일성전집 9』, 평양: 조선로동당출판사, 1994, pp. 1-12.

1) 김일성의 전쟁 준비

김일성은 박헌영과 함께 1949년 3월 모스크바를 방문하여 스탈린을 면담하고 이후 전쟁 준비를 본격화하였다. 소련으로부터 군사 장비를 대대적으로 지원받아 대전차 사단과 비행단을 창설하였고, 중국도 국공내전이 끝나자 중국 인민해방군에 가담하여 싸웠던 실전 경험이 풍부한 조선인 무장 부대를 보내주었다.[66] 1949년 가을부터 인민해방군 제4야전군에 소속된 약 2개 사단 병력의 조선인 병사들이 북한으로 돌아와 제5사단과 제6사단에 편입되었다.[67]

1950년 1월 17일 박헌영의 관저에서 열린 만찬에서 김일성은 북조선 주재 소련 대사 스티코프에게 남침 문제를 다시 제기하고 이를 논의하기 위하여 스탈린과의 면담을 희망한다는 의사를 피력했다. 이 대화에서 김일성은 중국 혁명이 성공한 다음에는 남한을 해방시킬 차례라고 강조하고, 조선민주주의인민공화국은 기강이 세워진 우수한 군대를 보유하고 있다고 주장했다. 또 김일성은 이전에도 그러했던 것처럼 남한의 선제공격에 대한 반격만을 승인한 1949년 3월의 스탈린의 결정에 불만을 토로했다.[68]

1950년 4월 모스크바에서 열린 스탈린과 김일성의 면담에서, 스탈린은 국제환경이 유리하게 변하고 있음을 언급하고 북한이 통일 과업을 개시하는 데 동의하였다. 다만 이 문제의 최종 결정은 중국과 북조선에 의해 공동으로 이루어져야 하며 만일 중국 측의 의견이

---

66 통일부 통일교육원, 『남북관계지식사전』, 통일부 통일교육원, 2011, p. 576.

67 김학준, 『북한 50년사』, p. 143.

68 김영호, 『한국전쟁기원과 전개과정』, 서울: 성신여자대학출판부, 2006, p. 138.

부정적이면 새로운 협의가 이루어질 때까지 결정을 연기하기로 합의하였다.[69]

1950년 5월 13일 김일성과 박헌영이 베이징에 도착하여 마오쩌둥毛澤東과 면담하였다. 이 자리에서 그들은 스탈린이 모스크바 회담 때 '현 국제 환경은 과거와는 다르므로 북한이 행동을 개시할 수 있으나 최종 결정은 마오쩌둥과의 협의를 통해 이뤄야 한다'고 했음을 설명했다. 5월 14일 스탈린은 마오쩌둥에게 보낸 특별 전문에서 "국제정세의 변화에 따라 통일에 착수하자는 조선사람들의 제청에 동의한다. 그러나 이는 중국과 조선이 공동으로 결정해야 할 문제이고 중국 동지들이 동의하지 않을 때에는 다시 검토할 때까지 연기되어야 한다"고 했다.[70]

이렇게 김일성과 박헌영은 소련과 중국을 설득하면서 전쟁 수행에 적극적으로 나섰다. 대내외적 조건이 북한에 크게 유리하다고 보았다. 일단 중국에서 공산혁명이 성공한 것은 가장 큰 지원 세력의 확보가 가능했기 때문이고, 또한 미국은 애치슨D. Acheson 국무장관이 한국을 방위선에서 제외하고 전쟁에 개입하지 않겠다는 시사를 주었기 때문에 전쟁 수행의 가장 적기라고 생각했다. 이러한 정치적인 면 외에 실제로 북한은 1950년 6월 당시 13만 5천 명의 지상군을 확보하고 있어, 남한에 절대적 우위를 보이고 있었다.

김일성의 전쟁을 수행하여 '조선혁명'을 완성시킨다는 의지는 확고하였다. 그러나 북한은 전쟁을 개시하기 전 조국통일민주주의전선 중앙위원회가 평화통일을 위한 절차를 협의하기 위해 정당·사회

---

69 『한겨레』 1994.07.22, 4.

70 『한겨레』 1994.07.23, 4.

단체 대표자협의회를 갖자고 제안하였다. 또한, 최고인민회의 상임위원회가 남북한의 국회와 최고인민회의가 전조선 입법기관으로 연합하자고 하는 등 평화공세를 전개하여 전쟁 의도를 감추어 왔다.[71]

이러한 점에서 볼 때 김일성은 '어떠한 희생을 치르더라도 한반도의 통일을 추구하려는 의지'와 소련의 지원으로 전쟁을 감행하였다.[72] 한국전쟁의 원인에 대한 논의에서 간과해서는 안 되는 인물이 남로당파의 거두인 박헌영이다. 김일성과 박헌영은 아마도 서로 다른 이유에서 한반도의 군사적인 통일을 지도했던 것 같다. 김일성은 '조국을 통일'하고 한반도에 공산주의 국가를 건설하기 위한 노력의 일환으로 남한의 혁명을 강력히 추구했다. 북한에서는 6.25 한국전쟁을 '조국해방전쟁'이라고 한다. 이와는 달리 박헌영은 남한에서 그의 리더십을 되찾기 위해 군사적 정복보다는 인민봉기를 선호했다. 그러나 남한에 있는 그의 추종자들 및 지하 조직책들이 모두 체포되었기 때문에 군사적 행동에 동의하게 되었다.[73] 박헌영은 김일성에게 만일 조선인민군이 남한을 해방하기 위해 군사행동을 시작하면 자기의 조직에 충성을 바치는 약 20만 명에 달하는 남한 안의 추종자들이 봉기하여 남한 정권을 전복시킬 것이라고 말한 것으로

---

71 통일부 통일교육원, 『남북관계지식사전』, p. 577.

72 밝혀진 자료에 의하면, '소련은 한국전쟁 기간 중에 12개 공군부대의 72,000여 명을 투입하여 미국을 주축으로 한 유엔군 전투기와 공중전을 벌여 1,097대를 격추시켰고, 이 과정에서 조종사 299명이 전사'하였다. 『동아일보』, 1999.11.20.

73 1949년 9월부터 1950년 3월까지 남한에서 공산주의 게릴라 활동이 격화되었는데, 남한의 두 공산주의 지도자인 김삼룡과 이주하는 북한에서 파견된 게릴라들을 이러한 활동에 투입시켰다. 이 기간동안 남한에 파견된 게릴라 수는 3천 명이 넘었으나, 3월 27일 김삼룡과 이주하가 체포되었기 때문에 남한에서 게릴라에 의한 봉기의 희망은 사라졌다.

알려져 있다.[74]

2) 한국전쟁

20만의 전력을 가진 북한은 1950년 6월 25일 새벽 4시를 기해 소련제 T-34 탱크를 앞세우고 북위 38도선 전역에서 남한에 대한 기습공격을 감행하였다. 북한 인민군은 오전 9시경 개성을 넘어 서울 근교까지 진격하였다. 그러나 북한은 1950년 1월 남한을 미국의 극동방위전선에서 제외시킨다고 하였던 애치슨라인 선언과는 달리 즉각적으로 대응하는 미국의 조치에 봉착하였다. 미국은 전쟁 발발 당일 오후 2시에 즉각 UN 안전보장이사회를 소집하여 상임이사국 중 소련이 불참한 가운데 북한의 남침을 '평화를 파괴하는 침략행위'로 규정하고, 38선 이북으로 북한군의 즉각 철수를 요구하는 결의안을 통과시켰다.

북한의 김일성은 이를 거절하였으며, 이에 미국은 남한이 필요한 원조를 제공하도록 권고하는 결의안을 UN 회원국들에게 제출하여 이를 6월 27일에 관철시켰다. 이에 따라 북한은 미국을 포함한 16개 UN 회원국으로 이루어진 연합군을 대상으로 전쟁을 수행하였다. 북한 인민군은 한국전쟁 개전 3일 만에 서울을 함락하고, 계속적인 남진 과정을 거쳐 8월 말에는 인민군 주력부대가 낙동강에까지 진출하였다. 9월 초엔 경상남북도 일부 지역을 제외한 한반도 전역을 점령하여 단시일 내에 한반도를 적화하는 듯하였다. 인민군의 서울

---

74 서대숙 저, 서주석 역, 『북한의 지도자 김일성』, 서울: 청계연구소, 1989, p. 106.

점령 이후 대한민국 정부는 대전, 대구, 부산으로 옮겨 다녀야 했다.

한편 미국은 해·공군에 출동 명령을 내리고 유엔 안보리를 소집하였으며, 유엔은 북한을 침략군으로 규정하고 유엔군의 참전을 결의하였다. 7월 1일에는 16개국이 참가한 유엔군이 부산에 상륙하였고, 맥아더Douglas MacArthur 장군을 총사령관으로 하는 유엔군 사령부가 설치되었다. 이에 따라 한국군의 작전권을 유엔군에 이양한다는 '대전 협정'이 체결되었다. 유엔군의 참전으로 한국전쟁은 남북한 사이의 내전이 아니라 국제전의 성격을 띠게 되었다. 유엔군은 9월 15일 인천상륙작전에 성공하여 9월 28일 서울을 수복하고, 북쪽으로 진격하여 11월 초반에는 전선이 압록강으로까지 형성되었다. 그러나 중국의 펑더화이彭德懷를 사령관으로 하는 인민지원군이 참전하면서, 1951년 1월 말에는 37도선 부근까지 밀고 내려왔다.

전쟁 발발이 1년이 되는 즈음에는 유엔군과 공산군이 38도선 부근을 중심으로 한 전선에서 일진일퇴하는 양상을 보였다. 어느 쪽에서도 일방적인 승리가 보이지 않고 희생만 따르자 휴전회담이 제안되었고, 마침내 1953년 7월 27일 유엔측과 공산군측 사이에 정전협정이 조인되었다.

3) 전쟁의 책임 전가와 파벌 제거

6.25 한국전쟁은 미국을 축으로 한 유엔군의 반격에 의해 김일성이 의도한 통일은 이루어지지 않았다. 그러나 한국전쟁을 통해 북한의 김일성은 현시적이거나 잠재적인 그의 정적들을 제거할 수 있는 기회를 확보하였다. 특히, 김일성과 박헌영이 서로 다른 이유와 배경

에 근거하여 한국전쟁을 지도하였다는 점은 이를 잘 뒷받침하고 있다. 전쟁 실패의 일차적인 책임은 당·정·군의 최고지도자 김일성의 몫이었다. 그렇기 때문에 김일성파의 헤게모니가 가장 세차게 도전을 받았다. 그러나 김일성파가 무장력을 거의 독점하고 있는 상황에서 다른 세력의 도전은 중국이나 소련의 적극적인 지원은 전제하지 않는 한 그 가능성은 희박했다. 오히려 김일성은 전쟁을 통하여 자연스럽게, 전쟁 이후에는 숙청을 통하여 그의 정적들은 하나씩 제거해 나갔다.

정전회담이 시작되고 한 달 반이 된 1951년 8월 31일 로동당 중앙정치위원회를 열고 '미해방지구에 있어서 우리 당 사업과 조직에 대하여'라는 결정서를 채택하였다. 그 내용은 "전쟁 시작 후 1년 이상 경과하였으나 빨치산 투쟁은 결정적 성과를 쟁취하지 못했으며 대중을 조직화하여 폭동을 일으키지 못했고 인민군 공격이 있었음에도 불구하고 국방군 내부에 '의거운동'과 와해를 일으키지 못했다. 이것은 당의 정치노선과 정책은 옳았는데 남한 안의 단체들이 잘못해서 그런 것이다"라고 하였다.[75] 김일성이 전쟁의 결과에 대한 책임을 박헌영에 돌리고자 하는 사전 작업이었던 것이다. 김일성은 전황이 그의 뜻대로 되지 않자 휴전을 원했고, '수십만 남로당원들의 봉기'를 호언장담했던 박헌영으로서는 휴전을 받아들인다는 것은 정치적 몰락을 의미했다.[76] 김일성은 박헌영의 빗나간 예상을 빌미로 삼아 자신의 책임은 면하고 정적인 박헌영과 남로당 계열을 제거하려고 하였다.

---

75 김남식, 『남노당 연구 Ⅰ』, 서울: 돌베개, 1984, p. 463.

76 김학준, 『한국전쟁』, 서울: 박영사, 1989, p. 313.

소련파와 연안파에 대한 숙청도 이루어졌다. 전쟁 중에 당조직을 담당한 허가이는 자살하였고, 연안파의 군사지도자 무정은 당적을 박탈당했다. 허가이는 전쟁 중의 당증분실문제에 지나치게 집착, 그것을 이유로 전쟁 이후 휴전회담 개최 전까지 무려 당원의 75%를 출당시켰다. 즉, 북한이 연합군에게 점령되었을 때 당증을 태우거나 묻어버린 사람들에게 새 당증을 발급하지 않았고, 처벌까지도 했다. 김일성과 허가이가 대립하게 된 중심적인 문제는 소련 스타일을 본떠 엘리트 공산당을 만드느냐, 아니면 소련 점령당국이 김일성에게 지시했듯이 대중적인 당을 만드느냐 하는 것이었다. 김일성은 허가이의 방침 때문에 당에서 쫓겨난 사람들의 대부분에게 복당을 허용했다. 1952년 12월 15일 당중앙위원회 제5차 합동회의가 열렸을 때까지는 추방되었던 당원들의 69.2%가 복당되었다. 그러나 허가이는 당 제1비서에서 해임되고 좌천되었으며, 1953년 8월 4일에 열린 당중앙위원회 제2기 6차 전원회의에서 허가이가 자살했다고 발표되었다.

무정은 해방 정국에서 항일투쟁과 팔로군 경력 때문에 인민들에게 김일성에 버금가는 명성을 가진 인물이었다. 그렇기 때문에 견제의 대상이었고 전쟁 중에 '봉건적 왕과 같은, 법을 무시한 군사적 만행'을 저질러 제2군단장에서 해임되었고, 제7군단장 직에서는 군의관을 총살해 물의를 일으킨 죄로 출당 조치되었다고 밝혔다. 그러나 김일성이 우선 연안파의 군사 지도자인 무정을 숙청한 데는 중국 인민군의 개입으로 말미암아 연안파가 고무되지 않을까 하는 두려움을 가지고 있었기 때문이다. 중국 지원군 사령관인 펑더화이와 무정은 대장정의 파고를 함께 넘은 동지였다. 무정의 명성에 중국의 지원이 더해지면 김일성에게 위협이 되는 것이었다. 또한 중국의 북한에 대한 과도한 영향력 증가를 막으려는 조치였다.[77] 김일성은 여러 가지 만행과 평양이 함락된 책임을 씌워 무정을 숙청한 것으로 보인다. 무정은 중국으로 갔다가 다시 돌아왔으나 전쟁 후에 병사했다.

김일성의 타 계파에 대한 숙청은 전쟁이 끝나면서 본격화되었다. 3년 동안 계속된 한국전쟁이 휴전으로 끝난 것에 대한 책임을 져야 할 '희생양'으로 국내파인 남로당 계열을 지목한 것이다. 1953년 초에 남로당 출신의 이승엽, 리강국을 비롯한 12명이 체포되었다. 이들은 김일성 정권의 전복을 시도하여 박헌영을 수상으로 추대하려는 음모를 꾸민 것으로 알려져 있다. 이들은 간첩죄를 포함한 세 가지 혐의로 기소되어 그중 10명은 사형이 선고되었다. 이러한 남로당계 수뇌급 외에 수많은 월북 남로당원들이 처단되거나 숙청되었다. 1955년 12월에 박헌영도 똑같은 죄목으로 기소되어 사형을 선고받았다. 간첩죄에 대해서는 많은 의문이 남아있으며, 쿠데타 음모에 대해서도 여러 상황을 종합해 볼 때 믿기가 힘들다. 이미 40년대 말에 헤게모니 투쟁에서 실패한 남로당 계열은 한국전쟁의 결과로 그들의 기반인 남쪽을 잃었기 때문에 손쉽게 제거되었다.[78]

한국전쟁이 북한정치에 미친 영향은 권력구조를 바꾸어 놓은 것이다. 전쟁 전의 북한의 권력구조는 연립형식의 김일성 우위체제였는데, 이는 전쟁 후 김일성 중심체제로 바뀌었다. 북한의 김일성 정권은 한국전쟁을 조국해방전쟁이라 하고, 그 모든 책임을 미국과 남

---

77 안문석, 『무정 평전』, 서울: 일조각, 2019, pp. 292-293.

78 권혁범, "북한의 정권수립 및 전개과정", 양성철·강성학 공편, 『북한의 외교정책』, 서울: 서울프레스, 1995, pp. 35-36.

한에 돌렸다.[79] 이를 계기로 김일성은 그의 반대세력 내지는 경쟁자들을 제거하고, 한국전쟁 수행과정상의 책임을 그의 정적들에 전가시켰다.

김일성은 한국전쟁 과정에서 북한 주민에 의한 공산정권 지지가 매우 자발적이고 일방적인 것이 아님을 알게 되었다. 이는 전쟁 수행 과정에서 북한 인민의 다수가 한국군이나 연합군에 협조하였으며, 많은 이들이 남하하였다는 데서 찾을 수 있다. 따라서 김일성을 중심으로 한 정치권력 세력은 정치사회화의 중요성을 절감하게 되었으며, 이로 인해 전후 북한 지도층은 김일성을 중심으로 한 정치교화 등 사상교육을 철저히 시행하였다. 그 과정에서 미국을 제국주의 국가로 지칭하며 그에 대한 반감을 조성하고, 미제와의 부단한 투쟁을 고취하였다. 또한 그러한 투쟁의 선봉장으로 김일성을 미화하고, 미 제국주의와 그 괴뢰정부인 남한 정부에 의한 북침 가능성을 선전하며 인민의 대동단결을 조성하였다. 6.25 한국전쟁은 북한 주민들 사이에 반미주의를 굳게 자리 잡게 하였다. 김일성은 이것을 더욱 조장하였다. 그는 '미 제국주의의 재침' 위험성을 강조하면서 '미 제국주의와의 투쟁'을 제1의 국사國事로 삼고, 자신을 '미 제국주의와의 투쟁'의 선봉장으로 상징조작하였다. 이러한 상징조작은 그

79 "조선인민의 철천지원쑤 미제침략자들과 그 주구 리승만괴뢰도당은 조국을 평화적으로 통일할데 대한 우리의 합리적인 방안을 거부하고 드디어 1950년 6월25일 불의에 공화국 북반부에 대한 무력침공을 개시하여 조선인민을 반대하는 침략전쟁을 일으켰다. 미제에 의하여 강요된 3년 동안의 전쟁은 조국의 운명을 좌우하는 판가리 싸움이었으며 우리 인민에게 있어서 가장 준엄한 시련의 시기였다"라고 하고 있다. 『정치사전』, p. 774. 또한 그 결과를 "경애하는 수령 김일성 동지의 탁월한 혁명전술과 현명한 령도에 의하여 정의의 조국해방전쟁은 1953년 7월 27일 조선인민의 위대한 승리로 끝났다"고 주장한다. 『정치사전』, p. 776.

의 독재체제를 정당화하는 중요한 도구가 되었다.

반미이념은 전쟁 이전부터 남반부를 미제 식민지 체제라 하여 이미 많은 북한 주민에 정치사회화되어 하나의 사상으로 자리 잡고 있었다. 여기에다 전쟁 중에 모든 북한 주민이 직접 체험한 역사적 경험은 이미 내면화되어 있는 사상을 검증시키는 역할을 했다. 전쟁 이전에 내면화된 반미사상, 전쟁을 통한 직접적인 미제의 실체 확인, 전시 또는 전후의 정치·사상 사업의 주요 내용으로 반미 적대감 확산의 선전·선동 사업은 전후 복구나 사회주의건설사업에 있어서 북한 주민을 자발적으로 참여시켜 건설혁명의 주체자로 성장시키고, 당과 정권을 중심으로 전체 인민을 똘똘 뭉치게 하여 정권 안정을 닦는 데 많은 기여를 했다.[80]

북한은 한국전쟁이라는 역사적 사건을 반미·반한의 중요한 정치사회화 매체와 내용으로 이용한다. 북한은 해마다「6.25 미제반대투쟁의 날」이라 하여 대대적인 군중 행사와 시위를 하고 있다. 휴전협정일을「조국해방전쟁 승리의 날」로 지칭하면서 의례적인 기념행사를 진행하면서 적개심을 고취시켜 왔다.

3. 김일성 중심의 권력체제

1) 김일성파의 당 장악과 투쟁

6.25 한국전쟁이 종결된 사흘 후인 1953년 7월 30일 북한은 당중앙

80 강정구, "한국전쟁과 북한사회주의건설", 손호철 외,『한국전쟁과 남북한사회의 구조적 변화』, 경남대학교 극동문제 연구소, 1991, p. 195.

위 비서이며 사법상인 이승엽을 비롯한 12명을 반역죄로 기소되었다. 이들은 전쟁 기간 동안 미국을 위한 간첩 활동 등의 죄목이었다. 박헌영도 당에서 축출되고 체포되었으나 이들과 함께 재판을 받지 않았다. 김일성은 전쟁의 책임을 누군가에게는 전가시켜야 했고, 그 주를 이룬 것이 박헌영을 중심으로 한 남로당 계열이었다. 북한에서는 1954년 3월 당 전원회의가 열려 전후인민경제복구건설을 성과적으로 수행하기 위해 산업운수부문 사업을 강화하고 개선을 논의하였다. 그 후에도 당중앙위원회 전원회의가 개최되었는데, 박헌영에게 사형을 선고한 재판이 진행되고 있던 때에도 전원회의가 열렸다. 1955년 12월 3일 김일성이 주재한 당중앙위원회는 전원회의에서는 ① 농촌경리의 급속한 복구 발전을 위한 로동당의 금후 투쟁대책에 관한 당중앙위원회 11월 전원회의 결정집행정형에 대하여, ② 당 제3차대회 소집에 대하여가 의정으로 상정되어 토의되었다. 여기에서 1956년 4월 당 제3차대회의 개최를 결정하였다.

당 제3차대회가 1956년 4월 23일부터 29일까지 개최되었다. 전쟁 후 처음 열린 당대회에는 소련과 중국의 대표단도 참석하였다. 소련 대표단을 이끌고 온 브레주네프L. Brezhnev는 당 제3차대회는 최고위층에서 말단에 이르기까지 모든 당조직에 레닌주의적 집단지도 원칙을 도입하는데 협력해야 한다고 하였고, 중국 대표도 전쟁 후의 조선 인민들의 노력을 치하했다.[81] 1956년 당 제3차대회를 계기로 김일성은 중앙위원회 위원장에 재선되었고, 조선민주당 위원장인 최용건은 직을 유지한 채 중앙위원회 부위원장에 선출되었다. 김일

81 서대숙 저, 서주석 역, 『북한의 지도자 김일성』, pp. 127-130.

성은 자신의 충복들을 당의 핵심 지위에 충원함으로써 자신의 당에 대한 지배권을 강화해 나갔다.

당 제3차대회에서는 로동당이 마르크스—레닌주의적 당임을 강조하면서, 조선인민의 혁명전통을 당 이념에 가미하였다. 김일성은 그의 보고에서 박헌영, 이승엽 등의 '종파분자들의 파벌투쟁'을 규탄하였으며, 당 사상 사업에서의 형식주의 및 교조주의 유해성을 경고했다. 김일성은 자신의 파벌을 당의 핵심 지위에 충원하면서 당의 지배권을 강화하였다. 행정권을 장악한 김일성파는 대회에 새로운 사람들을 당중앙위원회에 끌어들이면서 당 간부들을 대폭적으로 교체하였다. 당 제3차대회에서 당중앙위원회 정위원 71명 가운데 단지 28명만 재선되고 43명이 교체되었다. 당중앙위원회를 이끄는 지도부는 김일성, 최용건, 박정애, 박금철, 이종옥, 김창만 등 김일성의 추종자들로 배치되었다. 당정치위원회도 김일성을 제외하고 전원 교체되어 정위원 11명과 후보위원 4명 전원 김일성파로 충원되었다.

당 제3차대회를 마친 뒤 김일성은 1956년 6월 1일부터 7월 19일까지 소련을 비롯한 사회주의 9개국의 순방에 나섰다. 1957년부터 시작되는 경제계획을 효과적으로 추진하기 위하여 원조를 얻는 것이 주 목적이었다. 그러나 사회주의 국제 분업구조를 모색하고 있던 소련이 이보다는 자력갱생을 더 강조하는 북한의 독자적인 전후복구건설방식을 달갑지 않게 여기고 있었다. 결과적으로 성과를 거두지 못하고 돌아온 후 1956년 8월 30일부터 31일까지 당중앙위원회 전원회의가 열렸다. 김일성은 이 자리에서 자신의 해외순방과 다음 해 시작될 5개년 계획에 대해 보고하였다.

이에 소련과 밀접한 연관을 가진 김일성 반대파가 김일성의 개인숭배를 맹렬히 비난하면서 소련식 집단지도체제를 주장한 소위 '8월 종파사건'을 일으켰다. 김일성파의 반대파에 대한 당과 내각으로부터의 배제는 그들로 하여금 자신들의 입지가 더욱 축소될 수 있다는 위기감을 가져다주었고, 종파사건은 위기감의 표현이었다. 북한 정권의 위기였던 8월 종파사건은 결국 반종파투쟁으로 마무리 지음으로써 북한의 권력구조에 큰 영향을 미쳐, 김일성파는 대내적 권력기반을 확고히 다져갔다. 종파사건에 대해서는 이 책의 제4장 주체사상에서 상세하게 설명하고 있다.

북한에서는 1958년 3월 3일에서 6일까지 당 제1차 대표자회를 소집하여 종파청산을 공식적으로 선언하였다.[82] 여기에서는 그간의 종파투쟁을 마무리하고 제1차 인민경제 5개년계획을 중간 점검하였다. 당대표자회 이전 '8월 종파사건'과 그 후 '반종파투쟁'을 통해 종파주의자들을 모두 숙청함으로써 당에서 '사상과 행동의 통일'을 기할 수 있게 되었으니, 이제 중요한 과업은 제1차 5개년계획의 완수를 통한 '사회주의 공업화의 토대'를 놓는다는 것이었다.[83] 종파청산의 선언은 당과 정부기구뿐만 아니라 사회의 전 영역에 걸쳐 김일성의 전일적인 영향력 행사로 김일성 중심의 권력체제 형성을 의미하는 것이었다. 이렇게 구축된 대내적 기반을 발판으로 더욱더 민족자립경제, 대외적 자주성, 국방에서의 자위, 민족주체문제를 추구할

---

82 당대표자회는 당중앙위원회가 당대회와 당대회사이에 소집하는 회의로 당의 노선과 정책 등을 토의하고 결정하며, 중앙위원회 위원 등 중앙지도기관 성원들을 소환 보선할 수 있어 '임시 당대회'의 성격을 지닌다. 처음으로 1958년 3월 당 제1차 대표자회가 개최되었다.

83 백학순, 『북한 권력의 역사: 사상·정체성·구조』, 파주: 도서출판 한울, 2010, p. 543.

수 있었다.[84]

2) 당 제4차대회 김일성파의 완전 승리

1961년 9월 11일부터 18일까지 열린 당 제4차대회는 모든 파벌이 제거된 김일성파 승리의 집회로, 북한에서 김일성 중심의 권력체계가 완전하게 성립한 계기가 되었다. 이 대회는 당의 역사상 최대 규모로 치러졌고, 32개 국가와 공산당을 대표하는 많은 외교사절단이 참석했는데 거기에는 소련의 코즐로프Frol R. Kozlov와 중국의 덩샤오핑鄧小平도 포함되어 있었다. 김일성의 절대적 권력과 각국 공산당들의 독자성을 강조하는 국제공산주의운동의 조류가 로동당에도 불가피하게 반영되었기 때문인지, '마르크스-레닌주의의 창조적 적용'과 '항일무장투쟁의 혁명전통'이 강조되는 변화가 나타났다.[85] 당 제4차대회는 로동당이 '조선공산주의자들의 항일무장투쟁에서 이룩한 영광스러운 혁명전통의 직접적 계승자'임을 명시함으로써, 마르크스-레닌주의와 함께 소위 김일성의 항일빨치산 혁명전통을 당의 이념으로 규정한 것이었다.

당 제4차대회는 김일성과 그의 집단에게 새로운 시대를 열어 주었다. 실제로 김일성은 승리자답게 그동안 자신의 승리를 철저히 뒷받침해 준 빨치산파를 권력구조의 중심부로 크게 진출시켰다.[86] 당

---

84 강정구, "한국전쟁과 북한사회주의건설", p. 200.

85 전인영, "조선노동당: 북한 사회의 지도세력", 전인영 편, 『북한의 정치』, 서울: 을유문화사, 1990, p. 207.

86 김창희, 『북한정치사회의 이해(제4판)』, p. 61.

제4차대회에서 당중앙위원회 위원은 총 85명으로 구성되었는데, 57명이 새로이 선출된 인물들이었다. 이들은 거의 만주에서 항일빨치산 활동을 했거나, 이와 연계되어 비밀조직에서 활동하던 사람들이었다. 즉, 당중앙위원으로 선출된 사람들은 대부분 만주지역에서 태어나 항일빨치산 활동을 한 인물들이었고, 일부 토착 공산주의자들은 그들에 충성한 사람들이었다. 1946년 당 제1차대회에서 4명의 중앙위원으로 출발했던 빨치산 출신의 세력은 15년 만에 다른 파벌들을 모두 제거하고 당을 독점하게 되었다.[87]

이렇게 항일빨치산 세력이 권력을 독점하게 되면서 가장 중점을 둔 것은 국방력 강화였다. 김일성은 1962년 12월 10일부터 14일까지 열린 조선로동당 중앙위원회 제4기 5차 전원회의에서 '조성된 정세와 관련한 국방력 강화문제'를 제기했다. 여기에서 내려진 결론은 국방에서의 자위였으며, 이 원칙에 따라 전인민의 무장화, 전지역의 요새화, 전군의 간부화, 장비의 현대화라는 '4대군사노선'이 채택되었다.

한편 북한에서도 역시 주민들의 지지를 확보하기 위한 최우선 과제는 지속적인 경제발전이었다. 북한에서는 1961년 9월 제1차 7개년 계획(1961-1967)이 발표되었는데, 기본 정책목표는 ① 중공업의 우선적 발전, ② 경공업과 농업의 병행 발전, ③ 전체적 기술혁명, ④ 문화혁명과 인민생활의 향상 등이다. 그러나 1962년 쿠바사태를 계기로 군사력 증강의 필요성을 느껴 4대군사노선을 채택한 것이다. 이 결과 국방건설과 경제발전의 병진정책을 추진해 나갔다. 북

87 전용헌, "북한의 정치체제", 이은호·김영재 공편, 『북한의 정치와 사회』, 서울: 서울프레스, 1994, p. 219.

한은 남한의 자본주의 경제보다 그들의 사회주의경제가 우월하다는 것을 끊임없이 입증하고자 했으며, 이를 사회화시켜 나갔다.

북한의 경제계획은 단순한 경제분야에서만의 계획이 아니라 사회 전반을 대상으로 한 것이었다. 7개년 계획기간에 사회주의를 보다 공고히 하고 사회주의가 지향하는 목표를 실현하기 위해 사회 전 분야를 개조시키는 체제 내적 혁명을 추진한 것이다. 특히 1950년대 후반부터 시작한 천리마작업반운동 등을 통하여 당과 김일성에 대한 충성심 고양, 군사력 강화, 경제 관리에서 당과 정부기관에 의한 통제 등, 사회전반을 조직화하고 동원화하는 체제개조에서 큰 성과를 이루었다.[88] 이렇게 해서 제1차 7개년 계획이 완수된 1960년대에는 전 주민이 하나의 군대로 개조되었다. 즉, 전 사회는 마치 거대한 전선처럼 경제건설을 이룩하기 위해 군대화된 것이다. 모든 공장은 전장이고, 모든 노동자는 군인이고, 전사자이며, 그 모든 승리는 생산목표를 초과 달성함으로써 이룩되는 것이었다.[89]

---

88 천리마 운동이 '천리마작업반운동' '천리마 학교운동' '천리마 속도' '천리마 영예상' 등 다양한 형태로 전개되었다. 특히 "천리마작업반운동은 생산과 생활의 거점인 작업단위로 전체 근로자들이 〈공산주의적으로 일하며 배우며 살자!〉는 공산주의적 대약진운동으로, 이 운동은 근로자들의 혁명화와 로동계급화를 다그치는 대중적 운동이다"라 하고 있다. 『정치사전』, p. 1109.

89 백인학, "북한 사회주의의 건설과정", 이은호·김영재 공편, 『북한의 정치와 사회』, 서울: 서울프레스, 1994, pp. 170-171.

제5절 김일성 유일체제 형성의 정치과정

1. 당 제2차 대표자회와 자파 숙청

1966년 10월 5일부터 12일까지 로동당 제2차 대표자회가 열렸다. 이와 함께 개최된 로동당 중앙위원회 제4기 14차 전원회의에서는 김일성의 로동당 내의 위치를 더욱 확고히 하는 작업이 이루어졌다. 당중앙위원회 정치위원회 안에 김일성을 수반으로 하는 상무위원회를 설치하였다. 또한 당중앙위원회 하에 비서국을 설치하고, 중앙위원회 위원장 및 부위원장의 직제를 총비서·비서직제로 개편하였다.

당 제2차 대표자회가 소집된 이유 중의 하나는 당 제4차대회에서 추진한 경제계획이 예정대로 끝나지 못하게 되었기 때문이었다. 북한이 경제와 국방의 병진노선을 추진하였으나, 군사분야를 추진하는 경향은 경제발전을 저해하게 되었다.[90] 그럼에도 불구하고 김일성은 4대군사노선을 강조하였다. 베트남전쟁의 격화에 따른 국제정세와 '대국주의 횡포'로 조성된 국방력 강화가 더 필요하다고 하여 4대군사노선을 정식화하였다. 이는 경제와 국방의 병진노선에 대한 재확인을 의미하는 것이었다. 여기에서 정식화된 4대군사노선이란 전인민의 무장화, 전국토의 요새화, 전군의 간부화, 그리고 전군의 현대화이다. 전인민의 무장화는 군인, 노동자, 농민을 막론하고 전인민은 국방에 공헌해야 한다는 뜻이다. 이러한 군사노선은 노동자

90 이 회의에서 제1부수상 김일은 국방비 부담이 너무 커서 7개년 계획에 차질이 있었다고 보고한 뒤, 3년 더 연장할 것을 제의하였다.

와 농민으로 구성된 적위대를 만들었고, 정규 인민군뿐만 아니라 청년들을 동원하여 '붉은청년적위대'를 창설하였다.[91]

북한은 대내외적 환경의 변화 속에 1967년에 들어서 권력 핵심부에 노선 갈등이 일어났다. 3월 소집된 중앙위원회에서 김일성파를 지원하고 충성했던 박금철과 이효순, 김도만 등의 갑산파 세력이 숙청되었는데, 이들은 인민의 생활이나 경제생활을 희생하면서까지 군사화 노선을 강화하는데 비판적이었다. 이 숙청의 대상은 연안파와 소련파를 숙청하는 데 앞장서 그 역할을 수행했던 갑산파로 김일성 유일체제 확립에 방해가 되었기 때문이다. 갑산파 숙청 후 정책노선에 이견을 보이던 당의 사상, 문화담당 간부들로 까지 파급되었는데, 여기에는 정치적으로 크게 부상한 항일빨치산 세력도 포함되었다. 북한에서의 김일성의 지위는 그 누구도 감히 도전을 생각할 수 없을 만큼 공고해졌다. 이러한 과정을 통해 김일성 유일지도, 유일사상체계가 완성되었다.

2. 김일성 유일체제 형성과 당 제5차대회

1967년 5월의 당중앙위원회 제4기 15차 전원회의에서는 〈당의 유일사상 체계 확립문제〉를 토론하였다. 여기에서부터 '수령 김일성'을 보편적으로 사용하게 되었는데, 유일사상은 주체사상이고 수령의 지도사상이라는 것이다. 당뿐만 아니라 국가기구에도 김일성 유

91 서대숙, 『현대 북한의 지도자』, 서울: 을유문화사, 2000, p. 115.

일체계가 형성되었다. 이승현은 1967년 이전에는 존재하지 않았던 김일성 중심의 수령제가 1967년 태동했다고 주장한다.[92] 북한의 정치사를 살펴보면 이때부터 파벌들이 완전히 척결되고 김일성 유일 지배가 실현되었다. 1967년 5월 당중앙위원회 제4기 15차 전원회의에서 유일사상이라는 말을 처음 사용하였고, 12월의 최고인민회의 제4기 1차회의에서 "주체사상이 공화국정부의 모든 정책과 활동의 확고부동한 지침"이라고 선언하였다. 김일성 유일체제와 유일사상체계는 수령제로 가는 결정적인 계기가 되었다. 이때를 전후로 하여 북한 권력구조에 질적인 변화를 가져왔으며, 그 변화는 수령제로 귀결되었다.[93]

1967년 11월 25일 제4기 최고인민회의 대의원선거에서 457명의 대의원이 탄생했다. 형식상 국가원수에 해당하는 최고인민회의 상임위원회 위원장 최용건, 부위원장에 홍명희, 박정애, 강양욱, 리영호가 선출되었다. 최고인민회의 제4기 1차회의에서 김일성이 수상에 다시 임명되었고, "위대한 수령 김일성동지에게 조선민주주의인민공화국 새 내각 조직안을 본 회의에 제출할 것을 위임한다"고 결정했다.[94] 그리고 1968년 4월 당중앙위원회 제4기 17차 회의에서, 김일성 수령의 혁명사상만이 조선로동당의 유일사상으로 규정되었다.

김일성 유일지배체계가 구축된 이후 1970년 11월 2일 당 제5차대

---

92 북한에서 김일성을 '수령'으로 부른 것은 1966년 10월 5일 당 제2차 대표자회를 앞둔 며칠 전 김일성종합대학 창립 20주년을 맞아 당시 총장이던 황장엽이 연설한 이후부터라고 한다. 백학순, 『북한 권력의 역사: 사상·정체성·구조』, p. 643.

93 이승현, "갑산파의의 숙청과 수령제 형성", 북한연구학회편, 『북한의 정치 1』, 서울: 경인문화사, 2006, pp. 347-371.

94 백학순, 『북한 권력의 역사: 사상·정체성·구조』, p. 644.

회가 개최되었는데, 당규약 개정과 당 중앙지도지관 선거가 주요 의제였다. 김일성의 유일지도와 유일사상이 당규약에 "맑스—레닌주의와 맑스—레닌주의를 창조적으로 적용한 김일성동지의 위대한 주체사상을 자기지도적 지침으로 삼는다"고 규정되었고, 김일성은 총비서로 선출되었다. 이렇게 북한은 당이 중심이 되어 국가를 통치하는 정치체제를 완성시켜 놓았다. 즉, 당·국가체제를 의미하고 있는 것으로 당의 결정이나 결의가 국가기구의 정책결정보다 우선한다는 것을 말해준다. 북한의 정치에서 이렇게 제도적으로 설명할 수 없는 것이 바로 인치성이고, 바로 여기에는 수령 김일성이 있다.

1970년 11월 2일에서 13일까지 열린 제5차대회에서 당 규약에 "맑스—레닌주의와 맑스—레닌주의를 우리 나라 현실에 창조적으로 적용한 김일성동지의 위대한 주체사상을 자기활동의 지도적 지침으로 삼는다"고 규정하였다. 1967년을 계기로 확립된 '유일사상'으로서의 김일성의 주체사상을 당규약에 보다 분명하게 표명한 것이다. 당 구성에 있어서는 김일성의 친위세력과 기술, 관료출신의 전문엘리트를 당 정치위원회 및 당중앙위원회에 포진시켰다. 정치위원회의 경우 당 제2차 대표자회때 만들어진 상무위원회는 폐지되고, 11명의 정위원을 선출했는데, 김일성, 최용건, 김일, 최현 4명만 재선되었고 7명은 모두 탈락했다. 새로 뽑힌 7명 가운데 빨치산 출신은 오진우 하나뿐이었다. 당 제5차대회의 당조직 문제에서 중요한 것은 당중앙위원회 비서국의 역할과 위상을 강화시킨 것이다.[95] 비서국 비서에는 총비서 김일성, 그리고 10명의 비서 중 최용건과 김

95 비서국의 권한이 "간부문제, 당내문제 및 그 밖의 당면문제를 정기적으로 토의 결정하며하며 그 결정의 집행을 조직지도"하는 것으로 강화하였다.

일, 김영주만이 다시 선출되었는데, 그 당시에는 김영주가 김일성의 후계자처럼 보였다. 또한 당 제5차대회에서는 당중앙위원회에 군사위원회가 신설되어, 군사부분을 지도하는 당 최고기관이 새로 생겨나기도 하였다.

1971년 11월 23일 당중앙위원회 제5기 3차 전원회의에서 김일성은 당 일꾼들의 '당성'을 높이기 위한 투쟁을 주문하면서, 당성이란 '수령에 대한 충실성'이라고 규정했다. 당은 수령의 혁명사상을 실현하기 위한 선봉적 조직체이기 때문에, "당에 대한 충실성은 곧 수령에 대한 충실성이며 수령에 대한 충실성은 곧 당에 대한 충실성"이라고 하였다.[96] 이렇게 당과 수령의 관계를 부각시키면서 수령은 당·정·군의 3대 권력기관 위에서 절대적인 지위를 갖고 결정적인 역할을 하게 되었다.

이러한 여러 가지 당의 역할 강화에도 불구하고, 김일성 유일영도와 유일사상 체계의 확립은 1972년 '주석제 헌법'으로 완성되었다. 북한의 모든 권력이 김일성 주석으로 옮겨가면서 당은 힘을 잃었다. 북한에서 김일성을 "조선로동당 총비서이시며 조선민주주의인민공화국 주석이시며 조선인민군 최고사령관이신 우리 당과 우리 인민의 위대한 수령 김일성동지"라고 호칭했다.

---

96 백학순, 『북한 권력의 역사: 사상·정체성·구조』, p. 644.

제2장

정치권력승계와 후계체제론

—

제1절 권력승계의 이론적 배경

북한의 정치과정에서 가장 중심적인 키워드는 정치권력승계 문제이다. 북한은 수령제하에서 수령의 후계자를 내세우며 권력승계의 논리를 내놓았다. 후계자 문제는 정치적 수령의 지위 역할을 계승하는 문제이고, 이는 후계자가 수령의 대를 잇는 당과 인민의 영도자가 되는 것이다. 김일성－김정일－김정은으로 이어진 백두혈통으로의 승계는 일반적으로 세습이라고 하는데, 북한에서는 이를 강하게 부정하고 있다. 수령과 혈연관계에 있는 걸출한 인물이 후계자로 추대되는 경우를 두고 세습제라고 악평하는데, 이는 매우 비이성적이고 반역사적인 사고라는 것이다.[1] 여기에서는 북한의 후계자론을 중심으로 정치권력의 승계문제를 다룬다.

1 김재천, 『후계자문제의 이론과 실천』, 1989, p. 44.

1. 정치권력의 정통성과 전통적 지배

정치체제의 구조와 성격이 정치권력의 성격을 방향지우는 것이 일반적이지만, 정치권력 1인이나 소수에게 독점된 경우에는 권력이 체제 자체를 구속한다. 다원주의 민주사회에서는 합법적인 제도화를 통하여 정치권력이 이전되지만, 권위구조의 다원성이 보장되지 않고 합리적 이전장치가 없는 체제에서는 다른 양상을 보여준다. 경쟁성을 바탕으로 하지 않는 정치권력은 후견성을 바탕으로 구조화된다. 후견성이 강하게 작용하는 경우는 권력승계가 혈통요인에 따라 추진될 때이고 이를 세습적 승계라 한다. 권력의 세습화는 군주주권의 산물로 세습 자체가 정통성이 되는 것이다.[2]

여기에서는 먼저 베버M. Weber가 주장한 정치권력의 정통성의 유형 중 전통적 지배에 대하여 살펴보고, 북한이 후계체계의 정당성을 확보하기 위하여 내세워 왔던 지도자론도 분석해 본다. 베버의 지배유형은 어떤 기존 질서에의 복종을 명령하는 공개적으로 선언되고 받아들여진 요구를 다루고 있다. 여기에서 전통·신념·합법성을 가장 중요한 가치로 보고, 형태와 정당성을 중심으로 지배의 유형을 전통적, 카리스마적, 합리적으로 나누어서 놓고 있다. 베버는 근대국가의 두드러진 특징이 정당성의 합리적·법적 기반에 있다고 지적하고, 정당성의 다른 두 기반인 전통적 정당성과 카리스마적 정당성을 비교하여 설명하였다. 정당성의 유형은 본질적으로 규범의 원리이며 복종의 현실적인 동기 내용보다는, 통치의 명령에 대한 순종을

2 이우정, 『권력승계와 정당성: 사회주의체제의 정치변동』, 서울: 신양사, 1997, p. 103.

규칙적으로 또 공개적으로 정당화시키는 도리를 말한다고 한다.[3] 합리적·법적 정당성은 특정 권위에 명령권을 부여하는 발효된 법령을 준수하는 복종을 바탕으로 한다. 이에 반해 전통적 정당성은 "복종은 발효 중인 법이 아니라 전통에 의한 지배적 지위를 점령한 사람이나, 전통적 지배자에 의해 그 자리에 발탁된 사람을 향하게" 된다.[4]

베버는 근대국가라면 합법적 지배를 바탕으로 이루어져야 한다고 생각했고, 그러므로 전통적 지배로부터 합리적인 지배로 발전되었다고 규정하였다. 현대의 여러 국가들은 정치권력의 정당성의 기반을 합리적·법적 지배에 두고 있다. 정치권력의 이전도 합법적인 제도화를 통하여 이루어지고 있다. 그러나 군주국가가 아니면서도 아직도 정치권력을 전통적 지배논리에 의하여 승계하는 국가가 있고, 그 대표적인 예는 북한에서 찾아볼 수 있다. 북한은 헌법상 왕권 국가는 아니기 때문에 군주국가로 분류할 수는 없지만, 그러한 행태를 보여주고 있다.

2. 북한의 전통적 지배와 세습

북한이 사회주의를 표방하면서도 국가를 '사회주의 대가정'으로, 김일성을 '어버이'로 부르는 등 가부장적인 정치문화를 가지고 있다.

---

3 이종수 편, 『막스 베버의 학문과 사상』, 서울: 한길사, 1983, p. 168.

4 전통적 권위에 대한 복종은 상황에 따라 다르겠지만 "나의 아버지에게 받아들여질 수 있었던 것은 나에게도 충분히 받아들여질 수 있다"거나, "그렇게 일이 처리되어 갔지 않았느냐"는 논리에 의해 공식적으로 정당화 된다. 이종수 편, 『막스 베버의 학문과 사상』, pp. 168-169.

김일성 시대에 북한은 매스 미디어를 통해 "김일성 수령의 온 가족은 대를 이어 오면서 모두가 혁명가족이다. 세계의 모든 인민들이 그 가정의 력사 대대로 내려오는 일가의 투쟁력사를 따라 배우는 것은 응당한 일이다. 이처럼 빛나는 가정을 모신 우리 인민을 세계인민들이 한없이 부러워한다. 그렇기 때문에 우리는 이 일가에 충성을 다해야 한다"고 한다.[5] 이는 어찌 보면 김일성은 새로운 왕가를 형성하였고, 통치자에 대한 절대적 충성심을 보여 후계로까지 이어지고 있다는 것을 말하려는 것이었다. 오늘날에도 로동신문 기사에서 김정은을 '자애로운 우리의 어버이'라고 호칭하기도 한다.[6] 이렇게 볼 때 왕조시대 국왕의 직위를 가지고 역할을 수행하는 것이 북한의 수령인 것이다. 또한 왕권도 세습되는 것처럼 수령도 세습된다는 것이다.

북한에서는 전통적 정치문화에서 왕권의 적장자 상속을 혈통 계승 내지는 수령 후계자로 전이시켰다. 수령에게 끝없이 충실해야 수령의 후계자가 지니고 있는 역사적 사명을 원만히 수행할 수 있고, 수령의 혁명위업을 대를 이어 계승해 갈 수 있다는 것이다. 이와 같이 북한에서는 김정일 권력승계의 당위성을 강조하였다. 김일성이 사망한 후에 유훈통치를 강조할 수 있었던 것도 이런 맥락으로 볼 수 있다. 김정일 체제는 수령이 보유했던 수령의 지위와 역할을 그대로 승계받은 후계체제에 기반을 두었고, 김정은 체제에서도 계속 이어지고 있다. 북한에서 "수령의 후계자는 곧 미래의 수령이다. 따라서

---

5 『평양방송』 1977.09.02. 재인용; 유석렬, "김일성 개인 숭배 및 권력승계", 전인영 편, 『북한의 정치』, 서울: 을유문화사, 1990, p. 291.

6 『로동신문』 2020.03.19.

수령의 지위와 역할은 그 후계자에 의하여 변함없이 계승되어야 한다"고 한다. 북한은 군주국가가 아니지만 김일성으로부터 김정일로 정치권력의 이전은 대표적인 세습에 의한 것이었다.

김일성에서 김정일로의 권력 이전은 '유훈통치'라는 것에서 보여준 바와 같이 세습에 의한 것이었고, 김정일이 사망하면서 김정은이 이어받는 3대 세습의 후계정치가 이어졌다. 북한은 김정일 사후 '역사적시기에 김정일동지를 단결의 중심 영도의 중심으로 모시고 백두혈통을 굳건히 고수하여 왔다'면서, '오늘 우리의 일심단결의 역사와 전통은 꿋꿋이 이어져 김정은동지가 대를 이어 계승되는 우리 일심단결의 중심이다'라고 하였다.[7] 물론 이렇게 혈통에 의한 계승을 내세우면서도, 당이나 국가기구에 의한 추대라는 제도화를 통해 세습이라는 전통적 지배를 합법화하여 정당성과 정통성을 부여하고 있다.

3. 북한에서 후계자론

북한은 권력세습의 이론 전개와 후계체제의 정당성을 확보하기 위하여 이른바 '지도자론'이라는 교리를 나름대로 체계화하여 김정일 후계 지위의 정당성을 인식시키기 위한 노력을 집중하여 왔다. 김정일이 김정은을 지도자로 만들기 위한 후견 기간은 짧았지만, 그 근간은 김일성-김정일로 이어지면서 제시했던 논리를 답습하였다.

---

7 『로동신문』 2012.01.09. 1.

북한에서는 김정일의 수령승계를 가능케 하고 정당화한 이론으로 수정된 과도기론, 계속혁명론, 혁명전통계승론, 후계자론을 내세웠다.[8] 이들 중 김정일과 김정은에게 공통적으로 적용될 수 있다고 생각되는 혁명전통계승론과 후계자론에 대하여 살펴본다.

혁명전통계승론은 수령이 개척한 혁명위업은 한 세대에서 끝나는 것이 아니라, 대를 이어 나가야 완수될 수 있다는 논거이다. 혁명투쟁이 장기성을 띠고 진행되므로 계승성을 보장하며 계승의 대를 순결하게 이어주는 것이 중요하고, 혁명의 대를 이어주는 핏줄기가 혁명전통이라는 것이다.[9] 이 혁명전통의 계승문제는 후계자가 될 김정일에게 맡겨졌고, 김정일이 주도적으로 해결했다는 것이다. 북한에서는 김정일이 혁명전통의 순결성을 보장하고 혁명전통교양사업을 강화하는데 관심을 두었다고 하면서, 이에 대하여 다음과 같이 발언했다고 한다. 즉, "수령께서 이룩하신 혁명전통은 우리 혁명의 만년초석이며 우리 혁명의 명맥을 이어주는 피줄기입니다"라고 하면서, "혁명전통은 오직 대를 이어가면서 순결하게 고수하여야 합니다"라고 했다.[10]

북한에서 후계자론이 등장한 것은 1971년 사회주의로동청년동맹 개막연설이다. 여기에서 김일성이 새로운 세대들이 혁명을 계속해 나가야 한다고 했는데 이는 후계문제를 염두에 둔 것이다.[11] 일반적으로 후계자론에서 내세워진 것은 혁명계승론, 세대교체론, 역사적

---

8 백학순, 『북한 권력의 역사: 사상·정체성·구조』, 파주: 도서출판 한울, 2010, p. 649.

9 혁명전통은 김일성 이외의 어떤 계파나 혁명전통을 인정하지 않고 오직 길일성의 항일빨치산혁명에 기반을 둔 전통을 의미한다.

10 『선군태양 김정일장군 1』, 평양: 평양출판사, 2006, pp. 387-388.

11 이교덕, 『북한의 후계자론』 연구총서 03-12, 통일연구원, 2003, pp. 27-28.

준비단계론, 김일성 화신론이었고, 여기에 따르면 김정일이 아닌 다른 인물은 후계자가 될 수 없다는 논리였다. 리진규의 『주체의 정치론』의 제V편의 지도자론에서는 최고지도자인 수령은 정계의 정점에 서있고 인민대중의 최고 뇌수라고 주장하고 있다.[12]

수령의 후계자는 반드시 세 가지 조건을 갖춘 사람만이 추대될 수 있으며, 추대되어야 한다고 말하고 있다.[13] 첫째는 수령에게 끝없이 충실할 것, 둘째는 온 사회에 대한 정치적 영도를 원만히 실현할 수 있는 품격과 자질, 셋째는 정치실현과정에서 쌓아 올린 공적으로 인하여 절대적 권위를 얻는 것이라 하였다. 그러므로 "수령의 직접적 계승자는 오직 수령의 혁명사상을 가장 완벽하게 체현體現하고 그것을 관철하기 위하여 한목숨 바쳐 투쟁할 각오가 되어 있으며 탁월한 영도력과 천재적 예지를 가진 사람만이 될 수 있습니다"라고 하면서, 그게 바로 김정일이라는 것이다.[14] 북한의 여러 문헌에서 주장하고 있는 후계자는 '충성의 귀감, 비범한 예지, 탁월한 영도력, 고매한 덕성'을 가져야 한다고 하였고, 김정일을 '충실한 혁명가, 예지의 체현자, 탁월한 영도력이 있는 덕성의 지도자'라 하였다. 결국 "친애하는 지도자 김정일동지께서 정치적수령의 후계자로 높이 추대되심으로 하여 조선에서는 정치적령도의 계승문제가 만족스럽게 해결되었다"고 하였다.[15]

김정일은 그의 생전에 "수령님께서는 나의 사상이나 성격, 취미와

12 리진규, 『주체의 정치론』, 동경: 구월서방, 1988, pp. 458-459.
13 리진규, 『주체의 정치론』, p. 474.
14 북한사회과학원 철학연구소, 『철학사전』, 서울: 도서출판 힘, p. 408.
15 리진규, 『주체의 정치론』, p. 477.

습관을 두고 신통히 백두산을 닮았다고 하시었는데 우리 대장은 나를 닮았습니다. 우리 대장의 정신과 기질은 백두산의 정기와 기상 그대로입니다"라 하였다.[16] 그는 "김정은동지가 있어 우리 혁명, 우리 사회주의는 끄떡없으며 우리 조국의 미래는 끝없이 밝고 창창합니다"라고, 김정은을 치켜세웠다.

이렇게 볼 때 혁명전통론과 후계자 논리는 김일성–김정일 승계과정에서 북한이 내놓은 논리였지만, 김정은으로의 승계문제도 그 연장선상에서 볼 수 있다. 김정일 사후에 출간된 저서에서 '김정일의 위대한 계승자 김정은'은 '충정의 역사' '계승의 역사' 속에 있다고 하면서, '고결한 충정과 숭고한 도덕의리, 탁월한 사상이론적 예지와 비범한 군사적 풍모'를 지니고 있어 선군위업을 빛나게 계승하고 있다'고 하였다.[17] 김정일에게 맞춰 제기된 후계자론을 김정은에게도 그대로 적용시켜나갔는데, 여기에서 특히 강조한 것은 선군혁명전통과 백두혈통에 의한 계승이었다.

—

제2절 김일성·김정일·김정은의 가계와 성장

1. 김일성의 가계

북한의 역사가들은 김일성의 12대조가 전라북도에서 평양으로 이

16 『위인 김정일』, 평양: 외국문출판사, 2012, p. 354.

17 『위인 김정일』, p. 355.

주했다고 추적하고 있다. 김일성은 회고록에서 "우리 가문은 김계상 할아버지 대에 살길을 찾아 전라북도 전주에서 북으로 들어왔다고 한다"고 하면서, 증조할아버지(김응우) 때인 1860년대에 만경대로 이사해 왔다고 한다.[18] 2000년 남북정상회담 이후 남북 간에 화해 분위기가 조성되면서, 김정일의 초청으로 남한의 언론사 사장단이 방북한 일이 있다. 이 자리에서 방문단 일행은 김정일에게 "국방위원장의 시조인 전주 김씨 묘가 잘 보존돼 있다"고 하자, "남쪽에 가서 그곳에 갈 수 있으면 시조 묘를 참배하겠다"는 이야기를 했다는 보도가 세간의 화제가 되기도 하였다.

대대로 소작살이를 하다 보니 집안은 어려웠고 할아버지(김보현) 밑에 아들과 딸 6남매를 두었다. 그의 아버지 김형직(1894-1926)과 어머니 강반석(1892-1932)의 슬하에는 3형제가 있었다. 김일성은 원래 이름은 성주로 나라의 큰 기둥이 되라고 그렇게 지었고 동생으로 철주와 영주가 있었다. 김철주(1916-1935)는 김형직의 둘째로 태어나 형을 도와 항일무장투쟁을 하다가 1935년 일제 토벌대와 격전에서 사망했다고 한다. 셋째인 김영주(1920년생)는 해방 후 소련에 유학하여 모스크바 종합대학 정치경제학부를 졸업하고 모스크바 정치대학에서 석사학위를 받고, 1953년 평양에 돌아와 당에서 북한 정치의 핵심세력으로 성장했다.

김형직은 평양의 숭실학교에 다녔는데, 학교를 중퇴한 것은 혁명

---

18 "증조할아버지는 남의 묘를 봐주는 산당지기였으나 나라와 향토를 열려 사랑하는 분이였다"면서, '〈샤만〉호 대동강을 거슬러 올라와 정박했을 때 증조할아버지는 미제침략자들을 맞아 마을사람들과 함께 싸운데 크게 한몫을 했다'고 한다. 『김일성전집 95』, 평양: 조선로동당출판사, 2011, p. 8.

활동 무대를 확대하면서 본격적인 실천 투쟁을 벌이기 위해서라 했다.[19] 김형직에 대해서는 조선국민회를 결성하고 활동했다고 한다. 이렇게 북한에서는 김일성 가계를 항일혁명 가계로 우상화 작업을 진행시켜왔다.[20] 김형직은 32세의 나이에 만주에서 사망하는데, 한약업에 종사하면서 가계를 꾸렸다. 강반석은 1926년 남편이 세상을 떠나자 극심한 생활고에 시달리면서도 김일성만은 중학교 공부를 시키라는 유언에 따라 온 힘을 기울였다고 한다. 북한에서는 "강반석녀사께서는 자제분들을 훌륭한 혁명투사로 키우시여 조선혁명에 다 내놓으셨을 뿐 아니라 조선혁명의 승리를 위하여 자신의 모든 것을 다 바친 열렬한 공산주의자이시며 탁월한 녀성정치활동가이시다"라고 쓰고 있다.[21]

김일성은 일곱 살 때인 1919년 아버지가 만주로 이주하였기에 어머니 동생과 함께 만주로 갔다. 회고록에서 아버지는 혁명을 위하여 만경대를 떠났다고 하고 있다. 김일성은 만주로 이전한 2년 후에 그곳의 8도구 소학교에 입학했다. 그러나 부모가 고국에 돌아가 학교에 다녔으면 하는 뜻에 따라, 김일성은 혼자 1923년 고향으로 돌아와 그의 외가에서 창덕소학교에 다녔다. 김일성이 13살이 되던 1925년 아버지의 병세 때문에 다시 만주로 건너갔고, 거기에서 무송소학교를 졸업했다. 그는 화성의숙에 입학했으나, 아버지가 세상을 떠나자 이 학교를 나왔다.

---

19 『김일성전집 95』, p. 23.

20 김일성은 그의 아버지의 죽음에 대해 "일생을 독립운동에 바쳐온 아버지는 이역에서 32살에 세상을 떠났다"고 회고록에 적고 있다. 『김일성전집 95』, p. 8.

21 『정치사전』, p. 20.

김일성은 증조할아버지 때부터 항미투쟁을 했고 할아버지와 할머니는 고향을 지키면서 자신에게 혁명정신을 불러일으켜 주었으며, 아버지는 망국의 한을 품고 일생을 혁명에 바친 분이라 하여 자신의 가계를 혁명가계라 하였다. 김일성은 이러한 정신을 이어받아 1926년 '타도제국주의동맹' 결성모임에서, 이를 결성하는 것은 "일본제국주의를 타도하기 위한 판가리싸움의 선포이며 모든 제국주의와 대결의 선언입니다"라고 했다는 것이다. 김일성은 1927년 길림성의 중국인 학교인 위원毓文중학교에 입학하였다. 위원중학 시절인 1929년 가을에 김일성은 반일 활동으로 중국군벌당국에 체포되어 수개월 감옥살이를 하였기 때문에, 더 이상 학교를 다닐 수가 없었다. 이것으로 김일성의 정규 교육은 끝이 났다. 감옥을 나온 후 김일성은 길림성에 있는 국민부 산하의 청년조직 단체에서 활동하였다. 그의 이름 김성주를 김일성으로 바꾼 것도 이때였다.

제1장에서 김일성이 만주에서 항일무쟁투쟁을 한 것에 대해 서술하였다. 김일성은 더 이상 만주에서 유격활동을 할 수 없게 되었다. 일본 관동군은 1939년 말부터 1941년 사이에 항일유격대에 대한 대규모 토벌작전을 전개하였기 때문이다. 이러한 상황 하에서 항일유격대들은 소련으로의 이동을 결정하였고, 김일성도 소련으로 이주하게 되었다. 이때 김일성은 유격대의 여전사인 김정숙과 결혼을 하였다. 김정숙은 김일성보다 7년 늦게 함경북도 회령에서 가난한 농부의 딸로 태어나 일찍 고아가 되었고, 1935년 16세 때 빨치산 부대에 입대해서 유격대에 가담했었다.

북한의 정치사전에는 김정숙에 대하여 다음과 같이 이야기한다. 김정숙(1919–1949)은 "함경북도 회령읍에서 극빈한 소작농의 딸로 태어났다. 그녀는 1935년부터 공청원으로 활동하다가 1935년 조선혁명인민군에 입대하였다. 김일성이 견결하고 억세면서도 침착·세밀한 그녀를 신임하여 1937년 초에 지하정치공작 임무를 맡겨 백두산혁명근거지에서 활동케 하였다. 김일성동지를 모시고 혁명승리를 위하여 몸 바쳐 싸우는 것이 생애와 활동에서 가장 보람차고 영예로운 일이었으며 영광이며 행복이었다. 해방후 조국에 돌아와 여성들의 정치조직인 여맹을 창립하기 위해 노력하였다"한다.[22]

김일성은 하바롭스크 근처에 활동지를 마련했는데, 여기에서 북만주에서 활동하던 최용건, 김책 등과도 만나게 되었다. 북한에서는 이곳의 생활을 국제연합군이라고 하는데, 이들은 후에 북한 정권을 수립하는데 핵심적인 역할을 하였다. 이 부대는 동북항일연군에서 활동하던 한국인 60명과 중국인 1백여 명 소련인 40여 명을 포함한 200여 명으로 구성되었다. 여기에서 김일성은 4개의 영營 중에서 조선인을 중심으로 결성된 제1영의 영장을 맡았다. 1942년 2월 16일 김일성과 김정숙 사이에서 첫아들인 김정일이 태어났다. 김정일의 어릴 때 이름은 유라Yura였다. 이곳에서 동생 슈라Shura도 태어났으나, 1948년 김일성의 평양 관저에서 물에 빠져서 죽었다. 딸 김경희는 해방 후인 1946년 평양에서 태어났다. 1949년 6월 서른한 살의 나이에 김정숙은 해산하다 세상을 떠났다.

김일성은 김정숙 사망 이후 김성애(1932–2018)와 결혼하였고, 여기에서 세 명의 자녀가 출생했는데 김경진, 김평일, 김영일이다. 특히 1954년 태어난 김평일은 김일성의 총애를 받기도 했고, 그의 어

22 『정치사전』, pp. 133-136.

머니 김성애는 후계자로 키울 야심을 가지기도 하였으나 뜻을 이루지 못하였다.

2. 김정일의 출생과 후계자

1) 김정일 출생과 어린 시절

이제 다시 김정일의 이야기로 돌아가자. 김정일은 백두산 밀영에서 태어났다는 북한측의 주장과 구소련에서 태어났다고 하는 북한을 제외한 다른 학자들의 주장이 얽혀 출생지도 정확하지 않다. 그러나 상술한 바와 같이 지금까지의 많은 학자들의 주장과 당시의 상황을 추론해 볼 때 김정일은 1942년 2월 16일 러시아공화국 블라디보스토크 부근 오케얀스카야의 하마탄 마을에서 태어났다는 것이 확실하다. 김정일의 부모인 김일성과 김정숙은 1940년 12월 일본의 관동군에게 쫓기어 소만국경을 넘었고, 해방될 때까지 그 지역에서 활동하였다. 당시에 김정숙은 아기를 낳기 위해 일부러 백두산을 찾을 처지는 아니었다. 그러나 북한에서는 백두산 밀영에서 김정은이 태어났다 하면서 다음과 같이 쓰고 있다.

즉, "1942년 2월 16일 새벽, 옥구르듯 벽계수 흐르는 소백수골 백두산밀영의 수수한 귀틀집에서 천고의 정적을 깨뜨리며 고고성이 울리었다. 김정일장군님께서 조국광복의 구성이신 김일성장군님과 항일의 녀성영웅 김정숙녀사의 맏아드님으로 탄생하신 것이다"라 하고 있다.[23] 그리고 "경애하는 김정일장군님을 안아올린 백두산 가문은 총대로 혁명을 개척하고 총대에 의거하여 조국해방을 이룩한 현대조선의 위대한 총대가문이다. 총대를 중시하는 것은 김정일장군님을 선군태양으로 받들어 올린 백두산 가문의 선군전통이며 장군님께서 백두산장군들이신 아버님과 어머님으로부터 이어받은 고귀한 선군혈통이다"라는 것이다.[24]

북한에서 김정일의 출생지를 백두산 밀영이라고 공식화한 것은 1984년부터였다. 그의 약력을 양강도 삼지연군에 있는 백두산 밀영으로 구체화하고 있다. 김정일이 백두산 밀영에서 태어났다고 하는 주장은 '탄생설화'를 만들어 내기 위해서이다. 북한이 김정일의 출생을 백두산 밀영으로 고집하는 이유는 김일성의 항일혁명 활동의 근거지를 백두산으로 하고자 하는 것과 출생부터 백두산의 정기를 받은 민족의 지도자라는 것을 부각시키려는 것이다. 북한은 백두산 귀틀집 뒤의 산봉우리는 김정일의 이름을 따서 '정일봉'이라 하고, 큰 바위에 이를 새겨 놓고 인민들을 성지순례 시키고 있다. 그가 태어났다는 귀틀집은 김일성의 생가인 만경대와 함께 인민들의 혁명전통 교육장이다.

김정일은 그의 생모의 사망으로 어린 김정일을 많이 돌보아주었던 사람들은 빨치산 1세대 가족들이다. 특히 1997년 2월 사망한 전 인민무력무장 최광의 아내 김옥순과 조선혁명박물관장으로 있던 황순희 등은 김정일을 극진히 보살펴 주었다. 김정일은 여섯 살에 남산인민학교에 입학했으며, 1950년 6.25 한국전쟁이 일어나자 숙부인 김영주를 따라 중국 길림으로 피난 가서 그곳 길림학원에 다녔다. 1952년 11월 전선이 고착되자 김정일은 후방에 있던 만경대 혁

23 『선군태양 김정일장군 1』, 평양: 평양출판사, 2006, p. 6.

24 『선군태양 김정일장군 1』, p. 11.

명유자녀학원(만경대학원 전신)에 잠시 다녔다. 전쟁이 끝나고 평양에 돌아온 그는 삼석인민학교를 거쳐 1954년 8월 평양 제4인민학교를 졸업했다.

김정일이 계모 김성애와 함께 살기 시작한 것은 인민학교 졸업 무렵이다. 김일성이 정식으로 김성애와 결혼을 선포한 것은 1963년이지만, 정식 결혼하기 전에 이미 자식을 낳은 상태였으므로 김정일은 10살 위인 계모 밑에서 유년 시절을 보낸 것이다. 김성애는 전처에게서 난 김정일과 김경희에게 잘 대해 주었다. 상황파악에 능한 김성애의 일면이 엿보인다. 당시 김일성 관저에는 장모인 김성애의 어머니 고영칠도 같이 살았다고 한다.[25]

김정일은 평양 제4인민학교를 거쳐 1954년 9월 1일 평양 제1중학교, 1957년 9월 남산고급중학교에 입학해서 본격적인 엘리트 교육을 받았다. 김정일·경희·경진·평일·영일 등 김일성의 자녀 모두가 남산고급중학교를 거쳐 김일성종합대학에 들어갔다. 남산고급중학교는 북한의 간부 자녀들이 다닌 학교로 최신식 시설을 갖추고, 학생 수도 적었다. 이 학교를 세운 목적은 간부 자녀들을 좋은 교육환경에서 공부시켜 당·군·정의 간부로 육성한다는 것이었다. 이 당시 김정일과 같이 학교에 다녔던 동창들에 의하면 '김정일은 아무 친구와도 잘 사귀었고 무엇이든지 정열적으로 하는 스타일이었고, 동료 교우들 사이에서 리더십을 발휘했다'고 한다.[26]

---

25 손광주, 『김정일 리포트』, 서울: 바다출판사, 2003, p. 35.

26 손광주, 『김정일 리포트』, p. 37.

2) 김일성종합대학과 당에서 정치수업

김일성종합대학에 입학하기 전에 김정일은 1959년 7월 남산고급중학교를 졸업하고, 1960년 9월에 김일성 대학에 입학하기 전 약 6개월 동안 동독 항공학교에 비행기술을 훈련받기 위해 갔다. 1960년 9월 김정일은 김일성종합대학에 입학하여 정치경제학을 전공하고 1964년 5월 18일 졸업했다. 김정일이 입학한 김일성종합대학은 북한을 대표하는 명문대학으로, 이 대학에 입학하려면 성적 못지않게 출신이 중요하다. 김정일은 입학한 다음 해에 로동당에 입당했고, 대학 당위원회에서도 활동했다. 그는 대학 시절 김일성의 현장지도에 동행하는 한편 당중앙위원회 같은 고위회의에도 참석했다 한다. 그러니 김정일은 '수령님 자제분'으로 특별 대우를 받지 않을 수 없었다. 대학 생활과 동시에 활동 영역도 넓어졌고, 이에 따라 그를 경호하는 인력도 자연스럽게 많아졌다.

또한 김정일이 대학에 다니면서 관심을 가졌던 분야는 영화였다. 그는 매일 중앙영화보급소에 출근하다시피 했는데, 영화에 대한 지식과 열정은 후에 당 사업에 도움이 되었다. 그는 대학 생활에서 다른 일반학생들이 할 수 없었던 많은 것을 경험했고, 활동 영역도 넓어지게 되었다. 김정일은 대학 졸업 논문으로 '사회주의건설에서 군郡의 위치와 역할'을 제출했으며 졸업 후 곧바로 사회생활을 시작하였다.

김정일은 1964년 대학을 졸업하면서 바로 조선로동당 중앙위원회 비서처 참사실의 지도원이 되었다. 그의 첫 근무지는 당이 어떤 식으로 움직이고 있는지를 종합적으로 파악할 수 있는 곳이었다. 당시 중앙당 조직지도부장이었던 숙부 김영주는 김정일을 당중앙위원회 내부사업에 참여시키는 등 당사업에 대한 전반적인 오리엔테이션을 시켰다. 김정일은 약 2년간 당정 업무 파악을 거친 다음 '조선로동당 중앙위원회 조직지도부 중앙기관지도과 책임지도원'이 되었다. 책임지도원은 직제상 과장 아래지만, 그가 하는 일이란 직위에 한정될 수 없었다. 실제로 김일성은 김정일을 현지지도 등에 동행시켜 정치수업을 쌓게 하였다.

그후 김정일은 당 선전선동부 문화예술지도과장이 되었다. 그 후 당 선전선동부 부부장, 문화예술부장, 선전선동부장을 역임하였다. 김정일의 영화에 대한 실력은 업무에서 능력을 발휘하는 수단이 되었다. 당시에 영화는 당의 직관적인 선전선동 수단이었다. 김정일은 당의 유일사상체계를 지지하고 아버지를 수령으로 받들면서 자신의 충성과 효성을 잘 표시했다. 그는 영화나 예술작품을 이용해서 이러한 자신의 입장을 충실히 전달하려고 노력했던 것이다. 김정일은 이즈음부터 자신이 후계자가 되어야겠다는 야심을 가진 것 같다. 그러기 위해서는 아버지로부터 능력을 인정을 받는 것이 가장 중요하다고 생각했을 것이다.

3) 김정일의 가족관계

우리가 일반적으로 알고 있는 것은 김정일은 성혜림과의 사이에서 아들을 하나 낳았고, 부인인 김영숙과의 사이에서 딸 하나 아들 하나를 낳았다. 그리고 고용희와의 사이에서는 2남 1녀를 두었다. 그러나 국내외의 많은 저서에서는 김정일의 가족관계에 대하여 비슷하게 설명하고 있거나 이와 다르게 전혀 상반된 주장도 있다.

이상우 교수는 김정일의 가족관계를 "김정일은 김철만 상장의 딸과 결혼 했으나 1971년 이혼했으며, 1967년 성혜림과 결혼하여 1971년 장남 정남을 나았으나 성혜림과도 곧 이혼 했다. 1973년에 결혼한 부인 김영숙과 사이에서 1974년 딸 설송을 낳았다"고 아주 간단명료하게 이야기하고 있다.[27] 전 김일성 종합대학 교수였던 김현식과 동아일보 손광주 기자가 쓴 『다큐멘터리 김정일』에는 김정일의 가족관계를 비교적 상세하게 적고 있다. 성혜림과는 정식으로 결혼하지 않았고 그녀는 김정일보다 다섯 살 위다. 배우였던 성혜림과 동거에서 낳은 아들이 장남인 김정남으로 1971년 5월 10일생이다. 아들 김정남을 낳은 이후 김정일과 김영숙은 결혼하였고, 1974년에 딸 설송을 낳았다. 북한에서는 '퍼스트레이디'의 역할이라는 것이 거의 없고 공식 석상에 잘 나타나지 않기 때문에 더욱 드러나지 않는다. 김정일의 성혜림에 대한 애정도 아들 정남을 얻고 난 뒤부터 사그라졌다. 성혜림이 신경쇠약 불안우울증세가 심해진 것은 김영숙이 딸 설송을 낳은 뒤부터다. 놀라운 사실이지만 김일성은 1994년 7월 사망할 때까지 첫 손자인 김정남의 존재를 몰랐다.[28]

조영환 교수는 그의 저서 『매우 특별한 인물, 김정일』에서, 김정일의 처로 대우 받았던 성혜림은 장남 김정남을 낳았다고 한다. 김정일은 동거해온 여자 중 한 명과 결혼식을 올렸는데 그녀는 김영숙이다. 김정일이 당시 납북 여배우인 최은희에게 김영숙을 정식 아내로 소개한 적도 있다. 북송교포의 딸인 만수대 예술단원 고용희는 발탁되어 딸을 하나 낳았고 지금도 호화롭게 살고 있다라고 썼다. 이러

---

27 이상우, 『북한정치입문』, 서울: 나남출판, 1997, p. 67.

28 김현식·손광주, 『다큐먼터리 김정일』, 서울: 도서출판 천지미디어, 1997, pp. 227-237.

한 김정일의 결혼과 자녀관계는 뒤에 나타난 사실을 보면 잘못된 정보들도 많다.

김정일의 가계에 대한 가장 최근의 저서는 워싱턴 포스트지의 베이징 지국장인 파이필드Anna Fifield의 주장이다. 여기에서는 고용희의 아버지 고경택은 1929년 26살에 제주도에서 일본 오사카로 건너갔고, 일본에서 가정을 꾸리고 1952년 6월 26일에 딸을 낳았는데 바로 고용희다. 고경택은 가족들과 함께 북송선을 탔고, 북한의 '조선화보' 1972년 12월호에 '행복이 충만한 우리 가족'이란 제목으로 고경택 일가의 북한생활이 소개되기도 했다고 한다.[29] 고용희는 만수대예술단에서 활동했고 김일성 훈장을 받는 재원이었다. 1975년 김정일과 결혼했는데 정식으로 결혼했는지 분명치 않다. 딸이 김정일과 결혼하면서 고경택의 신분이 상승했고, 평양의 만경경대 선물공장 지배인으로 일하다 1999년에 사망했다.[30] 김정일과 고용희 사이에 1981년 아들 정철이 태어났고, 그 후 김정은과 김여정이 태어났다.

김정남의 어머니 성혜림이 신병치료를 위해 모스크바에 동생 성혜랑 동반했는데, 그 후 이모가 서방국가로 망명하여 그의 입지가 좁아졌다. 성혜랑의 아들 이한영의 수기에 의하면 김정남이 어릴 때 스위스 베른에 있는 국제학교에 몇 년간 다닌 적이 있다고 한다. 딸 설송은 전혀 알려지지 않았는데, 김정일 사망 후에 나온 자료를 보면 김정일은 딸에 대한 각별한 애정을 가지고 있었고 많은 것을 의

---

29 에나 파이필드 지음, 이기동 옮김, 『김정은 평전 마지막 계승자*The Great Successor*』, 서울: 도서출판 프리뷰, 2019, pp. 49-51. 이 화보에 기사에 고경택은 1929년 일본으로 갔을 때 너무 힘들고 차별을 받았고, 북한에 오고 나서 힘든 일은 끝났다고 쓰여 있다.

30 에나 파이필드 지음, 이기동 옮김, 『김정은 평전 마지막 계승자』, pp. 52-53.

존했다고 전한다.[31] 김정일 슬하에 어머니가 다른 김정남, 김설송과 김정철, 김정은, 김여정이 있다.

3. 김정은의 성장과 가족

1) 김정은의 출생과 스위스 베른국제학교

김정은이 언제 어디서 태어났는가는 명확하게 밝혀진 것이 없다. 그러나 북한에서 밝히고 있는 것은 1982년 1월 8일이다. 김정은이 세상에 알려지게 된 것은 김정일의 요리사로 13년간 일했던 후지모토 겐지藤本健二에 의해서이고, 그는 김정은이 어린 시절을 원산 특각(별장)에서 보냈고 1983년 돼지띠라고 한다.[32] 아마 우리가 띠를 이야기할 때는 음력을 이야기하기 때문에 양력으로 하면 1984년이 맞다. 하기야 처음으로 김정은을 세상에 알리는「김정일의 요리사」라는 책을 냈을 때 '김정운'이라고 불렀다. 북한으로서는 1912년 김일성, 1942년 김정일, 1982년 김정은으로 맞추고 싶었을 것이다. 여러 가지 정황으로 살펴볼 때 외국인으로서 정은을 정운으로 들었을지라도, 후지모토 겐지의 증언이 가장 신빙성이 있어 보인다. 김정은의 어머니인 고영희도 최근에야 고용희로 밝혀졌는데, 이러한 것을 보면 우리가 알고 있는 북한의 정보가 얼마나 정확한지 다시 한번

---

31 이윤걸,『김정일의 유서와 김정은의 미래』, 서울: 도서출판 비전원, 2012, pp. 47-48.

32 후지모토 겐지는 1993년 김정일 가족과 윷놀이를 하면서 간지에 대해 말했고, 정은에게는 "1983년생이니 맷돼지구나"라고 말해서 태어난 해를 알게 되었다고 한다. 후지모토 겐지 저, 한유희 역,『북한의 후계자 왜 김정은인가?』, 서울: 맥스미디어, 2010, pp. 59-60.

생각해 볼 필요가 있다.

김정은은 1996년 여름부터 2001년까지 5년 가까이 스위스의 베른에서 생활을 한 것으로 알려졌다. 그러나 일부에서는 1993년부터 스위스에서 지냈다는 주장도 있다. 이곳에서 리베펠트 슈타인횔츨리 공립학교에 다녔고, 이 베른국제학교에는 40여 개의 국적인 가진 280여 명의 외국인이 재학했는데 주로 외교관의 자녀였다. 김정은은 외교관의 자녀로 생활했는데, 그 외교관은 이모부 리강과 이모 고용숙이었다. 고용숙은 "우리는 평범한 집에 살며 평범한 가족처럼 행동했어요. 나는 아이들의 엄마 행세를 했습니다"라고 했다. 이때 고용희도 가끔 베른을 방문하여 자녀의 교육에 많은 관심을 기울였다고 한다.[33] 그러나 고용희는 1998년 유방암 진단을 받고 프랑스에서 집중치료를 받았다. 고용숙과 리강이 미국에 망명을 한 것도 이 시기였다.[34]

북한에서 후계자 문제가 거론되면서 김정은에 대한 관심은 증폭되었고, 김정은의 유학생활을 한 곳이 이곳으로 알려지자 언론들의 취재 대상이 되었다. 학교 측이 2009년 6월 15일 기자회견을 열어 밝힌 내용은 다음과 같다. 즉, '김정일 국방위원장의 가족 이름으로 재학한 학생은 없었고 북한외교관 자녀 신분으로 1998년 8월부터 2000년 가을까지 북한 출신 학생이 재학했다. 이 학생은 외국어교육 학생반을 거쳐 6학년 정규반으로 옮겼고, 7학년과 8학년을 마친 다음 고등학교 단계인 9학년에도 일정 기간 재학하다 학교를 그만두었다'고 하였다. 이 학생이 바로 김정은으로 외교관 자녀로 차

33 에나 파이필드 지음, 이기동 옮김, 『김정은 평전 마지막 계승자』, pp. 64-71.

34 에나 파이필드 지음, 이기동 옮김, 『김정은 평전 마지막 계승자』, p. 73.

명을 사용하여 스위스 유학을 한 것이다.

2010년 김정은이 당 제3차 대표자회에서 후계자로 세상에 알려지고 난 후에, 후지모토 겐지는 종전의 김정일의 요리사라는 책을 바탕으로 「북한의 후계자 왜 김정은인가?」라는 책을 출간하였다. 여기에는 1998년 김정은과 대화했던 내용과 2000년 김정일 가족과 백두산 여행을 함께했다며 느낀 바를 적고도 있다. 여름방학이면 두 달 정도 북한에 와있었고, 겨울방학과 북한의 중요한 기념일에도 귀국했다고 한다.

2) 김일성종합대학이 아닌 김일성군사종합대학

김정은이 스위스에서 돌아온 시기는 북한에서 대학을 진학한 시기와 거의 비슷할 때이다. 북한에서 17살이 되면 중학교(6년 재)를 졸업하고 대학에 진학한다. 북한에서 중학교를 졸업하고 대학에 들어갈 직통생은 10%도 되지 않는다. 대학교육은 단과대 형식으로 되어 있고 종합대학은 3곳이다. 김일성종합대학은 북한에서 모두가 선망하는 대학이고, 다음으로 김책공업종합대학은 과학·기술분야의 최고의 대학으로 평양에 소재해 있다. 고려성균관은 개성에 위치한 대학으로 앞의 두 대학과는 급이 전혀 달라 종합대학이 아니라 경공업분야의 종합대학이다.[35] 최근에는 종합대학의 수가 많아져 거의 한

---

35 북한에서는 고려시대 국자감으로 창설된 성균관이 김일성의 지시에 의하여 1992년 대학으로 창립되었다. 이를 고려성균관이라는 명명하고 경공업종합대학으로 만들었는데, 고려시대 성균관이 992년에 창설되었으니 1992년 창립 1,000년이 된다는 의미를 부여하였다.

개의 도에 하나씩 있는 것으로 보인다.

김일성종합대학은 1946년에 개교하였고 북한의 당·정 관료들은 거의 이 대학 출신이고, 김정일도 이 대학의 정치철학부를 졸업했다. 그렇기 때문에 김정은도 이 대학을 원했을 수도 있고 일부에서는 김정은이 김일성종합대학 물리학부에 다녔다는 소문도 있다고 하는데, 귀국하여 이때 학적을 두지 않았을까 하는 추측도 해본다.

김정은은 2002년부터 2007년 4월까지 5년제인 김일성군사종합대학에 다녔다. 이것은 김정일의 의지였을 것이다. 당시 김정일은 북한을 통치하면서 선군정치를 내세웠고, 선군정치는 '사회주의의 가장 위력한 정치방식이고 만능의 보검'이라고 할 때이다. 그러므로 김정일은 김정은을 자신의 후계자로 염두에 두었기에, 그를 군 간부를 양성하는 김일성군사종합대학에 다니게 했을 것이다. 1952년 '고급군사학교'로 설립되었다가 1956년부터 현재 명칭으로 바뀐 김일성군사종합대학은 고급장교 양성을 위한 군사교육기관으로, 북한의 문헌에 "인민군 부대와 연합부대의 중견간부들은 모두 이 대학에서 양성되어 나가고 있으며, 그들은 인민군대의 핵심을 이루고 있다"고 한다. 이 대학은 북한의 최고급 군 교육기관으로 남한의 육·해·공군대학과 국방대학원을 합친 것과 유사하다.[36] 북한에서는 김정은이 이 대학에 다닐 때 서너 시간씩만 자고 공부했다고, 2012년 1월 8일 그의 생일을 기념하여 방송된 조선중앙TV 기록영화에서 설명하고 있다. 기록영화에서 김정은은 "지금 나에게는 장군님의 선군위업을 군사적으로 믿음직하게 보좌해나갈 수 있는 군사적 자질

36 통일부 통일교육원, 『북한지식사전』, 통일부 통일교육원, 2013, p. 122.

을 가져야 할 무거운 의무가 있다"라고 했는데, 이미 후계자로 등장한 이후 만들어진 것으로 김정은의 업적 칭송용이다. 북한은 주민들에 대한 후계교양 과정에서 김정은이 졸업과 함께 상위에 임명되었다고 선전했고, 2004년부터 3년간 강원도 평강군에 있는 5군단산하 포병부대에서 군 복무를 했다고 주장하기도 한다.[37] 이윤걸은 '정보에 의하면 김정은은 군 면제 대상임에도 복무하는 탄원병으로 군대에 지원하여, 2004년부터 2007년까지 강원도의 5군단 산하에서 3년간 군 복무를 했다'고 하고 있다.[38]

이윤걸은 김정은은 스위스에서 돌아와 2002년부터 2007년까지 5년이라는 길지 않은 시간에 고등교육과정을 2개나 동시에 졸업하고 군 복무까지 실제로 3년 동안 비공개적으로 하는 등 북한 내에서는 절대로 있을 수 없는 초고속 교육과정을 거친 것으로 전해진다고 하였다. 즉, 5년 안에 김일성종합대학 물리학과와 김일성군사종합대학을 졸업하고 군 복무도 3년 했다는 것은 봉건적 왕조체제의 북한만이 가능한 시스템이라는 것이다.[39]

김정은의 졸업논문은 GPS를 활용한 포 명중률 향상을 위한 시뮬레이션이었고, 그는 2006년 12월 24일 김일성군사종합대학을 수석으로 졸업했다. 학기가 2007년 3월까지이지만 졸업식은 통상 그전에 한다. 그런데 이날 졸업식을 거행한 것은 이 대학이 가지는 특수성 때문일 것이다. 김일성이 자신의 정치권력을 실질적으로 이양한 대표적인 것은 인민군 최고사령관인데, 이 날짜가 12월 24일이

---

37 이영종, 『후계자 김정은』, 서울: 늘품플러스, 2010, p. 89.

38 이윤걸, 『김정일의 유서와 김정은의 미래』, 2012, pp. 107-108.

39 이윤걸, 『김정일의 유서와 김정은의 미래』, 2012, pp. 106-107.

었다. 그러니까 15년 전인 1991년 12월 24일 김정일은 조선인민군 최고사령관에 올랐고, 김정은은 김일성군사종합대학을 졸업한 것이다. 이날은 김정은의 할머니 김정숙의 89번째 생일이기도 한 것이다.[40] 이렇게 보면 김정일은 최고사령관에 오른 날짜를 항일혁명투사인 어머니의 생신에 맞춘 것이었다. 북한에서는 기념일, 지도자 생일 등에 큰 의미를 두는데, 특히 혈통에 관련된 것을 말할 것도 없다. 김정은이 '최고영도자'에 오른 이후 김일성군사종합대학 창립 60주년 기념으로 김일성·김정일 동상이 건립되었는데, 2012년 10월 29일 동상제막식에 직접 참석하여 연설을 하였다. 이러한 부분들을 보면 김정은의 경력을 군사부문과 백두혈통으로 철저하게 연결시키고 있다는 것을 알 수 있다.

한편 김정은은 리설주(1989년생)와 2009년 결혼한 것으로 알려졌다. 리설주는 결혼 전에 은하수 관현악단의 핵심 가수로 활동하였다. 2005년 인천아시아육상선수권대회 때 응원단으로 오기도 했었다. 당시 흰색 저고리에 검정 치마를 입고 한반도가 그려진 기를 흔드는 응원단원의 사진에 그녀가 있다. 리설주가 김정은과 함께 공식 석상에 나타난 것은 2012년 모란봉 악단의 공연장이었다. 그러나 그녀가 누구인지는 밝히지 않았다. 7월 25일 김정은의 지시에 따라 건설되었다는 능라도인민유원지 준공식장에 김정은의 부인 리설주가 소개되었다. 로동신문 1면 2/3를 차지하는 '경애하는 김정은원수님을 모시고 릉라인민유원지 준공식 성대히 진행'이라는 제목을 단 사진이 실렸다. 맨 앞에서 김정은이 손을 흔들고 바로 옆에 리설

---

40 에나 파이필드 지음, 이기동 옮김, 『김정은 평전 마지막 계승자』, pp. 92-93.

주가 웃음을 띠며 박수를 치고, 그 뒤로 북한의 최고위층이 걷는 장면의 사진이다. 여기에서 "경애하는 김정은원수님께서 부인 리설주 동지와 함께 준공식장에 나오시였다"고 소개했다.[41] 이렇게 김정은은 할아버지나 아버지와 달리 처음으로 공식석상에 자신의 배우자를 등장시켰다. 이들 사이에는 자녀에 대해서는 확실히 알 수는 없지만 세 명의 자녀가 있는 것으로 알려져 있고, 첫째는 아들이고 둘째는 딸이라고 한다.

3) 김정은의 어머니

김정은은 김정일과 고용희의 배려 속에 유년 시절 형인 정철보다 더 많은 주목을 받았다. 고용희는 자기 아들들을 어려서부터 김정은의 후계자로 키우려고 부단히 노력했고, 정철보다 정은에게 더 큰 관심을 보였다. 김정일이 자신을 닮았고 승부욕과 리더십이 강한 정은에게 애정과 관심을 주었기 때문에, 고용희 역시 둘째 아들에게 더 큰 기대를 하였다. 또한 김정은은 아버지 김정일과 달리 어머니 고용희의 영향으로 다정함과 세심함도 갖춘 것으로 알려졌다. 고용희가 아들을 군사간부로 키워 김정일의 뒤를 잇는 지도자로 만들겠다는 의지를 보였다. 파이필드 기자는 후지모토 겐지와의 인터뷰를 바탕으로 김정은은 어린 김정은의 생일에 원산 초대소에서 축하 파티를 열었고 거기에서는 '발걸음'이라는 제목의 노래를 했다고 한다.[42] 이는

---

41 『로동신문』 2012.07.26, 1.

42 척척 척척척 발걸음 우리 김대장 발걸음 …… 온나라 인민이 따라서 척척척 찬란한 미래를 앞당겨 척척척.

김정일의 후계자인 또 다른 김 대장이 북한의 미래를 인도해준다는 메시지였다. 여기에서 김정은의 어릴 적 취미나 놀이 그리고 성격 등을 설명하면서, "김정일은 막내아들이 지휘에 소질이 있다는 것을 인정하고 칭찬해 주었다. 타고난 지도자 재목이라고 생각했다"라 쓰고 있다.[43]

북한의 후계 구도에 대한 이야기는 가끔씩 나오고 있었다. 이는 북한에서 나오는 이야기라기보다는 국내 전문가들의 간헐적 언급에서 찾아볼 수 있다. 북한에서는 고용희를 '조선의 어머니'로 우상화하는 작업을 하였다. 우상화 작업은 그녀의 두 아들 김정철과 김정은 가운데 한 명을 후계자로 만드는 작업의 일환이었다. 즉, "소식통들은 한때 군부가 정철, 정은을 후계자로 내세우려는 의도에서 고씨를 우상화하는데 나섰다가 김 위원장의 반대로 중단된 것에 주목한다. 특히 지난해 불었던 고용희의 국모추대운동은 김정일위원장이 후계자로 지목되기 전 그의 어머니 김정숙이 국모로 추대되었던 과거 역사로 볼 때 더욱 주목받고 있다"는 내용 등에서 볼 수 있었다.[44]

'존경하는 어머님'으로 우상화하려 했던 고용희의 중병설이 끊임없이 나돌더니, 연합뉴스가 베이징의 중국 소식통을 이용하여 사망 사실을 보도했다. 후지모토 겐지에 의하면 고용희는 2000년 12월 뇌경색으로 프랑스에서 치료를 받은 적이 있고, 다음 해 프랑스에서 돌아온 후에는 특별한 후유증이 없었다고 하였다.[45] 그러나 고용희는 1998년 유선암 수술을 해외에서 두 차례 받았고, 결국 5년

---

43 에나 파이필드 지음, 이기동 옮김, 『김정은 평전 마지막 계승자』, pp. 61-62.

44 『통일정보신문』 2004.07.12.

45 후지모토 겐지, 『북한의 후계자 왜 김정은인가?』, pp. 73-74.

뒤 암이 재발해 프랑스에서 치료를 해왔다. 그 후 확인된 바에 의하면 고용희는 2004년 6월 프랑스에서 암 치료 중 숨진 것으로 밝혀졌다. "신병치료차 파리에 머물고 있던 고씨가 숨지자 북한은 고려항공 특별기 편으로 시신을 평양으로 운구했다. 북한은 고씨의 장례식을 가족과 핵심 권력층만 참석한 가운데 극비리에 치렀다"고 보도했다.[46]

—

제3절 김일성에서 김정일로 정치권력승계

1. 김정일의 로동당 수뇌부 진입

1) 김정일의 당중앙위원회 위원 발탁

1972년 북한의 헌법이 개정되면서 주석직이 만들어졌다. 당시 헌법 89조에서 "조선민주주의인민공화국 주석은 국가의 수반이며 조선민주주의인민공화국을 대표한다"고 되어 있어 주석은 명실상부한 최고의 자리였다. 신헌법의 제정으로 김일성은 권력의 중심을 당에서 정부로 이전하고, 당의 운영은 김정일에게 맡겼다. 김일성 유일사상을 안전하게 승계하기 위한 작업의 하나로서 김정일로 하여금 당 지도체계를 장악하게 하였다. 김정일은 1973년 로동당 중앙위원회 비서국 조직·선전담당비서로 선임되었고, 1974년 2월에 로동당

46 『중앙일보』 2004. 09. 02.

내 핵심권력기구인 중앙위원회 정치위원이 되었다. 이때 김정일이 후계자로 추대되었으나, 북한에서는 이를 공식화하지 않았다. 이 사실이 세상에 알려진 것은 1980년 10월 당 제6차대회 때이다.[47]

김일성에서 김정일에게로 정치 권력이 승계되는 과정에서 중요한 역할을 한 것은 권력 엘리트들이었다. 김정일은 김일성의 후원하에 혁명 1세대의 지지를 확보해 왔다. 북한의 자료에는 혁명 1세대인 김일이 1973년 9월에 김일성을 만나 로동당 중앙위원회 제5기 7차 전원회의에서 김정일을 후계자로 결정할 것을 제의하였다.[48] 그 후 오진우 인민무력부장과 최현 총참모장 등도 뜻을 같이했고, 이러한 상황을 김일성은 회고록에서 "항일혁명투사들이 김정일동무를 수령의 유일한 후계자로 내세운 것은 …… 백두산에서 개척한 주체의 혁명위업이 한치의 편차도 없이 대를 이어 빛나게 계승 발전될 수 있다는 확고한 신념을 가지고 있었기 때문입니다"라고 했다고 한다.[49]

1974년 2월 13일 당중앙위원회 제5기 8차 전원회의에서 '조선로동당 수뇌부를 강화에 대한 의안'이 상정되었고, 김정일이 정치위원회 위원이 되었다. 그 후 김정일은 당중앙으로 호칭되었는데, 이때 전원회의의 결정으로 김정일을 후계자로 추대한 것이다.[50] 북한에

---

47 서대숙, 『현대 북한의 지도자: 김일성과 김정일』, 서울: 을유문화사, 2000, pp. 190-191.

48 김일은 1910년생으로 1938년부터 동만의 항일연군에서 김일성과 함께 활동한 혁명 1세대이다. 해방 후 북한의 당과 군사분야에서 활동하였고, 1959년부터 1972년까지 내각의 제1부수상으로 김일성 수상을 보좌하였다. 주석제 헌법에서는 정무원 총리와 부주석을 역임하였고, 1984년 사망하였다.

49 『선군태양 김정일 장군2』, 평양: 평양출판사, 2006, p. 12.

50 "위대한 장군님을 수령님의 후계자로 높이 추대함으로써 우리 나라에서는 혁명위업계승문제가 훌륭히 해결되었으며 수령님께서 개척하신 주체혁명위업을 대

서는 당중앙이 된 것을 "백두산의 아들로 태어나신 경애하는 장군님께서 우리 인민의 세기적인 념원에 의하여 위대한 수령님의 후계자로 추대되신 그날은 바로 장군님의 탄생일을 사흘 앞둔 1974년 2월 13일이었다"고 한다.[51] 이러한 과정에서 특히 물리적 강제력의 3대 기구의 책임자인 오진우 인민무력부장, 백학림 사회안전부장, 리을설 호위총국장과 최광 총참모장의 지지가 크게 작용하였다.

북한에서 1974년 4월 14일 내놓은 '로동당 유일적사상체계확립의 10원칙'에서 "위대한 수령 김일성 동지의 혁명사상인 유일사상을 대를 이어 끝까지 완성해 나가야 한다"고 강조하였다. 그러면서 구체적으로 '혁명위업을 완수하기 위해서는 수령님의 영도 밑에 당중앙의 유일적 지도체계 확고히 세워야 한다'면서, '당중앙의 권위를 백방으로 보장하며 당 중앙을 목숨으로 사수해야 한다'고 하였다.

2) 제2인자 김정일

1980년 당규약 전문에 첫 번째 문장은 "조선로동당은 위대한 수령 김일성 동지에 의해 창건된 주체형의 혁명적 맑스-레닌주의 당이다"하고 있지만, "조선로동당은 오직 위대한 수령 김일성 동지의 주체사상, 혁명사상에 의하여 지도된다"고 규정하였다. 당 제5차대회 전문과 비교하면 지도이념에서 '맑스-레닌주의'를 삭제하고 주체사상을 강화하면서 혁명사상을 추가한 것이다.

를 이어 계승완성할 수 있는 확고한 담보가 마련되었다" 『선군태양 김정일 장군 2』, 2006, p. 14.

51 『백두산의 아들 2』, 평양, 평양출판사, 2011, p. 25.

1980년 10월에 로동당 제6차대회에 이어 당중앙위원회 제6기 1차 전원회의를 개최하였다. 여기에서 최고정책결정기관인 종래의 정치위원회를 정치국으로 개칭하고, 정치국 내에 상무위원회를 설치하여 당무의 핵심적인 기능을 수행하도록 권력구조의 내부를 개편하였다. 당정치국을 크게 확장시켜 김정일을 당중앙위원회 정치국 상무위원회 위원으로 앉혔다. 김정일을 정치국 상무위원회 위원으로 선출하게 된 것은 권력승계를 위한 김정일의 당적 지위를 확정하고 실질적인 당의 책임자로서 역할을 제고시키고자 한 것이다. 신설 당시 5명(김일성, 김일, 오진우, 김정일, 이종옥)으로 구성된 정치국 상무위원회에서 김정일이 서열 4위에 올랐으나, 다음에 서열 2위에 격상됨으로써 북한의 제2인자의 위치를 점하게 되었다. 또한 비서국 비서,[52] 당중앙군사위원회 군사위원으로 선출되었다.[53] 당 창건 이래 이렇게 많은 당직을 한꺼번에 차지한 사람은 김정일밖에 없었다. 김정일이 권력의 전면에 부상하면서 실질적인 후계자로 공식화된 것이다. 상술한 바와 같이 1972년 주석제 헌법으로 권력이 당에서 국가로 이전되었으나, 당 제6차대회를 계기로 다시 당 조직을 정비하였다. 그리고 김정일에게 공식직함을 주어 제2인자로서 지위를 확보케 하였다.

52 비서국에는 총비서가 있고 김정일이 조직 및 선전선동담당 부총비서격인 조직 및 선전선동비서직을 장악함으로써 당의 실질적이고 전반적인 업무를 수행하게 되었다.

53 당시 북한의 당규약 제3장 27조는 당중앙위원회 군사위원회가 "당군사정책 수행방법을 토의 결정하며 인민군을 포함한 전체 무력강화와 군수발전에 관한 사업을 조직, 지도하며 우리 나라의 군대를 지휘한다"고 밝히고 있어, 이 기관이 북한의 군사정책을 결정하며 일체의 무력을 지휘하는 최고기관이라 할 수 있다.

1980년 10월부터 김일성이 사망한 1994년 7월까지 당대회는 개최되지 않았다. 당중앙위원회는 당대회 개최기간을 제외한 평상시에는 당의 최고지도기관의 역할을 수행하는 기관으로 규정하고 있다. 김정일은 당중위원회를 통해서 당 지도층을 김일성 혁명세대에서 자신의 젊은 세대로 바꾸어 나갔다. 1980년 초부터 1990년 초까지 약 10년 동안 중앙위원회의 엄청난 변화를 가져왔는데, 그것은 정위원과 후보위원의 대폭적인 교체였다. 김정일은 김일성이 사망한 1994년 7월까지 당중앙위원회의 구성원을 교체하여 자신의 지지세력을 확고히 하는 작업을 진행하였다.[54] 오진우가 1995년 2월 사망함으로써 김정일을 제외한 정치국 상무위원은 모두 사망하였다.

김정일은 1983년부터 당의 조직 문제를 광범하게 다루고, 그의 의지대로 정치국과 비서국의 핵심 인물들을 교체하였다. 김정일은 자신의 당내활동을 강화하고 지도력을 발휘하는 한편, 아버지에게 충성을 다하고 김일성 주체사상을 체계화한 것은 후계자로서 자기 위상을 공고히 하는 작업이었다. 1984년 10월 10일에 로동당 창건 93주년을 맞아 〈조선로동당은 혁명위업 계승문제를 빛나게 해결한 당〉이라는 논평을 발표하였다. 이렇게 당 활동 외에 인민생활에 관심을 갖는 지도자로 자신을 부각시켰다. 김정일은 1984년 8월 3일 경공업 제품 전시장에 현지지도를 하였고, 이를 계기로 북한에서는 생필품 부족을 타개하기 위한 전 군중적 '8.3 인민소비품 생산운동'이 적극 추진되었다. 북한이 20주년, 30주년 기념 중앙보고회를 하는 것을 보면, 이 운동에 얼마나 비중을 두었는지를 알 수 있다. 북

54 서대숙, 『현대북한의 지도자: 김일성과 김정일 정치』, pp. 208-210.

한은 1980년 당대회 이후 '김일성영도-김정일관리체제'가 되었다.

2. 권력승계의 경쟁자

1974년 2월 후계자로 지명되기 이전에 숙부와 동생과의 관계 속에 김정일이 존재했다. 혈통승계로 1970년 전후 후계자로 지목되는 듯한 양상을 보였던 사람은 김일성의 동생인 김영주였고, 다른 하나는 김일성이 아꼈다는 김정일의 동생 김평일이었다. 황장엽은 김일성의 동생인 김영주에 대하여 다음과 같이 쓰고 있다. "내가 아는 김영주는 똑똑하고 성실한 사람이었다. 소련유학도 하여 서양식 생활에 대해서도 일정한 이해를 가지고 있었다. 이 점에서 김일성보다도 낫고 김정일과는 상대도 안 될 정도였다. 그런 만큼 권력투쟁에서 교활하고 무자비한 김정일을 당해낼 수 없었던 것이다" "김정일은 김영주가 부총리에 있는 것도 껄끄럽게 생각했다"고 주장했다.[55] 김영주는 1974년 2월에 정무원 부총리로 임명된 뒤 해외순방과 외국 사절단 접견 등의 활동에 이름을 비추다가, 1975년 7월 7.4 공동성명 발표 3주년 성명 발표를 끝으로 정치무대에서 사라졌다. 김영주는 발표 후 중앙당 청사에서 나와 운전사를 돌려보내고 김일성종합대학 학생이던 맏딸과 남산고급중학교 재학 중인 쌍둥이 아들을 데리고 강계로 떠났다. 그래서 그의 자녀들은 지방학교에 다녔고 18년간 아무도 이들에게 관심을 갖지 않았다.

---

55 황장엽, 『나는 역사의 진리를 보았다』, 서울: 한울, 1999, pp. 172-173.

1993년 김일성은 김영주가 김정일의 경쟁상대가 안 된다는 생각에 보호막으로 필요해서였는지, 아니면 형제간의 우애를 생각해서였는지 김영주를 평양으로 불러들였다. 김영주가 근 20년간의 정치 공백을 깨고 당정치국 위원, 국가부주석으로 돌아온 것은 1993년 12월이었다. 복귀할 당시 김영주의 나이는 72세였다. 김영주는 김일성이 사망 후에도 아무런 실권도 없이 부주석 자리를 지키다가, 1998년 주석제의 폐지로 인해 자동적으로 부주석 자리에서 물러났다. 그리고 김영주는 신설된 최고인민위원회 상임위원회 명예부위원장으로 있다가, 김정은 시대에는 그 직책이 없어졌고 고령으로 물러나 앉아있었다.

김정일이 정말로 신경을 쓴 것은 그의 이복동생 중의 맏이인 김평일이었는지도 모른다. 우선 그는 외모상으로 김정일을 압도한다. 키도 크고 얼굴도 젊었을 때의 김일성을 빼어 닮았다. 그래서 김일성은 자신을 닮은 평일을 평소에 무척 예뻐했다. 김평일의 어머니인 김성애는 자기 아들이 후계자가 되는 것을 원했다. 그래서 김정일과 갈등을 빚기도 했는데, 김성애가 여맹위원장에 취임하고 야심 차게 밀어붙인 것이 김정일의 생모인 김정숙 숭배사업을 중단시킨 것이다. 그리고 김성애는 김일성의 어머니인 강반석 숭배사업을 추진하였다. 모든 여맹사무실에 김정숙 사진 대신에 강반석과 김성애 사진을 걸었고, '강반석여사 따라 배우기운동'은 김일성 가문의 추앙 명분이었지만 여기에는 다른 의도가 숨어있었다.

그는 자신의 큰아들을 김평일을 후계자 대열에 올려볼 생각이었다. 김평일은 1954년생으로 김정일과 12살 차이이고, 성격이 과묵하고 신사적인 것으로 알려져 있다. 김정일은 아이디어가 반짝이고 추진력이 있는 편이라면, 김평일은 조직적이고 논리적이다. 김평일은 남산고급중학교를 거쳐 김일성종합대학 경제학부를 졸업하고 곧바로 장교로 임관했다. 그러나 당시에는 아직 평일이 어리기 때문에 성년이 될 때까지 자신이 2인자로써 김일성을 보좌할 필요가 있었고, 그러기 위해서는 시어머니인 강반석에 대한 우상화가 필요했다. 김성애는 자신의 동생인 성갑과 성호를 요직에 앉혀 놓았다. 물론 김정일이 당 선전선동부장이었기 때문에 후계문제는 어느 정도 가닥이 잡힌 상태였으나 안심할 수는 없었다. 더구나 김성애의 이러한 행동에 가장 불만을 가진 것은 김정숙과 생사를 같이했던 항일빨치산 세력들도, 김정일에게 생모의 명예를 지켜주는 '백두혈통의 아들'이 되어줄 것을 요청하였다.

김정일도 김성애를 함부로 할 수 없었던 것은, 김일성의 신임이 큰 부인이었기 때문이다. 그러나 1973년 김일성을 격노하게 만든 결정적인 문제가 발생했다. 김일성의 처남인 성호와 성갑이 인민대학습당의 부지에 자신의 어머니를 모시고 살 웅장한 저택을 지었던 것이다. 평양시는 김성애의 위세에 밀려 울며 겨자 먹기로 부지를 내주었다. 결국 겸열단이 여맹에 보내지고 평양시에 책임을 물어 관련자를 문책하였다. 인민대학습당부지에 사저를 신축한 사건은 권력의 정점에 섰던 김성애를 한순간에 몰락시켰다. 당시 빨치산 세력들 사이에서도 당 위에 군림하는 김성애의 전횡에 피로감을 호소하던 차였다. 이 사건을 계기로 김성애는 뜻을 접어야 했다. 김정일은 다시 김정숙 숭배사업을 시작했다.

김평일은 상위로 임관함과 동시에 김일성군사종합대학 작전전술과정을 수료한 뒤, 호위사령부 장갑차 대대장으로 임명되었다. 그러나 1979년 말 그는 갑자기 유고주재 북한대사관 부무관으로 임명되어 평양을 떠났다. 김평일뿐만 아니라 그의 누나와 동생도 동유럽으로 보내졌던 것이다. 이때는 당 제6차대회를 앞두고 있었기 때문에, 김정일로서는 국내에 이들이 거주하면 아무래도 거북했을 것이다. 김평일은 그 후 귀국하여 인민무력부 부국장을 끝으로 군복을 벗고 1988년 헝가리 대사로 임명되었고 불가리아, 핀란드 대사로 주로 해외에서 빙빙 돌았다. 1994년 김일성이 사망했을 때, 김평일의 이름은 장의위원회 명단에서 빠져있었다. 아버지 김일성 주석의 장례식을 위해 일시 귀국했지만, 당시 북한 방송은 그와 어머니 김성애의 모습을 삭제한 장면을 내보냈다. 김성애는 김일성이 죽은 이후에도 줄곧 조선민주여성동맹 위원장으로 있었으나, 1998년 하반기에 그 직에서 밀려났고 2018년에 사망한 것으로 알려졌다. 김정일과의 권력투쟁에서 밀려난 뒤 30여 년간 외국에서 사실상 '유배 생활'을 해온 김평일은 2019년 11월에 체코 대사를 마지막으로 귀국했다. 물론 김일성이 살아있을 때지만 김정일이 혈육인 삼촌 김영주를 복귀시켰고, 김정은 역시 삼촌을 국내로 불러 들였다.

3. 후계자 천출명장 김정일장군

김일성 후계체계의 구체적인 구축작업은 제도화 과정을 거치면서 진행되었다. 김일성은 권력구조를 개편하여 중앙인민위원회 산하에 있던 국방위원회를 확대하고, 김정일을 제1부위원장에 임명하였다. 김일성은 1950년 7월 이래 맡고 있던 조선인민군 최고사령관 자리를 김정일에게 내주었다.[56] 이후 김정일은 1991년 12월 24일 당중앙위원회 제6기 19차 전원회의에서 1950년 7월 이래 김일성이 맡고 있던 조선인민군 최고사령관에 추대된 것이다. 이때 김일성은 "우리 당중앙위원회 제6기 19차 전원회의에서는 김정일동지를 조선인민군 최고사령관으로 추대하였습니다. 이것은 그의 자질과 그가 이룩한 혁명업적에 대한 높은 평가인 동시에 그의 령도 밑에 주체혁명 위업을 끝까지 완성해나가려는 우리 당과 인민의 확고한 의지로 표시됩니다"라고 하였다.[57] 이것은 김일성 자신이 가지고 있던 군권을 넘겨준 것으로, 김정일에게 보내는 무한한 신뢰였다고 볼 수 있다.

김일성의 김정일에 대한 생각이 무엇이었는가는 1992년 2월 16일 김정일의 50회 생일을 맞아 지어 보낸 송시에서 알 수 있다. 이때 김일성의 나이가 만 80세였고, 앞에서 설명한 바와 같이 최고사령관도 김정일에게 넘겨준 상태였다.

백두산 마루에 정일봉 솟아있고,	白頭山頂 正日峯,
소백수 푸른물은 굽이쳐흐르누나,	小白水河 碧溪流,
광명성 탄생하여 어느덧 쉰 돌인가,	光明星誕 五十周,

56 북한 문헌에는 1990년 초에 김일성 주석이 당시 인민무력부장이던 오진우에게 두둑한 배짱과 신념이 강한 김정일에게 최고사령관의 직무를 넘겨주려 한다고 말했다는 것이다. 오진우의 경우 1976년 5월부터 사망하던 1995년 2월까지 인민무력부장을 맡으면서 김정일의 군 장악을 보좌했었던 인물이다. 1991년 12월 24일 당중앙위원회 제6기 19차 전원회의에서 김정일을 조선인민군 최고사령관으로 추대하였다. 『선군―김정일정치』, 평양: 외국문출판사, 2012, p. 31.

57 『선군태양 김정일장군 2』, 평양: 평양출판사, 2006, p. 348.

문무충효 겸비하니 모두다 우러르네,	皆贊文武忠孝備,
만민이 칭송하는 그 마음 한결같아,	万民稱頌濟同心,
우렁찬 환호소리 하늘땅을 뒤흔든다.	歡呼聲之震天地.
1992. 2. 16. 김일성	一九九二 二月 十六日 金日成

북한에서는 송시의 기본 주제가 〈개찬문무충효〉라 하여 혁명의 영도자인 장군님의 품격과 자질이 집약되어 있다고 하면서, 김일성이 다음과 같이 말하였다고 한다. 즉, "김정일동지는 문무충효를 겸비한 나의 유일한 후계자입니다. 나는 그를 매우 사랑하며 높이 평가합니다"이다.[58] 김일성은 자신의 아들에게 권력을 승계하기 위해 만반의 준비를 해왔다. 북한에서는 김정일의 출생지라고 주장하는 백두산 밀영에도 한자와 한글로 쓰인 '김정일 송시비'를 건립했고, 금강산 구룡 폭포로 가는 길 엄청나게 큰 바위에도 새겨놓았다. 그리고 이를 액자로 만들어 당사·관공서나 일터와 가정에도 보급하였다.

1992년 4월 9일 헌법 개정으로 국가주석의 권한을 축소하고 국방위원회의 권한을 강화하였다. 국가주석에게 부여되었던 일체 무력의 지휘, 통솔권이 국방위원장에게 이양되었다. 그리고 1993년 최고인민회의에서 김정일을 국방위원장으로 추대하였다. 어찌 보면 김일성이 사망하기 이전에 혁명전통을 이어가도록 자신의 아들에게 군사 권력의 핵심인 군통수권을 이양한 것이다.

북한은 "우리가 대를 이어 걸어가는 백두의 행군길은 주체의 길이

---

58 『선군태양 김정일 장군2』, p. 395.

다. 선군혁명방식으로 세기적인 승리와 변혁을 이룩해온 것이 백두에서 시작된 조선혁명의 력사와 혁명의 전통이다. 백두에서 시작된 혁명의 길은 우리의 영원한 행군의 길이며 민족번영의 지름길이다" 라고 신문이나 문헌에서 계속 주장해 왔다.

제4절 김정일에서 김정은으로 정치권력승계

1. 내부적으로 후계자 결정

북한의 후계자 문제에 관심을 갖기 시작한 것은 고용희가 사망하고 나면서부터였다. 세계의 여러 매스컴에서 이 문제에 관하여 보도했다. 즉, "일본 시사 주간지 '이에라'가 8월 30일 고용희의 큰아들인 정철이 지난 4월 당조직 지도부 요직에 취임했고 이는 후계자가 정철로 굳어졌음을 의미한다"는 보도가 있었다는 등 후계 구도를 둘러싼 이야기는 계속 나왔다.[59] 고용희가 숨진 지 1년 반 정도 지난 시점에 김정철이 승계 1순위에서 완전히 밀렸다는 새 정보가 나왔다. 김정철이 후계자로 내정되기 어려운 심각한 질병을 앓고 있는데, 김정철이 '여성호르몬 과다 분비 증세'에 시달렸다는 것이다. 그러나 어느 것도 신빙성을 가지고 있지 않았다.

북한을 전공하는 학자들의 의견을 종합해보면 '김정일의 경우

59 『한국일보』 2004.08.31.

10년 이상의 조직 경험과 치열한 권력투쟁을 거쳐 후계자가 되었는데 세 아들에게는 그런 징후가 없다', '김정일의 후계자는 패밀리 구도로 가지 않을 것이고 3대에 걸친 세습은 없을 것', '군부나 테크노크라트가 승계할 가능성도 있다', '군부밖에 없다' 등 다양하였다. 그러나 막상 북한에서는 이에 대해 거의 논의가 없었던 것 같다. 김정일이 후계자 문제에 대한 거론을 자제케 하였는데, 그 이유는 자신이 건재했고 권력 누수도 염려했기 때문이었다.

2008년 여름이 되자 후계자의 권력승계 문제가 급박해졌다. 그동안 잠잠했던 후계 문제가 김정일의 건강에 이상이 생기자 본격적으로 논의되었다. 왕성하게 현지지도를 하던 김정일 위원장이 모습을 보이지 않았고, 실제로 뇌경색으로 프랑스 의사에게 수술을 받았다. 병상에서 보도정치와 사진정치만으로 권력을 행사하였는데, 그때 장성택이 김정일을 대신해서 전반적인 것을 관리하고 있다는 말이 나왔다.

김정일은 2009년 1월 8일 당 고위 간부들에게 후계 문제에 대한 지시를 내렸다. 김정일이 김정은 후계자로 결정했다는 교시를 리제강 중앙당 조직지도부 제1부부장에게 하달했다는 소식을 연합뉴스가 1월 15일 자로 보도했다. 1월 8일은 김정은의 생일이고 로동신문은 "향도의 당을 위해"라는 의미심장한 제목의 정론 발표가 교시 하달의 가능성을 높여 주었다.[60] 북한에서는 '발걸음'이라는 노래가 전국적으로 보급되기 시작했다. 후지모토 겐지가 10년 전 초대소에서 처음 들었던 바로 그 노래였다. 김정일-김정은 권력승계 과정에서

60 이기동, "포스트 김정일 후계체제", 강성윤 엮음, 『김정일과 북한정치: 어제 오늘 그리고 내일』, 서울: 선인, 2010, p. 392.

'후계자로 내정된 시점이 2007년 1월이고 이를 알았던 인물은 장성택, 현철해 그리고 몇몇 측근 권력 엘리트일 것이다'라는 주장이 있다.[61]

어쨌든 후계자에 대한 본격적인 등장 배경은 2008년 8월 김정일이 뇌경색으로 쓰러진 이후이고, 2009년 1월 8일 생일을 기해 내부적으로 결정되었다는 것이 중론이다. 김정일–김정은 권력승계 과정에서 가장 중요한 변수는 역시 권력을 승계해 줄 김정일과 후계자 김정은 그리고 김정은을 후계자로 만들 권력 엘리트들이었다. 김정일은 후계체제를 구축하는 지휘자로서 모든 권한과 결정권을 가지고 있다. 그러므로 김정일이 후견 그룹을 어떻게 관리하느냐가 가장 중요하였다. 김정일은 후계자에게 권력을 확실하게 승계하기 위하여 권력구조와 직위를 복잡하게 얽어 놓았다.[62]

2. 정치권력승계의 후견인과 국방위원회 변화

북한의 권력승계에서 가장 중요한 변수는 역시 권력을 승계해 줄 김정일과 후계자 김정은 그리고 김정은을 후계자로 만들 권력 엘리트

---

61 이 같은 주장은 2009년 5-6월 경 북한군 내에서 학습 자료로 사용된 대외비 문건 『존경하는 김정은 대장동지의 위대성 교양자료』에 '의미 깊은 12월 24일 김일성군사종합학교 졸업시에 선군혁명위업을 빛나게 이으실'이라는 내용을 들어, 이 때 김정은이 김정일의 후계자로 내정된 것을 시사하고 있다고 주장하고 있다. 정성장, "북한 김정은의 실제 영향력, 지도체제의 성격과 핵심 파워 엘리트", 『jpi 정책포럼』 2012-02, 제주평화연구원, 2012, p. 5.

62 김창희, "김정일 체제의 권력구조 변화와 후계문제", 『정치·정보연구』 제13권 2호, 한국정치·정보학회, 2010, p. 16.

들이다. 김정일은 후계체제를 구축하는 지휘자로서 상술한 모든 것의 지휘권과 결정권을 가지고 있다. 그러므로 여기에서 분석해야 할 대상은 김정은에게 어떻게 정통성을 부여하느냐는 것과 후견그룹을 어떻게 관리하느냐이다. 이렇게 권력승계에 대한 지휘권을 가지고 후견그룹의 배치를 위한 결정적인 분기점은 2009년의 헌법개정이었다. 김정일은 국방위원장을 국가기구에서 과거의 주석과 같은 위치로 격상시켜, 후계 권력을 단일화시키기 위한 조치를 취한 것이다. 김정일 국방위원장이 헌법상 최고영도자가 되어 전체 권력을 장악하고, 국방위원회를 강화시키면서 그의 의도를 충실하게 이행할 권력 엘리트를 배치시켰다.

김정은 후계구도구축과 관련하여 가장 주목되는 인물은 국방위원에 임명된 장성택이었다. 장성택은 이미 2007년 12월 조직 지도부로부터 분리한 행정부장에 취임했고, 그가 이 자리를 맡으면서부터 행정부는 조직지도부의 일부 기능을 흡수하는 등 권한을 확장했었다. 그러므로 장성택이 새로 국방위원으로 임명된 것은 국가안전보위부와 인민보안성 등을 지도하는 당중앙위원회 행정부의 최고책임자였다는 점과 김정은 후계구도구축과 관련하여 중심적 역할을 맡고 있었던 점도 고려되었다는 것이다.[63] 이렇게 당에서도 장성택이 공안기구를 관장하는 위치에 있어, 권력 엘리트들을 통제할 수 있었기 때문에 김정은을 후계자로 세우는 데 큰 역할을 할 수 있었다. 김정일은 20여 년에 걸쳐 김일성의 후계자로 자리를 잡아 왔다. 그렇기 때문에 김일성 사후에 유훈통치라는 명분만으로도 북한

---

63 정성장, “김정일 시대 북한 국방위원회의 위상·역할·엘리트”, 『세종정책연구』 제6권 1호, 세종연구소, 2010, p. 267.

을 통치할 수 있었으나, 3대 후계구도는 양상이 달라 이들의 역할이 필요했다.

북한에서는 2010년 6월 7일 최고인민회의 제12기 3차회의를 개최하였다. 김정일 국방위원장도 참석한 이 회의에서 내각총리가 김영일에서 최영림으로 교체되었고, 최영림의 총리 기용은 후계구도를 위한 포석이었다. 평양시 당위원회 책임비서인 만 80세 최영림을 내각총리로 발탁한 것은 과거 인물의 재기용이었다. 그는 김일성의 책임서기를 세 차례 지낸 뒤 정무원·중앙검찰소·최고인민회의 등에서 일을 하였기 때문에 그의 경력이 오히려 김정일의 신임을 받을 수 있었다. 또한 처음으로 국방위원이 된 장성택은 1년 2개월 만에 부위원장이 되었다. 이와 같은 고속 승진으로 장성택이 명실상부한 북한의 '2인자' 자리를 굳혔다는 평가를 받았다. 특히 장성택은 김정은의 후견인으로 알려져 있어, 그의 승진은 이후 김정은으로의 후계구도 전면화를 위한 포석으로 풀이되었다. 후계체제와 관련하여 가장 주목되는 권력 엘리트 인물군은 당·정·군 모두에 권력 집중성을 가지고 김정일과 높은 접근성을 보였다.[64]

권력이양기 핵심 권력 엘리트 교체 및 변동은 후계체제구축이라는 김정일 위원장의 의중이 반영된 조치였다. 장성택의 핵심권력으로의 부상은 친인척으로서 후계자의 후견그룹을 주도할 수 있는 점이었다. 또한 당 행정부장으로서 권력이양기 사회질서와 기강을 확립할 수 있으며, 국방위원회 부위원장으로서 군을 통제할 수 있고, 대중국 인맥관리를 통해 중국의 후원을 유도할 수 있는 가장 적합한

64 박영자, "북한의 집권 엘리트와 Post 김정일 시대", 『통일정책연구』 제18권 2호, 통일연구원, 2009, p. 59.

인물이라는 점이 작용한 것이었다.[65] 스칼라피노Robert A. Scalapino 버클리대 명예교수는 한국전쟁 60주년 국제학술대회에서 "최근 김정일 국방위원장의 매제인 장성택 국방위 부위원장의 임명과 오랫동안 김정일 일가와 친분을 이어온 최영림을 내각총리로 발탁한 것은 경험이 부족한 3세대 지배자의 계승을 위한 친족 지배력을 강화하는 노력으로 보인다"고 밝혔다.[66]

장성택이 김정은 후계구도의 안착을 위한 핵심인물이지만, 그의 처이며 김정일의 동생인 김경희가 실세라는 주장도 있었다. 2010년 상반기 김정일 현지지도 수행 빈도를 보면 56회를 한 김경희가 1위이고, 45번을 하여 장성택이 2위라는 것에서도 알 수 있다.[67] 장성택은 자기 세력 확장이라는 뚜렷한 이해관계가 있는데 비하여, 김경희는 독자세력이 없고 오직 김정일의 신임과 위임에 의해서만 권력을 행사할 수 있기 때문이라는 것이었다.[68] 그러나 역시 가장 믿을 수 있는 것은 자신의 핏줄인 혈통이라는 생각도 있었을 것이고, 상술한 바와 같이 김정은의 약점이 될 수 있는 친모에 대한 부분을 보완해 줄 수 있는 것이 김경희이기 때문이기도 했다.

---

65 이기동, "북한 노동당대표자회와 후계체제 전망", 『통일시대』 2010 10월호, 민주평화통일자문회의, 2010, pp. 24-25.

66 『통일신문』 2010.06.28, 2.

67 전현준, "북한의 제3차 당대표자회 개최 의미와 전망: 김정은 후계체제 안정적 구축을 위한 포석", 『통일시대』 2010 8월호, 민주평화통일자문회의, 2010, p. 24.

68 박형중, "당대표자회와 과도적 권력체계의 출범", p. 5.

3. 후계자 김정은의 공식등장과 후견 엘리트 배치

상술한 바와 같이 김정은이 내부적으로 후계자로 지명되고 후계체제구축을 위해 헌법 개정을 통한 후견 엘리트들을 배치하는 과정을 거쳤다. 그러나 김정은이 후계자로 공식화된 것은 2010년 9월 28일의 당 제3차 대표자회에서이다. 북한에서는 당대표자회가 개최되기 전에 김정은에게 대장 칭호를 부여하였다. 김정일은 권한이 한층 강화된 총비서에 추대되었는데, 그는 당중앙군사위원장도 겸직하면서 부위원장 자리에 김정은을 앉혔다. 당중앙군사위원회는 당의 군사정책 수행 방법을 토의 결정하며 그 결정의 집행을 조직지도하는 기관으로, 인민군 각급 부대에 설치된 당 조직 전체를 유일적으로 망라하는 군사부분의 당 정책 결정기관이다. 당중앙군사위원회는 군 총참모부와 인민무력부를 일상적으로 지도할 수 있는 중앙위원회 군사부의 책임자와 군 총정치국을 통해 핵심 군부 엘리트들을 통제하는 조직지도부 제1부부장을 포함하고 있어 당중앙위원회와 공동으로 북한군 전체를 지도·지휘하기에 적합한 인적 구성을 갖추고 있다.[69] 그러므로 김정은의 직위는 상징적으로 제2인자라는 의미를 부여한 것이었다. 이렇게 김정일은 당대표자회를 통해 당 규약을 개정하고 김정은을 후계자로 공식선출하고 공표하였다. 북한은 권력의 역사에서 오랜만에 로동당의 위상과 역할을 전면적으로 회복시키는 조치를 취했다.[70]

---

69 정성장, "김정일 시대 북한 국방위원회의 위상·역할·엘리트", p. 271.

70 백학순, 『북한 권력의 역사: 사상·정체성·구조』, 파주: 한울 아카데미, 2010, p. 739.

북한은 당대표자회를 통해 군부의 세대교체를 단행하였다. 국방위원회의 수뇌부인 조명록 총정치국장, 김영춘 인민무력부장, 오극렬 국방위원회 부위원장은 그동안 군부의 최고의 실세들이었다. 이들 중 정치국 상무위원에 임명된 것은 상징적으로 조명록뿐이었다. 조명록은 병중에 있어 거의 역할을 하지 못하고 있는 상태였고, 당중앙군사위원회 위원에는 임명되지 않았다. 그 후 얼마 있지 않아 조명록은 사망하였다. 1989년 7월부터 작전부장으로 재직 중이던 오극렬은 2009년 2월 국방위원회 부위원장으로 승진했다. 1995년 10월부터 인민군 총참모장이었던 김영춘은 같은 달 인민무력부장으로 승진했다. 그러나 이 두 사람은 명목상 더 높은 자리로 승진했지만, 실질적 권력행사는 포기해야만 했다.[71]

당 제3차 대표자회에서 가장 주목받은 인물은 리영호였다. 그는 평양방위사령관에서 총참모장에 오른 지 1년밖에 되지 않았는데, 차수로 승진하면서 정치국 상무위원과 당중앙군사위원회 부위원장으로 선출되었다. 군부 인사로는 당 최고위직에 오른 것이다. 리영호를 당중앙군사위원회의 직제에 없던 부위원장 자리를 만들어 김정은과 함께 임명한 것은 김정은의 후견인 자리를 확실하게 맡겼다고 볼 수 있었다. 리영호는 당대표자회에서 그동안의 다른 군부 인물들을 제치고 제1의 권력서열로 부상하였다. 당 정치국 상무위원과 당중앙군사위원회 부위원장에 오른 리영호는 김정은의 군부 후견인 역할을 확실하게 부여받은 것이었다.

북한 군부의 실권이 리영호 총참모장과 김정각 총정치국 제1부국

71 박형중, "2010.09.28. 당대표자회의 재평가", 『Online Series』 CO 11-25, 통일연구원, 2011, p. 3.

장으로 전이되었다. 당대표자회에서 장성택은 제2인자로까지 여겨졌고 정치국 상무위원이 되리라 예측했었는데, 정치국 후보위원과 중앙군사위원회 위원에만 임명되었다. 장성택의 권력이 지나치게 확대되는 것에 대한 견제인지는 알 수 없었으나, 이것으로 그의 실권이 훼손된 것은 아니었다. 장성택의 답보는 리영호의 약진과 극명히 대비되는 것으로 권력 엘리트 간의 견제와 균형을 취해 일인에게 과도한 권한이 쏠리는 것을 억제하는 김정일의 전형적인 통치술의 산물로 볼 수 있었다. 장성택과 리영호는 다른 그룹의 권력 엘리트들을 리드하며 후계체제 구축과정에서 역할을 하게 될 것이고, 김정일은 상호 견제와 협력을 하게 함으로써 조정자로서 힘을 발휘하려는 포석이었다.

그 외에 당의 핵심으로 부상한 인물은 최룡해였다. 최룡해는 김일성과 함께 생사고락을 같이한 전 인민무력부장 최현의 아들로 비교적 젊은 나이에 당중앙군사위원이 되었다. 그는 황해북도 책임비서에서 일약 중앙당 비서로 발탁되었고, 군대장 칭호도 부여받아 김정일의 두터운 신임이 있음을 알 수 있었다. 전체적으로 당대표자회를 통해 선출된 당 간부들의 면모를 보면 대체로 김정일의 친족들과 최측근 실세들이 최고 지도부를 장악했으며, 전통적인 노·장·청 엘리트들이 다양하게 등용·배치되었다. 김정일 측근과 친족들이 고위 핵심보직에 유임 및 재배치된 것은 김정일 이후를 대비, 김정은 후견세력을 강화하여 안정적인 후계체제구축과 직할통치를 지속해 가겠다는 것으로 이해할 수 있었다.[72]

---

72 이관세, "김정은 후계체제 구축 평가와 전망", 경남대학교 극동문제연구소, 『한반도 정세: 2010년 평가와 2011년 전망』, 경남대학교 극동문제연구소, 2011, pp, 30-31.

김정일이 김정은의 정치적 활동무대를 당중앙위원회 정치국이나 비서국이 아닌 당중앙군사위원회로 가져가게 한 것은 그에게 책임이 따르지 않게 하기 위한 방편이기도 하였다. 그러면서도 김정은이 선군혁명전통의 계승자임을 분명히 각인시키고 군부의 당적 지도원칙을 고수하기 위함이었다고 볼 수 있었다. 이는 향후 후계체제 구축과정이 당과 군의 교량적 역할을 수행하는 당중앙군사위원회를 통해 김정은이 군대를 장악하고 군 사업에서 업적을 쌓는 데서부터 본격화될 것임을 시사하는 대목이었다.[73]

4. 백두 혁명전통의 계승

북한에서는 선군의 끈을 김일성−김정일에서 후계자 김정은으로 연결시켰다. 북한은 강성대국건설에서 사상중시를 주장하면서, 선군사상은 새 세기의 중시사상으로 '김정일 장군의 성업'이라고 하였다. 이렇게 김정일의 사상이라고 하던 선군사상의 시원을 김일성으로 옮겨 놓았다. 김정일이 제시했다는 "김일성 민족은 이 세상에서 가장 강한 정신력을 지닌 민족이며 우리가 건설하는 강성대국은 우리 인민의 무한대한 사상의 힘, 위대한 정신력에 의하여 일떠서는 주체의 사회주의강국입니다"에서도 나타난다. 2010년 당규약에서도 김일성 사상의 승계를 적시하고 있다.[74] 이렇게 김정일 체제가 완

73 이기동, "김정은 후계공식화 중앙군사위 중심으로 당 영도", 『통일한국』 2010 10월호, 평화문제연구소. 2010, pp. 28-29.

74 당규약의 서문이라 할 수 있는 '조선로동당'에 대한 설명에서 "위대한 령도자 김정

전히 구축된 상황에서 다시 김일성을 과도하게 내세우는 이유는 무엇일까? 북한이 선군사상을 강화하는 것은 후계문제에서 정통성을 찾으려 하는 것이다.

김일성이 '조선혁명군'을 결성했을 때가 18세였기 때문에 현재의 김정은의 나이가 어리다는 것을 충분히 커버할 수 있고, 그렇기 때문에 김정일이 처음 선군정치를 주창했다는 시점도 1995년이 아닌 1960년으로 거슬러 올라가는 작업을 진행시켰다. 즉, 북한은 2010년에 들어서 '선군승리 50'이라는 용어를 공론화시켜나갔다. 김정일을 10대의 젊은 나이에 '혁명령도의 첫 자욱을 떼신 우리의 장군'이라 하고, '다박솔언덕에서 다시 선군의 자욱을 찍었다'는 것이다. 그러므로 그 혈통을 이어받은 당시 27세인 김정은은 대장이 되고, 당중앙군사위원회 부위원장이 되어도 전혀 문제가 없다는 논리를 계속 개발하였다.[75] 이것은 선군사상을 창시한 김일성과 선군정치를 만들어낸 김정일은 같은 나이에 혁명전통을 이어갔고, 그보다 훨씬 나이가 많은 김정은 대장이 혈통으로 이를 이어간다는 것이다.[76]

일동지는 위대한 수령 김일성동지의 당건설사상과 업적을 옹호고수하고 빛나게 계승발전시키시여 조선로동당을 유일사상체계와 유일적령도 체계가 확고히 선 사상적순결체, 조직적전일체로, 선군혁명을 승리적으로 전진시켜나가는 로숙하고 세련된 향도적 력량으로 강화발전시키시였다."하고 있다.

75 로동신문에서는 "참으로 신통한 력사의 일치이다. 우리 수령님께서 18세에 카륜회의후 고유수에서 항일대전의 첫무장대오인 조선혁명군을 결성하시었는데 우리장군님께서는 바로 그 18살에 한 세기에 두 제국주의를 타승한 무적의 대강군을 휘하에 통솔하시게 되시었으니 정녕 그이이시야말로 백두의 천출명장이었다"고 한다. 『로동신문』 2010. 08. 24, 2.

76 조선중앙통신은 "김정일 동지께서 27일 인민군 지휘성원들의 군사칭호를 올려주는 데 대한 명령 제0051호를 하달하셨다"면서 "명령에는 김경희, 김정은, 최룡해 등

여기서 중요한 것은 김정일은 김정은에게 인민군 대장을 부여하고 당대표자회에서 로동당중앙군사위원회 부위원장으로 임명하기 전에 중국을 방문하였다. 이것을 어떻게 볼 것인가에 대하여 많은 의견이 있었다. 2010년 8월 26일부터 30일까지 김정일 일행이 방문한 지역은 소위 '김일성 유적지'이다. 위원毓文중학교는 김일성 주석이 '공산주의청년동맹'을 결성한 곳이며, 베이산北山은 김일성이 항일운동을 하다 옥고를 치른 곳으로 알려져 있다. 김정은의 동행 여부는 알 수 없었으나 선군통치이념을 김일성-김정일-김정은의 정통성으로 이어줄 수 있는 성지(?)가 바로 이곳이다. 그 어느 누구도 김정일의 혈통이 아니고서는 후계를 이을 수 없다는 것을 말해주기도 한다. 김정은의 대장 호칭 부여는 북한에서 김일성, 김정일로 이어지는 백두혈통의 성격을 재확인한 것이다.[77] 혁명가계의 일원이기 때문에 대장 칭호를 받을 수 있다는 점을 분명히 하고 있다는 해석이다. 북한체제의 정당성이 항일빨치산 전통에 있음을 재강조함으로써 정치체제를 정당화하고 이에 대한 도전을 예방하는 역할을 할 수 있다고 보았다.[78] 그런데 북한에서는 이미 이러한 작업을 해왔다는 것은 로동신문 2009년 2월 6일 자 "만경대 가문의 투철한 혁명관과 미래관이 깃들어 있다"나, 2월 16일의 "백두의 혈통을

6명에게 대장의 군사칭호를 올려준다고 지적되어 있다"고 전했다. 당 대표자회가 열리기 전에 김정은에게 대장칭호가 수여된 것이다.

77 북한은 백두산 밀영의 신화를 선전해 혁명가문의 정통성을 강조하는 김정일 위원장이 정치에 개입하기 시작한 1960년대 후반부터 그가 북한사회에 쌓은 업적을 내세워 민심을 얻으려 했다. 『한겨레 21』, 2010. 10. p. 21.

78 이정철, "조선로동당 3차 당대표자회 평가: 선군 이데올로기의 제도화", 『KNSI 특별기획』 제31호, 코리아연구원, 2010, p. 3.

빛나는 계승 속에 주체혁명의 앙양한 전도가 있다"는 것에서 알 수 있다.

이같이 김정일 체제의 후반기에 가장 역점을 둔 것은 김정은이 후계자로서의 정통성과 정당성이 있다는 것을 인민들에게 심어주는 것이었다. 후계자로서의 정통성을 찾는 대목은 백두산 혈통이었다. 젊은 김정은에게 정통성을 부여할 수 있는 것은 혈통이 유일한 것이었다. 김정일이 사망하고 최초로 당과 국가기관의 명으로 나온 것이 "전체 당원들과 인민군장병들과 인민들에게 고함"이라는 조선중앙통신을 통한 보도문이었다.[79] 그 내용은 김정일의 사망 소식을 알리며 그의 일대기를 영웅적으로 서술하면서, 계승자 김정은의 영도를 주장하였다. 즉, '혁명의 성산 백두산에서 빨치산의 아들로 탄생하여 위대한 혁명가로 성장한 김정일은 백두의 혁명전통을 견결히 옹호고수하고 순결하게 계승'했다고 하면서, 이 뒤를 이어 계승할 '우리 당과 군대와 인민의 탁월한 령도자이신 김정은'이 있다고 하였다. 그리고 "김정은동지의 령도는 위대한 수령 김일성동지께서 개척하시고 위대한 령도자 김정일 동지께서 승리에로 이끌어오신 주체의 혁명위업을 대를 이어 빛나게 계승완성해나갈 수 있는 결정적 담보로 된다"고 하였다. 12월 25일의 로동신문에서 "경애하는 장군님께서 젊고 젊으신 백두산의 아들 김정은 동지를 대오 앞에 거연히 세워주신 것은 성스러운 혁명위업"이라는 주장은 권력승계의 정통성이 백두혈통에 있다는 것을 강조한 것이다. 2012년 북한의 신

79 조선로동당 중앙위원회 조선로동당 중앙군사위원회 조선민주주의인민공화국 국방위원회 조선민주주의인민공화국 최고인민회의 상임위원회 조선민주주의인민공화국 내각.

년공동사설에서 올해가 김일성 탄생 100주년 대축전의 해라고 하면서, "하나의 혈통을 꿋꿋이 이어나가는 조선혁명의 확고부동한 계승성을 과시"해 나갈 것이라고 하였다.

—

제5절 후계체제 구축과정의 비교

1. 제도적 기반 구축

북한 권력승계의 정치과정에서 이를 뒷받침할 제도적 장치를 마련하는 것이 헌법과 로동당 규약의 개정이었다. 북한에서는 1972년 주석제 헌법이 제정되면서 모든 국가권력을 김일성 주석에게 집중시킴으로써 권력의 중심이 당에서 정부로 이전되었다. 대신에 로동당을 재건하여 김정일에게 맡기게 되는데, 김정일은 1973년 9월 당중앙위원회 조직·선전 담당비서로 선임된 이후 다음 해는 정치위원회 위원이 되었다. 그리고 1980년 로동당 제6차대회에서 당규약 개정 등을 통해 김정일이 명실상부한 제2인자로 굳혀졌다. 당중앙위원회 정치국 상무위원, 비서국 비서, 중앙군사위원회 위원으로 선출되어 후계자로 공식화되었다.[80]

그러나 당 핵심 권력의 이전만으로는 만족할 수 없었고, 김정일에게 있어 군권에 대한 확보는 정치권력의 핵심을 틀어쥐는 것이었다.

80 김창희, 『북한정치사회의 이해(제4판)』, 파주: 법문사, 2006, p. 153.

물론 북한의 군대는 당의 군대로 규정되어 기본적으로는 당의 통제하에 있다고 하지만, 김일성은 그의 생존시인 1991년 12월 조선인민군 최고사령관 자리를 김정일에게 넘겨주었고 곧이어 원수 칭호도 주었다.[81] 특히 1992년에 수정된 헌법에서는 주석의 권한을 축소시키면서 국방위원장이 국가 일체 무력의 지휘, 통솔권을 이양하였다. 이같은 제도개혁은 김정일에게 권력승계를 위한 수순으로, 김일성은 다음 해 4월에 국방위원장 자리도 넘겨주었다. 이렇게 김일성은 군에 관한 모든 통수권을 물려줌으로써, 갑작스러운 자신의 유고에도 김정일이 군을 장악할 수 있도록 대비하였다.

김정은 후계체제 구축과정도 김정일이 김일성으로부터 권력을 이양받을 때와 유사한 양상을 보여주었다. 2009년 4월 북한은 헌법을 개정하고 김정일 국방위원장이 국가 전반을 지도·관리하는 최고영도자가 되었다.[82] 국방위원장에게 국방부문의 간부임면과 비상사태와 전시상태 동원령 선포권 등 국가의 핵심적인 정치적 권한을 주었다. 2010년 당 제3차 대표자회를 통하여 로동당 규약을 개정하면서 중앙당을 복원하였다. 당총비서가 당의 수반으로 당을 영도하고 대표하며 당중앙군사위원장을 자동적으로 겸직하게 하였다. 그리고 김정은을 당중앙군사위원회 부위원장 자리에 앉혔다. 이것이 가지는 의미는 김정일 유일체제를 완성시켜, 후계자에게 집중된 정치권

---

81 김정일은 1992년 4월 25일 창군 60주년 기념일이라고 하는 날 원수에 오르고, 김일성의 빨치산 동료 9명에게 원수 및 차수칭호를 수여 했다. 인민무력부장 오진우는 원수로, 최광, 이을설, 주도일, 최인덕, 백학림, 이두익, 김봉률, 김광진은 차수로 임명했다. 서대숙, 『현대 북한의 지도자: 김일성과 김정일』, p. 201.

82 헌법 제100조는 "조선민주주의인민공화국 국방위원장은 조선민주주의인민공화국의 **최고령도자**이다"라 하고 있다.

력을 양도하기 위한 포석이기도 하였다.

김정일이 공식적인 후계자로 지명되기까지 8년이 걸린 것을, 김정은의 경우 1년 6개월 만에 진행시킨 것이다. 이와 같이 헌법 개정과 당규약 개정과 함께 그의 아들에게 '당중앙군사위원회'를 맡긴 것은 김일성-김정일 후계체제의 전철을 밟아가는 것이었다.

2. 김정일, 김정은의 청년기반

북한은 권력승계 과정에서 청년들을 중요한 지지기반으로 삼았다. 북한에서는 '조선혁명의 역사'의 시작을 1926년 김일성이 이끌었다는 타도제국주의동맹 결성에 두고 있다. 이것은 김일성의 청년운동의 시발이고 타도제국동맹의 기치 밑에 여러 청년조직을 묶어 '조선공산주의청년동맹'을 결성했다. 1946년 공산주의청년동맹을 조선민주주의청년동맹으로 개편했는데, 이는 새 사회 건설에서 청년들의 역할을 부여하며 '조선민주주의청년동맹'(민청)으로 발족한 것이다. 1964년 민청 제5차대회에서 사회주의로동청년동맹(사로청)으로 이름을 바꾸어 김일성 사망 때까지 30년을 유지하였다.[83] 북한에서는 만 14세 이상 30세까지 청년동맹에 가입하는데 학교와 군대의 조직적 기반이 되고 일반 직장에서도 30세 미만의 청년들이 활동을 한다. 1971년 6월 사로청 제6차대회에서 김일성은 "청년들은 대를 이어 혁명을 계속하여야 한다"는 연설에서 계속 혁명론에 입각한 후

---

83 김일성 사망 후에 사로청은 김일성사회주의청년동맹으로 이름이 바뀌었고, 김정은 시대에는 김일성-김정일주의청년동맹이 되었다.

계체제 구축의 필요성을 간접적으로 시사하였다.[84] 어찌 보면 이것은 청년 김정일을 염두에 둔 발언일 수 있다.

북한은 1972년 헌법에서 사상, 기술, 문화의 3대혁명을 규정한 이후, 이를 '온 사회의 주체사상화'를 실현하는 방도로 내세웠다. 3대혁명소조는 세 분야로 나누어 구시대의 잔재를 청산하고 새로운 기술혁신 등의 새바람을 불어넣는 3대혁명운동을 시작하였는데, 당 핵심들과 청년 엘리트들 수십 명씩을 소조로 구성하여 공장, 기업소, 협동농장 등의 현장에 파견하여 지도케 하였다. 3대혁명을 추진하기 위한 전위대로 3대혁명소조가 발기되어 '정치사상적 지도'와 '과학기술적 지도'에 들어갔다. 소조원은 사로청에 소속될 만한 젊은이들이었다. 북한의 지도부는 '3대혁명소조운동'을 통해서 노간부들의 관료주의를 척결시키며 젊은층을 중심으로 사회주의 경쟁운동을 이끌었다. 1974년부터 김정일은 3대혁명소조를 로동당의 조직지도부 안에 두고 초대 부장을 맡아 직접 관장하였다. 3대혁명소조운동은 후계자로 등장한 김정일이 당에서도 핵심 중의 핵심부서인 조직지도부를 이용하여 사업을 추진하였다. 이 운동의 추진과정에서 김정일은 주도적인 역할을 수행하고 후계자로서의 대중적 토대를 구축해 나갔다. 3대혁명소조운동은 김정일이 책임 지도한 운동으로서 후계자 자신의 업적을 쌓을 기회였고, 수령 후계자로서의 위상을 높이고 자신의 지지기반을 넓히는 데 활용하였다.[85] 또한 김정일은 3대혁명소조를 내세워 당 정책을 명분으로 간부들의 보수주의, 경험주의, 요령주의 등을 개조하기 위한 사상투쟁도 전개

---

84 최성, 『북한정치사, 김정일과 북한의 권력 엘리트』, 서울: 풀빛, 1997, p. 218.

85 백학순, 『북한 권력의 역사: 사상·정체성·구조』, p. 637.

해 나갔다.

청년들이 주축이 된 3대혁명소조운동은 세대교체를 염두에 두었으며, 30대 초반인 김정일이 당조직을 장악하는 수단으로 활용되었다. 김정일은 3대혁명소조운동을 지도하면서 이 운동의 지도체계를 자신이 관장하는 당중앙위원회로 집중시켜 자신의 유일적 지도하에 이루어지도록 하였다.[86] 이렇게 김정일은 3대혁명소조운동의 본격적인 지도를 계기로 북한사회의 전반에 지도력을 행사하게 되었다. 이는 김정일 중심의 인적기반을 확보하여 후에 후계체제 구축에 대비한 것이기도 하다. 실제로 1980년대 김정일의 관리체제가 형성되면서, 당시의 3대혁명소조원들은 각계에서 김정일을 뒷받침하는 조직으로 성장하였다. 1990년대에 들어서는 북한사회의 중견 엘리트들이 되어 김정일 체제의 형성 기반으로 활동하였다.

김정은을 후계자로 공식화하면서 청년들의 지지를 끌어내는 것이 절실했고, 그를 청년 김일성의 화신으로 만들고자 하였다. 김일성이 16세에 청년동맹을 조직하여 리더십을 발휘했기 때문에 김정은은 그의 할아버지에 비하면 북한을 이끌어가기에 충분한 나이라는 것이다. 북한을 이끌어 갈 세대가 바로 청년 자신들이라는 자긍심을 심어주고, 수령의 대를 잇는 김정은의 정통성을 백두혈통과 청년운동에서 찾으려 하였다. 북한은 30세도 되지 않은 김정은을 후계자로 내세우면서 지지기반 확보에 고심하고 그 중점을 청년에 두었다. 김정일은 젊은이들의 지지를 통한 세대교체와 권력장악을 염두에 두고, 제도적인 개선으로 김정은을 상징화하는 방법을 택하였다.

86 이종석, 『새로 쓴 현대북한의 이해』, p. 506.

당대표자회에서 당중앙군사위원회 부위원장으로 추대와 함께 당규약의 개정을 통해 김일성사회주의청년동맹에 힘을 실어주는 방법을 택하였다. 청년동맹은 당의 전위대와 인전대로써 역할을 하고 있는데, 북한이 젊은 김정은을 후계자로 내세우면서 그 역할이 더욱 주목을 받게 되었다.

당 규약 "제9장 당과 근로단체"에서는 로동당과 사회단체와의 관계 등을 규정하고 있는데, 특히 청년동맹을 중시하고 있다. 제56조를 개정하여 "김일성사회주의청년동맹은 조선청년운동의 개척자이신 위대한 수령 김일성동지께서 몸소 무어주신 주체적인 청년조직이며 주체혁명 선군혁명의 대를 이어나갈 정치적 후비대이다"라 하였다.[87] 여기서 젊은 시절의 김일성을 떠올리는 '조선청년운동의 개척자'와 '주체혁명 선군혁명의 대를 이어나갈 정치적 후비대'라는 표현은 바로 김정은을 지칭하는 것이다. 또한 "당은 청년중시로선을 일관되게 틀어쥐고 김일성사회주의청년동맹이 당에 끝없이 충실한 청년전위의 대오, 조국보위와 사회주의강성대국건설에 앞장서는 돌격대가 되도록 지도한다"고 하면서 청년동맹을 강조하였다. 로동당 규약을 개정하면서 청년 김정은이 후계자라는 것을 전제 하에 전에는 없었던 '청년중시로선'을 제창하고 나선 것이다. 이러한 것은 북한을 이끌어 갈 세대가 바로 청년 자신들이라는 자긍심과 함께 김정은의 두리에 뭉쳐 그들 받들어야 한다는 점을 강조한 대목이다.

87 종전에는 "사회주의청년동맹은 우리의 혁명위업을 직접이어나갈 청년들의 혁명적 조직이며 당의 전투적 후비대이다"라고 규정하였다.

3. 유훈통치로 4년과 빠른 제도화

1994년 7월 8일 김일성의 사망으로 김정일은 최고지도자의 권력을 승계하게 되는데, 이미 국방위원장과 인민군최고사령관의 직위를 가지고 있었기 때문에 다른 제도적인 보완조치가 취해지지 않았다. 김정일의 권력을 확고히 하기 위하여 강조한 것은 오히려 유훈통치였다. 김정일은 정통성을 확보하기 위하여 영원한 수령 김일성의 권위를 최대한 활용하였다. 김정일을 받드는 것이 김일성에게 못다 한 충성과 효성을 다하는 길이라는 점이 비로 유훈통치의 정치적 효과였다. 1997년에 가서야 김정일은 총비서에 올랐고, 1998년 9월에는 헌법을 개정하고 국방위원회를 강화시키면서 공식적인 김정일 체제가 출범하였다. 김정일 국방위원장, 김영남 최고인민회의 상임위원장, 홍성남 내각 총리가 국가 3대기구를 대표하여, 형식적으로는 정치권력이 분점된 것으로 보여졌으나 모든 권력은 김정일의 수중에 있었다. 김일성 시대의 지도자들은 명예직에 배려함과 동시에 리을설은 인민군 원수로서 백학림은 사회안전상으로서 국방위원회 위원이 되었다. 그밖에 조명록, 김일철, 리용무 차수는 국방위원회 부위원장에 전병호, 김영춘, 김철만, 연형묵이 국방위원에 올랐다. 신구세대의 조화를 갖추면서 정권승계작업을 마쳤다.

북한은 김정일 사망 이후 최초 보도에서 "오늘 우리 혁명의 진두에는 주체혁명위업의 위대한 계승자이시며 우리당과 군대와 인민의 탁월한 령도자이신 김정은 동지께서 서 계신다"하고, 김정은 중심의 체제를 기정사실화 하였다.[88] 김정일이 사망하고 장례식이 치러진 이후 2011년 12월 30일 로동당 중앙위원회 정치국 회의에서 김정은이 '조선인민군 최고사령관'으로 추대되었다.[89] 정치국 회의에서는 "위대한 령도자 김정일동지의 유훈을 받들어 강성국가 건설에서 일대 앙양을 일으킬 데 대하여"라는 결정서도 채택하였다. 북한은 김정일의 유훈을 받들어 김정은을 최고 영도자로 추대하는 데 속도를 냈다.[90] 김일성이 사망할 당시 김정은은 국방위원장 겸 조선인민군 최고사령관이었지만, 김정은은 당중앙군사위원회 부위원장에 대장 직위를 가지고 있었기에 군부에 대한 공백을 막기 위해서도 최고사령관이 필요했다.

2012년 4월 11일 당 제4차대회에서 김정일을 '영원한 총비서'로 모셔 놓고, 김정은을 로동당 제1비서로 추대하였다.[91] 김정은은 당 정치국 상무위원이 되었음은 물론이고, 당중앙중앙군사위원회 위원장에도 올랐다. 이렇게 함으로써 김일성 사망 후 3년이 지난 후 총비서에 올랐던 김정일과 달리 김정은은 4개월도 되지 않아 로동당의 최고권력자가 되었다. 새로 개정한 당규약 서문에는 "김일성-김정일주의를 유일지도사상으로 한다. 전 사회에 김일성-김정일

88 북한의 신년공동사설 제목은 "위대한 수령 김정일동지의 유훈을 받들어 2012년을 강성부흥 전성기가 펼쳐지는 자랑찬 승리의 해로 빛 내이자"이다.

89 김정일의 장례식에서 김정은과 7인이 영구차를 호위하며 등장하였다. 김정은을 필두로 장성택 국방위원회 부위원장, 김기남 로동당 비서, 최태복 최고인민회의 의장 우측에서, 리영호 인민군 총참모장, 김영춘 인민무력부장, 김정각 총정치국 제1부국장, 우동측 국가안전보위부 제1부부장은 좌측에 배열하며 김정일 체제로의 권력 이양의 모습을 보여주었다.

90 김창희, 『북한정치와 김정은』, 파주: 법문사, 2012, p. 26.

91 조선중앙통신은 "조선로동당 제4차 대표자회는 김정일동지의 유훈을 받들어 김정은 동지를 로동당 제1비서로 높이 추대하기로 결정했다"며 "김정은 동지를 로동당 제1비서로 추대한 것은 전체 당원과 인민군 장병, 인민들의 절대적인 지지와 신뢰의 표시"라고 밝혔다.

주의를 관철하고 선군혁명의 위업을 달성해 나간다"를 명시함으로써, 유훈으로 이어지는 권력승계의 정치를 보여주고 있다. 2010년 11월 사망한 조명록의 자리는 최룡해가 승계했다. 최룡해는 정치국 상무위원과 총정치국장에뿐만 아니라 당중앙군사위원회 부위원장에도 임명되었다. 김정일 시대 장성택-리영호 구도가 장성택-최룡해-리영호의 삼각구도로 바뀌었다. 김정은의 고모부인 장성택 국방위 부위원장도 정치국 후보위원에서 정위원으로 승격됐고, 고모 김경희는 당중앙위원회 비서로 올라섰다. 인민무력부장에 오른 김정각은 당대표자회에서 현철해, 김원홍, 리명수 등과 함께 당 정치국 위원에 뽑혀 위상이 높아졌다.

2012년 4월 13일 최고인민회의 제12기 5차회의에서는 김정일을 '영원한 국방위원장'으로 칭하고, 김정은을 국방위원회 제1위원장에 추대하였다. 이로써 김정은 북한의 당·정·군의 모든 최고 권력의 지위에 오름으로써 명실상부한 '최고 영도자'가 되면서, 제도화를 마무리 짓고 권력 엘리트들도 일부 재배치시켜 김정일 체제의 구축을 위한 권력승계를 일단락 지었다.

제3장

북한의 정치지도자와 정치리더십

제1절 정치지도자와 정치리더십 접근

1. 정치지도자와 국가노선

북한에서 주장하는 '김일성 민족, 김정일 조국, 김정일 나라'라는 것은, 정치지도자가 바로 당이고 국가라는 인치성을 가장 극명하게 표현하고 있는 대목이다. 다원주의 민주주의 국가에서 정치지도자는 임기가 정해져 있으나, 북한의 경우 정부수립 이후 70여 년 동안 세 사람에 의하여 통치되고 있으니 종신의 통치자인 셈이다. 유일영도체계를 주장하는 북한의 최고지도자를 정치리더십으로 접근해보고자 한다. 정치리더십을 기능적 측면에서 접근한 터커Robert C. Tucker의 주장대로, 독재자들도 추종자들이 있기 때문에 이들을 정치리더십에서 배제해서는 안 된다.

김일성이 어떻게 북한의 정치지도자로 등장하게 되었는가는 제1장에서 상세하게 살펴보았다. 부연하자면 김일성이 33세의 젊은 나이에 지도자로 등장한 것은 소련군이 한반도의 북쪽을 점령하면서부터이고, 소련 점령군사령부는 김일성 중심의 정치구도를 설계해 나갔다. 스탈린Joseph V. Stalin은 극동군 사령부로부터 88특별여단의 똑똑한 인물이 김일성이라는 추천을 받았고 김일성을 북한의 지도자로 앉혔다.[1] 소련 점령군사령부가 북쪽의 최고지도자로 낙점했던 인물은 조만식이었다는 주장도 있다. 그러나 조만식은 점령군의 의지대로 조정하기에는 독자적인 행보를 보였고 자신들과 충돌로 배제하였다는 것이다.[2]

정부수립으로 수상이 된 김일성은 '조선인민군 최고사령관'이 되어, '남조선해방'이라는 명분으로 전쟁을 일으켰다. 한국전쟁 후 그는 경제복구에서 사회주의건설을 내세우면서 민족적 자립경제를 내세웠다. 전후복구 3개년계획과 제1차 인민경제발전 5개년계획을 실행하며, 북한경제전성기를 구가하였다. 1960년대는 중공업발전과 인민생활보장을 목표로 사회주의적 양식에 맞는 대중지도 관리방식을 제시했다. 경제건설과 함께 비중 있게 추진한 것이 국방건설로 4대현대화 계획이었다. 1980년대 들어 대외개방정책을 모색하였으나, 사회주의 경제방식을 벗어나지 못하였고 인민경제 전반은 열악한 모습을 보였다.

북한을 이끌어온 확실한 정치지도자는 후계체제 구축을 위한 작업을 하는 가운데 또 다른 지도자 김정일을 만들어 냈다. 북한에서

---

1 김일성 자신도 제88특별정찰여단 시절부터 소련공산당과 관계를 형성하기 위해 노력했고, 1943년부터 1945년 사이 매년 모스크바를 방문했고 당모임 등에 참석 네트워크를 형성을 위한 활동을 하였다. 안문석, 『북한 현대사 산책 1』, 서울: 인물과 사상사, 2016, p. 61.

2 아치 브라운 지음, 홍지영 옮김, 『강한 리더라는 신화』, 서울: 사계절, 2017, p. 333.

백두혈통에 의한 권력승계 문제는 제2장에서 확실하게 분석하였다. 김일성 사망 후 유훈통치로 북한을 이끌어 가던 김정일은 '고난의 행군'이라면서 인민들을 독려하였다. 그가 1998년 공식적인 자신의 체제를 출범시키면서, 형식상의 정치권력을 분산시킨 이유의 하나는 심각한 경제문제에 대한 책임회피의 성격도 강했다. 김정일은 고난의 행군 대신 사회주의 대행군을 내세우고, 현지지도를 통해 중공업우선정책을 구체화하기 시작했다. 북한에서 본격적인 경제재건 운동을 제2의 천리마라 하면서 신사고를 주장했다. 선군정치와 경제문제를 결합한 선군경제는 국방공업우선노선이었다.

북한의 신사고는 북한경제의 전반에 변화를 주었는데, '7.1 경제관리개선조치'는 그동안의 경제 정책에 획기적인 변화를 준 것으로 당시의 상황을 반영한 것이다. 북한은 사회주의 경제관리를 개선하고 완성하는데 틀어쥐고 나가야 할 원칙으로 '실리사회주의'를 내세웠다. 선군시대는 경제건설노선으로 국방공업시스템과 시장경제기능을 결합시켜 보겠다는 것이었다.

김정일의 사망은 급작스러운 것이어서 김정은은 후계자로서의 수업 시간이 짧아 김정은 체제에 대한 회의감도 있었다. 그러나 김일성–김정일로의 권력승계에 대한 학습효과 때문이지 북한사회는 김정은 중심으로 안착되었다. 김정은은 먼저 정치제도화를 통해 빠르게 자신의 체제를 구축하였다. 김정은은 헌법에 북한을 핵 보유국으로 명시하며 실제 핵무장력 강화를 시도하였다. 인민들의 지지를 끌어들이기 위해 '인민중시'도 더욱 강조하였다. 김정은은 북한을 이끌어갈 새로운 전략노선으로 내세운 것이 '경제건설과 핵무력건설' 병진노선이다. 김정은은 몇 차례의 핵실험과 위성발사로 핵무력건설에 힘을 쏟았고, 부족한 경제문제는 '국가경제발전 5개년전략'을 제시하였다.

이상에서 살펴본 바와 같이 북한의 정치지도자들이 가장 중점을 둔 것은 체제유지이고, 이것을 위한 수단이 국방력 강화와 사회주의 경제건설이었다. 시대에 따라 방법이나 명칭 그리고 수단이 조금 달랐을 뿐, 그 근본 속성을 보면 맥을 같이하는 것이다.

2. 북한 연구에서 정치리더십 접근

북한정치를 분석하면서 '지도자'라는 용어 자체를 사용하는 것을 망설였던 것도 사실이다. 특히 초창기 김일성에 대한 연구 중 우리나라에서 출간된 책에서는 지도자라는 용어는 찾을 수가 없었고, '가짜 김일성'과 '독재자 김일성'에 대한 연구만 있었다. 분단과 한국전쟁을 겪으면서 국내에서는 객관적으로 김일성을 연구할 수가 없었고, 미국의 한국인 교수들이 좀 더 자유롭게 북한의 지도자와 리더십을 연구하였다. 이 분야의 선구적인 연구는 1976년에 서대숙과 이채진이 공동 편저한 『*Political Leadership in Korea*』였다. 여기에는 서대숙의 "공산당 리더십"과 이종식의 "1972년 헌법과 최고 공산주의 지도자들"이라는 제목의 논문이 실려 있다. 서대숙은 북한의 정권수립과정에서 당 제5차대회까지 정치과정을 김일성의 리더십으로 설명하고 있다.[3]

---

3 Suh Dae-Sook & Chae-Jin Lee, *Political Leadership in Korea*. Seattle and London: University of Washington Press, 1976, pp. 159-191.

리더십으로 접근하지는 않았으나 양성철은『*Korea and Two Regimes: Kim Il Sung and Park Chung Hee*』에서 김일성과 박정희를 어린 시절부터의 성장과정과 정치지도자로서의 역할을 비교 분석하였다. 이들이 정치에 투신한 청장년기를 중심으로 한반도와 주변의 정치·경제·군사 등의 변화 과정에서 어떻게 정치권력을 행사하고 자신의 위치를 굳혀왔는가를 분석하고 있다.[4] 그러나 본격적인 김일성 연구의 결정판은 서대숙의『*Political Kim Il Sung: The North Korea Leader*』이다.[5] 김일성이 북한에 건설한 것은 개인의 지배에 순응하는 정치체제였고, 이를 연장시키기 위하여 김정일을 후계자로 지명했다고 하고 있다. 김일성은 북한의 승계문제를 오래전부터 준비해 왔고 자기가 쌓아 올린 업적, 정치 관습 그리고 정치문화를 후세들이 복잡한 권력 다툼 없이 이어나갈 수 있도록 준비해 놓았다는 것이다.[6] 그 후 서대숙은 김정일에 대한 저서도 일본에서 출간했다고 한다. 이 두 권의 내용을 중심으로『현대 북한의 지도자: 김일성과 김정일』을 세상에 내놓았다. 여기에서 저자는 김일성과 김정일을 찬양하거나 비판하는 글이 아니라고 하면서, 이들은 북한 정치와 사회 모든 면에서 압도적인 영향력 행사한 지도자이기에 분석이 필요하다고 하였다.[7]

---

4 Yang Sung-cheol, *Korea and Two Regimes: Kim Il Sung and Park Chung Hee*, Cambridge, Massachusetts: Schenkman Publishing Co, 1981. 이 책은 1987년에『분단의 정치』로 출간되었고, 그후에는『박정희와 김일성』으로 책제목이 변경되었다.

5 Suh Dae-Sook, *Political Kim Il Sung: The North Korea Leader*. New York: Columbia University Press, 1988.

6 서대숙 저, 서주석 역,『북한의 지도자 김일성』, 서울: 청계연구소, 1989, p. 217.

7 서대숙은 2000년에 1998년 일본에서 펴낸 "김정일의 북조선"을 한국어로 정리해,『현대 북한의 지도자: 김일성과 김정일』라는 저서를 출간했다.

물론 한국에서도 북한에 관한 수많은 연구와 저서들이 출간되었으나, 인물 중심의 연구라기보다는 북한의 정치사회의 전반에 관한 것이었다. 여기서는 그 모든 것을 소개할 수 없다. 그렇기 때문에 인물 중심의 정치리더십 접근을 중심으로 살펴보면, 전현준의 『김정일 리더십 연구』는 이 분야의 선도적 역할을 한 것으로 평가할 수 있다. 김일성 사망 직후이기 때문에 이 연구에서는 김정일이 어떠한 리더십을 발휘하여 북한을 안정적으로 끌어갈 것인가 하는 연구로 정통성 여부, 강제기구 및 엘리트 장악여부, 정책의 효율성 여부를 연구문제로 상정하였다. 여기에서는 리더십을 "정당성을 보유한 리더가 목표달성을 위해 각종 정신적·물질적 수단을 동원, 추종자들을 복종시킬 수 있는 지도자의 기술과 활동"이라고 정의하면서, 리더십의 특성이론 채용한다고 하였다.[8]

한국정치학회 충청지회에서 '남북한 건국 50주년 학술대회'를 개최하면서 내놓은 『남북한 정치 지도자의 리더쉽과 치적 공과』의 발표집에는 여러 편의 논문이 실렸다. 김정일에 관해서는 김영수가 '김정일은 어떠한 과정을 거치면서 지도자의 길을 걸어왔는가?' '현 상황에서 김정일의 정세인식과 경제적 시각은 무엇인가?' '김정일의 영도력은 어떻게 평가할 수 있는가?'를 제기하였는데, 북한에서 공식적인 김정일 체제가 출범하기 이전을 분석한 것이다. 김정일의 출생과 성장, 통치방식, 정세인식, 경제관을 서술하고 리더십을 평가하면서, '추악한 김정일'이 아닌 '합리적 행위자'인 북한의 지도자로서 분석의 필요성을 강조하였다.[9] 2001년 통일연구원에서 발간한

8 전현준, 『김정일 리더쉽 연구』 연구보고서 94-07, 민족통일연구원, 1994, pp. 4-5.

9 김영수, "김정일 총서기: 바람직한 리더쉽과 치적 공과", 『남북한 정치지도자의 치적

『김정일연구: 리더쉽과 사상(1)』의 제1부 리더십에서 통치 스타일, 집권 과정, 리더십 문제 등을 다루었고, 제2부 사상에서는 김정일의 인간관·대외관·경제발전관·역사관 등을 다루었다. 여기에서 전현준은 1994년의 후속 연구 차원으로 김정일의 국가권력기구장악과 업무성과를 분석하였다.[10] 2002년 정영철은 "김일성과 김정일의 리더십 비교: 수령체계의 구조적 분석과 전망"을 발표하였다.[11] 김용순은 북한의 대미외교형태에 관한 연구에서 김정일이 선군리더십을 통하여 위기관리를 해왔던 것을 분석하고 있다. 선군리더십을 정세판단 및 위기인식 기능, 목표설정 기능, 그리고 대내외적 목표달성 기능 등 세 기능으로 보았다.[12] 이관세는 김일성과 김정일의 정치리더십을 시기별로 현지지도를 통하여 어떻게 발휘되었는가를 분석하였다. 그는 "북한의 현지지도와 정치리더십에 관한 연구"라는 박사학위 논문을 수정 보완하여 저서로 출간했는데, 북한 최고지도자들은 현지지도를 통해 정책분야를 살펴보고 정책방향을 제시해 왔다고 한다.[13] 한기범은 북한의 정책결정과 관련하여 지도자의 역할과 한계를 연구목표로 제시하면서, 지도자가 모든 정책적 조치들을 규정하지 못하고 조직 형태와 관료정치 현상이 정책결정에 영향을 미

과 공과』 한국정치학회 충청지회 남북한 건국 50주년 학술대회 발표집, 1998, pp. 292-295.

10 전현준, "리더쉽", 『김정일 연구: 리더쉽과 사상(1)』 연구총서 01-32, 통일연구원, 2001, pp. 50-56.

11 정영철, "김일성과 김정일의 리더십 비교: 수령체계의 구조적 분석과 전망", 한국산업사회학회 편, 『경제와 사회』 가을호, 2002.

12 김용순, "북한의 대미외교형태 분석: 선군리더십의 위기관리", 『박사학위논문』 연세대학교, 2008, p. 55.

13 이관세, 『현지지도를 통해 본 김정일의 리더십』, 서울: 전략과 문화, 2009, p. 38.

친다는 사실을 검증하고 있다.[14] 필자는 2004년에 『김정일의 딜레마』라는 책을 내놓았다. '알 수 없는 인물 김정일'에 대하여 '위대한 지도자인가 은둔자인가'라고 문제를 제기하고, 김정일이 북한을 어떻게 이끌어 왔고 어떻게 이끌어 갈 것인가 살펴보았다. 김정일의 출생에서부터 지도자로서 성장과정 그리고 북한 정치·경제·군사 등의 정책을 총괄하는 책임자로서 능력과 한계를 딜레마로 보고 접근하였다.

김정일을 전체적으로 다룬 논문이나 저서들이 많이 나와 있지만, 정치리더십으로 분석하려는 시도는 이같이 소수에 불과하다. 정치리더십 연구가 구미의 경험을 바탕으로 만들어진 이론이나 개념에 의하여 주도되었기 때문에, 소위 제3세계 정치지도자들을 개발독재자 혹은 전체주의 독재자로 규정하여 정치리더십으로 접근하려 하지 않았다.

김정은이 북한의 후계자로 공식화되자 그에 관한 많은 연구가 진행되었고, 국내외에서 저서로 출간되었다. 세종연구소에서 출간된 『김정은 리더십연구』는 김정은이 정치, 외교·안보·경제·사회문화 분야에서 어떻게 리더십을 발휘하고 있느냐에 대한 연구이다. 4명의 학자가 김정은의 특정 시기의 정치리더십에 대하여 집중적으로 분석하고 있다.[15] 북미정상회담이 있은 후 워싱턴포스트지 베이징 지국장 파이필드Anna Fifield가 쓴 『*The Great Successor*』가 『김정은 평전 마지막 계승자』로 한국어로 번역되어 출간되었다.[16] 저자는 많은 인

---

14 한기범, "북한의 정책결정과정의 조직형태와 관료정치: 경제개혁 확대 및 후퇴를 중심으로", 『박사학위논문』 경남대학교, 2009, p. 315.

15 정성장·백학순·임을출·전영선, 『김정일 리더십 연구』, 성남: 세종연구소, 2017.

터뷰를 통하여 그동안 우리에게 알려지지 않았거나 부정확하게 알려진 사항들을 소상하게 알려주고 있다. '위대한 후계자' 김정은을 싱가포르식 개방독재를 꿈꾸는 지도자로 표현하고 있다.

필자는 "김일성, 북한의 영원한 지도자"라는 글에서 김일성을 미화할 필요도 없지만, 그를 객관적으로 평가할 최소한의 기준을 가져야 한다고 주장했다. 김일성의 출생부터 사망까지 정치가로서의 생을 기록하였다.[17] 또한 김정일의 정치리더십이 어떻게 발휘되었고, 그것이 어떻게 북한에 영향을 미쳤는가를 연구하였다. 이 논문은 정치리더십의 특성과 유형의 분류가 아니라 기능적인 측면에서 접근하였다. 터커의 이론을 김정일의 '강성대국건설 3대 핵심'에 기인한 정치방식과 정책에 적용하였다.[18] 김정은 역시 같은 접근을 통하여 분석하였다. 김정은이 최고지도자가 되어 처음 내세운 것이 인민대중제일주의로 지도자와 추종자의 관계였다. 김정은은 최초의 4.6 담화에서 가장 중요한 것은 인민생활향상이라며 인민대중중심의 정치를 강조하였다. 이것이 정치리더십의 발휘인 것이다.[19]

---

16 에나 파이필드 지음, 이기동 옮김, 『김정은 평전 마지막 계승자*The Great Successor*』, 서울: 도서출판 프리뷰, 2019, pp. 49-51.

17 김창희, "김일성, 북한의 영원한 지도자", 김재영 외, 『한국역사인물 뒤집어 읽기』, 서울: 인물과 사상사, 2001, pp. 312-344.

18 김창희, "김정일 정치리더십의 기능적 분석", 『한국동북아논총』 제17집 제4호, 한국동북아학회, 2012.

19 김창희, "김정은의 정치리더십에 관한 연구", 『통일전략』 제17권 제2호, 한국통일전략학회, 2017.

제2절 정치리더십의 이론적 배경

1. 정치리더십 연구

오늘날 일상적으로 사용되는 리더십이란 개념은 지도자의 지위, 통솔력, 지도력, 또는 지휘와 통솔 그 자체를 의미하고 있다. 번즈James M. Burns는 현대의 정치학과 역사학의 전반에 리더십이란 새로운 관심을 불러일으키는 데 크게 공헌한 학자이다. 그는 정치학 연구를 권력으로 접근하려 했던 소위 '권력학파'에 속했던 학자였지만, 정치를 권력현상 자체에 집착하다 많은 것을 놓친다는 자성 속에 리더십의 연구에 매진하였다.

번즈는 1978년에 내놓은 저서『*Leadership*』에서 정치사회의 삶 속에서 권력현상을 무시할 수 없지만, 인간관계를 권력관계로만 파악할 수 없고 상호설득, 교환, 변혁 등의 관계가 어우러지는 리더십의 관계로 접근해야 한다고 주장했다. 리더십은 일종의 영향력으로 지도자와 추종자의 관계에서 보여지는 영향력이다. 번즈는 리더십은 "추종자들로 하여금 지도자와 추종자들 모두가 공유하는 가치와 동기인 욕구, 소망, 기대 등을 충족시키는 어떤 목적을 위해 행동하도록 지도자가 유도하는 것"이라 한다.[20] 지도자는 권력을 소유하고 행사하지만 그의 역할이 추종자의 관계에서 수행되고, 그들의 동기나 목적을 충족시키면서 동시에 자신의 목적을 달성한다는 점에서

20 James M. Burns, *Leadership*, New York: Harper & Row, 1979, p. 19.

단순히 권력가치를 많이 획득한 권력 장악자와 다른 의미를 갖는다고 볼 수 있다.[21]

러시아의 역사와 정치 그리고 전체주의 문제를 주로 연구해 온 터커는 1980년 미국 미주리대학교에서 강의한 것을 바탕으로 1981년 『*Politics as Leadership*』이라는 저서를 출간하였다. 서문에서 "정치의 근본은 정치공동체의 리더십에 있다"라고 주장한 그의 저서는 이후 정치학 연구에 비상한 관심을 불러일으켰다. 터커는 리더십으로서 정치학을 연구하려는 노력은 최근에 들어서서야 본격적으로 시작되었다면서, 번즈가 말한 "리더십은 지구상에서 가장 주목할 만한 현상이면서도 가장 덜 이해된 현상 중의 하나이다"는 것과 "정치를 권력으로 봄으로써 리더십의 중추적 역할을 외면할 우려가 있다"는 것을 상기시켰다.[22]

터커는 번즈의 정치에서 리더십 연구에 대해 경의를 표하고 정치리더십을 지도자와 추종자의 관계라는 데에 동의하고 있다. 그러나 그는 번즈의 정치리더십 접근의 문제점을 지적하고 있다. 번즈가 도덕 중심의 정치이론으로 히틀러Adolf Hitler나 스탈린Joseph V. Stalin과 같은 폭력적 정치지도자를 제외하고 있다는 점이다. 터커는 전체주의나 권위주의 체제에서 정치리더십을 논할 수 없다는 사고방식은 정치를 분석하는데 많은 문제점을 야기한다. 지도자와 추종자의 관계는 독재적인 리더십 형태로부터 고도로 참여적이거나 민주적인 것에 이르기까지 광범하게 포함하고 있다는 사실을 간과하고 있다

21 김창희, 『비교정치론(제2판)』, 고양: 삼우사, 2013, p. 268.

22 Robert C. Tucker, *Politics as Leadership*, Columbia & London: University of Missouri Press, 1981, pp. 12-13.

고 지적하였다.

북한 연구에서 가장 중요한 것은 정치지도자와 앞장에서 상술한 정치권력의 승계문제이다. 여기에서 정치리더십 문제가 제기되는데 터커의 주장에 힘입어 김일성, 김정일, 김정은의 현상을 정치리더십으로 접근하고자 한다. 독재자들도 자발적인 추종자들을 가지기 때문에, 지도자와 추종자의 관계란 극단의 경우 독재적인 리더십 형태도 가질 수 있다.

2. 정치지도자와 정치리더십

정치리더십을 지도자와 추종자의 관계에서 볼 때, 지도자는 어떤 인물인가를 규정하는 것은 중요한 일이다. 정치지도자를 규정하는 문제에서 제기되는 논리는 자질론과 상황론을 들 수 있다. 전자는 다시 천부적으로 태어날 때부터 리더의 자질을 타고났느냐, 후천적으로 갖추어진 것이냐로 나눌 수 있다. 어쨌든 개인에 초점을 맞춰 접근하여 신체, 인격, 지능, 언변 등을 변수로 보고 판단한다. 타고나고 길러진 사람의 우수성으로 말미암아 지도자로 인정하는 것이다. 상호론인 후자는 리더를 그가 속한 조직의 특성, 문화, 사회, 관습, 경제적 여건, 국제적 제약 등을 중심으로 설명한다. 집단이 처한 상황의 성격이 그 구성원들 가운데 누가 지도자로 부상할 것인가를 요인으로 분석한다. 정치리더십에서 지도자는 양 논리의 상호작용의 산물로 보아야 한다.[23]

북한에서는 정치지도자에 대하여 다음과 같이 설명하고 있다. '정치는 계급 또는 사회의 공동이익에 맞게 사람들의 활동을 통일적으로 조직하고 지휘하는 사회적 기능이다'라고 하면서, '정치는 사람을 위한 것이고 사람 자신이 하는 것'이다. 그러면서 정치지도자는 정계의 정점에 있는 최고위의 정치가이고, 이 최고위 정치가에 의하여 정치조직이 운영되고 정계가 움직이며 사회가 관리된다고 한다. 역사상 가장 특출한 정치지도자는 '노동계급의 수령이고 인민의 수령'이라 하여, 정치지도자로서의 수령을 제기하였다.[24] 최고지도자인 김일성 수령은 정계의 정점에 서 있고 인민대중의 최고 뇌수이다.

그 수령의 후계자가 대를 이를 정치지도자이다. 수령의 후계자는 반드시 세 가지 조건을 갖춘 사람만이 추대될 수 있으며 추대되어야 한다는 것을 제2장에서 이미 서술하였다.[25] 여기에서 제시하고 있는 것이 지도자의 품격과 자질이고, 김정일을 탁월한 영도력이 있는 덕성의 지도자라고 치켜세웠다. 북한에서는 '김정일은 30대 초반의 젊은 정치가이고 비범한 령장이었다. 사상가로서의 예지와 정치가로서의 특출한 령도력, 군사전략가로서의 비범한 지략을 겸비하고 숭고한 인덕을 체현한 혁명의 세련된 지도자'라고 그를 치켜세웠다.[26] 이를 볼 때 북한에서는 정치지도자를 자질론에 중점을 두고 미화시키고 있다.

김정일이 사망하자 북한에서는 '수령 김정은'을 만들어 냈다. 북한이 김정일 사망 후 5대 국가기관명으로 내놓은 중앙통신 보도문

---

23 김창희, "김정은의 정치리더십에 관한 연구", p. 112.

24 리진규, 『주체의 정치론』, 동경: 구월서방, 1988, p. 455.

25 리진규, 『주체의 정치론』, p. 474.

26 『선군태양 김정일 장군 2』, 평양: 평양출판사, 2006, pp. 5-6.

에서, 김정일을 이어 계승할 '우리 당과 군대와 인민의 탁월한 영도자이신 김정은'이 있다고 하였다. 김정은에 대해 김정일과 관련지어 다음과 같이 칭송하고 있다. 즉, 김정은은 '백두령장의 슬하에서 혁명무력의 담력과 배짱 그리고 신묘한 지략을 키워 비범한 군사적 예지와 지략을 지녔다'고 하면서, "경애하는 김정은동지의 젊고 열정에 넘치는 모습에서 위대한 장군님의 태양의 모습이 그대로 살아있고 김정은동지의 예지와 안광에는 김정일동지의 위대한 사상과 숭고한 풍모가 그대로 빛발치고 있다"고 한다.[27] 이렇게 하여 김정은은 백두혈통이라는 세습에 의한 수령승계와 제도적인 정치과정을 통하여 당·정·군의 최고지도자가 되었다. 북한은 그들이 주장하는 '수령의 유일영도체계'를 완성하기 위해, 김정은을 단결의 중심·영도의 중심에 세우고 그 두리에 굳게 뭉쳤다는 것이다.[28] 북한에서는 김정은을 애민정치의 화신으로 부각시키면서, 인민대중주의를 정치의 본질과 원칙에 두는 정치가라고 한다. 김정은이 최고영도자로 전 사회를 지배하고 있다.

북한에서 주장하는 지도자와 추종자와의 관계는 어떻게 설명하고 있는가를 살펴보자. 북한에서는 인민대중을 하늘같이 여긴다는 뜻인 이민위천을 내세우며 인민대중을 사회의 주인, 정치의 주인으로 내세우고 그들의 자주적이고 창조적인 실현에 모든 것을 복종시키는 정치를 한다고 한다. 김정일은 이민위천의 정치철학을 심화발전시키고 완성하여 실천하고 있다고 하면서, "이 세상의 모든 것은 인

27 『위인 김정일』, 평양: 외국문출판사, 2012, pp. 358-359.

28 김창희, "김정은 유일영도체계 확립과정과 함의", 『한국동북아논총』 제19집 제3호, 한국동북아학회, 2014, p. 193.

민을 위해 있어야 하고 인민을 위한 것이 되어야 합니다. 정견도 주의 주장도 인민을 위하여 있어야 하고 정치나 법, 군사도 인민을 위해 있어야 합니다"라고 지적했다고 한다.[29]

그런데 이민위천의 근본적인 특징은 수령문제를 근본 핵으로 해야 한다는 것이다. 그 논리로 내세우는 것이 인민대중은 탁월한 수령의 혁명사상으로 의식화되고 조직화되어 수령을 중심으로 하나로 결집될 때 비로소 정치의 주인이 될 수 있다는 것이다. 수령의 영도를 떠나서는 정치의 주인으로서 인민대중의 지위와 역할에 대하여 말할 수 없다는 것이다. 김정일 사후 개정된 헌법의 전문에는 "김일성동지와 김정일동지께서는 〈이민위천〉을 좌우명으로 삼으시어 언제나 인민들과 함께 계시고 인민들을 위하여 한평생을 바치시였으며 숭고한 인덕정치로 인민들을 보살피고 이끄시여 온 사회를 일심단결된 하나의 대가정으로 전변시키었다"라고 적고 있다. 북한에서는 '김정은동지가 펼치는 사랑의 정치에 인민들은 어버이 수령님과 위대한 장군님과 꼭같으신 또 한 분의 인민의 영도자를 모신 감격과 기쁨에 눈시울을 적시고 있다'고 하였다.[30] 그러면서 김정은이 인민에 대한 뜨거운 사랑으로 애민을 발현하고 있다고 한다.

3. 터커의 기능적 리더십

터거는 정치에서 권력이란 요소는 배제할 수 없는 중요한 변수이지

29 김현환,『김정일장군 정치방식』, 평양: 평양출판사, 2002, pp. 32-34.

30 『위인 김정일』, p. 357.

만, 정치를 공동체에 요청되는 형태의 리더십으로 본다. 그는 리더십을 이상적인 형태의 정치적 지배로서가 아니라, 정치과정을 면밀히 연구해 보면 실제로 발견할 수 있는 사실로서 다루고 있다.[31] 리더십을 가치중립적인 현상으로 분석하고자 한다. 리더십의 형태는 효과적일 수도 있고, 비효과적일 수 있으며, 경우에 따라서는 현명하고 건설적이어서 정치공동체(국가)에 유익할 수도 있지만, 때로는 우매하고 파괴적이어서 해로운 형태일 수도 있다.[32]

이러한 터커의 정치리더십의 기능적 접근은 전체주의 체제에도 적용할 수 있다. 터커는 독재자도 정치지도자로서 리더십을 발휘할 수 있다는 이론적 근거를 제시하고 있다. 김일성·김정일·김정은은 최고영도자로 절대적인 권력을 행사하면서 정치과정 속에서 리더십을 발휘하였다. 이들은 극한의 상황에서 국가 목표를 내걸고 방향설정과 집단 경로에 대한 전략을 제시하면서 북한을 이끌어갔다.

터커의 정치리더십은 기능적으로 접근하기 때문에 그것이 발휘되는 시점은 정치지도자가 자신이 접한 정보를 해석하고 행동지침의 목적 및 관심사의 우선순위를 결정하면서부터이다. 이것은 상황을 판단한 후 처방을 내리는 진단적 기능, 정책형성의 처방적 기능, 정책수행의 지지를 위한 동원적 기능의 세 가지 측면으로 구분할 수 있다.[33]

첫째, 진단적 기능은 문제가 발생한 상황에 대해 인지하고 분석하는 기능이다. 이는 지도자가 집단을 위해 상황을 권위적으로 진단하

31 Robert C. Tucker, *Politics as Leadership*, p. 3.

32 Robert C. Tucker, *Politics as Leadership*, p. 3.

33 Robert C. Tucker, *Politics as Leadership*, pp. 18-19.

는 것으로 정확하게 상황을 규정하는 기능이다. 지도자는 특정가치에 입각하여 문제를 제기하고 인식하고 해결하기 위해 상황을 진단하는 것이다. 지도자가 정치적 상황을 정의하는 방식에 영향을 미치는 감정은 지도자의 개성과도 관계가 있다.

둘째, 처방적 기능으로써의 정책형성기능은 문제해결을 위하여 구체적인 처방을 내리는 것이다. 지도자가 진단한 상황을 해결하기 위하여 집단으로 하여금 취해야 할 행동이나 행동경로를 고안해 내는 것이 처방의 역할이다.

셋째, 동원적 기능은 바로 정책수행기능이다. 정책수행기능은 국민의 지지를 끌어내기 위해 설득하는 것이다. 지도자들이 정의한 상황판단 및 이들이 처방하는 정책반응에 대하여 그 공동체 구성원들의 정치적 지지를 동원해 내는 것이다.

터커는 정치리더십의 기능은 혼재되어 있기 때문에 처방과 진단의 기능을 나누는 것이 애매할 때가 있다고 하면서도, 모든 기능에 포함되는 가장 중요한 것은 비전을 제시하는 것이라고 강조하고 있다. 그는 이상의 정치리더십 기능을 역사적인 예로 설명하고 있는데, 여기에서 나타난 몇 가지 대목은 독재자들의 리더십을 분석하는 단초가 되고 있다. 첫째로 정치지도자들이 집단이 처한 상황분석에서 올바른 판단력과 정치적 분별력을 갖지 못하고 오진하는 경우가 있다는 것이다. 물론 여기에는 의도적인 오진도 포함되어 있다. 김정일이나 김정은은 제국주의자들이 '우리의 사회주의를 압살하기 위한 책동을 감행'하고 있는 것이 현 상황이라면서, '미국의 핵전쟁'을 막기 위해 라 하며 결사항전을 주장하여왔다. 그러면서 자신들의 핵무력 증강은 전쟁억제력이라고 하였다.

둘째, 상황을 해결하기 위한 처방에 있어서도 정치지도자가 집단의 목적에 기여할 수 있는 방식으로 행동계획을 고안해야 하는데, 정치지도자가 자신의 목적에 정치공동체의 목적을 맞추는 경우가 있다. 이것은 자신의 목적을 집단 전체의 목적과 동일시하는 경우인데, 대중들로부터 불신감을 고조시키는 잠재적 요인이 될 수 있다. 김정일과 김정은이 자신들의 추구하는 유일영도체계의 목표가 '사회주의강성대국과 강성국가건설'을 위한 것이라 하는 것도 여기에 해당한다.

셋째, 정치지도자가 지지를 얻는 데 있어서도 집단이 처한 상황을 공공연히 극화시켜 규정하면 설득하기 쉽기 때문에, 자기가 원하는 방향으로 국민을 끌어들이기 위하여 현실을 왜곡하는 경우도 존재한다. 정치지도자가 무시무시한 강압정치를 사용하여 권력 엘리트로부터 일반시민에 이르기까지 모든 국민을 공포에 떨게 만들어 굴종하게 만드는 것도 이 경우이다.[34] 그러나 지도자가 계속적으로 이러한 상황만을 유지할 수 없기 때문에, 강압과 동의기제를 반복적으로 사용한다. 김정은은 자신의 '유일중심, 유일영도'를 위한 폭압정치를 하였다. 국가를 위태롭게 하는 종파세력이 존재하여 국가를 전복시키려 한다면서 처형과 숙청을 자행했고, 이 모든 것은 국가와 인민을 위한 것이라고 합리화한다.

터커는 "정치지도자란 정치공동체 구성원들의 행동에 일정한 방향을 제시하거나 그러한 방향제시 과정에 효과적으로 참여하는 사람"이라고 규정하면서, 정치리더십은 정치단위체를 둘러싼 환경이

34 Robert C. Tucker, *Politics as Leadership*, p. 80.

구성원 전체나 일각에 의하여 심각한 문제상황으로 인식할 때 발생한다고 한다.[35] 터커가 말하는 정치리더십은 정치지도자가 정치환경을 진단하고, 진단에 적합한 처방을 내리고, 처방한 정책반응에 대하여 구성원의 정치적 지지를 동원해 내는 과정이라고 할 수 있다.[36]

이것을 분석 요목으로 김일성·김정일·김정은 시대의 경제정책과 국방정책을 살펴본다. 김일성은 북한이 처한 상황에서 경제건설 우선을 제시하였으나, 바뀐 정세에 대응하기 위해 국방건설에 중점을 두었다. 1970년대 초반부터 김일성은 국가를 김정일은 당을 관리하였고, 1980년 이후에는 김일성영도－김정일관리체제가 형성되었다. 다음은 김정일과 김정은이 북한의 정치상황을 어떻게 판단하고 정책과 전략을 수립하고 수행하여 '사회주의건설'로 체제를 유지 내지 발전시켰는가를 분석한다. 인민들의 지지를 끌어내는 수단은 무엇이었으며, 그것이 어느 정도 효과를 거두었는가? 정치지도자의 리더십 분석에서 중요한 것은 통치 이데올로기의 확립과 활용문제인데, 이는 제2부에서 주체사상, 선군사상, 김일성－김정일주의로 나누어 설명한다.

35 Robert C. Tucker, *Politics as Leadership*, p. 15.

36 Robert C. Tucker, *Politics as Leadership*, p. 31.

제3절 김일성 정치리더십의 기능적 접근

1. 북한의 전후 상황과 전략노선

김일성이 인민군총사령관으로 지휘한 전쟁에 실패하자, 전쟁의 책임을 남한과 미국으로 돌렸다. 책임을 전가해 자신의 위치를 확보하는 능력을 발휘하였는데, 그것은 타 계파에 대한 숙청이었다. 김일성의 정치권력 장악과 관련한 영향과 더불어 정치권력의 핵심 기저로 작용하는 군사부분의 변화에 대해서도 많은 영향을 미쳤다. 한국전쟁 전 13만 5천 명에 불과하였던 북한인민군은 전쟁직후 41만 명으로 증강되었으며, 1959년에는 50만 명에 달하는 예비전력군으로서의 로농적위대가 창설되었다. 이러한 병력 수의 증가와 더불어 북한은 전형적인 병영국가의 모습을 띠게 되었으며,[37] 이는 결국 김일성의 주된 정치 기반으로 작용하였다.

전쟁으로 군사부분을 강화되었고 이를 계속해 추진해 갔지만, 경제건설문제는 쉽지 않았다. 1953년 8월 당중앙위원회 전원회의에서 김일성은 '모든 것을 전후 인민경제복구 발전을 위하여'라는 보고를 하였다. 김일성은 "우리 나라에서의 전쟁피해는 말로 표현할 수 없으리만큼 심하였습니다. 도시와 농촌이 잿더미로 되고 인민경제의 모든 부분들이 여지없이 파괴되었으며 인민들은 생활토대마저 거의 다 잃어버렸습니다"라고 하면서, 경제문제의 기본 방향을 제시

37 김학준, 『한국전쟁』, 서울: 박영사, 1989, pp. 355-356.

하였다. 김일성은 "우리는 전후경제건설에서 중공업의 선차적복구 발전을 보장하면서 경공업과 농업을 동시에 발전시키는 방향으로 나아가야 할 것입니다"라고 우선순위를 중공업 발전에 두었다.[38] 이를 위해서는 소련과 중국의 원조가 필요했고, 9월 1일부터 김일성은 거의 한 달 동안 소련을 방문하였다. 김일성은 우선 전쟁동안에 소련이 베풀어준 지원에 고마움을 나타냈다. 그리고 김일성은 조·소 기술협정을 맺고, 소련에 진 빚을 절반으로 탕감 받았다. 또한 김일성은 11월 10일부터는 중국을 방문하여 역시 전쟁 동안 중국의 지원에 후의를 표시했다. 이 과정을 북한에서는 "전후 인민경제 복구건설을 위한 장엄한 투쟁에 궐기하자 쏘련과 중화인민공화국이 조선인민의 전후 경제건설투쟁을 지지하여 적극적인 경제기술적 원조를 줄 것을 표명하였다"고 기술하고 있다.[39]

1954년 4월 최고인민회의에서 1954년에서 1956년까지 전후인민경제복구 3개년 계획을 발표하였다. 이 기간 안에 당의 방침인 발전소와 제철소의 복구 및 건설 그리고 비료공장 복구 등 중공업 우선전략을 추진하였다. 전후 김일성이 경제에서 중공업 우선전략을 채택한 주요 요인은 전쟁 중 북한이 경험하였던 미국에 대한 불안감의 발로이다. 즉, 전쟁 직후 피폐한 경제여건 속에서 자력에 의한 중공업 우선전략을 취하게 한 것은 자체 방위력의 강화라는 안보상의 필요에 의한 것이다.[40] 또한 농촌 경영을 급속히 복구하고 농업생산력을

---

38 『조선전사 현대편 28』, pp. 20-21.

39 소련이 경제복구를 위해 10억 루블 그리고 중국이 8억 엔을 원조하기로 결정했다. 『조선통사(하) 1958년판』, 사회과학원 역사연구소, 서울: 도서출판 오월, 1989, p. 470.

40 신병식, "한국전쟁과 북한사회주의체제이행과정", 『한국전쟁과 북한사회주의체제

높이기 위해 농업협동조합을 추진하였고, 1957년 말까지 농가호수 95.6% 농민 총 경지면적의 94%가 완성되어 16,000여 개에 달했다.

북한에서 체제 유지와 발전을 위해 많은 상징적인 구호를 내세워 왔다. 6.25 한국전쟁 이후 경제발전을 위한 대표적인 것이 천리마운동인데, 이는 하루에 천리를 달린다는 천리마를 탄 기세로 사회주의 건설에서 획기적으로 생산성을 높이자는 노력경쟁운동이었다. 김일성은 1956년 12월 13일 당중앙위원회 전원회의의 "사회주의건설에서 혁명적대고조를 일으키기 위하여"라는 연설에서, 1957년부터 시작하는 제1차 5개년계획을 어떻게 관철시킬 것인가를 설명하면서 혁신운동으로 이를 풀어나가자고 하였다.[41] 전원회의 이후 강선제강소에서 시작된 천리마운동은 탄광과 발전소 그리고 건설현장에서 노력동원과 속도경쟁을 통한 대중운동으로 확대·발전 되었다. 이 운동은 1958년 9월 평양에서 열린 '전국생산혁신자대회'를 계기로 전 인민들의 노력경쟁운동으로 본격화되었다.[42] 천리마운동은 1960년대 북한사회의 모든 분야를 관통하였다.[43]

중요한 전후인민경제복구 3개년계획이 성과를 거두고 끝이 나자, 바로 1957년에서 1961년까지의 제1차 5개년 인민경제발전계획을 실시하여 사회주의로 개조를 마무리하였다. 이를 계기로 생산수단

건설』, 서울: 박영사, 1992, pp. 118-123.

41 김일성, 『천리마운동과 사회주의건설의 대고조에 대하여』, 평양: 조선로동당출판사, 1970, pp.1-12.

42 통일부 통일교육원, 『북한지식사전』, 통일부 통일교육원 교육개발과, 2016, p. 643.

43 김일성은 1968년 5월 11일 '제2차 전국천리마작업반운동선구자대회'에서 "사회주의건설의 위대한 추동력인 천리마작업반운동을 더욱 심화발전시키자"라는 연설에서, 천리마운동은 집단적 영웅주의와 집단적 혁신을 일으키는 대중적 대진군운동이라하였다.

의 사회화가 완성되면서 사회주의건설을 강력하게 추진하였다. 북한 농업의 사회주의적 개조 추진은 1958년 내각결정에 의하여 소규모 협동농장들을 리 단위의 통합사업으로 완료하였다. 중공업발전에서 공업 생산력을 높이기 위한 천리마운동을 전국적으로 확산시켜나갔다. 이는 공업부분뿐만 아니라 다른 부분으로도 확산한 노력동원운동으로 집단주의경쟁을 통해 건설속도와 생산력을 최대한으로 끌어올리는 것이었다. 공업 총생산량이 증가하고 발전소 복구와 증설이 이루어졌고 농업부분에도 큰 성과를 보였다.

1960년 11월 19일부터 23일까지 최고인민회의 제2기 8차 회의에서 제1차 5개년계획이 지표별로 1년 앞당겨 완수되었다고 하였다. 김일성 수상은 "5개년 계획이 성과적으로 수행된 결과 우리 나라 북반부에서 사회주의기초건설의 력사적 과업은 승리적으로 실현되고 우리 나라는 자립적민족경제의 튼튼한 토대를 가진 사회주의적 공업농업국가로 되었습니다"라고 자부심을 표현했다. 김일성은 하나로 뭉친 인민들의 무궁무진한 힘으로 제1차 5개년계획을 1년 앞당겨 종결했다며 리더십을 보여주었다.

2. 경제건설과 국방건설의 병진

1961년 당 제4차대회에서 1961년에서 1967년까지 제1차 7개년경제계획을 수립하고, 김일성이 밝힌 주요 정책목표는 중공업 우선정책과 인민의 경제적 기술 개선과 인민 물질생활 보장이었다. 공업화의 기초 위에 사회주의건설을 좀 더 높은 단계로 끌어올린다는 것이었다. 전반 3년에 중공업건설을 완성하고 후반 4년 인민생활향상에 주력한다는 것이었다. 김일성은 "7개년계획기간에 우리의 중심과업은 사회주의건설을 더욱 다그쳐 우리 나라를 현대적 공업과 발전된 농촌경리를 가진 사회주의적 공업국가로 만드는 것입니다. 우리는 7개년계획기간에 사회주의적 공업화를 철저히 실현하여 인민경제의 모든 부분을 현대적기술로 장비하고 발전된 사회주의사회에 맞는 생산력의 높은 수준을 이룩하여야 하며 인민들의 먹고 입고 쓰고 사는 문제를 더욱 원만히 해결할 뿐 아니라 그들의 모든 생활을 넉넉하고 문명한 것으로 만들어야 한다"고 하였다.[44] 그러나 국제정세가 경제계획의 전환을 불가피하게 만들었는데, 쿠바사태와 베트남전쟁의 확대에 의한 영향이다. 군사력 증강의 필요성을 절감하면서 '전인민의 무장화, 전지역의 요새화, 전군의 간부화, 장비의 현대화'라는 4대군사노선을 채택하였고, 한국이 베트남에 파병을 하자 4대군사노선이 실행되면서 군사비의 비율이 전 예산의 20%에 달했다.

1965년 5월 최고인민회의에서 베트남전쟁에 대한 북한의 입장은 보면 알 수 있다. 베트남전쟁을 미국의 침략전쟁으로 규정하고 이를 당장 중지해야 한다고 하였다. 물론 이때는 아직 한국이 전투부대를 파병하기 이전이었기 미국에 대한 규탄이 주를 이루었다. 그리고 국가예산을 국방력을 더욱 강화할 수 있도록 편성하였다. 1966년도 로동신문에서는 전년도 경제건설이 국방건설로 지연되었다고 밝혔다. 1966년 4월의 최고인민회의의 중요 의안 중 하나가 한국의 베트남 파병 반대와 투쟁에 관한 것이었다. 즉, "남조선괴뢰정부의 남

44 1962년 10월 22일에서 23일까지 최고인민회의 제3기 1차회의에서 김일성 연설내용.

부웰남파병을 반대하며 투쟁할데 대하여와 웰남민주공화국 인민회의 성명을 지지할 데 대하여"를 심의했다.[45] 김일성은 미군이 남한에 주둔해 있는 상황에서 미국의 베트남전쟁이나 한국군의 파병은 자신들의 안보에 직결된 문제라고 생각했다. 1966년 10월 당 제2차 대표자회에서 김일성은 "원쑤들의 침략책동에 대비하여 국방력을 더욱 강화할 수 있도록 경제건설과 국방건설을 병진"해야 한다면서, 경제발전을 조절하더라도 국방력 강화에 힘을 돌려야 한다고 강조하였다.

김일성은 경제건설과 국방건설의 병진이라는 정치군사구호 하에 제1차 7개년계획을 군사경제건설의 방향으로 전환하였다. 특히 3년간의 완충기를 추가하여 군사경제 원칙에 입각한 전면 투자로, 전체 예산의 30%를 국방비에 쓰기도 하였다. 1970년 당대회에서 김일성은 6개년 경제계획(1971-1976년)을 발표하고 이를 추진하였다. 이를 수행하기 위한 1971년 4월의 최고인민회의에서는 6개년계획의 2년분과제를 김일성의 60번째 생일인 1972년 4월 15일 이전에 완수하자고 하였다. 이때 남한에서 미군 철수, '한미상호방위조약'폐기, 남북한 군대를 10만으로 감축하여 군사비를 줄이자는 안을 내놓았다.

1972년 북한은 남한과의 대화에 나섰고, '7.4 남북공동성명'을 채택하였다. 여기에서 조국통일 3대 원칙, 남북 긴장완화, 남북 교류 등에 합의하였고, 남북조절위원회도 가동하였다. 북한은 자주적 평화통일을 내세웠으나 자신들의 체제 굳히기에 들어갔다. 12월 27일 소위 주석제 헌법이 제정되고, 김일성은 '물질적 요새와 사상적 요

45 『정치사전』, p. 1006.

새를 점령하기 위해 기술혁명, 문화혁명, 사상혁명을 계속 힘 있게 다그쳐 사회주의를 더욱 공고히하고 완전승리'를 이루어야 한다고 강조하였다. 김일성은 1973년 초에 3대혁명을 더욱 발전시켜 나가기 위하여 3대혁명소조운동을 발기하였다.

김일성은 경제건설에 더 힘을 쏟는 모습을 보여주었는데, 1년 반 동안 공업부문을 비롯한 인민경제 여러 부분을 현지지도한 것이 1,100여 차례에 달한다고 한다.[46] 1974년 당 전원회의에서는 6개년 계획을 앞당겨 수행하자고 하면서 사회주의 경제건설 방침을 위한 10대 전망목표를 제시하기도 하였다. 철, 석탄, 전력, 시멘트, 수산물, 화학비료, 알곡생산 등의 목표치를 정하였다. 이렇게 김일성은 6개년 계획을 강력하게 추진해갔지만 큰 힘을 발휘하지 못하였다. 결국 북한은 인민경제부분간의 부조화로 1977년 1년을 완충의 해로 설정하였다. 1977년 신년사에서 김일성은 "인민경제 모든 부문에서 새 전망계획의 고지를 점령하기 위한 준비사업을 빈틈없이 하여야 하겠습니다. 이것이 완충의 해에 우리가 수행해야 할 중심 과업입니다"고 하였다.

1978년 착수한 제2차 7개년경제계획(1978-1984년)은 경제의 주체화, 현대화, 및 과학화를 촉진시키는 것을 기본 과업으로 설정하였다. 북한은 목표 연도인 1984년이 지나도록 이 계획의 완수 및 추진결과를 발표하지 않다가, 1985년 초에 이 계획이 완료되었다고 발표하였다.

한편 북한은 이 기간 동안 자력갱생을 주장했지만 중국과 소련의

46 『조선전사 현대편 32』, p. 150.

경제원조에 대한 기대를 했으나 원활하지 않았다. 특히 중국의 대외경제개방정책은 북한에게 영향을 미쳤고, 1984년에 들어서서 적극적인 대외협력 방안을 모색하기 시작했다. 김일성 주석이나 강성산 총리 등이 중국의 개방현장을 빈번히 방문하기도 하였다. 북한은 대외무역과 외국과의 경제협력, 과학기술협력, 차관 도입 등의 대외경제적 조치를 단행하기 시작하였다. 북한은 외국과의 경제기술 교류 및 합작 투자유치 목적을 위해 1984년 9월 8일 합영법을 제정하였다.

3. 경제협력모색과 미국과의 협상

북한에서는 2년간의 조정기를 거친 후 제3차 7개년경제계획(1987-1993년)을 발표하고 주요 목표는 과학기술을 발전시켜 생산력을 확대하고, 경쟁력을 강화하여 인민들의 생활수준을 높이는 것이었다. 기술혁신을 최우선 과제로 하고 동시에 무역과 대외경제 협력의 확대 발전을 크게 강조하였다. 그러나 북한은 1990년대에 들어서서 성장의 한계가 확연하게 들어났고 인민들의 생활수준도 확연히 떨어졌다. 북한경제가 극도의 어려움을 겪은 것은 경제 자체의 모순에 기인한 것이기도 하지만, 1980년대 말부터 사회주의권 대변혁과 붕괴는 북한의 원조와 교역 단절에 기인한 것이다. 북한의 사회주의 경제권에 대한 무역의 비중이 70%를 상회하고 있었고, 특히 소련에 대한 비중은 70%를 상회하고 있었다.[47]

동서냉전체제의 완화와 한국의 북방정책으로 1991년에 남북한이 유엔에 동시에 가입하게 되는데, 여기에는 1990년 9월 한소 국교수립이 큰 영향을 미쳤다. 김일성은 이제 사회주의 국가와의 교역에서 벗어나야 한다는 생각을 갖게 되었고, 남한과의 교역도 늘려나갔다. 1991년 12월 제5차 남북고위급회담에서 '남북사이의 화해와 불가침 및 교류·협력에 관한 합의서(남북기본합의서)'에 정원식 국무총리와 연형묵 정무원총리가 서명하였다. 북측 대표단장은 "우리는 이제 평화와 긴장완화와 통일의 길로 크게 내딛게 되었다"고 선언했다. 이후 북한은 '나진·선봉 자유무역지대(경제특구)'의 설치와 관련법 제정으로 경제난을 해결하고자 하였다. 북한은 유엔개발계획(UNDP)의 일환으로 두만강 개발계획을 추진하여 경제특구를 설치하고, 이를 국제교류 거점도시로 발전시킨다는 목표를 세웠다. 외국인투자법, 토지임대법 등을 마련하여 투자유치에 나섰으나, 사회주의 계획경제 특성 때문에 유치 실적은 부진하면서 실효를 거둘 수가 없었다.

북한은 1992년 2월 19일 기본합의서 발효와 함께 '조선반도비핵화 공동선언'도 하였다. 김일성은 1992년 신년사를 통해 '공정성 보장 시 핵 사찰 수락'의 용의를 피력하였고, 국제원자력기구(IAEA)와 '핵안전조치협정'도 추진하였다. 1992년 5월 25일 6월 5일까지 북한은 제출한 최초 보고서의 검증을 위한 IAEA을 받았다. 그러나 1993년 2월 IAEA 사무총장이 미신고 시설 2곳에 대한 특별사찰을 촉구하자 북한 당국은 이를 거부하였다. 북한은 1993년 3월 9일 시작된 한미합동훈련을 '핵전쟁 연습'이라며 준 전시상태를 선포하

47 사회주의권의 변화와 변혁에 대하여는 제5장에서 자세히 설명한다.

고, 3월 12일에는 핵확산금지조약(NPT) 탈퇴 성명을 발표하였다. 북한의 NPT 탈퇴 선언은 특유의 벼랑 끝 전술이었다. 북한이 과거 소련이나 중국의 의존적 전략에서 자력갱생적 '정면돌파전략'으로 변화를 준 것이다. 그 후 북한은 북미양자회동을 통해 핵문제를 해결할 것을 제의하였다.

미국은 북한의 제의를 받아들였고 '북미고위급회담' 실무접촉 후, 6월 뉴욕에서 고위급 회담을 개최했다. 김일성은 한국전쟁 이후 한 번도 마주 앉지 않았던 미국을 핵이라는 수단으로 협상장에 끌어들인 것이다. 미국과의 적대관계를 청산하고 협력을 이끌어 내고자 했으며, 미국뿐만 아니라 서방 선진 국가들의 자본과 기술을 받아들일 기회를 잡으려 하였다. 그러나 협상이 순조롭지 않자, 김일성은 1994년 신년사를 통하여 강경하게 미국을 비난하였다. 그 후 한반도 상황이 심각해지자, 전 미국 대통령이었던 카터Jimmy Carter가 6월 19일 북한을 방문하였다. 김일성은 카터와의 회담에서 미국이 경수로를 지원하고 '대북핵공격위협'을 제거한다면 핵개발계획을 동결하고 남북정상회담도 하겠다고 하였다. 결국 김일성과 카터의 회담은 북미 관계 개선에 결정적 역할을 하였다.

북한은 제3차 7개년계획기간 중 경제성장률 목표치를 연평균 7.9%로 설정하였으나, 실적은 마이너스 1.7%로 평가되었다. 1993년 12월에 제3차 7개년계획을 마무리 지으면서 강성산 총리가 다음과 같이 발표했다. 즉, "소련 등 사회주의권 시장의 붕괴와 조선반도 긴장에 따른 방위력 강화로 제3차 7개년계획은 목표를 달성할 수 없었다"고 하였다. 김일성은 자력갱생으로 경제문제 해결을 어렵다고 인지하고 대외협력정책으로 방향을 선회하였으나 사회주의권 붕괴는 이를 어렵게 만들었다. 김일성이 발휘한 리더십은 미국과의 핵협상으로 체제 안전과 경제문제를 해결하는 것이었다. 그러나 1994년 7월 8일 김일성이 사망하면서, 김정일이 이 과제 떠 앉게 되었다.

4. 경제건설과 국방건설 병진노선의 지속과 동원화

김일성의 북한을 이끌어가는 기본 노선은 경제건설과 국방건설을 병행하는 것이었다. 그는 전쟁을 감행하면서 군 병력이나 장비 등 무장력이 완비되었다는 엄청난 자신감을 가지고, 인민군최고사령관으로 북한의 무력을 이끌고 있었다. 그렇기 때문에 김일성은 모든 정책의 우선순위에 경제문제를 두었다. 전후인민경제복구 3개년계획과 5개년 인민경제발전계획의 추진은 성공적으로 이루어졌고, 전쟁 전의 수준으로 경제를 발전시켰다. 김일성은 공업 총생산이 몇 배로 증가하는 등의 성과에 대하여 자부심과 긍지를 가지게 되었다.

1961년 당 제4차대회에서 김일성은 보고를 통해 자신의 경제 업적을 자랑하였고, 실제로 남북한의 경제력 차이가 가장 컸던 것도 이때이다. 이렇기 때문에 당대회에서 다시 7개년경제계획을 야심차게 발표하였다. 그러나 소련이 동맹국 쿠바에 미사일을 배치하려 한 계획이 미국에 의해 좌절되자, 북한은 새롭게 조성된 정세에 대처하기 위해 1962년 12월 10일 당중앙위원회 전원회의를 개최하였다. 여기에서 "김일성동지께서는 전원회의에서 조성된 정세의 요구에 맞게 경제건설과 국방건설을 병진시킬 데 대한 새로운 전략적 방침을 내놓으시고 경제건설을 개편하는 한편 국방력 강화를 위한 일련의 중요한 대책을 제시하였다”고 했다. 국방에서의 자위와 4대현대화노선을 내놓은 것이다. 경제건설과 국방건설을 병진시킬 데 대한 전략적 방침은 미 제국주의 침략자들이 새 전쟁 도발 음모를 더욱 노골적으로 감행하는 나라의 방위력을 강화하고 경제건설도 성과적으로 추진하는 것이라 하였다.[48] 혁명무력 건설과 나라의 방위 문제를 현대전 특성에 맞게 독창적으로 추진했다.

1963년 3월 19일 김일성 수상이 이끄는 내각은 〈군수공업의 자립적 토대를 더욱 강화하며 무기 및 전투기술기재의 생산과 수리사업과 원료기지를 더욱 강화할 데 대하여〉와 〈군수공업의 원료기지를 더욱 강화할 데 대하여〉라는 결정을 채택하였다.[49] 국방건설노선은 김일성이 북한을 통치하는 동안 계속된 전략노선이었다. 1992년 20년 만에 헌법이 개정될 때 그동안 없었던 국방에 관한 제4장이 새롭게 생겨났고, 제60조에는 “국가는 군대와 인민을 정치사상적으로 무장시키는 기초 위에서 전민무장화, 전국요새화, 전군간부화, 전군현대화를 기본 내용으로 하는 자위적 군사적 로선을 관철한다”고 하였다.

북한의 경제는 사회주의적 소유를 원칙으로 하는 중앙집권적 계획경제하에 운영되어 왔다. 북한의 중앙집권적 계획경제체계는 계획의 일원화와 세부화체계에 의해 실현되고 있다. 계획의 일원화체계는 경제계획의 작성 및 집행에 있어서 국가계획위원회를 중심으로 공장·기업소 등 하부경제 단위에 이르기까지 일원화된 체계로 운영되는 것을 말한다.[50] 이 경제체계의 특징은 ① 소유권의 집단과 국가

48 『조선전사 30 현대편』, 평양: 과학백과사전출판사, 1981, p. 82.

49 『조선전사 30 현대편』, p. 82.

만 인정, ② 경제활동의 중앙계획에 의한 일원화, ③ 당국의 지도 명령에 의한 의사결정으로 설명된다. 북한에서 경제계획의 작성과 집행 감독은 국가계획위원회를 중심으로 하여 도, 시, 군 및 공장 기업소에 이르기까지 일원화된 체계로 이루어진다. 사회주의 경제 체제의 이러한 특성은 경제의 비효율성과 공급 부족 현상을 초래하여, 대부분의 사회주의국가들이 1960년대 이후 시장기능을 부분적으로 도입하여 사회주의적 시장경제로 변화해 갔다. 그러나 북한의 경우 중앙집중식 사회주의 계획경제체제를 계속 유지해 나갔다. 그리하여 김일성 시대 전반에 걸쳐 끊임없이 경제계획을 시행하여 왔다.

김일성 시대 경제발전계획의 실행은 인민을 동원하는 노력경쟁 방법에 의한 것이었다. 1950년대 말 제기된 천리마운동이 지속되었고 1972년 사회주의헌법 제13조에서는 "조선민주주의인민공화국에서 천리마운동은 사회주의건설의 총로선이다. 국가는 천리마운동을 끊임없이 심화발전시켜 사회주의건설을 최대한 다그친다"고 하였다. 개정된 1992년 헌법을 보면 천리마운동 대신 '3대혁명 붉은기쟁취운동'으로 바뀌었다.

50 통일연구원, 『2009 북한개요』, 통일연구원, 2009, p. 182.

제4절 김정일 정치리더십의 접근과 선군국가화

1. 정치상황에 대한 인식과 분석대상

김정일의 정치리더십 분석을 위해서 가장 중요한 것의 하나는 그가 북한사회를 어떻게 보고 평가하였는가이다. 이는 1994년에 쓴 '사회주의는 과학이다'에서 알 수 있다. 여기에서 김정일은 "사회주의는 집단주의에 기초한 사회이며 인민대중의 통일을 생명으로 하는 사회이므로 사회주의와 다원주의는 양립될 수 없습니다"라고 하고 있다.[51] 그러므로 김정일의 통치나 정책의 기본에는 집단주의가 자리잡고 있다.

김정일이 최고지도자가 되어 당면한 문제는 북한이 처한 대내외적 어려움을 극복하기 위하여 인민들을 어떻게 이끌어 갈것인가 였다. 그는 인민들의 사상무장이 긴급한 과제라 생각했다. 김정일은 1994년 12월 초에 "정치사상교양사업을 모든 선전선동수단과 력량을 총동원하여 여러 가지 방식으로 힘 있게 벌려야겠습니다. 여기에서 성과를 거두자면 모든 선전선동수단과 력량을 총동원해야 합니다"라고 말했다.[52] 김정일이 1995년 6월 19일 발표한 〈사상 사업을 앞세우는 것은 사회주의위업수행의 필수적 요구이다〉도 이러한 맥락으로 볼 수 있다. 고난의 행군 속에서 김정일이 내세울 수 있었던

51 김정일, "사회주의는 과학이다", 『김정일선집 13』, 평양: 조선로동당출판사, 1998, p. 457.

52 『선군태양 김정일장군 3』, 평양: 평양출판사, 2006, p. 353.

것은 사상을 기본적으로 틀어쥐어야 한다는 정신적인 강조였고, 실제로 다른 행동을 취할 수 없는 상황이었다. 1997년 1월 1일 담화에서 "조성된 난관을 타개하고 올해에 〈고난의 행군〉을 승리적으로 결속하자면 당사업에서 혁명적 전환을 일으켜야 합니다"라고 하면서, 군대에서 '화선선전, 화선선동'을 하는 것처럼 군중 속으로 깊이 들어가 군중의 심금을 울리는 선동선전을 해야 한다고 했다.[53]

김정일 체제가 공식적으로 출범하면서 새로운 정치적 의지 또는 국정지표로 내세운 것이 주체의 강성대국건설이었다.[54] 언제까지 고난의 행군으로 몰고 갈 수 없었으므로, 강성대국이라는 비전을 제시하면서 인민대중의 지지를 끌어들이려 했다. 그러므로 김정일의 정치리더십 분석 대상도 여기에서 제시되었던 것을 중심으로 설정하였다. 강성대국건설은 "고난의 행군에서, 락원의 행군으로"라는 구호에서 보여준 바와 같이, 인민대중에게 희망을 심어주면서 새로운 비전을 제시한 것이다. 강성대국건설이 제기된 이후 그 핵심이 무엇인가를 제시하였는데, "사상이 견결하고 총대가 위력하며 과학기술이 발전하면 그것이 사회주의강성대국"이라는 것이다.[55]

김정일은 정치는 사회의 그 어느 부문에서보다도 군사를 중시하는 군사선행의 정치가 되어야 한다고 강조하면서 사회주의의 새로

53 『선군태양 김정일장군 3』, p. 353.

54 "위대한 김정일 장군님을 따라 새시대의 영마루에 오른 〈고난의 행군〉 승리자들, 강의한 조선민족은 애국의 심장이 터져 이 역사의 물음에 답한다. 주체의 강성대국건설 이것은 위대한 장군님께서 선대국가수반앞에, 조국과 민족앞에 다지는 애국충정이며 조선을 이끌어 21세기를 찬란히 빛내이시려는 담대한 설계도이다"라고 하였다. 『로동신문』 1998. 8. 22.

55 『로동신문』 2000. 1. 1.

운 정치방식이라 하며 선군정치를 시행하였다. 그가 판단한 체제 유지를 위한 전략은 제국주의의 침략에 대해 대응하는 것이고, 그들이 넘보지 못하게 하기 위한 구체적인 정책은 핵개발이었다. 정치지도자가 정치공동체가 처한 상황을 극대화시켜 진단하고 목표를 설정하면 구성원들을 쉽게 설득할 수 있다. 그렇기 때문에 정치지도자는 자기가 원하는 정책을 정당화하기 위해 상황규정과 환경을 조작하기도 한다.[56] 김정일의 경우 미국이 북한압살정책을 펼치고 있다고 하면서, 군사우선정책의 시행으로 이를 방어해야 하고 인민들은 일심단결해야 한다고 지지를 호소하였다. 그러면서 총대를 중시해야 사상중시도 확고히 견지할 수 있고 경제강국도 건설할 수 있으며, 인민들에게 자주적이며 창조적인 생활도 마련해 줄 수 있다고 하였다.[57]

김정일은 어느 정도 자신감이 생기자 남한과의 정상회담을 통하여 경제회복을 하려 하였다. 또한 김정일은 그들이 말하는 21세기(2001년)를 시작하면서 경제부문에 대한 변화를 주문했고, 그것은 7.1 경제관리개선조치라는 구체적인 정책으로 표명되었다. 종합시장을 인정하며 실리사회주의로 많은 변화의 모습을 보였지만, 여기에서 발생한 부작용은 사회주의건설에 지장을 준다고 생각했다. 이에 대한 처방은 화폐개혁이었으나 결과는 실패로 끝나고 말았다.

---

56 Robert C. Tucker, *Politics as Leadership*, p. 64.

57 오현철, 『선군과 민족의 운명』, 평양: 평양출판사, 2007, p. 239.

2. 최초의 남북정상회담

북한이 추구하는 정책의 목표는 체제생존을 위한 안전 보장과 체제유지를 위한 경제회생과 발전이었다. 북한의 정치체제가 1인에 의하여 통치되는 체제이기 때문에, 대외정책에 관한 모든 것이 김정일의 의도에 의하여 크게 좌우되고 있었다. 남북교역이 시작된 1989년 이래 정치·군사적인 문제로 곡절도 있었으나, 1999년까지의 총 교역규모는 20억 달러를 넘어섰다. 2000년에 들어서서 북한은 대남관계보다는 다른 국가들과의 관계개선에 힘을 기울이는 모습을 보여왔다. 그러나 이를 위하여도 남한과의 관계개선이 더 필요하다는 것을 현실적으로 느꼈고, 이는 정상회담으로 이어졌다. 여기에서 6.15 남북공동선언을 채택하였다. 선언문에는 "조국의 평화적 통일을 염원하는 온 겨레의 숭고한 뜻에 따라 대한민국 김대중 대통령과 조선민주주의인민공화국 김정일 국방위원장은 2000년 6월 13일부터 6월 15일까지 평양에서 역사적인 상봉을 하였으며 정상회담을 가졌다. 남북 정상들은 분단 역사상 처음으로 열린 이번 상봉과 회담이 서로 이해를 증진시키고 남북관계를 발전시키며 평화통일을 실현하는데 중대한 의의를 가진다"고 평가하고 5개 항의 합의를 명시하였다.

정상회담은 김정일의 정치리더십 발휘를 위한 좋은 기회였다. 김정일이 정상회담을 수용한 이유를 보면 알 수 있다. 첫째, 북한이 정상회담을 수용한 이유는 무엇보다도 김대중 정부의 대북포용정책과 북한의 실리주의가 맞아떨어진 결과였다. 북한이 가장 시급히 해결해야 할 문제는 경제회생이었다. 북한은 식량, 에너지, 사회간접자본 부족으로 심각한 경제난을 겪고 있었다. 식량문제는 국제적인 지원으로 어느 정도 극복할 수 있다고 해도 에너지와 도로, 항만 등 사회 간접자본은 남한 정부의 지원 없이는 해결될 수 없는 문제였다. 이는 김대중 대통령의 베를린 선언에서 밝힌 바 있고, 이에 대하여 긍정적인 평가를 내렸던 것으로 보인다. 북한이 경제적 어려움을 탈피하기 위해서는 중국과 유사한 길을 걸어야 하는데, 그것의 단초가 남한과의 관계개선이며 여기에서 경제적인 실리도 취할 수 있다고 생각했을 것이다.

둘째, 남북정상회담은 김정일에게 남북관계에 돌파구를 마련했다는 공적을 국내외에 선전하는 좋은 기회였다. 북한에서는 정상회담을 '통일을 위해서'라는 식으로 몰고 갔고, 부수적으로 경제적인 문제를 해결할 수 있다는 희망을 주었다. 북한에서 통일은 인민들을 하나로 묶는 이데올로기였다. 바로 이 통일을 위하여 김정일이 직접 나서고 있다는 이미지를 인민들에게 각인 시키고 싶었던 것이다. 정상회담에서 그가 보여준 모습은 바로 이를 부각시키는 일면이었을 것이다.[58]

셋째, 북한에 있어 남북정상회담이 가지는 의미는 정치·외교적 효과를 들 수 있다. 먼저 지지부진한 미국과 일본의 교섭에서 자극제로 활용하려는 의도가 있었다. 협미배남의 정책을 협미협남의 방향 선회를 제시함으로써 미국에게 무엇을 보여주려 하고, 또한 일본

---

58 정상회담 직후에 나온 북한 로동신문의 사설 '절세의 위인을 령도자로 모신 영광을 만대에 빛내여 나가자'에서는 "김정일 동지는 세상사람들이 칭송하듯이 현세계에서 으뜸가는 위대한 혁명가 정치가입니다"라는 표현에서도 이를 알 수 있다. 『로동신문』 2000.06.19.

과의 관계에도 북한의 협남이라는 카드를 사용하겠다는 것이었다. 정상회담 이후에 김정일은 미국과의 관계개선을 박차를 가하였다. 북한의 국방위원회 제1부위원장인 조명록이 김정일의 특사로 미국의 백악관을 방문하여 '북·미공동성명Joint communique'를 도출하였다. 여기에서 "조선민주주의인민공화국과 미합중국은 력사적인 남북최고위급 상봉에 의하여 조선반도의 환경이 변화되었다는 것을 인정하면서 아시아태평양 지역의 평화와 안전을 강화하는데 리롭게 두 나라 사이의 쌍무관계를 근본적으로 개선하는 조치들을 취하기로 결정하였다"고 밝히고 있다.[59]

북한이 남북정상회담에 따른 여러 가지 우려를 극복할 수 있었다는 것은 김정일이 정치적인 자신감을 갖게 되었다는 것을 의미했고, 또한 개인을 위하여 그리고 체제 발전을 위하여 반드시 필요했다는 점이 작용하였다.

3. 선군리더십을 통한 군사국가화

김정일은 2001년 1월 3일에 당중앙위원회에서 "오늘 우리 나라에서 선군정치는 하나의 체계화된 정치방식으로 완성되었습니다"라 하였고, 2월 8일에는 "선군정치는 나의 기본적인 정치방식이며 우리 혁명을 승리에로 이끌어 나갈 만능의 보검입니다"라 하였다. 북한에서는 김정일이 "우리의 선군정치는 철두철미 인민을 위한 정치입

59 『로동신문』 2000. 10. 13.

니다. 인민에 대한 나의 사랑은 정치에서 핵을 이루고 있습니다"고 했다 하면서, '인민대중의 절대적인 지지와 신뢰를 받는 정치방식'이 바로 선군정치라 하였다.[60] 이같이 김정일은 선군정치가 인민을 위하여 최상의 정치방식이라 주장하면서 이를 합리화하고, 모든 정책들은 이를 기반으로 조성되었다.

선군정치는 김정일 리더십 강화를 위한 중요한 역할을 수행하였다. 북한에서는 선군정치의 영원한 생명력은 영도자의 특별한 자질에서 나오는 것으로써, 선군정치의 방식은 누가 모방하여 실현될 수 있는 것이 아니라고 한다. 김정일이 탁월한 정치가이기 때문에 그에 의해서만 구현될 수 있다고 한다. 김정일의 정치리더십을 '선군리더십'이라고 할 수 있다.

1) 위기의 정세 진단과 선군의 제도화

북한은 김일성 사망 이후의 상황을 위기에 처해 있다고 진단하면서, "국가정치를 실현하는 힘은 본질에 있어서 군사이고 군사의 뒷받침이 없는 정권은 바람 앞의 초불이나 같다는 것이 흘러온 력사와 복잡다단한 오늘의 현정세가 보여주고 있는 피의 교훈이고 진리이다"라 하였다.[61] '고난의 행군'시기에 '미국의 강권과 침략전쟁'에 대처할 유일한 힘은 강력한 군력이고 새로운 정치방식의 출현이 요구되었다는 것이다. 서대숙은 이를 '군인지상 정치체제'라 하고 있다. 그

60 박영수, "우리식 사회주의는 가장 인민적인 정치방식에 의거하는 사회주의", 『정치법률연구』 제4호(루계 제20호), 과학백과사전출판사, 2007, p. 6.

61 『선군태양 김정일장군 3』, p. 140.

러나 북한은 군국주의 국가에서 볼 수 있는 군인들의 정치개입이나 과도한 영향력을 행사하는 정치체제가 아니고, 군인들의 정치개입을 제도화한 정치체제라는 것이다. 국방위원회가 북한의 군부 최고 지도자들로 구성한 것이 바로 그것이라 한다.[62]

김정일은 "제국주의 포위 속에서 끊임없는 군사적 위협을 받으며 사회주의를 건설하고 있는 우리 나라의 조건에서 강력한 군대 없이는 인민도 없고 사회주의국가도 당도 있을 수 없습니다"라고 했고, 또한 "선군정치는 지구상에 제국주의가 남아 있는 한 항구적으로 틀어쥐고 나가야 할 전략적 정치방식입니다"라고 발언했다는 기록은 북한의 여러 문헌에서 발견된다. 이것은 김정일이 공식적인 자신의 체제를 출범하면서 내린 진단으로 볼 수 있는데, '국방중시의 국가정치체제'로 나타났다.[63]

국방위원장 중심의 국가기구체계는 선군정치실현을 국가기구적으로 담보한 것이다. 즉, "우리 나라에서 국방위원회를 중추로 하는 선군의 국가정치체제가 확립된 것은 사회주의정치사에서 일어난 력사적 전변이었으며 사회주의위업의 승리를 믿음직하게 담보하는 백전백승의 정치체제를 확립한 위대한 사변이었다"라 하였다.[64] 이것은 김정일 위원장이 선군혁명 요구에 맞게 국가정치체제 개편완성하여 국방중시사상을 국가기구의 조직과 확립에 명백히 구현한 것이라 하고 있다.[65]

62 김봉호, 『위대한 선군시대』, 평양: 평양출판사, 2004, pp. 3-5.
63 서대숙, 『현대 북한의 지도자: 김일성과 김정일』, p. 223.
64 『선군태양 김정일장군 3』, p. 140.
65 김봉호, 『위대한 선군시대』, 평양: 평양출판사, 2004, pp. 3-5.

이는 그동안의 여러 나라에 존재하였던 군정체제와는 구별되는 군사를 우선시하고 군사분야의 지위와 역할을 최대한으로 규정한 정치체제라 하였다. 일반국가에서 대통령이 단순히 군통수권자가 되는 것과 같이, 북한에서는 국방위원장의 직책이 국가의 최고 직책이 된 것이다. 이것으로 김정일의 독창적인 선군정치방식이 법적·제도적으로 담보되었으며, 가장 혁명적이고 과학적이며 현실적인 정치방식이 되었다는 것이다. 선군정치를 위대한 발견이라고 내세우면서, 김정일이 이를 명시한 것은 '불멸의 탁월한' 공헌이라고 하고 있다.[66] 또한 "희세의 정치원로이신 위대한 령도자 김정일동지에 의해서만 창조될 수 있는 불멸의 업적이다"와 같이 김정일을 찬양하고 있다.[67] 학자들의 주장을 통하여 선군영도정치 방식을 정당화하고 있을 뿐만 아니라, 이를 제도화한 것은 김정일의 새로운 발견이란 것이다.

2) 온 사회의 선군기풍 실현

사회주의의 가장 위력한 정치방식이라고 하는 선군정치의 기본적인 요구는 무엇이며 어떻게 시행되었는지를 살펴볼 필요가 있다. 김정일이 제시한 선군정치의 구체적인 이유는 다음과 같다. 즉, "군사를 중시하는 사회적 기풍을 세워야 합니다. 우리는 군사를 중시하는 사회적 기풍을 세워 전체 인민이 인민군대를 사랑하고 적극원호하게

66 김현환,『김정일장군 정치방식연구』, 평양: 평양출판사, 2002, pp. 201-202.
67 박철, "위대한 령도자 김정일동지께서 선군시대 당건설 력사에 쌓으신 불멸의 업적",『정치법률연구』 제4호(루계 제20호), 과학백과사전출판사, 2007, p. 3.

하여 전면무장화와 전국요새화를 철저하게 실현함으로써 그 어떤 적도 덤벼들 수 없게 우리 나라를 고슴도치로 만들어야 합니다"이다.[68] 김정일은 2001년 7월 5일 당중앙위원회 담화 〈우리당의 선군정치는 위력한 사회주의정치방식이다〉에서 '선군정치의 요구에 맞게 온사회의 총대중시·군사기풍이 차 넘치게 전인민무장화와 전군요새화의 실현해야 한다면서, 전체인민이 총대를 사랑하고 군사를 철저히 배우도록 하여야 한다'고, 선군정치에 대한 자신의 의지를 피력하였다.[69] 그 후 2003년 1월 29일 〈선군혁명로선은 우리 시대의 위대한 혁명로선이며 우리 혁명의 백전백승의 기지이다〉라는 당중앙위원회 담화를 발표하였는데, 김정일의 이러한 말들이 주체의 선군사상을 완벽하게 정립체계화 하였다고 하고 있다. 주체의 선군사상을 완벽하게 정립체계화 한 것은 탁월한 선군혁명 영도로 우리의 혁명을 승리로 이끌어 나가시는 '경애하는 김정일동지'께서 만이 이룩하실 수 있는 최대의 공적이라는 것이다.[70]

선군정치 실현의 기본요구는 경제에서도 적용되었다. 가장 대표적인 것이 국방공업우선론이라 할 수 있다. 김정일은 "우리 당은 선군시대의 요구를 반영하여 국방공업을 우선적으로 발전시키면서 경공업과 농업을 동시에 발전시킬 데 대한 경제건설로선을 제시"하였다고 하면서, 이것을 선군시대 경제건설의 전략적 노선이라고 하고 있다.[71] 국방공업을 선차시하는 위력한 경제가 국가가 안정되어 인

---

68 『로동신문』 2000. 04. 23.

69 『선군태양 김정일장군 4』, 평양: 평양출판사, 2007, p. 129.

70 김경철, "위대한 령도자 김정일동지의 혁명투쟁력사는 선군혁명령도의 력사", 『김일성종합대학학보(력사, 법학)』 제54권 제1호, 김일성종합대학출판사, 2008, p. 11.

71 『우리 당의 선군시대 경제사상해설』, 평양: 조선로동당출판사, 2005, p. 21.

민생활도 보장된다는 것이다.

3) 집단 군사국가화와 인민들의 동원적 지지

김정일 정권은 수많은 담론을 생산해 왔는데 그것은 단순히 일반대중들을 가치와 이념 수준에서 설득하려는 수사적 행위일 뿐만 아니라, 권력구조와 생산적 자원의 배분구조에 영향을 미치는 법률적 제도적 변화를 동반하는 것이었다.[72] 강성대국건설을 내세우며 사상중시와 총대중시를 강조했던 것도 여기에 해당한다.

북한 당국이 군민일치를 주장하면서 김정일에 대한 '수령결사옹위정신'을 강조해 왔지만, 이것이 실제 인민대중에게 얼마나 천착되었느냐는 별개의 문제이다. 선군정치는 김정일이 주장했던 인민을 사랑하는 데서 나온 것이 아니라, 인민을 통제하기 위하여 나온 것이다. 김정일은 고난의 행군을 하면서 이것이 체제위기로 이어질 수 있다는 절박한 환경에서 믿을 수 있는 것은 군밖에 없다고 판단하고 군을 앞세우는 통치방식을 택하였다. 이를 선군정치체계로 제도화시켜 규범화하였고, 끊임없이 강조하면서 정치적 구호일 뿐만 아니라 생활로 정착시켰다고 볼 수 있다.

김정일은 김일성 사후 북한사회를 '고난의 행군' 시대로 진단하고, 선군정치를 통하여 이를 타개하기 할 수 있다고 처방하였다. 강성대국이라는 희망을 제시하며 이를 위해서는 군과 인민대중이 단결하여 군민일치가 되어야 한다고 강조한 것이다. 결국 김정일은 강성대

---

72 배성인, "김정일 정권의 위기극복을 위한 정치담론과 담론의 정치", 『통일정책연구』 제12권 2호, 통일연구원, 2003, p. 215.

국건설이라는 비전을 제시하면서 위기극복과 체제유지를 위해서는 선군정치 외에 다른 방법이 없다고 하였으나, 그의 목표는 군사국가화하는 것이었다고 볼 수 있다. 그래서 아리랑 공연에서 보여지는 집단체조와 같이, 김정일 자신의 명령에 의하여 일사불란하게 움직이는 국가를 꿈꾸었다.

선군정치에서 내세우는 것은 군민일치 실현이다. 선군정치를 하는 것은 인민생활을 높여 인민들이 잘살고 실질적으로 덕을 보게 해야 한다는 것이다. 북한에서는 "인민에 대한 사랑으로 일관된 가장 인민적인 정치방식이 인민대중의 절대적인 지지와 신뢰를 받으며 인민대중의 운명을 개척해 나가는 데서 불패의 위력과 생활력을 발휘해 나갈 수 있다"고 했다.[73] 그러면서 "위대한 장군님께서 마련하신 강한 총대가 있어 우리의 존엄과 영예가 일찍 볼 수 없었던 최상의 경지에 이르게 되었으며 우리 당의 인덕정치의 생활력은 날을 따라 더욱 발휘되고 있다. 우리의 인민은 이것을 생활체험을 통하여 더더욱 가슴 깊이 절감하고 있다"라고 주장한다.[74]

북한의 대중동원에서 영도의 본질은 대중으로 하여금 주인 주체로서 역할과 자각을 하도록 하는 것이지만, 실제로는 자각을 통한 자발적인 행동보다는 강제성의 성격이 강한 것이다.[75] 선군정치의 위대성을 인민들이 자각했기 때문에 이를 따르는 것이 아니라, 실제로 북한사회에서 군부가 가지고 있는 실제적인 힘에 의하여 인민대중이 압도되는 것이다. 인민들은 그들의 태도와 신념이 선군이념에

73 박영수, "우리식 사회주의는 가장 인민적인 정치방식에 의거하는 사회주의", p. 6.
74 박영수, "우리식 사회주의는 가장 인민적인 정치방식에 의거하는 사회주의", p. 7.
75 김용순, "북한의 대미외교형태 분석: 선군리더십의 위기관리", p. 59.

일치되지 않을지라도 항의 없는 피동적 지지로서 그들의 역할을 받아들이고 있다.

4. 강성대국의 보루로서 핵개발

1) 핵의 자위적 조치 강조

김정일은 북한이 체제를 유지할 수 있는 것은 핵밖에 없다는 확신을 가지고, 미국과 협상을 펴면서도 끊임없이 핵개발에 힘을 기울였다. 그의 판단과 처방이 과연 옳은 것인가를 차치하고라도, 핵개발 과정에서 인민의 자긍심에 불을 붙이면서 선군리더십을 발휘하였다.

김일성 사후 북한의 모든 정치 일정이 중단된 상태에서도 김정일은 북미 간의 고위급 회담만은 예외를 두었다. 소련의 붕괴와 한중수교의 상황에서 김정일이 생각하길 현재 북한의 체제를 유지할 수 있는 길은 미국과의 타협을 이끌어내는 것밖에 없다고 생각했다. 북한은 미국과의 고위급 회담으로 핵문제에 대한 제네바협의를 1994년 10월 21일 마무리되었다. 이것은 핵을 매개로 하여 미국을 끌어들인 김정일의 용병술이었다. 살아남기 위해서는 핵카드를 움켜쥘 수밖에 없다는 것이 북한 상황에 대한 김정일의 진단이었다.

북한은 클린턴Bill Clinton 행정부와 이 협의를 진행시켜 나갔으나, 부시George W. Bush 행정부가 들어서고 우라늄농축 프로그램이라는 새로운 문제가 제기되었다. 이렇게 되자 북한은 2003년 핵확산금지조약(NPT) 탈퇴선언을 하였다. 김정일은 이에 대하여 다음과 같이 발언하였다. 즉, "우리는 어제 핵무기전파방지조약에서 탈퇴한다는 것을 공화국정부 성명으로 내외에 엄숙히 선언하였습니다. 이것은 우리 공화국에 대한 미국의 압살책동과 그에 추종한 국제원자력기구의 부당한 처사에 대한 응당한 자위적 조치입니다. …… 미국은 아직도 상대가 누구인가를 잘 모르고 있습니다. 미국 지배층 내에서 우리 나라가 저들의 군사적 압력과 공갈, 경제봉쇄 책동으로 이번 겨울을 견디어 내지 못할 것이라는 소리가 나오는 것만 보아도 그들이 우리에 대하여 얼마나 오판하고 있는가 하는 것을 잘 알 수 있습니다"라고 하였다.[76] 이러한 김정일의 발언에 대하여 북한의 학자들도 "핵무기전파방지조약으로부터의 탈퇴는 미국의 악랄한 대조선 적대시정책에 의하여 우리국가의 최고리익이 극도로 위협당하고 있는 엄중한 사태에 대처한 가장 정당한 조치로 된다"면서, 국가와 인민을 수호하는 가장 올바른 합법적 조치라는 것이다.[77] 북한은 김정일의 발언과 학자들의 주장을 통하여 자신들의 행위의 정당성을 강변하였다.

2) '핵무기보유선언'과 9.19 공동성명 이후 조치

북한은 미국이 '선제공격을 감행하여 우리를 군사적으로 압살할 야망'을 품고 있다고 하면서, '미국의 책동이 2005년 들어서 더 악랄해졌다'고 비난하였다. 미국의 이러한 강경고압자세를 김정일이 '단호

---

76 『선군태양 김정일장군 4』, p. 43.

77 박명의, "핵무기전파방지조약으로부터의 탈퇴는 나라와 민족의 자주권을 지키기 위한 가장 정당한 조치", 『김일성종합대학학보(력사, 법학)』 제49권 제4호, 김일성종합대학출판사, 2003, p. 45.

한 초강경선언으로 쳐갈기었다'는 것이다.[78] 이는 2005년 2월 10일 북한은 외무성 성명을 통해 6자회담 참가의 무기한 중단과 핵무기 보유사실을 공식 선언한 것을 말한다. 미국의 압살정책에 맞서 NPT를 탈퇴하였고 자위를 위해 핵무기를 만들었다 하면서, 우리의 핵무기는 어디까지나 우리의 자위적 핵 억제력으로 남을 것이라 하였다. 이는 김정일이 핵의혹에서 핵 보유라는 초강수를 들고나온 것이고, 실제로 상황은 제4차 6자회담에서 9.19 공동성명으로 귀착되었다.

북한은 공동성명 도출을 '강력한 핵 억제력에 의거하여 미국을 꼼짝 못 하게 하는 경애하는 장군님의 선군정치의 위력'이라고 평가했다. 즉, "치렬하게 벌어진 조미핵대결전에서 련전련승의 승전고를 울리는 위력을 보면서 세계는 선군시대의 위대한 반미투쟁의 기수이시며 천재적 전략가이신 경애하는 김정일장군님을 모셨기에 그 승리는 확정적이라는 것을 절감하였다"고 하고 있다.[79]

9.19 공동성명으로 북핵문제 해결 가능성은 열렸지만 공동성명 이행은 순조롭지 못하였다. 미국은 방코델타아시아은행(BDA)의 북한계좌를 동결시켰고, 북한은 이에 강력히 반발하였다. 2006년 7월 5일 광명성 2호를 발사한 데 이어, 이후 10월 3일에 외무성 발표를 통해 "핵무기 보유선언은 핵시험을 전제로 한 것이다"라 하였다. 북한은 10월 9일 함경남도 풍계리에서 최초의 핵실험을 단행하였다. 김정일은 핵실험 다음날인 10월 10일 "우리가 핵시험을 성공적으로

---

78 김정일은 "우리 민족은 자존심이 강한 민족이며 누구도 우리를 건드리는 것을 용서치 않습니다. 미제가 어쩌구저쩌구 하여도 우리 조국의 풀 한포기도 건드릴 수 없습니다"고 하였다. 『선군태양 김정일장군 4』, p. 554.

79 『선군태양 김정일장군 4』, pp. 560-561.

진행한 것은 반만년 민족사에 있어 보지 못한 대경사이며 강성대국 건설의 전환적 국면을 걸어놓은 력사적 사변이다. …… 이제는 우리가 핵 보유국이 되여 핵대국들과 당당히 맞서나갈 수 있게 되었다"고, 그의 업적을 스스로 평가했다.[80] 북미 간의 교착상태는 장기화되었고, 2007년 2월 8일부터 13일까지 개최된 제5차 6자 3단계회담에서 '9.19 공동성명 이행을 위한 초기조치(2.13 합의)'에 합의하였다.

2.13 합의 이후에 제6차 1단계 6자회담과 2단계 회담이 개최되었다. 제6차 2단계 6자회담은 9월 27일까지 30일까지 남북정상회담 직전에 베이징에서 열렸고, 그 합의문 '9.19 공동성명을 위한 제2단계 조치'(10.3 합의)는 정상회담 중인 10월 3일 발표되었다. 제2차 남북정상회담은 6자회담 이전인 8월 28일에서 30일까지 개최에 합의했으나, 평양에 내린 집중폭우로 연기되어 10월 2일에서 4일까지 개최되었다. 정상회담 개최기간 동안 북핵문제에 대한 10.3 합의가 이루어져 남북관계 합의에도 긍정적으로 작용하였다. 북한이 정상회담에 합의한 것은 당시야말로 가장 적절한 시기라고 생각했기 때문이었다. 김정일 위원장은 '참여정부 출범 직후부터 노무현 대통령을 만날 것을 결심했으나 그동안 분위기가 성숙되지 못했으며, 최근 북남관계 및 주변관계가 호전되고 있어 현 시기가 수뇌상봉의 가장 적합한 시기'라고 밝혔다. 김정일 위원장은 정상회담을 계기로 남측과의 관계개선과 경제협력을 확실히 하고 경제적 지원 등을 받을 수 있다는 생각을 했다. 또한 미국과의 관계 정상화를 앞당기기 위해서도 남한의 역할이 필요하다는 전략적 판단을 내렸다.

---

80 『위인 김정일』, 평양: 외국문출판사, 2012, p. 309.

2000년 정상회담 이후 7년 만인 2007년 10월 2일부터 4일까지 평양에서 노무현 대통령과 김정일 국방위원장 간의 정상회담이 개최되었다. 정상회담의 의제는 한반도 평화체제 구축을 위한 기본 틀을 짜고 평화번영시대를 열어가는 것으로, 공동번영을 위한 경제협력 확대 방안도 논의되었다. 이러한 것을 담아 "남북관계 발전과 평화번영을 위한 선언"(10.4 선언)을 도출하였다.

북한은 미국의 부시 대통령의 임기가 100일 남은 2008년 10월 11일에 테러지원국해제를 끌어냈고, 검증의정서를 핑계로 6자회담을 더 이상 진전시키지 않았다. 김정일은 핵문제에 관한 한 부시 행정부로부터 더 이상 얻어낼 것이 없다고 판단하고, 오바마Barack Obama 행정부에 기대를 걸었다. 오마마 행정부는 핵무기의 완전한 제거, 핵확산 의혹 해소 등 북핵문제 해결 없이는 북한과의 관계 정상화가 불가능하다는 입장을 표명하였다. 여기에서 북한 외무성은 2009년 4월 14일 '6자회담 불참과 폐연료봉 재처리 작업을 하겠다'는 외무성 성명을 발표하였다. 그리고 5월 25일에는 전격적으로 제2차 핵실험을 실시하고, '이번 핵실험은 폭발력과 조종기술에 있어 새로운 높은 단계에서 안전하게 진행됐다'고 발표했다. 북한의 제2차 핵실험에 대해 유엔은 6월 12일 전체회의를 열어 안보리의 대북제재결의안 제1874호를 채택하였다.

3) 핵실험으로 강성국가 강조와 인민사기 진작

북한은 핵문제를 인민대중이 자긍심을 갖게 하는 수단으로 활용하여 왔다. 2006년 제1차 핵실험 이후 평양에서 열린 한 대회의 토론자 말이라 하며 다음과 같이 소개하고 있다. 즉, "우리 핵시험은 100% 우리의 기술, 우리의 지혜로 성공했다고 말하기에 앞서 100% 경애하는 장군님의 천재적인 예지와 무비의 담력과 배짱, 눈물겨운 로고에 의하여 마련된 장군님의 성공이라고 말해야 옳을 것입니다"라고 했고, "자위의 핵 보유국을 안아오신 경애하는 장군님께 나라의 최고훈장을 삼가드릴 것을 정식으로 청원한다"고 하였다 한다. 그러나 김정일은 아무리 탁월한 영도자라고 해도 충실한 영웅전사들이 없었으면 성과를 이끌어 낼 수 없었다고 하면서, 그러한 전사들을 키워낸 것만으로도 만족한다고 했다고 한다.[81]

두 차례의 핵실험 성공은 '우리 조국을 그 누구도 감히 건드릴 수 없는 강국으로 기어이 일떠세우시려는 경애하는 장군님의 무한한 조국애가 빛나는 결실이었다. 그래서 어느 누구도 감히 우리 민족의 운명을 롱락하려 들지 못하게 되었고 우리는 명실공히 강력한 나라, 강대한 민족으로 되었다'고 한다.[82] 이것은 인민들이 이렇게 평가해 주고 자부심을 갖기를 바라는 김정일의 바람이었을 것이다.

북한은 2010년 7월 24일 국방위원회 성명을 통해 "우리의 핵 억제력은 자위의 궤도를 따라 비상한 속도로 강화될 것"이라고 핵무장 의지를 강조했는데, 결국 이는 김정일의 의지인 것이었다. 북한은 이제 핵 보유국이 되었고, 이제 좀 더 쉽게 갈 수 있는 농축 우라늄 프로그램을 가졌으니 앞으로 핵문제는 핵불능화 문제가 아닌 '핵군축'으로 끌어가려는 것이었다.[83] 북한은 김정일 사후 개정된 헌법 전

81 『위인 김정일』, p. 240.

82 『위인 김정일』, p. 310.

83 2010년 10월 북한은 핵과학자인 지그프리드 헤커 스텐퍼드대 국제안보협력센터 소

문에 '핵 보유국'임을 명기하였다.

북한은 김정일 사후 헌법을 개정하고 서문에 "김정일 동지께서는 세계사회주의체계의 붕괴와 제국주의련합세력의 악랄한 반공화국 압살공세 속에서 선군정치로 김일성 동지의 고귀한 유산인 사회주의 전취물을 영예롭게 수호하시고 우리 조국을 불패의 정치사상강국, 핵 보유국, 무적의 군사강국으로 전변시키시었으며 강성국가건설의 휘황한 대통로를 열어놓으시었다"하고 있다. 김정일의 위대한 업적으로 '핵 보유국, 무적의 군사강국'을 들고 있다. 김정일이 김일성 사후 위태로운 상황에서 제국주의 압박에서 살아남을 수 있는 핵밖에 없다고 진단하고, 끊임없이 핵개발에 몰두해 왔다는 것을 말해준다. 즉, "경애하는 장군님께서 이제는 어느 적들이 덤벼들어도 선군조선은 끄떡없게 되었다고, 우리가 혁명의 위대한 지도자상과 일심단결력, 핵 억제력까지 가지고 있는 조건에서 이제는 그 누구도 우리를 어찌 못하신다고 하신 말씀은 력사의 엄숙한 선언이다"라고 평가하고 있다.[84]

김정일은 '제국주의의 핵공격'과 같이 북한이 처한 상황을 극화시켜, 자신이 원하는 방향으로 인민들을 끌어가려고 하였다. 자신이 소정의 목적을 달성했다고는 하지만, 핵개발이 아닌 다른 곳으로 정열과 쏟았으면 북한의 상황이 달라질 수 있었을 것이다.

장을 영변으로 초청해 원심분리기 1,000여 기를 공개하면서, 이미 2,000여 기가 가동 중이라 밝혔다. 북한은 플루토늄에 의한 핵개발뿐만 아니라 우라늄 핵무기까지 개발할 수 있는 능력의 보유를 과시하였다.

84 『위인 김정일』, p. 311.

제5절 실리사회주의와 시장정책

김정일은 경제정책에 대한 변화를 조심스럽게 타진하다가 2001년에 구체적인 안을 제시하였다. 북한에서는 2001년을 21세기의 시작으로 보고 있기 때문에 새로운 세기는 새로운 정책을 가져가자는 것이었다. 이 중심에는 실리사회주의가 자리 잡고 있었고, 이 방향으로 경제개혁정책을 펼쳐나갔다. 그러나 김정일은 2005년부터 개혁속도를 조절하고, 2007년에는 전면적인 시장통제를 주문하였다. 2009년에 실시한 화폐개혁은 실리사회주의의 실패를 의미하는 것이었다.

1. 신사고의 필요성과 7.1 경제관리개선조치

북한은 2001년 초부터 새로운 시대에 새로운 적응을 강조하였다. 김정일은 "우리는 기존관념에 사로 잡혀 지난시기의 낡고 뒤떨어진 것을 붙들고 앉자 있을 것이 아니라 대담하게 없애버리고 기술개건을 해야 합니다"라고 말했다.[85] 김정일은 북한의 당시 상황에서 가장 필요한 것은 새로운 사고의 도입이고, 근본적인 혁신을 통하여 발전해 나가야 한다고 생각했다. 특히 김정일은 2001년 1월 15일부터 20일 중국을 방문 중 상하이를 둘러보면서, "상해는 천지개벽되

85 『로동신문』 2004.01.04.

었다"는 말로 당시 그를 수행했던 사람들에게 자신의 의지를 전한 것으로 보인다. 2001년 10월 3일 김정일이 발표한 〈강성대국건설의 요구에 맞게 사회주의 경제관리를 개선강화할 데 대하여〉는 보다 구체화된 의지의 표명이라고 볼 수 있다. 여기에서 "사회주의경제관리를 개선하고 완성하는 데서 틀어쥐고 나가야 할 종자는 사회주의 원칙을 확고히 지키면서 가장 큰 실리를 얻을 수 있는 경제관리방법을 해결하는 것"이라고 하였다.

이것이 북한 경제에 대한 진단이었다. 인민들에게 '고난의 행군에서 행복의 행군'인 강성대국으로 가겠다는 마당에 종전과 같은 경제정책으로는 어렵다는 판단을 한 것이다. 김정일 정권의 입장에서는 경제난 식량난 해결이 최대의 과제이기 때문에 이를 해결하지 못한다면 정권의 정당성 위기가 발생할 수도 있었다. 결국 실리 위주의 정책 선택으로 가시적인 성과를 거두어야만 체제위기를 극복할 수 있는 것이었다.[86]

실리사회주의의 실현을 위한 구체적인 정책은 7.1 경제관리개선조치(7.1 조치)였다. 이 주요 내용은 기업의 경영자율권 확대, 물가 및 임금 인상, 환율 현실화 및 관세 조정, 식량·생필품 등의 배급제 단계적 폐지, 개인 경작지 확대 등이었다. 먼저 기업의 자율권 확대와 상업유통의 변화조치에서는 기업의 독자성, 세부생산계획의 자체수립 등 자율적 재량권을 허용하였다. 기업이 자율적으로 원자재를 구입 생산할 수 있게 해준 것이다. 기업소가 계획외 생산량이나 부산물을 시장가격으로 판매할 수 있는 권한을 30% 범위내에서 허

86 배성인, "김정일 정권의 위기극복을 위한 정치담론과 담론의 정치", p. 210.

용해주고, 지배인에게 20% 범위 내에서 종업원 활용 권한도 주었다. 협동농장의 경우도 분권화를 확대한 가족영농제 성격의 포전담당제를 실시하고, 개인이 개간하거나 경작할 수 있는 토지인 텃밭이나 뙈기밭도 30-50평에서 400평으로 확대하였다. 물가와 임금을 현실화 시켰는데 대표적으로 쌀 수매가격의 인상이다.[87] 또한 국가가 무료 혹은 저렴한 가격으로 공급해오던 재화와 서비스의 종류를 최소화하고 유료화한 것이다. 물가의 인상은 당연히 임금의 현실화와 연결되었는데 노동자, 사무원 등 전 직종을 대상으로 평균 18배 인상하고 '노동의 결과에 따른 분배원칙' 아래 차등지급하는 조치를 취했다. 이는 식량과 생필품의 배급조치의 단계적 폐지를 의미하는 것이었다. 이러한 조치는 국가의 재정부담을 줄이고 생산활동의 정상화를 위한 것이었다.

2. 시장정책

7.1 조치 초기에 국영상점망을 강화하고 농민시장과 장마당을 통제하려 하였으나, 물자공급부족으로 인해 12월 초순부터 장마당에서 농산물 외에 공산물 거래까지 허용하기 시작하였다. 이러한 추세를 반영한 것이 종합시장의 개설이었다. 북한에서 농민시장은 계획경제의 보완으로 형성되고 발전되었으나, 심각한 경제난과 국가 상업

87 물가는 쌀 가격을 기준으로 하여 모든 가격을 전면적으로 현실화하는 데 초점을 두었다. 쌀의 수매가격을 kg당 80전에서 40원으로 인상되었고, 식량판매소에서 판매가격은 44원으로 결정되었다.

망의 마비로 그 기능이 확대되었다.[88] 북한은 2003년 3월 김정일의 지시로 농민시장을 확대하고 시장의 운영방식을 사회주의 경제관리 정책으로 전환하였다. 이는 북한에서 시장의 사회주의 상품유통을 인정하며, 시장이 사회적 수요를 충족시키는 공간으로써 기능하도록 당국이 적극적인 관리정책을 펴는 것이었다. 시장에서 상거래가 확산되면서 당국은 자릿세와 소득발생의 납부금을 거두어 재정의 많은 부분을 시장에 의존하는 모습을 보였다.

2003년 9월 김정일은 내각 총리를 박봉주로 교체하였다. 김정일은 박봉주에게 '높은 신임과 기대'를 표명하면서, 내각이 경제사령부로서 '나라의 경제를 통일적으로 틀어쥐고 지도 관리할 것'과 '경제관리사업에서 반드시 새로운 전환을 가져 오도록 할 것'을 주문하였다. 김정일의 박봉주 발탁은 국가경제를 확고하게 장악함으로써 경제를 활성화 시켜보려는 의도였다.[89] 7.1 조치는 계획경제를 보완하고자 하는 차원에서 이루어진 특단의 조치였으나, 시장경제활동만 확대시키는 결과를 가져왔기 때문에 좀 더 확실하게 실리취득을 통해 한 단계 업그레이드시키고자 하였다.

그러나 기대와는 달리 북한의 경제 상황은 저성장이 지속되는 등 이렇다 할 개혁효과가 나타나지 않았다. 이는 기존의 경제관리원칙

---

88 북한에서 농민시장은 협동농장이 쉬는 날에 텃밭 생산 농작물이나 부업경리 생산물을 매매·교환하는 농촌의 시장터였다. 그러나 1990년대에 들어 심각한 식량사정과 공식적 배급기능의 악화로 많은 사람들이 시장활동을 하게 되었고, 거래품목도 다양해지면서 농민시장은 암시장형태의 장마당이 되었다. 김정일 체제가 공식적으로 출범하면서 장마당의 공설화가 진행되었다.

89 한기범, "북한의 정책결정과정의 조직형태와 관료정치: 경제개혁 확대 및 후퇴를 중심으로", pp. 161-162.

에 집착하였기 때문에, 개혁조치의 긍정적 효과가 가시화되지 못한 것이다. 경제관리의 정치적 관성이 너무 크게 작용하여, 시장요소를 지배하였다.[90] 종합시장의 허용은 이후 시장화의 부작용으로 나타났다. 당국의 의지는 계획경제로의 복귀였지만 시장에서의 부의 집중과 개인주의 의식의 증대 등으로 전혀 예상하지도 못했고 의도하지 않은 방향으로 진행되었다. 그러자 북한 당국은 정책의 실패는 인정하지 않았지만, 2006년부터 시장을 통제하더니 다음 해는 대대적인 단속과 통제에 들어가 50세 미만 여성의 시장행위를 금지하기도 하였다. 김정일은 2008년 6월 18일 담화 〈경제사업에서 사회주의원칙을 고수하며 사회주의경제의 우월성을 높이 발양시킬데 대하여〉에서, "우리가 경제관리에서 시장을 일정하게 리용하도록 하였더니 한때 일부 사람들은 사회주의 원칙에서 벗어나 나라의 경제를 〈개혁〉 〈개방〉하며 시장경제로 넘어가는 것처럼 리해한 것 같은데 이것은 아주 잘못된 생각입니다"하였다. 이는 김정일이 시장을 어떻게 바라보고 있는지, 또한 이 정책을 지속해야 할 것인지에 대한 회의를 표명한 것이라고 볼 수 있다.

3. 인민들의 시장선호와 화폐개혁

북한에서는 계획경제영역까지도 시장경제영역에 자리를 내어 주거나 오히려 의존하는 현상이 나타났다. 시장화 현상이 가속화되면서

90 홍성국, "북한의 7.1경제조치와 변화", 『월간 북한』 통권 427호, 북한연구소, 2010. 7, p. 48.

인민들은 자신들의 생활을 시장에 의존하는 양상을 보였다. 당국이 해 줄 수 없는 것을 시장이 해결해 주고 있기 때문에 인민들이 시장을 택한 것이었다. 시장에서 장사를 하는 것이 생계유지를 위한 수단이 되었기 때문에 시장은 제2의 집이었고, 직장 대신에 시장에 대한 선호도는 높아갔다. 이와 같이 당국의 정책 의지와는 전혀 다른 상황이 발생하였고, 인민들이 현상 적응과정에서 각종 불법과 편법이 난무하였다. 여기에서 간부들의 시장과의 결탁이 부패를 양산하는 큰 몫을 했다. 이들은 개인 축재로 이어져 시장화의 성과를 향유하게 되었다. 북한의 시장화 현상은 공식과 비공식 경제 그리고 합법과 불법이 얽혀져 복잡한 양상을 보여 주었다.

결국 시장에 대한에 회의적인 생각은 화폐개혁으로 나타났다. 2009년 말 북한은 화폐개혁을 실시함으로써 계획경제 제도의 강화를 시도하였다.[91] 당국은 화폐개혁을 하면서 '인민생활의 안정', '경제관리질서 확립'과 '보수받는 근로자 우대'를 내세웠지만, 시장화 현상으로 지나치게 커진 시장을 인위적으로 억제하려는 조치였다. 다시 말하면 인민들에게 만연해 있는 시장과 관련된 사경제를 차단하고 기관·기업소·농장에 대한 당국의 통제를 강화하기 위한 것이었다.

화폐개혁은 인민들의 생활에 깊숙하게 확산되어 있는 시장화에 제동을 걸고 계획경제 복원이 목적이었으나, 여기에 필요한 공급능력이 따라주지 않았기 때문에 실패하고 말았다. 물론 화폐개혁은 당국의 말을 듣지 않으면 엄청난 손해를 본다는 것을 인민들에게 주지

91 화폐개혁은 액면절하와 화폐교환이라는 두가지 측면이 있다. 2009년 11월 30일 단행된 화폐개혁은 구화폐와 신화폐를 100 : 1로 교환해 주었는데 일정 액수로 한정한 것이다. 교환할 수 없는 화폐는 휴지에 불과한 것이었다.

시키는 효과는 있을 수 있었다. 그러나 화폐개혁으로 당국에 대한 신뢰는 집단적인 심리적 좌절감으로 작용하여, 자국의 화폐에 대한 불신과 외화에 대한 맹신을 가져왔다. 또한 시장활동이 중단되자 실제로 인민들의 생활은 더욱 열악해 지면서, '인민생활의 안정'은 또 하나의 구호에 불과하였다.

김정일이 추진했던 실리사회주의는 철저히 사회주의 원칙을 전제로 한 것이었고, 시장의 허용까지도 국가주도의 시장화를 통해 계획과 시장을 공존시키고 오히려 시장을 국가능력강화의 통로로 활용하려는 것이었지 결코 시장경제의 수용이나 확산을 용납한 것이 아니었다.[92] 그가 생각하는 시장은 통제가 가능한 시장이었고, 이는 시장이라는 생태를 이해하지 못한 데서 기인한 것이다.

김정일의 실리사회주의를 추구하는 정치리더십은 처음부터 정치적 제한 속에 포위되어 있었다. 계획과 시장의 동거가 가능하고 여기에서 실리만 취할 수 있다는 판단은 오히려 인민들의 충성의 이완만을 가져왔다. '장군님보다 돈이 최고'라는 생각이 인민들의 개인주의 부추겼고, 돈을 위해서 물불을 가리지 않다 보니 부패가 만연되는 결과를 가져왔다. 김정일은 부패구조로 시장통제지시가 침투되지 않을 뿐 아니라, 물질적 보상이 시장으로부터 나와 자신에 대한 충성심이 약화되고 체제를 위협하는 요인이 된다고 생각했다.[93] 화폐개혁도 이러한 차원에서 나온 중요한 처방이었다. 그래서 다시

92 김근식, "북한 '실리사회주의'의 추진과 좌절: 북한변화에의 함의", 『북한연구학회보』 제14권 2호, 북한연구학회, 2010, p. 14.

93 한기범, "북한의 정책결정과정의 조직형태와 관료정치: 경제개혁 확대 및 후퇴를 중심으로", p. 291.

자력갱생으로 돌아가는 모습을 보였다. 김정일은 〈개혁〉 〈개방〉이 망국의 길이라고 가르치며 이 길로 절대 끌려가서는 안 된다고 하였다.[94]

북한 주민들은 화폐개혁이라는 학습효과에 따라 국가정책을 철저하게 불신하게 되었다. 역시 믿을 수 있는 것은 자신뿐이라며, 나름대로 살길을 모색하게 되었다. 먹고사는 문제인 데다가 이미 시장을 경험했기 때문에 시장을 향한 원심력은 더욱 강해져, 결국 당국도 시장을 다시 허용할 수밖에 없었다.[95]

4. 김정일 리더십의 평가

정치리더십은 지도자가 정치목적을 달성하기 위하여 사회구성원들을 끌어가는 일종의 정치기술인데, 이는 지도자가 집단이 처한 상황을 규정하고 직접 행동을 취하는 상황에서 발휘된다. 김정일은 김일성 사망 이후 북한이 처한 상황을 고난의 행군기에 들어섰다 진단하고 이를 구호와 동원인 '사회주의 대행군'으로 풀어나가려고 하였다. 공식적인 김정일 체제가 출범하면서 새로운 정치적 의지와 국정지표로 내세운 것이 강성대국건설의 비전이었고, 이를 통하여 인민들에게 희망을 불어넣고자 하였다. 이것이 21세기 북한을 이끌어

---

94 『위인 김정일』, pp. 297-298.

95 화폐개혁 이후 혼란이 계속되자 2010년 1월 내각 총리가 직접 나서 사과하였고, 5월에는 당이 '5.26 당지시'라는 공문을 통하여 시장을 전면 허용하는 공식조치를 취하였다. 그 내용은 식량배급 및 물자공급 중단, 시장 전면허용, 각종 무역의 통제와 규제의 철폐 등이 골자를 이루었다.

나갈 담대한 설계도라고 하였다. 결국 김정일 정치리더십의 핵심은 강성대국건설의 '사상중시, 총대중시, 과학기술중시'를 군사중시정책과 핵개발정책 그리고 실리사회주의정책으로 구체화시켜나간 것이었다. 이를 터커가 말하는 정치리더십의 기능적 접근의 변수인 진단, 처방, 지지·동원으로 규명해 보면 그 결과를 다음과 같이 평가할 수 있다.

김정일은 김일성 사망 이후 북한이 좌초될 수 있는 심각한 위기적 상황에 처해있다 인지하고, 이를 극복하기 위한 길은 군을 앞세우는 길밖에 없다는 처방을 내렸다. 김정일이 '만능의 보검'이라고 생각했던 선군정치는 17년 동안 북한을 이끌어가는 의지이고 실행이었다. 김정일이 생각하는 사회주의는 집단주의에 기초해야 한다고 생각했고, 집단을 극화한 것이 군대이고 선군정치로 이를 이룰 수 있다고 생각했다. 김정일은 2005년 당창건 60주년 기념행사장에서 만세를 우렁차게 외치는 열병대오를 바라보며, 또한 '대집단체조'와 아리랑의 공연을 보며 '우리 군대와 영웅적 기상을 남김없이 과시한 대서사시'라고 평가했다. 그가 생각하고 발휘하고자 했던 정치리더십은 김정일이 한 "우리당의 선군정치는 혁명승리를 위한 만능의 보검입니다. 우리당의 선군정치, 선군혁명령도에 의하여 제국주의자들의 반공화국고립압살책동이 극에 달하고 있는 준엄한 정세 속에서도 우리가 내 나라의 맑고 푸른 하늘아래에서 당창건 60돐을 성대하게 경축할 수 있었습니다"라는 말에서 알 수 있다. 터커가 말하는 지지를 통한 동원이 아니라 동원적 지지를 바탕으로 인민들의 욕구를 만족시키는데 실패했음에도 불구하고, 반민주적 안정성을 확보하였다. 김정일의 정치리더십의 전체를 평가해 볼 때, 그것은 선군리더십이라고 볼 수 있다. 김정일이 사망한 후에도 이 모든 것을 '김정일애국주의'로 미화시켰다.

위기적 상황이라는 진단에 대한 처방은 대외정책에서도 나타났다. 김정일은 체제를 유지할 수 있는 길은 미국과의 타협을 끌어내는 것이었고 그 중심에는 핵문제가 있었다. 북한은 '미래 핵개발 동결'을 내세워 미국의 적대관계를 완화시켰다. 그러나 북한의 핵개발은 비밀리에 계속되었다. 북한은 미국으로부터 심각한 핵공격 위협을 받고 있는 상황에서 핵무기 개발을 추진하는 것은 당연하다는 논리를 폈다. 즉, 김정일은 한미합동군사훈련 등을 '핵전쟁 연습'으로 묘사하면서, 체제위협에 대한 방어의 정당성을 강조하였다. 김정일은 자신의 결정을 정당화하기 위하여 상대방의 입장을 고려하지 않고, 오히려 자신의 행동이 상대방에 위협으로 비칠 수 있다는 사실을 축소해서 생각했다. 자신들은 평화를 위해서 핵개발을 했고, 미국의 핵무기는 전쟁을 위한 것이라 세뇌시키며 인민들에게 자부심과 긍지를 심어주려 했다. 핵실험과 핵 보유국 선언을 통하여 체제결속을 꾀하였다. 김정일이 북한을 '핵 보유국', '무적의 군사강국'으로 바꾸어 놓은 것은, 그의 탁월한 정치리더십에 의한 것으로 보았다.

김정일 체제가 공식적으로 출범한 이후에도 북한에는 최악의 경제상황이 계속되었다. 김정일은 2001년에 들어서면서 획기적인 변혁을 주문했다. 여기에서 나온 정책이 실리사회주의정책으로 사회주의 원칙을 지키는 가운데 실리를 추구하고자한 것이다. 7.1 조치는 계획경제를 유지하면서 실용위주의 경제사업으로 경제활성화를 도모해 보자는 것이었다. 7.1 조치에 이은 종합시장에 허용은 이에 대한 구체적인 처방의 하나였다. 그러나 북한의 시장화는 김정일이 의도하지 않은 방향으로 전개되었다. 어쩌면 김정일과 정책입안자들은 시장의 속성이 무엇이고, 인민들이 무엇을 원하는지를 몰랐다고 볼 수 있다. 인민들의 개인주의 성향 확대에 대한 우려와 시장을 통제의 목적에서 내려진 처방인 화폐개혁이 오히려 사회의 큰 혼란을 초래하자, 시장을 허용하는 정책으로 다시 방향을 선회하였다. 그 후 김정일은 식품 등을 포함한 인민소비품 생산현장을 현지지도하며, 인민생활향상을 위해 불철주야 노력하는 지도자의 모습을 보여주려 하였다.

—

제6절 김정은의 상황진단과 병진노선

1. 상환인식과 상황진단

1) 정치상황 진단

북한은 김정일 사망 이후 최초 보도에서 "오늘 우리 혁명의 진두에는 주체혁명위업의 위대한 계승자이시며 우리당과 군대와 인민의 탁월한 령도자이신 김정은 동지께서 서계신다"하고, 김정일의 유훈을 받들어야 한다면서 김정은 중심체제를 기정사실화 하였다. 김정일의 장례가 마무리되자 12월 30일 당중앙위원회 정치국 회의에서는 김정은을 '조선인민군 최고사령관'으로 추대하였다. 김정은은 당중앙군사위원회 부위원장의 직위를 가졌으나, 군부를 완전하게 장악하기 위한 명실상부한 군통수권이 필요했다. 2012년 4월 11일 당 제4차 대표자회를 개최하여 김정은이 당 제1비서로 추대되면서, 정치국 상무위원과 중앙군사위원회 위원장자리에도 올랐다. 이틀 후에 열린 최고인민회의 제12기 5차회의에서는 국방위원회 제1위원장에 추대되었다. 이렇게 빠른 시간 안에 제도적인 절차를 거쳐 김정은은 북한 군·당·정의 최고지도자로 자리매김을 한 것이다. 이 과정에서 김정일을 '영원한 총비서'와 '영원한 국방위원장'으로 새로운 당규약과 헌법에 규정한 것은, 혈통승계와 제도화의 교묘한 결합으로 김정은의 정당성을 부여한 것이었다.

김정은이 최고지도자가 되면서 가장 중요하게 생각한 것이 '조국수호'와 '체제유지'였다. 그는 국제정세가 제국주의자의 간섭과 군사적 침략책동으로 자신들의 평화와 안전에 위험이 고조되고 있는 상황이라고 주장하였다. 북한은 2012년 신년사에서 "내외호전광들의 전쟁책동을 저지 파탄시키는 것은 현정세의 절박한 요구"라 하고 있다. 제국주의는 미국을 상징하는 것으로 김정은의 미국에 대한 인식은 "핵·미사일 문제를 다루면서 가끔은 대화를 하지만 대부분의 경우 북한에 점점 더 강력한 제재를 가하면서 붕괴를 시도하고, 북한에 핵무기 사용을 위협하는 나라"이다.[96] 그렇기 때문에 미국은 선제공격을 감행하여 우리를 군사적으로 압살할 야망을 품고 있다고 생각한다. 이것은 의도된 오판으로 자신들의 핵개발은 체제옹위를 위한 것이라 주장한다. 즉, 자신들은 평화를 위해 핵개발을 했고 미국의 핵무기는 전쟁을 위한 것이라는 것을 인민들에게 세뇌시키면서 강성국가라는 자부심과 긍지를 심어주려는 것이다.

---

96 백학순, "김정은의 외교·안보·통일 리더십", 『김정은 리더십 연구』, 세종연구소, 2017, p. 78.

김정은의 정치상황에 대한 인식은 두 차례 발언에 나타나 있다. 당 제4차 대표자회를 앞두고 4월 6일에 한 '당중앙위원회 책임일군들과 한 담화'와 4월 15일 '김일성탄생 100주년 경축열병식'의 연설을 들 수 있다. 김정은은 '4.6 담화'에서 "위대한 수령님과 장군님을 우리 당의 영원한 수령으로 높게 모신다"하고, 자신의 통치이념으로 '김일성-김정일주의'를 제시하였다. 또한 김정일의 선군과 혁명업적을 무조건 관철하고 이를 위해 일심단결하여야 한다고 주장하면서, '인민대중 중심의 우리식 사회주의 고립 압살하려는 제국주의자들의 반동과 책동의 정세에 대처하고 위력을 더욱 높이 발양시켜 강성국가를 건설'하는 것이 중대한 과업이라고 하였다. 그리고 4.6 담화에서는 일꾼들에게 당부하는 형식을 빌려 자신의 인민에 사랑을 제시하였다. 이것은 김정은의 인민생활향상을 말하는 것인데, 다음에서 발언에서 알 수 있다. 즉, "일군이라면 인민을 먼저 생각하고 인민들의 생활문제에 선차적인 관심을 돌려야 하며 인민들의 생활에서 걸린 문제들을 풀어주기 위하여 진심으로 노력해야 하며 인민을 위한 더 좋은 일을 더 많이 해야 합니다"이다.[97]

열병식에서 한 김정은의 발언도 주목할 필요가 있다. 그는 김정일과 달리 직접 연설을 통하여 자신의 메시지를 인민대중에게 직접 전달하였다. 김정은은 처음으로 시도한 대중연설을 통하여 지도자의 위상을 부각시키면서 정치상황과 자신의 의지도 피력하였다. 이 연설에서 "수령의 군대, 당의 군대, 인민의 군대로 긍지 높고 무적필승의 위용을 떨치는 백두산혁명강군이야말로 위대한 대원수님들께서

97 『로동신문』 2012.04.19, 1, 2.

남기신 최대의 애국유산"이라고 하였다. 인민군대는 당의 군사사상과 노선을 군사·정치사업에 철저히 구현하기 위해 군력을 강화해야 하고, 인민들과 당원들은 경제강국과 인민생활 향상을 위한 대진군운동을 펼쳐야 한다고 강조하였다. 당과 국가의 총적 목표는 강성국가건설과 인민생활향상이라는 자신의 메시지를 전하면서 인민사랑의 모습을 보였다.[98]

2) 경제에 대한 인식과 핵무력 강화

김정일은 2012년이 강성대국완성의 해라고 계속 주장하여 왔으나, 당시 북한의 경제상황을 볼 때 구호에 불과하였다. 2012년의 문턱을 넘지 못한 상태에서 김정은은 어려운 상황을 물려받았다. 그렇기 때문에 김정은은 지도자가 되면서 이 난국을 어떻게 헤쳐 나가야 할 것인가를 고심하지 않을 수 없었다. 그는 당, 국가경제기관, 근로단체 책임일꾼들에게 "사회주의강성국가건설의 요구에 맞게 국토관리사업에서 혁명적 전환을 가져올데 대하여"라는 담화를 발표하였다.[99] 여기에서 평양시의 도시 건설과 이를 본보기하여 지방 도시들도 면모를 일신할 것을 강조하면서, "평양시와 함께 도소재지를 비롯한 지방도시들과 농촌마을들을 지방의 특성에 맞게 꾸려야"한다고 하였다. 또한 사회주의강성국가를 건설하자면 인민들의 식량문

98 여기에서 강조한 것이 "세상에서 제일 좋은 우리 인민, 만난시련을 이겨내며 당을 충직하게 받들어 온 우리 인민에게 다시는 허리띠를 조이지 않게 하며 사회주의 부귀영화를 마음껏 누리게 하자는 것이 우리당의 확고한 결심입니다"였다.

99 2012년 4월 27일에 발표한 이 담화는 5월 9일 로동신문 1, 2면에 실렸다.

제부터 풀어야 하며, 이를 위해 알곡의 정보당 수확고를 높이는 것과 함께 새로운 개간사업을 독려하였다. 즉, “간석지개간사업에 계속 큰 힘을 넣어 부침땅을 늘려야 합니다. 우리 나라에서 개간 하려는 간석지가 30만정보나 됩니다”라고 하였다.

김정은이 심각한 경제문제의 해결을 위해 들고 나선 것이 주택문제와 식량문제였다. 그는 먼저 가시적인 성과를 보여줄 수 있는 대형 건설사업 착수하였다. 마식령스키장, 문수놀이공원, 미래과학거리 건설 등이 단기간 목표 안에 놀라운 속도와 실적을 보여주었다. 그러나 이러한 속도전으로 아파트 건설 현장 붕괴사고도 발생하였다.

김정은이 북한이 처한 상황을 돌파하기 위해 필요한 것은 군사력 강화였다. 2012년 4월 13일 새로운 헌법 서문에서 김정일의 업적을 칭송하는 문구 가운데 주목할 만한 것은 ‘정치사상강국, 핵 보유국, 무적의 군사강국’이었다. 김정은 체제의 공식출범을 상징하고 국내외에 위상을 과시하기 위해 단행한 것이 ‘광명성 3호’라는 장거리 로켓발사였다. 그러나 이것은 발사 즉시 추락하면서 실패로 끝났고, 김정은은 이 사실을 시인하였다. 12월 12일 다시 이를 시도하면서 ‘광명성 3호 2호기’를 ‘은하 3호’라는 장거리 로켓으로 발사하여 궤도에 진입시키는데 성공했다고 발표했다. 북한에서는 김정은이 위성발사를 직접 지휘해 김정일의 유훈을 관철했다고 주장하였다.

김정은은 2013년 신년사에서 “2013년은 사회주의강성국가건설의 전환적 국면을 열어나갈 거창한 창조와 변혁의 해”라고 강조하였다.[100] 광명성 3호 2호기라는 장거리로켓 발사를 상기시키면서, ‘주

---

100 북한에서는 김일성 사망 이후 신년사 대신 공동사설로 대치하였다. 그러므로 김정일 시대는 한번도 신년사를 낭독하지 않았으나, 김정은은 신년사가 부활하면서 직

체적인 실용위성을 제작 발사하여 선군조선의 존엄과 위용을 떨치고 주체주선의 우주과학기술과 종합적 국력을 힘있게 과시하였다' 고 주장하였다. 이 기세로 전당, 전군, 전민이 총동원되어 올해 경제강국건설과 인민생활향상에서 결정적 전환을 일으켜야 한다고 주문하였다. 북한에서는 광명성 발사로 '주체조선의 우주과학기술'을 과시했다고 하였으나, 유엔 안보리는 2013년 1월 22일 대북제재결의안 제2087호를 채택하였다.

그러나 북한은 국제사회의 압박에도 불구하고 2월 12일 함경북도 길주에서 제3차 핵실험을 단행하였다. 조선중앙통신은 핵 실험 직후 〈제3차 지하핵시험 성공적으로 진행〉했다고 보도하였다.[101] 유엔 안보리는 3월 7일에 다시 대북제재결의안 제2094호를 만장일치로 채택하였다. 김정은은 안보리의 제재 속에도 자신의 핵무력에 대한 의지를 굽히지 않았다. 핵무기 능력 증강과 핵 보유국의 천명으로 어느 누구도 넘볼 수 없는 국력을 가졌다는 자신감의 표현이기도 한 것이다. 김정은은 집권 초기 국제사회의 대북강경제재에 물러서지 않고 되받아 치기식의 강경 대응만이 체제유지에 도움이 된다고 판단했다.

접 조선중앙TV에서 낭독하였다.

101 여기에서 "폭발력이 크면서도 소형화, 경량화된 원자탄 사용", "다종화된 우리 핵 억제력의 우수한 성능"을 강조하였다. 이는 기존의 플루토늄이 아닌 우라늄농축 프로그램의 사용을 암시하는 것이었다.

2. 병진노선과 핵무력건설

김정은은 북한이 처한 상황에 대한 판단을 바탕으로 국가건설을 이끌어갈 새로운 전략노선을 제시하였다. 2013년 3월 31일 당중앙위원회 전원회의가 개최되었고 주요의제는 "현정세 혁명발전의 요구에 맞게 주체혁명위업에서 결정적 전환을 이룩하기 위한 우리 당의 과업에 대하여"였다. 김정은 당 제1비서는 전원회의 보고를 통하여 '경제건설과 핵무력건설을 병진시킬 데 대한 새로운 전략로선'을 제시하였다. 즉, "경제건설과 핵무력을 병진시킬데 대한 전략적로선은 우리의 전쟁억제력을 비상히 강화하고 경제건설에 더욱 박차를 가하여 사회주의강성국가건설위업을 빛나게 실현할 수 있게 하는 정당한 로선입니다"라고 하였다. 그러면서 "우리 나라의 경우에는 상대는 세계 최대 핵 보유국인 미국이고 미국이 우리에게 항시적으로 핵위협을 가해오고 있는 조건에서 핵무력을 질량적으로 억척같이 다져나가야 합니다. 강위력한 핵무력우에 평화도 있고 부강번영도 있으며 인민들의 행복한 삶도 있습니다"라고 보고하였다. 경제·핵무력건설 병진노선은 김정은 시대의 '국가경영독트린'이고, 북한의 대내외 정책방향을 규정하는 핵심전략이 되었다.[102]

김정은은 병진노선을 '김정일이 물려준 핵무력을 강화하여 방위력을 철벽으로 다지면서 경제건설에 더 큰 힘을 넣어 인민들이 부귀영화를 누릴 수 있는 강성국가건설'을 위한 전략적 노선이라 하였

102 조동호, "김정은 시대의 경제정책: 경제·핵 병진노선과 특구전략", 북한연구학회 기획, 『김정은 시대의 경제와 사회: 국가와 시장의 새로운 관계』, 파주: 한울아카데미, 2014, p. 29.

다. 김정은은 경제를 발전시키고 인민생활을 높이기 위한 투쟁은 강력한 군사력, 핵무력이 담보되어야 성과적으로 진행될 수 있다는 논리를 펼쳤다. 김정은은 핵무력으로 국가안보가 확보되었기 때문에 경제에 매진할 수 있다는 논리를 폈는데, "새로운 병진로선은 국방비를 늘리지 않고 적은비용으로 나라의 방위력을 강화하면서 경제건설과 인민생활향상에 큰 힘을 돌릴 수 있다"는 것이다.

전원회의에서 정해진 노선이 4월 1일 최고인민회의 제12기 7차회의에서는 '금수산태양궁전법', '우주개발법', '핵보유법령'으로 채택하였다. 북한은 우주활동을 통일적으로 지도관리하기 위한 '우주개발법'을 채택하였다. 이 법에서는 우주개발을 총괄하는 중앙지도기관인 우주개발국을 설립하기로 결정하면서, 북한이 '당당한 인공위성제작 및 발사국'임을 강조하였다. 이는 '인공위성' 발사를 계속할 것임을 천명한 것이었다.

최고인민회의에서 제정한 법령 중 가장 중요한 것은 '자위적 핵보유국의 지위를 더욱 공고히할데 대하여'(4.1 핵보유법령)라는 것이었다. 이는 '그 어떤 침략세력도 일격에 물리칠 수 있는 핵 보유국'을 천명하며 10개항의 결정사항으로 이루어졌다. 여기에서 말하고 있는 것은 핵은 절대 포기할 수 없지만 방어적 목적으로 사용할 것이며 최대한으로 안전하게 관리하겠다는 메시지를 담고 있다.[103] 이 같은 법의 제정을 통하여 핵 보유를 기정사실화한 북한은 4월 4일 인민군 총참모부 대변인 담화를 통해 "지속적으로 가중되는 미국의 대조선 적대시 정책과 분별없는 핵위협은 소량화, 경량화, 다종화

103 전성훈, "김정은 정권의 경제·핵무력 병진노선과 '4.1 핵보유법령'", 『Online Series』, CO 13-11, 통일연구원, 2013, p. 4.

된 우리 식의 핵타격 수단으로 여지없이 부셔버리게 될 것"이라고 주장하였다.

김정은 체제에서는 핵무기 보유를 통해 국제사회의 협상력을 강화하려는 정치적 목적과 핵무기 위협을 강화하는 군사전략적 목적 달성을 추구하고자 하였다. 이를 위해 핵탄두를 탄도미사일에 탑재, 사거리 범위까지 날려 보내기 위한 소형화·경량화가 필수적이다. 그러므로 추가적인 핵실험을 통해 소형핵무기 기술을 개발하여 국제사회에 과시할 가능성이 컸다.[104] 김정은은 군사안보부분에서 미국의 압력에 대해 예상을 뛰어넘는 초강경정책으로 대응해 왔다. 김정은의 안보리더십 스타일은 기본적으로 강경하고 공세적이어서 외부세계가 강경행동을 하는 경우에는 물러서지 않고 더욱 강하게 되받아치는 식의 대응, 즉 '치킨 게임game of chicken'을 함으로써 긴장과 전쟁위협의 고조를 피하지 않는 행동 패턴을 보여주었다.[105]

김정은은 군사안보부분에서 미국의 압력에 대해 예상을 뛰어넘는 초강경정책으로 대응하였다. 그는 2015년 12월 개보수를 끝낸 평양 '평천혁명사적지'를 시찰하면서, "우리 수령님께서 이곳에서 울리신 역사의 총성이 있었기에 오늘 우리 조국은 자위의 핵탄, 수소탄의 거대한 폭음을 울릴 수 있는 강대한 핵 보유국으로 될 수 있었다"라고 발언했다고 로동신문이 보도했다.[106] 여기에서 수령님은 김일성이고 수소탄은 수소폭탄을 말하는 것이었다. 김정은이 구체적인

---

104 김동수·안진수·이동훈·전은주, 『2013년 북한 핵프로그램 및 능력평가』 KINU 정책시리즈 13-11, 통일연구원, 2013, p. 86.

105 백학순, "김정은의 외교·안보·통일 리더십", p. 53.

106 『로동신문』 2015.12.10.

행동으로 보여준 것이 2016년 1월 6일 제4차 핵실험의 단행이었다. 1월 7일자 로동신문에는 '주체조선의 첫 수소탄시험 완전성공'이라는 정부성명서를 발표하였다. 여기에서 "우리공화국이 단행한 수소탄 시험은 미국을 위수로한 적대세력들이 날로 가중되는 핵위협과 공갈로부터 나라의 자주권과 민족의 생존권을 철저히 수호하며 조선반도의 평화와 지역의 안전을 믿음직하게 담보하기 위한 자위적 조치"라고 하면서, 자신들의 행위를 합리화하였다.[107] 이를 사설에서는 "백두의 천출명장이신 경애하신 김정은동지의 철의 신념과 의지, 무비의 담력과 배짱이 낳은 특대사변"이라고, 김정은의 지도력을 치켜세우고 있다.[108] 또한 "주체과학, 주체공업의 위대한 승리-우리 당의 병진로선 만세"라는 기사에서는, 김정은의 병진노선의 구체적인 구현이고 승리라고 평가하였다.[109]

3. 병진노선에서 경제건설

1) 다양한 경제건설 문제제기

북한 당국은 김정일 사망 이후 추모기간 동안 모든 시장활동을 금지한 바 있으나, 2012년 초반기부터는 시장을 통제하지 않았다. 오히려 인민들의 분위기는 새로운 지도자 김정은의 경제정책을 시장을 중심으로 한 소비부양정책으로 받아들였다. 김정은 시대에 이르러

---

107 『로동신문』 2016.01.17, 2.

108 『로동신문』 2016.01.18, 1.

109 『로동신문』 2016.01.18, 2.

당의 가장 중요하고 절박한 과제로 내세운 것이 경제강국건설과 인민생활의 획기적인 향상이었다. 북한에서는 '국가의 경제관리'를 나라의 경제전반을 중앙집중적으로 그리고 통일적으로 틀어쥐고 지휘하는 사회주의국가의 경제조직자적 기능이라고 한다. 김정은 체제 출범이후 농업과 공업부분에서 새로운 경제관리체계를 제시했다는 말이 나왔다. 2012년 6월부터 '6.28 조치'라는 북한의 새로운 경제개혁이 우리에게 회자되었다.[110] 그 내용은 농업부분에서 가족영농제도를 도입하고 생산물 비율을 국가와 농민이 7대 3의 비율로 분배하는 것이고, 공업부분에서 기업소의 자율권을 확대하여 이익을 국가와 기업소가 나눈다는 것이었다.[111] 북한은 6월 28일 내부적으로 '우리식의 새로운 경제관리를 해결할 데 대하여' 즉, 6.28 방침을 제시함으로써 본격적인 경제개혁이 닻을 올렸다고 볼 수 있다.

김정은 시대에 들어서 국가전략노선으로 병진노선을 제기하면서 경제를 전면에 내세운 것은 북한 지도부가 경제문제 해결을 시급한 국가적 과제로 인식하고 있음을 의미한다.[112] 김정은은 자신이 진단한 북한의 상황을 돌파하기 위하여 집단행동 경로로 경제건설과 핵무력건설의 병진노선을 내세운 것이다. 이는 자신의 핵무력 강화를 합리화 하면서 경제도 발전시킬 수 있다는, 두 마리의 토끼를 다

---

110 6.28 방침은 4.6 담화와 4.15 연설 등에서 밝힌 식량문제 해결과 경제회생의지를 구체적인 정책으로서 표현한 것이다. 채규철, "김정은체제의 생존전략: 변화와 지속성", 『한국정치외교사논총』 제37집 1호, 한국정치외교사학회, 2015, p. 280.

111 양운철, "북한의 6.28 방침과 개혁·개방 가능성", 『정세와 정책』 11월호, 2012, p. 1.

112 조동호, "김정은 시대의 경제정책: 경제·핵 병진노선과 특구전략", 북한연구학회 기획, 『김정은 시대의 경제와 사회: 국가와 시장의 새로운 관계』, 파주: 한울아카데미, 2014, pp. 30-31.

잡을 수 있는 전략으로 판단하여 이렇게 처방을 내린 것이다. 병진노선이 제시되자 "새로운 병진노선의 참다운 우월성은 국방비를 추가적으로 늘리지 않고도 전쟁억제력과 방위력의 효과를 결정적으로 높임으로써 경제건설과 인민생활향상에 힘을 집중할 수 있다는 데 있다"고 하였다.[113] 로동신문은 "당중앙위원회 2013년 3월 전원회의정신을 높이 받들고 경제건설과 핵무력병진로선을 철저히 관철하자"는 사설에서 다음과 같이 주장하고 있다. 즉, "새로운 병진로선은 경제건설의 힘있는 박차이다. 이제 우리에게 강력한 핵 억제력이 있고 그 어떤 강적도 타승할 수 있는 군사적 힘이 갖춰져 있기 때문에 경제강국건설과 인민생활향상을 위한 투쟁도 마음먹은대로 다그쳐나갈수 있게 되었다"고 전략노선의 정당성을 설파하였다. 북한에서는 〈나가자 병진 앞으로〉라는 제목의 노래까지 내놓았다.[114] 북한에서는 농업과 공업분야에서 김정은의 영도하에 대담하게 혁신하고 창조해나가는 열풍을 힘있게 휘몰아치자고 하였다. 농업생산을 늘리기 위한 투쟁으로 '쌀폭포', '만풍년의 향기'를 만들어 가정에 웃음꽃이 피게 하고, 발전소건설과 축산기지건설 등에 박차를 가해 인민에게 보다 유족하고 문명한 생활을 마련해주어야 한다고 주장하고 있다. 모든 부분에서 당원과 근로자들은 새로운 '조선속도'를 창조해 나가야 한다는 것이다.[115]

전원회의에서는 병진노선과 결부되어 북한 현안의 전반적인 문

113 『로동신문』 2013.04.01, 2.

114 그 내용은 "찬란한 태양기 축복받으며 백두산 대국은 진격해 간다. 나가자 조선아 당중앙부름따라 경제와 핵무력 병진 병진 앞으로"이다.

115 『로동신문』 2013.04.11, 2.

제가 제기되었다. 당중앙위원회 조직에 간부들도 충원하고, 우주과학기술, 경제지도와 관리에서 사회주의기업관리방법, 대외무역 다각화와 원산·칠보산 관광지구와 경제개발구 등에 대해서도 논의하였다.

전원회의의 경제 분야 보고내용 중 눈에 띄는 대목은 '경제강국건설에서 전환을 가져오기 위해 경제지도와 관리를 개선해야 하는데, 현실 발전의 요구에 맞게 우리식 경제관리방식을 완성해 가야 한다'는 것이었다. 이것은 새로운 경제관리방식의 제기로 2013년 신년사에서 김정은이 '우리식 사회주의경제제도의 원칙에서 경제관리방법을 끊임없이 개선'해야 한다는 주문을 당에서 수렴한 것이다. 또한 김정은은 "원산지구와 칠보산지구를 비롯한 나라의 여러곳에 관광지구를 잘 꾸리고 관광을 활발히 벌리며 각 도들에 자체의 실정에 맞는 경제개발구를 내오고 특색있게 발전시켜야 합니다"라고 하여, 관광지구 설치문제와 경제개발구 창설문제도 제기하였다. 2013년 5월에는 이를 추진하기 위해 "조선민주주의인민공화국 경제개발구법"이 만들어지기도 하였다.

북한은 2014년 신년사에서 많은 부분을 2013년도 경제문제 성과에 할애하였다. 즉, "인민들의 애국의 열정과 투쟁으로 조국해방전쟁승리기념관과 은하과학자거리, 문수물놀이장과 마식령스키장을 비롯한 많은 대상들을 짧은 기간에 로동당시대의 창조물로 일떠 세웠다"고 자신의 치적을 내세웠다. 그리고 농업·건설·과학기술의 3대사업을 제시하면서, 당의 영도 밑에 경제에 대한 국가의 통일적 지도와 강화를 강조하였다.

2) 새로운 경제관리방법의 '5월 로작'

김정은 체제에서 경제문제를 해결하기 위한 시도가 있었고, 전원회의에서 "경제강국건설에서 전환을 가져오기 위해서는 경제지도와 관리를 개선해야 합니다"라고 지시하였다. 2014년 5월 30일 김정은은 당·정·군의 책임일군과의 담화 〈현실 발전의 요구에 맞게 우리식 경제관리방법을 확립할데 대하여〉를 발표하였다. 북한에서는 이것을 '5월 로작'이라고 하는데, 김정은은 "현실이 변화발전하는데 맞게 경제관리방법을 개선해 나가는 것은 사회주의경제발전의 합법칙적 요구입니다", 또한 "사회주의강성국가건설위업을 성과적으로 실현하기 위하여는 현실의 요구에 맞는 우리식 경제관리방법을 확립해야 합니다"와 같은 발언은 경제관리를 개선해야 한다는 의지였다. 이같이 경제관리방법을 끊임없이 개선하고 완성해가며 농업이나 공업분야에서 창조된 좋은 경험들을 널리 일반화해 나가겠다는 것이다.

북한에서는 이를 '5월 로작'이라고 하는데, 이 핵심은 경영권리를 현장에 부여하는 것과 일한 만큼 분배하는 것이다. 구체적으로 보면 농업부문에서 분조관리제와 현물분배 그리고 공업부문에서 '사회주의기업 책임관리제'로 독립채산제와 경영권의 확대를 의미한다.[116] 북한의 이 경제관리 방법은 시장을 염두에 둔 정책이었다. 관광지구와 경제개발구를 설치하고 이 사업을 적극 추진하는 것도 중요한 과업이었다. 관광지구개발은 해외관광객 유치를 위한 것이고 경제개

116 김창희, 『김정은 정치의 프레임: 체제·이념·승계·시장·핵』, 파주: 법문사, 2016, pp. 382-383.

발구는 합영과 합작으로 선진기술을 받아들여 경제개발을 하자는 것으로 대외경제연계를 의미한다. 북한에서는 이 문제에 대하여 자립경제를 토대로 하되, 국내에 없는 원자재와 기계설비들은 세계 여러 나라들과 대외경제 확대를 통하여 해결할 수 있다고 하였다. 그러면서도 대외경제사업 수행의 자주성이 필수적 요구라 한다.[117]

물론 북한에서 새로운 경제관리 방식을 주장하면서도, 가장 기본적인 것이 '사회주의 원칙의 고수'와 생산수단에 대한 사회주의적 소유의 옹호와 집단주의적 원칙의 구현이라 한다. 이렇게 하면서도 생산자들의 이익을 최대로 보장하여야 한다는 이율배반적인 이야기를 하고 있다. 경제사업에서 최대한의 실리를 얻자면 생산과 관리를 객관적인 경제법칙과 현대과학기술의 요구에 맞게하여야 한다고 주장하고 있다.[118]

3) 분조관리제와 사회주의기업 책임제, 경제개발구

병진노선에서 농업부분은 중요한 문제였고 생산성 향상이 현재의 방식으로는 어렵다는 인식은 2014년 2월 6일에 개최된 "전국 농업부분 분조장대회"에 김정은이 보낸 서한에서 담고 있다. 농업생산을 최대한으로 늘릴 것을 요구하면서 농업부분에서 현실발전의 요구에 맞게 분조관리제를 바로 실시하여 농장원들의 책임성과 창조

117 김홍일, "대외경제관계를 다각적으로 발전시키는데서 나서는 중요문제", 『김일성종합대학학보(철학, 경제학)』 제49권 제4호(루계 제502호), 김일성종합대학출판사, 2015, p. 71.

118 조경희, "우리식 경제관리방법을 확립하는데서 나서는 기본요구", 『경제연구』 제2호(루계 제167호), 과학백과사전출판사, 2015, p. 7.

적 열의를 높이 발양시키도록 해야 한다고 했다. 북한에서는 "우리는 기어이 우리 힘, 우리식으로 경제관리문제를 해결하여 주체적인 사회주의자립경제의 우월성과 위력을 힘있게 과시하고 강성국가건설의 최후의 승리를 이룩해나가야 한다"라고 하였다.[119]

이후 김정은의 우리식 경제관리방식이 공식화되자 북한당국은 농업생산성을 향상시키는 문제에 대하여, '분배에서 평균주의는 사회주의분배원칙과 인연이 없으며 농장원들의 생산의욕을 떨어뜨리므로 농장원들의 노력평가를 노동의 양과 질에 따라 제때에 정확히 하여야 한다'고 하였다. 그리고 생산한 알곡 가운데서 국가가 정한 일정한 몫을 제외한 나머지는 노동자들에게 정확하게 분배하여야 한다고 말했다.[120] 협동농장들이 국가 생산계획을 달성하여, 국가 납부 몫을 제외한 나머지를 현물로 분배 받는다. 종전에도 공식제도상으로는 협동농장에 대해 현물분배와 현금분배를 모두 실시하게 되어 있으나, 현실은 국가가 강제수매(군량미, 수도미 명목)하고, 농민에게 배급수준의 현물분배와 주로 현금분배를 실시하였다. 중요한 것은 현물로 분배받은 양곡은 자신들이 소비할 것을 제외하고 나머지 농산물은 자기 의지대로 처리할 수 있다. 북한에서는 사회주의적 분배원칙을 철저하게 지킨다면서, "근로자들의 로동에 대한 분배는 그 형태에 따라 현금분배와 현물분배가 있다. 로동자, 사무원들은 현금분배가 기본이며, 농장원들의 경우 현금과 함께 현물과 상품으로 로동보수 몫을 주는 방법이 있다. 해당시기 근로자들의 경제적요구와 리해관계를 옳게 반영한 분배방법을 적용하여야 로동보수공간을 통

---

119 『로동신문』 2014.09.03, 1.

120 『로동신문』 2014.02.07, 2.

한 물질적 자극을 바로 줄수 있다"고 한다.[121]

우리식 경제관리방식의 핵심은 사회주의기업 책임관리제이다. 김정은은 5월 로작에서 "사회주의기업 책임관리제는 공장, 기업소, 협동단체들이 생산수단에 대한 사회주의적 소유에 기초하여 실질적인 경영권을 가지고 기업활동을 창발적으로 당과 국가 앞에 지닌 임무를 수행하며 근로자들이 생산과 관리에서 주인으로서의 책임과 역할을 다하게 하는 기업관리 방식이다"라 하였다. 그리고 "기업체들은 제품개발권과 품질관리권, 인재관리권을 행사하여 지식경제시대의 요구에 맞게 새 기술, 새 제품을 적극 개발하고 제품의 질을 개선하여 기업체의 경쟁력을 높이며, 과학자, 기술자들과 근로자들을 최첨단 돌파전의 주인으로 내세워 기업체가 새 기술의 적극적인 수요자, 창조자가 되도록 하여야 한다"는 것이다.[122]

기업체의 효율성 제고를 위해 생산, 판매, 투자 등 경영활동에 대한 기업의 자율성과 재량권을 확대한 정책이라고 볼 수 있다. 김정은은 "사회주의경제의 본성적 요구에 맞게 계획화 사업을 보다 개선하고 경제관리의 중요고리들인 가격, 재정, 금융문제를 경제원리와 법칙에 맞으면서도 현실적 의의가 있게 해결하여 기업체들과 생산자들의 높은 의욕과 열의를 가지고 일해나가도록 하여야합니다"하였다. 이를 구체적으로 기업관리에서 기업자들과 생산자들의 이해관계를 직접 결합시키고 노동의 결과를 노동보수와 유기적으로 결

121 리봉애, "현시기 사회주의분배원칙을 철저히 지키는 것은 사회주의경제관리의 중요한 요구", 『경제연구』 1, 과학백과사전출판사, 2015, pp. 18-19.

122 Wen Cui. "Recent Economic and Financial Reform in North Korea: Implications and Tasks." *Doing Business in North Korea: Business and Finance in the DPRK*. 경남대 극동문제연구소 국제학술회의 발표논문집. 2015, p. 84.

합시킬 수 있게 기업체들이 판매수입에서 국가납부몫을 바친 다음 원가보상, 소득확정, 생활비 지불 등 수입분배를 자체의 결심에 따라 실정에 맞게 할 수 있도록 노동보수공간들을 주동적으로 이용하게 하는 것이라 한다. 또한, 기업체들에서 독자적인 재정금융질서를 세우고 유동자금을 비롯한 경영자금 조성과 이용을 주동적으로 하며, 원가보상의 원칙에서 가격을 제정하는 등 재정, 금융, 가격공간들을 주동적으로 이용하는 것이라 하였다.[123]

사회주의기업 책임관리제에서 기업체들이 가지게 된 무역과 합영, 합작권은 기업체가 다른 나라의 개인, 회사 등과 수출입거래를 독자적으로 진행하거나 합영, 합작회사를 설치할 수 있는 권한이다. 그러므로 사회주의기업 책임관리제에서 무역권은 생산기업체가 자기 생산활동을 원만히 진행하는데 필요한 자금과 원자재, 기계설비들을 자체로 해결하기 위한 권한으로서 종전에 유통업자가 가지는 무역권과 다르다는 것이다. 모든 독립체산제 기업들이 새롭게 부여된 무역과 합영, 합작권을 독자적으로 행사할 수 있는 능력을 갖추어야 한다.[124]

김정은 체제에서 기존의 중앙경제특구 외에 중앙급 경제개발구 4개와 지방경제개발구 17개를 설치하였다. 북한에서는 '경제개발구를 일정한 산업부분들의 기술적 토대의 강화와 새로운 사업부분들의 창설, 수출품 가공을 위한 법률적 경제적 환경을 마련해 주어 다

123 김현철, "사회주의기업 책임관리제의 요구에 맞게 기업소 계획화사업을 개선하는 것은 기업체들과 생산자들이 높은 의욕과 열의를 가지고 일해나가도록 하기 위한 중요한 방도", 『경제연구』 4, 과학백과사전출판사, 2019, pp. 16-17.

124 김홍일, "대외경제관계를 다각적으로 발전시키는데서 나서는 중요문제", pp. 72-73.

른 나라들과의 경제기술적 협조를 안정하고 실리있게 실현하기 위한 특수경제지대'라고 한다. 북한은 원산관광특구에 마식령스키장을 건설하였다. 마식령스키장과 원산지역을 엮어서 대규모 관광특구조성을 계획하였다. 김정은이 중점적으로 추진한 원산갈마해안관광지구사업이 바로 그것이다.

북한은 각 도의 경제개발구들은 자기 지방의 자연지리적조건과 경제잠재력을 적극 이용하여 나라의 전반적인 경제발전의 균형을 원만히 보장하고 도들의 경제발전과 인민들의 생활향상에 이바지할 사명을 지니고 있다고 하였다. 경제개발구는 국가가 특별히 정한 법규에 따라 경제활동에서 특혜가 보장되는 특수경제지대로서, 그 개발사업은 북한의 기관이나 기업소는 물론 다른 나라 투자가들도 공동 또는 단독으로 진행하게 된다.[125] 북한은 세계의 다른 나라들을 예로 들면서 경제개발구가 대외경제적협력과 교류를 발전시켜 경제발전에 활력을 불어 넣어야 한다는 것이다.

4. 김정은 리더십의 평가

김정은 체제의 공식적인 출범 이후 새로운 정치적 의지와 국정지표로 내세운 것이 '핵무력건설과 경제건설 병진노선'이었다. 이를 통해 강성국가를 건설한다는 비전을 내세웠다. 이 병진노선은 김정은

125 리명진, "경제개발구개발사업을 적극 밀고나가는 것은 현시기 우리앞에 나서는 중요한 과업", 『김일성종합대학학보(철학, 경제학)』 제49권 제4호(루계 제502호), 김일성종합대학출판사, 2015, p. 75.

이 북한을 통치하며 내린 진단이고 처방인 것이다. 김정은은 인민경제생활 향상을 위해서는 군사력과 핵무력이 담보되어야 성과를 낼 수 있다고 생각했다.

김정은은 북한의 절박한 과제가 경제강국건설과 인민생활의 획기적인 향상이라며, 현실적이고 획기적인 경제관리방법이 요구된다고 하였다. 이것은 소위 '5월 로작'이라고 부르는 담화로 구체화된 우리식 경제관리방법이다. 우리식 경제관리방법의 사회주의기업 책임관리제는 김정일 시대의 7.1 조치와 유사한 면이 있으나 훨씬 더 체계적이고 구체적으로 확대된 모습을 보여준다. 특히 생산단위의 자율성과 인센티브를 확대하는 것을 내용으로 하고 있다. 이는 농장이나 공장 운영에 있어 시장과 관련된 제반 불법적 또는 반합법적 활동의 상당부분을 합법화하고 이를 통해 '시장'을 적극적으로 활용하는 것이다. 특히 관광지구나 경제개발구는 해외투자유치를 다각화해서 개발사업을 모색하겠다는 것이다. 이는 대외경제를 다각적으로 발전시키는 데 매우 중요한 사업이다. 김정은 시대에 북한은 개방이라는 말을 쓰지 않고 있지만, 사회주의기업 책임관리제가 사회주의적 시장경제를 염두에 둔 발상이다.

인민생활향상을 국사의 제일로 한다는 경제정책이 인민들의 삶의 풍요로 연결되어야 하는데 결과는 그렇지 못하다. 병진노선으로 핵무력건설을 확실하게 하여 안보를 확보함으로써 재래식 무기에 소요되는 국방비를 늘리지 않고 경제건설에 매진할 수 있다고 했다. 그러나 경제부문에 대한 투자는 극히 일부이고 핵과 미사일 강화에만 전념하였다. 김정은은 수소탄 시험(제4차 핵실험)의 성공으로 강대한 핵 보유국이 되었다고 하면서, 이것을 병진노선구현의 승리라고 하였다.

북한에서 병진노선을 어떻게 진행시켜왔고 그것이 가지는 의미와 향후 전략은 당 제7차대회에서 김정은이 낭독한 '제7차 당대회 중앙위원회 사업총화문'에서 알 수 있다. 여기에서 그동안 당은 경제건설과 핵무력건설을 병진시킨 전략적 노선을 제시하고 관철시키는데 적극 투쟁하여 왔다고 하면서, 항구적으로 틀어쥐고 나가야 할 전략적 노선이라 하고 있다.[126] 당 제7차대회의 기본정신은 김일성–김정일주의 기치 높이 들고 자강력주의 정신 발휘하여 총결사전을 벌여 강성국가건설을 앞당기자는 것이라 주장하였다.[127] 김정은은 병진노선이 자신의 리더십을 보여준 확실하고 장기적인 처방이라는 것을 자찬하였다.

북한은 우리식 경제관리방법으로 경제건설에 활력을 불어넣고자 했지만, '적들의 악랄한 고립압살책동'인 대북제재 때문에 문제가 있다고 한다. 그러면서 자신들의 사회주의건설의 역사는 자력갱생의 역사이며, 자신들이 건설하려는 경제강국도 자력갱생의 경제강국이라고 주장한다. 자력갱생은 군대와 인민의 정신력에 기초하고 있다면서, 사람들의 정신력을 발동시켜 근로인민대중이 주인으로서 책임을 다하도록 경제관리방법을 개선·완성하는 것이 중요한 의의를 가진다는 것이다. 이는 김정은이 사회주의경제강국건설을 위해 매진하려는데, 주변의 정치환경이 이를 막고 있으니 인민대중이 정

---

126 그러면서 "핵무력을 중추로 하는 나라의 방위력을 철벽으로 다지면서 경제건설에 더욱 박차를 가하여 번영하는 사회주의강국을 하루빨리 건설하기 위한 가장 정당하고 혁명적인 로선입니다"라 하고 있다.

127 강명흡. "조선로동당 제7차대회의 기본정신", 『사회과학원학보』 제2호(루계 제91호), 사회과학출판사. 2016, p. 3.

신력을 최대로 발양해야 한다는 요구를 하는 것이다. 이러한 논리 하에 북한에서는 기능적 정치리더십의 처방으로 '자강력제일주의'를 내세웠는데 이는 제11장에서 상세히 설명하고 분석한다.

제2부

김일성·김정일·김정은의 통치 이데올로기

제4장

김일성 통치이념 주체사상

—

제1절 공산주의 이데올로기

1. 마르크스-레닌주의

북한이 당의 정치이념으로 내세운 것이 마르크스-레닌주의이다. 레닌Vladimir I. Lenin(1970-1924)은 마르크스주의를 러시아의 상황에 맞게 변형하며 계승하였다. 즉, 마르크스-레닌주의는 러시아에서 혁명이 일어난 후 레닌이 경험하고 당면한 문제를 해결해 가는 과정에서 기존의 마르크스주의를 러시아에 맞게 수정한 이론이다. 레닌에 따르면 마르크스Karl H. Marx와 엥겔스Friedrich Engels의 사상과 학설의 체계인 마르크스주의는 독일의 고전철학, 영국의 고전경제학 및 프랑스의 혁명적 학설과 결합된 프랑스 사회주의를 기반에 두고 있다고 한다. 마르크스이론은 유물변증법 및 유물사관, 경제에 있어서 노동가치설에 입각한 잉여가치론, 정치에 있어서 계급투쟁론 및 프롤레타리아독재론으로 말할 수 있다. 레닌이 마르크스와 엥겔스에 의해 성립된 과학적 사회주의를 기본으로 19세기 이후의 독점 자본과 제국주의를 특징으로 하는 사회현실을 반영하여 발전시킨 것이다.

마르크스는 공산당선언의 첫머리에 "지금까지 모든 사회의 역사는 계급투쟁의 역사이다 …… 이 투쟁은 항상 사회전체가 혁명적으로 개조되거나 그렇지 않으면 투쟁하는 계급들이 함께 몰락하는 것으로 끝나고 말았다"고 썼다. 마르크스에 의하면 세계를 움직이는 원동력은 유물사관에 입각한 계급간의 충돌인 계급투쟁이라는 것이다.[1] 이 같은 이론체계에 입각하여 마르크스는 자본주의사회에서 노동자계급이야말로 혁명의 유일한 주체세력이라고 믿었으며, 이 계급이 계급투쟁으로 폭력에 의한 혁명을 일으킴으로써 계급이 없는 이상사회를 건설할 수 있다고 주장하였다. 그는 자본주의가 사회주의로 대체될 수밖에 없다는 확신을 가지고 있었다. 억압당하는 사회계급을 위한 사회계급의 해방이 역사의 추동력이라 믿었다. 그러나 레닌은 자본주의 자동붕괴론을 배척하면서 노동계급의 혁명의식은 자발적으로 성숙되지 않고 전위적인 직업혁명가들에게 외부로부터 지도를 받음으로써 가능하다는 전위당 이론을 내놓았다. 레닌의 전위당 이론은 러시아적 역사현실의 반영이라는 특수적 측면과 사회주의적 계급투쟁이라는 일반적 논리라는 보편적 속성의 양면을 포괄한다.

레닌은 볼셰비키당을 강화하여 소비에트를 약화시켰다. 1917년 10월 볼셰비키당의 지도아래 적위대와 혁명적인 병사가 무장봉기

1 김창희, 『비교정치론 제2판』, 고양: 삼우사, 2013, p. 223.

에 들어가 소비에트를 장악하게 되었다. 10월 혁명부터 다음 해 7월까지 볼셰비키는 사회혁명당좌파와 연합하여 통치하는 형태를 취하였다. 볼셰비키당은 1919년 제8차대회에서 정치국, 조직국, 서기국을 설치하는 등 조직을 완비하고 강화하였다. 당의 가장 중심인 정치국은 5인 위원으로 구성하고 의장을 두지 않았으나 레닌은 최고지도자가 되었다. 이때 정치국원인 스탈린Joseph V. Stalin은 서기국 서기장도 맡았다. 이후 러시아공화국과 여러 인접 공화국이 통합하고 이들 사이에 연방조약을 체결하여 소비에트사회주의공화국연방(소련)이 성립하였다. 1923년 7월 6일에는 소연방 헌법을 제정하였다.

마르크스-레닌주의는 스탈린 주도하에 정립된 레닌의 경제·사회·정치·철학 이론을 종합적으로 가리키는 용어이며, 근대 제국주의 시대와 냉전 시대의 보편적인 공산주의 사상이다. 스탈린은 다른 볼셰비키 자들과 공동의 책자에서 마르크스-레닌주의라는 용어를 보편화시킨 동시에, 마르크스-레닌주의에 기반 한 세계관 및 역사해석을 공산주의적 세계관으로 규정하였다. 레닌의 사망 후 스탈린은 정치투쟁을 거쳐 소련의 최고지도자가 되었고, 그가 주장한 것이 일국사회주의이다.

스탈린의 일국사회주의는 체제 유지를 위한 수단으로써 당을 강화하는 새로운 교리를 합리화시킨 것으로, 1926년에는 공산당의 여섯 가지 특성을 규정하였다. 즉, ① 당은 노동계급의 전위대이고, ② 노동계급의 전위부대이며, ③ 당이 모든 하부조직의 정치적 노선을 결정하고, ④ 당은 프롤레타리아독재 도구로 이것이 수립된 이후에도 더 강화 발전해야 하며, ⑤ 당은 종파주의를 배격하는 통일체가 되고, ⑥ 당원은 집권화에 복종해야 한다는 것이었다. 스탈린 통치하에서 당원에게 철저한 군대식의 의식을 불어넣고 절대복종을 강요하였다. 이렇게 철저히 무장된 당을 이용하여 1인 독재체제를 합리화하였다. 여기에서 마르크스-레닌주의에 변형을 가져온 스탈린주의가 탄생하였다. 소련의 지배를 위해 구체적인 현실의 정당화를 위한 수단이 필연적으로 요구되었고, 스탈린주의는 새로운 통치 이데올로기가 되었다. 마르크스와 레닌이 제창했던 국가소멸론 대신에 내부적 억압을 강화하기 위한 국가 및 국가기관을 견고하게 구축하였다. 이렇게 하여 스탈린은 레닌의 혁명적 투쟁의 공동체인 당을 관료적이고 독재적인 권력기관으로 변모시켜 당·국가체제를 형성하였다. 스탈린의 통치과정에서 스탈린주의로 채색된 마르크스-레닌주의가 잉태하였다.

2. 북한에서 마르크스-레닌주의당 창건

소련이 공산주의적 전체주의 체제를 한반도의 북반부에 이식하여 북한이 탄생하였다. 여기에서 스탈린식의 마르크스-레닌주의는 전체주의적 요소가 강하게 내포되었다. 북한에서 마르크스-레닌주의를 어떻게 정의하고 있는가를 보면 알 수 있다. 즉, "맑스-레닌주의는 모든 나라 공산당 및 로동당들의 활동의 유일한 지도적 지침이다. 맑스-레닌주의는 로동계급의 혁명실천의 요구에 의하여 발생하였으며 그들의 혁명투쟁에서 검증된 가장 과학적이며 혁명적인 학설이며 모든 진보사상의 최고봉이다"라 하였다.[2] 그러면서 마르크스-레닌주의는 근로대중을 자본주의 착취와 억압으로부터 해방하며, 그들의 이익을 철저하게 옹호하여 노동계급의 세계관을 구현케 한다고 주장한다. 그렇기 때문에 "맑스-레닌주의는 인류정치사상사에서 새로운 단계를 열어 놓았으며 부르죠아독재를 전복하고 프로레타리아독재를 수립하기 위한 로동계급의 정치투쟁을 힘있게 고무하였다" 한다.[3] 마르크스-레닌주의 정치론이 부르주아독재와 프롤레타리아독재 문제를 정치학의 근본 문제로 설정하고 새롭게 제기한 것은 역사적인 전환이라고 한다.

마르크스-레닌주의의 발전을 다음과 같이 설명하고 있다. "맑스와 엥겔스는 프루동주의, 바꾸닌주의, 라쌀주의 등 온갖 기회주의를 반대하는 투쟁을 통하여 로동운동내에서 맑스주의의 확고한 지배를 실현하였으며, 레닌은 베른슈타인, 까우츠끼 등을 비롯한 제2국제당 기회를 반대하는 투쟁을 통하여 제국주의와 프로레타리아혁명시대에 맞게 맑스주의를 창조적으로 발전시켰으며 쓰딸린은 뜨로쯔끼, 부하린 등 온갖 기회주의와의 투쟁속에서 맑스-레닌주의를 고수발전시켰다"라고 하였다.[4] 여기에서 중요한 것은 스탈린주의를 마르크스-레닌주의를 고수하고 발전시켰다고 본 것이다.

북한은 조선통사에서 '해방 후 우리 혁명 앞에 제기된 임무를 승리적으로 달성하기 위해서는 혁명의 참모부인 맑스-레닌주의 당을 창건하지 않으면 안되었다. 조선의 노동계급은 종파분자들의 파괴암해와 일제의 탄압으로 자기의 혁명적 당을 가지지 못했으나, 해방 후 우리 조국에는 맑스-레닌주의 혁명적 당 창건을 위한 유리한 정

2 『정치사전』, 평양: 사회과학출판사, 1973, p. 375.

3 리진규, 『주체의 정치론』, 동경: 구월서방, 1988, pp. 154-155.

4 『정치사전』, p. 376.

세가 조성되었다'라 하였다.[5] 이런 정세 하에 김일성은 전체 공산주의자들에게 분산된 당 조직체들을 시급히 중앙집권적인 유일당 조직으로 결속하여 통일적 중앙지도기관이 필요하다고 했다. 소련군대가 진주한 유리한 조건을 이용하여 북조선에 설치할 것을 제의했다.[6] 1945년 10월 10일에서 13일까지 조선공산당 이북5도 책임자 및 열성자대회를 개최하여 조선공산당 북조선분국 설치한 것을 당 창건이라고 한다. 여기에서 김일성이 '우리 나라에서의 맑스-레닌주의당 건설과 당의 당면과업에 대하여'라는 보고를 하였다. 김일성은 "조선공산주의자들이 아직 맑스-레닌주의 이론으로 튼튼히 무장되지 못하고, 혁명투쟁의 경험이 적으며 공산주의운동 내에서 과거 종파주의 투쟁의 잔재들을 청산하지 못하고 있다"면서, "우리 혁명과업의 성과적인 수행을 보장하기 위하여 맑스-레닌주의 당조직에 입각한 혁명적 당을 창건해야 한다고 제의"하였다.[7]

해방 이후 북쪽을 점령한 소련 점령군사령부는 새로운 공산주의 정권을 수립하기 위하여 북조선 공산당과 김일성을 통하여 공산주의 이데올로기를 인민들에게 주입시키는데 중점을 두었다. 공산주의 이데올로기를 교양하는데 있어서 북한의 주민들은 새로 이민해 온 사람들이나 다름없었다. 북한에 정권이 수립된 이후 김일성은 항일혁명의 영웅으로 미화되면서, 새로운 북한체제를 이끌어가는 지도자로 추앙되었다. 북한은 김일성의 항일빨치산 경력을 피억압 독립운동으로 승화시켜 제국주의에 대한 공동전선을 형성해야 한다는

5 사과학원 역사연구소, 『조선통사(하) 1958년판』, 서울: 도서출판 오월, 1989, p. 293.
6 사과학원 역사연구소, 『조선통사(하) 1958년판』, p. 295.
7 사과학원 역사연구소, 『조선통사(하) 1958년판』, p. 296.

혁명이론을 펼쳐나갔다. 김일성의 개인적 권위는 정치사회화과정을 통하여 인민의 행동패턴을 규정하는 중요한 지표이며 하나의 상징적 힘이 되었다.

제2절 주체문제의 제기배경과 실천

1. 주체의 제기

상술한 바와 같이 마르크스-레닌주의는 1950년대까지 북한의 공식적인 통치 이데올로기였다. 그러나 북한에서 김일성 유일체제의 확립과정에서 마르크스-레닌주의를 북한에 적용하는 데 문제가 있었고, 이를 북한식으로 풀어나가는데 필요했던 것이 '주체'라는 실천 이데올로기였다. 김일성파가 권력의 핵심을 독점한 이후 역사의 '창조'와 이데올로기에서 '독자성'의 추구는 필연적이었다. 중소 양국에서의 사회주의건설노선의 변화는 북한의 대외노선과 이데올로기에 영향을 미쳤다. 주권 국가이며 자주성을 강조했던 북한은 소련과 중국의 영향을 크게 받아왔다. 북한은 정권 출범부터 적대세력인 미국에 의해서 가장 큰 좌절감을 느꼈지만, 우방 세력인 소련과 중국의 정책이나 행동들도 북한에 많은 제약을 가했다. 북한은 정권 수립 초창기부터 소련과 중국의 지원을 받아왔으며, 양국과 불가분의 관계에 있는 북한은 중소 분쟁으로 인하여 처신하기 힘든 입장에 놓이게 되었다.

1955년 4월 1일부터 4일까지 당중앙위원회 전원회의가 개최되었는데, 북한에서는 이를 '전후 조성된 국내외 정세와 나라의 사회경제 및 계급관계에 전면적 분석에 기초하여 조선혁명의 성격과 임무 그리고 실현 방도를 밝힌 역사적 회의'라 하였다. 전원회의의 제1 의제는 '당원들의 계급교양사업을 더욱 강화할 데 대하여'였다. 김일성은 계급교양의 기본방향에 대하여 "맑스-레닌주의 학설과 원칙들을 우리 나라의 구체적인 현실과 결부하여 연구할 것이며 당원들에 대한 계급교양사업을 우리 나라의 생동한 현실생활과 실지투쟁을 통하여 진행해야 할 것입니다"라 하였다. 김일성은 사상사업부문에 남아있는 교조주의와 형식주의를 극복하고 당의 노선과 정책이 관철되도록 개선해야 한다고 주장하였다. 즉, "맑스-레닌주의를 학습함에 있어서는 그것을 기계적으로 외울 것이 아니라 우리 나라 현실과 결부하여 당학습에서 자체의 것을 많이 배우도록 하는 것이 중요하다"고 강조하였다.[8] 이러한 것은 다음 김일성의 연설에서 주체라는 것으로 표명되었다.

김일성은 1955년 12월 28일 노동당 선전선동 일군 앞에서 '사상사업에서 교조주의와 형식주의를 퇴치하고 주체를 확립할 데 대하여'라는 연설에서 주체라는 용어를 처음으로 사용하였다.[9] 김일성이 내세운 것은 두 가지였다. 첫째, '조선혁명'을 옳게 수행하기 위해서는 소련이나 중국의 경험을 연구함에 있어서 사대주의·형식주의를

---

8 『정치사전』, p. 797.

9 여기에서 "사업에서 혁명적 진리, 맑스-레닌주의적 진리를 체득하는 것이 중요하며 그 진리를 우리 나라 실정에 맞게 적용하는 것이 중요합니다. 어떤 사람들은 쏘련식이 좋으니 중국식이 좋으니 하지만 이제 우리 식을 만들때가 되지 않았습니까"라고 했다.

벗어나 북한 실정에 맞게 적용해야 한다. 둘째, 북한에서 공산당이 생긴 지 10년이 되었으니 자기의 당사黨史를 가지고 당원을 교육시켜야 한다.

김일성은 "맑스－레닌주의는 교조가 아니라 행동의 지침이며 창조적 학설입니다. 그렇기 때문에 맑스－레닌주의는 매개나라의 구체적 조건에 맞게 창조적으로 적용될 때 비로소 그 불패의 위력을 발휘할 수 있는 것입니다"라고 하였다. 북한에서는 이를 김일성이 국제공산주의운동대열 안에서 나타나는 각종 기회주의에 반대하는 투쟁을 통하여 마르크스－레닌주의를 혁명적으로 고수하고 새로운 높은 단계로 올려놓았다는 것이다. 1955년 북한이 '주체확립'을 들고나온 것은 북한내부의 사대주의와 수정주의와의 노선투쟁과 국제공산주의운동 영향에 대한 차단에서 나왔다. 북한에서는 '맑스－레닌주의를 우리 나라의 현실에 적용'의 논리를 내세우며, 사상 사업에서 주체를 철저하게 내세운 것이다.

스탈린의 사망 이후 흐루쇼프Nikita Khrushchyov의 등장과 더불어 평화공존노선 채택과 공산권내부에서 사회주의체제의 다양성 인정과 마오쩌둥毛澤東의 영향력 증대에 따른 국제공산주의 운동으로 인하여 이데올로기 논쟁이 전개되었다. 특히 소련의 평화공존노선을 두고 중국은 미국과의 대결을 피하는 타협자세라 하면서, 아직도 미국은 사회주의 사회에 대한 공격의도가 있다고 주장하였다. 이것을 중국은 소련의 사회주의의 순수성을 포기한 수정주의노선이라 하고, 소련은 중국의 정책노선을 교조주의라고 비판하였다. 중·소간의 이데올로기 논쟁은 국제공산주의운동의 헤게모니적 성격을 띠고 있었다. 북한은 공산주의 운동의 주도국으로서의 위치가 약화된 소련과 자국의 입장을 강화해 온 중국 사이에서, 자신의 보호와 국익을 위하여 자주적 주장을 강조하지 않을 수 없게 된 것이다.[10] 이렇게 국외로부터 강해지는 구체적인 이데올로기에 대항하기 위하여 새로운 대외적 주체가 필요했다. 김일성은 '당 사상 사업에서 주체'의 문제를 제기하며 독자적인 길을 모색하게 되었다.

김일성이 주체를 강조하게 된 이면에는 자신의 권력을 공고화하기 투쟁의 측면이 있다. 김일성이 북한에서 자기 위치를 확립하는 과정에서 가장 부담이 되었던 인물 중의 하나는 박헌영이었다. 그는 어떻게 보면 국내 공산주의운동에서 가장 정통파인 것이다. 박헌영이 중심이 된 남로당원들은 1950년 전반에 이미 "조선혁명의 주체는 국내인민이다"라는 말을 썼으며, 이 말은 김일성에 의하여 금지되었다.[11] 결국 이것은 주체를 먼저 주장한 사람이 박헌영이요, 국내파가 혁명의 주체되어야 한다는 것을 의미한다. 김일성이 주체를 들고나온 것도 박헌영이 사형되고 난 이후이다. 또한 김일성이 북한에서 위치를 확립하는 과정에서 소련의 지원은 결정적이었지만, 수적으로나 투쟁경력 그리고 실력 면에서 연안파나 소련파와 힘든 경쟁을 해야만 하였다. 그러므로 김일성은 주체를 내세워 소련파와 연안파를 종파분자로 몰아붙이는 권력투쟁 속에서 그의 권력독점을 정당화하였다.

---

10 전인영 편, 『북한의 정치』, 서울: 을유문화사, 1990, p. 80.

11 허동찬, 『김일성 평전』, 북한연구소, 1987, pp. 297-298.

2. 정치에서 자주와 경제자립

김일성은 소련파와 연안파가 소련과 중국의 경험을 '통째로 받아먹는 식'으로 충실히 따르는 교조주의를 가진 데 비해, 자신은 주체의 정체성을 가지고 있다는 것이었다.[12] 북한의 지도부 구성요건을 볼 때 소련파와 연안파의 '종파주의적 이해'가 가미된 것도 사실이다. 소련과 중국공산당 지도부의 이해를 소련파와 연안파가 대변했기 때문에 파벌적 요구와 갈등이 존재하였다.[13] 그러나 소련과 중국의 정치적 영향력과 경제적 압력을 의식해서 아직 김일성은 두 계파와 정면대결을 피할 수밖에 없었다. 김일성은 주체라는 명분을 내세워 1956년 '8월 종파사건'을 전후해서 소련이나 중국에 의존하면서도, 자신의 중심체제에 반대하던 자들을 당의 단결을 파괴하는 반당종파분자·수정주의자·교조주의자 등의 낙인을 씌워 제거해 나갔다. 경제문제도 주체를 제기하게 되는 요인이었다. 이 과정에서 자신의 입장을 정당화하고 합리화하는 사상적 무기로 주체를 내세웠던 것이다.

1) 종파제거와 주체노선

(1) 8월 종파사건

북한에서 계파 간 권력투쟁 양상은 김일성을 중심으로 하는 핵심지도부에 최창익, 박창옥 등을 중심으로 하는 세력이 반기를 드는 양

12 백학순, 『북한 권력의 역사: 사상·정체성·구조』, 파주: 한울아카데미, 2010, p. 283.
13 최성, 『북한정치사』, 서울: 풀빛, 1997, p. 113.

상으로 전개되었다. 당시 반대파는 주로 권력의 핵심에서 소외되고 있다고 느낀 연안파와 소련파 인물들이 대부분이었다. 다양한 파벌로 나누어져 있던 북한의 권력지형에서 반김일성운동의 전면에 나선 것은 연안파였다. 6.25 한국전쟁 당시 인민지원군을 보내 북한을 도운 중국은 연안파와 가까웠고, 1956년까지도 그들이 25만 명 북한에 주둔하고 있었다. 그럼에도 불구하고 연안파는 김일성파의 강력한 견제로 정치적으로 약화되기 시작했다.[14]

1956년 2월 소련공산당 제20차대회에서 흐루쇼프의 스탈린 개인숭배의 비판과 평화공존론의 제시는 김일성의 반대파에게는 큰 힘이 되었다. 북한에서 김일성의 독주에 반감을 가졌던 인사들은 소련 공산당의 변화에 환호했고, 본격적으로 반김일성 운동에 나섰다.[15] 소련과 동유럽을 순방하고 돌아온 김일성의 보고대회에서 소위 8월 종파사건이 발생하였고, 김일성 중심세력은 이들을 '반당종파행위'로 규정하고 축출하였다.[16]

이 회의에서 연안파인 상업상 윤공흠은 김일성의 개인숭배와 중공업 정책을 비판하면서 소련식 집단지도체제를 주장하였다. 즉, "소련공산당 제20차대회에서 제기된 개인숭배사상 배격이 로동당에 반영되지 않고 개인독재가 계속 유지되고 있다"고 하고, "당이 경

14 이종석, "중·소의 북한 내정간섭 사례연구: 8월 종파사건", 『세종정책연구』 제6권 2호, 세종연구소, 2016, p. 389.

15 이종석, "중·소의 북한 내정간섭 사례연구: 8월 종파사건", p. 387.

16 김일성이 1956년 6월 1일부터 7월 19일까지 정부대표단을 이끌고 소련을 비롯한 사회주의 국가를 방문하고 돌아와, 8월 30일 당중앙위원회 보고대회를 하였다. 여기에서 연안파와 소련파의 중심인물들이 지도부에 대한 공격이 이루어졌는데, 김일성이 여러 형태로 자신의 개인숭배를 선전하고 있다고 비난하면서 이는 당에도 침투되어 대규모로 확산되고 있다고 했다. 백학순, 『북한 권력의 역사』, p. 293.

공업을 희생하고 중공업 우선발전에만 치중해옴으로써 인민생활을 영락되어 있으니 중공업은 당분간 여타 제국에 의존하고 외국원조를 모두 경공업과 농업을 발전시키는데 투자하여 인민생활을 향상시켜야 한다"는 입장을 피력하였다. 더 나아가 인민들의 생활이 더 나빠지는 것은 당 중앙의 지도상의 문제라며, 그 책임을 져야 한다고 김일성을 직접 비판하고 나섰다. 이와 같은 윤공흠의 주장에 대해서 최창익과 박창옥 등이 윤공흠의 입장을 지지하고 나섰다. 김일성파의 입장이 난처해지기도 하였으나, 당과 정권기관, 군 등의 권력의 핵심 부서에는 김일성의 측근들이 자리 잡고 있었다. 그렇기 때문에 반대파들의 이러한 비판은 성공할 수 없었다. 대세가 불리하게 되었음을 직감한 윤공흠, 서휘, 이필규 등은 휴회시간을 이용하여 중국으로 피신하였다. 속개된 회의에서 윤공흠을 위시한 최창익, 서휘, 이필규 등은 출당과 함께 그들의 모든 직분이 철회되었다.

『조선통사』는 이 문제를 종파분자들의 반당적 행위를 단죄하였다고 한다. 즉, "이와 같은 문제들을 토의한 8월 전원회의에서 최창익을 두목으로 한 일부 종파분자들이 흉악한 반당적 도전행위를 감행하였다"면서, "8월 전원회의는 이들의 흉악한 본질을 철저히 폭로규탄하고 이 배신자들에 대한 단호한 혁명적 조직규율을 적용하였다"라고 하고 있다.[17] 『조선전사』도 거의 유사하게 기록하며, 이 사건을 다음과 같이 평가하고 있다. 즉, "당중앙위원회 1956년 8월 전원회의는 고질적인 종파분자들을 쓸어버리고 당의 단결과 통일을 강화하며 혁명을 발전시켜나가는 데서 획기적인 의의를 가지는 력

17 『조선통사(하) 1958년판』, pp. 505-507.

사적인 회의였다"이다.[18] 8월 전원회의 결정서 제목은 '최창익, 윤공흠, 서휘, 리필규, 박창옥 등 동무들의 종파적 음모에 대하여'였고, 그동안의 반대파의 움직임을 반종파행위로 규정한 것이다.

그러나 소련과 중국은 김일성으로 하여금 8월 전원회의의 결정을 번복하도록 종용하였다. 로동당은 중·소대표단의 요구에 따라 1956년 9월 23일 미코얀Anastas I. Mikoyan과 펑더화이가 참석한 가운데 9월 전원회의를 열어 8월 회의의 결정을 번복하였다. 김일성은 일단 굴복해 출당처분은 취소하는 것으로 마무리 지었다.[19] 그러나 이 부분에 대하여는 조선통사나 조선전사 어디에서도 그 기록을 찾을 수 없다. 김일성파는 북한정치에 간섭한 중·소대표단이 평양을 떠나자 바로 반대파를 숙청하였고, 이는 결과적으로 김일성권력을 강화시키는 계기를 만들어 주었다.[20]

(2) 종파청산의 선언

이 사건을 계기로 김일성은 북한의 독자적인 노선의 필요성을 인식하게 되었고 또 그렇게 행동하였다. 이러한 정치환경의 변화 속에서 경제와 정치에서의 자주성 확보를 통감한 김일성은 1956년 12월 11일 당중앙위원회 전원회의에서 자력갱생의 원칙에 기초한 '경제에서의 자립'과 '정치에서의 자주' 노선을 내세웠다. 전원회의에서 소련과 중국의 개입을 차단하였고, 이른바 반종파투쟁을 대대

---

18 『조선전사 현대편 28』, 평양: 과학백과사전출판사, 1981, pp. 291-293.

19 김일성은 소련과 중국이라는 외세의 압력속에서 1956년 9월 23일 9월 전원회의를 열어 8월 회의의 결정을 번복하였다. 이에 따라 최창익, 박창옥은 당중앙위원으로 복귀되었으며, 윤공흠, 서휘, 이필규의 당적도 원상회복되었다.

20 이종석, "중·소의 북한 내정간섭 사례연구: 8월 종파사건", pp. 407-408.

적으로 전개하여 당에 남아있던 대부분의 반대파가 당에서 축출되었다. 즉, 최창익, 박창옥, 윤공흠 등이 다시 당으로부터 영구제명을 당하였고, 박의환, 김승화, 박사현, 허익, 강성산, 기민산, 양계 등 당내에 남아 있던 대부분의 반대파가 당에서 축출되었다. 또한 1958년에 이르러서는 당시 최고인민위원회 상임위원장인 김두봉과 국립도서관장 한빈, 국내파의 당중앙위원인 오기섭 등이 숙청당하였다. 이러한 종파청산의 선언은 북한에서는 당과 정부기구 뿐만 아니라 사회의 전 영역에 걸쳐 김일성의 지도체제의 확립을 의미하는 것이었다.

김일성은 반대세력과 투쟁할 때에 자기를 지지했던 사람들을 지도부에 기용했는데, 이는 주로 한국에 뿌리가 없었던 소련파였다. 김일성은 연안파를 중립화시킴으로써 경쟁자들이 단결하여 자기에 대항하는 것을 방지하는 데 성공했다.[21] 상술한 바와 같이 김일성은 소련 점령군의 도움으로 정부수립과정에서 수상이 되었다. 그 후 김일성 일파가 북한지도부를 완전 장악한 것은 '8월 종파사건'을 계기로 반대파를 완전히 축출하면서였다. 이것은 김일성의 항일혁명전통 역사 만들기에 걸림돌이 제거되었다는 것을 의미한다.

북한지도부는 1958년 3월 6일 로동당 제1차 대표자회를 소집하여 종파청산을 공식적으로 선언하고 그간의 반종파투쟁을 마무리 지었다. 이러한 종파청산의 선언은 북한에서는 당과 정부기구 뿐만 아니라 사회의 전 영역에 걸쳐 김일성이 전반적인 영향력을 행사하는 것을 의미하는 것이며, 이것은 김일성 중심권력체제 내지는 유일지도

---

21 서대숙 저, 서주석 역,『북한의 지도자 김일성』, 서울: 청계연구소, 1989, p. 93.

체계가 확립되었다는 것을 의미한다고 볼 수 있다.[22]

2) 자력갱생으로서 주체

북한에서 주체를 표방되기 시작한 시기와 동원이 본격화된 시기가 상당히 일치하고 있다. 김일성은 자립적민족경제건설을 위한 동원화의 기제로서 주체를 사용하였는데, 이는 마오쩌둥의 자립경제 정책 모델과 유사한 면을 보였다. 당시 마오쩌둥이 내놓은 것이 '자력갱생'으로 국내자원과 인력을 조직화하는 '사회주의 총노선' '대약진운동'이었다. 김일성도 중국과 같이 1956년 사회주의건설과 혁명을 추동하는 '천리마 운동'을 제기하였다. 김일성은 1956년 당중앙위원회 전원회의에서 "사회주의건설에서 혁명적대고조를 일으키기 위하여"라는 연설에서 중공업우선정책을 강조하였다. 즉, "지금 일부 나라들에서는 중공업을 좀 죽이자거니 살리자거니 하는 논의가 많다고 하는데 우리 나라에서는 이런 문제가 절대로 설 수 없습니다. 왜냐하면 중공업을 먼저 발전시키지 않고서는 전반적인 인민경제의 토대를 튼튼히 할 수 없으며 인민생활도 높일 수 없기 때문입니다. 중공업을 우선발전시키는 것은 우리 나라 사회주의경제건설의 객관적 요구입니다"라 했다.[23]

1956년 12월 김일성은 전원회의에서 사회주의 경제건설을 기한

---

22 전용헌, "북한의 정치체제", 이은호·김영재 공편, 『북한의 정치와 사회』, 서울: 서울프레스, 1994, p. 218.

23 김일성, 『천리마운동과 사회주의건설의 대고조에 대하여』, 평양: 조선로동당출판사, 1970, p. 2.

내 완수하자 했고, 직접 강선제강소에 현지지도를 나가 노동자들의 혁명적 열의를 강조했다. 그 결과 노동자들이 당초 6만 톤의 생산계획을 생산경쟁운동을 통해 12만 톤으로 초과달성하게 되었고, 이것이 모태가 되어 천리마운동이 전국 각지로 확산되었다. 천리마운동은 제3장에서도 서술한 바와 같이 하루에 천 리를 달리는 천리마를 탄 기세로 사회주의건설에서 생산성을 높이자는 의미로 사용된 사회주의 노력경쟁운동의 하나이다.[24] 천리마운동은 평남청년탄광돌격대, 강계청년발전소돌격대, 청년철도돌격대 등 노력동원과 속도경쟁을 통한 대중적 운동으로 확대·발전되었다. 이같이 천리마운동은 천리마작업반운동으로 연결되었다. 김일성은 "천리마작업반운동의 중요한 특징이 바로 생산에서의 집단적혁신운동과 근로자들을 교양개조하는 사업을 유기적으로 결합시키는데 있다"고 하였다. 김일성은 전국 천리마작업운동 선구자대회에서 "천리마기수들은 우리 시대의 영웅이며 당의 붉은 전사이다"라는 연설을 하였다.[25] 여기에서 '천리마작업반운동은 근로자들의 노동과 생활에서 일대 전변을 가져온 새로운 군중혁신운동이며 가장 높은 형태의 사회주의 경쟁운동'이라면서, '사람들을 새로운 공산주의적 인간으로 개조하는 훌륭한 대중적 교양방법'이라 하였다. 그리고 '주권을 자기 손으로 튼튼히 틀어쥔 우리 인민의 전진운동을 가로막을 수 없다'면서 주체를 강조하였다.

1958년부터 본격적으로 시작된 천리마운동은 경쟁과 자력갱생의 본보기였다. 주체의 지도방식의 하나가 '경제에서의 자립'인데, 이

---

24 통일부 통일교육원, 『북한지식사전』, 통일부 통일교육원, 2016, pp. 642-643.

25 김일성, 『천리마운동과 사회주의건설의 대고조에 대하여』, pp. 98-107.

는 실천 이데올로기로서의 주체사상의 일면을 보여주는 것이었다. 북한에서 대중동원의 가장 전형적인 형태인 천리마운동이 전면적으로 추진될 때, 주체를 제창하고 경제자립을 선언한 것이다. 북한에서는 천리마운동을 사회주의건설을 위한 전 인민적 운동이라 하고 인민대중의 역할을 최대한으로 강조해왔다. 기술과 자본이 부족한 상황에서 경제를 발전시키기 위해서는 인민대중의 자력갱생이라는 군중노선을 내세울 수밖에 없었다. 이렇게 볼 때 북한에서 주체의 주장은 사상자극적인 방법에 의한 동원의 극대화 필요성에 부응한 것이다. 주체는 북한의 사회주의 발전전략의 차원에서 제시되고 유도된 동원적 기제였다. 북한에서는 천리마운동은 전 인민적 대중운동으로 사회주의건설을 빠른 속도로 추진시켰다고 평가하고 있다. 그러면서 대중운동은 인민대중을 대중적 영웅주의와 집단적 혁신으로 조직동원하는 인민동원방법이라고 하였다. 천리마운동은 김일성동지의 현명성과 위대성의 집중적 발현으로 주체사상에 기초한 혁명적 군중노선의 빛나는 결실이었다는 것이다.[26]

26 리순영, "전후 천리마대고조의 자랑찬 력사와 전통을 창조한 불멸의 업적", 『김일성종합대학학보(력사, 법률)』 제64권 제4호(루계 제540호), 김일성종합대학출판사, 2018, p. 18.

제3절 주체사상의 형성과정과 유일사상

1. 주체에서 사상으로

당 제4차 대회는 김일성과 그의 집단에게 새로운 시대를 열어주었다. 김일성은 소련과 중국의 종속적 관계를 청산하고 독자적인 출발을 모색하였다. 양국 사이에서 중립을 지키던 북한이 중국을 지지하는 쪽으로 방향을 선회하였다. 1962년 10월에 일어난 쿠바미사일 사건 직후 김일성은 흐루쇼프의 패배에 대한 직접적인 비난 없이 미국을 비난했고, 중국과 인도의 국경문제에 대하여 조심스럽게 중국을 지지했다.

주체사상을 공개적으로 강조하기 시작한 것은 1960년대 중반이다. 소련과 중국에 치중했던 외교의 폭을 넓혀 김일성은 처음으로 1965년 4월 인도네시아를 방문했다. 이는 제3세계 개념을 선포한 인도네시아 반둥Bandung 회의 10주년 기념회의에 참석하기 위한 것이었다. 김일성은 4월 14일 인도네시아 알리아르함 사회과학원에서 행한 연설에서 "주체를 세운다는 것은 혁명과 건설의 모든 문제를 독자적으로, 자기 나라의 실정에 맞게 그리고 자체의 힘으로 풀어나가는 원칙을 견지한다는 것을 의미"한다고 하였다. 이것이 '창조적 입장'이고 '자주적 입장'이라 하였다. 또한 "사상에서의 주체, 정치에서의 자주, 경제에서의 자립, 국방에서의 자위 이것이 당의 견지하고 있는 입장"이라 말하고, 이것이 주체사상이라고 처음으로 대외적으로 공식 표명하였다. 북한은 1965년 김일성의 인도네시아 연설 이후

주체사상을 사회주의애국주의와 관련하여 단행본을 발간하였다.[27]

북한에서 지배이념을 지칭하는 뜻으로 주체사상이란 말을 사용한 것은 1967년 12월 16일 최고인민회의 제4기 1차 회의에서였다. 김일성은 '국가의 모든 활동 분야에서 자주, 독립, 자위노선을 철저히 구현하자'는 연설에서 "우리 당의 주체사상은 우리의 혁명과 건설을 수행하기 위한 가장 확고한 맑스-레닌주의적 지도사상이며, 공화국 정부의 모든 정책과 활동의 확고부동한 지침입니다"라고 말하였다.[28] 이미 당의 제4기 15차 전원회의에서 당의 유일사상체계로 확립한 주체사상이 정부활동의 모든 부분에서 지도적 지침이 된 것이다. 이러한 실천 이데올로기로서의 주체사상은 사회주의 발전 전략의 차원이 아닌, 김일성 유일체제와 연결되면서 변화되었다. 1967년 이래 주체사상은 유일체제 구축을 위한 지배권력의 통치담론적 성격을 강하게 내재하면서 변화하였다. 이것은 북한에서 수령론이 본격화되는 시기와 일치한다. 주체사상은 마르크스-레닌주의를 대체한 '보편적 사상이론'으로 가져갈 수 있는 계기가 되었다.[29]

1970년 발행된 북한의 『정치용어사전』에서는 주체사상의 기본 요구와 기본 내용에 대하여 다음과 같이 서술하고 있다. 김일성은 "주체를 세운다는 것은 혁명과 건설의 모든 문제를 독자적으로, 자기나라의 실정에 맞게 그리고 주로 자체의 힘으로 풀어나가는 원칙

---

27 1966년 최성욱의 이름으로 조선로동당출판사에서 발간한 책은 『당의 주체사상과 사회적 애국주의』이다. 고유환, "주체사상과 통치담론", 강성윤 역음, 『김정일과 북한의 정치, 어제 오늘 그리고 내일』, 서울: 선인, 2010, pp. 125-126.

28 『김일성저작선집 제4권』, 평양: 조선로동당출판사, 1968, p. 533.

29 이종석, 『새로 쓴 현대북한의 이해』, 서울: 역사비평사, 2000, p. 129.

을 견지한다"고 말하였다. 그러면서 주체사상은 로동당의 유일사상이며 혁명사상이라 하면서, "혁명과 건설에서 자주적립장과 창조적 립장을 견지하는 것은 주체사상의 기본요구이다"라고 하였다.[30] 또한 김일성의 교시를 제시하면서, "사상에서 주체를 세우며 정치에서의 자주, 경제에서 자립, 국방에서의 자위를 실현하는 것은 주체사상을 혁명과 건설의 모든 부문에 가장 철저하게 구현하기 위한 유일하게 옳은 원칙과 립장"이라는 것이다.[31] 주체·자주·자립·자위의 정신 구현은 지배 이데올로기로서의 주체사상으로 구체화되었고, 1970년 11월 당 제5차대회에서는 마르크스-레닌주의와 함께 주체사상을 당의 공식 이데올로기로 내세웠다.

2. 주체사상의 체계화

1) 주체사상의 체계화 과정

1972년에 들어서면서 주체사상을 이론적이며 체계화된 사상으로 제시하기 위한 작업이 전개되었다. 북한은 1972년 4월 김일성 탄생 60돌을 기념하기 위해 평양에서 전국사회과학자대회를 개최하여 김일성의 위대성을 합창하였고, 이 자리에서 양형섭은 주체사상이 2대 지주인 자주적 입장과 창조적 입장을 견지하는 사상이라고 주장하였다. 북한에서 주체사상은 체계화 과정을 거치면서 김일성 유일사상을 골간으로 하는 지배 이데올로기가 되었다. 이것은 다음

30 『정치용어사전』, 평양: 사회과학출판사, 1970, p. 553-554.

31 『정치용어사전』, pp. 554-555.

과 같은 주장에서 알 수 있다. 즉, "유일사상체계를 세운다는 것은 당을 창건한 수령의 사상으로 전 당이 무장하고, 그에 기초하여 당대열의 조직, 사상적 통일을 이룩하며 수령의 유일적 영도 밑에 혁명투쟁과 건설사업이 진행되도록 하는 것을 의미한다"고 서술하였다.[32] 그러므로 김일성 혁명사상은 유일사상체계의 제1차적 구성요소라고 볼 수 있다. 위에서 살펴본 바와 같이 김일성 혁명사상의 진수를 이루는 것은 주체사상이며, 당의 유일사상 체계는 주체사상이라는 것이다.

따라서 당의 유일 사상체계의 확립은 주체사상의 이론적 체계화로 전개되었다. 이러한 주체사상은 1972년 12월 27일 개정된 사회주의헌법 제4조에 "조선민주주의인민공화국은 맑스-레닌주의를 우리 나라의 현실에 창조적으로 적용한 조선로동당의 주체사상을 자기활동의 지도적 지침으로 삼는다"고 하여, 주체사상이 북한의 지도이념으로 전면화되었다. 새로이 제정된 1972년 헌법은 수령론의 법제화, 수령중심의 유일적 영도체계 완성으로의 성격을 지닌다. 이 헌법은 정치사상적 기반으로서 주체사상과 프롤레타리아독재를 설정하고, 권력구조적 토대로서는 주석 중심의 유일적 영도체계, 수령중심의 유일적 영도체계를 제도적으로 보장하였다.[33]

2) 주체사상의 체계화

주체사상이 통치 이데올로기로 자리를 잡으면서 주체사상이 무엇인

32 『정치사전』, p. 266.

33 최성, 『북한정치사』, p. 194.

가를 김일성의 발언을 중심으로 해석하고 정리하였다. 1973년 발간한 정치사전에는 '주체사상'을 6페이지에 걸쳐 그 시원부터 내용 등을 설명하고 있다. 이하에서 이 내용을 요약 정리한다.[34]

(1) 주체사상의 시원

주체사상이란 "한마디로 말하여 혁명과 건설의 주인은 인민대중이며 혁명과 건설을 추동하는 힘도 인민대중에게 있는 사상입니다. 다시 말하면 자기운명의 주인은 자기 자신이며 자기운명을 개척하는 힘도 자기 자신에 있다는 사상입니다"라고 김일성이 〈우리 당의 주체사상과 공화국정부의 대외정책의 몇 가지 문제에 대하여〉에서 제시하였다. 이렇게 주체사상을 정의하면서 그 역사적 뿌리를 항일혁명투쟁기에 두고 있다. 김일성이 1930년 카륜회의에서 주체사상에 기초하여 확고한 주체적 혁명노선을 밝혔다. 김일성은 조선혁명의 주인은 조선인민이며 그 누구도 대신할 수 없다는 확고한 주체적 입장에서 혁명을 영도하였다. 즉, 북한에서는 주체사상의 기원을 1930년 6월 30일에서 7일 2일에 걸쳐 중국 길림성 창춘현 카륜에서 열린 '공청 및 반제청년동맹 지도간부회의'에 두고 있다. 여기에서 김일성이 '조선혁명의 진로'라는 보고에서 조선혁명의 주체적 노선과 전략전술을 밝힘으로써 주체사상의 원리를 처음 천명했다는 것이다. 김일성이 "1930년 여름 카륜회의에서 주체사상에 기초하시여 조선혁명에 관한 혁명로선과 방침을 제시하시였으며 항일무쟁투쟁의 전 기간에 조선혁명에 관한 주체혁명로선을 확고히 견지하시고

34 『정치사전』, pp. 1055-1060.

빛나게 구현하시여 조국광복의 대업을 성취하시였으며 주체확립을 위한 투쟁의 영광스러운 전통을 마련하시였다"고 한다.[35] 북한에서 주체가 처음 제기된 것이 상술한 바와 같이 1955년이지만, 이것을 사상으로 체계화하는 과정에서 그 시원을 항일무장투쟁으로 연결시키고 있는 것이다.[36]

(2) 맑스-레닌주의의 새로운 높은 단계로 체계화

북한에서 로동당의 지도이념을 주체사상으로 내세우면서도 마르크스-레닌주의와의 관계를 설명하고 있다. 김일성은 위 연설에서 '주체사상에 의거함으로써만 로동계급의 혁명적 입장을 철저히 고수할 수 있으며, 맑스-레닌주의를 자기나라의 현실에 창조적으로 적용할 수 있다는 우리의 신념은 더욱 확고부동하게 되었다'하였다. 이는 또 다른 교시의 내용에서 확실하게 알 수 있다. 즉, "우리 당의 혁명사상, 당의 유일사상의 진수를 이루는 것은 맑스-레닌주의적 주체사상이며 우리 당의 유일사상체계는 주체사상체계입니다"이다.

『정치사전』에서 주체사상은 맑스-레닌주의를 새로운 높은 단계로 발전시킨 현대 인류의 가장 완벽한 진보적 사상이며 인민들에게 해방의 앞길을 밝혀주는 백전백승의 사상이라고 한다. 주체사상은 '우리 시대'의 기본적인 사조이며 보편적인 사조가 되었다고 한다.

여기에서 주장하고 있는 주체사상의 내용은 첫째, 인간중심의 철

35 『정치사전』, p. 1055.

36 이렇게 주체사상을 김일성의 타도제국주의 동맹을 시발로 해서 1930년의 카륜회의를 조선 공산주의 운동과 조선혁명의 새로운 출발점이라 보고 이를 기점으로 기초했다는 것이다. 『정치사전』, p. 1055; 김정일, 『주체사상에 대하여』, 평양: 조선로동당출판사, 1982.

학관이다. 주체사상의 기초는 사람이 모든 것의 주인이며 모든 것을 결정한다는 주체 철학이다. 김일성은 "모든 것을 사람중심으로 생각하고 사람을 위해 복무하게 하는 것이 주체사상의 요구입니다. 사람이 모든 것의 중심이며 모든 것을 결정한다는 것이 주체사상의 기초입니다"하였다.

둘째, 혁명과 건설에서 주인다운 태도를 가지는 자주적이고 창조적입장이다. 주체를 세운다는 것은 혁명과 건설의 모든 문제를 자기나라 실정에 맞게 그리고 자체의 힘으로 풀어나가는 원칙을 견지함을 의미한다. 김일성은 "주체를 세운다는 것은 혁명과 건설에 대하여 주인다운 태도를 가진다는 것입니다. 혁명과 건설의 주인은 인민대중이기 때문에 인민대중은 마땅히 혁명과 건설에 대하여 주인다운 태도를 가져야하는 것입니다. 주인다운 태도는 자주적립장과 창조적립장에서 표현됩니다"라고 했다. 남을 맹목적으로 따라가거나 남의 힘에 의존하여 살아가는 것이 아니라 자기 힘으로 살아가는 것이 자주적입장이고, 자연과 사회를 개조하기 위하여 인민대중의 역학을 높이는 것이 창조적입장이다.

셋째, 주체사상은 사상에서 주체, 정치에서 자주, 경제에서 자립, 국방에서 자위 노선이다. 김일성은 "우리 당의 모든 대내외 정책은 주체사상에 기초하고 있으며 거기에서 출발하고 있습니다. 정치, 경제, 문화, 군사 등 각 부문의 로선과 정책은 물론 구체적인 방침들도 그 밑바닥에는 주체사상이 놓여있습니다"라고 했다. 이는 주체사상은 혁명과 건설의 모든 단계 모든 영역에 적용되는 일반적 합법칙성을 반영한 과학적인 보편적인 지도사상이란 것이다.

3. 주체사상의 유일사상화

1) 김일성주의

상술한 바와 같이 1973년까지만 해도 주체사상은 마르크스–레닌주의와 구별되는 새로운 사상으로 간주되지 않았으며, "맑스–레닌주의의 근본원리에 전적으로 맞는 사상", "혁명과 건설을 성과적으로 수행하기 위한 가장 정확한 맑스–레닌주의적 지도" 등으로 설명되었다. 주체사상은 마르크스–레닌주의를 북한에 적용하는 과정에서 생겨난 '실천 이데올로기'로서의 위상을 가졌다.[37] 그 후 주체사상은 북한사회에서 당과 국가활동, 혁명과 건설의 지도원칙을 결정짓는 최고의 지도이념으로 순수 이데올로기로 격상되었다. 김정일은 마르크스–레닌주의에 대한 독창성을 강조하고, 주체사상의 지위를 '순수 이데올로기'로 끌어올리는 데 결정적인 역할을 했다. 그것은 김정일이 1974년 당중앙위원회 제5기 8차 전원회의에서 '김일성주의'를 선포한 것을 말한다. 이렇게 주체사상을 핵심으로 하는 김일성의 혁명사상은 마르크스–레닌주의의 계승성보다는 독창성이 강조된 '김일성주의'로 천명되었다.[38] 북한은 1970년대 중반에 '김일성주의'라는 용어를 사용하면서 김일성 사상 또는 주체사상을 마르크스–레닌주의와 차별하는 데 성공하였다.[39]

김정일은 1973년 9월 제5기 7차 전원회의에서 비서국 조직·선전

37 정성장, "주체사상의 형성·변화의 논리체계", 북한연구학회 편, 『북한의 정치 2』, 서울: 경인문화사, 2006, p. 29.

38 이종석, 『새로 쓴 현대북한의 이해』, p. 170.

39 정성장, "주체사상의 형성·변화의 논리체계", p. 33.

담당비서로 임명되었고, 다음 해 2월 8차 회의에서는 중앙위원회 정치위원회 위원이 되면서 후계자로 공인되었다. 김일성의 이러한 배려에 김정일은 모든 역량을 총동원하여 김일성을 신격화하기 시작하였다. 가장 먼저 시도한 것이 김일성의 혁명사상을 '김일성주의'로 정식 선포한 것이었다. 김정일은 1974년 2월 19일 선전선동부문 책임일꾼들을 소집하여 "온 사회를 김일성주의화하기 위한 당 사상사업이 당면한 몇 가지 과업에 대하여"라는 논문을 발표하였다. 논문에서 김정일은 유일사상교양, 혁명교양, 계급교양 철저, 사상전의 추진, 경제선동의 전개, 당 사업체계 등을 주장하면서 김일성 혁명사상을 '김일성주의'로 부각시켰다. 이 밖에도 4월에 "전당과 온 사회를 유일사상체계를 더욱 튼튼히 세우자"와 "주체철학에서 제기되는 몇 가지 문제들에 대하여"도 발표하였다. 여기에서 주체철학은 역사상 처음으로 자주성, 창조성, 의식성이 사회적 존재인 사람의 본질적 특성을 밝혔다고 주장하면서 인간문제에 대한 견해를 제시하였다. 북한이 '주체사상의 김일성주의화'에 의미를 부여하는 것은, 주체사상이 마르크스-레닌주의의 하위체계가 아니라 이를 극복한 '보편적인 자기완결적 사상체계'임을 대내외에 과시하기 위한 것이었다.[40]

김정일은 '김일성주의'로 선포한 다음, 1974년 4월 14에는 그 실천적 지침이라 할 수 있는 '당의 유일적사상체계확립의 10대 원칙'을 발표하였다. 서문에서 전당과 온 사회를 위대한 김일성 동지의 혁명사상으로 일색화하는 역사적 위업을 수행하기 위하여 10대 원

40 최성, 『북한정치사』, p. 204.

칙을 철저히 지켜야 한다고 하였다. 10대 원칙은 10개 조에 6~7개씩의 시행세칙을 두어 전체 64개 항으로 구성되어 있다. 여기에서 말하고 있는 것이 무엇인지는 제1조를 보면 알 수 있다. 즉, "위대한 수령 김일성동지의 혁명사상으로 전체사회를 일색화하기 위하여 목숨 바쳐 투쟁하여야 한다. 수령의 혁명사상으로 전체사회를 일면화하는 것은 우리 당의 최고 강령이며 당의 유일사상체계를 확립하는 사업의 새로운 높은 단계이다"이다. 세부 사항에서는 유일사상체계를 세우는 것을 대를 이어 계속해 나가야 하고, 주체사상의 혁명적 기치 높이 들고 사회주의 공산주의의 위업의 완성을 위하여 투쟁할 것을 강조하고 있다. 나머지 제2조에서 제10조까지 '위대한 수령 김일성동지를 높이 모시고, 교시를 신조화해서 절대 충성해야 한다는 것'이 주 내용을 이루고 있다. 심지어 수령 김일성 동지가 안겨준 정치적 생명을 위해서는 육체적 생명을 초개와 같이 바칠 수 있어야 한다는 것을 보면, 유일사상이 종교이상의 신념을 가진다는 것을 알 수 있다.

북한에서 5월 7일에는 '우리 당의 보도 출판물은 전 사회의 김일성주의에 봉사하는 위력 있는 사상적 무기이다'는 논문을 발표함으로써, 모든 미디어가 '김일성 주의' 확산에 어떻게 해야 할 것인가 하는 지침을 제시한 것이다. 북한에서 살아가려면 10대 원칙을 모르고 살아갈 수 없었다. 1974년 8월 2일 김정일이 당조직일군강습회에서 "당사업을 근본적으로 개선강화하여 온 사회의 김일성주의화를 힘차게 다그치자"는 연설을 하였다. 온 사회의 김일성주의화는 당사업의 총적 임무이고 항구적으로 틀어쥐고 나가야 할 기본전략의 목표로, 전당을 유일사상화하자면 당 안에 유일적 영도사상체계와 유일적 지도체제를 확고히 세워야 한다.[41] 결국 주체사상의 김일성주의화는 북한에서 유일영도체계를 확립하는 것이다.

2) 주체사상의 유일사상화

1980년 10월 로동당 제6차대회에서 개정된 당 규약에는 "조선로동당은 오직 위대한 수령 김일성 동지의 주체사상, 혁명사상에 의하여 지도된다"고 명문화함으로써, 마르크스-레닌주의를 언급하지 않고 주체사상을 최고의 지도이념으로 규정하고 있다. 마르크스-레닌주의와 주체사상과의 관계를 전혀 언급하지 않은 것은 주체사상이 순수 이데올로기로 격상되었음을 의미하는 것이었다.

당 제6차대회를 통하여 공식적인 후계자가 된 김정일은 김일성 탄생 70주년을 앞둔 3월 31일 전국주체사상토론회에 논문을 보냈다. 김정일은 "주체사상에 대하여"라는 논문에서 주체사상을 철학적 원리, 사회역사원리, 지도원칙으로 체계화하였다. 여기에서 "김일성 수령이 50여 년간 조선의 혁명의 앞길을 진두에서 해쳐오신 력사는 위대한 혁명실천 속에서 주체사상을 창시하시고 독창적인 사상리론체계로 완성시킨오신 력사입니다"라 하고 있다. 북한에서 주장하는 바와 같이 1930년에 주체사상을 창시하였으니, 1982년 70회 생일이 되는 이때가 주체사상이 세상에 나온 지 50년이 넘었다는 것이다. 이렇게 오랜 역사를 통하여 완성되었으니, 이를 김정일 자신이 체계화하여 논문으로 제시한다고 하였다. 북한에서는 김정일의 이 논문

---

41 이 내용은 『김정일 전집 24』에 1페이지에서 68페이지까지의 전문을 싣고 있다. 『김정일 전집 24』, 평양: 조선로동당출판사, 2019.

이 주체사상의 ‘성전’이 되었고, 주체사상을 ‘김일성주의’로 완성시켰다 하였다.

—

제4절 인간중심의 사회역사 원리와 지도원칙

북한에서는 주체사상은 사람중심의 세계관, 근로인민대중의 중심의 혁명이론과 영도방법을 하나의 전일적인 체계에 집대성한 지도사상이라고 한다. 주체사상은 김일성의 혁명사상으로 김일성이 창시한 전일적인 사상체계를 김정일이 더욱 심화발전시킨 것이다. 주체사상의 창시자는 김일성이고, 이를 체계화 시킨 것은 김정일이다. 김정일은 주체사상을 김일성주의화 했고, 그의 “주체사상에 대하여”는 체계화의 결정적인 결과물이다. 여기에서도 앞에서 설명한 바와 같이 주체사상을 김일성혁명사상이라 하기 때문에 주체사상의 시원은 1930년 항일혁명기에 카륜회의에서 김일성이 주체적인 혁명노선을 밝혔다고 주장한다. 그리고 주체사상을 인간중심의 철학적 세계관, 인민대중의 사회역사관, 주체의 지도원칙으로 나누어 이론화시켜 놓았다. 그 후 1986년 7월 15일 김정일은 “주체사상교양에서 제기되는 몇 가지 문제에 대하여”라는 담화를 발표했는데, 혁명의 주체는 당과 수령과 대중의 통일체이며 운명을 같이하는 사회정치생명체를 이룬다고 하였다. 김정일의 논문과 담화 내용을 중심으로 주체사상의 체계화와 정식화가 무엇인지를 살펴본다.

1. 인간중심의 철학적 원리

주체사상에서 주장하는 철학적 원리의 기초로 삼고 있는 것은 인간 중심의 세계관이다. 김정일은 "주체사상은 사람 중심의 새로운 철학 사상입니다. 사람이 모든 것의 주인이라는 것은 사람이 세계와 자기 운명의 주인이라는 것이며 사람이 모든 것을 결정한다는 것은 사람이 세계를 개조하고 자기운명을 개척하는 데서 결정적 역할을 한다는 것입니다. 사람이 세계의 주인으로서 특별한 지위와 역할을 차지하는 것은 자주성과 창조성, 의식성을 가진 사회적 존재이기 때문입니다. 수령님께서는 자주성과 창조성, 의식성이 사회적 존재인 사람의 본질적 특성을 이룬다는 것을 밝히심으로써 사람에 대한 새로운 철학적 해명을 주시였습니다"라고 말하고 있다.[42] 이것으로 볼 때 철학적 원리는 두 가지 명제로 되어 있다. 하나는 사람이 세계와 운명의 주인으로 결정적 역할을 한다는 것으로 인간중시 원리이다. 다른 하나는 인간이 자주성과 창조성을 가진 사회적 존재라는 것이다. 김일성이 강조했던 자주성과 창조성에 의식성을 추가하고 있는 것이다.

여기서 자주성이란 세계와 자기운명의 주인으로서 자주적으로 살며 발전하려는 사회적 인간의 속성이라 하면서, "사람들의 자주적 권리는 국가주권에서 집중적으로 표현되며 따라서 근로인민대중이 자주성을 완전히 실현하려면 무엇보다도 정권의 주인으로 되어야 한다" 했다. 창조성은 목적의식적으로 세계를 개조하고 자기

42 김정일, 『주체사상에 대하여』, pp. 9-10.

운명을 개척해 나가는 사회적 인간의 속성이라 하고 있다. 의식성은 세계와 자신을 파악하고 개변하기 위한 모든 활동을 규제하는 사회적 인간의 속성인데, 특히 의식성에서의 기본은 계급의식이며 계급투쟁에 대한 사람들의 태도와 입장은 계급의식에 의하여 규제된다고 하였다.

이 세 가지 때문에 사람은 세계를 숙명적으로 가 아니라 혁명적으로 대하며 수동적으로 가 아니라 능동적으로 대하고, 세계를 맹목적으로 가 아닌 목적의식적으로 개조하게 된다는 것인데, 이것이 주체사상의 인간관이다. 즉, 혁명과 건설의 주인은 인민대중이기 때문에 이들은 마땅히 주인다운 태도를 가져야 하며, 이는 자주적 입장과 창조적 입장으로 표현된다고 하였다.

김정일은 사회정치적 생명체론에서 개별적인 사람의 생명중심이 뇌수에 있는 것처럼 사회정치적 생명의 중심은 이 집단의 최고의 뇌수인 수령이라고 규정하고 있다. 즉, "사회주의 사회에서 수령이 차지하는 지위는 인민대중 속에서 수령이 차지하는 지위에 의하여 규정된다. 사회주의 사회에서 수령은 인민대중의 최고뇌수이며 통일단결의 중심이다"라는 것이다. 이것은 "수령이 인민대중 속에서 사상과 령도의 유일한 중심이며 통일과 단결의 유일한 중심이라는 것을 의미한다"라고 말하고 있다.[43] 혁명의 주체는 수령과 당 그리고 대중의 통일체로, 수령은 이를 하나의 유기적인 사회정치적 생명체의 최고 뇌수이다. 그러므로 인민대중이 역사의 주체가 되기 위해서는 옳은 지도를 받을 때만 역사의 자주적인 주체가 될 수 있다고 한

43 리진규, 『주체의 정치론』, p. 457.

다. 북한은 수령의 지도를 받아야만 혁명과 건설에서 인민대중이 자주적 입장과 창조적 입장에 설 수 있다고 하면서, 수령의 지배논리를 유도하고 있다. 이렇게 볼 때 인간 중심의 철학적 원리란 인민의 주체를 수령의 주체로 대체시켜 놓은 것이다.

2. 인민대중의 사회 · 역사관

김정일은 "주체사상에 의하여 밝혀진 사회역사원리는 새로운 역사관, 주체사관입니다"라고 하여 주체사관이라는 새로운 용어를 제시하고 있다.[44] 또한 "역사의 주체는 근로인민대중이며 반동적 착취계급은 역사의 주체가 될 수 없습니다. 근로인민대중은 역사를 개척하고 발전시키지만 착취계급은 역사의 진전을 멈춰 세우고 되돌려 세우려고 합니다. 계급사회의 전 노정은 근로인민대중과 반동적 착취계급 사이의 첨예한 투쟁의 역사입니다. 사회는 이 투쟁을 통하여 전진하고 발전하여 왔습니다"라고 하여 역사는 계급 간의 투쟁의 역사이고, 그 주체는 근로인민대중임을 규정하고 있다.[45]

그러나 근로인민대중이 역사의 주체가 되기 위해서는 당과 지도자가 결합해야 한다는 논리를 펴고 있다. 공산주의운동은 심각한 계급투쟁을 동반하는 만큼 올바른 지도가 없이는 제대로 진행될 수 없다. 즉, "혁명운동, 공산주의운동에서 지도문제는 다름 아닌 인민대중에 대한 당과 수령의 영도문제입니다. 로동계급의 당은 혁명의 참

44 김정일, 『주체사상에 대하여』, p. 15.

45 김정일, 『주체사상에 대하여』, pp. 16~17.

모부이며 로동계급의 수령은 혁명의 최고 영도자입니다"라는 것이다.[46] 이는 역사의 창조자인 인민대중이 사회역사발전의 주체로서 지위를 차지하고 있어 그 역할을 다하기 위해서는 혁명의 최고 지도자인 수령의 영도를 받는 것이 불가결하며, 그것이 없이는 자기의 역사적 사명을 수행할 수 없다는 것을 의미한다.

또한 인류사회의 발전의 역사는 자주성을 옹호하고 실현하기 위한 인민대중의 투쟁의 역사라 하고, 그 성격은 자연과 사회를 개조하고 변혁하는 창조적 운동이라 하고 있으며, 그 추진력은 자립적 사상의식이라는 것이다. 이와 같이 역사 사회관에서는 혁명의 본질을 자주성을 위한 투쟁으로 규정하고 있으므로, 사회제도의 교체만을 혁명의 대상으로 보지 않고 사람들의 자주성과 창조성을 구속하는 낡은 사상, 기술문화를 선진적인 것으로 개조하는 것도 혁명이라 보고 있다.[47] 따라서 한 나라는 사회주의제도를 확립한 이후에도 이 세 영역에서 혁명을 지속해야 한다는 것이 사회역사관의 중심적인데, 이는 결국 영구혁명논리라고 말할 수 있다.

3. 지도원칙

주체사상의 지도원칙은 "당 및 국가의 활동과 혁명과 건설의 모든 분야에서 주체를 세우기 위한 지침"이라 하고 있다.[48] 그리고 북한

---

46 김정일, 『주체사상에 대하여』, p. 18.

47 이상우, "정치이념, 사회변화와 대남관계", 한국공산권연구회 편, 『북한의 오늘과 내일』, 서울: 법문사, 1982, p. 294.

에서는 자주성의 입장을 견지해야 하며, 창조적 방법을 구현시켜야 하고, 사상을 기본으로 해야 한다는 지도적 원리를 표명하고 있다. 이를 좀 더 구체적으로 살펴보자.

1) 자주적 입장의 견지

김정일의 논문에서는 자주성을 구현하기 위한 원칙으로서 사상에서의 주체, 정치에서의 자주, 경제에서의 자립, 국방에서의 자위 원칙을 내놓았다. 그리고 김정일은 "주체, 자주, 자립, 자위의 원칙은 사상, 정치, 경제, 국방분야에서 자주성을 구현하기 위한 지도원칙입니다"라고 설명하고 있다.[49] 사상에서의 주체는 각 나라의 실정을 가장 잘 아는 것은 그 나라의 당이므로 그 나라의 혁명과 건설에 대해서는 그 나라 당이 책임을 져야 하고, 다른 나라 당의 지배나 간섭을 받아서는 안 된다는 것이다. 사상에서 주체를 세우기 위해서는 높은 민족적 자존심과 혁명적 자부심을 높이기 위한 투쟁을 강화해야 한다고 한다. "미제에 대한 사대주의 사상의 해독성은 남조선에서 집중적으로 나타나고 있다" 하면서, "남조선 인민들 속에서 공미숭미사상을 반대하고 민족자주의식을 높이기 위한 투쟁을 강화하지 않고서는 남조선 혁명의 승리도, 조국의 자주적 통일도 이룩할 수 없습니다"라 하고 있다.[50]

정치에서의 자주는 남의 감정을 기계적으로 모방하지 않고 자체

48 김정일, 『주체사상에 대하여』, p. 37.
49 김정일, 『주체사상에 대하여』, p. 37.
50 김정일, 『주체사상에 대하여』, pp. 41-42.

의 실정과 필요에 따라 개별적으로 판단하고 결정할 문제이지 누구도 이에 간섭할 수 없다는 것이다. 북한은 '수령의 현명한 영도 밑에 주체사상을 유일한 지도사상으로 하여 모든 노선과 정책을 집행했기 때문에 혁명과 건설에서 승리를 이룩할 수 있었다' 하고 있다. 또한 정치에서의 자주성을 보장하기 위해서는 대외관계에서 완전한 자주성과 평등권을 행사해야 한다는 것이다. 그래서 북한은 대외관계에서 자주권과 평등권을 고수할 것이며 자주성과 국제주의를 결합시키는 원칙을 견지할 것이라 하고 있다.[51]

경제에서의 자립의 원칙은 자립적 민족경제를 건설하는 것이고, 이를 위해서는 자력갱생의 원칙을 견지해야 한다는 것이다. 그러나 북한에서는 다음과 같이 자립적 민족경제를 설명하고 있다. 즉, "자력갱생의 원칙에서 자립적 민족경제를 건설한다는 것은 결코 문을 닫아 매고 경제를 건설한다는 것을 의미하지 않습니다. 자립경제는 다른 나라에 의한 경제적 지배와 예속을 반대하는 것이지 국제적인 협조를 부인하는 것은 아닙니다"라고 말하고 있다.[52] 이는 자력갱생은 하되 사회주의 국가와는 협조를 하겠다는 것이다.

국방에서의 자위는 자주독립국가건설의 근본원칙이며, 자기 힘으로 자기의 나라를 보위하는 것이라 한다. 국방에서의 자위원칙을 관철하기 위해서는 자위적 무장력도 갖추어야 하지만, 인민무력의 정치사상적 우월성을 높이 발양시켜야 한다고 주장하고 있다.

51 김정일, 『주체사상에 대하여』, p. 45.

52 김정일, 『주체사상에 대하여』, pp. 49-50.

2) 창조적 방법의 구현

지도원리로서 창조적 방법에는 인민대중에 의거하는 방법과 실정에 맞게 하는 방법이 있다고 주장하고 있다. 인민대중에 의거하여 혁명과 건설을 성과적으로 수행하기 위해서는 대중의 요구와 지향을 반영하여 옳은 노선과 정책을 세우며 그것을 대중자신의 것으로 만들어야 하며, 인민대중을 하나의 정치적 역량으로 묶어 세워야 하는데 이를 위해서는 계급노선과 군중노선을 옳게 결합시켜야 한다는 것이다. 혁명투쟁을 실정에 맞게 진행하기 위해서는 "수령님께서 가르치신 바와 같이 기성이론의 명제나 공식에 대하여서는 그것이 어떤 시대적 요구를 반영하여 또 어떤 전제 밑에서 나왔는가를 따져보고 자체의 구체적 현실과 특성에 맞게 적용해야 한다"고 하고 있다.[53]

3) 사상을 기본으로

혁명운동에서는 자주적인 사상의식이 결정적 역할을 하는 만큼 혁명과 건설에서는 반드시 사상을 기본으로 틀어쥐고 나가야 하며, 이를 위해서는 사상개조사업, 정치사업을 모든 사업에 앞세워야 한다는 것이다. 사상개조는 사람들을 공산주의적 인간으로 개조하는 것이고, 이는 하나의 심각한 혁명이다. 사상개조에서 기본은 혁명적 세계관, 혁명관을 세우는 것인데, 주체의 혁명관에서 핵을 이루는 것은 당과 수령에 대한 충실성이라는 것이다. 또한 혁명과업을 성과

53 김정일, 『주체사상에 대하여』, p. 60.

적으로 수행하기 위해서는 사람들을 교양하고 발동시키기 위한 정치사업을 모든 사업에 앞세워야 한다는 것이다. 정치사업은 혁명 실천과 밀접히 결부되어야 하며, 정치사업의 주요 목적은 제기된 혁명 과업을 성과적으로 해결하는 데 있다는 것이다. 이상의 것이 김정일의 논문에서 표명된 주장이다.

김정일은 사회의 모든 성원을 혁명화, 노동계급화하여 그들을 주체형의 공산주의적 인간으로 개조하고자 하였다. 그는 이것이 온 사회를 주체사상화하기 위한 풍요한 혁명적 과업이라고 제시하면서 사상개조를 통한 인간개조를 강조하고 있다.

제5절 주체사상의 역사적 의의와 함의

북한에서는 주체사상을 김일성의 독창적 사상으로 널리 선전하고 있으나, 한 개인에 초점을 맞추기보다는 폭넓게 국내외 환경요인을 검토하는 것이 이해가 잘 되고 설득력도 지닌다. 주체사상은 북한이 처해 온 환경의 산물인 동시에 오랜 시간에 걸쳐 형성되어 온 과정으로 파악할 필요가 있다. 주체사상의 내용은 철학적 기준에 의거하여 정립되었다기보다는 북한이 처해 있는 상황의 필요에 의하여 점차적으로 형태를 갖추게 되었다. 따라서 주체사상의 본질은 김일성 1인 지배체제의 강화를 합리화하고, 경제건설과 국방력 강화의 병진정책을 위한 철저한 사회동원체제를 뒷받침하며, 중·소 분쟁에서의 중립노선과 실리추구외교에 대한 이론적 근거를 제공해 주는 등

정치적 목표달성을 위한 실리주의적 선언이라고 할 수 있다.

북한에서 주체사상이 정치제도화 즉, 당규약이나 헌법에서 제기된 것은 1970년 당 제5차대회 규약과 1972년 헌법에서였다. 그러나 여기에서는 마르크스-레닌주의 창조적 적용이라 했고, 1980년 당 제6차대의 당규약에서는 완전히 마르크스-레닌주의를 배제한 오직 '수령 김일성동지의 주체사상 혁명사상'만을 내세웠다. 즉, "조선로동당은 위대한 수령 김일성동지의 혁명사상, 주체사상을 유일한 지도적 지침으로 삼는다"라 하였다.[54] 이렇게 주체사상을 유일한 당의 공식 이데올로기로 규정할 수 있었던 것은, 주체사상의 김일성주의화가 진행되면서 사상으로서 독창성 확립에 매진했기 때문이었다.

북한에서 주체사상은 당과 국가활동, 혁명과 건설의 지도원칙을 결정짓는 최고의 이념이다. 1980년 10월 로동당 제6차대회에서 개정된 당규약은 주체사상을 최고의 지도이념으로 규정하였다. 당 제6차대회를 계기로 김정일이 권력의 전면에 부상하면서 실질적인 후계자로 공식화되었고, 그는 정치 이데올로기의 해석권을 장악하였다. 1982년 3월 김정일은 '주체사상에 대하여'라는 논문을 통해 주체사상의 사상체계를 제시하여, 김일성을 주체사상의 창시자로 김정일을 구현자로 부각시켜 사상적 후계자로서 이미지를 구축한 것이다. 김정일은 1985년 로동당 창건 40돌 기념으로 주체사상의 철

54 물론 당규약 서문에 마르크스-레닌주의도 있다. "조선로동당은 국제공산주의운동과 로동운동에서 나타난 수정주의, 교조주의를 비롯한 기회주의와 자본주의를 반대하고 맑스-레닌주의의 순결성을 고수하기 위하여 견결히 투쟁한다"고 쓰여 있다.

학적 원리, 사회역사원리, 지도원칙, 령도체계 등 『위대한 주체사상 총서』 10권을 발행하여 주체사상을 체계하고 집대성하였다. 이렇게 김일성–김정일로 이어지는 후계체계에서 핵심적인 이념의 연결고리는 바로 주체사상이었다.

그러나 북한에서는 주체사상의 역사적 의의라고 하여 다음과 같이 주장하고 있다. 김정일은 주체사상이 주체시대의 참다운 혁명관을 밝혀주었다고 하면서, 이것은 인류의 사상발전과 해방위업에 이바지한 주요한 역사적 공헌이라 하였다. 즉, "시대의 발전은 세계관의 발전을 동반합니다. 로동계급의 진출과 함께 개시된 혁명의 끊임없는 확대발전은 이제까지 력사의 대상으로 되어온 근로인민대중이 력사의 주인으로 등장하는 새로운 시대의 탄생을 가져왔다"는 것이다. 또한 "로동계급을 비롯한 근로인민대중이 세계를 지배하는 위대한 력량으로 등장한 새 시대는 민족해방, 계급해방, 인간해방의 력사적 위업의 승리 실현이 과업"인데, 주체사상의 창시로 이것이 해결되었다고 주장하고 있다.[55] 이는 주체사상이 자주성을 지향하는 세계인민들의 공통된 염원을 반영하고 있어, 자주의 새 세계를 창조하는 혁명운동발전에 커다란 영향을 미쳤다는 것이다. 이것은 주체사상이 북한에 국한되어진 것이 아니라 보편성을 말하려는 것이다.

북한이 주장하는 주체사상의 역사적 의의에도 불구하고 앞에서 살펴본 바와 같이 수령이라는 1인 지배체제와 우상화의 도구이다. 주체사상의 핵심 논리는 사회정치적 생명체론으로 사람에게 오직

55 김정일, 『주체사상에 대하여』, pp. 73-74.

하나의 신경중추가 있는 것처럼 인민대중에게도 오직 하나의 뇌수, 하나의 영도 중심이 있어야 한다는 것이다. 그러므로 인민대중이 역사의 주체가 되기 위해서는 수령의 지도가 있어야 하고 인민대중은 여기에 절대적 복종해야 한다는 것이다. 이를 "인민대중 속에서 수령의 권위를 높이며 수령의 교시를 무조건 집행하는 것은 인민대중 자신을 위해 필요한 것이다"라고 설파한다. 그러나 "이것은 결코 수령과 사회성원의 지배와 복종의 관계를 설정하는 것을 의미하지 않는다"면서, 수령과 인민대중의 관계는 사랑과 충성으로 이어지는 가장 숭고한 동지적 관계라고 주장한다.[56] 어쨌든 주체사상에서 주장하는 '역사의 주인'이 되기 위해서는 수령의 지도가 필요하고, 이는 인민의 주체가 아닌 수령의 주체를 의미하는 것이다.

북한은 사회정치생명체론의 강조를 통해서 수령절대주의 체제를 확립하고 수령의 계승 즉, 김일성–김정일 권력승계를 정당화하고 했던 것이다. 수령의 영도를 계승하는 것은 혁명의 운명과 관련된 중대한 문제로 이는 수령의 후계자문제 연결된다고 하였다. 김일성이 "당의 위업을 계승해 나가는데서 기본은 정치적 수령의 후계자 문제를 바로 해결하는 것입니다. 로동계급의 당 건설에서 후계자문제는 정치적 수령의 지위와 역할을 계승하는 문제입니다"라고 교시했다고 한다.[57]

1980년 후반기에 들어서면서 소련과 동유럽 국가의 체제개혁은 북한에서 주체사상을 더욱 강화하면서 우리식 사회주의를 내놓게 되었다. 김정일의 이에 대한 교시와 주장은 이미 권력승계가 이루어

---

56 리진규, 『주체의 정치론』, pp. 61-62.

57 리진규, 『주체의 정치론』, pp. 472-473.

졌다는 것을 의미하는 것이었다. 어쨌든 1992년의 헌법개정은 이를 반영한 것이었고, 여기에서는 "조선민주주의인민공화국은 사람 중심의 세계관이며 인민대중의 자주성을 실현하기 위한 혁명사상인 주체사상을 자기활동의 지도적 지침으로 삼는다"라고 하였다. 주체사상을 사람중심의 세계관이라 하여, '인간중시'라는 강조하며 주체사상의 영구성을 확인시켰다.

제5장

우리식 사회주의와 선군사상

—

제1절 동유럽 사회주의체제의 변화와 우리식 사회주의

1980년 중반 동유럽 사회주의체제의 와해는 북한에게 동반자의 상실에 따른 고립감과 사회주의체제의 존속 여부에 대한 위기의식을 느끼게 했다. 이러한 상황에서 김정일은 1980년대 말 사회주의 변혁에 대한 논리로서 '조선민족제일주의'를 주장해 민족 개념을 부각했으며, 1989년 동유럽 사회주의체제의 대변혁과 구소련의 해체에 대한 이론적 대응으로서 우리식 사회주의를 제기하게 되었다.[1] 동유럽 국가들의 대변혁을 목격했고, 1990년대 들어 북한은 주체사상의 차별성·우월성을 부각시키면서 우리는 이들 나라와 다르다는 '우리식 사회주의'라는 것을 들고나왔다. 북한당국은 소련과 동유럽의 사회주의 붕괴를 초래한 핵심적인 요인은 사상문제를 소홀히 한 데서 온 것이라고 주장했다.

1 김성철, 『주체사상의 이론적 변화』 연구보고서 93-18, 민족통일연구원, 1993, p. 70.

1. 소련의 변화와 동유럽

동유럽 사회주의권의 붕괴는 소련의 정책변화와 상관성을 가진다. 소련의 개혁이 혼란에 빠지고 이것은 동유럽 국가들에게도 영향을 미쳤다. 먼저 소련의 정책변화에 대하여 살펴보고, 직간접 영향 하에 있었던 국가들의 상황을 설명한다.

1) 소련 정책의 변화

1985년 3월 소련의 당서기장 겸 간부회의 의장인 체르넨코Konstantin Chernenko가 사망하고, 고르바초프Mikhail Gorbachev가 당서기장으로 선출되었다. 당시의 상황은 정치·경제·사회의 모든 면에서 문제를 안고 있었고, 고르바초프는 개혁에 의하여 타개해 나가야 한다고 생각했다. 여기서 페레스트로이카를 주창하게 되는데, 이 근본 목적은 '인간의 얼굴을 한 사회주의'였다. 그는 1986년 2월 개최된 소련공산당 제27차대회 정치위원회 보고에서 민주화 없이는 사회주의사회 발전이 불가능하다고 보았다. 1987년 1월 고르바초프 서기장은 소련 공산당 중앙위원회 보고를 통해 페레스트로이카와 글라스노스찌 및 데모크리찌야를 개혁의 기치로 천명했다. 이는 근본적인 변혁을 통하여 소련사회를 사회·경제·문화적으로 획기적 발전을 시킴으로써 새로운 국가로 변모시키겠다는 것이다. 새로운 인식에 기초한 개혁은 공개성과 민주주의 원리를 바탕으로 침체된 소련경제의 재건으로 가져가는데, 이는 군비축소뿐만 아니라 서방국가와의 외교정책의 변화 등을 내포하고 있었다.

사회주의권의 종주국인 소련의 변화는 특히 동유럽 국가들에게 큰 영향을 미쳤다.[2] 소련공산당 제27차대회는 동유럽 국가들의 문제는 스스로의 방법으로 해결해야 함을 시사한 것이다. 소련의 개방·개혁 정책과 신사고는 기존의 대 동유럽정책의 틀인 주종관계를 더 이상 유지할 수 없게 되어 통제가 약화되었다. 소련의 동유럽정책의 단계별 변화과정은 소련 자체의 개혁 진행단계를 그대로 반영하였다. 소련이 경제개혁을 추진했을 때 동유럽은 경제개혁도 고무되기 시작했고, 소련이 경제개혁의 실현을 위한 정치개혁의 단행은 동유럽 국가들에서 개혁이 아닌 혁명으로 나타났다.

2) 동유럽의 변화 양상

소련발 개혁은 동유럽 국가들에게도 영향을 미쳤는데 대표적으로 폴란드와 헝가리 루마니아 급변상황을 들 수 있다. 폴란드에서는 1989년 6월 자유노조가 주축이 되어 비 공산당 연립정부가 형성되었다. 헝가리의 경우 사회노동당 1당 체제가 무너지고 1989년 10월 의회가 공산당 독재를 종식하고 야당을 합법화하였다. 같은 해 베를린 장벽이 붕괴되었다. 루마니아에서는 당과 국가의 최고지도자로 1989년까지 군림했던 차우세스쿠Nicolae Ceaușescu가 12월 25일 구국전선의 군사법정에서 사형이 선고되고 공개로 처형되었다. 북한

2 그동안 소련의 동유럽 정책은 지도자에 따라 약간의 변화는 있었으나, 그 본질에 있어서는 변화가 없었다. 동유럽은 소련과 서방 국가 간의 군사적 완충지대 역할을 했을 뿐만 세계 사회주의체제의 동방기지 역할도 해왔다. 나토(미국과 영국, 프랑스, 서독, 이탈리아 등)와 바르샤바조약기구(소련, 폴란드, 헝가리, 루마니아, 불가리아, 알바니아, 동독 등)는 그것이다.

은 이것을 소련의 해체에 앞서 "1989년 7월부터 12월까지 6개월 기간에 뽈쓰까, 마쟈르, 동부도이취란드, 체스꼬슬로벤스키, 벌가리아, 로므니아에서 사회주의가 좌절되고 자본주의 복귀"와 같은 변화가 일어났다고 하였다.[3]

1989년 12월 미국의 부시George H. W. Bush 대통령과 소련의 고르바초프는 몰타에서 열린 정상회담에서 미국과 소련은 더 이상 적대국가가 아니며 냉전이 끝났음을 선언했다. 고르바초프의 혁명적인 외교정책들, 예를 들면 폴란드의 자유노조가 이끄는 연립정부가 들어서는 것을 승인한다든지, 동독의 공산당 지도자들에 대한 지원을 거부한 것과 같은 것들은 냉전이라는 대결상황을 종식시키는 관건이 되었다.[4]

이상과 같은 상황들이 남북한에 공히 영향을 미쳤지만 특히 1990년 10월 3일의 독일의 통일과 1991년 12월 25일 소련의 해체는 실로 북한에게는 충격을 넘어서는 것이었다. 베를린 장벽 붕괴 이후 동독은 1990년 3월 18일 자유총선거를 실시한 결과, 서독 기민당의 자매당인 동독 기민당이 승리함으로써 동독의 서독으로의 합병이 예고되었다. 동독의회는 8월 23일 '1990년 10월 3일 동독을 서독에 합병한다'는 결의문을 채택함으로써 동독이 역사에서 사라지고 독일통일이 이루어졌다.

고르바초프는 소련공산당 제28차대회(1990년 2월 5-7일)와 7월 당중앙위원회 총괄보고에서 내세운 것은 새로운 사회주의, 즉 'Towards A Humane and Democratic Socialist Society'이었다. 고

3 김인옥, 『김정일장군 선군정치리론』, 평양: 평양출판사, 2003, p. 160.

4 유현석, 『국제정세의 이해(제2개정판)』, 파주: 한울아카데미, 2003, pp. 38-39.

르바초프의 개혁, 개방, 신사고는 여태까지 억눌려 왔던 소련인의 에너지를 해방하였다.[5] 당 대회 전체회의에서 인간적 민주사회주의 지향, 공산당의 권력독점포기, 대통령제 도입, 당내민주화를 골자로 당 강령을 채택하여 혁명 이후 최대의 개혁을 단행하였다. 1990년 3월 초대 연방공화국 대통령으로 고르바초프가 취임하였다. 또한 소련은 동유럽 국가들에서 소련 주둔군을 철수시켰다. 이렇게 고르바초프가 1988년 유엔총회에서 앞으로 2년 동안 소련군 상용무력의 감축을 선언하였는데, 구체적으로 동독과 체코 등지에서 1991년까지 소련군 5만 명과 탱크 1만 대, 포 8,500문, 전투기 800대를 축소가 실행되었다.

1991년 8월 19일 소련 공산당 내의 군부중심의 보수파가 비상사태위원회를 결성하여 쿠데타를 감행하였다. 소위 9+1회담에서 합의된 느슨한 연합형태의 신연방조약이 조인되기 전날이었다. 이 신연방조약은 중앙집권적 연방체제의 옹호론자인 보수세력에게는 연방의 해체로 인식되었다. 쿠데타 세력은 고르바초프 대통령을 감금하고 국가비상사태를 선언하였으나, 전체 연방의 70%를 차지하고 있는 러시아 옐친Boris N. Yeltsin 대통령의 저항과 군부의 분열 그리고 시민들의 저지로 8월 21일 진압되었다. 북한에서는 이것을 놓고 보수 군부 비상사태위원회의 쿠데타가 소련의 붕괴를 막기 위한 것이었으나, 일부가 이에 대한 복종을 거부하고 고르바초프와 옐친을 지지했기 때문에 실패로 끝나 소련이 붕괴되었다고 하였다.[6] 북한의

5 소련공산당 제28차대회에서 법치국가, 다당제, 당·정분리, 의회활동의 중시, 국가관리능력과 경제활동의 분리, 다양한 소유형태와 경영형태가 채택되었다.

6 김인옥, 『김정일장군 선군정치리론』, p. 160.

주장은 군부가 제대로 역할을 못해서 이러한 결과를 가져왔다는 것이다. 소련과 동유럽의 붕괴는 이러한 국가들이 너무 경제에 우선순위를 두고 군의 역할을 소홀히 했기 때문이라는 것으로, 자신들의 선군정치를 두둔하는 논리이다.

1991년 12월 고르바초프의 신연방조약은 거부되고 소련 내 11개의 공화국들이 참가한 독립국가연합(CIS)이 출범하였다. 고르바초프는 소련의 해체를 선언하고 자신이 대통령직을 사임함으로써 소련은 1991년 12월 25일 역사 속으로 사라졌다.

2. 우리식 사회주의

1) 우리식 사회주의의 제기

북한은 정권수립 41주년인 1989년 1월 1일 로동신문의 기념사설을 통하여 "우리 당과 공화국 정권은 철두철미 주체사상의 원리에 기초하여 우리식대로 원리를 세워왔으며 국가도 우리식대로 진행하였다"고 하였다. 1990년 최고인민회의 제9기 1차회의에서 김일성은 주석으로 재추대되고, '우리 나라 사회주의의 우월성을 더욱 높이 발양시키자'는 시정연설을 하였다. 김일성은 우리 나라의 사회주의가 가장 우월한 사회주의이니 이것을 그대로 믿고 따라야 하며, 다른 나라의 움직임에 신경 쓰지 말라는 것이었다. 우리식 사회주의는 주체사상을 사회주의 단계에서 구현한 것으로서 '주체의 사회주의' 또는 '북한식 사회주의'를 지칭하는 것이다.[7]

우리식 사회주의는 1991년 5월 5일 김정일이 당중앙위원회 책임일군들에게 행한 "인민대중중심의 우리식 사회주의는 필승불패이다"라는 담화를 계기로 본격적으로 제기되었다. 김정일은 이 담화에서 일부나라에서 사회주의가 좌절하게 된 원인을 "사회주의의 본질을 력사의 주체인 인민대중의 중심으로 이해하지 못한 점", 또한 "사회주의와 자본주의의 질적 차이를 보지 못하고 사회주의 근본원칙을 일관성 있게 견지하지 못한데" 있고, 마지막으로 "관료주의가 자라나 사람들의 창발성을 억제하고 당과 국가에 대한 신뢰를 떨어뜨리게 되어 인민대중의 통일단결을 파괴하는 엄중한 결과를 가져왔다"는 점을 들고 있다. 이를 정리하면 김정일은 사회주의체제의 와해가 ① 사상교양을 통한 사회통합에 실패했다는 점, ② 사회주의의 근본원칙을 일관성 있게 고수하지 못했다는 점, ③ 중앙집중식 관리방식이 행정화 경향, 관료주의라는 사회병폐를 낳았다는 점 등의 원인에서 일어났다고 생각하고 있다.[8]

북한이 말하는 우리식 사회주의란 영원불멸의 탁월한 주체사상에 기초한 가장 독창적이고 우월한 사회주의, 다시 말해서 인류의 참된 복지생활이 보장되는 이상사회를 구현한 정치제도라고 한다. 동유럽 사회주의체제의 몰락은 일시적인 현상임을 강조하였다. 북한이 해결해야 할 절대적인 과제는 주체사상으로 대표되는 우리식 사회주의가 이미 붕괴해 버린 다른 나라의 사회주의와 어떻게 다른지 명확하게 차별화하는 일이었다. 이 과제를 해결하기 위해 북한은 주체사상을 참다운 사회주의·우리식 사회주의로 규정하고, 참답지 않은

7 고유환, "주체사상과 통치담론", 강성윤 역음, 『김정일과 북한의 정치, 어제 오늘 그리고 내일』, 서울: 선인, 2010, p. 135.

8 김성철, 『주체사상의 이론적 변화』, pp. 80-81.

다른 나라의 사회주의와 차별하는 일에 전력하였다.[9] 북한 주민들에게 하루도 빠짐없이 우리식 사회주의의 우월성을 역설하면서 자본주의에 대한 환상을 버릴 것과 어떠한 시련이 닥쳐오더라도 한 걸음도 물러서거나 주저함이 없이 김일성과 김정일을 중심으로 굳게 뭉쳐 주체사상을 구현한 우리식 사회주의를 끝까지 지켜나갈 것을 강조하였다. 그러므로 우리 식대로 살아나갈 데 대한 방침은 혁명과 건설에서 주체사상의 요구대로 주체를 철저히 세워나가는 혁명방침이라고 하였다.[10]

2) 방어적인 차원에서 우리식 사회주의

김정일은 "전체 인민이 당과 수령의 두리에 일심단결하여 혁명의 강력한 주체를 이루고 있고 사회주의사회가 자주, 자립, 자위의 튼튼한 기초우에서 발전하고 있으며 인민들의 자주적이고 창조적인 사회주의 생활이 전면적으로 꽃펴나가고 있는 것은 우리 나라 사회주의의 커다란 우월성입니다. 우리 인민은 실생활을 통하여 오직 사회주의만이 온갖 형태의 지배와 예속, 사회적 불평등을 없애고 인민들에게 참다운 자유와 평등을 보장해 줄 수 있다는 것을 체득했다"고 하였다.[11] 이는 북한의 사회주의가 우월성을 가지기 때문에 사회주의로 나가는 길만이 살길이라는 것이다. 결국 우리식 사회주의는 북

9 통일교육원,『북한의 이해』, 통일교육원, 1997, pp. 45-46.

10 리정남,『우리 식대로 살아갈데 대한 당의 방침』, 평양: 조선로동당 출판사. 1991, p. 5.

11 김정일,『사회주의건설의 력사적 교훈과 우리당의 총로선』, 동경: 구월서방, 1992, p. 46.

한의 체제를 유지하기 위하여 북한식 사회주의체제의 정당성을 극히 방어적인 차원에서 전개한 논리인 것이다. 북한이 말하는 우리식 사회주의란 영원불멸의 탁월한 주체사상에 기초한 가장 독창적이고 우월한 사회주의, 다시 말해서 인류의 참된 복지생활이 보장되는 이상사회를 구현한 정치제도라고 한다.

북한의 로동신문은 '〈우리식대로 살아가자!〉 당의 이 구호를 높이 들고 나가자'는 제목의 사설에서 "우리 당의 로선과 정책은 주체사상을 구현하고 있는 가장 정당한 로선과 정책이다. 우리 당의 로선과 정책대로 할 때 우리는 못해낼 일도 없고 점령하지 못할 요새도 없다" 하여 우리식 사회주의는 주체사상을 구현하는 것이라 설명하고 있다.[12] 또한 조선로동당 중앙위원회에서는 '우리식 사회주의는 반드시 승리한다는 신념과 락관에 넘쳐 억세게 싸워나가자'라는 구호를 내걸고 주민들을 독려하였다.

3) 우리식 사회주의 완성

동유럽이나 소련의 사회주의는 민족성에 중심을 둔 인민대중의 중심이 아니기 때문에 실패했다는 것이다. 결국 북한은 자신의 사회주의를 인민대중의 것이라고 하면서 사회통합을 계속 유지하려고 하였다. 우리식 사회주의는 북한이 체제유지를 위하여 북한식 사회주의체제의 정당성을 극히 방어적인 차원에서 전개한 논리이다.

북한이 자신들의 체제를 유지하기 위하여 택한 것이 남한 당국과

12 『로동신문』 1997. 12. 06.

의 대화였고, 특히 유엔에 가입하기도 하였다. 북한은 1980년대 북한정치에서 당의 역할을 중요하게 생각하지 않았다. 당 제6차대회 이후 당대회나 대표자회가 열리지 않았고, 북한을 이끌어갔던 것은 주석과 중앙인민위원회의 국가기구였다. 그러나 우리식 사회주의를 내세우면서 당의 영도를 표방하였다. 이것은 동유럽 공산당들의 역할 포기와 다당제 수용에 영향을 받은 것으로 보인다. 김정일은 사회주의국가에서 공산당의 영도적 역할을 포기하는 것을 사회주의의 포기로 간주하면서 북한사회주의 고수를 역설한 것이다. 1992년 1월 3일 당중앙위원회 책임일군과의 대화 "사회주의건설의 력사적인 교훈과 우리 당의 총로선"은 대표적이다. 1992년 4월 개정헌법에서 종전에 없던 제11조 "조선민주주의인민공화국은 조선로동당의 령도 밑에 모든 활동을 진행한다"를 규정한 것도, 동유럽 국가와 달리 오히려 북한은 당이 건재하며 국가를 이끌어가는 영도역할을 한다는 것이었다.

북한은 1992년 4월 9일 최고인민회의 제9기 3차 회의를 열어 헌법을 개정하였다. 헌법을 개정한 이유는 변화하는 국제정치적 질서에 적응하고, 사회주의 완성이라는 것을 대내외에 선포하는 것이었다. 즉, 북한의 사회주의는 자신들의 방식에 의하여 완수되었다는 것이다. 헌법에서 맑스-레닌주의를 삭제하고, "사람중심의 세계관이며 인민중심의 자주성을 실현하기 위한 혁명사상인 주체사상"을 지도적 지침으로 한다는 것이었다. 이는 우리식 사회주의의 완성을 표방하는 것이었다.

북한에서는 김일성이 창시한 주체사상에 기초하여 '우리식 사회주의'로 사회주의사상을 새롭게 발전시켜 완수했기 때문에 동유럽이나 소련과 다르다고 하였다. 이들 국가에서 당이 붕괴하게 된 것은 당건설과 활동에서 주체를 세우지 못한 것과 혁명적 영도의 계승 문제를 옳게 해결하지 못한 것과 관련이 있다고 했다.[13] 김정일은 로동당이 당건설과 활동에서 언제나 주체적 입장에서 '우리식'대로 풀어 왔기 때문에 다른 사회주의 국가와 다를 뿐만 아니라 오히려 완벽한 사회주의를 완성했다고 주장했다.

—

제2절 전환기의 붉은기 사상

1. 김정일의 유훈통치

김일성 사망 이전에 김정일은 정치의 중심에서 우리식 사회주의를 완수했다고 주장했다. 그리고 헌법을 개정하고 1993년 4월에는 김정일이 국방위원장에 오름으로써 권력승계가 마무리되었다고 볼 수 있었다. 그러나 갑작스러운 김일성의 사망은 커다란 충격이 아닐 수 없었고, 김정일은 유훈을 받들어야 한다고 내세웠다. 북한에서 김일성의 빈자리는 쉽게 감당할 수 없을 만큼 너무 컸다. 김정일은 그 아버지가 지니고 있었던 카리스마와 인민들의 충성심을 가지고 있지 않았기 때문에, 유훈통치에 의하여 체제를 유지하였다. 수령의 공백에서 오는 심리적 공허감과 경제적 피폐에서 오는 불안감에 기인한

13 고유환, "주체사상과 통치담론", p. 137.

사상적 이탈을 막아 체제동요를 최대한으로 억제하겠다는 것이 유훈통치이다. 결국 유훈통치란 죽은 수령의 이데올로기적 기반을 새로운 지도자에게 넘기는 과정이다. 김정일을 받드는 것이 김일성에게 못다 한 충성과 효성을 다하는 길이라는 점이 유훈통치의 정치적 의도이며 사회적 효과이다. 이것은 북한이 '사회주의 대가정大家庭'을 주장한 것과 일맥상통하며, 정치권력이 혈통에 의하여 승계되었다는 것을 의미한다.

김정일은 김일성 사망 100일 되는 날 당중앙위원회 담화 '위대한 수령님을 영원히 높이 모시고 수령님의 위업을 끝까지 완수하자'에서 '수령님의 유훈을 꽃피우자'고 강조하였다. 즉, "위대한 수령님의 심장은 비록 고동을 멈추었으나 수령님께서는 오늘도 우리 인민들과 함께 계십니다. 수령님께서는 수령, 당, 대중의 혼연일체의 최고뇌수로서, 민족의 태양으로 영생하고 계십니다. 수령님의 유훈의 뜻이 꽃펴나는 우리 조국의 부강번영 속에 수령님의 역사는 계속 흐르고 있다고 말할 수 있습니다"라 하였다. 로동신문의 공동사설에서도 "우리의 정치사상적 위력은 위대한 령도자를 중심으로 하는 일심단결에 있다. 우리는 김정일 동지의 두리에 단결하고 단결할 데 대한 우리 수령님의 유훈을 필생의 좌우명으로 삼고 우리 당과 혁명대오의 통일단결을 눈동자같이 지켜야 한다"고 주장했다.[14] 이렇게 김일성 사망 후 당국은 사회의 분위기를 애도와 유훈으로 몰아갔다. 그리하여 새로이 창작되었다는 노래가 발표되기도 하였다. 대표적으로 〈우리는 맹세한다〉는 제목의 이 노래는 애도와 유훈관철을 주

14 『로동신문』 1996.01.01.

내용으로 하고 있다.[15]

김일성이 사망하기 전까지 북한은 '김일성 영도와 김정일 관리체제'를 유지해 왔다. 그렇기 때문에 김정일과 당국이 체제유지를 위하여 가장 역점을 둔 것은 김일성의 유훈을 받들어야 한다는 것이었다. 현실적으로 김정일 영도로 북한을 이끌어야 하지만 아직은 인민들이 그 충격에서 벗어날 수 없었기 때문에 김일성 수령을 내세운 것이다. 김일성이 비록 사망했지만 수령에 대한 개인숭배를 더욱 높은 수준으로 끌어올리는 일은, 북한의 입장에서는 대단히 중요한 일이 아닐 수 없었다. 그러므로 김일성을 '사회주의 조선의 시조이며 주체의 태양', '조선민족은 김일성 민족'이라고 추앙하였다. 북한은 유훈통치를 지속하는 가운데 김정일 체제를 강화해 나가는 데 역점을 두면서, 인민들의 사상적 이탈 등 체제동요를 최대한 억제해 나가는 것이 급선무였다. 김정일이 주석직에 오름으로서 형식적인 공백을 메울 수는 있지만, 오히려 유훈을 내세우는 것이 북한을 안정적으로 끌어갈 수 있다고 생각했다.

2. 붉은기의 상징성과 붉은기 철학

김일성이 사망한 후 김정일에 의한 유훈통치가 이루어지면서 함께

15 노래의 내용 제1절은 "맹세한다 우리는 수령의 유훈지켜/ 더 굳게 다져가리라 불패의 당을 (후렴) 천백배로 뭉치어 나아가는 우리/ 위대한 당의 령도를 끝까지 받들리"이다. 제2절 "맹세한다 우리는 수령의 유훈 지켜/ 더 부강하게 하리라 내 나라 내 조국을 (후렴), 제3절 맹세한다 우리는 수령의 유훈 지켜/ 총대로 옹위하리라 주체의 위업을 (후렴)"이다.

등장한 것이 붉은기이다. 북한에서는 자신들이 고난의 행군을 하고 있다고 하였다. 김정일은 고난의 행군시기를 극복해 나가기 위해서는 김일성의 유훈을 받들어야 한다는 것이었는데, 당시의 상황을 항일빨치산들이 체험한 극한적인 상황을 빗댄 구호였다. 이렇게 '백두의 혁명정신'을 강조하며 붉은기를 상징으로 내세웠다. 북한 정치의 중심에 서 있던 위대한 수령이 사망하고, 경제난이 극도로 악화되는 등 대내적 상황에 큰 변화가 발생함에 따라 '우리식 사회주의'만으로는 이를 극복하는 데 한계를 느꼈다. 극한의 처방이 필요했던 것이다.

상술한 바와 같이 북한은 우리식 사회주의를 강조함으로써 인민들의 불안을 불식시키고 체제유지에 대한 자신감을 내비치려 하였다. 그러나 김일성 사망 이후 고난의 행군기에 들어서면서 자신감에 대한 피력으로만 문제를 해결할 수 없다는 것을 인식하고, 극한적 상황 극복의 의미가 담긴 붉은기를 들고나왔다. 북한에서 붉은기는 '로동계급의 혁명사상을 상징하는 깃발'로 이해되어 왔다. 그리고 "붉은기는 공산주의자들의 가장 아름다운 리상과 희망의 표대이며 그 실현을 위하여 청춘도 생명도 서슴없이 바쳐 싸우는 굳은 신념의 상징"라고 북한의 사전에 쓰여 있다. 이같이 붉은기는 고난의 행군을 한다면서 내놓은 논리이다. 고난의 행군은 해방전의 항일빨치산들이 1930년대 만주에서 체험한 극한적인 상황에 빗댄 구호였다. 그 극한 상황에서도 우리는 이겨냈으니 이까짓 어려움 정도는 고난의 행군정신으로 헤쳐 나가자는 것이었다. 이것은 백두혈통의 승계라는 측면과 국난 극복이라는 두 가지 측면을 모두 포함하는 것이었다.

북한이 붉은기의 상징성을 본격적으로 강조하기 시작한 것은, 1995년 8월 28일자 로동신문에 '붉은기 높이 들자'라는 정론을 실으면서부터이다. 여기에서는 8월 15일 '조국해방 50주년 경축 군중대회' 상황을 설명하며, 붉은기는 "어버이 수령님을 잃고 위대한 당을 받들어 천백 배 힘으로 일떠선 조선의 신념과 의지를 대변하고 있는 것으로 하여 천만 사람들을 무한히 감동시켰다"고 주장하고 있다. 또한 '붉은기는 김정일동지의 신념이며 철학'이라고 강조한 것은 붉은기 사상의 출현을 예고한 것이었다.

그 후 김정일의 뜻에 따라 〈높이 들자 붉은기〉라는 노래가 나왔는데, 이것이 의미하는 것이 무엇인가는 노래 가사를 보면 알 수 있다. 즉, "백두의 성스러운 붉은 기발엔 수령님의 한생이 어리여 있다/ 높이 들자 붉은기 맹세로 불타라 장군님을 따라서 휘날려 가리라. 력사의 준령을 헤쳐 넘으며 승리만을 기폭에 새기여왔다/ 높이 들자 붉은기 신념의 이기발 장군님 따라서 휘날려가리라"이다.

1996년도 공동사설의 제목은 "붉은기 높이 들고 새해의 진군을 힘차게 다그쳐 나가자"였다. 여기에서는 "인민들과 청년들은 수령님에 대한 한없는 경모의 정에 넘쳐 있으며 수령님의 유훈을 지켜 계속 억세게 싸워나갈 굳은 결의를 다지고 있다. 날이 갈수록 경애하는 수령 김일성 동지의 한 생이 어려 있는 붉은기는 우리 혁명대오의 진두에 높이 휘날리고 있으며 위대한 령도자 김정일동지의 두리에 굳게 뭉쳐 나아가는 우리 인민의 진군을 힘차게 고무해주고 있다"하고 있어, 붉은기가 강조하는 것이 무엇이며 왜였는지를 짐작할 수 있다. 붉은기는 김일성을 상징하는 것으로 볼 수 있다.

붉은기에 대한 담론은 이후 붉은기 철학으로 발전하였다. 1996년

1월 8일자 로동신문에서는 붉은기 철학을 들고나왔다. 이날의 사설에서는 "김정일동지의 신념과 의지의 철학인 붉은기 철학으로 튼튼히 무장하고 한생을 붉은기 정신으로 살며 투쟁해 나가야 한다"고 강조하였다. 또한 다음날 로동신문에서도 이미 김정일동지는 1994년 발표한 '사회주의는 과학이다'라는 논문에서 붉은기를 예시하였다고 하며, 역사상 처음으로 붉은기 철학이라는 말이 나오게 된 연우를 설명하고 있다. 그리고 붉은기 철학을 "주체사상에 기초하여 혁명의 근본원리를 밝힌 심오한 혁명철학"이라고 정의하고 있다.

3. 붉은기 사상으로

김정일은 1996년 10월 14일 '일군들은 〈고난의 행군〉 정신으로 살며 일해야 한다'는 로동당 중앙위원회 담화를 발표하였다. 이를 통해 그는 "모든 일군들과 당원들과 근로자들이 혁명적 락관을 가지고 신심에 넘쳐 투쟁하도록 하여야 합니다. 우리가 하는 〈고난의 행군〉이 아무리 어렵다 해도 항일투쟁혁명시기나 조국해방전쟁시기, 전후복구건설시기와는 대비도 되지 않습니다"라 하면서, 이 붉은기의 두리에 굳게 뭉치면 극복하지 못할 게 없다고 인민들에게 설파하였다.[16]

1996년 10월 18일 자 로동신문을 계기로 '붉은기 사상'이라는 용

16 『김정일 선집 14』, 평양: 조선로동당출판사, 2000, p. 251.

어가 등장하기 시작하여 차츰 초기에 사용되었던 '붉은기 철학'이라는 용어를 대체하는 경향을 보이게 되었다. 북한에서는 사상이 철학의 상위개념으로 인식되고 있기 때문에 붉은기 철학이 붉은기 사상으로 정리된 것으로 보인다는 것이다.[17] 1997년 신년공동사설에서는 "올해 사회주의 총진군을 데서 중요한 것은 온 사회를 우리 당의 붉은기 사상으로 일색화하는 것"이라며 붉은기 사상의 일색화를 강조하였다. 또한 붉은기 사상은 "본질에 있어서 혁명의 령도자에 대한 절대적인 숭배심이며 령도자와 생사운명을 끝까지 같이하려는 수령결사옹위정신"이라고 정의하였다.

1997년의 공동사설 제목이 "위대한 당의 령도 따라 내 나라 내 조국을 더욱 부강하게 건설하자"에서 보듯이 경제문제가 주된 주제였다. '커다란 난관과 장애', '하늘이 무너져도 솟아날 구멍', '준엄한 난국' 등의 표현이 공동사설에 등장하였는데, 이는 연이은 수해로 인한 경제의 피폐와 식량난에 기인한 것이었다. 어려운 시기에 주민들의 동요를 막으려는 의지가 엿보이며, 북한은 사회주의 3대 진지 중 정치사상진지가 강화되었다고 강조하였다.[18] 그리고 "붉은기 사상으로 온 사회를 일색화하는 사업은 전체인민들을 사회주의에 대한 필승의 신념과 수령결사옹위정신으로 튼튼히 무장시키기 위한 일대의 사상전"이라 하여 난관을 극복하기 위해 붉은기 사상을 내세웠던 것이다. 북한당국이 붉은기 사상으로 온 사회를 일색화하여야 한다

---

17 정성장, "김정일 체제의 지도이념과 성격 연구", 『국제정치논총』 제39집 3호, 한국국제정치학회, 1999, p. 331.,

18 "풀을 먹는 한이 있더라도 사회주의를 고수하겠다는 철석같은 신념"·"모두다 올해의 고난의 행군에서 영예로운 승리자가 되자"는 식으로 표현했다.

고 강조한 이유는 인민들을 체제 유지와 동원하는데 물질적인 것으로 뒷받침할 수 없기 때문에 정신적인 상징을 통하여 난관을 극복해 보려는 의지였다.

위기극복을 위한 이데올로기로서 붉은기 사상은 1998년에 들어서서 점차 퇴조기를 맞이한다. 4월 21일 로동신문이 게재한 조선로동당 중앙위원회 구호에서 "온 사회를 붉은기 사상으로 일색화하자"라는 내용이 소개된 이후로 이는 거의 언급되지 않았다. 북한 당국은 '주체의 새 시대'로 '김정일 동지의 두리에 굳게 뭉쳐'나가야 한다는 슬로건을 내세우며, 고난의 행군에 필요한 구호가 아닌 다른 것이 필요했던 것이다.

—

제3절 선군노선으로 강성대국건설

소련의 변화와 동유럽의 격변에서 온 1980년대 말 사회주의체제의 존속에 대한 위기에서 북한이 내세운 것은 우리식 사회주의였다. 김일성이 사망한 후에는 김정일의 유훈통치가 이루어지면서 등장한 것이 붉은기 사상이다. 김정일은 1990년대의 고난의 행군을 한다면서, 김일성 수령이 극한의 상황에서 어려움을 이겨낸 붉은기 정신을 되새기자는 것이었다. 북한은 '고난의 행군기'를 거치면서 위기극복을 위한 새로운 시대정신인 '혁명적 군인정신'을 만들어 냈다. 북한에서 군중시를 주장하면서 김정일이 "세계사회주의운동과 반제투쟁의 력사를 놓고 볼 때 맑스-레닌주의의 최대 약점은 혁명과 건설에서 군대가 차지하는 지위와 역할을 옳게 보지 못하고 특히 군대를 혁명의 중요한 정치력량으로 보지 못한 것입니다"라고 했다면서, 군의 지위와 역할이 사회주의 운명에 결정적 영향력을 인식하고 실천에 옮기지 않아 소련과 동유럽사회주의가 붕괴되었다고 한다.[19]

1. 고난의 행군에서 군대를 통한 강성대국으로

북한에서 강성대국건설이 제기된 것은 공식적인 김정일 체제와 함께 인민들에게 자신감을 불어 넣고자 하는 통치전략이었다. 북한에서 강성대국건설의 역사적 의미는 '김일성주석님의 유훈을 실현하기 위한 충성의 위업'이라 하고 있다. 김정일이 선대 수령에 대한 도덕적 의리를 지녀, 김일성 주석이 바라던 '부강조국건설위업'을 성공적으로 실현하기 위해 강성대국건설의 전략을 제시했다는 것이다.[20]

김정일 체제가 공식적으로 출범하면서 새로운 정치적 의지 또는 새로운 국정지표로 내세운 것이 주체의 강성대국건설이었다. 김정일은 김일성 사망 이후 유훈통치를 한다며, 기존 체제를 계속 유지했지만 언제까지 지속할 수는 없었다. 당시의 상황을 벗어나기 위해서는 희망을 인민대중에게 심어주면서 새로운 비전을 제시해야만 했다. 모든 인민들이 수령의 사상으로 일심단결해서 고난의 행군과 사회주의 대행군을 했고, 여기에 바친 인민들의 헌신과 희생이 있었

19 김인옥, 『김정일장군 선군정치리론』, p. 161.
20 김재호, 『김정일 강성대국 건설전략』, 평양: 평양출판사, 2002, p. 38.

기에 모든 것을 극복하고 강성대국건설에 박차를 가할 수 있다는 것이었다. 여기에서 등장한 용어의 하나가 '고난의 행군에서, 락원의 행군'으로 라는 구호였다.

유훈통치와 강성대국을 연결하는 고리는 다음과 같은 로동신문 정론의 표현에서 알 수 있다. 즉, "온 민족이 땅을 치며 통곡하던 그 때에 이 세상 그 누가 조선이 다시 일떠설 수 있으리라 믿었으며 네 해만에는 강성대국의 깃발을 하늘 높이 쳐들것이라고 상상이나 했겠는가. 우리 민족앞엔 지금 경탄케 할 새로운 위대한 표대가 나부끼고 있다. 위대한 김정일 장군님을 따라 새 시대 영마루에 오른 〈고난의 행군〉승리자들, 강의한 조선민족은 애국의 심장이 터져 이 력사의 물음에 답한다. 주체의 강성대국건설, 이것은 위대한 장군님께서 선대국가수반앞에, 조국과 민족 앞에 다지는 애국충정맹약이며 조선을 이끌어 21세기를 찬란히 빛내이시려는 담대한 설계도이다"이다.[21]

김정일 체제가 공식적으로 출범하면서 북한에서는 "위대한 령도자 김정일동지의 사상과 정치를 높이 받들어 나간다는 것은 사회주의강성대국을 건설하기 위한 결정적 담보이다"라고 하였다.[22] 또한 "사회주의 경제는 사상의 힘에 의하여 전진되는 경제이다. 돈이 낳는 힘에는 한계가 있지만 사상이 발휘하는 힘은 무한대이다"라고도 주장하였다.[23] 이러한 내용은 북한이 처한 상황을 정치·경제적 구호를 통하여 타개해 나가려는 것이었다.

---

21 『로동신문』 1998.08.22.

22 『로동신문』 1998.09.09.

23 『로동신문』 1998.09.17.

2. 강성대국건설에서 기둥

김정일은 강성대국을 다음과 같이 정의했다고 한다. 즉, "우리가 말하는 강성대국이란 사회주의강성대국입니다. 국력이 강하고 모든 것이 흥하며 인민들이 세상에 부럼 없이 사는 나라가 사회주의강성대국입니다"이다.[24] 북한은 강성대국이라고 할 때 그것은 영토의 크기나 인구수 그리고 경제의 발전 정도나 군사력의 크기에 의해서만 규정되는 것이 아니다. 인민대중의 자주성을 모든 면에서 훌륭히 실현시켜 줄 수 있는 강위력한 정치, 군사, 경제적 힘을 가진 나라여야 참다운 강성대국이라고 말할 수 있다고 하였다.[25]

강성대국건설이 제기된 이후 2000년에 들어서 그 핵심이 무엇인가를 로동신문을 통하여 밝혔다. 1월 1일의 공동사설에서 "사상과 총대, 과학기술은 3대 기둥"이라고 하며, 사상이 견결하고 총대가 위력하며 과학기술이 발전하면 그것이 곧 사회주의강성대국이라고 하였다. 사상중시·총대중시·과학기술중시가 강성대국건설의 핵심으로 여기에서는 김정일의 발언과 북한의 문헌에서 이를 어떻게 체계화하고 있는가를 살펴본다.

1) 사상중시

사회주의강성대국이 그 위용을 떨치기 위해서는 '창조와 변혁의 대진군'과 '선군혁명의 총진군'을 다그쳐 나가야 하는데, 여기에서 필

24 김재호, 『김정일 강성대국 건설전략』, p. 2.
25 오현철, 『선군과 민족의 운명』, 평양: 평양출판사, 2007, p. 239.

수적인 것이 혁명과 건설의 당사자인 인민대중을 준비시키고 동원하는 당 사상 사업을 강화하는 것이라 하였다. 이어지는 주장에서 "사상중시로선은 사회의 모든 분야를 강화발전시키는 위력한 무기"라 하면서, "사상은 사회의 모든 성원들을 하나로 굳게 단합시키는 통일단결의 근본 초석"이라 하고 있다.[26] 북한에서 사회의 단결을 강화하고 정치적 역량을 강화하는 결정적인 역할을 하는 것이 사상인데, 이는 수령과 당, 인민의 통일체를 만들어 낸다는 것이다. 사상중시 노선에서 "강성대국을 건설하는 것은 김정일장군님의 사상을 실현하기 위한 성업"이라고 하면서, "사상에 의거할 때만 김정일장군님의 의도대로 당건설과 군건설, 경제건설을 확고히 밀고 나갈 수 있다"고 하였다.

강성대국론은 사상의 강국을 만드는 것에서부터 시작하여 군대를 혁명의 기둥으로 튼튼히 세우고 그 위력으로 경제건설을 하자는 것이다. 이는 선군시대의 요구에 맞게 혁명과 건설의 담당자인 인민대중을 혁명적으로 준비시키고 동원하는 것을 힘있게 다그쳐 나갈 수 있는 정신적 무기라고 하였다. 사상중시 노선은 모든 인민과 사업의 근본조건이고, 군대라도 정신력이 결여되면 군력이 강화될 수 없기 때문에 인민군대의 사상적 견결성을 강조한 것이다.

사상중시를 첫째로 내세우는 이유는 인민들이 선군혁명사상과 수령결사옹위정신으로 튼튼히 무장할 때, 사회주의를 지켜내고 강성대국건설을 추진할 수 있다고 보기 때문이다. 그러므로 정치사상강국은 당·군대·인민들이 선군혁명사상으로 일색화 되고, 수령결사

26 김재호, 『김정일 강성대국 건설전략』, p. 20.

옹위정신으로 무장하며, 제국주의와 자본주의의 사상적·문화적 침투를 지켜낼 수 있는 사상적으로 굳건한 국가를 의미한다. 둘째로 군에 의거하여 사회주의위업을 수행한다는 것은, 군이 혁명 주력군의 기둥이 되는 정치사상적 기반으로 혁명과 건설을 전진시킨다는 것이다. 군대를 강성대국건설의 주력군으로 내세우는 것은 군대가 정치사상적으로 준비되어있을 뿐만 아니라, 조직성·규율성·혁명성으로 인하여 높은 창조적 능력을 발휘할 수 있다고 보고 있기 때문이다.

2) 총대중시

총대를 중시하는 것은 평화도 총대 우에 있고 사회주의도 총대 우에 있다는 있다는 신념에 기인한다는 것이다[27] 북한이 체제를 유지하기 위하여 군사국가화 경향을 보여왔고, 소위 김정일 체제 헌법에서 국방위원회가 군사부문에서 뿐만 아니라 전체국가에서 지도권과 관리권을 행사하는 국가중추기관이 되었다. 김정일은 정치는 사회의 그 어느 부문에서보다도 군사를 중시하는 군사선행의 정치가 되어야 하고, 어느 집단보다도 인민군대에 의거하는 선군후로 정치가 되어야 한다고 선언했다.[28] 김정일이 1999년에 선군정치는

27 김정일은 1996년 12월 24일 조선인민군 지휘관과 함께한 자리에서 "내가 여러 번 강조했지만 정권은 총대에서 나오고 총대에 의하여 유지됩니다. …… 혁명의 기둥인 인민군대가 강해야 인민대중중심의 우리식 사회주의를 끄떡없이 지켜낼 수 있습니다"라고 하였다. 오현철,『선군과 민족의 운명』, p. 121.

28 김창희, "김정일 체제와 '선군정치'의 함의와 평가",『사회과학연구』 제32집 1호, 전북대학교 사회과학연구소, 2008, pp. 101-102.

자신의 기본적인 정치방식이라고 선언한 이후 총대중시는 보편화되었다. 김정일은 2001년 7월 5일 당중앙위원회 담화에서 '선군정치의 요구에 맞게 온 사회의 총대중시·군사중시기풍이 차 넘치게 전인민무장화와 전국요새화의 실현을 관철해야 한다면서, 전체 인민이 총대를 사랑하고 군사를 철저히 배우도록 하여야 한다'라고 가르쳤다고 하고 있다.[29]

총대를 중시하여야 사상중시도 확고히 견지할 수 있고 경제강국도 건설할 수 있으며 인민들에게 자주적이며 창조적인 생활도 마련해 줄 수 있다는 것이다. 그리고 "강성대국건설에서 총대중시로선을 구현해 나가기 위해서는 인민군 장병들이 최고사령부를 목숨으로 사수하고, 최고사령관이신 김정일장군님을 결사옹위하는 혁명적인 기풍을 세워야 한다"고 주장하였다. 군사는 국사 중에서 제일국사이며 총대중시·군사중시노선은 사회주의를 지키고 성과적으로 건설하기 위한 가장 정당한 노선이라 하고 있다.[30]

총대중시를 견지한다는 것은 선군정치의 구현으로 군사선행의 원칙에서 국정을 운영한다는 것이다. 왜 총대를 중시해야 하느냐의 이유로 '제국주의침략과 전쟁책동 그리고 고립압살정책을 저지하기 위하여'를 들고 있다. 사회주의강성대국을 완전하게 건설해 나가기 위해서는 어떠한 책동도 저지할 수 있는 군사력을 강화해야 한다는 주장이다.[31] 또한 강성대국건설에서 총대중시를 구현해야 하는 것은 인민군대가 사회주의건설의 믿음직한 주력군이기 때문이라는 것

29 『선군태양 김정일장군 4』, 평양: 평양출판사, 2007, p. 129.

30 오현철, 『선군과 민족의 운명』, p. 245.

31 김재호, 『김정일 강성대국 건설전략』, p. 27.

이다.[32]

총대가 튼튼한 군사강국은 제국주의 무력침공도 물리칠 수 있고 국가의 자주권도 지킬 수 있는 강한 군대와 군사력을 가진 국가를 의미한다. 강성대국의 지위는 국력에 의하여 담보되며 군사력은 국력의 핵을 이룬다. 진정으로 국가의 부국강병을 바란다면 군사력 강화에 최대의 힘을 써야 한다는 것이다.

3) 과학기술중시

과학기술 육성을 통한 사회주의강성대국 주장은 단순한 경제회복만이 아니라 북한식 사회주의체제가 지향하고자 하는 것이었다. 이는 김정일의 "과학기술을 하지 말자는 것은 사회주의 혁명을 하지말자는 것이다"라는 발언에서도 알 수 있다. 북한은 강성대국 3대 기둥의 핵심정책수단의 하나로 과학기술중시노선을 제시하였다.

1999년 1월 1일에 김정일이 강성대국의 목표와 성격 그리고 본질적 특징을 밝히면서 다음과 같이 지적했다.[33] 즉, "세상사람들도 인정하는 것처럼 지금 우리의 정치사상적위력과 군사적위력은 이미 강성대국 지위에 올라설 수 있다고 볼 수 있습니다. 이제 우리가 경제건설에 힘을 집중하여 모든 공장, 기업소들이 제 궤도에 올라서서 생산을 꽝꽝하게 만들면 얼마든지 경제강국의 지위에 올라설 수 있습니다"라는 것이다. 여기에 필요한 것이 과학기술중시노선으로 과학기술을 확실하게 담보해야 경제강국으로 갈 수 있다는 논리를 펼

32 김재호, 『김정일 강성대국 건설전략』, p. 28.

33 강충희·류승일, 『영원히 인민과 함께』, 평양: 평양출판사, 2007, p. 227.

쳤다. 공장이나 기업소들이 과학기술에 기초하여 선진적인 생산공정을 수립해 나갈 때, 생산 잠재력과 노동생산성을 높여 경제강국의 면모를 갖출 수 있다는 것이다.

북한은 1999년을 '과학기술의 해'로 정하였다. 그들이 주장하는 과학기술중시와 그 이유는 다음에서 알 수 있다. 즉, "과학기술은 강성대국건설의 힘 있는 추동력으로, 혁명과 건설의 모든 부문에서 이를 앞세워 사회주의건설에서 제기되는 문제를 풀어갈 수 있다. 과학기술중시를 강조하는 이유는 과학기술이 경제발전, 국방력 강화, 인민생활 향상을 통해 강성대국을 성공적으로 추진시킬 수 있는 기초가 되기 때문이다"라고 설명하고 있다.[34] 강성대국건설이 새로운 과학기술을 경제의 모든 부분에 받아들여 경제를 튼튼히 하고 다그치기 위한 사업이고, 현대적인 첨단과학기술로 나라의 방위력을 강화하기 위한 사업으로 보고 있다. 여기에서 제시하고 있는 것은 국방공업을 최우선에 두어야 한다는 논리이다.

국가는 과학기술의 수준을 높여 국방공업을 반석에다 올려놓아야 정치군사적 위력을 더욱 강화하고 국가경쟁력도 강화시킬 수 있다는 것이다. 이는 또한 인민들의 생활을 향상시켜 줄 수 있는 중요한 동력이 된다는 것이다. 북한에서는 '선군시대의 경제노선을 관철하는 것이 인민들의 생활향상을 다지고 유족하고 행복한 생활을 보장해 줄 수 있다'고 본다.[35] 사회주의건설에서 언제나 풀어야 할 중요한 문제는 확대 재생산이고, 이를 빠른 속도로 보장해 주어야 자본

34 김재호, 『김정일 강성대국 건설전략』, p. 33.

35 김원국, "선군시대 경제건설로선을 관철하는 것은 인민생활향상의 확고한 담보", 『경제연구』 제3호(루계 제128호), 과학백과사전출판사, 2005, p. 9.

주의와의 경제적 대결에서 승리할 수 있다. 자기 나라와 자기 인민을 위하고 값 높고 보람찬 생활에 이바지할 수 있는 참다운 번영은 사회주의사회에서만 실현될 수 있다고 주장한다.[36] 제국주의자들은 〈자유시장경제하의 번영〉에 대하여 요란스럽게 광고하고 있지만, 그것은 약육강식과 〈부익부〉 〈빈익빈〉을 합리화하는 궤변에 불과하다. 자본주의사회에서는 강한 자가 약한 자를 착취할 수 있는 자유, 소수만이 부귀영화를 누리고 다수는 빈궁에 시달려야 번영이 있을 뿐이라 하고 있다.[37] 강성대국은 국력이 강하고 모든 것이 흥하며 인민들이 세상에 부러움 없이 잘사는 나라이다. 국력의 기초이며 경제발전의 추동력인 과학기술을 김정일이 제시하고 실현에 적극 나서 구체적인 과업을 명백하게 제시했기 때문에 확고한 담보가 마련되었다는 것이다.

—

제4절 선군정치에서 선군사상으로

상술한 바와 같이 북한이 강성대국이라는 비전을 제시하면서 가장 강조한 것이 선군정치였다. 북한에서 주석과 국방위원회 위원장을 분리시키고, 김정일이 군통수권을 가지게 되면서 군이 더욱 강화되었다. 김일성 사후 고난의 행군 속에 붉은기 운동은 김정일이 체제를 유지하기 위한 사상적 투쟁이었고, 극심한 경제를 극복하기 위한

36 오현철, 『선군과 민족의 운명』, pp. 241-242.
37 오현철, 『선군과 민족의 운명』, p. 241.

것이었다. 1995년 김정일의 첫 방문지는 다박솔초소였고, 북한에서는 이를 선군정치의 시발이라고 한다. 유훈과 고난의 행군에서 비전을 제시한 것이 강성대국의 건설이고, 이를 위한 수단이 선군정치였다. 제국주의 압박 속에서 사회주의체제를 유지하고 발전시키기 위해 내세운 선군정치는, 이제 수단이 아닌 선군사상으로 발전시켰다.

1. 선군정치와 선군정치체계

1) 국방위원장 중심의 선군정치

선군정치는 김정일의 리더십 강화를 위한 중요한 역할을 수행했다. 소련과 동유럽 사회주의체제 붕괴로 인한 혁명 환경의 악화와 경제난의 심화 속에 정치권력을 물려받은 김정일로서는 위기극복을 위한 지도력의 확보가 필요했다. 상대적으로 취약한 정치지도자의 이미지 구축과 과업수행의 요구에 김정일은 선군정치를 통해 이러한 목표에 도달하고자 했다.[38] 1994년 7월 8일 김일성이 사망한 이후에도 북한은 주석을 공석으로 두고 유훈통치를 내세우며, 죽은 수령을 아들이 자연스럽게 물려받고 종전의 권력구도를 유지하였다. 김일성 생존 시부터 김정일은 최고사령관과 국방위원장 자리에 올라있었고, 그의 가장 일반적인 호칭은 '장군님'이었다. 장군님의 통치는 선군정치였다.

국방중시의 국가관리체계는 유훈통치가 끝나고, 김정일 체계가

38 전미영, "선군담론의 기능과 특성", 강성윤 엮음, 『김정일과 북한의 정치: 어제 오늘 그리고 내일』, 서울: 선인, 2010, pp. 244-245.

공식적으로 출범하면서이다. 김일성 사망 3년 후인 1997년 10월 8일 김정일은 비어있던 총비서 자리에 오르기만 하고, 당은 당대회나 대표자회를 치르지 않고 그대로 존치하였다. 그러나 국가기구에는 변화를 주었는데 1998년 9월 5일 헌법을 개정으로 주석은 영원한 주석으로 모신다 하여 사라졌고 중앙인민위원회 또한 없어졌다. 대신 국방위원회의 권한이 대폭 강화되었고, 김정일이 국방위원장에 재추대되었다. 북한에서는 김정일이 '창조적 사색과 탐구를 기울여 사회주의헌법에 간여하여 선군정치를 성과적으로 실현할 수 있는 법적 담보와 국가기구 체계를 마련하였다'고 하는데, 이는 국방위원회의 권한 강화를 말하는 것이다.[39]

상술한 바와 같이 북한에서 군사국가화의 경향은 1998년 하나의 제도로 굳어졌는데, 이해 5월 27일 평양방송은 정론을 통해 처음으로 선군정치를 언급했다. 북한에서는 후에 선군정치를 체계화하는 과정에서, 김정일이 강력한 미래비전을 제시할 수 있었던 것은 강력한 군대를 믿었기 때문이라 하였다. 즉, "세계는 대국상 이후 첫 현지시찰로 1995년 설날 아침 조선인민군의 어느 한 부대를 찾으신 김정일 장군의 모습에서 …… 군대를 믿고 군대에 의거하여 험로역경을 헤치며 미래를 열러가려는 김정일 장군의 정치적 결심과 의도"를 볼 수 있다는 것이다.[40] 이것이 역사에 길이 빛나는 사건인데, "경애하는 장군님의 다박솔초소 시찰로 인류정치사에 있어 본 적도 없고 아직은 세상 사람들이 그 이름조차 알 수 없는 김정일 장군님식 정치, 선군정치가 구현"되었다고 한다.[41] 이때에 선군정치라고 공포

39 오현철, 『선군과 민족의 운명』, p. 139.

40 김철우, 『김정일 장군의 선군정치』, 평양: 평양출판사, 2000, p. 16.

하지 않았을 따름이지 이미 시작했다는 것이다.[42]

북한에서는 '우리 당의 령도는 선군령도이고 우리 당의 정치는 선군정치'라는 것을 1999년 초에 김정일이 내외에 천명했다고 한다. 그리고 2월 8일 인민군 지휘관과의 자리에서 "선군정치는 나의 기본정치방식이며 우리의 혁명을 승리로 이끌어 나갈 만능의 보검입니다"라고 선언했다.[43] 김정일이 '선군정치는 만능의 보검'이라 하고 이를 또한 '사회주의의 가장 위력한 정치방식'이라면서, 북한에서 선군정치는 하나의 체계화된 정치방식이 되었다. 이렇게 '우리의 영도는 선군영도이고 정치방식은 선군정치'라고 한 것은 국방위원회 강화와 무관하지 않은 것이었다.

김정일은 2001년 1월 3일 당중앙위원회 책임일군과 같이한 자리에서 "오늘 우리 나라에서 선군정치는 하나의 체계화된 정치방식으로 완성되었습니다"라고 하면서, 선군정치로선을 일관되게 강조하였다. 북한에서 "사회주의체제가 생겨 80여 년 세월이 흘러오는 동안 지금까지 어느 나라에서도 선군정치와 같은 독특한 정치방식은 없었다"는 것은, 김정일의 선군정치 창조성을 강조하는 대목이다.[44] 이는 "선군정치, 선군정치방식은 김정일 시대 와서 처음 출현한 정치방식이다"라는 주장과 그 맥을 같이한다.[45]

북한에서는 선군혁명노선으로 강성대국을 건설한다면서, '군사는

---

41 오현철, 『선군과 민족의 운명』, p. 115.

42 그러나 북한에서 선군정치라는 용어는 1997년 12월 12일 로동신문에서 단 한 차례 사용되었다.

43 오현철, 『선군과 민족의 운명』, p. 115.

44 오현철, 『선군과 민족의 운명』, p. 139.

45 김철우, 『김정일 장군의 선군정치』, p. 13.

국사중의 제일국사'이니 '국방중시의 국가정치체제'의 수립을 당연시하였다. 여기에 "선군정치는 심오한 철학적 사색으로 정화된 것으로 시대와 혁명발전의 길을 올바로 밝혀주는 정치"라며 정당성을 부여하였다.[46] 선군정치는 제국주의의 포위와 도전 속에서 나온 것으로 자주위업을 완성하기 위한 것이다. 즉, "자주정치를 실현하는 정치의 기본방식은 모든 것을 우리식대로 주체식으로 풀어가는 정치방식이며 장기간의 제국주의와의 대결속에서 나라와 민족의 자주성을 실현하기 위한 정치의 방식이 선군정치방식"이라고 하여 자신들의 정치체제와 정치방식을 정당화하였다.[47]

북한에서 국방위원장의 위상 강화는 2009년 4월 9일 헌법 개정으로 완성하였다. 이 헌법에서 국방위원장은 국방위원회의 위원장이 아니라, 독립된 국가기구로 자리 잡았다. 헌법에 6개 조항이 신설되었는데 모두 국방위원장에 관한 조항이었다. 제100조 "조선민주주의인민공화국 국방위원장은 조선민주주의인민공화국 최고령도자이다"라고 하여 국가 통치권을 부여하는 것으로 시작하여, 최고사령관·인사권·조약비준권·특사권·동원령 등 모든 권한이 주어졌다.[48] 또한 헌법 개정을 통하여 유일 통치이념인 주체사상에 병렬적으로 선군사상을 추가함으로써, 선군사상이 통치 이데올로기로 공식화되었다.[49]

---

46 리금옥, "선군정치는 철학적 사색으로 정화된 정치", 『김일성종합대학학보 철학 경제학』 제54권 제호, 김일성종합대학출판사, 2008, pp. 10-13.

47 김현환, 『김정일장군 정치방식연구』, 평양: 평양출판사, 2002, p. 47.

48 국방위원장은 임무와 권한에서 '국가의 전반 사업을 지도하고, 중요 조약의 비준권과 폐기권'까지 주어져, 김일성 시대 주석에 버금가는 위치에 놓이게 되었다.

49 헌법 제3조는 "조선민주주의인민공화국은 사람중심의 세계관이며 인민대중의 자

이렇게 김정일 시대를 완전하게 '국방위원장 중심제'라고 칭할 수 있는 정치체제가 완성되었다. 상술한 바와 같이 국방위원장을 헌법적으로 규정함으로써 선군영도의 담보했다고 한다.[50] 그동안 북한에서 김정일 국방위원장이 최고지도자로 군림하고 통치하여왔으나, 헌법 개정이라는 제도화과정을 통하여 완전하게 '최고영도자'로 거듭나게 하여 국방위원장 중심의 선군정치체제를 완성하였다.

북한에서는 김정일의 발언들을 〈선군정치이론〉으로 체계화하였다. 선군정치이론은 선군정치의 본질과 지휘, 선군정치의 기본요구, 선군영도체계로 구성되었다.[51]

첫째, 선군정치의 본질은 무엇보다도 군사를 제일 국사로 내세우는 정치방식이다. 이것은 선군정치가 국가정치에서 군사를 기본으로 보고 군사력강화에 힘을 집중하는 정치를 의미한다. 선군정치의 본질적 특성의 바탕에는 주체혁명을 말살하기 위한 제국주의의 항시적인 침략과 지배책동에 초강경으로 대응하는 사생결단의 반제정신이 놓여있다.[52] 선군정치의 가장 주된 목적이 미국의 침략책동을 주동적으로 대처하고 반제 반미대결에서 승리하는 것이다. 그렇기 때문에 선군정치는 제국주의들과 맞서 자주권을 당당히 행사하는 철저한 반제자주정치라고 한다. 군부와 군사력을 강화하여 체제

주성을 실현하기 위한 혁명사상인 주체사상, 선군사상을 자기 활동의 지도적 지침으로 삼는다"고 규정하였다.

50 김경현, "위대한 김일성동지와 김정일동지께서 국방중시의 국가정치체제를 마련해주신 불멸의 업적", 『김일성종합대학학보(력사, 법률)』 제62권 제4호, 김일성종합대학출판사, 2016 p. 64.

51 『선군태양 김정일장군 4』, 평양: 평양출판사, pp. 22-31.

52 김인옥, 『김정일장군 선군정치리론』, p. 211.

를 유지하기 위한 것이다.

둘째, 선군정치 실현의 기본 요구이다. 혁명의 군대를 수령의 군대, 당의 군대로 건설하고 정치사상적으로나 군사기술적으로 튼튼히 준비시켜 온 사회를 군사를 중시하는 사회기풍과 군사공업건설이 완성되는 사회로 만든다. 인민군대를 혁명의 주력군으로 내세우는 것은 현시기 주체의 혁명시기에서 인민군대가 차지하는 지위나 역할로 보나, 군대의 혁명적 기질과 전투력으로 보나 주체혁명위업 수행의 필수적 요구이다.[53] 사회주의를 굳건히 수호하고 건설하는 정치방식으로, 엄혹한 경제난관을 헤치고 강성대국의 목표를 실현하는 유일한 길은 선군에 있다. 혁명군대가 전반적 사회주의건설의 선구적 돌격대 역할을 수행해야 한다.

셋째, 선군정치의 영도체계는 선군정치를 실현하기 위한 당과 수령의 영도체계이며, 최고사령관의 유일적 영도체계이다. 최고사령관 유일영도체계는 군대에 대한 명령지휘체계이고, 인간무력에 대한 유일영도체계로 국방중시의 국가관리체계이다. 국방위원회는 최고의 국가관리체계이고, 국방위원장은 국가최고의 직책이다. 국방위원장은 오직 탁월한 영도자, 선군영장만이 맡을 수 있고, 결국 그것은 김정일이라는 것이다.

북한에서는 선군정치이론이 과학성과 혁명성 그리고 정당성을 가지고 있다고 한다. 이것이 가지고 있는 기본 함의는 반미 제국주의 군사노선, 군민일치사상의 함양, 김정일 선군영도체계라 할 수 있다.

---

53 김인옥, 『김정일장군 선군정치리론』, p. 203.

2. 김정일 시대의 선군사상

1) 선군정치에서 선군사상으로

김정일은 새 환경과 새 시대의 요구에 맞게 당 사상 사업을 어떻게 전환시켜야 할 것인가에 대한 확고한 의지를 밝혔다. 2001년 전국당초급선전일군대회에서 "선군혁명로선은 강성대국을 건설하고 주체의 혁명위업을 완성하는데 우리 당이 견지하고 있는 기본전략로선입니다. 모든 당원과 근로자들이 인민군군인들의 혁명적군인정신과 투쟁기풍을 적극따라 배워야 합니다"라고 하였다.[54] 이것은 새 세기의 중시사상은 선군사상이라는 것을 분명히 한 것이다. 새로운 헌법을 '김일성 헌법'이라는 상황에서 주체사상을 강조하지 않을 수 없으나, 김정일 시대의 새로운 사상이 필요했던 것이다. 북한의 학자들은 사회를 선군사상으로 일색화하는 것이 주체사상의 계속화이고 이를 심화발전 시킨 것이라고 규정하였다. 이러한 선군사상은 그 진리성과 정당성을 심화하고 발전시킨 김정일만이 내세울 수 있다는 것이다.

북한에서는 선군정치가 점차 그 정당성과 논리성을 획득해 가면서 주체사상에 입각해 수령의 혁명 방식을 계승·발전시킨 선군사상으로 일반화되고 정당화된 것이라고 주장하고 있다. 선군정치를 선군사상으로 연결시키면서 선군정치에 철학적 의미를 부여하였다. 즉, "선군정치는 심오한 철학적사색으로 정화된 것으로 하여 시대와 혁명발전의 길을 옳바로 밝혀주는 정치"라 하면서, "시대와 혁명발

54 『선군태양 김정일장군 4』, p. 199.

전의 합법칙성에 대한 심오한 철학적 분석에 기초할 때 정치방식은 인민대중의 자주성실현을 힘있게 추동하는 위력한 무기로 된다"라고 하였다. 또한 "선군정치는 시대화 혁명원리를 전면적으로 집대성하고 있는 것으로 하여 자주시대가 제기하는 모든 리론실천문제에 대한 명백한 해답을 주는 정치방식이다"라 하고 있다.[55]

이렇게 강성대국건설을 김정일 통치전략의 기본에 놓고, 제도면에서나 실제의 정책면에서 이를 실현시키려 하였다. 북한의 당국과 학자들은 이를 뒷받침하기 위하여 이론화를 시도하고 실제 정책에 접목시켰다. 선군사상으로 무장하는 것이 강성대국건설의 원칙을 구현하는 것이고, 선군사상을 핵심으로 하는 선군정치는 정치·경제·사회·문화를 전부를 아우를 수 있는 정치방식이라는 것이다. 새로운 과학기술로 국방공업을 발전시켜 선군경제의 축을 형성하고, 이로부터 사회주의 원칙을 견지하면서 실리주의를 추구하려고 하였다. 그러므로 실리주의 추구도 그 기저에는 선군사상이 자리 잡고 있어야 한다는 것이었다.

선군정치와 선군사상은 무엇인가? 김정일이 사망 이후 두 권의 저서가 북한에서 출판되었는데 『위인 김정일』과 『선군–김정일정치』이다. 이를 중심으로 선군정치와 선군사상에 관하여 살펴보자. 선군정치의 본질을 설명하면서 김정일의 발언을 제시하고 있는데, "군사를 제일국사로 내세우는 정치"와 "인민군대를 혁명의 주력군으로 내세우는 정치"를 가장 기초적이고도 중요한 문제로 들고 있다.[56]

---

55 리금옥, "선군정치는 철학적 사색으로 정화된 정치", pp. 10-13..

56 "우리 당의 선군혁명령도, 선군정치는 군사를 제일국사로 내세우고 인민군대의 혁명적기질과 전투력에 의거하여 조국과 사회주의 혁명, 사회주의를 보위하고 전반

선군정치는 선군사상을 원리적·사상적 기초로 하고 있는 정치방식이다. 선군정치가 정당하고 불패의 위력을 지닌 정치방식으로 인정되는 것은 바로 그 사상적 기초인 선군사상이 정당하고 과학적이기 때문이라는 것이다.[57] 그런데 선군사상과 선군정치도 역시 주체사상으로부터 출발하고 있으며 그것을 구현하는 과정에 정립된 사상이고 정치방식이다. 주체사상을 시대의 영원한 기치로 내세우고, 선군사상을 높이 치켜든 것이 김정일이다. 김정일은 선군사상을 전일적으로 체계화하면서 선군사상의 기초원리를 명백히 규정하고 있는데, 그것은 "혁명은 총대에 의하여 개척되고 전진하며 완성된다는 총대철학"이라 하고 있다. 선군사상에서 선군혁명영도와 선군정치를 실현하는 두 가지 원칙이 있는데 그것은 '군사선행의 원칙'과 '선군후로의 원칙'이다.[58]

2) 선군사상의 내용

선군사상의 본질이 무엇이고 어떻게 개념을 정의하고 있는가는 북한에서 발간한 저작을 중심으로 살펴보자. 선군사상은 사회주의위업의 총화로부터 제기되는 과학적이며 정당한 사회주의사상이며 시대적 요구를 반영하고 있는 사회주의위업 수행의 지도적 지침이다. 군대를 혁명의 기둥, 주력군으로 보고 혁명군대의 사상과 정

적사회주의건설을 힘있게 다그쳐나가는 혁명령도방식이며 사회주의정치방식입니다". 『선군–김정일정치』, 평양: 평양출판사, 2012, p. 54.

57 『선군–김정일정치』, p. 61.

58 『선군–김정일정치』, pp. 71-76.

신력을 혁명과 건설의 기본 추동력으로 내세우는 것이 선군사상이다.[59] 그러므로 선군사상은 한마디로 군대를 앞세우고 혁명군대를 주력군으로 하여 혁명과 건설을 밀고 나가는 데에 대한 사상이라고 정의하고 있다. 더불어 선군사상은 총대에 의하여 개척되는 혁명운동의 본질적 특성과 사회역사 발전, 혁명발전에서 총대의 역할에 대한 가장 과학적인 분석에 의한 사상이라고 주장하고 있다.[60]

오현철은 선군사상이 무엇인가를 다음과 같이 서술하고 있다. 즉, "선군사상은 혁명군대를 주력군으로 하여 혁명의 주체를 강화하고 그 역할을 비상히 높이기 위한 사상이다. 혁명의 주체를 이루는 사회적집단들 가운데는 보다 주도적이고 선도적역할을 하는 집단이 있게 된다. 혁명투쟁의 주공전선을 담당하여 돌파구를 열어가는 집단이 주력군"이다.[61] 또한 "선군사상은 력사상 처음으로 혁명위업에서 혁명군대가 차지하는 지위와 역할문제에 대하여 새로운 견해, 새로운 관점으로부터 출발하여 군대를 혁명적 주력군으로 내세웠다"는 것이다.[62]

선군사상은 주력군인 군대의 역할을 강화하여, 사회의 모든 면에서 앞장세워 전체 인민들을 전사로 만들겠다는 것이다. 군대가 혁명의 기둥이고 주력군이기 때문에 군사선행의 원칙에서 군대를 먼저 강화하고 전 사업의 핵심 역량으로 내세워 선도적 역할을 해야 하는데, 이를 위해서는 군대의 정예화와 강군화로 그 역할을 최대한으로

59 김인옥, 『김정일장군 선군정치리론』, p. 219.
60 강충희·류승일, 『영원히 인민과 함께』, p. 207.
61 오현철, 『선군과 민족의 운명』, p. 42.
62 오현철, 『선군과 민족의 운명』, p. 43.

높이는 것이 선군사상이다. 선군사상은 군대와 인민의 사상의 일체화를 이루어내고, 온 사회를 사상과 신념의 강자집단으로 가장 순결한 사상·정신적 순결체로 만들었다는 것이다.[63]

선군사상에서 요구되는 것이 무엇인가를 다음과 같이 서술하고 있다.[64] 첫째, 선군사상은 군사선행의 원칙에서 당과 국가의 노선과 정책을 작성하고 혁명군대를 강화하는 데 선차적인 힘을 넣을 것을 요구한다. 둘째, 선군사상은 온 사회에 총대중시, 군사중시기풍을 확실히 세우고 군사력을 강화하는 사업을 전인민적 사업으로 전국가적인 사업으로 힘있게 밀고 나갈 것을 요구한다. 셋째, 선군사상은 군사선행의 혁명적 원칙, 원리로부터 국방공업을 발전시키는 것이다. 선군사상은 국방공업을 선차로 내세우고 그 강화발전에 최대한 힘을 넣게 함으로써 군수생활을 원만히 보장하고 군수산업의 현대화를 다그쳐 무장장비들의 질적수준을 높일 것을 요구한다.

이렇게 선군사상에서는 주력군으로서의 혁명군대 강화와 전국적인 군사력 강화사업 그리고 군수산업의 현대화가 요구된다는 것이다. 특히 북한에서 선군사상의 실현과정에서 중시하는 것이 국방공업의 강화이다. 국방공업이 전반적인 경제를 추동하는 힘이라 하여, 국방공업에 힘을 실어주는 선군사상에 의하여 경제가 빠른 속도로 발전한다는 것이다. 2009년의 '광명성 2호'와 '제2차 핵실험'의 성공은 선군사상이 가져온 빛나는 결실이라고 북한은 주장하고 있다.

---

63 김인옥, 『김정일장군 선군정치리론』, p. 221.

64 김미란, "선군사상은 선군조선의 국력을 최성기에 올려세울수 있게 하는 위력한 사상리론적무기", 『김일성종합대학학보: 철학 경제학』 제56권 제4호, 김일성종합대학출판사, 2010, p. 8.

김정일은 새 세기의 변화된 환경에 맞게 당 사상 사업에서 새로운 전환을 가져와야 한다고 강조하였다. 김정일은 현실적 조건에 맞게 사상교양사업을 강화해야 한다면서 "우리의 가장 위력한 무기는 일심단결이다, 지금 우리 당에 대한 충성심은 매우 높지만 여기에 만족하지 말고 사상교양사업을 더욱 강화하여 우리 인민의 일심단결을 더욱 철통같이 다져나가야 한다"고 강조했다.[65]

북한에서는 새 세기 당 사상 사업을 개선하는 방법으로, 온 사회의 선군사상의 일색화를 위한 선전교양사업을 해야 한다고 주장했다. 선군사상의 일색화는 주체사상의 계속이며 그 높은 단계라 표현하고 있다. 선군사상의 일색화는 선군정치를 실현하는 과정에서 김정일이 그 진리성과 역사성을 검증하고 심화 발전시켰다는 것이다. 선군사상은 김정일 시대의 혁명과 건설의 지도적 지침이므로, 선군사상의 일색화는 선군혁명 총진군을 힘 있게 다그쳐 나갈 수 있는 사상 정신적 무기라 하였다.[66] 또한 "선군사상은 총대 혁명군대에 의거하여 선군조선의 국력을 최성기에 올려세우기 위한 길을 가장 과학적으로 밝혀주는 혁명사상이다"이라고 하였다[67]

2009년 헌법 제3조는 "조선민주주의인민공화국은 …… 주체사상과 선군사상을 자기지도적 지침으로 삼는다"하고 있어, 주체사상과 함께 선군사상을 북한 지도이념으로 공식화하고 있다. 이를 위한 병행 조치로 기존 헌법 제4조의 "조선민주주의인민공화국의 주권은

---

65 『선군태양 김정일 장군 4』, pp. 194-195.

66 『선군태양 김정일 장군 4』, pp. 200-201.

67 김미란, "선군사상은 선군조선의 국력을 최성기에 올려세울수 있게 하는 위력한 사상리론적무기", p. 7.

로동자, 농민, 근로 인테리와 근로인민에게 있다"에, 군인을 새로 포함시켜 "로동자, 농민, 군인, 근로인테리를 비롯한 근로인민에게 있다"로 하고 있다.[68] 이렇게 헌법에서 군인을 주권자로 규정한 것은 선군정치 하에서 군사국가를 강화하겠다는 의지의 표현이었다.

3) 선군사상의 일색화

강성대국건설은 북한이 말하는 대로 김정일 시대의 국가발전전략이며 통치수단이 되었다. 2002년 신년공동사설에서 '우리사상, 우리수령, 우리군대, 우리제도 제일주의'를 21세기 강성대국건설를 위한 기치로 내걸었다. 북한이 3대 중시를 주장하면서 모든 것은 김정일과 연결시키고 있다. 사상, 정치, 경제의 모든 면을 김정일 중심이 되어 이끌어 나가야 한다는 것이다.

2003년 신년공동사설에서 선군사상을 본격적으로 내세웠다. 즉, "공화국창건 55돐을 빛나게 장식하기 위한 올해의 투쟁은 정치, 경제, 문화의 모든 분야에서 주체의 선군사상과 로선을 전면적으로 구현하기 위한 보람의 투쟁이다. 주체사상에 기초한 우리 당의 선군사상은 사회주의위업 수행의 확고한 지도적 지침이며 공화국의 륭성번영을 위한 백전백승의 기치이다"이다. 또한 2004년의 공동사설에서는 "오늘 우리의 혁명은 위대한 선군사상을 지침으로 하여 강성대

68 1972년 북한 사회주의헌법 제7조에 "조선민주주의인민공화국의 주권은 로동자, 농민, 병사, 근로인테리에게 있다"하여, 주권자로 병사를 포함시킨 적이 있었다. 그러나 1992년 헌법이 개정되면서 병사가 제외되었고, 역시 1998년 헌법에서도 마찬가지였다.

국건설을 전면적으로 다그쳐가는 격동적시대에 들어섰다"고 하였다. 이후 선군사상으로 사회를 일색화해야 한다는 주장이 로동신문을 비롯한 모든 문건들에서 발견되었다. 북한의 문헌『선군태양 김정일장군 4』의 제13장 "선군혁명총진군의 길에서"의 제1절이 "온 사회를 선군사회로 일색화하자"이다. 여기에서 김정일이 주체사상강령 30돌 로동당 사상일군대회에서 한 토론이 온 사회를 선군사상으로 일상화하기 위한 투쟁을 벌여나가는 중요한 계기가 되었다고 하고 있다.[69]

로동신문에서는 "총대의 위력으로 혁명과 건설을 전진시키고 세기를 주름잡는 창조와 변혁을 이룩하며 온 사회가 군대의 모습으로 일색화되어 가는 것이 선군시대 우리 조국의 참모습이다"고 선군사상의 일색화의 당위성을 주장하였다.[70] 또한 "선군사상은 지난 40성상 천재적 예지로 시대의 앞날을 밝히시고 원숙하고 세련된 영도로 우리 당과 군대와 인민을 빛나는 승리와 영광의 한길로 이끌어오신 경애하는 김정일동지의 위대한 혁명활동의 사상적 총화이다"라고 하였다.[71]

'선군조선'을 내세우면서 선군사상으로 일색화시키는 것은 인민들 전체를 '수령결사옹위정신'으로 무장시켜나가고자 하는 의도였다. "오늘 우리 당의 선군사상은 새 세기 자주위업승리의 길을 밝혀주는 휘황한 등대로 되고 있으며 위대한 장군님의 선군정치는 나라와 민족의 존엄과 위력을 떨치신 백전백승의 정치로, 불패 강국을 건설

69 『선군태양 김정일 장군 4』, p. 208.

70 『로동신문』 2004. 02. 24.

71 『로동신문』 2004. 06. 16.

하는 만능의 보검으로 공인되고 있다"고 하였다.[72] 여기에서 보듯이 선군사상은 김정일을 결사옹위하여 선군정치를 펼쳐나가야 한다는 통치 이데올로기인 것이다.

제5절 주체사상과 선군사상

제4장에서 살펴본 바와 같이 주체사상은 그 체계화 과정에서나 실제 적용 면에서 볼 때 국내외의 변화 속에서 생성되고 발전되어온 환경의 산물인 것이다. 이는 주체사상의 이데올로기적 가변성을 의미하는 것이다. 북한이 조선민족제일주의나 우리식 사회주의, 붉은기 사상 그리고 주체 강성대국건설을 내세우면서 새로운 변용을 시도하는 것도 이러한 맥락에서 보아야 한다. 북한 통치 이데올로기의 기저를 이루는 것은 주체사상이고, 이후 다양한 이데올로기와 담론이 양산되었다. 특히 선군사상이 주체사상을 계승 변용한 것인지 아니면 대체한 것인지를 파악해 보고자 한다.

북한에서는 선군정치의 정통성 확보를 위해 이를 주체사상과 연결시키는 작업을 하였다. 선군정치를 체계화하면서 그 뿌리는 주체사상에 두고 있다. 선군정치는 자신들이 부닥치는 난관과 시련을 주인의식을 가지고 자주적 입장에서 실현해 가는 것이다. 선군정치는 혁명과 건설에서 자주적대를 철저히 견지하도록 담보하는데, 이

---

72 『로동신문』 2006. 12. 20.

는 선군정치가 주체사상의 원리와 원칙에 기초하여 나온 정치방식이기 때문이다. 그러므로 선군정치는 가장 자주적인 혁명사상인 주체사상을 뿌리로 두는 정치방식이라고 한다.[73] 이는 "선군정치는 주체위업완성의 보검"이라는 표현에서도 알 수 있는데, "선군정치에는 김일성 주석의 생전의 뜻이 어려있고 사회주의 승리가 함축되어 있다"는 것이다.[74] 선군정치는 주체사상을 출발점으로 하고 있으며 주체사상의 원리와 원칙 그리고 요구를 전면적으로 구현하고 있다 하는데, 이것은 주체사상의 자주의 길을 이어 선군의 길로 나아갔다는 주장이다.

이같이 선군정치는 자주적 입장에서 군사를 국사중의 제일국사로 내세우고 군력강화에 나라의 총력을 기울인 군사선행의 정치이다. 선군정치에 철학적 의미를 부여한 것이 선군사상이다. 그러므로 선군사상의 그 근원은 바로 주체사상에 두고 있다. 북한에서 "주체사상은 선군사상의 뿌리이다. 총대중시, 군사중시는 주체사상에 뿌리를 두고 있으며 군대는 당이고 국가이며 인민이라는 원리도 주체사상에 바탕을 두고 있다"고 하는 것은 이를 말해준다.[75] 선군사상은 주체사상의 이론과 실천업적을 계승하고 주체사상의 원리와 원칙들을 시대적 요구에 맞게 그리고 사회주의적 위업수행의 요구에 맞게 새롭게 발전시키고 풍부화시킨 사상이다. 주체사상의 뿌리에서 자란 것이 선군사상이며, 주체사상의 세계관을 기초로 방법론적 지침

73 리영철, "자주, 선군, 사회주의의 상호관계" 『철학연구』 제1호(루계 제148호), 평양: 과학백과사전출판사, 2017, pp. 15-16.

74 강충희·류승일, 『영원히 인민과 함께』, p. 213.

75 신영남, "위대한 수령 김일성동지는 우리 당 선군정치의 기초를 마련하신 희세의 령장이시다", 『정치법률연구』 제2호 루계 제10호, 평양: 과학백과사전출판사, 2005, p. 5.

으로 정립된 것이 선군사상이다.[76]

백두혈통 승계를 주장하고 있는 북한에서 실제로 주체사상이 선군사상으로 대체될 수 있는 상황은 아니었다. 그러나 선군사상은 김정일 시대의 지배이념이 되면서, 2009년 개정헌법과 2010년 개정 당규약에 법제화함으로써 선군정치와 선군사상이 주체사상과 함께 통치 이데올로기로 천명되었다. 헌법과 당규약의 전체 내용에서 '공산주의'를 삭제한 것은 주체사상과 선군사상의 강화를 위한 것으로 볼 수 있었다. 주체사상의 연속선상에서 선군사상을 중시하고 있고, '주체사상의 계속이며 더 높은 단계'라는 주장도 이를 뒷받침해 준다.

2010년 8월 25일 '김정일 선군혁명령도 50돐' 기념 중앙보고대회에서 북한 최고인민회의 상임위원장 김영남은 "위대한 령도자 김정일동지의 선군령도 업적에서 가장 빛나는 자리를 차지하는 것은 어버이수령님께서 창시하신 선군사상을 전면적으로 발전시키시여 선군혁명의 가장 옳바른 지도적 지침을 마련하신 것입니다"라고 하여 선군사상의 창시를 김일성이 하였고, 이를 김정일이 발전시켰다는 것이다.[77] 이는 선군사상을 주체사상과 마찬가지로 김일성 창시-김정일 발현으로 보고함으로써, 2009년 헌법에서와 같이 주체사상과 선군사상을 동일선상에 놓는 통치 이데올로기로서의 양립적 관점으로 볼 수 있다. 또한 계속되고 있는 "우리당의 선군사상은 영생불멸의 주체사상에서 출발하고 선군사상의 요구에 맞게 주체의 사상과 리론, 령도방법과 령도예술을 새로이 높이 구현하고 있는 가장

---

76 김인옥, 『김정일장군 선군정치리론』, 220.

77 『로동신문』 2010.08.25.

철저한 반제주의 사상이며 군사를 앞세우고 인민군대를 핵심으로 주력으로 하여 혁명과 건설에서 모든 사업을 힘있게 밀고 나가기 위한 길을 뚜렷이 밝힌 과학적인 전략전술입니다"라는 언급은 주체사상의 지속성과 중요성을 거듭 강조한 것이다.[78]

선군사상은 주체사상과 같이 사상체계를 갖추고 있지는 않다. 어찌 보면 이것은 북한의 학자들이 주장하는 바와 같이 선군사상이 주체사상에 기초한 것이기 때문이기도 한다. 그러나 주체사상이 순수 이데올로기로 격상되고, 선군사상은 실천 이데올로기로 발전한 것이다.[79] 물론 이기동 박사는 선군사상에 대한 그의 연구에서 "선군사상은 주체사상의 대체 이데올로기적 성격을 충족시키고 있다"고 하면서, 선군사상이 "총대철학, 선군정치이론, 그리고 선군정치 내용으로 구성되어 주체사상과 유사한 체계화 과정을 거치고 있다"고 하였다. 결국 강성대국건설의 사상중시를 강화시키는 선군사상은 김정일 체제를 이끌어가는 통치 이데올로기가 되었다는 것이다.[80]

김정일 시대에 개정된 당 규약에서 각 조항에서 주체사상과 선군사상을 강조하였지만, "조선로동당은 위대한 수령동지의 혁명사상, 주체사상을 유일한 지도사상으로 하는 주체형의 혁명적 당이다"라든지, '당면 목적은 사회주의강성대국건설'이고, "최종목적은 온 사회를 주체사상화하여 인민대중의 자주성을 완전히 실현하는데 있다"는 것을 볼 때 실천 이데올로기로서 선군사상을 상정하고 있었다

---

78 『로동신문』 2010. 08. 25.

79 부승찬, "주체사상과 선군사상의 상관관계", 『사회과학연구』 제19집 2호, 서강대학교 사회과학연구소, 2011, pp. 133-134..

80 이기동, "'선군사상'의 통치 이데올로기 성격에 관한 연구", 북한연구학회 편. 『북한의 정치 2』, 서울: 경인문화사, 2006, p. 126-130.

고 볼 수 있다. 그러므로 김정일의 통치가 좀 더 길어졌더라면 그의 업적을 포함시켜 체계화된 사상으로서 독자성이 강조된 순수 통치 이데올로기로 발전시켰을 것이다.

제6장

김정은 시대의 김일성－김정일주의

제1절 정치권력과 사상의 승계

북한에서 주체문제가 제기된 것은 김일성이 자신을 정권을 세워주고 지켜준 소련과 중국의 간섭으로부터 벗어나기 위한 것이었다. 김일성으로서는 소련과 중국의 영향력과 반대파들의 간섭에서 벗어나지 않고서는 정권유지가 어렵다는 판단에서였다. 그래서 대내적으로는 주체의 확립을 대외적으로는 자주노선을 선언하였다. 김일성은 "주체를 확립한다는 것은 혁명과 건설의 모든 문제를 독자적으로, 자기 나라의 실정에 맞게 그리고 주로 자체의 힘에 의거하여 해결하여 원칙을 견지한다는 것"을 의미한다고 하였다.

북한에서 주체가 사상으로 불리게 되면서 이는 당의 유일사상체계뿐만 아니라 김일성 유일영도를 뒷받침하는 기저로 작동하게 되었다. 주체사상은 당규약뿐만 아니라 헌법에도 북한을 이끌어갈 지도적 지침이 되어 빛을 발하였다. 김정일이 로동당의 주요 직책을 맡음으로써 후계자로 부상한 이후, 그는 주체사상을 김일성주의로까지 격상시키는 작업을 진행하여 충성스러운 후계자로서의 면모를 과시하였다.

김정일이 공식적인 후계자가 되고 김일성 탄생 70주년 기념대회에 '주체사상에 대하여'라는 논문 제시는 주체사상을 체계화하였다는 평가를 받았다. 이후 김정일은 이데올로기의 담지자로 김일성은 주체사상을 창시하고 김정일은 이를 완성한 인물이 되었다. 김정일은 이 과정에서 주체사상의 사회정치생명체론을 내세워 인간에 뇌수가 필요하듯이 인민대중이 주체로서 지위와 역할을 다하기 위해서는 수령의 지도가 필요하다는 논리를 내세웠다. 즉, 수령은 사회정치생명체의 뇌수로 생명의 중심에 있다고 하였다. 결국 인간중심의 사상이라는 주체사상은 수령영도의 사상이 되어 북한을 수령절대주의체제를 확립시켰다.

1990년대 사회주의권의 격변은 주체사상만으로 북한을 유지하기 힘든 상황에 놓이게 되었고, 이를 방어하기 위해서 김정일이 제시한 것이 주체의 우리식 사회주의이다. 북한의 사회주의는 다른 나라와 달리 주체사상으로 무장된 자신들만의 주체의 사회주의 사회라 절대 휘둘리지 않는다는 것이었다. 김정일은 "인민대중중심의 우리식 사회주의는 필승불패"라고 하였다. 그러나 김일성이 사망하고 심각한 북한의 상황을 타개해 나가기 위해서는 우리식 사회주의 내세우는 것만으로는 부족하였다. 김정일은 이 시기를 고난의 행군의 시기라 하고 붉은기 운동을 내세웠는데, 항일혁명기에 선조들이 어려움 헤치며 가슴에 품었고 정신지주였던 붉은기를 꺼내 들었다. 이는 철학이라는 수식어가 붙었고 붉은기 사상으로 발전시켰다.

김정일 체제가 공식으로 출범하면서 내세운 것이 선군정치였는는

데 군사국가의 제도화를 의미한다. 김정일은 선군정치는 사회주의의 가장 위력한 정치방식으로 만능의 보검이라고 하였다. 북한은 위기상황을 초래케 한 것은 제국주의자들의 침탈이라고 하고, 이를 막아내기 위해서는 강한 군대가 필요하다고 하였다. 또한 당도 국가도 경제도 선군정치로 풀어나가야 주체의 사회주의위업을 달성할 수 있다는 논리를 내세웠다. 김정일 시대의 선군정치는 선군사상으로 발전시켰다. 2009년에는 국방위원장이 최고의 영도자이고 선군사상은 주체사상과 함께 북한을 이끄는 지도적 지침이라고 헌법에 규정하였다.

김정은이 2010년 당대표자회를 통해 당중앙군사위원회 부위원장에 임명되면서 후계자로 공식화되었지만, 확실하게 그를 인민대중에게 각인시키는 것이 필요했다. 김정일의 경우 후계자로 공식화되기 이전부터 '당중앙'으로 불렸고, 당 제6차대회이후 10여 년간 제2인자였다. 이와는 달리 김정은의 나이나 경력 면에서 김정일과 비교가 되지 않았으므로, 후계자의 이미지를 부각시키기 위해 여러 가지로 노력하였으나 그 기간이 너무 짧았다. 2011년 12월 17일 김정일이 사망하고 최초로 당과 국가기관의 명의로 "전체 당원들과 인민군장병들과 인민들에게 고함"이라는 조선중앙통신사 보도문이 나왔다. 여기에서는 김정일의 일대기를 영웅적으로 적시하면서, 북한은 계승자 김정은이 영도할 것이라는 것을 알렸다.

북한에서 "경애하는 김정은 동지는 곧 위대한 김정일 동지이시다"라고 했다. 그러나 그는 자신의 체제를 공식으로 출범시키면서 아버지의 선군사상을 통치 이데올로기로 내세우지 않았다. 당 대표자회의에서 당규약을 수정하면서 '김일성–김정일주의'를 명시화하였다. 김일성의 주체사상과 김정일의 선군사상을 자신의 이름으로 김일성-김정일주의라 해서 내놓은 것이다.

우리가 일반적으로 볼 때 사상은 시대의 산물이다. 북한의 주체사상이나 선군사상도 지도자가 처한 상황에서 이를 벗어나기 위하여 제시하고, 리더십을 발휘하는 상황에서 자리를 잡았다. 김정은 역시 무언가 새로운 것을 내놓고 싶었으나 시간과 경험의 제약으로 선친들의 사상을 이어받을 수밖에 없는 상황이었으나, 명칭을 바꾼 김일성-김정일주의를 천명한 것이다. 김일성-김정일주의는 체계화시켜 발전시킬 것이고, 언젠가는 김정은 자신의 이름 딴 사상이 나오기를 바랄 것이다.

제2절 김일성주의와 김정일주의

1. 김일성-김정일주의의 제기

김정은은 "위대한 김정일동지를 우리 당의 영원한 총비서로 높이 모시고 주체혁명위업을 빛나게 완성해 나가자"라는 긴 제목의 담화를 당중앙위원회 책임일군들에게 내놓았다. 이것이 4월 6일에 발표되었다고 해서 '4.6 담화'라고 한다. 김정은은 '4.6 담화'에서 "김일성주의를 시대와 혁명발전의 요구에 맞게 발전풍부화시키신 장군님의 특별한 업적"을 김정일주의라고 하고 있다. 김정일은 자신의 이름에 주의를 붙이는 것을 적극 만류해 왔는데, 김정은은 이제 이를 '영원한 지도사상'으로 확고하게 천명할 때라고 말하였다. 4.6 담화를 통해 김정은은 "김일성-김정일주의는 주체의 사상, 리론, 방법의 전일적인 체계이며 위대한 혁명사상"이라 하면서, "김일성-김정일주의를 지도적 지침으로 당건설과 당활동을 진행시켜 나가야 한다"고 하였다.

이러한 김정은의 담화는 4월 11일 당 제4차 대표자회를 통하여 채택한 로동당 규약에 그대로 반영되었다. 즉, "조선로동당은 위대한 김일성-김정일주의를 유일한 지도사상으로 하는 김일성-김정일주의 당, 주체형의 혁명적 당"이라고 규정하였다. 또한 "조선로동당은 위대한 김일성-김정일주의를 당건설과 당활동의 출발점으로, 당의 사상적공고화의 기초로, 혁명과 건설을 령도하는데서 지도적 지침으로 한다"하여, 김정은 체제에서의 새로운 통치이념으로 김일성-김정일주의를 내세웠다.

북한은 김정일 사후 개정된 당규약의 서문에서 김정일이 주체사상을 위대한 지도사상으로 심화발전시키고, 온 사회의 김일성주의화를 당의 최고 강령으로 내세워 모든 분야에서 기적과 변혁의 새 역사를 창조하였다고 한다. 이는 김정일의 업적은 주체사상을 심화발전시켰을 뿐만 아니라, 김일성주의화로 발전시켜 변혁과 새로운 역사를 썼다는 것이다. 그리고 북한을 "정치사상강국, 무적의 군사강국으로 일떠세워 강성번영의 전성기"를 펼쳤다고 하여, 김정일의 선군정치와 선군사상을 강성국가의 건설에 연결시키고 있다. 김정일주의는 이렇게 김일성주의가 자주시대의 지도사상으로 뿌리내리게 하고, 김일성의 총대중시사상을 선군혁명사상으로 심화·발전시켜 사회주의강성국가로 이끈 사상과 업적을 말하는 것이다. 북한에서는 김일성—김정일주의의 역사적 지위는 그것이 주체사상과 선군사상에 기초하여 사회주의위업의 종국적 승리를 위한 이론과 방법이 체계화된 완성된 사상이라는데 있다고 한다.[1]

2. 주체사상과 김일성주의

상술한 바와 같이 김일성은 1967년 12월 16일 최고인민회의 제4기 1차 회의에서 '우리 당의 주체사상은 모든 정책과 활동의 지침'이라는 발언을 하였다. 그 후 당 제5차대회와 1972년의 사회주의헌법에서 지도적 지침으로 명기되었다.

김정일은 1974년 2월 당중앙위원회 제5기 8차 회의에서 정치위원회 위원으로 선출되면서 소위 '당중앙'이라는 호칭이 붙었다. 그가 가장 먼저 시도한 것은 김일성의 주체사상을 핵심으로 하는 혁명사상을 '김일성주의'로 정식 선포한 것이었다. 김정일은 1974년 2월 19일 '전국당선전책임일군강습회'에서 "온 사회를 김일성주의화하기 위한 당 사상 사업이 당면한 몇 가지 과업에 대하여"를 당의 사상사업의 기본임무로 제시하였다. 김정일은 '온 사회의 김일성주의화'는 유일사상교양·혁명교양·계급교양 철저, 사상전의 추진, 경제선동의 전개, 당 사업 체계화 등을 통하여 이루어진다고 하였다. 북한에서는 이를 '2월 선언'으로까지 명명하면서 김일성주의의 절대화를

1 김춘근, "우리 시대 완성된 혁명의 지도사상으로서의 김일성—김정일주의의 특별한 력사적지위", 『김일성종합대학학보(철학, 경제학)』 제62권 제4호(루계 제514호), 김일성종합대학출판사, 2016, p. 28.

꾀하였다.

김정일이 주체사상을 김일성주의로 선포한 다음, 1974년 4월 14일 그 실천적 지침이라 할 수 있는 '당의 유일적사상체계확립의 10대 원칙'을 공식 발표하였다. 여기에서 "주체시대의 위대한 혁명적기치인 김일성동지의 혁명사상은 현시대와 공산주의의 미래 전력사적시대를 대표하는 혁명의 위대한 지도사상, 지도리론, 지도방법이다"고 하면서, 당의 유일사상체계를 확립하고 이를 철저하게 지켜야 한다고 하였다. 그런데 유일사상체계를 완수하기 위해서는 김일성의 유일적 지도에 충실해야 한다는 것이다. 이것의 결정적 의도는 김일성의 유일사상을 김정일이 대를 이어 완성해 나가야 한다는 것이었다.[2]

김일성주의는 주체사상을 정수로 하는 혁명사상이 마르크스-레닌주의의 하위개념이 아니라 독창적인 개념이라는 것을 내세운 것으로, 이론이나 방법은 북한 사회주의건설과정에서 김일성이 내놓았다는 각종 혁명이론과 영도방법을 가리킨다.[3] 백학순은 이를 좀 더 들여다보면 차이가 있다고 하면서 주체사상, 혁명이론, 영도방법의 3대 요소로 구성된다고 하고 있다. 특히 김정일이 후계자로 결정된 이후에 지배권력의 통치담론으로 김일성주의가 등장했다는 데 주목하고 있다.[4]

---

2 제10조의 주 내용은 "김일성동지께서 개척하신 혁명위업을 대를 이어 끝까지 완성해나가야 한다" 면서, "당중앙의 권위를 백방으로 보장하며 당중앙을 목숨으로 사수하여야 한다"는 것이다.

3 이종석, 『새로쓴 현대북한의 이해』, 서울: 역사비평사, 2000, pp. 136-137.

4 백학순, 『북한 권력의 역사: 사상·정체성·구조』, 파주: 도서출판 한울, 2010, pp. 630-631.

김일성주의의 핵심은 결국 주체사상에 근거를 둔 것이다. 그 후 김정일은 주체사상에 대한 해석권을 독점함으로써 김일성을 주체사상의 창시자로, 자신을 구현자로 부각시켜 사상적 후계자로서의 이미지를 구축하였다.[5] 김정일은 1982년 3월 31일 김일성 탄생 70돌 기념 전국주체사상토론회에 "주체사상에 대하여"[6]라는 논문을 보냈다고 발표했다. 그 후 북한의 여러 저작물에서 이 논문은 주체사상을 김일성주의로 정식화한 것이라고 주장하고 있다. 이같이 김일성주의의 정식화 업적은 김정일이 수령 후계자로서의 정통성을 구축하는데 가장 중요한 요인으로 작용하였다.[7] 김정일은 1986년 7월 15일 '주체사상 교양에서 제기되는 몇 가지 문제에 대하여'라는 담화를 통해 '사회정치적 생명체론'과 '조선민족제일주의'를 부가하여 제시하였다.

이렇게 볼 때 1974년을 기점으로 주체사상을 핵심으로 하는 김일성의 혁명사상은 마르크스-레닌주의에 대한 계승성보다는 독창성이 강조된 김일성주의로 천명되었다.[8] 김일성주의를 처음 제기한 김정일은 주체사상을 체계화하는 작업을 통하여 김일성주의를 더욱 확고하게 가져간 것이다. 이는 김일성 유일체제를 다지기 위한 사상적인 수단으로 추진되었는데, 김정일은 이 과정을 통하여 확실하게

5 김창희, 『북한정치와 김정은』, 파주: 법문사, 2012, p. 51.

6 이 논문에서 주체사상의 원리와 의미를 인간중심의 철학적 세계관, 인민대중의 사회·역사관, 자주적 입장을 견지하고 사상을 기본으로 해야 한다는 지도원칙의 세 가지로 나누어 설명하고 있다.

7 전미영, "김정은 시대의 정치언어: 상징과 담론을 통해 본 김정은 정치", 『북한연구학회보』 제17권 제1호, 북한연구학회, 2013, p. 17.

8 이종석, 『새로쓴 현대북한의 이해』, p. 170.

주체사상의 구현자가 되었다.

3. 김정일주의와 선군사상

김정일주의는 1992년 7월 김정일이 보여준 은덕에 대해 작성한 글 중, '친애하는 지도자동지를 우리혁명의 최고령수, 통일단결의 중심으로 받들어 모시고 영원히 따르며 우리조국을 〈김정일주의〉 조국으로 빛내이기 위한 투쟁에서 생명도 가정도 다바쳐 싸워갈 것'이라는 내용에서 등장했는데, 이 내용이 8월 1일 로동신문에 공개되었다.[9] 김일성 사후에는 '김정일주의 연구소조' 등의 내용이 로동신문 등에 등장한다. 북한에서는 김정일 체제를 구축하는 과정에서 김정일주의를 적극 활용하였다. 김정일주의는 김일성주의를 계승하고 발전시켜나가는 것을 함축하는 의미로 제시했던 것이다. 그러나 김정일 사후에 북한에서 주장하고 있는 김정일주의는 김정일의 업적과 선군사상을 포함하고 있다.

1998년의 김정일 체제에서 선군정치는 하나의 지향점이 되었다. 제5장에서도 서술한 바와 같이 북한은 김정일이 '창조적 사색과 탐구를 기울여 사회주의헌법에 직접에 간여하여 선군정치를 성과적으로 실현할 수 있는 법적 담보와 국가기구 체계를 새롭게 마련했다'고 주장한다.[10] 이는 9월 5일 헌법 개정에서 종전의 주석제가 폐지

9 북한에서는 1980년 후반부터 김정일주의라는 용어를 써온 것으로 알려졌으나, 이 용어는 당내에서만 조심스럽게 사용했을 뿐 정식화하지는 않았다.

10 오현철, 『선군과 민족의 운명』, 평양: 평양출판사, 2007, p. 139.

되고, 국방위원회의 권한이 강화되어 북한 체제의 중심으로 자리 잡게 되었다는 것을 말하는 것이다. 김정일 체제에서 선군정치는 하나의 위력한 정치방식으로 자리를 잡았고, 김정일은 기회가 있을 때마다 선군정치를 강조하였다.[11]

북한에서는 온 사회를 선군사상으로 일색화하기 위한 투쟁을 벌여나가야 한다고 주장하였다. 김정일이 강조한 선군정치는 북한정치사회에 전면적으로 확대되었는데, 일상생활에서 군민일치, 경제에서 선군노선, 대외전략에서의 선군외교전법이 바로 그것이다. 김정일이 선군혁명영도에 의하여 또한 당은 선군의 위력으로 사회주의건설에서 대비약·대혁신을 일으켜 북한을 강성부흥의 전성기를 펼쳐놓았다고 한다.[12] 그런데 북한에서 '선군조선'을 내세우면서 선군사상으로 일색화하자는 의도는 전체 인민들을 '수령결사옹위정신'으로 무장시키려는 의도였다. 다음의 내용이 이를 말해 준다. 즉, "김정일동지의 령도에서 중요한 것은 무엇보다도 먼저 인민군대를 투철한 수령결사옹위정신을 지닌 정신력의 최강자들의 대오로 강화발전시키는 것이다. 수령결사옹위는 수령의 군대, 당의 군대인 우리 인민군대의 제일생명이며 정신력의 근본핵이다"라고 주장하고 있다.[13]

---

11 김정일은 2001년 1월 3일 당중앙위원회 책임일군과 같이한 자리에서 "오늘 우리 나라에서 선군정치는 하나의 체계화된 정치방식으로 완성되었습니다"라고 하였다. 『선군태양 김정일장군 4』, p. 22.

12 표권, "선군의 위력, 일심단결의 위력은 위대한 김정일동지의 제일유산", 『철학연구』 제3호(루계 제130호), 과학백과사전출판사, 2012, p. 8.

13 김경철, "정력적인 전선시찰로 인민군대를 무적필승의 혁명강군으로 강화발전시키신 위대한 령도", 『김일성종합대학학보(력사, 법률)』 제58권 제2호(루계 제462호), 2012, p. 38.

이렇게 볼 때 김정일주의는 김정일이 남긴 유산이며, 여기의 궁극적인 것은 주체사상을 선군사상으로 발전시킨 것이라는 것이다. 김정일은 주체사상을 김일성주의로 정식화시켰으며, 주체사상을 시대의 기치로 내세우고 선군사상을 높이 치켜들었다. 그리하여 사회역사와 혁명발전에서 군대가 주력군이 되고 기둥역할을 하는 선군사상은 김정일 시대의 지도적 지침이 된 것이다.

제3절 김일성—김정일주의의 체계화

1. 김일성-김정일주의 체계와 내용

북한에서 김정은의 발언, 당 규약, 당 지침 그리고 학자들과 문헌에서 주장하고 있는 김일성-김정일주의의 사상과 내용은 무엇이며 어떻게 구성되어 있는가? 김일성-김정일주의는 사상, 이론, 방법으로 구성되어 있다.

첫째, 김일성-김정일주의는 인민대중의 자주성을 실현하기 위한 혁명사상이다. 이것은 인간의 본성에 내재되어 있는 자주성의 실현을 통하여 사회변혁을 하려는데 근본목적을 두고 있다. 그러므로 이는 인민대중의 창조적 활동에 의한 자주성을 완전히 실현시키는 사회를 건설하려는 사상이다. 김일성-김정일주의는 새로운 사회주의사회건설을 위한 것이고, 더 말할 필요도 없이 거기에는 인민중심의 세계관이 있다.[14] 김일성-김정일주의는 인간의 운명문제에 가장 과학적 해답을 주는 철학적 원리, 사람중심의 새로운 원리에 기초하고 있다. 이같이 김일성-김정일주의는 그 근본을 주체사상에 두고 있다. 주체사상은 사회주의 사회가 인민대중이 주인으로 된 사회라는데 그 본질이 있다. 인민대중이 주인인 사회는 오직 사회주의 사회뿐이다.[15] 김정은도 김일성-김정일주의의 본질은 '인민대중제일주의'라고 2013년 당 제4차 세포비서대회에서 밝히고 있다.

둘째, 김일성-김정일주의의 구성체계는 혁명이론으로 인민대중의 자주성을 실현하기 위한 사회변혁에 관한 이론과 전략전술이다. 혁명이론은 인민대중의 지위와 역할을 바탕으로 해명한 사상의 일반적 합법칙성과 함께, 민족해방과 계급해방을 위한 투쟁, 사회주의건설, 조국의 통일과 세계의 자주화에 관한 이론이 체계화된 것이다. 북한에서는 김일성-김정일주의의 구성체계와 내용을 다음과 같이 몇 가지로 나누어 설명하고 있다.[16] 즉, ① 인민대중의 자주적 지향과 요구에 맞게 투쟁의 목표와 방향제시, ② 사회주의 사회의 본질적 특성과 그 발전의 합법칙성을 새롭게 천명, ③ 주체혁명의 새 시대인 선군시대의 요구에 맞게 선군혁명사상과 선군정치이론의 체계화, ④ 조국통일문제의 본질과 성격·주체·방도 제시, ⑤ 자주성에 기초한 국제관계이론과 새 세계건설에 관한 이론을 포함하고

---

14 ハンドンソン, "金日成·金正日主義の体系と基本內容", 金日成·金正日主義研究會, 『金日成·金正日主義研究』144, 2013, p. 34.

15 김기철, "주체사상에 의한 사회주의와 민주주의의 호상관계에 대한 과학적 해명", 『김일성종합대학학보(철학, 경제학)』 제58권 제3호(루계 제463호), 김일성종합대학출판사, 2012, pp. 25-26.

16 오천일, "김일성-김정일주의는 주체시대를 대표하는 위대한 혁명사상", 『철학연구』 제4호(루계 제131호), 2012, p. 5.

있다는 것이다.

셋째, 김일성-김정일주의의 지도방법은 사회변혁의 주체인 인민대중의 이익을 옹호하는 역할을 높이기 위한 지도방법이다. 김일성-김정일주의는 과학적인 세계관과 혁명이론과 함께 지도방법을 제기하고 있다. 즉, 혁명과 건설에서 제기된 모든 문제를 인민대중의 혁명적 열의와 창조적 적극성을 불러일으켜 그 역할을 최대한 높이고 동시에 해결해 나가고 있다.[17] 주체사상의 자주성 견지, 창조적 방법, 사상을 기본으로 해야 한다는 지도원리에 더하여 혁명과 건설에 인민대중의 지지를 끌어들이는 방법이 내포되어 있다.

이렇게 볼 때 김일성-김정일주의는 김일성주의의 혁명적 계승이다. 김일성-김정일주의는 김일성주의와 마찬가지로 주체의 사상, 이론, 방법의 전일적 체계이다. 김일성-김정일주의는 "로동계급 혁명사상발전의 가장 높은 단계를 이루는 완성된 혁명사상으로서 주체시대, 선군시대의 유일하게 올바른 지도사상, 지도리론, 지도방법"이라고 한다.[18]

또 다른 학자는 "김일성-김정일주의는 사람중심의 철학적원리와 인민대중중심의 사회력사원리, 혁명과 건설의 지도원칙을 비롯해서 혁명적세계관이 담아야 할 모든 원리를 과학적으로 밝혀주고 있다"면서, 이를 좀 더 구체적으로 설명하고 있다.[19] 김일성-김정일주의는 사람중심의 철학적 원리, 사람중심의 세계관에 기초함으로써

---

17 ハンドンソン, "金日成·金正日主義の体系と基本内容", p. 36.

18 오천일, "김일성-김정일주의는 주체시대를 대표하는 위대한 혁명사상", p. 4.

19 최명준, "위대한 김일성-김정일주의는 가장 완성된 혁명의 지도사상", 『철학, 사회정치학 연구』 제2호, 과학백과사전출판사, 2019, pp. 11-13.

인간의 존엄은 최상의 경지에 올라서게 되었다. 이는 인간의 운명문제에 가장 정확한 해답을 주고 인민대중의 운명개척의 가장 올바른 길을 밝혀주는 과학적이고 완벽한 지도사상이다. 사람중심의 철학적원리를 밝혀줌으로써 혁명과 건설에 나서는 모든 문제들을 사람, 인민대중의 리익과 활동의 견지에서 주인으로서 지위와 권리, 책임과 역할을 다하여 올바로 풀어나갈 수 있게 했다. 다음의 인민대중중심의 사회역사원리는 사회적 운동 주체인 인민대중을 중심으로 사회역사발전과 혁명을 보고 대하는 주체적인 관점과 입장을 확립하는 것이다. 혁명과 건설의 지도원칙은 실천적, 전략전술적 문제들을 가장 과학적으로 풀어갈 수 있는 올바른 지도적 지침이며 영도방법이다. 이는 사회주의위업의 종국적 승리를 위한 투쟁으로 인민대중을 힘있게 조직동원할 수 있게 하는 대중영도방법이다. 결국 김일성-김정일주의는 주체사상에 기초하여 사회주의의 위업에 종국적 승리를 위한 혁명이론과 영도방법을 전면적으로 체계화하여 밝혀주고 있다고 한다.

북한에서 김일성주의가 선포되고 당의 유일적사상체계확립의 10대 원칙이 나온 것처럼, 김일성-김정일주의가 나오자 2013년 6월 "당의 유일적령도체계확립의 10대 원칙"이 선포되었다. 여기에서 "김일성-김정일주의기치따라 주체혁명위업, 선군혁명위업 빛나게 계승하자"면서, 김일성과 김정일을 자주시대 지도사상을 마련한 탁월한 사상이론가라 하였다. 그러면서 김일성과 김정일이 한 업적을 설명하고 있는데, 이를 보면 김일성-김정일주의에서 말하려는 것이 무엇인지를 알 수 있다.

김일성의 사상이론가의 업적을 "김일성동지께서는 인류사상사에서 가장 높고 빛나는 자리를 차지하는 영생불멸의 주체사상을 창시하시여 인민대중이 자기운명의 주인으로서 자기운명을 자주적으로 창조적으로 개척해 나가는 혁명의 새로운 길을 열어놓으셨다"고 하였다. 또한 김정일에 대해서도 "김정일동지께서는 정력적인 사상리론활동으로 주체사상을 전면적으로 체계화하시고 주체사상과 선군사상을 발전풍부화하시여 자주시대의 완성된 지도사상으로 뿌리내리게 하시였다"고 칭송하고 있다.

북한에서는 김일성-김정일주의가 "주체시대를 대표하는 위대한 혁명사상이라는 것이 과학적으로 정식화됨으로써 주체시대를 향도하고 자주성을 위한 인민대중의 혁명위업을 끝까지 승리적으로 완성해나가기 위한 영원불멸할 혁명의 지도사상으로서의 력사적지위가 명확히 규정되었다"면서, 김정은이 김일성-김정일주의를 과학적으로 정식화한 것은 시대와 역사 앞에 쌓은 불멸의 업적이라고 하고 있다.[20]

김일성주의나 김일성-김정일주의 모두 그 핵심을 이루는 구성요소에서 공유하고 있는 것은 혁명사상과 주체사상 그리고 선군사상이라는 것을 의미한다. 김정은이 내세운 통치이념이기 때문에 북한 학자들은 선군요소를 배제한 체 김일성-김정일주의를 설명하고 있는 것을 볼 수 있다.

---

20 리광명, "경애하는 김정은동지께서 김일성-김정일주의를 과학적으로 정식화하신 사상리론의 기본내용", 『정치법률연구』 제1호(루계 제49호), 과학백과사전출판사, 2015, p. 10.

2. 김일성－김정일주의화

김일성－김정일주의가 당의 최고의 강령으로 영원한 지도사상으로 된 것은 김정은의 역사적 선언 때문이라고 하였다. 그러면서 온 사회의 김일성－김정일주의화를 매진하는 것이 시대적 사명이라 하였다. “온 사회의 김일성－김정일주의화는 온 사회의 김일성주의화의 혁명적 계승이며 새로운 높은 단계로의 심화발전”이라고 한 김정은의 말을 인용하고 있다.[21] 김정은은 김일성 탄생 100돌 기념 논문 〈위대한 김일성동지는 우리 당과 인민의 영원한 수령이시다〉에서 “김일성－김정일주의를 유일한 지도사상, 영원한 지도적지침으로 삼고 오직 김일성－김정일주의의 요구대로 혁명과 건설을 진전시켜 나가야 한다”고 주장하고 있다. 당의 사상과 이론을 지도하고 연구하는 기관인 사회과학원 60돌을 기념하여 보내는 김정은의 서한에서 구성원들에게 “우리의 사회과학은 온 사회의 김일성－김정일주의화 위업수행에 적극 이바지하여야 한다”고 하였다. 또한 사회과학자들은 ‘모든 문제를 철두철미 김일성－김정일주의를 유일한 지침으로 삼고 풀어나가야 한다’고 제시하였다.[22] 2013년 신년사에서도 김정은은 ‘위대한 김일성－김정일주의’를 내세우면서, 이 기치를 높이 들고 자주의 길, 선군의 길, 사회주의 길을 따라 끝까지 곧바로 나가야 한다고 강조하고 있다.

---

21 손영수, “온 사회의 김일성－김정일주의화는 온 사회의 김일성주의화의 혁명적계승이며 새로운 높은 단계로의 심화발전”, 『철학연구』 제4호(루계 제131호), 과학백과사전출판사, 2012, pp. 2-3.

22 『로동신문』 2012.12.02, 4.

최고인민회의 상임위원장 김영남은 2012년 12월 17일 김정일 1주기 추모사를 통하여 그의 사상·이론적인 면에서 이룬 업적을 최고로 들고 있다. 즉 '김일성의 혁명사상을 김일성주의로 정식화하고 자주시대의 위대한 사상으로 뿌리내리게 했고, 김일성의 총대중시 사상을 선군혁명사상·선군정치이론으로 심화 발전시켜 사회주의 강성국가건설론을 제시했다'는 것이다. 김정은은 금수산태양궁전 개관식의 감사문에서 '김일성—김정일주의를 수령님과 장군님이 한평생 쌓아 올린 고귀한 혁명업적'이라고 하였다.[23]

김일성—김정일주의를 제도적인 부분으로 당의 새로운 지도지침이 제시된 것이 상술한 10대 원칙이다. 제1조에서 "온 사회를 김일성—김정일화 하기 위하여 몸 바쳐 투쟁해야 한다. 온 사회를 김일성—김정일주의화 하는 것은 우리 당의 최고강령이며 당의 유일적령도체계를 세우는 사업의 총적목표이다"라 하였다. 그러면서 "위대한 김일성—김정일주의를 우리당과 혁명의 영원한 지도사상으로 확실히 틀어쥐고나가야 한다"고 주장하고 있다.

북한에서 "김일성—김정일주의의 근본목적은 이 땅에 부강번영하는 주체의 강성국가를 일떠세우는 것이다. 김일성—김정일주의에는 우리가 살게 될 사회주의강성국가의 면모와 특징, 그것을 건설해나가는 근본방향과 원칙적 요구가 뚜렷이 명시되여 있다"고 하면서, "온 사회를 김일성—김정일주의화한다는 것은 결국에 강성국가건설을 힘있게 다그쳐 인민의 모든 꿈과 리상을 빛나는 현실로 꽃피운다

---

23 북한에서는 김정일 사후 금수산기념궁전에 그를 안치하고, 이를 금수산태양궁전으로 명칭을 변경하였다. 김정일 1주기를 맞아 12월 17일 개관식을 거행하였다. 2013년 4월 1일에는 최고인민회의에서 금수산태양궁전법을 제정하기도 하였다.

는 것을 말한다"고 하였다.[24]

북한에서는 김일성—김정일주의화 위업을 실현하기 위한 역사적 단계에 들어섰다고 한다. 온 사회를 김일성—김정일주의화 하는 것은 인민대중의 자주위업과 사회주의위업을 빛나게 완성하는 것이다. 다시 말하면 김일성—김정일주의를 유일한 지도지침으로 하여 혁명을 진전시키며 인민의 이상사회를 건설하고 완성해가는 것이다. 구체적으로 온 사회를 김일성—김정일주의화 한다는 것은 "사회의 모든 성원들을 김일성—김정일주의자로 키우고 정치와 군사, 경제, 문화를 비롯한 모든 분야를 김일성—김정일주의의 요구대로 개조하여 인민대중의 자주성을 실현해나간다"라는 것이다. 이렇게 해야 하는 이유는 김일성—김정일주의가 인민대중의 자주위업, 사회주의위업을 완성하는 길을 밝혀주는 위대한 혁명사상이고 지도지침이기 때문이라 한다.[25]

3. 김일성—김정일주의의 유일영도체계

김일성—김정일주의는 어떻게 생겨난 것일까? 김정은의 자신의 체제를 출범시키기 위하여 자신만의 특별한 통치이념이 필요했지만, 그의 업적이 일천하기 때문에 새로운 것을 내놓기 어려웠다. 그렇기

---

24 『로동신문』 2014. 02. 21, 2.

25 김경애, "온 사회의 위대한 김일성—김정일주의화는 인민대중의 자주위업, 사회주의위업완성의 필수적요구", 『철학, 사회정치학 연구』 제2호, 과학백과사전출판사, 2019, pp. 9-10.

때문에 향후 통치를 위해 선대의 영생화와 자신의 권력승계의 정통성을 포함시킨 김일성—김정일주의를 들고나온 것이다. 김정은으로 혈통세습이 이루어지면서 선대인 할아버지, 아버지의 사상도 계승해야만 했고, 나름의 새로운 사회건설을 위한 통치이념을 제시해야만 했다. 이것을 전부 만족시킬 수 있는 것으로 제시한 것이 김일성—김정일주의이다.[26] 김정은이 2013년 신년사에서 "우리 당과 인민이 나아갈 불변의 진로는 오직 주체의 한길이며 우리 혁명의 백전백승의 기치는 위대한 김일성—김정일주의입니다"라고 하였다.

이기동은 김일성—김정일주의가 통치 이데올로기로서 지속성이 상당히 지속될 것으로 예상하면서, 이는 이미 체계화된 전대수령들의 사상을 계승하는 것이 효과적이라고 판단했기 때문이라 하였다.[27] 김일성—김정일에 대한 최고의 충성과 효성을 보여줌으로써 이들에 대한 충실한 후계자임을 증명하는 의미와 김정은의 위대성 만들기와 백두산 혈통승계의 정당성 부여 측면도 김일성—김정일주의에 담겨있는 것이다.[28] 김근식은 김정은이 '공식 이데올로기로 김일성—김정일주의를 내세워 혈통승계의 정당성을 확보하는 동시에 향후 이데올로기 해석권을 독점하면서 자신의 시대에 새로운 노선을 제시하고 있다'고 하였다.[29]

---

26 김창희, "김정은 체제 구축을 위한 북한의 정치사회화에 관한 연구", 『한국동북아논총』 제18집 제2호, 한국동북아학회, 2013, p. 132.

27 이기동, "김정은의 권력승계 과정과 권력구조", 『북한연구학회보』 제16권 제2호, 북한연구학회, 2012, p. 15.

28 정영철, "김정은 체제의 출범과 과제: 인격적 리더십의 구축과 인민생활 향상", 『북한연구학회보』 제16권 제1호, 북한연구학회, 2012, pp. 2-3.

29 김근식, "김정은 시대의 '김일성—김정일주의': 주체사상과 선군사상의 추상화", 『한국과 국제정치』 제30권 제1호, 경남대학교 극동문제연구소, 2014, p. 82.

이렇게 볼 때 김정일이 자신의 위치를 확고히 하기 위해 김일성주의를 당의 최고 강령으로 선포한 것 같이, 김정은 역시 자신의 체제를 구축하는 과정에서 새로운 이념으로 김일성-김정일주의를 내놓은 것이다. 북한에서 후계자는 전임자의 사상이론적 업적을 고수하고 발전시키는 역할을 하고 있는데, 이것은 자신의 가장 큰 정치적 자산이 된다. 김정일 또한 아버지의 혁명전통을 절대화하고 주체사상을 발전시켜 나가는 과정에서 자신의 권력을 강화시켰다.[30] 김정은의 경우 압축승계가 이루어져 김정일의 선군사상을 나름 체계화할 시간적 여유가 없었다. 그러므로 김일성-김정일주의를 통치이념으로 내세우면서 사상적 승계를 통하여 자신의 유일체계 확립에 하는데 몰두하기 위한 것이었다.

그러면 김일성-김정일주의는 새로운 것인가? 상술한 바와 같이 김일성-김정일주의는 김일성주의의 계승이고 새로운 단계로 심화 발전된 것이라고 하지만, 김정일이 갑작스럽게 사망하면서 김정은 체제를 구축하는 과정에서 새로운 통치이념이 필요했다. 북한은 '김일성은 영생불멸의 주체사상을 창시하여 새로운 혁명의 길을 열었고, 김정일은 주체사상을 체계화하고 선군사상을 발전시키어 지도사상으로 뿌리내리게 하였다'는 주장에 근거를 두고 김일성-김정일주의를 체계화하였다.

---

30 김갑식, "김정은 정권의 출범과 정치적 과제", 『통일정책연구』 제21권 1호, 통일연구원, p. 4.

—

제4절 김정일애국주의와 연계

1. 김정일애국주의의 제기와 내용

1) 김정일애국주의 제기

김일성–김정일주의를 어떻게 구현해 나갈 것인가? 이를 김일성–김정일주의화라고 하는데, 이를 위해서는 김정일애국주의의 교양이 필요하였다. 북한에서는 김정일동지의 유훈을 지켜야 한다는 것뿐만 아니라, 최종목적이 온 사회를 김일성–김정일주의화하여 인민대중의 자주성을 실현하는 것이라 하고 있다. 로동신문의 사설 '온 사회의 김일성–김정일주의화를 힘있게 다그쳐나가자'에서, 전체 인민들이 김일성–김정일주의화를 실현해 가는 중대한 시기에 살고 있기 때문에 역사적 사명감과 자부심을 가지고, 이를 위한 일대의 사상전과 정치사상공세를 힘있게 벌여야 한다고 주장하고 있다.[31]

여기에서 제기되는 것이 김정일애국주의로 김정은이 이를 직접 창안·발기했다고 한다.[32] 김정일애국주의가 등장한 것은 로동신문의 '위대한 김정일애국주의 기치 높이 내 나라, 내 조국의 부강한 번영을 위하여 힘차게 일해나가자'에서였다. 로동신문 2-3면에 걸쳐 이 긴 제목을 싣고, 몇 개의 하위제목[33] 글에서 김정일애국주의를 설

---

31 『로동신문』 2012.05.25, 1.

32 김정은이 2012년 3월 2일 달리는 야전열차 안에서 직접 창안했다고 한다. 『로동신문』 2012.05.30, 1.

33 여기에는 "절세위인의 한생의 리념" "숭고한 후대관으로 일관된 애국주의" "휘황한 미래를 밝힌 위대한 설계도"라는 제목 하에, 김정일애국주의의 내용이 어떤 것이고

명하고 강조하고 있다.[34] 이렇게 처음으로 제기된 김정일애국주의는 계속해서 북한에서 인민들을 독려하는 중요한 담론으로 사용되고 있다.

김정은은 2012년 7월 26일 당중앙위원회 담화 〈김정일애국주의를 구현하여 부강조국건설을 다그치자〉에서 처음으로 김정일애국주의를 언급하고 공식화하였다.[35] 그는 여기에서 그동안 기회가 있을 때 자신이 김정일애국주의를 강조하였지만, 이에 대하여 잘 이해하지 못하고 있을 뿐만 아니라 실천활동을 위한 사업도 올바르게 해나가지 못한다고 지적하였다. 김정일애국주의는 구호나 깃발을 들고 나가라는 것이 아니라, 김정일이 보여준 숭고한 모범을 따라 배우고 실천하는 것에 목적이 있다는 것이다.

이를 놓고 북한에서는 "경애하는 김정은 동지께서는 위대한 장군님께서 한평생 마음속에 소중히 안고 계신 조국과 인민에 대한 열렬한 사랑과 헌신의 사상감정을 김정일애국주의로 명명하시고 그 본질적 내용에 대한 전면적이고 완벽한 해답을 주시었다"고 한다.[36]

2) 김정일애국주의 내용

김정은이 말하는 김정일애국주의는 애국의 정신과 실천을 말하는 것으로 그 핵심은 '조국관, 인민관, 후대관'이다. 북한은 '김정일애국

후대관은 무엇이며 그 실행의 예를 들고 있다.

34 『로동신문』 2012.05.12, 2, 3.

35 『로동신문』 2012.08.03, 1, 2.

36 리성환·박길성, 『조국번영의 위대한 기치 김정일애국주의』, 평양: 사회과학출판사, 2013, p. 7.

주의가 사회주의적애국주의의 최고정화로 수령중심의 조국관, 이민위천의 인민관, 미래사랑의 후대관에 기초하고' 있다고 주장하고 있다.[37]

(1) 조국관

김정일의 조국관은 무엇인가? 조국이란 '인민의 자주적이며 창조적인 보람찬 삶과 후손만대의 행복이 되는 요람'인데, 일제에 빼앗긴 조국을 찾아 건국을 한 사람이 김일성 수령이라는 것이다. 그러므로 김정일은 "우리 인민에게 있어서 조국은 수령님이시며 수령님은 곧 조국입니다"라고 했다는 것이다. 김정일애국주의는 김일성 민족의 영원한 넋이고 숨결이며 부강조국건설의 원동력이다.[38] 수령의 헌신에 의하여 인민들의 참된 삶과 후손만대의 영원한 행복을 가져온다는 것이다. 특히 김정은은 "위대한 장군님께서 한생을 애국의 마음으로 불태우시며 험난한 길을 헤쳐오신 애국헌신의 장정은 우리 조국의 면모를 일신시키고 부강조국건설의 만년초석을 마련했다"고 한다. 조국과 인민의 운명은 수령과 떼어 놓고 생각할 수 없다고 하면서, '조국에 헌신하는 것은 수령에 충성하는 것이고 수령에 대한 충성이 애국심의 발현이고 애국주의의 최고의 표현'이라고 김정은은 주장한다. 조국관은 수령은 국가이고 애국심이란 수령에 충성하는 것을 의미한다. 김정일은 '우리 인민의 애국 전통가운데 수령에 대한 충실성의 전통을 가장 귀중히 내세워 대를 이어 영원히 계승나가도록'하였고, '수령에 대한 충실성, 수령결사옹위는 우리인민

---

37 리성환·박길성, 『조국번영의 위대한 기치 김정일애국주의』, p. 26.

38 『민주조선』 2013.01.02, 1.

의 자랑스런 애국전통'이라고 했다. 그러므로 여기에서 말하고자 하는 것은 "수령결사옹위에 최대의 애국도 최대의 충정도 있다"로 이야기할 수 있다.[39] 이렇게 볼 때 조국관은 수령결사옹위정신으로 김정일애국주의의 핵심이라 볼 수 있다.

(2) 인민관

김정일애국주의는 인민을 하늘처럼 여기는 숭고한 인민관에 바탕을 두는 것으로 사회주의애국주의의 최고정화이다. 김정일의 인민관은 인간중심의 철학관으로 인민의 이익을 모든 것의 중심에 놓고 풀어간다는 것이다. 사회주의는 인민의 생명이며 생활이다. 그러므로 인민생활을 향상시켜 우리식 사회주의의 우월성을 높이 떨치려는 것이 김정일의 애국의 의지였다는 것이다. 여기에는 인민에 대한 절대적인 믿음과 사회주의제도의 정당성과 사회주의위업의 승리에 대한 확고부동한 믿음이 새겨져 있다는 것이다. 즉, 오직 사회주의 사회만이 착취와 압박이 없고 사람들이 자유롭고 평등하게 살며, 인민대중의 자주적이며 행복한 삶이 실질적으로 보장된다고 주장했다. 이러한 것을 바탕으로 김정일은 '조국에 대한 사랑과 헌신은 인민에 대한 사랑과 헌신이라는 애국지침'을 마련했다고 한다.[40] 그러므로 조국과 인민에 대한 뜨겁고 열렬한 사랑, 사회주의 조국의 부강 번영과 인민의 행복을 위한 가장 적극적이고 희생적인 헌신이 바로 김정일애국주의라는 것이다.[41] 김정은은 이러한 김정일의 인민

---

39 리성환·박길성, 『조국번영의 위대한 기치 김정일애국주의』, pp. 36-37.

40 리성환·박길성, 『조국번영의 위대한 기치 김정일애국주의』, pp. 48-49.

41 김정일 사망 이후 그를 추모하는 글에서 "인민생활이라는 말만 외워도 우리는 위대

관이 자신의 것과 일치한다는 것을 말하고 있다. 김정은은 "세상에서 제일 좋은 우리 인민 …… 다시 허리띠를 조이지 않게 하며 사회주의부귀영화를 마음껏 누리게 하자"는 것이 자신의 확고한 결심이라고 하였다. '인민을 최우선, 절대적으로'가 김정은의 모든 사색과 활동의 출발점이고 정치의 본질이며 최고의 원칙이고 목표라는 것이다.[42] 김정일의 인민에 대한 사랑을 계속 이어가, 자신이 인민이 사랑하는 영도자가 되겠다는 것이다.[43] 그러므로 당의 일군들도 이러한 인민관을 지니고 인민을 위하여 일하는 참된 일군이 되어야 한다는 것이다. 2013년 신년사에서 일군들은 "'모든 것을 인민을 위하여, 모든 것을 인민대중에 의거하여!'라는 구호를 높이 들고 헌신적으로 투쟁하여야 합니다"라고 독려하고 있다. 이것이 김정일애국주의의 인민관이다.

(3) 후대관

애국은 조국과 인민을 위한 것인 동시에 후대들을 위한 아름답고 숭고한 위업이다. 참다운 조국은 오늘의 세대뿐 아니라 후손만대의 영원한 행복이 담보되는 곳이다. 그래서 조국을 위해 헌신하는 것은 후대들을 위해 헌신한다는 것을 의미한다.[44] 후대관에 대하여 김정

한 장군님의 평생로고를 가슴저리게 새겨안게 된다"하였다. 또한 "생애의 마지막 나날까지 인민생활향상기지들을 쉬임없이 찾으셨다"하여 현장지도를 하다가 열차에서 사망했다는 것을 강조하고 있다. 『로동신문』 2012.08.09, 1. 김정일의 4.6 담화에서도 김정일이 인민의 행복을 위하여 한평생을 다바쳤다고 강조하고 있다.

42 『로동신문』 2012.06.02, 1.

43 김창희, "김정은 체제 권력구조와 정치행태 분석", 『통일전략』 제13권 제1호, 한국통일전략학회, 2013, pp. 120-122.

44 리성환·박길성, 『조국번영의 위대한 기치 김정일애국주의』, pp. 56-57.

은은 "무슨 일을 하나 하여도 자기 대에는 비록 덕을 보지 못하더라도 먼 훗날에 가서 후대들이 그 덕을 볼 수 있게 가장 훌륭하게, 완전무결하게 하여야 한다는 것이 장군님의 숭고한 뜻이였으며 늘 간곡한 당부였습니다"라고 말하고 있다. 오늘은 어렵더라도 인민의 염원이 활짝 꽃 필 내일을 위해 애국의 피와 땀을 아낌없이 바친다는 것이 후대관이라는 설명이다.[45] 김정일은 새 세대를 훌륭히 키우는 것을 당과 국가의 중대사로 놓고 후대 육성사업에 커다란 심혈과 노고를 바쳤다는 것이다. 김정일은 "청년들을 단순히 혁명의 후비대로서만이 아니라 대를 이어 혁명을 계속할 숭고한 사명을 지니고 있는 혁명의 계승자, 혁명을 앞장서 이끌어나가야 할 청년전위"로 보았다. 그리하여 후대들에게 생활을 위한 물질적 재부도 넘겨주어야 하지만, 혁명의 대를 이어나가 갈 수 있도록 고귀한 정신도덕적 재부를 물려주는 것이 더 중요하다는 것이다. 김정일의 세련된 영도와 극진한 보살핌으로 청년들이 당과 수령을 맨 앞장에서 결사옹위하는 청년전위로 자라게 했다는 것이다.[46] 이를 볼 때 후대관은 청년 김정은의 통치에 대한 정당화와 그를 옹위하여 지속적으로 혁명을 이어나가야 한다는 것이다.

김정은은 김정일의 애국·애민을 강조하면서, 자신의 통치 정당성을 내세우고 인민들의 실행을 독려하였다. 김정은이 김정일애국주의를 직접 언급하고 이의 실행에 대한 문제점을 지적하자, 로동신문은 사설 〈온 나라에 김정일애국주의의 열풍을 세차게 일으키자〉를 통하여 이를 부각시켜나갔다. 여기에서는 김정은의 담화를 '불후의

45 안문석, 『김정은의 고민』, 서울: 인물과 사상사, 2012, p. 74.

46 리성환·박길성, 『조국번영의 위대한 기치 김정일애국주의』, pp. 67-69.

고전 로작'이라고 하면서, 인민들이 심장에 새기고 구현해야 할 삶과 투쟁의 교과서라 하고 있다. 그리고 이것이 가지는 의미를 "김정일애국주의는 이 땅에 태를 묻은 모든 사람들에게 있어서 없어서는 안 될 소중한 사상정신적량식이며 애국의 용기를 안겨주고 투쟁의 활력을 부어지는 힘 있는 원동력이다"라 하고 있다.[47]

2. 김일성-김정일주의와 김정일애국주의의 연계

로동신문 '김정일애국주의교양을 강화하자'에서는 김정일애국주의 교양은 온 사회를 김일성-김정일주의화하기 위한 사업의 일환이라고 한다.[48] 이렇게 처음으로 김일성-김정일주의와 김정일애국주의를 연계시켜 제기한 후 이 주장은 계속 이어졌다. 이를 내용과 방법의 측면에서 규명해 보면 다음과 같이 설명할 수 있다.

내용에서 보면 김일성-김정일주의의 가장 기본적인 것은 김일성의 혁명이론이고 이를 주체사상으로 승화시키면서 김일성주의가 되었다는 것인데, 이는 김정일애국주의의 조국관·인민관과 연결되는 것이다. 김정일애국주의의 뿌리는 김일성의 혁명사상에 시원을 두고 있고 사람중심의 세계관에 기초하고 있다. 특히 인민대중의 절대적인 신뢰와 지지를 받고 주체혁명의 대를 굳건히 이어왔다고 한다. 이것은 "김정일애국주의의 본질적 특징과 절대적 우월성, 불패의 위력과 감화력, 보편성과 영원성은 주체사상과 선군사상으로부터 우

47 『로동신문』 2012.08.09.

48 『로동신문』 2012.05.21, 1.

러나온다"는 표현에서도 알 수 있다.[49] 그리하여 김정일애국주의에는 자주시대를 대표하는 유일한 지도사상인 주체사상과 선군사상이 맥박치고 있다는 것이다.

김일성-김정일주의의 지도방법에는 혁명적 지도의 본질원칙, 영도의 지도체계, 혁명적 지도방법과 인민의 활동작풍 등 인민대중을 혁명과 건설에 동원하는데 제기되는 모든 문제가 집대성되어 있다고 한다.[50] 결국 이것을 구현하기 위해서 필요한 것이 김정일애국주의라고 할 수 있다. 김정일애국주의는 애국위업의 모든 단계, 모든 부분과 영역에서 그리고 모든 일들을 최상의 수준에서 풀어가게 할 수 있는 만능의 보검이라고 생각하고 있기 때문이다.

그러면 지도방법에서 김정일애국주의를 어떻게 연결시켜 풀어나가자는 것인가? 바로 여기에 동원의 문제가 있다. 후대관이 김정은의 정통성의 강조와 현재는 어렵더라도 보다 나은 미래를 위하여 헌신적으로 일심동체가 되어야 한다는 것이다. '새로운 주체 100년'을 시작하면서 전체 인민들은 김정은을 따라 총공격전을 벌여나가자는 것이다.

북한은 오늘의 시대가 김정은의 영도 밑에 새로운 변혁이 일어나는 장엄한 시대라 하면서도, 김정은의 시대정신은 인민생활향상과 경제강국건설에서 개혁이나 개방보다는 구호의 정치경제를 차용하였다. 인민들의 애국심을 불러일으키고 애국적 열의에 의거하는 대중동원방식으로 체제안정을 위해 기존 김정일의 방식을 유지하고 있는 것이다.

---

49 『로동신문』 2012.06.21, 2.

50 ハンドンソン, "金日成・金正日主義の体系と基本内容", p. 37.

김정은은 김정일애국주의를 깊이 심어주기 위한 교양사업을 강조하였다. 즉, '애국주의교양을 강화하여 모든 당원과 근로자, 군인과 청소년 학생들이 이의 참뜻을 잘 알고 가슴 깊이 간직하도록 하여야 한다'는 것이다. 김정은에 대한 충성과 '김정일애국주의'에 대한 강조는 각종 행사를 통해 이루어지고 있다. 소년단 창립절, 전국어머니대회, 청년절 등 오랫동안 개최되지 않은 행사를 다시 개최하거나, 여기에서 김정은의 존재감을 각인시키고 김정일애국주의로 무장을 강조하면서 체제결속을 도모하였다.[51]

김정은은 청년절 축하문에서 "최후승리를 위한 오늘의 투쟁은 위대한 김정일애국주의를 구현하여 세상에서 두려운 것이 없는 당당하고 강대한 나라, 전체 인민이 사회주의 부귀영화를 누리는 인민의 락원을 건설하기 위한 성스러운 애국투쟁입니다"라 하면서, 김정일애국주의로 심장을 불태우는 수백만 청년들의 힘은 무궁무진하고 막강하다 하였다.[52] 또한 사회과학원창립 60주년 기념 서한에서도 그는 '사회과학원의 과학자와 일군들은 온 사회의 김일성－김정일주의화 위업수행에 이바지하여 김정일애국주의자가 되어야 한다'고 강조하고 있다.

2013년 신년사가 발표된 이후에 '위대한 김일성－김정일주의기치' 높이 들어 관철하자는 각 도당 군중대회가 각지에서 개최되었다.[53] 1월 5일 평양시 군중대회를 시발로 6일에는 평안남도, 평안북

---

51 한승호·이수원, "김정은 시대의 새로운 구호 '김정일애국주의' 의미와 정치적 의도", 『국방정책연구』 제29권 제2호, 한국국방연구원, 2012, pp. 123-124.

52 『로동신문』 2012. 08. 28, 3.

53 김정은은 조선중앙TV를 통해 2013년 1월 1일 직접 신년사를 발표하였다. 북한의 신년사는 김일성의 사망 다음 해인 1995년부터 2012년까지 로동신문, 민주조선, 청

도, 자강도, 황해남도, 황해북도, 함경북도에서 군중대회가 진행되었다. 여기에서 김일성-김정일주의기치 높이 들고 김정은동지의 영도따라 김정일애국주의를 구현을 위해 힘차게 싸워나가자고 강조하고 있다.[54]

3. 김정일애국주의의 실행-1970년대 시대정신 재현과 당중심의 동원

김정은의 김정일애국주의에 대한 강조는 계속되고 있으며, 그가 보여주는 통치행태도 그 일환이었다. 북한에서 계속 필요한 것은 제2의 천리마운동과 같은 노력동원운동이고, 김정은이 이를 위하여 인민들 속으로 파고 들어가는 통치행태를 보여주었다. 북한에서는 1970년대를 계속해서 언급하며 당시의 시대정신과 투쟁정신을 강조하고 있다. 오늘의 시대가 요구하는 시대정신은 1970년대 당시의 수령의 후계자였던 김정일의 절대적 충성과 수령의 위업을 계승하고 있으므로 그의 정책을 믿고 따르라는 것이다. 1970년대 시대정신의 구현이 바로 김정일애국주의의 실천이라는 것이다. 북한은 김정일 체제가 지향해야 할 시대정신으로 40년 전 김정일 후계체제 구축기의 모델을 답습하자고 하였다.[55]

김정은이 2013년 신년사에서 당 조직의 기능과 역할을 더욱 고양

년신보에 공동사설이라는 보도로 대신하였다. 그러므로 19년 만에 김일성이 했던 것 처럼 신년사를 김정은이 직접 육성으로 발표한 것이다.

54 『민주조선』 2013.01.08, 1.

55 전미영, "김정은 시대의 정치언어: 상징과 담론을 통해 본 김정은 정치", 『북한연구학회보』 제17권 제1호, 북한연구학회, 2013, pp. 22-24.

시켜야 한다고 하면서 강조한 것 역시 김정일애국주의이다.[56] 즉, "당사업을 1970년대처럼 화선식으로 전환시키고 김정일애국주의를 실천활동에 철저히 구현하도록 하는데 당사업의 화력을 집중해야 한다"고 하였다. 그러면 1970년대의 화선식이란 무엇인가? 로동신문 사설 "당사업을 1970년대처럼 화선식으로 전환시키자"에서 이에 대해 설명하고 있다. 1970년대는 전당과 온 사회의 김일성주의화가 전면에 나서고 그 실현을 위한 투쟁의 시대였다. 1970년대 당사업은 화선식이라는데 근본적인 특징이 있다.[57] 그 당시 인민들이 보여주었던 뜨거운 열정을 재현하자는 것이다.

김정일애국주의와 당의 강화는 당 사업에서뿐만 아니라 통치체계에서도 변화를 보여준다. 이는 김정일의 개인통치에서 김정은의 당 중심 시스템 통치로의 전환을 의미하는 것이다. 여기에는 여러 가지 이유가 있으나, 그가 젊은 지도자이기 때문에 카리스마적 리더십보다는 제도적 리더십을 택했기 때문이다. 권력의 공고화를 위해 제도의 활용과 역할 분담을 통한 김정은 특유의 지도 방식을 택한 것이다.[58] 북한에서는 '우리 당과 혁명의 영도 중심은 경애하는

56 여기에서 2013년을 '김일성—김정일주의기치따라 새로운 주체 100년대의 승리와 영광의 년대'라 하였다. 구체적으로 "새해 2013년은 김일성, 김정일 조선의 새로운 100년대의 진군길에서 사회주의강성국가의 전환적국면을 열어나갈 거창한 창조와 변혁의 해입니다"라 하고 있다.

57 당사업은 결사전에 나가는 용사들의 심장을 뜨겁게 달구듯이 빈구호나 군더더기가 없이 산 현실속에서 실감있게 진행된 화선식이었다. 화선식당사업은 지도와 대중을 하나로 결합시켜 혁명대오의 통일단결을 불패의것으로 다져나가게하는 위력한 보검이다. 당사업을 화선식으로 전환시켜나간다는 것은 위대한 장군님께서 창조하신 당사업방법을 따라배운다는 것을 의미한다. 『로동신문』 2013.01.15, 1.

58 정성임, "김정은 정권의 제도적 기반: 당과 국가기구를 중심으로", 『통일정책연구』 제21권 2호, 통일연구원, 2012, p. 52.

김정은 동지이며, 비범한 예지와 정력적인 사상이론활동으로 김일성-김정일주의를 견결히 옹호하며, 이 기침 밑에 당을 이끌고 계신다'고 하고 있다.[59] 당을 통한 통치와 사업은 중앙당뿐만 아니라 지방당 그리고 말단 조직의 정비와 제도화에까지 미치고 있다.

2013년 1월 23일에는 "조선로동당 중앙위원회 정치국 보도"를 통하여, 정치국의 결정서 〈조선로동당 세포비서대회를 제도화할 데 대하여〉를 채택하고 공표하였다. 여기에서 당세포는 당의 말단 기층조직으로 군중을 당과 혈연적으로 이어주는 기본단위라 하면서, 그동안의 세포비서대회를 1, 2, 3차로 규정하고 '당 제4차 세포비서대회'를 소집하였다. 28일 치러진 대회에서 김정은은 '현재 당세포의 가장 중요한 과업은 당원들을 참다운 김일성-김정일주의자로 준비시키는 것'이라 하였다. 그리고 '당세포가 김정일애국주의의 열풍을 일으키기 위한 조직정치사업을 벌려나가야 한다'고 강조하였다. 김정은은 중앙당 조직과 지방당 조직뿐만 아니라, 가장 말단조직인 당세포조직의 중요성을 강조하면서 그들의 활동을 독려하면서 체계화를 꾀하였다.

북한에서는 김정일의 젊은 시절인 1970년대 당사업을 했던 것처럼, 당 전체가 그 뜨거운 열정을 재현해 나가자는 것이다. 청년 김정은의 영도 밑에 김정일애국주의로 부강한 조국을 건설해 나가자는 것이다. 다음의 주장을 보면 김정일애국주의가 의도하는 바가 무엇인지를 알 수 있다.[60] 즉, "김정일애국주의가 전체 인민의 사상의지

---

59 주일웅, "경애하는 김정은 동지는 우리 당과 혁명의 단결의 중심, 령도의 중심", 『김일성종합대학학보(철학, 경제학)』 제58권 제3호(제463호), 김일성종합대학출판사, 2012, p. 13.

가 되고 투쟁기풍이 되고 생활방식으로 체질화된 것이 강성국가이다. 천만군민이 김정일애국주의를 실천활동에 철저히 구현해나갈 때 누구나 수령결사옹위의 투사가 되고 부강조국건설에 자기의 고귀한 피와 땀, 량심을 바쳐 고결한 애국자, 량심의 인간이 될 수 있다"라는 것이다. 김정일애국주의는 인민대중들이 수령 후계자인 김정은을 결사옹위하면서, 이 한 몸 다 바쳐 조국의 부강을 위해 충성하자는 것으로 요약할 수 있다.

—

제5절 김정은 시대 통치이념의 분석과 함의

1. 김일성—김정일주의의 분석

북한은 통치이념을 지도사상이라 하고 김정은의 지도사상으로 '김일성—김정일주의'를 내세웠다. 김정일이 김일성의 혁명사상과 주체사상을 김일성주의로 발전시켰고 이를 바탕으로 선군사상을 정립하였는데, 이것을 합법칙적으로 체계화한 것이 바로 김일성—김정일주의라는 것이다. 김정은이 독창성과 정당성이 있는 김일성—김정일주의를 제기함으로써 사회를 새로운 역사적 단계로 올려놓았다고 한다. 그러므로 북한은 언론보도나 문헌을 통해 "위대한 100년대가 시작되는 역사의 분수령에서 김일성—김정일주의의 기치를 추

60 리성환·박길성, 『조국번영의 위대한 기치 김정일애국주의』, p. 207.

켜든 경애하는 김정은동지의 사상과 령도를 따라야 한다"는 주장을 펴고 있다.[61] 김정일 시대에 2012년은 '강성대국완성의 해'라고 하며 인민대중에게 희망을 주면서 나름 매진하였지만, 정치와 경제는 대국이나 완성이라는 표현을 쓸 수 있는 상황은 아니었다. 김정은은 '사회주의강성국가'를 내세우며 이를 달성하기 위한 새로운 지도적 지침으로 김일성-김정일주의를 제시하였다.

김일성-김정일주의가 추구하는 목표는 사회주의강국건설이다. 김정은은 사회주의 강국건설은 김일성-김정일주의 국가건설사상을 철저히 구현함으로써만 빛나게 완성될 수 있다고 강조하였다. 김일성-김정일주의 국가건설사상에는 자주적인 사회주의국가 발전시켜온 위대한 수령 김일성과 위대한 영도자 김정일의 국가건설사상과 업적이 집대성되어 있다. 이렇게 함축된 국가건설사상에는 사회주의위업을 완성하기 위한 방향과 방법이 명시되어 있다. 그러므로 북한에서는 김일성-김정일주의를 확고하게 지도적 지침으로 틀어쥐고 국가건설과 활동에서 근본적인 전환을 가져와야 부국강병의 사회주의국가가 될 수 있다고 한다.

김일성-김정일주의는 김일성과 김정일의 업적과 사상을 연결시켜 인민들의 통합성과 동원을 극대화하려 하고 있는 것을 알 수 있다. 북한의 정치과정이 이같이 위로부터의 조직화나 통제에 의하여 진행되고 있으나, 인민들의 동의나 마음을 잡지 않고서는 성공하기 어렵다. 그러므로 김일성-김정일주의는 인민대중의 자주성을 실현하기 위한 혁명사상으로서 사회 변혁을 위한 구성 체계와 내용을

61 여기서 위대한 백년대가 의미하는 것은 2012년이 김일성 탄생 백주년이기 때문에, 이를 기점으로 또 다른 100년이 시작한다는 것이다.

포함하는 동시에 사회변혁의 주체인 인민대중의 이익을 높이기 위한 지도방법을 내포시켰다.[62] 이것이 사람중심의 철학적 원리이고 인민대중중심의 사회역사원리인데, 인민대중의 혁명적 열의와 창조성을 불러일으키는 지도방법으로 그 역할을 높여나가는 것이다. 김일성-김정일주의는 사회주의위업을 실현하는 국가건설과 혁명의 지도원칙과 세계관을 담고 있어 합법칙이고 과학적인 이데올로기라고 한다.

이를 온 사회에서 지도적 지침으로 삼고 실행하는 것이 김일성-김정일주의화이다. 김일성-김정일주의를 구현하기 위한 수단으로 내세운 것이 김정일애국주의이다. 김정일애국주의의 핵심인 조국관·인민관·후대관을 인민대중에 연결시켜 조국과 수령에 대한 충성과 헌신과 사랑을 요구하였다. 김정은은 조국의 부강번영을 위하여 인민을 최우선으로 하는 김정일애국주의를 실현하겠으니, 자신을 믿고 따르라는 것이다. 새로이 개정된 〈당의 유일적령도체계확립의 10대 원칙〉도 이러한 측면으로 볼 수 있다. 김일성은 주체사상과 혁명사상을 근간으로 '조국'을 건설하였고, 김정일은 선군혁명사상으로 사회주의강성국가의 위업을 달성했다는 것이다. 북한에서는 "주체사상, 선군사상의 기치 밑에 개척되고 승리적으로 전진하여온 우리 혁명은 오늘 새로운 높은 단계에 들어섰다"면서, 이제 온 사회에 김일성-김정일주의가 뿌리를 내리게 해야 한다고 주장한다.[63]

---

62 통일부 통일교육원, 『2014 북한이해』, 통일부 통일교육원, 2014, p. 44.

63 홍일명, "온 사회의 김일성-김정일주의화는 온 사회의 김일성주의화의 새로운 높은 단계에로의 심화발전", 『사회과학원학보』 제2호(루계 제87호), 사회과학출판사,

북한에서는 '우리는 위대한 김일성동지와 김정일동지를 변함없이 높이 받들어 모시고 김일성-김정일주의 기치따라 주체혁명위업, 선군혁명위업을 빛나게 계승하여 완성해 나가는 역사적 시대에 살며 투쟁하고 있다'고 하여, 김일성-김정일주의의 계승성과 혁명성에 의미를 부여하고 있다. 그러므로 "모든 일군들과 당원들과 근로자들은 온 사회의 김일성-김정일주의화의 요구에 맞게 경애하는 김정은동지의 령도따라 자주의 길, 선군의 길, 사회주의의 길을 따라 억세게 싸워나가야 할 것이다"고 주장한다.[64] 북한은 "조선로동당이 새로운 주체 100년대에 선군혁명의 위대한 향도자로서 그 위용을 떨칠 수 있는 근본요인은 경애하는 김정은원수님을 진두에 높이 모시는데 있다"고 하고 있다.[65]

2. 김일성-김정일주의의 함의

김일성은 주체사상을 창시하여 인민이 자주적·창조적으로 나갈 수 있는 새로운 길을 열어 놓았고, 김정일은 주체사상을 체계화하고 주체사상과 선군사상을 발전시켜 자주시대의 완성된 사상으로 뿌리내리게 했다. 그러므로 주체사상과 선군사상은 김일성-김정일주의의 사상이론적 기초이다.[66] 김정은은 '수령님과 장군님의 업적'을 그

2015, p. 13.

64 홍일명, "온 사회의 김일성-김정일주의화는 온 사회의 김일성주의화의 새로운 높은 단계에로의 심화발전", p. 13.

65 『로동신문』 2014. 01. 06.

66 김춘근, "우리 시대 완성된 혁명의 지도사상으로서의 김일성-김정일주의의 특별

대로 이어받아 당과 국가의 혁명과 건설에서 최선을 다해야 했다. 김정은이 후계자로서 정통성을 구축하고 인민통합을 위해서는 자신의 할아버지와 아버지를 벗어나지 않고 유지하는 것이 최선이라고 생각했을 것이다. 김정은은 수령의 사상적 업적을 고수하고 발전시켜야 한다는 생각에서 통치이념으로 김일성–김정일주의를 공식화시켰다. 정치에서 계승성을 보장하는 것은 사회주의 정치의 필수 요구이고, 이것이 당의 사상과 유일성을 보장해 줄 수 있다는 논리에 대한 신념에서일 것이다.

북한에서는 김정은이 '당의 지도사상을 김일성–김정일주의로 천명하고 온 사회의 김일성–김정일주의화를 당의 강령으로 선포하여, 당을 유일적 영도체계가 확고히 서게 하고 조직성과 규율성이 강하며 인민대중 속에 깊이 뿌리내린 혁명적 당으로 강화 발전시켰다'고 하고 있다.[67] 이것은 당을 중시하는 김정은의 정치를 다시 확인시키는 것이고, 당을 완전체로 만드는 것이 김일성–김정일주의화이다. 2016년 당 제7차대회 당규약서문은 종전에 "조선로동당은 위대한 김일성동지와 김정일동지의 당이다"에서, "조선로동당은 위대한 김일성–김정일주의 당이다"로 바뀌었다.

김정은은 김일성–김정일주의화가 북한의 역사를 한 단계 끌어올려 새로운 사회주의강성국가로 발전할 것이라고 하고, 김정일애국주의를 내세워 인민대중의 동원적 지지를 끌어내는 나름의 발전전략을 펼쳐나갔다. 그러나 '새로운 김정은 시대'를 제시하면서 김일

한 력사적지위", p. 28.

67 허철수, "선군혁명위업은 필승불패의 혁명위업", 『김일성종합대학학보 철학, 경제학』 제61권 1호(루계 제493호), 김일성종합대학출판사, 2015, p. 20.

성–김정일주의를 당의 지도사상으로 내세우고 있는 것은, 자신의 특별한 업적이 마련된 단계가 아니기 때문이다. 김정은은 일단 자신의 통치이념을 신속히 내세움으로써 체제의 안정화를 도모하였다. 그러므로 북한에서 김일성–김정일주의는 지속성을 가지고 체계화해 나갈 것이지만, 김정일애국주의는 현상을 타개해 나가는 유력한 수단이었다. 실제로 김정일애국주의교양은 위대성교양, 신념교양, 반제계급교양, 도덕교양과 함께 북한의 5대교양으로 남아 있다.

김일성–김정일주의는 체계화 작업이 계속되고 있으면서, 온 사회의 김일성–김정일화가 인민의 사상뿐만 아니라 정치, 경제, 문화 등에서도 개조되어 사회주의강국으로 거듭나고 있다고 한다.[68] 온 사회의 김일성–김정일주의화하기 위한 투쟁을 통하여 사회의 모든 성원들을 참다운 김일성–김정일주의자로 키우기 위한 인간개조와 사상개조사업이 힘있게 진행되고 사회주의적 주체가 철통같이 다져져 정치사상강국의 위력이 백방으로 강화되었다고 한다.

2019년 4월 11일부터 12일까지 열린 최고인민회의 제14기 1차 회의에서는 헌법이 개정되어 국무위원회의 역할이 확대되었고, 김정은이 국무위원장에 재추대되었다. 김정은은 시정연설에서 "온 사회의 김일성–김정일주의화의 기치를 높이 들고 사회주의위업을 완성하는 것은 공화국정부앞에 나서는 중대한 력사적임무입니다. 온 사회의 김일성–김정일주의화는 우리 당과 공화국정부의 최고강령이며 사회주의국가건설의 총적방향, 총적목표입니다"라고 확실하게 재천명하였다. 개정헌법의 제3조는 "조선민주주의인민공화국은 위

---

68 김경애, "온 사회의 위대한 김일성–김정일주의화는 인민대중의 자주위업, 사회주의위업완성의 필수적요구", p. 10.

대한 김일성-김정일주의를 국가건설과 활동의 유일한 지도적지침으로 삼는다"로 바뀌었다.

사회주의강국은 국력이 강하고 끝없이 융성번영하며 인민들이 세상에 부러움이 없는 행복한 생활을 마음껏 누리는 부국번영의 강국이다. 북한은 정치와 군사, 경제와 문화 등 사회의 모든 분야에서 김일성-김정일주의의 요구대로 개조하는 사업이 강력하게 진행되고 있다고 한다. 제국주의와의 치열한 대결 속에서 과학기술강국에 선차적 힘을 넣어 성과를 거두었으며, 인민경제는 주체화, 현대화, 과학화가 힘있게 추진되고 있다. 나머지 분야에도 전면적으로 개화 발전하여 인민생활이 전에 비하여 월등히 높아져 인민들이 높은 수준의 물질 문화생활을 누릴 수 있다고 주장한다. 이처럼 김일성-김정일주의는 사회생활의 모든 분야를 인민대중의 자주적 지향과 요구에 맞게 혁명적으로 개조 변혁하여 사회주의문명강국을 건설하는 것이다. 북한은 자신들이 건설하고 있는 사회주의강국은 김일성-김정일주의가 완전히 구현된 사회이다. 그러므로 김정은의 영도에 따라 온 사회를 김일성-김정일주의화를 위한 투쟁을 심화시켜 하루빨리 인민의 이상사회를 건설해야 한다고 주문하고 있다.

제3부

주석·국방위원장·국무위원장과 헌법

제7장 정치체제와 김일성 주석

제8장 국방위원장 중심제와 김정일 국방위원장

제9장 정상국가와 김정은 국무위원장

제7장

정치체제와 김일성 주석

—

제1절 정치체제와 권력구도

1. 북한 사회주의 정치체제

북한은 자신들의 체제를 사회주의체제라 한다. 사회주의 사회는 인민대중이 정권의 주인이 되어 시행하는 사회주의 사회의 본성에 맞는 정치기능방식이 창조되어야 하는데 이것이 사회주의적 민주주의 정치방식이다.[1] 일반적으로 민주주의란 일정한 사회집단에게 주인으로서 권리와 의무를 부여하고 그것을 행사하도록 하는 국가활동이며 정치방식이라 한다. 북한의 사회주의적 민주주의 정치방식에서 가장 본질적인 것은 계급문제이다. 그러므로 정치를 "일정한 계급이 사회에 대한 계급적 지배와 그를 실현하기 위한 투쟁과 활동"으로 정의하고 있다.[2] 그러나 정치에 관한 가장 일반적인 정의는 "정

1 김현환, 『김정일장군 정치방식연구』, 평양: 평양출판사, 2002, p. 51.

2 『정치사전』, 평양: 사회과학출판사, 1973, p. 755.

치는 계급 또는 사회의 공동의 리익에 맞게 사람들의 활동을 통일적으로 조직하는 사회적 기능입니다"라는 김일성의 교시이다. 정치의 본질은 세 가지 측면에서 이해할 수 있는데 먼저 사회적 기능으로 정치뿐만 아니라 경제도 문화도 사회적 기능에 속한다. 둘째로 사람들의 활동을 통일적으로 조직하고 지휘하는 기능으로, 이는 사람들에게 일정한 사회적 활동 내용과 범위를 규정하는 권한과 임무를 규정해 주어 통일적으로 활동해 나가도록 이끌어 나간다는 의미이다. 셋째로 계급 또는 사회공동의 이익에 맞게 지도한다는 것은 모든 사회성원들의 활동이 하나의 공동의 요구와 이익을 실현하게 만드는 것이다.[3]

북한에서는 정치를 정의한 연장선상에서 정치체제를 정의하고 있는데, "정치체제란 사람들의 정치생활과정에서 맺어지는 사회관계의 체계와 정치 생활 질서의 총체로, 사회에 대한 지배계급의 정치를 실현하고 정치생활에서 사회구성원들의 지위와 역할을 규제하며 사회의 모든 정치생활을 제약하는 사회관계의 체계"라 한다.[4] 정치는 일정한 제도에 의하여 실시되는데, 그 제도의 기본을 이루고 있는 것이 정치기구이다. 사회주의 정치기구는 당과 국가기구로 구성되어 있다. 당은 사회의 영도적 정치조직으로 핵심을 이루고 있으며, 국가기관은 당 노선의 집행기구이고 그 정책을 실시하는 수단이다.[5]

북한 정치체제에서는 어디에서도 볼 수 없는 수령이 등장한다. 절

---

3 김양환, "정치의 본질에 관한 주체적 이해", 『정치법률연구』 제1호(루계 제49호), 과학백과사전출판사, 2015, pp. 13-15.

4 김현환, 『김정일장군 정치방식연구』, p.51.

5 리진규, 『주체의 정치론』, 동경: 구월서방, 1988, pp. 368-380.

대적 지위를 가진 수령은 당과 국가의 수위에 서서 사회주의 정치체제의 총체를 지휘하는 최고 영도자이다. 당은 수령의 사상과 영도를 구현하기 위한 정치적 무기이기 때문에, 당은 수령의 지도에 의해서만 정치기구로서 영도적 기구의 지위를 차지할 수 있다는 것이다.[6] 물론 국가도 마찬가지이다. 이렇게 볼 때 북한의 정치체제는 수령영도체제로 사회주의 사회에서 정치지도체계의 골격을 이루는 것이다.[7] 이렇게 북한의 정치체제는 사회주의체제의 변형으로 수령제와 결합한 독특한 정치체제를 형성하고 있다. 사회주의 당·국가체제는 정치의 운영이 당의 영도활동과 국가기관의 집행 활동을 하는 당 우위의 정치시스템인데, 북한에서는 여기에 수령의 유일영도가 더해지는 자신들만의 정치체제를 만든 것이다.

북한의 정치체제와 권력구도를 살펴보면 당을 중심으로 운영되었던 초창기와는 달리, 1970년 초부터 국가기구가 당의 우위에 선 정치의 모습을 보여 왔다. 수령제는 당·정·군의 3대 권력기관 위에서 절대적인 지위를 갖고 결정적인 역할을 하는 체제이다. 수령제가 법적 제도적으로 완성된 것은 1972년의 소위 주석제 헌법이다. 북한에서 1972년 사회주의헌법을 제정하면서 모든 권력이 주석에 집중되는 권력구조가 탄생하였다. 북한의 주석제라고 하는 독특한 정치체제는 20년간 지속되었고, 1992년 헌법 개정으로 정치권력이 국방위원장에 분산되기는 하였지만 김일성 사망 시까지는 계속되었다.

---

6 리진규, 『주체의 정치론』, p. 371

7 리진규, 『주체의 정치론』, p. 396.

2. 당과 국가기구 관계

북한에서는 당을 계급투쟁의 산물이라고 한다. 당은 계급적 성격에 따라 노동계급의 당, 자본가 계급의 당, 소자산계급의 당으로 갈라지는데, 모든 계급은 자기의 계급이익을 위해 싸운다. 조선로동당은 계급노선과 군중노선을 철저히 관철한다. 북한에서 노동계급의 당은 유일한 집권당으로서 유일한 영도적 정치기구인데, 이는 사회의 모든 정치기구나 조직들 그리고 사회구성원들에 대하여 영도권을 행사하는 정치기구라고 한다.

당의 영도적 역할에 대하여 다음과 같이 다섯 가지를 제시하고 있다.[8] 즉, ① 당은 유일사상체계를 세운다. ② 당은 정치체계의 활동목표와 방향을 제시한다. ③ 당은 지도성원(간부)들의 구성한다. ④ 당은 정치조직을 발동하여 대중들을 지도한다. ⑤ 당은 정치체계에 속하는 모든 기구들과 조직들의 일상적인 활동을 장악하고 통제한다. 그러면서 당이 유일한 영도조직이라고 하는 것은 결코 일당독재를 의미하지 않는다고 주장한다. 당의 독재라는 것은 당의 지도로, 당의 지도적 역할로 이해해야 한다는 것이다.[9]

당은 정치를 영도하는 기구이지 집행하는 기구는 아니라고 말한다. 당의 영도 밑에 정치를 집행하는 기구가 국가기관들인데, 이들은 당의 모든 노선과 정책을 현실에 구현하는데 필요한 모든 수단을 가지고 있다. 국가기구의 성격과 내용은 국가의 계급적 본질과 그 국가가 기초하고 있는 사회경제제도에 의하여 규정된다. 북한에

8 리진규, 『주체의 정치론』, p. 369.

9 리진규, 『주체의 정치론』, p. 377.

서 국가기관은 각급 주권기관들과 국가행정기관 사법기관들로 구성되는데, 헌법상 국가기구의 조직 원리는 민주적 중앙집중제의 원칙에 기초한다. 최고인민회의는 헌법상 국가의 최고주권기관으로 행정부 사법부 등 모든 국가기관을 조직하는 권한을 갖고 있다. 국가기관의 역할은 다음과 같다.[10] ① 국가기관은 대외적으로 주권을 행사한다. 법의 제정·공포와 국가수반의 선거 그리고 국가지도기관을 조직한다. ② 국가기관은 정치, 경제, 문화, 군사, 대외관계 등 모든 방면에 당정책과 국가의 법을 행정적으로 조직한다. ③ 국가기관은 법적 통제를 실시하는데, 사법권은 재판기관에 속한다.

북한에서는 이들의 관계를 다음과 같이 서술하고 있다. 즉, "사회주의사회에서 당의 로선과 정책은 국가를 통하여 집행된다. 국가는 사회의 모든 성원들을 망라하고 전 사회에 대한 정치적 지배를 실현하는 가장 포괄적인 정치조직이며 당의 로선과 정책을 집행할 수 있는 권력기관들과 수단들을 직접 장악하고 있다"이다.[11]

당대회는 당의 최고기관으로, 당중앙위원회가 소집하도록 되어 있다. 당대회는 당중앙위원회의 사업총화를 하고 당의 강령과 규약을 채택·수정·보충하여 당의 노선과 정책·전략전술의 기본문제를 토의하고 결정한다. 당대회에서는 최고지도자를 포함한 권력 엘리트들을 충원하기도 한다. 당중앙위원회는 당대회와 당대회 사이에 당대표자회를 소집할 수 있다. 당대표자회는 당의 로선과 정책, 전략전술의 중요한 문제를 토의 결정하며, 당의 최고지도기관을 선거

---

10 리진규, 『주체의 정치론』, pp. 383-386.

11 강남철, "당의 령도를 보장하는 것은 사회주의법건설의 근본원칙", 『김일성종합대학학보(력사, 법률)』 제62권 제4호, 김일성종합대학출판사, 2016, p. 74.

하거나 당규약을 수정보충 할 수 있다. 당대회나 당대표자회가 열리지 않는 상황에서 당중앙위원회는 당의 최고지도기관이다. 당중앙위원회는 전원회의를 개최하여 당의 중요한 당면문제를 토의 결정한다. 일반적으로 당중앙위원회 전원회의에서 결정된 사항은 국가기구인 최고인민회의를 통하여 실행하게 된다.

북한에는 당·국가체제가 형성되었지만 정치환경이 바뀌면서, 오히려 국가기구가 주된 정치기구가 되고 당은 형식만 유지하고 있는 북한만의 특이한 체제로 변화되기도 하였다. 수령으로 호칭된 김일성의 완전한 유일통치가 이루어져 형성된 1970년 초반부터 김정일이 사망한 시기까지 명칭만 달랐지 국가기구가 북한사회 전체를 관장하였다.

3. 수령의 영도

북한에서 수령이란 당과 국가의 우위에 서서 이들을 영도하는 절대적 존재이다. 수령이라는 용어가 보편화된 것은 1967년 5월 당중앙위원회 제4기 15차 전원회의에서부터이다. 이후 '위대한 수령 김일성동지'라는 말이 사용되었다. 1971년 당 전원회의에서는 '당성이란 수령에 대한 충실성'이라 규정하면서 당과 수령의 관계가 부각되었다.[12] 김일성의 유일체제와 유일사상체계는 수령제로 가는 결정적인 계기가 되었다. 이때를 전후하여 북한 권력구조의 질적인 변화를

12 백학순, 『북한 권력의 역사: 사상·정체성·구조』, 파주: 한울아카데미, 2010, pp. 643-644.

가져왔으며, 그 변화는 수령제로 귀결되었다.[13] 그렇지만 수령의 지위가 어떤 공직에 의하여 규정된다는 것을 의미하지는 않는다. 가령 대통령이나 총리와 같이 어느 사회에나 공식적으로 규정되는 최고의 지도자가 있기 마련이나, 수령은 그들과 비교되는 그러한 존재가 아니다. 수령은 당규약과 헌법을 초월한 존재이다.

북한에서 수령이란 어떤 존재로 자리매김하고 있는가? 북한에서 1973년에 발행된 정치사전에는 당을 규정하면서, "로동계급의 당은 수령의 혁명사상을 실현하기 위한 선진투사로써 조직되며 수령의 혁명사상을 지도적 지침으로 하고 수령의 유일적령도 밑에 혁명과 건설을 진행한다"고 되어있다.[14] 여기에서는 수령을 단일 단어로는 이를 정의하지 않고, '수령, 당, 계급, 대중의 호상관계'에서 '로동계급의 혁명투쟁에서의 수령의 역할'을 찾으라고 되어있다. 또한 수령과 당의 관계에 대하여 수령은 당과 국가를 창건하고 혁명전통과 당의 지도사상을 창조한다고 한다. 그러면서 "당이 로동계급의 계급적 조직의 최고 형태라면 수령은 당의 최고 령도자이며 프로레타리아독재체계의 총체를 령도하는 전체 인민의 통일단결의 중심이다"라 하고 하면서, 수령이 없이는 당이 있을 수 없다고 한다.[15]

철학사전에는 수령을 "혁명과 건설에서 절대적 지위를 차지하고 결정적 역할을 수행하는 당과 혁명의 탁월한 영도자"이라 하며, "수령은 근로인민대중의 최고뇌수이며 통일단결의 중심"이라고 하고

---

13 이승현, "갑산파의 숙청과 수령의 형성", 북한연구학회 편, 『북한의 정치 1』, 서울: 경인문화사, 2006, pp. 347-371.

14 『정치사전』, pp. 252-253.

15 『정치사전』, p. 324.

있다.[16] '조선말 대사전'에 수령은 "인민대중의 자주적 요구와 리해관계를 종합 분석하여 하나로 통일시키는 중심인 동시에 그것을 실현하기 위한 인민대중의 창조적 활동을 통일적으로 지휘하는 중심으로 되는 분으로서 전당과 전체 인민의 끝없는 존경과 흠모를 받고 있는 가장 위대한 영도자"라고 되어 있다.[17]

이상의 북한에서 수령을 정의에서 알 수 있는 바와 같이 '수령의 인격화된 지배'를 중시하고 있다. 그러므로 수령제는 '최고지도자의 인격화된 지배가 관철되는 권력형태"이다.[18] 리진규의 『주체의 정치론』에서는 수령의 지위와 역할에 대하여 다음과 같이 정리하고 있다.[19] 첫째, 수령은 당과 국가의 수위에 서서 사회주의 정치기구체계의 총체를 지휘하는 최고 영도자이다. 이는 수령의 지위가 어떤 공직에 의하여 규정되는 것을 의미하지 않는다. 둘째, 수령은 인민대중의 최고뇌수이며 통일단결의 중심이다. 이것은 수령이 인민대중 속에서 사상과 영도의 유일한 중심이며 통일과 단결의 유일한 중심이라는 것을 의미한다. 셋째, 수령은 인민대중 사상의 중심이다. 이것은 수령이 인민대중의 요구와 이해관계의 최고대표자라는 것을 의미한다. 사상은 사람들의 요구와 이해관계를 반영한 것이다. 넷째, 수령은 인민대중의 조직적 결속의 중심이다. 이것은 수령이 모든 정치조직의 최고의 대표자라는 것을 의미한다. 조직은 인민대중의 근본이익을 실현하기 위한 수단이며 사회개조의 무기, 혁명의 무

16 북한사회과학원 철학연구소, 『철학사전』, 서울: 도서출판 힘, 1988, p. 395.
17 『조선말대사전(증보판) 2』, 평양: 사회과학출판사, 2007, p. 833.
18 김연철, 『북한의 산업화와 경제정책』, 서울: 역사비평사, 2001, p. 55.
19 리진규, 『주체의 정치론』, 동경: 구월서방, 1988, pp. 457-560.

기이다. 다섯째, 수령은 인민대중 영도의 중심이다. 이것은 수령이 인민의 자주적이며 창조적인 활동을 하나의 목적 실현으로 이끄는 최고영도자라는 것을 의미한다.

국가기관에서 수령의 유일적 영도에 대하여 다음과 같이 설명하고 있다. 즉, "수령의 유일적 령도 밑에 모든 국가기관들이 조직운영되며 활동할 수 있도록 그의 구성과 임무, 활동원칙을 헌법에 규정하는 것은 혁명과 건설에서 노는 수령의 결정적 역할과 혁명사상실현에서 국가기관이 차지하는 위치와 역할의 중요성과 관련된다"고 한다.[20]

—

제2절 헌법의 제정과 수상 김일성

해방 이후 북한의 정치과정은 소련 점령군사령부에 의하여 주도된 소비에트식 당·국가체계의 형성이었다. 그렇기 때문에 이들이 먼저 주력했던 것은 당을 만드는 것이었고, 북한을 통치하기 위하여 국가기구인 행정조직이 필요하였다. 북한에서는 조선공산당 북조선분국으로 시작하여 통합과정을 거치면서 조선로동당으로 발전하였는데, 이 정치과정은 제1장에서 자세하게 설명하고 있다. 여기에서는 북한의 정치조직을 포괄적으로 규정하고 있는 헌법에서 김일성의 위치와 역할을 살펴보고자 한다.

---

20 『주체의 사회주의헌법리론』, 평양: 사회과학출판사, 1977, p. 126.

1. 헌법의 제정과정

한반도 북쪽에 소련 점령군사령부가 설치된 이후 지역 전체를 통치할 행정조직이 필요했다. 소련 점령군사령부는 남쪽에서 군정청을 설치한 미군과는 다르게 민정관리총국을 두어 간접적인 통치방식을 택하였다. 민정관리총국은 1945년 10월 8일 북쪽의 전 지역을 관할하는 행정조직으로 5도 임시인민위원회 대표자회의를 소집하여 '북조선 5도 행정국'을 창설하였다. 이후 당의 정비를 마치고, 1946년 2월 8일 김일성을 위원장 김두봉을 부위원장으로 하는 북조선임시인민위원회라는 임시정부를 수립하고 정치제도를 소련식으로 만들어 갔다. 북조선임시인민위원회는 5도 행정국이 수행했던 중앙정권기관의 역할을 수행함으로써 사실상 단독정부의 기능을 하였다. 2월 조직된 이 위원회는 8월까지 토지개혁을 하고 각종 법령을 만들어 개혁정책을 수행하였다. 위원회는 9월 5일에는 '북조선 도·시·군' 인민위원회 위원선거 법령을 공포하고, 11월 3일에는 인민위원을 선출하였다. 그리고 평양시를 평안남도로부터 분리하여 평양특별시로 정하고, 기존의 경기도와 함경남도의 일부 지역을 38도선 이북의 강원도로 통합시켰다.

선거가 실시된 후 1947년 2월 17일부터 20일까지 임시인민위원회가 인민회의에 주권을 넘겨주면서, 최고입법기관으로 '북조선인민회의'가 설치되고 최고행정기관은 '북조선인민위원회'가 되었다. 북조선인민회의는 대회참가자 5명 중 1명꼴로 대의원 237명을 선출하였고, 2월 21일에 제1차 회의를 개최하여 위원장에 김두봉 부위원장에 최용건과 김달현을 선출하였다. 북조선인민위원회는 김일성

위원장, 김책과 홍기주 부위원장이 선출하고, 각종 국장이 임명되었다. 이후 북조선인민위원회는 1948년 9월까지 5차례의 회의를 개최하였는데 모두 정부수립에 관한 것이었다.

한편 신탁통치를 통해 한반도에 통일독립정부를 세운다는 3상회의의 결정에 따른 미소공동위원회는 1946년 3월 20일 서울에서 제1차 회의가 개최되고 이후 몇 차례 회동이 있었으나 위원회에 참여할 대표문제의 의견대립으로 합의를 하지 못했다. 1947년 5월 21일 제2차 회의가 재개되어 서울과 평양에서 본회를 열었으나 결국 같은 문제로 결렬되었다. 미국과 소련이 생각한 것은 자신들이 선택한 정부수립의 파트너에게 권력을 넘겨주느냐였다. 찬탁을 주도했던 소련은 상술한 북조선인민위원회가 주도권을 잡기를 원했다.

북조선인민위원회는 1947년 11월 18일 헌법제정에 관한 결의를 하고 임시헌법위원회를 구성하였다. 임시헌법위원회에서 헌법 초안을 만들고 이를 통일될 때까지 북조선의 헌법으로 규정할 것과 최고인민회의 선거를 실시할 것을 결정하였다. 1948년 8월 25일 총선거가 실시되고 572명의 대의원을 선출했다.[21] 9월 2일부터 10일간 최고인민회의를 개최하여 헌법 초안을 심의한 후 수정하였고, 9월 8일에는 '조선민주주의인민공화국헌법'으로 채택하였다. 북한에서는 이 헌법의 제정을 '조선인민이 자기 력사에서 참다운 인민의 헌법을 가지고 새 사회, 새 생활을 창조하는 데 들어섰다'고 하였다. 헌법이 채택되자 최고인민회의는 김일성을 수상으로 임명하고 그에게 내각 조직을 위임하였다. 최고인민회의는 김일성이 제출한 내각

21 이때 실제로 선출된 대의원은 212명이고, 나머지는 남한에서 선출되었다는 대의원 360명을 추인하였다.

구성안을 만장일치로 승인하였고, 9월 9일 조선민주주의인민공화국이 공식적으로 출범했다.

2. 헌법의 구성

1948년 북한의 제헌 헌법은 제10장 제104조로 구성되어 있는데, 제1장 근본원칙(10개 조항)과 제2장 공민적 권리와 의무(21개 조항)로 되어있다. 제3장은 최고주권기관으로 최고인민회의와 최고인민회의 상임위원회, 제4장 국가중앙집행기관으로 내각과 성省, 제5장의 지방주권기관과 제6장의 재판소 및 검찰소로 구성되어 있다. 제7장에서 10장까지는 도합 10개 조항으로 되어 있다.

제1장 근본원칙은 주로 정치, 경제에 관한 것이다. 제1조 "우리 나라는 조선민주주의인민공화국이다"이고 제2, 3, 4조는 주권, 선거, 주권기관 책임을 규정하고 있다. 제5조부터 10조까지는 경제관련 조항으로 생산수단, 토지소유, 토지개혁, 경제계획에 관한 것이다. 제2장 인민의 기본적 권리와 의무에는 평등권, 선거권, 신앙, 교육, 가정에 대한 권리 그리고 헌법·국가보위·근로 등의 의무를 규정하고 있다. 제3장부터 제6장까지는 국가기관에 관한 것으로 헌법 전체 조항의 절반 이상을 차지하고 있다. 국가기관에 대하여는 뒤에서 자세하게 설명한다. 제7장은 국가예산으로 4개의 조항으로 되어 있고, 제8장을 민족보위의 1개조항으로 되어있다. 즉, 제100조인데 "조선민주주의인민공화국을 보위하기 위하여 조선인민군을 조직한다. 조선인민군의 사명은 조국의 자주권 및 인민의 자유를 옹호함에

있다"라고 하였다. 제9장 국장 국기 및 수부首府에서, 제103조는 "조선민주주의인민공화국의 수부는 서울시다"라고 하였다. 제10장은 헌법의 수정과 절차인데, 1개 조항으로 제104조로 헌법의 마지막 조항이다.

헌법상 최고주권기관은 최고인민회의이고 여기에서 국내외정책의 기본원칙을 수립하고 최고인민회의 상임위원회를 선거하며, 내각을 결성하고 최고재판소의 선거와 검사총장을 임명한다. 제39조에 최고인민회의는 의장과 부의장을 선출하고, 의장은 회의에서 채택한 규정에 의거하여 회의를 지도한다고 되어있어 실질적인 권한은 없다. 최고인민회의 휴회 중 최고주권지도기관은 최고인민회의 상임위원회로 수상의 제의에 의하여 내각 성원의 임면과 승인요구 및 대외관련 조약의 추인·폐기 그리고 외국사신의 신임장을 수여한다. 상임위원회는 위원장 및 부위원장 그리고 서기장 및 위원으로 구성되었다.[22] 김두봉 상임위원회위원장의 국가대표는 명목뿐이었고, 그는 김일성종합대학 총장직을 겸하였다.

3. 내각수상 김일성

이렇게 형식상의 국가주권을 대표하는 것은 최고인민회의 상임위원회지만, 실제로는 '국가주권의 집행기관'이라는 내각이다. 내각은 수상과 부수상, 국가계획위원회위원장과 각 상相으로 구성되었다.

22 최고인민회의 의장은 허헌 부의장은 김달현·리영이었고, 상임위원회 위원장은 김두봉 부위원장은 홍남표·홍기주였다.

수상 김일성과 부수상은 박헌영, 홍명희, 김책이 맡았는데, 박헌영과 김책은 외무상과 산업상을 겸임하였다. 1차 내각의 구성은 계파를 안배하는 모습을 보였으나, 이후 김일성은 자신의 절대적인 지지자들로 내각성원을 구성하였다.

북한의 헌법은 스탈린식 헌법이었으나, 굳이 평가하자면 의원내각제의 성격을 가지고 있었다. 정부수립과 이후의 정치과정에서 김일성파가 주도권을 행사하였지만, 다른 계파를 배려하지 않을 수 없는 상황이었다. 한국전쟁과 이후에 다른 계파의 수장들이 제거되었고, 특히 8월 종파사건은 권력구조에 큰 영향을 미쳤다. 이 사건을 계기로 김일성은 북한의 독자적인 노선의 필요성을 인식하게 되었다. 1956년 당 전원회의에서 반종파투쟁을 대대적으로 전개하였다. 최창익, 박창옥, 윤공흠 등이 당으로부터 영구 제명되었고, 박의완, 김승화, 박사현, 허익, 강성산, 기민산, 양계 등 당내에 남아있던 대부분의 반대파가 당에서 축출되었다. 또한 1958년에 당시 최고인민회의 상임위원장인 김두봉과 국립도서관장 한빈, 국내파의 당중앙위원인 오기섭을 숙청하였다.[23] 그러므로 내각도 당연히 김일성 수상에 충성하는 인물들로 충원되었다.

4. 1954년에서 1962년까지 5차례 헌법개정

1948년 9월 8일 공포된 헌법은 총 다섯 차례 부분 개정이 있었다.

23 김창희, 『북한정치사회의 이해(제4판)』, 파주: 법문사, 2006, pp. 59-61.

제1차 개정은 1954년 4월 23일 최고인민회의 제1기 7차 회의에서 행정구역을 도·시·군·면·리를 도·시·군·리(읍 및 노동자구)로 면을 폐지하고, 내각구성조항의 일부를 폐지하는 것이었다. 제2차 개정은 1954년 10월 30일 최고인민회의 제1기 8차 회의에서 지방인민회의와 지방인위원회를 설치하였고, 최고인민회의 임기를 3년에서 4년으로 개정하였다. 제3차 개정은 1955년 3월 11일 최고인민회의 제1기 9차 회의에서 제2차 개정에 따른 지방정권기관의 권한변경과 최고인민회의 상임위원회의 구성조항 및 내각구성조항에 관한 것이었다. 제4차 개정은 1956년 11월 7일 최고인민회의 제1기 12차 회의에서 선거권, 피선거권의 연령을 만 20세에서 만 18세로 낮추었다. 제5차 개정은 1962년 10월 18일 최고인민회의 제3기 1차 회의에서 최고인민회의 대의원 선출을 5만 명에서 3만 명당 1인으로 바꾸었다. 이같이 1948년 헌법은 정치나 권력구조 등에 관한 변화 없이 행정에 관련된 지엽적인 수정에 불과하였다.

1960년대에 들어서 북한은 김일성 유일영도체계로 가져가며, 당·국가체계에서 총비서와 수상이라는 공식적인 직위를 가진 김일성을 전체를 아우르며 통치하였다. 그런데 북한에서는 당규약이나 헌법을 초월한 수령이 등장하면서 수령제 국가가 되었다. 수령은 당과 국가의 수위에 서서 사회주의 정치체제의 총체를 지휘하는 최고의 영도자이다. 그러므로 헌법에서 새로운 직위를 만들어, 그 자리에 오를 필요는 없었다. 1962년부터 1972년까지 북한의 헌법은 부분적인 수정도 가해지지 않았고, 어찌 보면 헌법의 부재상태에서 수령의 교시와 당 규약에 의하여 전 사회가 통치되었다.

—

제3절 사회주의헌법과 김일성 주석의 유일체제

북한은 '조선민주주의인민공화국헌법'이 제정된 이래 사회주의혁명과 사회주의건설에서 위대한 성과를 거둬 정치·경제·문화생활에 획기적인 전변이 일어났다고 주장하였다. 이러한 모든 성과들을 법적으로 확고히 고착시키고 사회주의 제도를 더욱 공고하게 발전시키기 위해 새로운 헌법이 필요했다. 이것이 바로 1972년에 마련된 '조선민주주의인민공화국 사회주의헌법'이다. 북한에서 사회주의헌법 제정은 김일성 유일영도체계를 법과 제도적으로 뒷받침하는 의미를 가진다. 기존의 헌법체계로는 이미 굳어져 버린 김일성의 절대권력을 반영한 제도를 만들어 낼 수 없었다.[24] 당의 정치에 주안점이 국가기구에 의한 통치로 옮겨가는 북한식 사회주의를 표방한 것이다. 그래서 마르크스-레닌주의를 언급했으나, 김일성의 주체사상을 통치 이데올로기로 내세웠다.

주석이라는 새로운 국가기구가 탄생하면서 종전의 최고인민회의 상임위원회의 권한이 이양되었고, 주석은 국가를 대표하는 수반이 되었다. 주석이 수위가 되어 국가를 지도하는 최고기관은 중앙인민위원회로 이 또한 새롭게 생겨난 국가기관이다. 이렇기 때문에 내각은 행정적 집행기관인 정무원으로 바뀌고 주석과 중앙인민위원회 지도를 받도록 되었다. 김일성은 종전의 내각 수상에서 국가주석이라는 북한 전체를 통치하는 위치를 차지하였다. 결국 1972년 새로

---

24 이종석, 『새로 쓴 현대북한의 이해』, 서울: 역사비평사, 2000, p. 283.

운 헌법제정은 사회주의와 김일성 유일체제라는 두 가지 현실을 헌법에 반영한 것이다.

1. 사회주의헌법의 구조와 내용

북한에서 당 제5차대회가 열리기 전까지 김일성파를 제외한 모든 계파가 제거되었고, 이 과정에서 정치적으로 부상한 항일빨치산 세력까지도 숙청되었다. 1970년 11월 2일에서 13일까지 열린 당 제5차대회의 당규약에 "맑스-레닌주의와 맑스-레닌주의를 우리 나라 현실에 창조적으로 적용한 김일성동지의 위대한 주체사상을 자기활동의 지도적 지침으로 삼는다"고 규정하였다. 이제 필요한 것은 헌법을 바꾸어 수상이 아닌 자신의 자리를 만드는 것이었다. 1972년 10월 23일에서 26일에 걸쳐 개최된 당중앙위원회 제5기 5차 전원회의에서 신 헌법안을 발의하여, 12월 22일 다음 6차 전원회의에서 최종안이 승인되었다.

북한에서는 "우리 당과 우리 인민의 경애하는 수령 김일성동지의 위대한 혁명사상과 그 구현인 당의 로선과 정책을 법적으로 옹호관철하며 우리 나라에서 혁명사상을 앞세우며 사회주의 경제, 문화 건설을 힘있게 다그치고 사회주의혁명의 전취물을 튼튼히 지키는 프로레타리아독재의 강력한 무기인 조선민주주의인민공화국 사회주의헌법은 우리 나라 현실발전의 절박한 요구를 반영하여 제정되었다"하였다.[25]

1972년 12월 27일 최고인민회의 제5기 1차 회의에서 최초로 공식적인 사회주의헌법을 채택하면서 이를 개정이라 하지 않고 제정하였다. 종전의 헌법과는 완전히 달리 사회의 전 분야를 총괄하고 체계성을 갖추게 되었다. 제11장 제149조로 구성된 '조선민주주의인민공화국 사회주의헌법'은 정치·경제·문화의 각 영역에 걸쳐 상세한 규정을 두고 있다. 종전에 제1장 근본원칙의 10개 조항에는 주권과 생산수단 토지개혁이 포함되었는데, 새로운 헌법에서는 이를 제1장 정치, 제2장 경제, 제3장 문화로 나누고 각 장마다 세부적인 항을 두어 총 48개 항으로 구성하였다. 제4장은 '공민의 권리와 의무'를 규정하고 있고, 제5장부터 제10장까지는 국가기관체계 그리고 제11장에는 국장, 국기 및 수도가 규정되어 있다.

제1장은 정치로 북한에서는 '정치는 사회생활의 기본 분야의 하나를 이루는 기본적인 위치를 차지하고 있다'고 하는데, 헌법에는 17개 조항으로 구성되었다. 제1조는 '우리 나라는 조선민주주의인민공화국이다'에서 '조선민주주의인민공화국은 전체 조선 인민의 리익을 대표하는 자주적인 사회주의국가이다'로 바뀌었다. 결국 자신들의 헌법을 사회주의헌법이라 명명한 것이다. 제3조에서 제국주의 투쟁의 전통을 이어받은 혁명적 정권이라 하고, 제4조는 마르크스-레닌주의를 북한의 현실에 창조적으로 적용한 로동당의 주체사상을 지도적 지침으로 한다고 규정하였다. 제10조는 북한은 프롤레타리아독재를 실시하며 계급노선과 군중노선을 관철한다고 하였다. 북한을 마르크스-레닌주의가 아니라 주체사상이 지배하는 개인의 국가화를 하고자 하였다.

---

25 『정치사전』, p. 986.

제2장은 경제인데 '경제는 사회생활의 물질적 기초를 이루며 경제제도는 국가사회제도를 규정하는 중요요인이다'라 하고, 정치와 마찬가지로 17개 조로 구성되어 있다. 사회주의헌법이기 때문에 제18조 생산수단은 국가 및 협동단체의 소유이고, 제19조 국가의 소유는 전체인민의 소유라 하면서 국가소유권의 대상에는 제한이 없다고 한다. 나머지 경제조항에는 협동단체, 인민생활향상, 근로대중, 계획경제 등을 소유권 문제를 규정하고 있다.

제3장 문화는 14개 조로 구성되어 있는데, 사회주의 문화, 교육, 과학, 예술, 국방체육, 무상치료 등에 대한 조항들이다. 북한에서는 문화를 정치, 경제와 함께 사회생활의 기본 분야 중 하나로 보며 문화건설은 사회주의 공산주의 건설에서 중요한 자리를 차지한다고 한다. 김일성은 "사회주의헌법은 문화건설분야에서 우리 인민이 이룩한 빛나는 성과에 토대하여 문화혁명을 철저히 수행하며 사회주의적 민족문화건설을 다그칠 데 대한 방향과 여기서 국가가 견지해야 할 제 원칙들을 뚜렷이 밝혔다"고 하였다.[26]

제4장 공민의 권리와 의무에서 가장 눈에 띄는 것은 집단주의에 대한 명기이다. 헌법 제49조에 "공민의 권리와 의무는 〈하나는 전체를 위하여 전체는 하나를 위하여〉라는 집단주의 원칙에 기초한다"고 하였다. 개인의 이익보다는 집단과 사회의 이익을 앞세우고, 개인의 이익을 집단과 사회의 이익에 복종시키는 것을 생활원칙으로 삼게 되었다.[27] 사회주의사회는 집단에 기초한 사회이고 인민들이 조직과 집단을 위해 희생하고 복종하는 것이 더 중요하고 우선해야

26 『정치사전』, p. 988.

27 김학준, 『북한 50년사』, 서울: 동아출판사, 1995, p. 285.

한다는 집단주의적 가치관의 필연성을 역설한 것이다.

헌법에는 수도에 관한 조항이 있다. 1948년 헌법 제103조는 "조선민주주의인민공화국의 수부는 서울시다"라 해서, 수도를 서울로 규정하였다. 그런데 1972년 헌법의 마지막 조항인 제149조는 "조선민주주의인민공화국의 수도는 평양이다"고 하였다. 이것은 남북 간에 이루어진 7.4 남북공동성명의 영향이라 볼 수 있다. 이 성명의 첫 문장이 "최근 평양과 서울에서 남북관계를 개선하며 갈라진 조국을 통일하는 문제를 협의하기 위한 회담이 있었다"이다. 7.4 공동성명은 북한에서 사회주의헌법이 제정되기 5개월 전에 있었고, 남한과의 대화를 통해 이념과 제도의 차이를 재확인하고 자기 정체성의 공고히 하는 작업이 이루어진 것이다.

2. 주석제 헌법과 국가기관

1) 공화국 주석

최초의 헌법이 소련식이었다면, 사회주의헌법은 국가기구 면에서 보면 1970년 중국의 헌법에 가깝다고 볼 수 있다. 주석과 중앙인민위원회라는 것이 바로 그것이다.[28] 최고인민회의가 약화되어 최고인민회의 상임위원회는 상설회의로 변경되면서 상무기관으로 전락

28 당시의 중국의 신 헌법이 전국인민대표자회의 지위가 저하되고, 북한이 신설한 주석은 중국의 구헌법의 국가주석 그리고 중앙인민위원회는 중국의 국무원과 유사한 면을 보이고 있다. 북한연구소 편,『북한정치론』, 서울: 북한연구소, 1979, pp. 172-173.

하였다.

국가 주석직은 사회주의헌법을 채택하면서 김일성 유일지배체제의 제도적 장치를 마련하고 효율적인 통치를 위해 마련된 것이다. 북한에서는 주석제가 "수령의 유일적령도를 철저히 보장할 수 있는 국가정치지도체계"라 하면서, "위대한 수령 김일성동지를 국가수반으로 하는 공화국주석제는 모든 국가사업에서 수령님령도를 철저히 실현하며, 온 사회에 당의 유일사상체계를 튼튼히 세울 수 있는 담보가 된다"는 것에서 알 수 있다.[29] 이는 북한에서 확립된 유일사상체계를 헌법화시켜 수령제 사회주의로 제도화한 것이다.

헌법에서 당의 위상을 규정하고 있으나 국가기구 우위의 새로운 정치체제가 탄생했는데 그것이 바로 주석제이다. 헌법 '제6장 조선민주주의인민공화국 주석'은 제89조부터 제99조까지의 내용을 포함하고 있는데, 여기에는 주석이 어떠한 직위이며 임무와 권한을 가지고 있는지를 규정하고 있다. 먼저 헌법 제89조는 "조선민주주의인민공화국 주석은 국가수반이며 조선민주주의인민공화국을 대표한다"고 하였다. 북한에 국가수반이며 국가를 대표하는 명실공히 최고지위인 주석이 탄생하였다. 5년 임기의 주석은 형식적으로 최고인민회의에 의하여 선출되지만 실제는 추대되었다.

주석은 중앙인민위원회와 정무원을 직접 지도하고, 국가의 일체 군사력을 지휘한다. 헌법 제91조에서 제93조는 이를 명기하고 있는데, 특히 제93조는 주석은 "조선민주주의인민공화국 전반적 무력의 최고사령관, 국방위원회 위원장으로 되며 국가의 일체 무력을 지휘

29 『정치사전』, pp. 990-991.

통솔한다"고 되어 있다. 또한 주석에게는 최고인민회의 법령공포권과 특사권, 조약비준권, 다른 나라 사신의 신임장, 소환장을 접수하는 권한이 포함되었다.

이렇게 북한에서 공화국의 주석은 국가원수이며 국가주권을 대표하는 국정의 제1인자로 모든 정치권력이 집중된 자리이다. 김일성의 주석 추대를 다음과 같이 설명하고 있다. 즉, "수령 김일성동지를 조선민주주의인민공화국의 주석으로 높이 추대한 것은 수령님에 대한 우리 인민의 절대적인 지지와 신뢰의 뚜렷한 표시이며 영명하신 수령님을 모시고 그이의 령도 밑에 주체사상을 이 땅 우에 대를 이어 활짝 꽃피워 나가려는 우리 인민의 한결같은 지향과 불같은 충성심의 표시이다"라 한다.[30]

이렇게 주석이 신설되고 국가전반을 다스림으로써 완전한 유일체계의 제도화를 완성한 것이다. 기존에 당의 총비서와 중앙위 군사위원장 외에 주석, 중앙인민위원회 위원장, 국방위원장의 자리에 오르게 되었고, 인민군 최고사령관도 주석이 겸하는 것으로 명기되었다. 이후 김일성 주석은 북한의 최고영도자로 북한을 통치하였고, 주석의 지위와 권한에 변화가 생긴 것은 그의 나이 80세인 1992년 헌법이 수정되면서이다.

2) 중앙인민위원회와 정무원

중앙인민위원회는 국가주권의 최고지도기관으로 주석이 가장 높은

---

30 『정치사전』, p. 991.

자리에 있고, 부주석·서기장·위원으로 구성되어 있고 임기는 4년이다. 이들 역시 형식상으로는 주석의 제의에 의하여 최고인민회의에서 선거하도록 되어있다. 중앙인민위원회는 주석과 함께 신설된 기관으로 로동당의 핵심 간부들인 당중앙위원회 정치국위원들과 비서국 비서들 그리고 정무원에 간부들로 구성되어 있어 당정협의체 성격을 지닌다. 그러나 헌법에 규정된 임무와 권한을 보면 주석이 국가를 통치하기 위한 기구라는 것을 알 수 있다.

중앙인민위원회는 헌법상 국가의 대내외적 정책수립, 중앙행정기관인 정무원의 지도와 지방인민회의와 인민위원회를 지도하는 국가주권의 최고지도기관이다. 종전에 내각이 가지고 있던 권한들이 이전되어 정무원의 부분별 집행기관인 각 부서와 장에 대한 임면권도 가진다. 사법과 검찰기관사업 뿐만 아니라 국방 및 국가정치 보위사업을 헌법을 비롯한 각종 명령·지시·결정 등의 집행상황 감독 및 그에 위반된 국가기관의 결정·지시 폐기, 행정구역 개편 등 다양한 임무와 권한이 부여되었다. 대사와 공사의 임면권도 최고인민회의 상임위원회의 권한에서 이양되었고, 이때 국방위원회가 신설되었기 때문에 중요군사간부 임면권도 가지게 되었다. 중앙인민위원회는 대내정책위원회, 대외정책위원회, 국방위원회, 사법안전위원회 등 중앙인민위원회 사업을 돕는 부분별 위원회를 두었다. 이러한 중앙인민위원회의 신설과 이것이 가지는 역할과 임무를 살펴보면, 당의 정책결정 기능이 대부분 중앙인민위원회로 넘어왔다는 것을 알 수 있다.

주석과 중앙인민위원회의 지도 하에 사업을 하는 행정적 집행기관이 정무원이다. 정무원은 종전의 국가주권의 최고집행기관에서 신설된 중앙인민위원회가 그 기능을 수행하면서 행정기관으로 바뀌었다. 과거의 내각 수상은 막강한 권한을 가지고 있었으나, 정무원총리는 국가주석의 제의로 최고인민회의에서 선거되어 그 권한이 대폭 축소되었다. 내각에서는 성省으로 불리던 것이 부部로 바뀌었다. 예를 들면 외무성의 장은 외무상이었으나 외무부의 장은 외무부장이 되었다. 주석이라는 자리와 중앙인민위원회가 신설됨으로 결국 내각은 권한과 임무가 축소될 수밖에 없었고 그 명칭도 정무원으로 바뀐 것이다. 내각의 수상이었던 김일성이 주석이 되면서, 정무원에는 총리라는 자리가 생겼났다.

북한에서는 주석과 다른 국가기관과의 관계를 다음과 같이 설명하였다. 즉, "사회주의헌법은 국가활동에 대한 공화국주석의 유일적령도를 보장하기 위하여 공화국주석이 중앙인민위원회를 직접 지도하며 필요에 따라 정무원회의를 소집하고 지도하며 공화국의 전반적 무력사령관, 국방위원회 위원장으로서 국가의 일체 무력을 지휘통솔한다는 것을 규정하고 있다"이다.

특히 최고인민회의 상임위원회가 헌법의 조항에서 빠지고 상설위원회가 대체한 것은 주석의 권한을 강화하는 차원이었다. 기존의 헌법 '제3장 최고주권기관'에는 '제1절 최고인민회의'와 '제2절 최고인민회의 상임위원회'가 있었다. 제2절 제47는 "최고인민회의 상임위원회는 최고인민회의 휴회 중에 있어서는 최고주권기관이다"이고, 그 임무와 권한에는 특사권, 훈장 또는 명예칭호의 수여, 외국조약의 비준 및 폐기, 외교 대사임명과 신임장 접수 등이 있었다. 1972년 헌법에는 '제5장 최고인민회의'에 "제85조 최고인민회의 상설회의는 최고인민회의의 상무기관이다"으로 되어있고, 상술한 임무와 권한이 삭제되었다. 이 외에도 많은 권한들이 신설된 중앙인민위원회에 이관되기도 하였다.

이것은 주석이 신설되면서 그동안의 상임위원장이 가지고 있던 국가의 중요한 임무와 권한이 이전된 것이다. 상임위원장이 국가를 대표하고 형식상이나마 국가원수였는데, 주석이 국가원수가 된 것이다. 이렇게 최고인민회의 상임위원회가 상설회의로 전락한 것은 새로운 주석과 주석이 위원장으로 있는 중앙인민위원회의라는 새로운 국가기구의 탄생에 의한 것이다.

3. 주석과 당과의 관계

북한이 당국가체계라고 하지만 주석제가 등장하면서 이제 김일성의 일반적인 호칭이 주석이 되었다. 일반적인 사회주의국가에서 당·국가체제와는 다른 북한만의 체제가 등장한 것이다. 물론 북한 전체를 다스리는 사람은 1인이기 때문에 이를 논하는 것이 무의미할 수도 있지만, 주석제 헌법으로 북한의 독자성을 더욱 강조하게 되었다. 국가기구 우위의 국가가 되었다고 볼 수 있다. 상술한 바와 같이 주석은 어느 사회주의국가에서도 없는 절대적인 권한을 가지고 있었다. 북한에서는 이를 '가장 발전된 국가기관체계', '독창적인 국가기관체계' '주체적이며 혁명적이며 인민적인 국가기관체계'라고 하지만, 국가사업과 국가기관들에 대한 국가주석의 1인 지도를 철저히 보장하는 제도적 장치를 갖춘 것이다.

김일성은 신헌법으로 자신이 국가주석에 오른 동시에 북한의 자주노선을 선언하고 권력의 중심을 당에서 정부로 이전시켰다. 신헌법 이후 아버지로부터 당의 운영권을 물려받은 김정일이 1980년 10월 로동당 제6차대회에서 당총비서인 김일성의 뒤를 이어 비서국 비서로 선출됨으로써 공개적으로 후계자로 임명된다. 이는 제2부 제2장 정치권력의 승계에서 자세히 설명했다. 김정일의 권력승계는 김일성이 권력의 핵심을 당에서 정부로 이전한 신헌법의 가장 중요한 성과로 떠오르게 되었다.[31]

—

제4절 주석제 헌법의 변화: 1992년 개정헌법

1. 헌법 개정과정과 내용

당 제6차대회 이후에도 국가정치지도체계가 지속되었다. 김일성이 고령이고 김정일이 실질적인 권한행사를 하면서 여기에 적절한 국가기구의 제도개편이 필요했다. 1992년 4월 9일 최고인민회의 제9기 3차 회의에서 헌법이 수정되었다. 1992년 4월 헌법이 개정된 주요 이유는 20년이라는 시간 속에 변화하는 국제정세에 적응하는 것이었는데, 특히 동유럽 사회주의국가의 급변과 소련의 붕괴는 큰 영향을 미쳤다. 우리식 사회주의의 필승불패를 주장하면서, 자신들의 사회주의 완성이라는 것을 대내외에 선포하는 데에 의미가 있었

31 서대숙, "당·정관계 변화", 전인영 편, 『북한의 정치』, 서울: 을유문화사, 1990, p. 283.

다. 또한 로동당의 위상 강화와 김정일 후계체제의 구축도 연결되어 있었다.

종전 헌법 제4조의 "맑스-레닌주의를 우리 현실에 창조적으로 적용한 조선로동당의 주체사상"을, "사람중심의 세계관이며 인민대중의 자주성을 실현하기 위한 혁명사상인 주체사상"으로 바꾸면서 마르크스-레닌주의를 삭제하였다. 그리고 헌법 제5조를 제9조로 옮겨 내용을 수정하였다. "전국적 범위에서 외세를 물리치고"와 "민주주의적 기초위에서" 대신에, "인민정권을 강화하고 사상, 기술 문화의 3대혁명을 힘있게 벌려"와 "자주, 평화, 민족대단결의 원칙에서"로 바꾸었다. 제10조는 "조선민주주의인민공화국은 프로레타리아 독재를 실시하며 계급로선과 군중로선을 관철한다"에서 '프로레타리아 독재'를 삭제하였다. 대신 "로동계급이 영도하는 로동동맹에 기초한 전체 인민의 사상적 통일에 의거"하고, "모든 성원들을 혁명화 로동계급화하여 온 사회를 동지적으로 결합된 하나의 집단으로 만든다"하였다. 제17조 "국가는 맑스-레닌주의와 프로레타리아 국제주의 원칙에서 사회주의나라들과 단결하고 제국주의를 반대하는"을 삭제하고, "국가는 자주성을 옹호하는"으로 대신하였다. 또한 대외개방정책을 구체화하여 외국과의 합영·합작 규정도 신설하였다. 〈애국가〉를 명문화한 것도 이 헌법에서 이다.

중요한 것은 종전의 헌법에 없던 제11조 "조선민주주의인민공화국은 조선로동당의 영도 밑에 모든 활동을 진행한다"를 넣어 당의 국가지도를 명시하였다는 점이다. 즉, 로동당에 모든 국가권력의 사상적 지도와 정책결정뿐만 아니라, 국가기관을 지도·감독하는 권한을 부여하였다. 당의 권한 강화는 주석제 헌법에서 권력이 국가기관에 집중되었던 것을 다시 당으로 돌려 당의 권한 강화에 의미가 있었다. 이는 당을 관장하고 있던 김정일에게 힘을 실어주는 권력승계를 위한 포석이기도 했지만, 또 다른 이유는 동유럽 급변사태에서 공산당의 몰락과는 달리 북한은 로동당이 주도하고 있다는 것을 내세운 면이 있다.

개정헌법에서는 그동안에 없었던 국방에 관한 장이 새롭게 추가되었다. 기존에 정치, 경제, 문화의 장에 이어 '제4장 국방'이 생겨나면서 4개 조항으로 구성하였다. 제58조 "조선민주주의인민공화국은 전인민적, 전국가적 방위체계에 의거한다"라 하였고, 나머지 3개 조항에는 무장력의 사명, 국가의 군사노선, 군대의 규율에 대하여 규정하고 있다. 특히 북한에서 1960년대에 등장했던 4대군사노선 즉, 전민무장화, 전국요새화, 전군간부화, 전군간부화가 자위적 군사노선으로 명기되었다는 점이다. 물론 1972년 헌법에 국방에 관한 조항이 없었던 것은 아니다. 제1장 정치 부문에 제14조 1개 조항으로 "조선민주주의인민공화국은 전인민적, 전국가적 방위체계에 의거하며 자위적군사로선을 관철한다"하고, 무장력의 목적을 명시하기도 하였다. 개정헌법에는 바로 이 조항을 삭제하고, 국방의 장에서 이를 나누어 4개 항으로 나누면서 기본적인 것을 규정하고 좀 더 구체화하고 있다. 이렇게 정치의 장에서 분리시켜 국방의 장의 신설은 뒤에서 설명할 국방위원회가 별도의 독립된 국가기관이 된 것과도 관련이 있다.

2. 주석 권한 약화

중앙인민위원회 산하에서 분리·확대·개편되었던 국방위원회가 헌법상 독립된 국가기구가 되었다. 헌법에서 국가기구의 제2절 주석과 제4절 중앙인민위원회와는 별도로 '제3절 조선민주주의인민공화국 국방위원회'가 신설되어 규정되고, 제111조 '국방위원회는 국가주권의 최고군사지도기관'이 되었다. 제112-117조까지 국방위원회의 조직과 권한 그리고 책임을 규정하고 있다. 국방위원회 위원장은 일체의 무력을 지휘 통솔하고, 그 사업은 최고인민회의 앞에 책임진다 하여 주석으로부터 완전히 독립된 존재가 되었다. 이렇게 1992년 헌법이 개정으로 주석의 권한이 축소되고, 국방위원회의 권력 비중을 높이고 주석에게 부여되었던 국가의 일체 무력의 지휘, 통솔권은 국방위원회 위원장에게 이양하였다. 또한 종래 주석이 당연히 겸하던 최고사령관직을 삭제하여 주석이 아닌 사람이 최고사령관직을 겸할 수 있도록 하였다. 그리하여 그동안 주석이 아니면 오를 수 없었던 최고사령관에 오른 김정일에 대한 위헌 시비를 없앰으로써 그의 위치를 더욱 강화했다.

이렇게 국방위원회가 중앙인민위원회에서 독립하여 별도의 헌법적 기관으로 자리 잡아 국가기구에 힘이 실리게 되었다. 이는 주석과 중앙인민위원회의 권한을 분산시키는 것이었다. 북한에서는 이를 '위대한 수령님께서는 사회주의헌법을 보충하도록 하시고 종래의 부문별 위원회로 존재하던 국방위원회를 독자적인 국방위원회로 승격시키는 조치를 취해 주셨다'라고 설명하고 있다.[32]

헌법 개정 후 김일성이 국방위원회 위원장, 김정일이 제1부위원장에 선출되었다. 헌법이 통과된 후 김일성이 1992년에 "김정일동지와 당중앙위원회의 두리에 굳게 단결하여 혁명의 대를 이어나갈" 준비가 완료되었음을 공헌한 것을 보면 이러한 제도개혁이 김정일의 권력승계를 마무리 하기 위한 작업이었음을 알 수 있다.

제5절 김일성 시대 헌법의 함의와 영원한 주석

김일성이 사망한 후 그가 집무하던 관저인 일명 주석궁이라 부르는 금수산의사당에 안치되었다. 주석궁이 평양시 대성구역 금수산에 자리 잡고 있었기 때문에 이곳을 금수산기념궁전으로 바꾸어 불렀다. 김정일이 사망한 후에도 역시 이곳에 안치되었고, 금수산태양궁전이라고 명칭을 바꾸었다. 김일성은 살아서 주석궁에 있었고, 죽어서도 주석궁에 있다.

북한에서는 김일성을 '위대한 수령 김일성동지'라고 하지만, 다른 국가에서는 김일성을 수령이라 부르지 않고 주석이라 호칭하였다. 1972년 헌법이 바뀌면서 주석이라는 조선민주의인민공화국의 최고위직책이 생겨났고, 북한에서 공화국주석이라 불렀다. 그가 주석에 오르고 24년간 이 자리에서 북한을 통치하였다. 물론 주석에 추대되기 전까지 그는 조선민주주의인민공화국의 수상이었다. 그러나 북한의 정치체계는 당·국가체제여서 당이 국가를 이끌었기 때문

32 리명일, "우리 나라 국가기관체계의 특징에 대한 리해", 『김일성종합대학학보(력사, 법률)』 제62권 제2호(루계 제510호), 김일성종합대학출판사, 2016, pp. 63-65.

에 당위원장이 최고의 지도자였다. 북한에서 당 제4차대회는 당이 완전하게 정치를 주도한다는 것을 보여주었다. 1966년의 당 제2차 대표자회에서 조직개편이 이루어졌고 김일성은 총비서에 선출되었다. 총비서는 헌법상 내각 수상지위와는 비교될 수 없게 정치적 위상이 달랐다. 당 제5차대회의 규약에 마르크스－레닌주의의 창조적 적용을 전제하고 있지만, "김일성동지의 위대한 주체사상을 자기활동의 지도적 지침으로 삼는다"는 것은 김일성의 위상을 완전하게 보여주는 것이었다. 이때 북한에서 로동당은 모든 정치권력의 정점에 있었고, 당·국가체제가 완전하게 작동되어 당이 주도하고 국가기구가 이를 뒷받침하고 있었다.

북한지도부는 새로운 헌법을 만들면서 스스로를 '자주적인 사회주의국가'로 천명했으며, 주체사상을 '자기활동의 지도적 지침'이라고 하였다. 김일성 시대인 1972년에 만들어진 사회주의헌법에서 모든 권력은 국가기구인 주석에 모아졌다. 주석은 국가의 수반으로 공화국을 대표하고, 국방권과 특사권 비준권 등 모든 권력을 가지고 있었다. 1972년 헌법에 새로이 신설된 국가기관은 중앙인민위원회이다. 중앙인민위원회는 '국가주권의 최고지도기관'으로, 여기에 위원들이 로동당의 핵심부를 장악하고 있어 당·정협의체 형식을 가진 국가기관이다. 중앙인민위원회의 '수위는 공화국 주석'으로 국가의 대내외정책을 세우고, 정무원으로 명칭이 변경된 내각과 사법·국방기관 사업을 지도하였다. 김일성 주석이 총비서를 겸하고 있었지만 정치권력의 비중이 당에서 국가기구로 옮겨가는 양상을 보였다. 북한에서 주석제를 '수령의 유일적 영도를 보장할 수 있는 국가정치지도체계'라고 하는 데에서, 국가기구 우위를 확보를 발견할 수 있다.

1980년 당 제6차대회를 개최하여 당을 정상화시켰지만, 가장 큰 특성은 김정일을 당상무위원회 위원으로 선출하여 후계구도를 강화시킨 것이었다. 20년간의 국가주석제가 지속되는 가운데 동유럽국가의 급변과 후계문제라는 국내외적 상황 속에서 '우리식 사회주의'가 필요했고, 급기야 1992년 헌법을 개정하기에 이르렀다. 국방위원회를 주석과 중앙인민위원회로부터 분리 독립시켜 정치권력을 분산시킨 것은 국가기구의 권력 강화를 의미하는 것이었고, 그 후 이 강화된 국방위원장 자리에 김정일이 올랐다. 김일성 사후 김정일에 의한 유훈통치가 지속되다가 공식적인 김정일 체제가 출범하면서 내놓은 새로운 헌법 서문에 이 헌법을 김일성동지의 국가건설사상과 국가건설업적을 법화한 '김일성 헌법'이라 하였다. 김일성동지를 '공화국의 영원한 주석'으로 높이 모신다고 하였다.

제8장

국방위원회 중심제와 김정일 국방위원장

제1절 헌법에서 국방위원회

1. 국방위원회 설치

북한에서 국방위원회가 설치된 것은 1972년 주석제 헌법에서였다. 김일성 시대에 선군정치라는 용어가 등장하지 않았지만, 국방위원회는 점차 정치권력의 핵심적인 부서가 되었다. 국방위원회는 주석제 헌법에서 탄생한 것으로 당정협의체 형식인 중앙인민위원회의 산하의 부분별 위원회였으므로 그 비중은 크지 않았다. 김정일의 경우 당 선전선동부의 직책만 맡고 있었고, 헌법기관의 직책은 없었으므로 국방위원회의 위원은 아니었다. 그러나 국방위원회가 힘을 가지기 시작한 것은 중앙인민위원회에서 분리되어 독자적 위원회가 되면서부터였고, 김정일도 국가기구에 직책을 가지게 되었다.[1]

1 김정일은 물론 1982년, 1986년, 1990년에 제7, 8, 9기 최고인민회의 대의원으로 선출되었다.

1990년 5월 24일에서 26일까지 개최된 최고인민회의 제9기 1차 회의에서 중앙인민회원회 산하에 있던 국방위원회가 확대 개편되었고 후에 오히려 헌법상 상위기관이 되었다. 김일성은 초대 위원장에 취임하였고, 제1부위원장은 김정일을 임명하였다. 당시 부위원장의 면면을 보면 혁명 1세대라고 하는 오진우와 최광이 그 자리에 있었다. 김정일이 군사부분에 직책을 맡게 된 것은 상술한 바와 같이 당 제6차대회였고, 정치국 상무위원회 상무위원이 되면서 당중앙군사위원회 위원이 되었다. 그러므로 이때 김정일이 국방위원회 제1부위원장으로 기용된 것은 그가 국가기관에서 맡은 최초의 직책이었다. 북한에서는 이를 두고 혁명무력건설에서 커다란 의의를 가지는 사변이었고, 나라의 방위력 강화를 위한 새로운 전환이었다고 한다.

1991년 12월 24일 당중앙위원회 제6기 19차 전원회의에서 김정일을 조선인민군 최고사령관에 추대하였다. 1950년 7월 이래 김일성이 맡고 있던 조선인민군 최고사령관을 김정일에게 넘겨준 것이다. 북한은 이날을 '선군혁명위업계승의 대업'이 공식적으로 이룩된 역사적인 날이라고 하였다. 김정일은 다음 날 당중앙위원회 책임일군들과의 담화에서 "나는 조선인민군 최고사령관으로서 우리의 혁명무력을 백방으로 강화하여 우리식 사회주의를 무력으로 믿음직하게 옹호보위하고 수령님께서 개척하신 주체의 혁명위업을 완성할 확고한 결심을 가지고 있습니다"라고 하였다.[2] 북한에서는 김정일이 최고사령관으로 추대될 당시 북한의 헌법에는 주석이 인민군최고사령관을 당연히 겸직하도록 되어있었다. 후에 개정헌법에서 국

2 『선군태양 김정일장군 2』, 평양: 평양출판사, 2006, p. 358.

가주석이 인민군최고사령관을 겸하는 조항을 삭제하였다.

2. 주석과 독립기관으로 국방위원회

헌법 개정 이전에 분리했던 국방위원회는 1992년 4월 개정된 사회주의헌법에 따라 국가주석과 중앙인민위원회가 가지고 있던 국방에 관한 모든 권력을 장악하는 기관이 되었다. 북한에서는 이를 종래 중앙인민위원회의 부문별위원회의 하나로 존재하던 국방위원회를 독자적 국방기구인 국방위원회로 승격되었다고 하였다. 그러면서 헌법의 국가기구의 순위에서도 중앙인민위원회의 앞에 두고, 헌법 제111조는 "조선민주주의인민공화국 국방위원회는 조선민주주의인민공화국의 국가주권의 최고군사지도기관이다"라고 규정하였다.

이렇게 헌법에서는 국가주석의 권한을 축소하고 국방위원회의 권한을 강화하였다. 국가주석이 행사하던 일체의 무력, 즉 인민무력부 산하의 정규군을 비롯해 로농적위대, 교도대, 붉은청년근위대 등을 지휘·통솔하는 권한을 갖게 되었다. 주석에게 부여되었던 국가의 일체 무력의 지위, 통솔권은 국방위원장에게 이양되었다. 물론 김일성 주석이 국방위원장을 겸직하고 있었기 때문에 권력분할이 큰 의미를 부여하지 않을 수도 있었다. 이후의 북한 정치과정을 보면 이미 김정일에게 국방위원장을 물려줄 준비였던 것이다. 1992년 4월 20일에는 김정일에게 원수 칭호를 부여하였다. 국방위원회를 강화시키고 김정일을 원수로 임명한 점은 인민무력부와 총참모부에 대한 지도력을 행사할 수 있게 됨으로써 군부세력에 대한 지도와 통제를 강화하는 의미가 있었다.

최고인민회의는 헌법 개정 1년 후인 1993년 4월 7일부터 9일까지 3일간에 걸쳐 개최된 제9기 5차 회의에서 김정일을 "국가주권의 최고군사지도기관"인 국방위원회 위원장으로 추대하였다. 당시의 국방위원회에 소속된 인물들을 보면 북한권력지도부의 핵심적인 인물들이 모두 포함되어 있었다. 특히 당중앙군사위원회에 소속된 인물들로 오진우, 최광, 전병호, 리하일, 리을설 등 이었다.

1994년 7월 8일 김일성이 사망한 이후에도 북한은 주석을 공석으로 두고 유훈통치를 내세우며, 죽은 수령을 아들이 자연스럽게 물려받고 종전의 권력구도를 유지하였다. 3년 후인 1997년 10월 8일 김정일은 비어있던 총비서 자리에 오르기만 하고, 당은 당대회나 대표자회를 치르지 않고 그대로 존치하였다.

—

제2절 김정일 시대의 헌법

1. 정치권력의 분산과 국방위원회

1) 공식적인 김정일 체제의 헌법

김일성이 사망하자 김정일은 기존의 헌법에 의하여 주석에 오르리라는 것이 일반적인 추측이었으나 그것은 빗나갔다. 고난의 행군과 유훈통치라는 방식으로 4년 동안 북한을 이끌어가면서 김정일은 군사국가화의 경향을 제도화로 굳히는 작업을 진행 시켰다. 그리고 다른 나라에서는 볼 수 없는 특이한 권력구조를 가진 김정일 체제를 출범시켰다.

김정일 체제인 1998년 헌법구조는 어떠했는가? 강성대국을 내세우며 공식적인 김정일 체제가 출범하였지만, 북한은 아직도 김일성에 집착하는 모습을 보여주었다. 1992년에 없었던 헌법의 서문이 만들어졌고 여기에 처음부터 끝까지 김일성의 업적과 위대성의 합창과 칭송으로 가득 채웠다. 서문 외에 총 7장 166조로 구성되었다. 제1장 정치, 제2장 경제, 제3장 문화, 제4장 국방, 제5장 공민의 기본권리와 의무부분의 1992년의 헌법과 같다. 제6장 국가기구는 완전히 달라졌는데, 제1절 최고인민회의, 제2절 국방위원회, 제3절 최고인민회의 상임위원회, 제4절 내각, 제5절 지방인민회의, 제6절 지방인민위원회 위원회, 제7절 검찰소와 재판소로 구성되었다. 주석과 중앙인민위원회가 없어지고, 최고인민회의 상임위원회 신설되고 정무원은 내각이 되었다. 지방인민회의와 지방인민위원회가 각각 절로 나뉘고, 지방경제행정위원회를 없앴다. 제7장은 국장 국기 국가 수도이다.

서문은 "조선민주주의인민공화국은 위대한 수령 김일성동지의 사상과 영도를 구현한 불패의 사회주의 조국이다. 위대한 수령 김일성동지는 조선민주주의인민공화국의 창건자이시며 사회주의 조선의 시조이시다"로 시작하여, 김일성을 '공화국의 영원한 주석'으로 모신다 하면서 "조선민주주의인민공화국 사회주의헌법은 위대한 수령 김일성동지의 주체적인 국가건설사상과 국가건설업적을 법화한 김일성 헌법이다"로 끝내고 있다. 이렇게 김일성을 영원한 주석으로 모신다고 해놓고, 그동안 정치권력을 집중시켜 놓았던 주석과 중앙인민위원회를 없애버렸다. 그리고 헌법은 국방위원회, 최고인민회의 상임위원회, 내각이 균점하는 형식으로 설계되었다. 모든 권력을 김정일에게 집중할 수도 있었지만, 당시의 상황에서 이렇게 하는 것은 그에게 큰 부담이었다. 그러므로 권력을 한 곳에 집중시키지 않고 형식상으로 분산시키는 모습을 보여주었다.

2) 국방위원회

상술한 바와 같이 국방위원회가 독립된 국가기구가 된 것은 1992년 헌법에서였다. 종전의 제6장 국가기구의 제3절에 있던 국방위원회는 주석을 없앴기 때문에 제2절 국방위원회로 규정하였고 그 위상에도 변화를 주었다. 종전 헌법에서 국방위원회는 '국가주권의 최고군사지도기관'이었으나, 새로운 헌법에서 국방위원회는 '국가주권의 최고군사지도기관이며, 전반적 국방관리기관'이 되었다. 국방위원회의 권리와 의무에서도 '국방부문의 중앙기관을 내오거나 없앤다'가 추가되었다. 또한 국방위원회 위원장은 '일체의 무력을 지휘통솔'한다고 되어있었으나, 이제 여기에 더하여 '국방사업 전반을 지도'하게 되었다. 이러한 부분은 주석이 없어지면서 주석의 권한들이 국방위원회로 이첩되었음을 의미하는 것이었다. 국방위원회는 위원장과 제1부위원장, 부위원장, 위원들로 구성하고, 임기는 최고인민회의의 5년 임기와 같다. 최고인민회의에서 국방위원장을 선거하도록 되어있었다.

북한에서는 이것을 "지금까지 사회주의나라들의 헌법에서는 국방기관을 헌법적으로 규제된 독립적인 국가기관으로 규제하지 않았다"면서, "국방위원회를 헌법적으로 규제된 독립적인 국가기구로 설정한 것은 국방위원회의 특수한 지위보장과 우리 식의 독창적인 국방기구체계의 기틀을 마련한 법적담보"라 하였다.[3] 국방중시사상을 국가기구의 조직과 확립에 명백히 구현하였다고 설명하고 있다. 국방위원회의 법적지위가 새롭게 부여됨으로써 북한의 영도체계는 국방위원회를 중추로 하는 선군영도체계로 강화된 것이다.

주석과 중앙인민위원회가 없어지고 국방위원회가 강화된 것은 국방위원장의 지위 격상을 의미하는 것이다. 김정일은 국방위원회의 위원장에 재추대되는 것으로 마무리 지었다. 이것을 "우리 국가와 인민은 위대한 령도자 김정일동지를 국가의 최고직책인 국방위원회의 수위에 높이 모심으로 하여 대를 이어가는 수령복을 누리는 긍지 높은 인민이 되었으며 주체혁명의 자랑찬 력사를 더욱 빛내게 되었다"라고 한다.[4] 국방위원회 위원장은 일체의 무력과 국방사업 전반을 지휘 통솔하며, 국방사업 전반을 지도하는 직책이지만, 실질상으로는 '나라의 정치·경제·군사 역량의 총체를 통솔 지휘하는 국가 최고 직책'이다. 그러므로 국가의 최고직책이며 조국의 영예와 존엄을 상징하고 대표하는 성스러운 직책이 국방위원장이라 하였다. 북한에서는 "헌법을 수정하여 국가기구체계에서 주석제를 폐지하고 국방위원회의 지위와 권능을 획기적으로 높임으로써, 우리 식의 국가관리체계인 국방중시 국가정치체계를 확립한 것은 김정일이 시대의 통찰력을 보여준 것"이라고 주장한다.[5]

---

3 허성근, "공화국기구발전의 특징", 『김일성종합대학학보(력사, 법학)』 제51권 제2호, 김일성종합대학출판사, 2005, p. 54.

4 허성근, "공화국기구발전의 특징", p. 55.

북한은 이 헌법에 의하여 국방위원회가 국방부분에서의 상설적인 최고주권기관인 동시에 행정기관으로서 혁명의 중추적 기관으로 공식 선포되게 되었다고 하였다. 헌법에 국방위원회에 대해 새롭게 명기한 것은 단순히 입법기술상의 문제가 아니라 국가가 군사를 '국사 중의 국사'로 중시한다는 것을 표명한 것이다. 이렇게 되어 새로운 헌법은 국방위원회를 중추로 하는 국방중시의 정치헌법으로 완성되게 되었으며, 북한의 국가기구체계는 선군정치실현을 국가기구적으로 담보하는 체제가 되었다고 한다.[6] 국가의 정치체계를 국방위원회를 중추로 하는 정치체제로 발전시킨 것이다.[7]

국방위원회의 지위와 권능을 강화하도록 한 군사중시의 국가기구체계는 무적의 군사력에 의거하여 나라의 정치적 자주권을 확고히 담보하고 경제발전과 나라의 부흥을 힘있게 추동하는 가장 우월한 김정일식 군사중시 정치체제이다.[8] 국방위원회는 위원장을 포함한 총 10명으로 구성하였다. 제1부위원장에 조명록, 부위원장에 김일철, 리용무였는데 이들 모두 차수의 계급의 군인이었다. 나머지 6명 중 연형묵, 김철만, 전병호는 당료출신이고 김영춘, 리을설, 백학림도 역시 군인이었다. 국방위원회에 구성원의 면면을 볼 때 국방위원회가 북한을 이끌어 가는 선군정치방식이라는 것을 이해할 수 있다.

---

5 김경현, "위대한 김일성동지와 김정일동지께서 국방중시의 국가정치체제를 마련해 주신 불멸의 업적", 『김일성종합대학학보(력사, 법률)』 제62권 제4호, 김일성종합대학출판사, 2016, p. 64.

6 『선군－김정일정치』, 평양: 외국문출판사, 2012, pp. 49-50.

7 정영태, 『북한의 당·군·민 관계와 체제 안정성 평가』 연구총서 06-09, 통일연구원, 2006, p. 41.

8 김현환, 『김정일장군 정치방식연구』, 평양: 평양출판사, 2002, p. 223.

3) 권력분립과정과 국방위원장

북한에서도 주석의 권한 이양 문제에 대하여 고민한 흔적이 보였다. 국방위원장이 국가와 인민을 대표하는 조항을 신설하려고도 했으나, 김정일이 당과 군대의 중요성을 강조하면서 당시의 헌법 조항대로 가져갔다. 헌법 조항에 대하여 담당자가 김정일 위원장에게 '종전의 국가 주석의 권능 중에서 국가주권에 대한 대표권, 인민정권에 대한 전반적 지도권을 비롯하여 중요한 내용들을 국방위원장의 권한에 포함'시키는 것에 대하여 보고했는데, '지금대로 하는 게 좋다고 하면서 〈나는 수령님의 교시대로 당과 군대를 가지고 혁명을 령도하려고 합니다〉'라 하였다고 한다.[9] 그러나 북한만이 가지는 특이한 국가기구인 국방위원회는 법적 지위와 권한이 확대되었다.

당시 헌법에서 국방위원장의 권한에 국가 대표권을 부여하지 않았지만, 국방위원장은 북한 최고의 직책이었다. 그러므로 종전의 주석이 없어진 상황에서 고민은 최고인민회의 상임위원회와의 순서 문제였다.[10] 이것이 갖는 중요한 의미는 국방위원장과 최고인민회의 상임위원장과의 관계의 문제였다. 최고인민회의 상임위원회는 최고인민회의 휴회 중 최고주권기관이고, 상임위원장은 국가를 대표하기 때문에 당연히 최고인민회의 다음 장에 상임위원회를 두는 것은 당연한 것이었다. 그렇기 때문에 헌법 수정 초안에도 제6장 국가기구부분의 제1절이 '최고인민회의와 상임위원회'로 되어있었다

9 오현철, 『선군과 민족의 운명』. 평양: 평양출판사, 2007, p. 140.

10 1992년의 헌법에서는 최고인민회의 상설회의가 있었고 다음에 주석 그리고 국방위원회 순서로 가는 것이 오히려 정상적인 순서였다.

고 한다. 북한의 헌법학자들은 이 문제를 고민했는데, 그 고민을 김정일 위원장이 풀어주었다는 것이다.

김정일 위원장이 '최고인민회의와 상임위원회를 분리해서 제1절을 최고인민회의로 하고 제2절을 국방위원회, 제3절을 최고인민회의 상임위원회'로 하도록 해결해 주었다는 것이다.[11] 종전에는 국방위원회가 최고인민회의와 그 휴회 중의 최고인민회의 상설회의의 다음에 있었다. 물론 이때의 상설회의는 독립된 국가기관이 아니었다. 그러나 국가를 대표하는 상임위원회의 부활에도 불구하고 최고인민회의 다음 순위에 국방위원회를 놓은 것은, 김정일 자신이 추구하는 선군정치를 국가기구인 국방위원회를 통해 실현하려는 의지의 표명이었다.

이는 헌법상 국방위원회 위원장이 국가를 대표하지 않고 독립된 국가기구는 아니지만, 국방위원장은 국가체제와 인민의 운명을 수호하고 조직하여 통솔하고 지휘하는 국가최고의 직책이 이었다. 헌법에서 국방위원회, 최고인민회의 상임위원회, 내각이 권력을 균점하는 모습을 보여주었지만, 그것은 형식에 불과한 것이었다. 이 상황을 "헌법을 개정하여 국가기구체계에서 국방위원회와 국방위원장의 지위와 권능을 격상시킨 군중시의 국가정치체제를 수립했다"고 하고 있다.[12]

북한의 새로운 국가기구체계에서 국방위원회가 최고 우위를 점하게 된 것은, 군대를 앞세워 정치를 하겠다는 김정일 의지의 반영이다. 최고인민회의 상임위원장에게 형식적인 국가원수의 역할과 임

11 오현철, 『선군과 민족의 운명』, 평양: 평양출판사, 2007, p. 141.

12 김철우, 『김정일장군의 선군정치』. 평양: 평양출판사, 2000, p. 23.

무가 부여되었지만, 새로운 국가기구체계에서 김정일의 최고 위상을 보증하는 것이 국방위원장이었다. 이에 따라서 국방위원장을 실질적인 국가수반으로 규정하면서 선군정치 방식을 가장 추켜세웠다고 볼 수 있다.[13]

4) 최고인민회의·최고인민회의 상임위원회와 내각

상술한 바와 같이 김일성 헌법이라고 명명된 사회주의헌법에서 국가기구를 보면 최고인민회의는 국가의 최고 주권기관으로 되어있다.[14] 최고인민회의는 헌법과 법률의 수정·보충, 대내외정책결정, 그리고 국가 주요 직책에 대한 선거·소환 및 예산심의·조약비준과 폐기 등 국가의 주요사항을 결정하고 처리하는 기관이다. 북한 최고인민회의는 헌법 제87조에 의거 최고주권기관임과 동시에 유일한 입법기관으로 규정되어 있다. 따라서 최고인민회의는 국가기구에 있어서 최고기관으로서의 지위를 가지며 입법권 이외에도 국방위원장, 최고인민회의 상임위원장, 내각 총리의 선거와 소환, 국가예산의 승인, 중앙재판소장의 선거와 소환, 중앙검찰소장의 임명과 해임 등의 권한을 가지고 있다.

그러나 이러한 국가 최고주권기관의 책임자인 최고인민회의 의장은 어떠한 권한을 가지고 있는가? 헌법 제94조는 "최고인민회의는 의장과 부의장을 선거한다. 의장은 회의를 사회한다"고 하여, 의장

13 이종석, 『새로 쓴 현대북한의 이해』, 서울: 역사비평사, 2000, p. 547.

14 북한의 헌법 서문에 "조선민주주의 사회주의헌법은 위대한 수령 김일성동지의 주체적인 국가건설사상과 국가건설업적을 법화한 김일성헌법이다"라고 제시하고 있다.

은 최고인민회의 부여된 회의를 진행시키는 사람에 불과하다. 그러므로 최고인민회의 상임위원회가 최고주권기관이라 할 수 있다. 상임위원회는 입법권을 행사할 수 있으며 다른 나라와 맺은 조약을 비준 또는 폐기하고, 다른 나라에 주재하는 외교대표의 임명 소환, 대사권을 행사하도록 되었다. 특히 최고인민회의 상임위원회 위원장은 국가를 대표하며 다른 나라 사신의 신임장과 소환장을 접수한다고 되어있다. 주석이 헌법에서 사라지면서 그동안 주석이 가지고 있던 많은 권한이 상임위원장으로 이양된 것이다. 종전의 헌법에서 북한의 명실상부한 최고권력자는 주석이었다. 주석은 "국가의 수반이며 조선민주주의인민공화국을 대표한다"고 되어있었고, 전군 최고사령관이었고 국방위원회 위원장으로 법령 공포권·특사권·조약 비준 및 폐기권을 가지고 있었다.[15]

그러므로 헌법상으로만 보면 상임위원장이 국가원수인 셈이다. 정말로 북한에서 국가를 대표하고 책임지는 최고 권력자는 상임위원장인가? 1998년부터 김영남은 상임위원장 자리에 앉아 있지만, 그는 실제로 최고 권력자가 아니다. 1998년 9월 5일 최고인민회의 제10기 1차 회의에서 최고인민회의 상임위원장인 김영남의 다음과 같은 추대연설을 통해서 알 수 있다. 즉, "국방위원장의 중임은 나라의 정치, 군사, 경제 력량의 총체를 통솔지휘하여 사회주의 조국의 국가체계와 인민의 운명을 수호하며 나라의 방위력과 전반적 국력을 강화 발전시키는 사업을 조직령도하는 국가의 최고직책이며 우리 조국의 영예와 민족의 존엄을 상징하고 대표하는 성스러운 중책"

15 1992년의 헌법 제105조는 "조선민주주의공화국 주석은 국가의 수반이며 조선민주주의인민공화국을 대표한다"고 되어 있었다.

이라고 했다.

헌법 개정으로 종전의 정무원은 내각으로 명칭이 바뀌었다. 내각은 나라의 경제를 발전시키고 인민들의 행복한 물질문화생활을 전적으로 책임지고 돌보는 기관이다. 종전의 '행정적 집행기관'에 더하여, '전반적 국가관리기관'으로 내각이 부활하면서 총리는 주석이 가졌던 일부의 권한을 가지게 되었다. 헌법 개정으로 인하여 정무원은 내각으로 다시 개칭되면서 종전의 주석과 중앙인민위원회 기능인 전반적 국가관리를 내각이 맡게 되었다. 또한 내각총리는 "조선민주주의인민공화국 정부를 대표한다"고 헌법에 규정되어 있어, 종전 주석의 대표 권한을 위임한 것이다. 내각은 최고인민회의와 동일한 임기의 총리, 부총리, 위원장과 종전의 부部가 성省으로 바뀌며 상相으로 구성되었다. 그러나 인민무력부는 성으로 바꾸지 않고 명칭을 그대로 유지하면서 국방위원장의 지휘 하에 두었다.

북한에서는 헌법 개정으로 내각이 부활한 것은 모든 경제사업에서 내각이 중심되어 지도하고 추진하는 것이라 하였다. 내각은 최고주권기관의 행정적 집행기관으로서 경제사업 전반을 직접 조직지휘하는 경제사령부이다. 김정일동지가 내각중심제와 내각책임제의 사상이론을 제시하였는데, 이는 내각의 책임성과 역할을 높일 수 있는 확실한 담보이다. 내각중심제는 내각이 나라의 경제사업전반을 직접 조직지도하는 사업질서이며, 내각책임제는 내각이 경제사업을 틀어쥔 주인으로서의 책임을 다하는 사업질서이다.[16] 내각중

16 리동구, "내각중심제, 내각책임제는 경제사업에 대한 국가의 통일적지도관리형태", 『김일성종합대학학보(철학, 경제학)』 제47권 제1호, 김일성종합대학출판사, 2001, p. 44.

심제, 내각책임제는 위원회, 성을 비롯한 모든 경제부문 기관, 기업소들이 내각에 절대복종하는 질서를 세울 때만 실현된다고 하였다. 북한은 '내각결정'을 통해 경제난을 타개하기 위한 대책을 채택하였다. 내각결정은 종합적 경제결정으로 과거의 '7개년 계획' '6개년 계획' 등과 같은 최고인민회의에서 채택된 장기경제계획이 아니라 내각 차원에서 각성이 단기적으로 수행할 대책을 담고 있었다.

2. 헌법의 경제문제와 선군정치와 관계

1) 경제문제의 헌법반영

북한이 고난의 행군을 한다면서 공식적인 김정일 체제를 늦춘 것도 경제문제가 크게 작용하였다. 북한 경제의 가장 큰 저해 요인은 정치적인 것이다. 경제 논리에 따라 운영해야 할 경제를 주체라는 정치적 논리로서 운영하려는 데서 문제점들이 생겼다. 북한의 노력과 국제적인 지원으로 1998년 이후 식량난과 경제난이 완화되었고, 경제복구 작업에 들어갔다. 그리하여 북한 사회에 수년 전부터 일어났던 경제현실의 변화가 개정헌법에 반영되었다. 가장 중요한 것은 생산수단의 소유 주체의 문제였다.

헌법 제20조와 제22조에서 소유의 주체를 '국가와 협동단체'에서 '국가와 사회협동단체'로 변화를 준 것이다. 북한에서 사회단체는 '사회의 일정한 계급 및 계층들이 자기들의 공동의 리익을 옹호하고 공동의 목적을 실현하기 위하여 조직된 단체'를 말한다. 그러므로 북한에서 경제활동의 주체로서 사회단체의 영역이 확대된 것이다.

이에 따라 국가 소유의 범위는 축소되고 개인이나 사회단체·협동단체가 초보적이나마 소유의 주체로 등장하게 되었다고 할 수 있다.[17] 또한 제24조에서 '협동농장원들의 터밭 경리를 비롯한 개인 부업 경리에 나오는 생산물'에서 '협동농장원들의'라는 문구를 삭제함으로써 그동안 협동농장원들에 한정했던 텃밭 소유의 범위를 넓혔으며, '합법적인 경리활동을 통하여 얻은 수입'을 추가함으로써 개인소유의 범위를 확대시켰다.

헌법 제33조에 '국가는 경제관리에서 대안의 사업체계의 요구에 맞게 독립채산제를 실시하며 원가 가격 수입성 같은 경제적 공간을 옳게 이용하도록 한다'는 내용이 추가되었다. 이는 경제문제에서 중요한 것으로 독립채산제를 실시하고 원가·가격 수입성 개념을 도입한 것이다. 헌법 제36조에 대외무역은 국가 또는 사회협동단체가 한다고 규정하고 있다. 국가에 한정한 대외무역의 범주는 사회협동단체로까지 그 범주를 넓히면서 '국가의 감독'이라는 문구도 삭제하였다. 제37조는 새로운 조항으로 "국가는 우리 나라 기관, 기업소, 단체와 다른 나라 법인 또한 개인들과의 기업합영과 합작, 특수경제지대에서의 여러 가지 기업창설운영을 장려한다"는 내용이다. 이는 1984년의 합영법 제정을 따른 대외경제 확대정책의 반영이라 볼 수도 있지만, 특수경제지대를 명문화했다는 것에 의미가 있는 것이다. 또한 북한에서 경제관련 주민들의 이동이 빈번해지자, "공민은 거주, 여행의 자유를 가진다"는 제75조를 신설하였다.

이같이 북한의 경제 부문에서의 변화 모색은 심화된 경제난과 지

17 장명봉, "북한 개정 헌법(1998.9.5.)의 경제 조항 변화의 고찰", 『통일경제』 제46호, 현대경제연구원, 1998, p. 42.

속적인 경제위기에 따른 체제위기에 대응한 생존전략으로 시도된 것이라 할 수 있다. 헌법상 경제 조항의 개정은 일부 시장경제 원리를 도입하는 것으로, 북한에서 '1차 경제'가 주도하지 못하고 있는 경제현실을 공식화하는 것이라 할 수 있다.[18]

북한의 헌법개정후의 첫 내각조직은 효율성을 높이기 위해 경제분야 32개 부서를 23개로 통폐합하였다. 내각 부서장의 70~80% 정도를 전문 기술관료로 구성함으로써 실무중심으로 충원하였다. 북한은 4대 방향의 경제정책을 추진하기 시작하였다. 그것은 공업부문의 전력증산운동, 중공업부문의 정상화, 농업부문의 감자농사혁명, 토지정리사업이었다. 그러면서 인민경제의 모든 부문에서의 생산정상화와 인민생활의 안정 및 향상을 기본과업으로 내세웠다. 김정일은 1997년 한 차례도 경제부분의 현지지도를 하지 않았고, 1998년 군사부문과 함께 시작된 경제부문 현지지도는 1999년 들어 대폭 강화되었다. 경제정상화에 대한 통치자의 관심을 인민들에게 부각시키고자 한 것이었다.

2) 선군정치와 선군경제

제2장에서 이미 살펴본 바와 같이, 북한에서 '선군정치는 만능의 보검'이라 하고 이를 또한 '사회주의의 가장 위력한 정치방식'이라면서, '우리의 영도는 선군영도이고 정치방식은 선군정치'한 것은 국방위원회 강화와 무관하지 않은 것이었다. 국방위원회를 다른 어느 국

---

18 장명봉, "북한 개정 헌법(1998.9.5.)의 경제 조항 변화의 고찰", p. 54.

가에도 없는 것이라 하면서, “우리 나라 국가기관체계의 특징은 무엇보다 먼저 국가기관체계에서 국방위원회의 지위를 높여 우리당의 선군정치를 성과적으로 보장하는 국가관리체계”라 하였다.[19] 국방위원회가 중심이 되는 정치체제를 ‘우리식 국가관리체계’라고 하였는데, 이는 다음의 기술에서 알 수 있다. 즉, “조선의 국가기구체계가 국방위원회를 중추로 하는 체제로 강화발전됨으로써 선군정치방식이 국가적 기틀우에서 확립되었으며 하나의 완성된 사회주의정치방식으로 고착되었다”이다.[20] 이것은 내각에 경제문제를 책임지게 하였지만, 총제적인 틀은 국방위원회라는 것을 말하는 것이다.

김정일 체제에서 새로운 국가관리정책으로 제기한 강성대국건설은 선군영도의 정치체제를 유지하면서, 국가경제를 발전시키겠다는 것이다. 북한에서는 이를 선군경제라고 한다. 선군시대 경제건설노선은 선군실현을 위해 물질경제적인 것을 확고하게 담보하는 경제건설노선이다. 선군정치를 확실하게 펼쳐나가기 위해서는 경제적이고 물질적인 것이 뒷받침되어야 하는데, 국방공업을 앞세워 경제건설과 인민생활문제까지 해결한다는 경제전략을 택하였다. 선군정치의 가장 중요한 목적은 체제유지를 위한 것이었지만, 논리적 구성체계를 갖추면서 ‘혁명주력군 이론’을 제기한 이유는 군대를 사회발전의 동력으로 활용하고자 하는 것이었다. 혁명의 주력군인 군대의 역할은 단지 국가방위에 끝나지 않고, 사회주의국가 발전을 위해 혁명과 건설에서도 그들의 역할을 강조하였다.

---

19 리명일, “우리 나라 국가기관체계의 특징에 대한 리해”, 『김일성종합대학학보(력사, 법률)』 제62권 제2호(루계 제510호), 김일성종합대학출판사, 2016, p. 63.

20 『선군-김정일정치』, p. 51.

북한은 체제유지차원으로 국방공업이 최우선되어야 했지만, 더 필요한 것은 식량과 생활필수품의 부족을 해결하는 것이었다. 군이 인민들을 지원하여 농업분야에서의 식량문제를 해결하려고 하였다. 식량난 극복을 위해 내세운 것 중에 토지정리사업, 두벌농사, 종자개량, 감사농사 등이다. 김정일의 농업사업장 및 협동농장의 현지지도에서 군대가 식량증산을 위해 무엇을 어떻게 해왔는가를 예시하며 그들을 치켜세웠다. 김정은은 토지정리에 동원된 군인들을 격려하며 인민군대는 농업혁명의 선구자라 하였다. 또한 혁명적 군인정신으로 인민군대에서 선군시대의 창조물인 선군품종들을 만들었다는 것이다. 선군경제를 설명하면서 가장 중요한 것이 식량문제이기 때문에 농업분야를 살펴보았지만, 건설분야를 비롯한 전 분야에 군인들을 투입하여 경제문제를 해결하고자 하였다.

북한이 인민생활을 향상시키기 위해서 가장 필요한 것은 선군경제였다. 군대가 사회주의건설의 주력군으로 발전소 건설과 토지정리와 같이 어렵고 힘든 경제부분에 투입되어 인민들에게 힘과 용기를 주고 있었다. 국방위원장의 명령에 따라 전력공업과 농업을 비롯한 인민경제의 어렵고 중요한 부문에서 강한 군인정신으로 제2의 천리마기적을 일으켰다는 것이다. 전체 인민들도 군대를 도와 군민일치가 되어야 한다는 점을 강조하였다.

제3절 국방위원장 중심의 정치체제

1. 완전한 국방위원장 중심체제

2009년 4월 9일 헌법 개정으로 북한의 정치체제는 완전한 국방위원장 중심체제가 되었다. 이 헌법에서는 국방위원장은 국방위원회의 위원장이 아니라, 독립된 국가기구로 자리 잡았다. 즉, 헌법의 제6장 제2절에 국방위원장이 새로이 신설된 것이다. 종전의 헌법 조항이 166개 조가 172개 조로 늘어나 6개 조항이 신설되었는데, 이것이 전부 국방위원장에 관한 것이다. 1998년 9월 5일 헌법에는 국방위원회 6개 조항만 있고, 여기에서 "조선민주주의인민공화국 국방위원회 위원장은 일체의 무력을 지휘 통솔하며 국방사업전반을 지도한다"고만 되어 있었다. 그 지도권한을 국방부문에만 한정하여 규정하고 있어, 형식상 국가원수는 최고인민회의 상임위원장이었다. 그러나 국방위원회의 '최고군사지도기관'을 삭제함으로써, 군사지도기관으로 한정할 수 있는 국방위원회의 권한 범위를 넓힌 것이다. 이렇게 됨으로써 국가기구 순서문제로 고민했던 것이 완전히 해결되었다. 제6장 제1절에 최고인민회의를 규정하고 제2절에 국방위원장 그리고 제3절이 국방위원회였다. 또한 국방위원장이 국가의 최고영도자로 되었기 때문에, 최고인민회의 상임위원회는 제4절에 위치하였다.

구체적으로 헌법 제6장 국가기구 편에서 '제2절 조선민주주의인민공화국 국방위원회 위원장'을 신설하여 국방위원회와 분리시키면서, 국방위원장의 국가 전 부문에 통치권을 규정하였다. 각 조항을 살펴보면 다음과 같다. 제100조는 "조선민주주의인민공화국 국방위원회 위원장은 조선민주주의인민공화국의 최고령도자이다"라며 국가의 통치권을 규정하고 있다. 제101조는 국방위원회 위원장의 임기에 대한 규정으로 최고인민회의의 임기와 동일하게 하고 있다. 제102조는 "조선민주주의인민공화국 국방위원회 위원장은 조선민주주의인민공화국 전반적무력의 최고사령관으로 되며 국가의 일체 무력을 지휘 통솔한다"고 하였다. 제103조 임무와 권한에서는 '국가 전반사업 지도, 국방위원회사업지도, 국방부분 간부 임명·해임, 조약비준·폐기, 특사권 행사, 비상사태·전시상태·동원령 선포'를 명시하고 있다. 제104조는 "조선민주주의인민공화국 국방위원회 위원장은 명령을 낸다"고 되어 있다. 제105조는 "조선민주주의인민공화국 국방위원회 위원장은 자기 사업에 대하여 최고인민회의 앞에 책임진다"고 되어있다. 이로써 명실상부하게 국방위원장이 북한의 최고통치자가 되었다.[21]

이러한 국방위원장에 대한 '최고영도자'라는 통치권 강화는 선군정치의 완성을 의미하는 것이라고 볼 수 있다. 형식상이었지만 최고인민회의 상임위원장과 내각총리에 분산되었던 정치권력을 거두어들여 국방위원장에게 집중시켰다. 국방위원장이 국가의 전반적인 사업지도와 명령을 내리게 하였고, 군사에 관해서 인민군 최고사령

---

21 국방위원장은 임무와 권한에서 '국가의 전반 사업을 지도하고, 중요 조약의 비준권과 폐기권'까지 주어져, 김일성 시대 주석에 버금가는 위치에 놓이게 되었다. 물론 최고인민회의 상임위원회에도 '다른 나라와 조약 비준 또는 폐기한다'고 남겨 놓고 있으나, 국방위원장의 경우 '중요 조약'이라고 하여 더 큰 비중을 둔 것이다.

관 직위를 부여하고 또한 비상사태·전시상태·동원령 선포권을 부여하였다. 군사를 국사의 제일로 내세우고 군력강화에 총력을 기울이는 군사선행의 정치를 위해서 국방위원장이 이 모든 것을 총괄할 수 있게 규정하였다. 북한에서는 이러한 일련의 정치과정에 큰 의미를 부여하였다. 즉, "조선민주주의인민공화국은 국방위원회를 독립적인 국가기구로 규정하고 그 법적 지위와 순위를 새롭게 설정한 것은 우리당의 국방중시, 선군사상을 국가기구의 조직과 확립에 명백히 구현한 것으로서 국방중시의 국가정치체제확립의 전제조건을 마련한 력사적사변이었다"고 한다.[22]

헌법 개정에서 또 하나 중요한 것은 그동안 통치이념인 주체사상에 병렬적으로 선군사상을 추가함으로써 선군사상을 공식화한 것이었다. 헌법 제3조는 "조선민주주의인민공화국은 사람중심의 세계관이며 인민대중의 자주성을 실현하기 위한 혁명사상인 주체사상, 선군사상을 자기 활동의 지도적 지침으로 삼는다"로 규정하고 있다. 선군사상이 공식화되면서 헌법조항의 내용에 주권자 표시된 '로동자, 농민, 근로인테리, 근로인민'에 군인을 새로이 포함시켰다. 사회주의의 위력한 정치방식이라던 선군정치를 실체에서 이념으로 격상시켜 선군사상으로 체계화하였고, 이를 헌법에 통치이념으로 명기한 것이었다.

이렇게 김정일 시대를 완전하게 '국방위원장 중심제'라고 칭할 수 있는 정치체제가 완성되었다. 김정일 국방위원장이 어떤 위치인가

---

22 김경현, "위대한 김일성동지와 김정일동지께서 국방중시의 국가정치체제를 마련해 주신 불멸의 업적", 『김일성종합대학학보(력사, 법률)』 제62권 제4호, 김일성종합대학출판사, 2016 p. 63.

를 다음의 주장에서 알 수 있다. 즉, “조선민주주의인민공화국 국방위원장의 권능에 대한 헌법적규제는 나라의 정치, 군사, 경제적력량의 총체를 통솔지휘하여 사회주의조국의 국가체계와 인민의 운명을 수호하고 군력을 기본으로 하는 전반적 국력을 백방으로 강화할 수 있게 함으로써 위대한 장군님의 선군령도 실현을 확고히 담보하였다”이다.[23] 그동안 북한에서 김정일 국방위원장이 최고지도자로 군림하고 통치하여왔으나, 헌법 개정이라는 제도화 과정을 통하여 완전하게 ‘최고영도자’로 거듭나게 하여 국방위원장 중심의 선군정치체제를 완성하였다.

2. 국방위원회의 권한 강화

상술한 바와 같이 국방위원장이 ‘조선민주주의인민공화국 최고영도자’로 자리매김하는 헌법의 개정은 더불어 국방위원회의 권한을 강화시켰다. 종전의 군사문제만이 아닌 최고국방 지도기관이 되어 국가전반의 정책을 다루는 기관으로 거듭났다. 헌법 제109조는 ① 선군로선을 관철하기 위한 국가의 중요정책을 세우고, ② 국방위원장의 명령, 국방위원회의 결정, 지시집행 정형을 감독하고 대책을 세우고, ③ 국방위원장의 명령, 국방위원회의 결정, 지시에 어긋나는 국가기관의 결정 및 지시의 폐지 등 여섯 가지의 국방방위원회의 권한과 임무를 규정하였다. 이것은 국방위원장의 영도권 강화와 더불

---

23 김경현, “위대한 김일성동지와 김정일동지께서 국방중시의 국가정치체제를 마련해주신 불멸의 업적”, p. 64.

어, 이를 실행하는 국방위원회가 국가의 최고 통치기구가 되었다는 것을 의미한다. 국정전반을 관리할 뿐만 아니라 정책기능을 강화했다는 것이 이를 말해준다.

그러므로 북한에서는 국방위원회가 어떠한 기관인가를 다음과 같이 규정하고 있다. 즉, "국방위원회는 국가주권내에서 국방에 대한 최고의 지도권을 행사한다. 국방위원회는 선군혁명로선을 관철하기 위한 국가의 중요정책을 세우며 국가의 전반적무력과 국방건설을 지도한다. 국방위원회는 국가주권의 최고국방지도기관인 것으로 하여 우리 나라 국가기관체계에서 중추적 지위를 차지한다"고 하여 그 역할과 비중을 설명하고 있다.[24] 국방위원회의 지위를 높이는 정당성을 국가의 이익과 민족의 근본 이익의 부합에서 찾으면서, 국방은 국가와 민족의 생사존망과 사활적 문제로 이를 지키지 않으면 사회주의조국을 지켜낼 수 없다고 한다. 북한은 군사를 중시하지 않으면 나라가 망한다면서, 국방위원회를 높이는 것은 선군정치를 구현한 정당한 조치라고 주장하였다.

국방위원회의 그 권한이 대폭 강화되었고 구성원들의 위상도 변화되었다. 헌법을 개정한 최고인민회의 제12기 1차 회의에서 국방위원회 구성원의 대폭적인 충원과 변화가 있었다. 국방위원이 위원장 김정일을 포함한 13인으로 늘어난 것이다. 다음날인 4월 10일 로동신문에는 12명의 국방위원 사진이 프로필과 함께 큼지막하게 게재되기도 하였다.[25] 부위원장 오극렬 당 작전부장, 장성택 당 행정부

24 리명일, "우리 나라 국가기관체계의 특징에 대한 리해", p. 63.

25 조명록, 이용무, 김영춘, 오극렬, 장성택, 전병호, 백세봉, 주상성, 우동측, 주규창, 김정각, 박도춘.

장, 주상성 인민보안상, 우동측 국가안전보위부 제1부장, 주규창 당 군수공업부 제1부부장, 김정각 총정치국 제1부국장이 위원으로 새로 임명되었다.

국방위원의 수가 늘어난 것도 중요한데 더 큰 의미는 다른 데 있었다. 체제유지에 필요한 하드파워를 국방위원회에 집결시킨 것인데, 이것은 권력변화를 의미하였다. 다시 말하면 군 수뇌부뿐만 아니라 국가안전보위부와 인민보안부, 검찰소 등을 지도하는 당중앙위원회의 장성택 부장과 우동측 국가안전보위부 제1부부장이 새로이 위원으로 임명됨에 따라 국방위원회의 사회통제기능이 크게 강화되었다.[26] 또한 국방의 의미가 군사와 외교, 그리고 군수란 의미를 결합한 것으로 해석할 때, 기존 위원의 구성은 국가원로원의 성격이 강했는데 이때는 각 분야별 실무진들이 포함되어 있었다는 특성이 있다.

국방위원회의 확대 개편방향은 북한에서 당·군 일체화가 더욱 가속화되고 있으며, 당과 군의 구분이 점차 없어지고 있음을 단적으로 보여주었다. 선군정치 하에서 전개되었던 이러한 변화는 국가 권력 내에서 중심적인 역할을 했던 당 엘리트들이 군 엘리트로 교체되면서 당과 군의 일체화가 가속화되고 있다는 것을 말해주었다.[27] 또한 국방위원회의 개편은 그동안 머리만 있고 실체가 없는 국방위원회를 내실화해 최후의 최정예 친위대로 만들려는 김정일의 구상이 반

26 정성장, "김정일 시대 북한 국방위원회의 위상·역할·엘리트", 『세종정책연구』 제6권 1호, 세종연구소, 2010, pp. 265-267.

27 이승열, "북한 '수령체제'의 변화와 '3대 세습'의 구조적 한계", 『북한연구학회보』 제13권 제1호, 북한연구학회, 2009, p. 125.

영된 것이었다. 이에 대하여 헌법이 국방위원장의 권한을 강화시킨 것이지, 국방위원회의 외연적인 확대만으로 국가의 중심기구로 부상했다는 평가는 성급한 예단이라는 주장도 있었다. 그 이유로 국방위원회가 당·정·군의 복합기능을 하기 위해서는, 당의 핵심부장이나 내각총리가 포함되어야 하나 그렇지 못하다는 것과 당중앙군사위원회 인물들이 더 중량감 있는 인물로 구성되어 있다는 점을 들었다.[28]

북한에서 헌법 개정과 국방위원들의 충원 내용 등을 볼 때 분명히 국방위원회의 권한이 강화되었다. 여기에 2010년에 국가안전보위부와 명칭을 바꾼 인민보안부가 국방위원회의 직할이 되면서 조직과 권한을 확대한 것은 국방위원회의 권한강화를 말해주었다. 2010년 4월 9일 최고인민회의 제12기 2차 회의에서 헌법 개정을 중앙재판소와 중앙검찰소를 최고재판소와 최고검찰소로 개칭한 것은 국방위원회의 강화와는 관련이 없지만, 최고라는 명칭을 부여한 것은 공안기구를 강화하는 의미를 가진다. 물론 북한에서 권력이 어느 기관에 경도되어 있느냐는, 김정일 체제의 성격상 전적으로 김정일의 의중에 달려있었다. 김정일은 김정은 후계구도 구축을 위하여 국방위원회와 당중앙군사위원회에 역할을 분담시키려는 의지를 가지고 있었다.

---

28 정성장, "김정일 시대 북한 국방위원회의 위상·역할·엘리트", pp. 269-271.

—

제4절 헌법 개정의 후속조치로 로동당 정비

1. 당 제3차 대표자회에서 당의 조직정비

북한에서는 고난의 행군 이후 선군정치를 내세우면서 당을 방치하는 모습을 보여왔다. 1997년 10월 당중앙위원회를 통하여 김정일이 총비서에 올랐지만, 30년이 지나도록 당 제7차대회는 열리지 않고 있었다. 김정일은 공식적인 체제의 출범 후에서 당에 큰 관심을 기울이지 않았다. 특히 2009년의 헌법 개정에서 국방위원장이 '최고영도자'로 규정하면서, 국방위원장이 북한 전체를 통치하는 모습을 보여 왔다.

그러나 북한은 2010년 초부터 당의 기능을 복원하여 정상화하려는 움직임을 보였다. 당 제7차대회가 필요한데 그것은 아니었고, 당 제3차 대표자회 개최를 꺼내 들었다. 어쨌든 당 제3차 대표자회는 로동당 중앙당의 재정비를 하려는 것이었다. 6월 23일에 '당중앙위원회 정치국 결정서'에서, 9월 상순에 당대표자회를 소집한다고 발표했다. 당중앙위원회 정치국이 대표자회 소집을 발표한 것은 자신들의 역할을 강조한 것이었다. 또한 당대표자회에서 당내의 기관 구성원의 충원을 위한 선거를 함으로써, 당중앙위원회의 최고지도기관의 조직과 기능의 활성화를 예고한 것이었다. 당중앙위원회는 당대회가 열리지 않을 때 최고 지도기관이다.

북한에서 2010년 9월 28일 1980년 당 대회이후 30년 그리고 당 제2차 대표자회 이후 44년 만에 당 제3차 대표자회가 개최되었다.

북한에서는 당대표자회가 열리기 전부터 로동신문은 당의 역할을 강조하는 사설의 빈도가 높았는데, 특히 눈에 띄는 대목은 "조선로동당대표자회를 높은 정치적 열의와 빛나는 로력적 성과로 맞이하기 위해서"는 '수령결사옹위' 노래를 부르며 새 역사를 창조해야 한다는 것이었다.[29] 그렇기 때문에 총비서의 위상과 권한의 강화에 가장 중점을 두었다. 또한 북한이 당대표자회를 통하여 얻고자 하는 것은 중앙당 복원을 포함한 정치조직의 정상화와 김정일의 후계자를 옹립하여 새 역사를 쓰고자 하는 것이었다. 즉, 당중앙군사위원회의 조직정비를 통하여 김정은을 후계자로 공식화하였고, 측근들을 재배치하고 그들의 단합을 촉구하는 성격을 가졌다. 이는 새로운 단합을 제도적으로 공고화하는 것이고, 내부적으로는 군부 내부의 권력 엘리트 서열을 바꾸는 장으로 활용하였다. 후계체제 구축에서 군부의 지원과 장악이 필연적이기 때문에 주목되는 대목이었다.

2. 김정일 총비서 추대와 당중앙군사위원장

2010년 9월 28일의 당대표자회의 안건은 김정일 당총비서의 재추대, 당규약 개정, 당 중앙지도기관 선거였다. 당규약 개정을 통하여 선군사상을 당의 지도이념에 포함시키지는 않았지만, "조선로동당은 선군정치를 사회주의 기본정치방식으로 확립하고 선군의 기

29 『로동신문』 2010.07.22, 1.

치 밑에 혁명과 건설을 령도한다"고 하였다. 당의 중앙조직에 달라진 것은 총비서에 관한 것이었다. 당대표자회는 당 규약 개정을 통해 총비서는 '당의 수반으로서 당을 대표하고 전당을 영도한다'하여 위상을 강화시켰다. 총비서를 종전의 선출직에서 추대로 바꾸고, 총비서에 김정일을 추대하였다. 또한 당총비서는 당중앙군사위원회 위원장을 겸직토록 함으로써, 김정일 체제를 공고히 하고 김정은 후계구도의 구축을 위한 토대를 마련하였다. 당대표자회를 통해 당중앙위원회, 당중앙군사위원회, 당검사위원회를 비롯한 비서국, 정치국 등의 위원·후보위원, 전문 부서장 등을 총망라하여 선출함으로써 당의 조직을 재정비하였다. 당대표자회에서 당중앙위원회를 구성원들을 사실상 전면 재충원하는 것을 통해, 그들에게 소속감과 정체성을 부여하였다. 그동안 김정일 외에 공석으로 있던 중앙당의 최고의사결정기구인 정치국 상무위원회 상무위원에 김영남 최고인민위원회 상임위원장, 최영림 내각총리, 조명록 국방위원회 제1부위원장, 리영호 총참모장이 임명되었다. 정치국 정위원 17명과 후보위원 15명도 임명하였고,[30] 비서국의 비서들도 충원하였다.[31] 국방위원회 위원들이 정위원과 후보위원들에도 이름을 올렸다.

당중앙군사위원회는 당의 총비서가 위원장이 되는데, 부위원장이

---

30 정위원은 김정일, 김영남, 최영림, 조명록, 리영호, 김영춘, 전병호, 김국태, 김기남, 최태복, 양협섭, 강석주, 변영립, 임용무, 주상성, 홍석영, 김경희이고, 후보위원은 김양건, 김영일, 박도춘, 최룡해, 장성택, 주규창, 이태남, 김락희, 태종수, 김평해, 우동측, 김정각, 박정순, 김창섭, 문경덕이다.

31 비서국의 총비서는 당을 대표하는 하는데 김정일이 계속해서 총비서에 올랐고, 이를 보좌하는 소관 분야별로 김기남, 최태복, 최룡해, 문경덕, 박도춘, 김영일, 김양건, 김평해, 태종수, 홍석형 10명이 비서 직책을 받았다.

라는 직제는 당규약상에는 없었다. 그러나 당대표자회에서 당중앙군사위원회 부위원장에 김정은과 정치국 상무위원에 오른 리영호를 앉혔다. 김정은의 당중앙위원회 부위원장이 된 것은 1980년 당 제6차대회에서 김정일이 정치국 상무위원에 김정일이 오른 것과 비견할 수 있는 것이었다. 김정은의 직위는 상징적으로 제2인자의 의미를 부여하는 것이고 후계자의 공식 선포로 볼 수 있었다.

김정일은 국가기구에서 국방위원장의 위상과 권한을 확고히 하고 중앙당을 복원하는 정치제도화를 통하여 자신의 통치체제를 완성하고자 하였다. 그러나 이것은 당 우위 정치로의 변화를 말하는 것이 아니고, 이러한 정치과정을 통하여 김정일이 의도했던 것은 확실한 후계체제의 구축이었다. 김정은 선군영도의 '국방위원장 중심제'를 확고하게 가져가면서 후계구도도 대비하였다.

제5절 영원한 국방위원장

북한에서 김정일이 후계자로 공식화된 것은 1980년 당 제6차대회였고, 그 후 김일성영도-김정일관리체제라고 할 수 있다. 그러나 김정일에게 필요했던 것은 군부를 장악하는 것이었고, 김정일은 1990년 5월 24일 최고인민회의 제9기 1차 회의에서 국방위원회의 부위원장 자리에 올랐다. 이것은 김정일이 최초로 국가기구의 자리에 오른 것도 의미가 있는데, 중요한 것은 오진우와 최광과 함께 했다는 것이다. 오진우는 1917년생으로 항일무장투쟁의 동북항일연군 활동했고, 1976년부터 그가 사망한 1995년까지 무려 20년 간을 인민무력부장을 한 인물이다. 최광도 1918년생으로 역시 동북항일연군으로 활동했고, 1988년부터 인민군 총잠모장을 하다가 오진우 사망 후에는 인민무력부장을 한 인물이다. 이렇게 김정일을 혁명 1세대와 동렬의 자리에 앉혔는데, 다음 해에는 여기에 더하여 전 무력을 총지휘하는 인민군 총사령관에 올려놓았다. 북한에서는 김정일이 최고사령관이 될 수 있는 것은 그의 자질이라고 추켜세웠다. 즉, "김정일장군님은 일찍부터 남달리 뛰어난 군사적 풍모와 자질을 지니시고 주체의 군건설위업에 불멸의 공헌을 하신 탁월한 군사적의 영재이시며 백전백승의 강철의 령장이시다"라 하였다.[32] 백두의 선군혈통을 이어받아 군사적 예지와 강철의 의지를 갖춘 인물이라는 것이다.

1992년 헌법개정은 권력구조 면에서 볼 때 국방위원장을 주석으로 분리시키기 위한 것이었다. 김일성은 1993년 자신의 국방위원장 자리마저 김정일에게 물려줌으로써, 김정은은 북한의 군통수권을 가지게 되었다. 김일성 사망 후에도 헌법을 바꾸지 않고 김정일이 북한을 4년간 통치할 수 있었던 것은 국방위원장이며 인민군최고사령관이었기 때문이었다. 그 후 김정일은 헌법 개정을 통해 자신의 공식적인 체제를 출범시키면서, 국방위원회를 더욱 강화시켰고 국방위원장에 재추대되었다. 1998년 이후 북한은 김정일 국방위원장이 실제로 선군정치를 앞세우며 정치, 경제, 사회의 모든 부문을 지휘 통솔하였다. 북한에서 선군정치는 가장 위력한 정치방식이라 하

32 『선군태양 김정일장군 2』, p. 349.

여 국방위원장이 모든 것을 끌어갔다. 이것을 '우리 식 국방중시 국가정치체제'라 하였다.

김정일 사후 발간된 책의 머리말을 살펴보면 전반적인 북한에서 주장하는 김정일 정치를 개괄할 수 있다. 김정일은 "랭전종식과 동유럽사회주의체계의 붕괴로 조선의 사회주의가 운명의 갈림길에 놓여있었던 20세기 말 선군정치를 전면적으로 확립함으로써 미국과 그 추종세력의 끈질긴 압살정책에 파렬구를 내고 사회주의를 수호하시였을 뿐 아니라 고난속에서도 강성국가의 높은 목표를 향하여 질풍같이 내달리는 력사를 창조했다"고 한다. 또한 김정일은 "선군정치를 통하여 강력한 군사억제력을 마련하심으로써 조선반도를 둘러싼 동북아시아와 나아가서 세계평화와 안전을 수호하는데도 커다란 공헌"을 하였다고 쓰였다.[33]

이러한 것을 법적 제도적으로 완전하게 한 것이 2009년의 헌법 개정이었고, 여기에서 국방위원장을 국가전반을 통괄하는 최고영도자가 되었다. 국방위원장은 주석을 능가하는 최고영도자였다. 김정일은 완전한 국방위원장 중심의 정치체제를 완수한 것이다. 그렇기 때문에 김정일 하면 떠오르는 것이 국방위원장이다. 북한에서는 그가 사망하자 불멸의 혁명업적을 남긴 '선군혁명의 위대한 영도자'라 추모했고, 김정은 체제의 첫 헌법의 서문에 '위대한 령도자 김정일 동지를 공화국의 영원한 국방위원장으로 높이 모신다'하였다. 김정일동지는 비록 서거하였지만 그의 혁명사상과 업적 그리고 고결한 풍모와 영상은 인민의 마음속에 영원히 남아있을 것이다. 김정일 영

33 『선군—김정일정치』, 평양: 외국문출판사, pp. 4-5.

도자의 선군정치는 앞으로도 영원히 북한의 기본정치방식으로 빛을 뿌릴 것이라고 한다.[34]

34 『선군—김정일정치』, p. 191.

제9장

정상국가와 김정은 국무위원장

—

제1절 김정은 시대의 정치제도화

김정은 시대도 북한정치의 큰 틀은 변함이 없었다. 북한의 정치적 공식제도는 체제안정의 필요성에 따라 신축적으로 반응해 비공식제도가 형성될 공간을 형성하지 않는다. 즉, 정치제도 측면에서 볼 때, 북한의 체제변화 가능성이 그다지 높지 않음을 의미하는 것이다.[1] 그러므로 북한정치의 제도화 과정을 연구하기 위해서는 정치지도자가 당과 국가기구 중 어디에 우선을 두느냐를 중심으로 접근해야 하고, 실제 어떻게 운영되고 있는가를 규명해야 한다. 또한 당과 국가기구 내의 정치권력구조의 변화문제와 최고지도자의 위상 그리고 권력 엘리트의 충원에 대한 고찰도 제도화 과정에서 다루어야 한다.

북한에서 김정은 체제의 공식출범으로 당규약과 헌법을 개정하였

1 류경아·김용호, "북한 체제변화 연구에 대한 비판적 고찰과 대안의 모색", 북한연구학회 기획, 『북한연구의 새로운 패러다임: 관점·방법론·연구방법』, 파주: 한울아카데미, 2014, p. 69.

는데, 총비서와 국방위원장의 제1비서와 제1위원장으로 명칭 변화에 불과하였다. 그러나 간과해서는 안 될 대목은 당 제4차 대표자회를 개최하여 당규약 개정하고 후에 헌법을 개정했다는 점과 당의 지도사상인 최고지도자의 통치이념으로 김일성-김정일주의를 제시했다는 점이다. 이는 김정일 시대의 국가기구 우선의 제도화와는 다른 면을 보여주는 것이었다. 김정은이 집권 2년 차에 당유일사상체계 10대 강령을 개정한 것은, 당우위의 정치를 펼치겠다는 의지의 표현이고 법령을 뛰어넘는 북한정치제도화의 일면은 보여주는 것이었다. 북한에서 정치제도화와 함께 중시한 것이 정상화였고, 최고인민회의 대의원선거를 제때 치르고 김정은을 대의원으로 추대한 것도 이런 의미를 가졌다.

2016년의 당 제7차대회는 당규약을 개정하여 권력구조를 개편하였고 당위원장 신설하였다. 당대회가 이후 최고인민회의를 개최하여 헌법을 개정하고 국방위원회가 폐지되고 국무위원회가 만들어지면서, 당연히 국무위원장도 신설이 되었는데 헌법상 가장 중요한 국가기구의 개편이었다. 이렇게 김정은 시대 당·국가체계의 전환은 정상국가화를 위한 정치제도화인 것이다. 정치제도화 과정에서 당이나 국가기구를 중심으로 개편이 이루어진 것은, 그 수위인 김정은의 유일영도와 관련된 것으로 과도기에서 정치적 안정기로 넘어간 것이다.

2018년 남북정상회담과 북미정상회담이 진행되면서 국가를 대표하는 것은 당위원장이 아니라 국무위원장이었다. 북한이 내세운 정상국가화를 위해서도 국무위원장의 헌법상 위치를 재정립할 필요가 있었다. 또한 전반적으로 헌법 각 조항의 내용을 시대상황에 맞게 정비하기 위해 2019년 4월에 헌법을 개정하였다. 2019년의 개정 헌법은 김정일 시대의 정치·경제·사회 분야에서 변화된 모습과 추구하는 측면을 모두 담고 있다. 여기에서 놓친 국무위원장에 관련된 보완 부분이 8월 헌법의 수정으로 정비되었다. 이 같은 북한의 정치제도화의 과정은 아래 그림과 같이 도표화할 수 있다.

〈 김정은 정치제도화의 경로 분석 〉

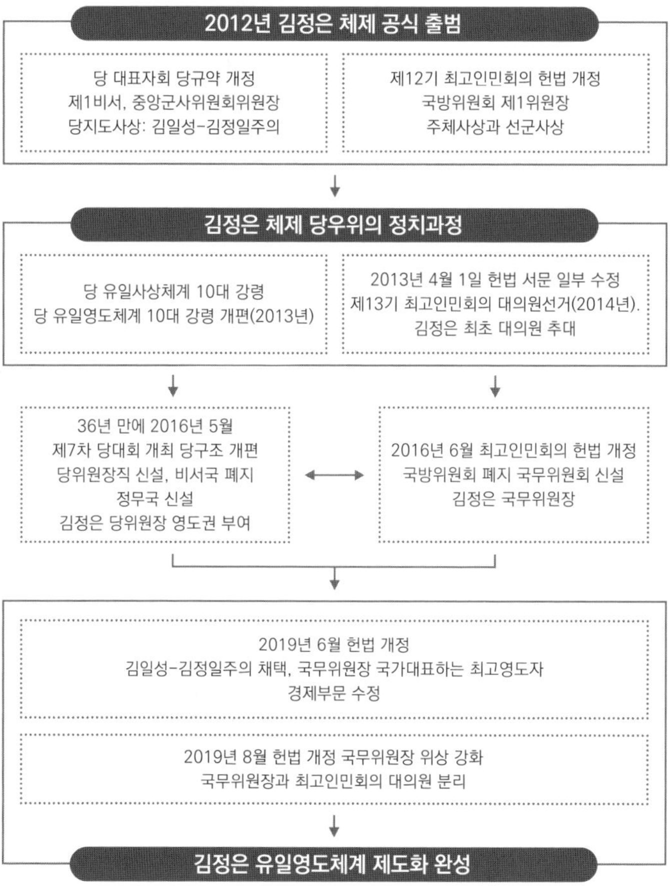

제2절 과도기의 당규약과 헌법에서 김정은

북한에서 헌법과 당규약이 2009년과 2010년 바뀌면서 김정일은 상당 기간 후견자의 역할을 하면서 북한을 통치하리라고 생각했지만, 2011년 12월 17일 급작스럽게 사망하였다. 북한에서는 당중앙위원회 정치국 회의를 통해 김정은을 조선인민군총사령관에 추대하였다. 그리고 2012년 4월 11일 당 제4차 대표자회를 통해 당규약을 개정하였고, 4월 13일에는 최고인민회의를 통해 헌법을 개정하였다. 전반적인 권력구조를 그대로 유지하고 총비서와 국방위원장의 명칭에만 변화를 주었다. 이러한 것은 김일성 사망 후 유훈통치에서 보여주었던 김정일과 다른 양상이었다. 주석제 헌법을 그대로 두고 국방위원장으로 4년을 통치했던 김정일과는 달리 먼저 당을 움직이고 바로 헌법도 개정한 것이다.

1. 로동당 제1비서

북한에서는 김정은 통치의 정당성은 백두혈통에 의한 것이지만, 법적 제도적 측면에서 권력을 공고화하는 것은 중요한 일이었다. 권력승계의 측면에서 보면 김정일에 비하여 너무나 짧은 후견기간이었기 때문에, 김정일처럼 유훈통치로 3-4년간을 유지할 수 없었다.[2]

2 김정일은 김일성 사망 후 기존의 국방위원장과 인민군최고사령관의 직책을 유지하면서 유훈통치를 내세웠다. 3년이 지난 후 1997년에 총비서 그리고 4년 후 1998년

북한은 2012년 4월 11일 당 제4차 대표자회를 개최하였다. 대표자회의 의정은 ① 김정일동지를 당총비서로 영원히 모시는 것, ② 당규약 개정, ③ 김정일동지의 유훈을 받들어 김정은 동지를 당의 최고수위에 추대하는 것이었다.

당규약 서문의 첫 번째 문장은 "조선로동당은 위대한 김일성동지와 김정일 동지의 당이다"하여, 종전의 '위대한 수령 김일성동지의 당'에 김정일을 추가하였다. 김정일 업적과 영생화를 "위대한 김정일동지는 조선로동당을 위대한 김일성동지의 당으로 강화 발전시키시고 선군혁명을 승리에도 이끌어 오신 탁월한 영도자이시며 조선로동당의 총비서이시고 조선로동당과 인민의 영원한 수령이시다"라고 표현하였다. 그리고 종전의 당 규약에는 현지도자에 대한 것을 명기하여, 김정은을 '위대한 영도자'로 내세웠다. 이렇게 김일성－김정일－김정은으로 이어져 그들의 위대성을 합창하는 것 외에, 당의 지도지침을 주체사상에서 김일성－김정일주의로 대체하였다.[3]

새로운 당규약을 보면 권력구조는 그대로 두고 '제3장 당의 중앙조직'에서 당을 대표하고 영도하는 수반을 총비서에서 제1비서로 바꾸었다. 그리고 당대표자회에서 김정은을 로동당 제1비서에 추대하였다. 최고인민회의 상임위원장인 김영남이 추대사를 통하여 김정은을 '무한대한 정력과 세련된 영도로 당과 군대 그리고 국가의 사업전반을 현명하게 진두지휘하는 위대한 정치가'라 하면서, 당 제

헌법을 개정하여 김일성을 '영원한 주석'으로 모신다 하고 국방위원장에 올랐다.

3 "조선로동당은 위대한 김일성－김정일주의를 유일한 지도사상"으로 한다 하여, 통치이념으로 '김일성－김정일'를 내세우면서 온 사회의 김일성－김정일주의화는 김일성주의화의 혁명적 계승이며 새로운 높은 단계로의 심화 발전이라고 하였다.

1비서로 추대할 것을 제의한 것이다.

상술한 바와 같이 김정은은 당중앙군사위원회 부위원장으로 후계자로서 지위를 확보했기 때문에, 새로운 자리를 만들어 오르기보다는 총비서의 명칭을 제1비서로 바꾸어 그 자리에 올랐다. 당규약의 서문에는 "경애하는 김정은동지는 김일성동지와 김정일 동지의 혁명위업을 승리에로 이끄시는 조선로동당과 조선인민의 위대한 령도자이시다"라고 규정하였다. 김정은은 당 제1비서, 당중앙군사위원회 위원장, 정치국 상무위원이 되었다.

김정은 체제의 공식적인 출범은 2012년 4월 11일 당 제4차 대표자회에서 당규약 개정으로부터 시작하였다. 김일성 사망 후 김정일의 정치권력승계와는 달리 4개월이 되지 않은 시점에 제도적으로 김정은의 위치를 찾으려 하였다. 당규약 개정에서 가장 큰 변화를 준 것은 통치이념을 주체사상에서 김일성-김정일주의로 바꾼 것이었고, 당을 영도하는 총비서는 당 제1비서로 대체하는 수준에서 마무리 지었다. 시간적으로나 북한에서 김정은의 위치를 생각할 때 김정일을 영원한 총비서로 모시고 제1비서로 당을 이끄는 것이 합리적이라고 판단했다.

2. 국방위원회 제1위원장

김일성 사망 후 김정일 체제 공식적인 출범은 헌법을 개정하고 김정일이 국방위원장 자리에 오름으로써 이루어졌다. 그러나 김정은 체제의 공식적인 출범은 당을 통해서였고, 당 제4차 대표자회에서 김정은을 위대한 영도자라 칭하고 제1비서에 추대한 것은 향후 북한의 정치권력 지형을 말해주는 것으로 볼 수 있었다. 김정은 체제에서는 당을 중시하고 당을 중심으로 통치하겠다는 것을 보여주는 것이었다.

김정은 시기의 첫 헌법 개정은 당대표자회가 열린 이틀 후인 4월 13일 최고인민회의에서 진행되었다. 최고인민회의 제12기 5차에서는 헌법수정, 김정은의 국가 최고수위추대, 내각 사업과 예산, 조직문제 등 5개 의안을 상정하였다. 헌법의 서문에 김정일의 업적을 기리면서, "김정일동지께서는 김일성동지께서 창시하신 영생불멸의 주체사상, 선군사상을 심화 발전시키고 자주시대의 지도사상으로 빛내시이였으며 주체의 혁명전통을 견결히 고수하시고 순결하게 계승발전시키시여 조선혁명을 굳건히 이어놓으시었다" 하였다. 또한 김정일 동지는 "우리 조국을 불패의 정치사상강국, 핵 보유국, 무적의 군사강국으로 전변시키였다"하여 북한이 핵 보유국임을 천명하였다. 통치이념인 주체사상과 선군사상은 그대로 유지하였다.

중요한 것은 헌법의 성격을 규정한 대목이다. 서문에 "조선민주주의인민공화국 사회주의헌법은 위대한 수령 김일성동지와 위대한 령도자 김정일동지의 주체적인 국가건설사상과 국가건설업적을 법화한 김일성-김정일헌법"이라고 하였다. 김일성 사후 김정일 체제에서 처음 헌법을 개정 후 '김일성 헌법'이라 했던 것을, 김정일 사후 김정은 체제에서는 '김일성-김정일헌법'이라 하였다.

이 헌법이 김정일의 사망으로 인한 헌법의 개정이었기 때문에 김정일의 '불멸의 국가업적'을 법령화하고, 김일성을 영원한 주석으로 모신 것처럼 김정일도 영원한 국방위원장으로 추대하였다. 국방위원장 역시 '영원한 국방위원장'으로 모신다 하고 그 자리는 국방위원회 제1위원장이 채웠다. 헌법을 수정하는 보고에서 "국방위원회 제1위원장 직제를 새로 규정한 것은 주체혁명위업계승 완성을 위한 투쟁을 이끌어 나갈 공화국의 최고 영도자가 누구인가 하는 것을 명백히 밝히고 국가사업전반에 대한 수령의 유일적령도를 확고히 보장할 수 있는 법적, 기구적담보를 마련하는 데 중요한 문제"라고 하였다. 헌법 수정 후 김영남 최고인민회의 상임위원장 제의에 의해 김정은이 국방위원회 제1위원장으로 추대되었다. 북한은 '천출위인인 김정은 동지를 국방위원회 제1위원장으로 모신 것은 인민중심의 우리식 사회주의를 끝없이 빛내여 나갈 만년토대를 담보한 력사적 사변'이라고 하였다.[4] 김정은 체제에서 헌법은 2009년 김정일 체제의 헌법에서 국방위원장 자리만 제1위원장으로 바꾼 것 외에 큰 변화는 없었다.

3. 정치제도화를 통한 체제안정

이러한 조치들은 김정은 통치의 정당성을 법적 제도적 측면에서 찾고자 하는 것으로 볼 수 있다. 북한이 이렇게 제도화를 빨리 마무리 지음으로써, 김정은은 명실상부한 당·정·군의 최고영도자가 되어 유일중심체계를 구축하고자 하였다. 그러나 김정은은 김정일의 절대적 권위 때문에 그를 뛰어넘거나 제약하려 하기보다는 유훈을 내

---

4 『로동신문』 2012.04.14.

세워 아버지와 자신을 일체화하면서 자신의 정권을 공식 출범시켰다.[5] 김정일을 영원한 총비서와 영원한 국방위원장이라 하고, 김정은이 제1비서와 제1위원장 자리에 오른 것은 전임자에 대한 예우이고 안정적인 정치권력의 승계가 우선이었기 때문이었다.

이 과정에서 김정은은 국가기구보다는 당을 먼저 챙겼고, 당의 기축이라 할 수 있는 새로운 지도이념도 내놓았다. 김정일 사망 직후 당 정치국 회의에서 인민군 총사령관에 오르고 당 제4차 대표자회를 통해 먼저 제1비서에 추대된 것은, 정치권력의 중심을 당으로 옮기는 지형 변화를 예고한 것이었다. 김정은 체제에서는 당을 중시하고 당을 중심으로 통치하겠다는 것을 보여준 것이었다. 당중시의 정치과정에서 중요한 것은 2013년 3월 31일의 당 전원회의를 개최한 것이다. 전원회의의 의제는 당과업의 전환문제와 최고인민회의 제출할 간부문제, 조직문제였다. 김정은은 보고에서 "현정세와 혁명발전의 요구로부터 당중앙은 경제건설과 핵무력건설을 병진시킬 데 대한 새로운 전략적 로선을 제시하게 됩니다"라 하여, 새로운 병진노선을 제시하였다. 북한은 '전원회의는 당의 새로운 병진노선이 항구적인 전략적 노선'이라고 하였고, 로동신문은 "당중앙위원회 2013년 3월 전원회의 정신을 높이 받들고 경제건설과 핵무력건설 병진노선을 철저히 관철하자"는 사설을 실었다.[6]

이렇게 당 전원회의에서 제기된 문제를 처리하기 위하여 2013년 4월 1일 최고인민회의 제12기 7차 회의가 개최되었다. 여기에 8개

---

5 김갑식, "김정은 정권 출범의 특징과 향후 전망", 『NARS 현안보고서』 제185호, 국회입법조사처, 2013, pp. 13-14.

6 『로동신문』 2013.04.01, 3.

의안이 상정되었는데 헌법수정과 금수산태양궁전법, 자위적 핵 보유법, 우주개발법의 채택이 중요한 문제였다. 특히 금수산태양궁전법을 심의하면서, '위대한 김일성동지와 김정일동지의 영광찬란한 혁명생애와 업적이 집대성되어 있는 금수산태양궁전은 대원수님들과 우리 인민의 혈연의 정을 뜨겁게 이어주는 영원한 태양의 성지'라고 강조하였다.

최고인민회의는 헌법의 내용을 일부 수정하였는데, 서문에 "위대한 김일성동지와 김정일동지께서 생전의 모습으로 계시는 금수산태양궁전은 수령영생의 대기념비이며 전체 조선민족의 존엄의 상징이고 영원한 성지"라는 내용을 보충하였다. 그리고 헌법 개정내용에는 2012년 9월 25일 최고인민회의 제12기 6차 회의에서 제정된 '전반적 12년제 의무교육을 실시함에 대하여'라는 법령을 반영하여, 제45조 '전반적 11년제 의무교육'을 12년제로 수정하였다.[7]

북한에서 김정은 체제가 공식적으로 출범하면서 보여준 것은 당 우선의 정치였는데, 이는 구조적 측면에서뿐만 아니라 정책결정을 당중앙위원회 전원회의나 정치국 회의 등을 통하는 운영방식의 제도화로 나타났다. 북한은 당의 새로운 지도지침을 받들고 김정은 유일체계의 강화차원에서 39년간 유지되었던 '당의 유일적사상체계확립의 10대 원칙'을 '당의 유일적령도체계확립의 10대 원칙'으로 바꾸었다.[8] 당규약이나 헌법이 체제를 규정하는 하드웨어적인 것이라

---

7 1975년 9월부터 11년제 의무교육을 실시하였는데, 유치원 높은반 1년, 소학교 5년, 중학교 6년(초급중학교, 고급중학교 3년)의 12년제로 바뀌었다.

8 김정일은 김일성의 혁명사상을 '김일성주의'로 선포하고, 이의 실천적 지침으로 1974년 4월 14일 10대 원칙을 발표하였다. 김정은은 2013년 6월 19일 종전 10조 65항으로 된 10대 원칙을 60항으로 일부 내용을 삭제·수정·보충하여 연설을 통해

면, 10대 원칙은 인민들이 사고하고 행동해야 하는 가치와 규범으로 소프트웨어로써의 법령인 것이다.

그럼에도 불구하고 북한의 선군정치권력구도가 바뀐 것은 아니었고, 우선 급하게 제1비서와 제1위원장이라고 명칭을 변경하고 김정은이 여기에 오르는 수준에서 일단락 지었다. 북한에서 당으로 정치권력의 이동은 이후의 정치과정에서 보여졌다. 정치권력의 중심을 당으로 이전한 것은 김정은의 권력을 공고화하기 위한 일환이었다. 김정은 자신이 후계자가 되는데 일등 공신이라 할 수 있는 군부의 힘을 빼는 데 당의 힘이 필요했고, 이후 정치과정은 당의 결정으로 처리되었다.

북한에서 최고인민회의는 최고주권기관이기 때문에 입법권을 가지고 있고 헌법의 수정도 여기에서 한다. 최고인민회의는 대의원들로 구성되어 있는데, 임기는 5년으로 제12기 최고인민회의는 2009년 3월 8일 선거에 의하여 구성되었다. 그러므로 2014년 제13기 최고인민회의를 구성하기 위한 선거가 3월 9일 치러졌고, 처음으로 김정은이 최고인민회의 대의원으로 등록되었다. 4월 9일 최고인민회의 제13기 1차 회의에서는 국방위원회 제1위원장 추대, 국가지도기관선거, 내각의 국가예산 문제를 의안으로 상정하였다. 김영남 대의원에 제의에 의하여 김정은은 국방위원회 제1위원장으로 재추대되었다. 김영남은 추대사를 통하여 김정은 동지는 선군조선의 새로운 번영기를 이끌어갈 걸출한 영도자라 하면서, "김정은동지를 우리 국가의 최고수위에 높이 모시고 공화국의 무궁한 번영을 이

공표하였다. 북한에서 강화하고자 한 것은 당의 유일사상보다 유일영도로 김정은 유일영도체계 확립의 일환이었다.

룩해 나가려는 것은 전체 로동당원들과 인민군장병들, 인민들의 절대불변의 신념이며 확고부동한 의지"라고 하였다.[9] 김정은은 당 제1비서와 국방위원회 제1위원장의 직위를 가지고 북한을 통치하였다. 북한은 김정은 체제 3년을 맞으면서 최고인민회의의 변화보다는 안정을 택하였다.

—

제3절 당·국가체제 완비와 국무위원장

1. 당 제7차대회와 당위원장

1) 당 중심의 정치와 당 제7차대회 개최

김정은 시대 북한의 중요한 정책결정은 당의 공식회의에서 이루어졌고, 또한 당 관련행사들이 부활되고 성대하게 치러졌다. 2014년 김정은은 신년사를 통해 '당 안에 유일적 영도체계를 철저히 세우고 당조직들의 기능과 역할을 높여야 한다'고 강조하였다. 2월 24일 당 사상일군대회에서는 그가 가장 강조한 것은 '당의 유일적 영도체계를 세우기 위한 목표는 김일성-김정일주의와 그 구현인 당의 노선과 정책을 인민대중의 확고한 신념으로 만드는 것'이라 하였다.[10] 2015년 10월 10일 당 창건 70주년 행사를 통해 김정은의 영도가 로동당을 중심으로 이루어질 것을 보여주었다. 이승열은 당창건 70주

---

9 『로동신문』 2014.04.10.

10 『로동신문』 2014.02.26, 1.

년 기념식은 당 조직지도부 출신들이 권력의 전면에 나서면서, 김정은의 영도체계가 선군보다는 로동당 중심으로 선언하는 상징적인 행사였다고 하였다.[11] 북한은 2015년 10월 30일 당중앙위원회 정치국 결정서를 통하여 로동당 제7차대회를 2016년 5월 초에 소집한다고 밝혔다. 당의 위상을 강화하고 정상화를 위해서는 그동안의 임시 당대회 성격을 가진 당대표자회가 아닌 당대회 개최가 필연적이었다. 당대회가 열린 것은 무려 36년 전 1980년 제6차대회 이후 처음이었다.

북한은 2016년 5월 6일부터 9일까지 평양에서 당 제7차대회를 개최하였다. 당대회에서는 당중앙위원회 사업총화보고를 통하여 향후 정책노선을 발표하고 본격적인 김정은 시대를 선언하였다. 김정은은 "우리는 사회주의국가정치제도를 공고발전시켜 인민대중의 자주성을 철저히 보장하며 사회의 정치사상적 통일을 끊임없이 강화하여야 합니다"라 하였다. 여기에서 사회주의국가정치제도는 당·국가체제를 의미하는 것이다. 사업총화보고는 크게 다섯 부문으로 나누어져 있다. 즉, ① 주체사상과 선군정치의 위대한 승리, ② 사회주의위업의 완성을 위하여, ③ 조국의 자주적 통일을 위하여, ④ 세계의 자주화를 위하여, ⑤ 당의 강화발전을 위하여 이다. 주체사상과 선군정치의 승리에서는 국방공업을 강위력한 자위적 국방공업으로 발전시켰다고 하였다. 김정은 시대에만 두 번의 핵실험을 성공시켜 '세계적인 핵강국의 전열'에 '전쟁억제력'을 확보했다고도 했다. 사회주의위업의 완성을 위하여는 다시 온 사회의 김일성주의화,

---

11 이승열, "조선노동당 창건 70주년의 의미와 남북관계 전망", 『이슈와 논점』 제1070호, 국회입법조사처, 2015, p. 3.

과학기술강국건설, 경제강국건설·인민경제발전전략, 문명국가건설, 정치군사적위력의 강화로 나누고 있는데, 그 내용의 주를 이루고 있는 것은 인민생활향상을 위한 경제발전문제이다. 김일성-김정일주의화는 사회주의강국건설을 완성하는 것인데, 이를 위해 자강력제일주의를 전략노선으로 틀어쥐고 나간다는 것이다. 과학기술·경제·문명강국건설이나 인민경제발전전략을 통해 국가를 발전시켜 전체인민들의 삶을 풍요롭게 한다고 한다. 여기에는 국가경제발전 5개년전략도 포함되어 있어 경제를 지속적으로 발전시켜 인민생활을 결정적으로 향상시킨다는 것이다.

북한은 당대회를 통하여 자신들의 병진노선이 성공적으로 진행되었다는 점을 과시하면서, 사회주의강국건설을 위해서는 당중앙위원회의 두리에 단결하고 또 단결하여야 한다는 것이다. 당중위원회는 김정은은 말하는 것이고, 이를 위해서는 조직강화를 통해 비서국의 총비서 아닌 당 전체를 영도하는 자리가 필요했다.

2) '조선로동당' 위원장

당중심의 정치를 위해서는 조직 강화가 필요했고, 이 대회를 통하여 눈여겨보아야 할 대목은 당 조직체계 및 구조 문제였다. 당 제7차대회에서는 당위원장이라는 최고 직책이 새로 생겨났는데, '조선로동당 위원장'은 "전당을 대표하고 전당을 령도하는 당의 최고령도자"로 규정하고 있다. 이렇게 김정은이 당위원장을 신설해 그 직위에 오른 것은 당을 통치기반의 핵심세력으로 등장시킨 의미가 있다. 당대회 결정서에서 "경애하는 김정은동지는 탁월한 사상과 비범한 령도, 숭고한 덕망으로 김일성 민족, 김정일 조선의 존엄과 위용을 누리에 떨치시며 주체의 혁명위업을 백 승의 한길로 이끄시는 우리 당과 인민의 최고령도자"라고 하였다. 그러면서 당 제7차대회는 전체 당원, 장병, 인민들의 한결같은 의사와 염원을 반영하여 김정은동지를 당위원장으로 높이 추대할 것을 결정한다고 하였다. 이를 당 제2차 대표자회에서 폐지된 당중앙위원회 위원장과 부위원장의 부활로 보는 견해도 있는데 그것과는 다르다. 당시 총비서의 등장은 직위를 강화시키려는 의도였고, 당 제7차대회의 당위원장은 용어 부활의 의미를 뛰어넘는 것이다.

당위원장은 당대회에서 추대하는 중앙위원회 및 모든 위원회와 부서를 총괄하는 직위로 당 조직의 일원화를 꾀한 것이다. 당위원장 직책이 신설되면서 비서국은 없어지고 정무국이 신설되었는데, 이것은 단순한 명칭 변경이 아니라 당의 역할 확대로 해석할 수 있다. 김정은은 로동당 위원장으로 추대되고 정무국의 위원들은 모두 부위원장직이 부여되었다.[12] 한편 정치국 상무위원회는 위원은 당 제4차 대표자회 당시 5명에서 리영호 숙청과 최영림의 퇴임으로 3명으로 줄었다. 이후 당 제7차대회에서 김정은, 김영남, 황병서, 박봉주, 최룡해가 상무위원으로 선임되었다.

김정은이 당의 최고 직책인 당위원장에 추대됨으로써 당제1비서라는 과도기적 직책을 청산하고 김정은 유일영도체계를 확립한 것이다. 김정은은 조선로동당 위원장, 당중앙위원회 정치국 상무위원, 정무국 위원장, 중앙군사위원회 위원장에 추대되었다. 김정은은 당

12 최룡해, 김기남, 최태복, 리수용, 김평해, 오수용, 곽범기, 김영철, 리만건.

위원장직을 신설해 명실상부한 전 당의 최고지도자로서의 권위와 위상을 확고히 하였는데, 이것은 당 제7차대회가 가지는 가장 큰 의미의 하나였다. 당규약의 개정으로 종전의 서문에 "김정일동지는 조선로동당의 영원한 총비서이시고 조선로동당과 조선인민의 영원한 수령이시다"로 규정하던 것을, "위대한 김정일동지는 조선로동당의 상징이시고 영원한 수반"이라 하였다. 이는 총비서라는 직책이 없어졌기 때문에 이렇게 수정한 의미도 있지만, 김정은은 김정일 다음의 제1인자가 아닌, 당을 유일영도로 이끌어가는 최고영도자로 자리매김을 의미하는 것이다.

이렇게 볼 때 북한에서는 당 제7차대회를 계기로 당 우위의 정치를 확고히 하여 당·국가체제를 갖추고자 했지만, 더 중요한 것은 김정은 유일영도체계를 확립하려는 것으로 볼 수 있다. 이는 당 제7차대회 결정서에서 "당의 유일적령도체계를 세우는 사업을 경애하는 김정은동지를 유일중심으로 하는 전당의 정치사상적 통일과 단결을 반석같이 다져나가는데 중심을 두고 심화시켜야 한다"면서, "모든 사업을 당중앙의 유일적 영도 밑에 조직진행하며 제기되는 문제들을 당 중앙의 결론에 따라 처리하도록 하여야 한다"고 하는 것에서도 알 수 있다.

2. 헌법개정으로 국무위원장과 국무위원회

1) 김정은 국무위원장

당에서 김정은 절대 권력의 제도화는 국가기구에서도 이어졌다. 김정은의 당위원장 추대에 맞춰 국가기구에서 국방위원회 제1위원장 직책에도 변화를 준 것이다. 북한에서는 당 제7차대회 이후 2016년 6월 29일 최고인민회의 제13기 4차 회의를 개최하였다. 이 회의 의안은 헌법의 수정보충과 김정은의 최고위 추대, 국무위원회 구성, 국가경제발전 5개년전략 수행, 조국평화통일위원회 설치였다. 최고인민회의 의장은 보고를 통하여 '강위력한 법적담보를 마련하기 위하여 헌법 수정 보충안을 채택했다'고 하였다. 최고인민회의에서 헌법을 수정·보충하는 보고의 목적도 '김정은동지의 유일적 영도따라 사회주위강국건설을 더욱 다그쳐 나가기 위한 법적 담보를 마련하기 위하여'라 하였다.[13]

서문의 "조선로동당의 령도 밑에 위대한 수령 김일성동지를 공화국의 영원한 주석으로, 위대한 령도자 김정일 동지를 영원한 국방위원장으로 높이 모시며" 부분을, "위대한 김일성동지와 김정일 동지를 주체조선의 영원한 수령으로 높이 모시고 조선로동당의 령도 밑에"로 수정하였다. 가장 큰 변화는 국방위원회를 폐지하고 국무위원회를 신설한 것이다. 김정은이 당의 중심인 위원장이 되면서 국방위원회는 더 이상 필요하지 않았고, 국무위원회를 확대하고 국무위원장에 올랐다.[14]

헌법개정을 구체적으로 살펴보면 제2절의 '조선민주주의인민공화국 국방위원회 제1위원장'은 '조선민주주의인민공화국 국무위원회

13 『로동신문』 2014.06.30, 3.

14 개정헌법은 내각과 검찰·재판소에 최고라고 붙였던 부분을 수정하였다. 제123조 '내각은 최고주권의'를 '국가주권의'로 고치고, 최고검찰소와 최고재판소도 다시 중앙검찰소와 중앙재판소로 바꾸었다.

위원장'으로 바꾸었다. 당연히 제100조도 "조선민주주의인민공화국 국무위원회 위원장은 조선민주주의인민공화국의 최고령도자이다"로 규정하였다. 제101조에서 제105조까지 조항에서 국방위원회 제1위원장이 국무위원회 위원장으로 바뀐 것 외에 변화가 없으나, 제103조 국무위원장의 권한과 임무에 종전에 6개 항목에서 하나가 추가되었다. 즉, ① 국가의 전반사업 지도, ② 국무위원회 사업 직접지도, ③ 국가의 주요 간부 임명 또는 해임, ④ 다른 나라 중요조약 비준 및 폐기, ⑤ 특사권 행사, ⑥ 비상사태와 전시상태·동원령 선포 외에, ⑦ '전시에 국가방위위원회를 조직지도한다'가 포함되었다.

가장 중점을 두었던 것은 국무위원장의 위상이다. 정상국가를 주장하면서 대외적으로 사회주의국가와 외교에 그치는 것이 아니라 국가원수로서의 직책이 필요하였다. 어찌 보면 다른 국가들의 대통령이나 총리나 주석과 같은 자리이다. 이 같은 것은 북한에서 이어지는 헌법개정에서 국무위원장의 직책이 어떻게 변하였는가를 보면 알 수 있다.

최고인민회의 개최 내용은 다음날 로동신문에 상세하게 보도되었다. 즉, "경애하는 김정은동지를 조선민주주의인민공화국 국무위원회 위원장으로 높이 추대"라는 제목에서, "경애하는 김정은동지를 조선민주주의인민공화국 국무위원회 위원장으로 높이 추대한 것은, 백두에서 개척된 주체혁명위업을 끝까지 계승완성해가는 데서 력사적사변으로 된다"고 주장하고 있다. 최고인민회의 상임위원장인 김영남은 추대사에서 "경애하는 김정은동지는 거창한 혁명실천으로 우리공화국의 일대 번영기를 열어나가시는 위대한 정치가, 불세출의 선군령장이시며 창조와 건설의 영재이십니다"라고 치켜세

웠다.[15]

2) 국무위원회의 전반적 국가관리

국방위원회가 폐지되고 국무위원회가 신설되면서 제3절 국방위원회도 국무위원회로 바꾸었고, 종전의 제106조에서 제111조까지 국방위원회 조항도 국무위원회로 변경하였다. 제106조 국방위원회는 국가주권의 최고지도기관에서, 국무위원회는 국가주권의 최고정책적지도기관으로 직무범위에 대한 권한을 확대하였다. 국무위원회는 국방위원회와 달리 경제와 외교 등 전 분야를 망라하는 종합적 정책결정기관의 성격을 가지게 되었다. 상술한 국무위원장 임무와 권한의 제7항도 국무위원회가 국가의 전반적인 일을 관장한다는 의미를 가진다. 제106조, 제107조의 구성과 임기는 국무위원회는 위원장, 부위원장, 위원으로 구성하고, 임기는 종전과 같이 최고인민회의 임기와 같다.

국무위원회의 구성에 있어 부위원장에 황병서, 박봉주, 최룡해를 선임한 것은 이들이 군부와 내각과 당을 대표하는 인물이기 때문이다. 이들은 모두 당중앙위원회 정치국 상무위원으로 김영남을 제외한 모든 인물들이 위원장과 부원장을 맡은 것이다. 또한 위원은 김기남, 박영식, 리수용, 리만건, 김명철, 김원홍, 최부일, 리용호로 구성하였는데, 이들의 면면을 보면 당·정·군의 주요인사들이고 외교분야까지 포함되었다. 국무위원회의 권한 강화의 실질적 모습은 인

15 『로동신문』 2016.06.30, 1, 2.

민무력성, 국가보위성, 인민보완성이 국무위원회에 소속되어 있다는 점이다.

최고인민회의의 헌법 수정의 가장 큰 의미는 국방위원회의 폐지와 국무위원회 신설이다. 당연히 국방위원장이 국무위원장으로 바뀌면서, 김정은은 당에 이어 국가기구의 개편을 통하여 자신이 유일영도하는 정치권력구조를 완성하였다. 이렇게 국방위원회가 폐지되고 국무위원회가 신설된 것을 김갑식은 김정일 시대의 '군 중심의 비상관리체제'가 공식적으로 종료되고 사회주의 당·국가체제가 정상화 국면에 돌입했다고 것을 의미한다고 하였다.[16]

김정일 체제에서 국방위원장은 선군정치의 상징이었을 뿐만 아니라 국가기구에 의한 당의 지배를 의미하는 것이기도 하였는데, 김정은은 선군대신 선당을 택하여 '우리식 사회주의'가 아닌 사회주의 국가체제로의 정상화를 꾀한 것이다.

완전한 김정은 시대를 선포하면서 정치권력구도를 당·국가체제로 가져간 것은 당 제7차대회였다. 당 제7차대회의 개최는 당정치의 공식적인 시스템 구축이었고, 이에 대한 후속 조치로 헌법에서 국방위원회 대신 국무위원회를 신설한 것은 김정은 체제의 완성을 의미한다. 그리고 이는 당·국가 체제적 절차와 체제운영의 패턴을 준수한 것이다.[17] 이렇게 김정은 체제가 당 유일영도체계 확립의 정치제도화 과정을 거쳐 추구한 것은 사회주의 국가체제 본연의 모습

16 김갑식, "북한 최고인민회의 제13기 제4차 회의 분석", 『Online Series』 CO 16-19, 통일연구원, 2016, p. 2.

17 이정철, "김정은 체제 5년의 북한 정치", 민족화해협력범국민협의회 정책위원회 역음, 『김정은 체제 5년 북한을 진단한다』, 서울: 늘품플러스, 2016, p. 33.

을 찾는 것이었다.

3. 김정은 시대의 정상국가화 추구

1) 정상적인 당·국가 시스템

당 제7차대회는 선군에서 선당의 복원을 의미하는 것으로 당이 국가를 영도하는 정상적인 사회주의 국가임을 천명한 것으로 볼 수 있다. 김정은은 2017년 신년사를 통하여 당 제7차대회는 '대정치축전'이라면서, "역사적인 당 제7차대회에서 당을 따라 영원히 주체의 한길로 나가려는 우리 군대와 인민의 철석의 의지가 힘있게 과시되고 조선 혁명의 만년기틀이 확고히 마련되었다"라고 평가하였다. 이는 그동안에 북한이 주장해왔던 당의 군대가 선군정치에 의하여 가려져 왔던 것의 부활을 의미하는 것이다. 그리고 "조선로동당 제7차대회가 펼친 사회주의 강국건설의 설계도를 따라 미래를 따라 힘차게 진군하자"고 하였다.

북한이 당 제7차대회 이후 당의 영도를 보장하는 것은 '사회주의 법건설'에서 견지해야 할 근본 원칙이라고 하면서, 모든 문제들은 당의 노선과 정책에 기초하여 당의 영도 밑에 풀어가야 한다고 주장하고 있다.[18] 김근식은 당 제7차대회를 선군에서 선당으로의 복원을 통하여 북한을 정상화시킨 것에 의미를 두면서 다음과 같이 분석하고 있다. 즉, '수십 년간 지속된 체제위기 상황과 비정상적 당·국가

---

18 강남철, "당의 령도를 보장하는 것은 사회주의법건설의 근본원칙", 『김일성종합대학학보(력사, 법률)』 제62권 제4호, 김일성종합대학출판사, 2016, p. 73.

시스템을 종료하고 김정은 시대는 당이 국가를 영도하는 정상적인 사회주의 국가임을 알리는 것'이라하면서, '당우위 국가시스템의 재정비'라고 하였다.[19] 이는 북한이 당·국가체제를 정상화시켜 사회주의체제로 발전시켜나가겠다는 의지의 표명에서도 알 수 있다.

이렇게 김정은 시대는 국가기구가 당의 우위를 점하는 정치체제에 변화를 주었고, 36년 만의 당대회 개최를 통하여 확실하게 당의 위상을 보여주었다. 김정은은 당위원장에 추대되어 할아버지, 아버지의 총비서를 넘어서는 자리에 올랐는데, 이는 당의 지도력을 강화하여 선군에서 선당으로의 복원으로 당·국가 체제의 완비라고 할 수 있다. 이렇게 하면서 김정은의 유일중심·유일영도체계를 완성한 것이다. 그는 국무위원회 위원장에 추대되어 당뿐만 아니라 국가기구까지를 총괄하게 되었다. 김정은은 당과 국기기구를 통괄하는 칭호로 '위원장'을 택함으로써 상징성과 실용성을 확보했다.

2) 당 대회 이후 정치과정

당 대회 이후 북한은 로동당 중앙위원회 정치국 상무위원회가 2017년 9월 3일 진행되었다고 로동신문이 보도했다.[20] 회의를 주제하는 김정은 그리고 원탁에 둘러앉은 김영남, 황병서, 박봉주, 최룡해 모습의 사진을 싣고, 여기에서 〈국가핵무력완성의 완결단계목표를 달성하기 위한 일환으로 대륙간탄도로케트착용 수소탄시험을 진행할 데 대하여〉라는 결정서가 채택되었다고 보도했다. 당 상무위원회는 최

19 김근식, "자축의 승리, 덜 휘향찬 설계", 『IFES 현안진단』, 44, 2016, p. 1.

20 『로동신문』 2017.09.04, 3.

고의 정치권력기구로 핵실험도 여기에서 결정한다는 것을 보여주고자 했다. 이는 당이 북한을 이끌고 있다는 것을 대외적으로 천명한 것이다. 이렇게 당상무위원회의 개최 장면을 매체에 공개한 것은 처음 있는 일이었다. 2017년 10월 7일 당중앙위원회 제7기 2차 전원회의가 개최는 당이 정상적으로 움직이고, 북한의 당 중심정치의 면모를 보여주는 대목이다. 전원회의는 의정으로 '정세 대처과업과 조직문제'를 내세워 병진노선을 확고히 하고 인사와 조직개편으로 당을 재정비하고 나섰다. 당중앙위원회 부위원장, 당중앙군사위원회 위원, 정치국 위원과 후보위원, 도당위원장을 소환하고 보선하였다. 이 인사에서 눈에 띄는 대목은 김정은의 여동생 김여정이 정치국 후보위원이 되었다는 점이다. 김여정은 당 제1부부장으로 승진 및 당의 전체적인 조직과 설계를 주도하는 조직지도부로의 이동가능성도 있었다.[21]

로동신문은 사설 "전당이 군중 속에 깊이 들어가자"는 사설에서 당과 대중의 혼연일체를 주장하였다.[22] 당이 중심이 되는 정치를 위해서는 당의 중앙조직뿐만 아니라, 기층조직도 강화하고 조직원을 움직이게 해야 한다는 것이다. 2017년 12월 21일 당 제5차 세포위원장대회를 개최하였는데, 북한에서 당세포는 당과 대중의 혈맥을 이어주는 기본단위이다.[23] 이 자리에서 '김정은은 당세포를 충성의

---

21 박영자, "북한 노동당중앙위원회 제7기 제2차 전원회의 평가 및 권력구조전망", 『KINU Insight 3』, 통일연구원, 2017, pp. 35-36.

22 『로동신문』 2017.11.10, 1.

23 김정은 시대에 들어서서 1991년 5월, 1994년 3월, 2007년 10월 대회를 제1, 2, 3차 대회라 명하고, 2013년 1월 28일 제4차 '전당당세포비서대회'를 개최하였다. 로동당원 5명에서 30명으로 구성된 당의 가장 하부 기층조직의 책임자를 비서에서 위원장

세포, 당정책 관철의 전위대로 강화하여 당의 전투적 위력을 백방으로 높이고 강성국가건설을 힘있게 다그치자'고 하였다. 김정은 자신은 당의 기층조직을 대표하고 있는 이들을 믿고 중시한다는 것을 강조함으로써 조직을 강화하는 한편 이들이 사회를 끌어가고 있다는 긍지와 자부심을 심어주었다.

2018년에 들어서 북한의 정치과정은 대외정책에 관심을 중심하는 모습을 보였다. 남북과 북미 정상회담을 앞두고 당중앙위원회 전원회의를 개최하여 국가전략노선의 전환을 가져간 것도, 정상회담을 통해 자신들의 주장을 관철하기 위한 것이었다. 그러나 실제로 정상국가화와 김정은의 입지 강화를 위해 필요한 것은 로동당 위원장이 아닌 국무위원장이었다.

—

제4절 2019년 두 차례의 헌법개정

1. 4월 11일 헌법개정

1) 국가대표의 국무위원장

2019년 3월 10일 북한의 최고인민회의 제14기 대의원선거가 치러졌다. 선출된 최고인민회의 대의원 687명의 명단에 김정은 국무위원장이 빠져있었다. 북한 정권 출범 이후 즉, 제1기에서 제13기까지

으로 바꾸고 제5차대회를 개최한 것이다.

최고지도자는 항상 대의원으로 선출되었다. 김정은도 2014년 선거에 처음으로 최고인민회의 대의원에 선출되었다.[24] 이는 최고인민회의의 위상의 약화와 김정은 유일체제 제도화의 측면이었다. 새로 선출된 대의원에 주목되는 인물은 김여정 당 제1부부장이었다.

최고인민회의 제14기 1차 회의가 4월 11일 개최되었다. 여기에서 헌법개정이 이루어졌는데, 먼저 서문에 일부 내용에 변화를 주었고, 종전에 없었던 것을 추가하였다. 먼저 "조선민주주의인민공화국 사회주의헌법은 위대한 김일성동지와 김정일동지의 사상과 령도를 구현한 주체의 사회주의조국이다"에서 선대들의 칭호를 구별하고 조국을 국가로 바꾸었다. 즉, "조선민주주의인민공화국 사회주의헌법은 위대한 수령 김일성동지와 위대한 령도자 김정일동지의 국가건설사상과 업적이 구현된 주체의 사회주의국가이다"라 하였다. 또한 추가된 "위대한 수령 김일성동지와 위대한 령도자 김정일동지를 모심으로 하여 우리 공화국은 부강하고 자주적인 국가건설의 근본적이며 중핵적인 과제를 훌륭히 해결한 세계에 유일무이한 국가실체로 빛을 뿌리게 되었다"에서도 알 수 있다.

북한이 2019년 신년사에서 내세운 것이 '우리 국가제일주의'였다. 우리 국가제일주의는 세계가 공인하는 우리공화국의 전략적 지위와 국력에 상응하면서도 우리 인민의 강용한 혁명적 기상과 지향에 부합되는 투쟁의 기치이다.[25] 로동신문에서도 국가제일주의를 계속

---

24 제12기 최고인민회의 대의원선거는 2009년에 있었기 때문에 당시에는 김정일이 북한의 최고지도자였고, 김정은은 내부적으로 후계자로 지명되었으나 공식화된 것은 다음해 당 제3차 대표자회에서 였다.

25 『로동신문』 2019.01.04, 1.

내세웠는데, 우리 국가제일주의의 본질은 곧 김일성-김정일조선제일주의이며 인민대중제일주의라고 하였다.[26] 2019년 4월 11일 개정 헌법에서 국무위원장을 '전체 조선인민의 최고대표자'와 '공화국 무력총사령관'이라고 한 것은, 국무위원장이 공통적으로 부문단위가 아닌 국가를 대표하는 다시 말하면 국가성을 대변하는 것으로 볼 수 있다.[27]

개정 헌법에서 중요한 것은 제3조의 통치이념의 변화이다. 북한은 당 제4차 대표자회에서 "조선로동당은 위대한 김일성-김정일주의를 유일한 지도사상으로 하는 김일성-김정일주의 당, 주체의 혁명적 당"이라 하고, 김일성-김정일주의를 당건설과 활동의 출발점으로 기초하여 당을 영도하는 새로운 지도적 지침으로 내세웠다. 이는 당 제7차대회에서도 그대로 유지되었다. 그러나 앞에서도 설명한 바와 같이 헌법은 달랐다. 2012년 4월 13일의 헌법은 물론 당 제7차대회 이후 개정된 2016년 헌법에서도 종전의 통치이념인 '주체사상과 선군사상'을 그대로 존치하였다.[28] 2019년 4월 11일의 개정 헌법에서 "조선민주주의인민공화국은 위대한 김일성-김정일주의를 국가건설과 활동의 유일한 지도적지침으로 삼는다"로 바뀌었다.

헌법이 개정되면서 김정은이 최고인민회의 대의원에 추대되지 않은 이유에 대한 의문이 풀렸다. 이제 북한의 헌법에서 명실상부한

---

26 『로동신문』 2019.01.21;『로동신문』 2019.01.22.

27 김일기, "'공화국 무력 최고사령관' 호칭에 대한 의미 분석", 『ISSUE BRIEF』 통권 122호, 국가안보전략연구원, p. 2.

28 헌법 제3조 "조선민주주의인민공화국은 사람중심의 세계관이며 인민대중의 자주성을 실현하기 위한 혁명사상인 주체사상과 선군사상을 자기활동의 지도적지침으로 삼는다"였다.

국가수반은 국무위원장이 되었다. 즉, 헌법 제100조 "조선민주주의인민공화국 국무위원장은 조선민주주의인민공화국 최고령도자이다"에서, "조선민주주의인민공화국 국무위원장은 국가를 대표하는 조선민주주의인민공화국 최고령도자이다"로 개정되었다. 또한 제102조 "전반적 무력의 최고사령관"에서, "무력총사령관"으로 변경되었다. 북한은 김정은 국무위원장을 '전체 조선인민의 최고대표자'로 국가를 대표하고, 조선인민군을 대표하는 최고사령관이 아니라 국가무력의 총사령관이 된 것이다. 2016년 헌법에서 국방위원회가 없어지고 국무위원회가 탄생하였으나, 이제 바로 그 국무위원장이 국가원수가 된 것이다.

2019년 헌법에서도 그동안 형식적인 국가원수였던 최고인민회의 상임위원장의 권한 중 "국가를 대표하며 다른 나라의 신임장, 소환장을 접수한다"는 유지하고 있는데, 이는 국가를 대표하는 것은 국무위원장이기 때문에 모든 대외관계는 김정은 위원장이 통괄하고 상임위원장은 국가행정 중 외교행정을 대표하게 되었다. 최룡해 국무위원회 부위원장이 최고인민회의 상임위원장에 선출된 것은 확실하게 국무위원장이 국가수반이라는 것을 말해준다. 그동안 헌법에 유지되었던 최고인민회의 상임위원회 명예부위원장이 헌법에서 삭제된 것도 이와 무관하지 않다. 또한 최고인민회의 상임위원회의 임무와 권한에서도 그동안 '헌법, 최고인민회의법령과 결정, 국무위원장 명령'의 순서에서 '헌법, 국무위원장, 최고인민위원회' 순서로 바뀌었다.

이와같이 국무위원장의 국가대표권, 헌법상 통치이념의 김일성-김정일주의로 변환 등은 이제 김정은 위원장이 북한을 완전하게 통치하는 유일영도체계의 완성을 의미하는 것이다. 서문의 개정으로 할아버지 김일성과 아버지 김정일을 역사 속에 신주단지처럼 모셔 놓고, 김정은은 자신의 통치이념으로 북한을 무장케 하고 국가 전반적 운영에서도 선군의 색채를 지워버렸다. 2016년 헌법에서 국방위원회를 국무위원회를 대체하였다면, 2019년 헌법은 국무위원장과 국무위원회의 권한 강화로 정상국가로의 전환을 의미한다.

2) 헌법개정에서 경제문제

2018년부터 북한의 국가전략은 경제건설 총력집중노선이다. 북한의 경제에 가장 큰 변화를 준 것은 1998년 공식적인 김정일 체제에서 헌법에 변화를 주었다. 생산수단의 소유의 주체를 국가와 협동단체에서 국가와 사회, 협동단체로 확대하고, 개인소유의 범위도 확대하였다. 제33조 "국가는 경제관리에서 대안의 사업체계에 맞게 독립채산제를 실시하며 원가 가격 수입성 같은 경제적 공간을 옳게 이용하도록 한다"고 하였고, 대외무역 범주의 확대와 특수경제지대 내의 기업창설운영 장려 등이 포함되어 경제현실을 공식화하였다. 김정일 시대인 2002년 7.1 경제관리개선조치는 획기적인 경제개혁이었고, 이는 북한에서 시장을 활성화시키는 결과를 가져왔다.

김정은 시대 북한발전의 핵심전략은 2013년 내세운 '경제건설과 핵무력건설 병진노선'이었고, 이 일환으로 '경제개발구법'이 만들어졌는데 "경제개발구는 국가가 특별히 정한 법규에 따라 경제활동에 특혜가 보장되는 특수경제지대"라 하였다. 이는 일정한 산업부분의 기술적 토대 강화와 새로운 사업의 창설 등을 목적으로, 다른 나라들과 경제기술적인 협조를 하고자 한 것이다. 북한의 경제관리방법의 변화는 2014년 5월 30일 김정은의 당·정·군의 책임일군과의 담화 "현실발전의 요구에 맞게 우리식 경제관리방법을 확립할 데 대하여"를 표명되었는데, 북한에서는 이것을 '5월 로작'이라고 한다. 그동안 거론되었던 우리식 경제관리방법을 공식화한 것으로 김정은 시대 경제관리도 새로워져야 한다는 것이었다. 그 요체는 경영의 권리를 현장에 배분하는 것과 일한 만큼 배분하는 것이었다. 구체적으로 '사회주의기업 책임관리제'인데, 이것은 기업이 실질적인 경영권을 가지고 기업활동에 창발성을 발휘하자는 것이다. 이후 북한에서는 이것이 무엇인가 하는 구체적 설명을 담은 논문들이 발표되었다. 그러나 2016년 북한헌법 개정에서 경제에 관한 부분은 그대로 유지되었다.

2019년 개정헌법에서 경제 문제에 관해서는 5개 조항에 변화를 주었다. 그것은 정보화, 과학기력, 실리보장 그리고 무역구조 개선과 대외경제의 확대발전 등이 헌법조항에 첨부되었다. 가장 중요한 것은 그동안 수십 년 동안을 유지해왔던 헌법 제33조의 "사회주의경제관리형태인 대안의 사업체계와 농촌경리를 기업적 방법으로 지도하는 농업지도체계 의하여 경제를 지도관리 한다. 국가는 경제관리에서 대안의 사업체계의 요구에 맞게 독립채산제"를 삭제하고, "내각의 역할을 결정적으로 높인다"와 "국가는 경제관리에서 사회주의기업 책임관리제를 실시하며"로 바꾸었다. 이는 북한이 2018년 4월 병진노선의 전환을 내세우며 제시한 '경제건설 총력집중노선'과 궤를 같이하는 것이다. 대안사업체계란 경제관리운영에 당적지도를 도입한 북한의 경제방식을 말한다. 즉, 대안사업체계는 공장 당위원회의 집체적 지도체계를 확립하고 계획·생산·기술을 통일적·종합적으로 지도하는 생산지도체계를 뜻한다.[29] 북한의 헌법에 국가의 경제 관리체계로 대안의 사업체계 규정된 것은 1972년의 사회주의헌법 제30조였다. 이렇게 북한에서 50여 년을 유지해온 대안의 사업체계가 '5월 로작'의 사회주의기업 책임관리제로 바뀐 것이다.

이러한 상황을 볼 때 2020년 신년사가 나왔으면 경제문제에 더 많은 것이 나왔을 것이다. 그러나 2019년 12월 28일에서 31일까지 당전원회의가 개최되었고, 여기에서는 북한을 둘러쌓고 있는 제약을 어떻게 풀어갈 것인가 하는 것이 주요의제였다. 그렇기 때문에 경제관리방법에 대한 구체적인 것보다, 사회주의기업 책임관리제를 현실성있게 실시하는 사업을 잘해나가야 한다는 정도의 발언에 그쳤다.

김정은 시대 북한은 정상국가를 추구하며 당·국가체제를 확립하여 왔다. 그러나 당위의 정치를 펼치며 그 결정은 당이 하고 실제 이를 실행하는 것은 국가기관이다. 당 제7차대회에서 국가경제발전 5개년전략을 결정하고 이를 실행하는 것은 내각이다. 북한의 모든 힘을 경제건설에 총력집중한다고 할 때, 헌법으로도 이를 뒷받침해야 한다는 것이다. 그리고 이것은 김정은 북한의 상황을 판단하고 처방을 내린 정치리더십을 발휘로 제도화한 것이다.

---

29 대안의 사업체계는 1961년 12월 김일성이 대안전기공장을 방문하여 지시한 공업부분 관리방법으로, 이는 1962년 이후 북한의 공업관리체계로 정식화되었고, 그 후에 북한의 농업을 포함한 전 분야에 적용하는 방법이 되었다. 통일부 통일교육원, 『북한지식사전』, 통일부 통일교육원, 2016, pp. 223-225.

2. 국무위원장 위상의 완전정비: 2019년 헌법 2차 개정

2019년 8월 29일 최고인민회의 제14기 2차 회의가 개최되었다. 이 회의의 안건은 헌법의 수정보충과 조직문제였다. 1차 회의에서 국가의 주요 직책을 충원했기 때문에 보선에 큰 의미를 부여할 수 없고, 문제는 헌법을 다시 개정하였는데 국무위원장의 위상과 관련된 것이었다. 제6장 국가기구의 국무위원장의 관련 조항이 6개에서 7개로 늘어나면서, 헌법 전체 171개 조에서 172개로 보충되었다. 이렇게 되면서 국무위원장과 국무위원회의 권한이 강화되었고, 최고인민회의와 최고인민회의 상임위원회의 권한이 축소되었다.

개정내용을 보면 첫째로 국무위원장의 최고인민회의의 분리와 권한 강화이다. 제101조가 신설되면서 다음 조항부터 순연되었다. "조선민주주의인민공화국 국무위원회 위원장은 전체 조선인민의 총의에 따라 최고인민회의에서 선거한다. 조선민주주의인민공화국 국무위원회 위원장은 최고인민회의 대의원으로 선거하지 않는다"는 조항의 신설로 국무위원장을 최고인민회의 대의원과 분리시켰다. 제105조(전 헌법 제104조)의 "조선민주주의인민공화국 국무위원회 위원장은 명령을 낸다"에서 "조선민주주의인민공화국 국무위원회 위원장은 최고인민회의 법령, 국무위원회 중요 정령과 결정을 공포한다"로 되었다. 여기에 더 중요한 것은 "국무위원회 위원장은 다른 나라에 주재하는 외교대표를 임명 또는 소환한다"라고 해서, 상임위원장의 권한을 국무위원장으로 돌려놓았다. 이렇게 됨으로써 국무위원장은 법령공포권과 외교대표의 임명권·소환권이 가지게 되었다. 4월 11일 헌법 개정으로 국무위원장에게 국가대표권을 부여하여 국가원수의 직위가 주어졌으나, 이 헌법 개정으로 완전하게 상임위원장과 관계를 법적으로 정리하였다. 최룡해 상임위원장은 국무위원장 위상과 권한의 강화를 "나라의 전략적 지위와 국력을 새로운 높이에 올려세우기 위해서"라고 보고하면서, "전체 조선의 한결같은 의사와 념원에 의하여 추대되는 우리 당, 국가, 무력의 최고령도자라는 것이 법적으로 고착되었다"라 한 것은 김정은의 절대적 권위를 보장하고 유일영도의 실현을 강조한 것이다.[30]

둘째, 국무위원회 중심의 국가권력체계 강화와 이와 관련된 국가기관과의 관련 조항 정비이다. 제107조 국무위원회의 구성이 위원장, 부위원장, 위원에서 제1부위원장이 추가되었다.[31] 제110조 국무위원회의 임무와 권한에서도 그동안 최고인민회의 상임위원회가 가지고 있던 "최고인민회의 휴회 중에 내각총리의 제의에 의하여 부총리, 위원장, 상 그 밖의 내각 성원들을 임명 또는 해임한다"는 11항이 국무위원회로 옮겨졌다. 또한 제111조 "국무위원회는 결정, 지시를 낸다"에 정령이 추가되었다. 이렇게 최고인민회의 상임위원회의 권한 중 내각의 상을 포함한 고위직의 임면이 국무위원회로 이관되었고 권한도 강화되었다. 종전의 제116조 "최고인민회의 상임위원장 국가를 대표하며 다른 나라 사신의 신임장, 소환장을 접수한다"에서 의미 있는 변화는, 이 조항이 순연되어 제117조가 된 것이 아니라 '대표하며'가 "대표하여"로 바뀌었다는 것이다. 전자는 상임위원장이 국가를 대표한다는 것이고, 후자는 국무위원장이 국가를 대

30 『로동신문』 2019.08.30.

31 당연히 최고인민회의 권한 중 국방위원장의 제의에 의하여 선거 또는 소환되는 대상에 국무위원회 제1부위원장이 추가되었다(헌법 제91조 7항).

표하게 되면서 대신하여라는 의미를 가지는 것이다. 북한에서는 국무위원회 위원장 김정은, 제1부원장 최룡해, 부위원장 박봉주이고, 최고인민회의 상임위원장은 최룡해가 겸직하고 있다.[32]

이렇게 되면서 국무위원장, 국무위원회, 최고인민회의 상임위원회의 관계가 정리되면서, 지방인민위원회와 검찰소와 재판소도 그들이 지휘를 받는 순위도 변화를 가져왔다. 전자가 지휘에 따르는 것은 국무위원장, 최고인민회의의 법령, 국무위원회, 최고인민회의 상임위원회, 내각 순서이고, 후자는 국가기관의 결정지시가 헌법, 국무위원장, 최고인민회의 법령, 국무위원회, 내각의 지시에 어긋나지 않는가를 감시한다고 하였다. 북한은 헌법개정을 통하여 법령 공포권과 외교대표의 임명권·소환권 그리고 내각의 임면권의 변화는 물론 그 서열도 정비하면서 법적 제도적 장치를 완비한 것이다.

—

제5절 국가중시와 국무위원장

북한은 당·국가 체계로 출발하였으나 김일성 유일체제가 확립되면서 자주와 주체를 내세우며 자신의 독특한 체제를 형성하였다. 이것은 북한의 1972년 주석제 헌법으로 실제화되었고, 당보다는 국가기구가 우위를 차지하게 되었다. 김일성 사망 후 유훈통치를 내세웠던 김정일은 1998년 자신의 공식적인 체제를 출범시키면서 국방위원

32 국무위원회에는 김재룡 내각총리 외에 리만건, 김영철, 김수길, 정경택, 최선희, 리병철, 김형준, 김정관, 리선권, 김정호가 위원으로 있었다.

장이 통치의 중심체가 되었다. 그러나 완전한 '국방위원장 중심제'라 할 수 있게 된 것은 2009년 개정헌법에서 국방위원장을 '최고영도자'로 규정하면서였다. 김정은은 최고영도자에 제1을 붙여 제1국방위원장이 되어 헌법을 그대로 이어갔다.

김정은은 선대 지도자처럼 국가기구 우위의 정치 대신 당·국가체계로 복원을 추진하였고, 2016년 북한에서 37년 만에 당 제7차대회를 개최하였다. 당 제1비서 대신 당위원장을 신설하여 당의 전권을 여기에 두었다. 이후 헌법 개정을 통하여 국방위원회가 폐지되고 국무위원회가 신설되었다. 김정은은 당과 국가기구의 모두의 위원장에 추대되면서, 그의 유일영도체계를 확실하게 다져갔다.

북한에서 국가에 대한 강조가 눈에 띄게 나타나기 시작하는데, 먼저 등장한 것이 국가제일주의이다. 북한에서 국가제일주의가 등장한 것은 2017년 11월 29일 〈화성-15〉의 발사 성공과 핵무력 완성의 선언에서이다. 즉, 〈화성-15〉의 발사 성공에 로동신문은 "모든 일군들과 당원들과 근로자들은 우리 국가제일주의, 우리민족제일주의를 심장 깊이 간직하고 사회주의 내 조국을 끝없이 빛내이기 위하여 삶의 순간순간을 투쟁"해야 한다고 강조하였다.[33] 이는 '국가핵무력 완성'이라며 완전한 핵 보유국가를 강조하는 의미도 있었다. 그런데 북한에서 국가제일주의가 공식화되고 전면적으로 부각된 것은 2019년 신년사에서 이다. 그 후 북한의 로동신문이나 학자들이 이 문제를 들고나왔다. 조선신보는 〈우리 국가제일주의를 들고 경제건설을 다그쳐나가자〉에서 "세계가 공인하는 조선의 전략적 지위

---

33 『로동신문』 2017.11.30, 1.

와 국력에 상응하면서도 조선인민의 강용한 기상과 지향에 부합되는 투쟁의 기치가 바로 우리 국가제일주의"라 하였다.[34]

북한의 2019년 4월 11일의 최고인민회의 제14기 1차 회의의 김정은 국무위원장의 시정연설의 제목은 "현 단계에서의 사회주의건설과 공화국정부의 대내외정책에 대하여"이다. 여기에서 등장하는 것이 '김일성—김정일주의국가건설사상'인데, 김정은은 여기에 '국가정권을 정치적무기로 사회주의위업을 완성하기 위한 방향과 방도가 뚜렷이 명시되어 있다'고 하였다. 북한에서는 김일성—김정일주의 국가건설사상은 국가건설과 활동에서 견지해야 할 국가정권건설의 기본 방향과 사회전반에서 철저히 구현해야 할 인민정권의 존재방식과 활동원칙을 명시한 위대한 강령이라고 하고 있다. 물론 국가건설사상은 헌법에 오래전에 등장하였지만 김일성—김정일주의국가건설사상으로 다시 강조하면서 이목을 집중시켰다.

북한에서 국가제일주의의 함의는 국내정치가 아닌 국제정치적 맥락과 연결시켜야 한다. 최근의 비핵화 국면과 보다 큰 틀에서 정상국가의 흐름은 자신들에게 붙여진 오명인 불량국가론에 대응한 이른바 '인정투쟁'을 시도하며 기존 국제질서에 편입되려는 노력으로 해석할 수도 있다.[35] 국가의 개념 강조와 이에 대한 제도의 필요성은 김정은의 호칭과 정상국가지향 그리고 외교에서 대표성에 부합하는 방식으로 제도화의 특성을 보여주었다. 헌법에서 국무위원장은 '국

34 『조선신보』 2019.01.24.

35 강혜석, "김정은 시대 통치담론 변화와 '국가'의 부상: 〈김정일애국주의〉와 〈우리 국가제일주의〉를 중심으로", 『국제정치논총』 제59집 3호, 한국국제정치학회, 2019, p. 336.

가를 대표하는 최고영도자'자 바로 그것이다. 특히 남북정상회담과 북미정상회담과 같은 국가 대 국가의 대표회담은 사회주의국가에서 당 대 당의 관계가 아니다. 외교 형식에 부합하는 국가 대표직을 활용하려는 제도적 정비가 필요했다.[36] 김정은 국무위원장이 미국의 트럼프Donald Trump 대통령과 어깨를 견주며 '양국의 평화'를 논의한다는 것은, 국제사회의 정당한 일원일 뿐 아니라 그 이상의 의미를 보여주려 한 것이다.

북한에서 '핵무력국가' '국가제일주의' '국가건설사상' 등과 같이 국가를 강조하는 의미는 무엇일까? '김일성 민족' '김정일 조국'에 이어 이제 '김정은 국가'를 내세우고 싶은 것이다. 김정은 국가를 대표하는 것은 국무위원장이다.

---

36 전재우, "김정은 호칭변화의 배경과 의도분석", 『국방논단』 제1762호(19-23), 한국국방연구원, 2019, p. 8.

제4부

유일영도 정치리더십의 정책과 국가전략

제10장

김정은 유일영도체계의 확립과정

제1절 유일영도자의 계승

1. 정치체제의 수위

정치조직이란 일정한 지휘권과 지휘체계를 가지고 정치적으로 움직이는 사람들의 조직체로 정치의 기본 수단이다. 북한에서 정치지도체제라는 용어를 쓰고 있는데, "정권을 쥔 사람들이 정치적 지도를 실현하기 위하여 세워 놓은 제도와 질서체계"라고 정의하고 있다.[1] 북한의 정치구조는 당·국가체제이므로 노동계급에 대한 당의 영도를 효과적으로 실현하기 위하여 세워 놓은 제도와 질서를 의미한다.

사회주의사회에서 정치지도체제의 핵을 이루는 것은 '수령의 유일적 영도체계'이다.[2] 수령의 유일적 영도체계를 세운다는 것은 수령의 혁명사상을 유일한 지도지침으로 하여 혁명과 건설을 수행하

1 리진규, 『주체의 정치론』, 동경: 구월서방, 1988, p. 396.

2 리진규, 『주체의 정치론』, pp. 396-399.

며, 수령의 유일한 영도 밑에 전당·전군·전민이 움직인다는 것을 의미한다. 수령의 영도를 받들어나가는 것은 모든 당을 포함한 모든 기관과 단체의 어길 수 없는 철칙이요 규율이라고까지 하고 있다. 유일체계는 권력이 1인에 집중되어 있을 뿐만 아니라 최고지도자(수령)를 중심으로 전체사회가 전일적인 하나의 틀로 편재되어 있어, 일반적으로 말하는 단일지도체계와는 달리 이데올로기와 사회문화적 정서까지 재생산하는 체계인 것이다.[3]

중요한 것은 수령은 대를 이어가야 한다는 주장이다. 이것은 이미 김일성 시대에서부터 제기된 것으로 '수령의 후계자'가 바로 그것이다. 수령의 영도체계를 강화하기 위해서는 영도의 계승성이 보장되어야 한다는 논리이다. 그리하여 '김일성 수령'은 '김정일 수령'으로 계승되어졌고, 김정은으로까지 이어져 '수령 김정은'을 만들어 내고 있다. 북한은 김정일 사망 후 5대 국가기관명으로 내놓은 보도문에서 김정은을 '주체혁명위업의 위대한 계승자'라고 하면서, 가장 중점을 두었던 것은 안정적인 권력승계였다. 그렇기 때문에 김일성 사망 이후 등장했던 유훈통치가 다시 등장하였다. 보도문에서 '김정일동지의 유훈을 지켜 전체 인민들은 혁명업적을 견결하게 옹호고수하고 김정은동지의 영도를 충직하게 받들어'야 한다는 것이었다.

북한에서 김정은을 필두로 232명의 국가장의위원회가 구성되었다. 장의위원회의 명단은 북한의 권력서열을 의미하는데 김정은에 이어 김영남 최고인민회의 상임위원장, 최영림 내각 총리, 리영호 인민군 총참모장 순이었다. 김정일 국방위원장의 영결식장에서 김

3 이종석, 『새로 쓴 현대 북한의 이해』, 서울: 역사비평사, 2000, p. 121.

정은과 북한 정치체제를 대표하는 7인이 함께 등장해 김정은 체제를 대내외적으로 선보였다. 김정은은 장례기간 동안 북한의 언론매체를 통해 '위대한 후계자', '영명한 지도자' '21세기의 태양' 등으로 호칭되었다.

북한에서는 김정일의 업적과 유훈은 영원한 생명선이며 만년재보라 하면서, 가장 특출한 업적으로 김정은을 유일한 후계자로 내세운 것을 들고 있다.[4] 유훈을 받드는데 당이 선두에 서서 "또 한분의 선군태양이신 경애하는 김정은 동지를 혁명의 진두에 높이 모시고 전당, 전군, 전민을 변함없이 일심 단결할 수 있도록 이끌어 나가야 한다"고 했다.[5] 이렇게 북한은 '위대한 계승자'가 된 김정은의 유일영도체계를 위한 작업을 진행시켜 왔다. 북한은 유일중심, 유일영도의 김정은 체제 공고화를 완성시키려 하였다.

2. 김일성 · 김정일의 영생화 작업

유일영도를 위해서 먼저 필요한 조치는 선대의 영생화 작업이었다. 김일성 사망 후 시신이 안치된 곳이 금수산기념궁전이다.[6] 이곳은

4 강현재, "위대한 김정일 동지의 혁명업적과 유훈은 우리가 영원히 틀어쥐고나가야 할 생명선이며 혁명의 만년재보", 『철학연구』 제3호(루계 제130호), 과학백과사전출판사, 2012, p. 5.

5 표권, "선군의 위력, 일심단결의 위력은 위대한 김정일 동지의 제일유산", 『철학연구』 제3호(루계 제130호), 과학백과사전출판사, 2012, p. 9.

6 이 곳은 1977년 4월 15일 김일성 65회 생일을 기해 준공된 유럽식 궁전을 본 딴 4-5층 복합석조건물인데, 김일성의 시신을 모시면서 확장공사를 하였다. 건물 내부 폭 60m에 달하는 중앙홀은 김일성 초상화와 입성을 세우고, 외부에는 김일성과

김일성 생전에는 그의 관저 금수산의사당(일명 주석궁)으로 불렸으나, 김일성 1주기를 앞두고 금수산기념궁전으로 명칭이 바뀌었다. 김일성 영생화 작업의 일환으로 이곳의 규모를 확장하고 방부 처리한 시신을 모셨는데, 인민들과 당·군·국가관료들이나 해외사절들이 참배하는 성지(?)이다. 김일성 생전에 우상화를 위하여 세운 만수무강기원탑은 영생탑으로 명칭을 바꾸고, 각지에 또 다른 영생탑을 건립하였다. 북한에서는 유훈통치라는 영생화 작업과 더불어 1997년 7월 김일성을 생일을 태양절로 정하였다. 로동신문은 김일성의 생일이 있는 4월 첫날의 사설제목을 "크나큰 민족긍지를 안고 태양절을 뜻깊게 맞이하자"로 달고, "위대한 수령님은 수령, 당, 대중의 혼연일체의 최고뇌수로서 영생하고 계시며 수령님의 역사는 계속 흐르고 있다"고 하였다. 가장 결정적인 것은 김정일 체제의 공식적인 출범이라 할 수 있는 1998년 헌법에서 보여주었다. 종전에는 없었던 서문이 등장했고, 여기에서는 김일성이 북한의 '시조이고 민족의 태양이며 영원한 주석'이라 하면서 '조선민주주의인민공화국 사회주의헌법은 김일성 헌법'이라 하였다.

김정일 사망 후에도 영생화 작업이 진행되었는데 사망 후 발표된 보도문은 이를 말해주고 있다. 즉, "위대한 령도자 김정일동지의 심장은 비록 고동을 멈추었으나 경애하는 장군님의 거룩한 존함과 자애로운 영상은 우리 군대와 인민의 마음속에 영원히 간직되어있을 것이며 장군님의 성스러운 혁명실록과 불멸의 혁명업적은 조국청사

김정일의 생일을 상징한 폭 415m와 길이 216m의 광장을 조성했으며 이 건물은 지하 200m 깊이의 평양지하철과 연결되어 있다. 연합뉴스, 『북한용어 400선집』, 연합뉴스, 1999, pp. 354-355.

에 길이 빛날 것이다"이다.[7] 2012년 1월 1일의 로동신문 1면에는 평시 공동사설을 싣는 것과는 달리 "조선의 힘"이라는 노래를 악보와 함께 1면 전체에 장식하고 있다.[8]

2012년 1월 12일 로동당중앙위원회 정치국이 4개 항의 김정일 영생화 작업을 발표했는데, 그 내용은 '금수산기념궁전에 생전 모습으로 안치, 동상건립, 영생탑 건립'과 더불어 그의 생일을 '광명성절'로 제정한 것이었다. 2월 14일에는 내각을 제외한 북한의 4대기관 명으로 "우리 당과 인민의 위대한 령도자 김정일동지께 조선민주주의인민공화국 대원수칭호를 수여함에 대한 결정"을 발표하였다. 그동안은 김일성만이 대원수로 불렸으나, 김정일도 역시 같은 칭호로 부른다는 것이다. 북한은 김정일의 생일인 광명설절을 맞아 김정일의 시신이 안치된 금수산기념궁전을 〈금수산태양궁전〉으로 명명하는 예식을 거행하였다. 5대 기관 명으로 최고인민회의 상임위원장 김영남이 〈금수산태양궁전〉을 공표하자, 우렁찬 만세와 함성, 축포가 터져오르고 전체 참가자들이 "수령님과 어버이 장군님"을 천세만세 받들어 모시고 백두에서 개척된 위업을 끝까지 계승해 나갈 열의에 충만되었다고 밝히고 있다.[9]

---

7 이 내용 중에 "김정일동지께서는 인류정치사가 알지 못하는 수령영생위업실현의 위대한 귀감을 창조"했다고 하여, 김일성의 영생화 작업을 불멸의 업적으로 칭송하고 있다.

8 이 노래의 일부를 보면 "폭풍안고 비약하는 조국 땅 어데서나 인민들은 부르네 어버이 그 이름 …… 우리의 김정일 장군 그이는 조선의 힘이다"이다. 1월 16일에도『로동신문』1면 전체에 "장군님은 태양으로 영생하신다"라는 제목의 노래를 싣고 있는데, 그 내용은 "인민위해 바치신 어버이 사랑 무궁토록 빛을 뿌린다 장군님은 우리와 함께 계시며 태양으로 영생하신다"이다.

9 『로동신문』2012.02.17.

상술한 바와 같이 김일성을 '영원한 주석'으로 모셨던 것처럼, 이제 김정일을 '영원한 총비서'와 '영원한 국방위원장'으로 모시며 김정은의 효성과 충성을 보여주었다. 평양의 만수대 언덕에는 기존의 김일성 동상 옆에 같은 크기의 김정일 동상이 김일성 탄생 100주년 기념으로 세워졌다. 이같이 북한에서는 수령이 사망하자 영생화 작업을 진행하였는데, 김정일의 경우는 상당한 시간을 가지고 한 반면에 김정은은 속도전을 전개하였다. 김정은의 경우 그만큼 더 김정일 우상화 조치가 필요했고 시급했다는 것을 말해준다. 이미 사망보도에서 내놓은 "위대한 령도자 김정일동지를 영원히 우러러 모시며 김정일동지의 유훈을 지켜"라는 것을 실현한 것이었다.

3. 김정일의 업적 계승

김정은 체제 구축과정에서 인민들의 동의를 이끌어 내기위해 절대적으로 필요한 정치사회화의 내용은 바로 '김정일'이었다. 바로 김정일의 업적을 칭송하며 이를 계승하는 것이었다. 김정일의 업적을 크게 세 가지로 내세우고 있다. 위민과 핵과 선군이 바로 그것이다. 실제로 모든 북한의 정치과정은 이와 연결되고 있다. 김정일의 정치로 내세우고 있는 것이 '애민헌신의 인덕정치'이다. 김정일이 현지지도를 위해 달리던 열차 안에서 사망했다고 발표한 것도 이와 연관된 맥락인 것이다.[10] 로동신문은 "인민생활이라는 말만 외워도 우

10 북한의 조선중앙통신은 김정일 사망보도에서 "김 위원장이 2011년 12월 17일 8시 30분 현지지도의 길을 이어가시다가 겹쌓인 정신육체적 과로로 하여 열차에서 서

리는 위대한 장군님의 평생로고를 가슴저리게 새겨안게 된다. 인민생활을 두고 늘 마음쓰시며 위대한 생애의 마지막 나날까지 인민생활향상기지들을 쉬임없이 찾고 찾으신 경애하신 장군님의 불굴의 모습은 영원히 잊을 수 없다"고 하면서, "위대한 장군님의 위민위천의 한생, 인민사랑의 한생 우리 일군들이 삶과 투쟁의 거울로 삼아야 할 최고귀감이다"하고 있다.[11] 첫 번째로 공개된 김정은의 4.6 담화에서도 '김정일이 한평생 인민의 행복을 위하여 모든 것을 다바쳐 초강도 강행군 길을 이어가다가 열차에서 순직했다'고 주장했다.

김정일의 업적 중 가장 중요하게 내세우고 있는 것이 바로 선군정치로 이것을 선군사상으로 심화발전 시켰다고 하였다. 북한에서는 "조선민주주의인민공화국의 존엄을 굳건히 수호하시고 최상의 경지에 올려세운 김정일령도자의 선군정치는 오직 그이의 위대한 존함과만 결부시켜 부를 수 있는 백전백승의 김정일정치"라는 것이다.[12] '김정일동지의 혁명유산'이라는 정론에는 "핵 보유국과 위성발사는 대국의 틈에 끼어 파란 많던 이 땅을 영영 누구도 넘겨다보지 못하였다"고 김정일의 업적을 평가하고 있다. 김정은 체제의 헌법의 서문에는 '국가를 강화 발전시켜 민족의 존엄과 국력을 최상의 경지로 발전' '조국을 불패의 정치사상강국, 핵 보유국, 무적의 군사강국의 전변' '인덕정치로 인민을 보살피고 온 사회를 일심된 하나의 대가정으로 전변'을 김정일의 업적으로 내세웠다.

거하셨다"라고 발표하였다.

11 『로동신문』 2012.01.20, 1.

12 『선군-김정일정치』, 평양: 외국문출판사, 2012, p. 191.

4. 선대 연결의 지도사상과 '인민중심의 정치'

김정일 사망 후 김정은의 이름으로 첫 번째 공개된 담화는 2012년 4월 6일 김정은의 로동당 중앙위원회 책임일군들과의 담화이고, 이는 4월 19일 로동신문에 게재되었다. 여기에서는 김정일의 영원한 총비서 추대와 지도사상·국가관리·위민정책 등을 담고 있다. 김정은이 자신의 정치권력을 확고히 하고자 하는 핵심적인 정치사회화의 내용이 여기에 포함되어 있는데, 하나는 자신의 통치이념에 관한 것이고 다른 하나는 인민들에게 보내는 메시지이다. 통치이념인 김일성-김정일주의에 대해서는 제6장에서 살펴보았다. 김일성-김정일주의가 로동당의 최고의 강령이 되었다.

통치이념과 함께 내세운 내용은 김정은이 항상 인민을 중심에 두고 인민을 생각하는 정치를 한다는 것이다. 4.6 담화에서는 일군들에게 당부하는 형식을 빌려 자신의 인민에 대한 사랑을 제시하였다. 즉, "일군들은 인민을 위하여 자기의 모든 것을 다 바쳐야 합니다. 일군을 위하여 인민이 있는 것이 아니라 인민을 위하여 일군이 있습니다"이다. 또한 "일군이라면 인민을 먼저 생각하고 인민들의 생활문제에 선차적인 관심을 돌려야 하며 인민들의 생활에서 걸린 문제들을 풀어주기 위하여 진심으로 노력해야 하며 인민을 위한 더 좋은 일을 더 많이 해야 합니다"이다. 이것은 북한에서 말하는 '인민대중중심의 정치'이다. 이 정치의 특성은 자주의 정치, 민주주의 정치, 사랑과 단결의 정치, 선군정치로 인민이 주인으로서 지위를 차지하고 주인으로서 역할을 다하고 인민을 위하는 정치라는 것이다. 또한 인민이 화목하고 단합된 대가정을 이루고 누구나 보람차고 행복한

생활을 누리도록 하는데 복무하는 정치라 하고 있다.[13] 이는 김정은이 인민들을 위한 정치를 내세우면서 자신이 실천할 것이니, 당 일군들에게도 진심을 다해 그렇게 해달라는 독려였다.

—

제2절 일심단결과 저해세력의 제거

1. 유일영도를 위한 정치제도화와 인민일심단결

2011년 12월 30일에 '조선인민군 최고사령관'에 추대되어 군권을 장악한 김정은은 자신의 체제를 출범하기 위하여 당대표자회와 최고인민회의를 개최하였다. 여기에서 당규약과 헌법을 개정하여 로동당 제1비서와 국방위원회 제1위원장에 올랐다. 당규약에 종전에는 없던 "경애하는 김정은동지는 위대한 김일성동지와 김정일동지의 혁명위업을 승리에로 이끄시는 조선로동당과 조선인민의 위대한 령도자이시다"라 하였다. 김정일 시대의 당규약은 이렇게 김정일을 위대한 영도자라 규정할 필요가 없었으나, 김정은은 이렇게 할 절대적 필요성이 있었다.

김정은 유일체계의 강화 차원에서 종전의 당의 유일적사상체계확립의 10대 원칙을 39년 만에 새롭게 바꾸었다. 개정의 내용은 먼저 권력의 불안 요인을 차단하고 권력의 안정화 방안을 보완하였다. 북

---

13 13) 김철유, "인민대중중심의 정치의 본질과 특징",『정치법률연구』제3호(루계 제39호), 과학백과사전출판사, 2012, pp. 11-12.

한 권력 엘리트들의 분열과 배신을 막고 응집력을 유지하는 조항들이 추가되었다.[14] 여기에서 가장 중요한 것은 제10항의 "위대한 김일성동지께서 개척하시고 김일성동지와 김정일동지께서 이끌어오신 주체혁명위업, 선군혁명위업을 대를 이어 끝까지 계승 완성하여야 한다"이다. 이를 다시 다섯으로 나누어 설명하고 있는데, ① 사업의 심화와 대를 이어 지속, ② 백두혈통의 순결성 고수, ③ 저해 현상과 요소에 견결히 투쟁, ④ 당의 유일적 영도에 끝없이 충실, ⑤ 당중앙을 목숨으로 사수하며 생사운명 같이함이다. 결국 당의 유일영도체계는 김정은 영도체계를 확립하는 것으로 김일성－김정일－김정은의 이어지는 백두혈통을 고수하면서, 전인민은 그의 유일적 영도에 끝없는 충성을 다하고 목숨으로 사수해 나가는 것이라고 볼 수 있다.

유일적 사상체계를 유일적 영도체계로 개정한 것은 통치에 있어 사상보다 인물에 비중을 더 둔다는 의미이다. 수령 유일영도체계를 고수하고 선대 수령의 권위를 차용하여 자신의 유일영도를 절대화함과 동시에 권력 엘리트들의 복종과 충성을 강요한 것으로 볼 수 있다.[15]

인민들이 이러한 김정은에게 보은하기 위하여 어떻게 해야 할 것인가? 이것이 바로 일심단결이다. 즉, "우리 수령, 우리 당이 가장 위

---

14 제6항의 "개별적 간부들의 직권에 눌리워 맹종맹동하거나 비원칙적으로 행동하는 현상을 철저히 없애야 한다"와 "반당적 요소와 동상이몽, 양봉음위하는 현상에 반대"가 그것이다. 오경섭, "북한 '10대 원칙' 개정: 주요 내용과 정치적 의미", 『세종논평』 No. 272, 세종연구소, 2013, p. 1.

15 김일기·이수석, "김정은 시대 북한정치의 특징과 전망", 『북한학보』, 38집 2호, 북한연구소·북한학회, 2013, p. 98.

대하고 인민대중중심의 우리사회주의제도, 사회주의 정치체제가 제일이라는 사상과 신념으로 굳게 뭉친 것이 다름 아닌 우리의 일심단결"이라는 것이다.[16] 그러므로 김정은동지의 두리에 더욱 굳게 단결하여 일심단결의 위력으로 새로운 100년대를 승리의 년대로 빛내여 나가야 한다고 주장하였다.

인민대중의 단결은 저절로 실현되지 않는다. 단결은 광범한 사회성원들이 조직적으로 결속되어있는 유기적인 결합체이며 광범위한 대중이 하나의 중심에 기초하여 조직과 사상으로 결속될 때 마련될 수 있는 것이다.[17] 유일중심이 존재하여 조직에서 규율과 질서를 생성하고 이를 이끌어 가야 하는데, 바로 단결의 유일중심이 김정은이다. 북한에서 "령도자를 내세우고 그 두리에 뭉친 인민대중의 단결은 혁명승리의 확고한 담보이고, 인민대중의 힘은 령도자의 두리에 굳게 뭉친 인민들의 일심단결에서 나온다"는 주장은, 이 모든 것이 바로 인민들의 자발적인 의지에서 생성된다는 것을 의미한다.[18]

김정은은 김정일과는 달리 인민들에게 자신을 계속 노출시키면서 인민친화적 모습을 보여주려고 하였다. 김정은은 인민들에 다가가는 정치를 통해 친인민적 지도자로 자신을 부각시키려 하였다. 그는 '인민속으로'를 이미지화하여 개방적인 행동과 친화력을 보여주며

---

16 김경철, "수령, 당, 군대, 인민의 일심단결은 우리식 사회주의 정치체제의 공고성을 담보하는 중요요인", 『철학연구』 제3호(루계 제130호), 과학백과사전출판사, 2012, p. 19.

17 김광남, "혁명의 령도자를 내세우고 받드는 것은 혁명의 운명을 좌우하는 근본문제", 『김일성종합대학학보(철학, 경제학)』 제58권 제3호, 김일성종합대학출판사, 2012, pp. 15-16.

18 김광남, "혁명의 령도자를 내세우고 받드는 것은 혁명의 운명을 좌우하는 근본문제", p. 17.

인민들의 지지를 끌어내고 있다. 북한은 이것을 김정은이 '인민대중 중심의 정치'를 펼치고 있다고, 각종 매체를 통하여 대대적으로 보도하였다.[19] 앞에서도 설명한 바와 같이 로동신문 정론 〈최우선, 절대적으로〉에서는, 인민제일주의가 김정은의 모든 사색과 활동의 출발점이고 정치의 본질이며 최고원칙 최고목표라 하고 있다.[20]

그런데 이미 선대 수령들이 인민중심정치를 펼쳐왔고, 그것의 발로가 김정일애국주의라는 것이다.[21] 인민의 행복을 위해 가장 적극적이고 희생적인 정신이 김정일애국주의인데, 김정은 자신도 인민들에게 헌신하는 지도자가 되겠다는 것이다. 북한에서는 이를 다음과 같이 주장하고 있다. 즉, "숭고한 인민관을 천품으로 지니신 경애하는 김정은동지께서는 인민의 리익과 편의를 최우선, 절대시하도록 하시며 인민사랑의 전설같은 력사를 펼쳐가고 계신다"라고 하였다.[22]

민주조선 사설 〈김일성-김정일주의기치를 높이들고 사회주의강성국가 건설에서 전환적 국면을 열어나가자〉에서 김정은이 김정일애국주의를 진두에서 이끌고 있다고 하고 있다. 즉, "가장 숭고한 조

19 김창희, "김정은 체제 구축을 위한 북한의 정치사회화에 관한 연구", 『한국동북아논총』 제18집 제2호, 한국동북아학회, 2013, pp. 134-135.

20 『로동신문』 2012.06.02, 2.

21 김일성-김정일주의화를 실현하기 위하여 김정은이 직접 창안했다고 말하는 김정일애국주의는 김정은의 2012년 7월 26일 당중앙위원회 담화이후 북한사회를 관통하고 있다. 이 담화에서 김정은은 김일성애국주의의 핵심이 '조국관, 인민관, 후대관'이라 하고 있다.

22 주일웅, "경애하는 김정은 동지는 우리 당과 혁명의 단결의 중심, 령도의 중심", 『김일성종합대학학보(철학, 경제학)』, 제58권 제3호(루계 제463호), 김일성종합대학출판사, 2012, p.12.

국관, 인민관, 미래관을 지니시고 력사의 생눈길을 진두에서 헤치시며 우리군대와 인민을 승리의 한길로 이끌어주신 경애하는 김정은 원수님은 정녕 선군조선의 강대성의 상징이시며 백전백승의 기치이시다"이다.[23]

김정은은 2013년 1월에 있은 당 제4차 세포대회 연설에서 "김일성-김정일주의는 본질에 있어서 인민대중제일주의이며 인민을 하늘처럼 숭배하고 인민을 위하여 헌신적으로 복무하는 사람이 바로 참다운 김일성-김정일주의자입니다"라고 하였다.[24] 이는 바로 자신의 모든 일은 인민을 위하고 인민에 의거하여 이끌어간다는 것이다.

2. 김정은 옹위세력 배치와 저해세력 제거

1) 군부의 장악과 제거

김정은 유일영도체계의 확립을 위하여 필요한 것은 김정은 중심의 최고권력을 결사옹위할 엘리트의 충원과 여기에 방해될 수 있는 인물을 제거하는 것이었다. 2012년 4월 당대표자회와 최고인민회의를 거치면서 김정은은 자신의 위상이 확고해지자, 핵심 권력 엘리트를 자신의 주변에 배치하는 작업을 진행하였다.

2012년 7월 15일 로동당 중앙위원회 정치국 회의가 열렸고 여기에서 리영호의 해임이 전격 발표되었다. 리영호는 북한군부 서열

23 『민주조선』 2013.01.03, 1.
24 『민주조선』 2013.01.30, 1.

1위로 김정은을 후계자로 추대하는데 군부에서 가장 핵심적인 역할을 한 인물이었다. 김정은은 자신의 시대를 열면서 그동안 과도하게 힘이 세진 군부의 통제를 강화할 필요가 있었다. 장성택과 최룡해가 김정은의 동의를 얻어 신군부의 간판격인 리영호를 밀어낸 것이다. 최룡해가 군 출신이 아닌 당 엘리트 출신으로 김정은 체제 첫 총정치국장에 임명된 것도 당의 군에 대한 통제를 의미하는 상징적인 인사였다. 이후 북한 정치권력구도 재편과정에서 장성택은 군부의 영향력을 축소시키려 하였다. 김정은 체제에 들어서 권력 엘리트들의 부침이 계속되었다. 김정은은 2012년 핵심 엘리트 220명 중 31%(68명)를 교체한 데 이어, 2013년에는 13%(29명)를 교체하였다. 당의 경우 부부장급 이상 간부 40여 명, 내각에서는 30여 명, 군에서는 군당장급 이상 20여 명을 새로 충원하였다.[25]

특히 군부 수뇌부의 잦은 교체가 있었다. 총정치국장, 총참모장, 인민무력부장은 인민군의 대표적인 직위이다. 김정일 시대는 이들 자리의 교체는 거의 없는 상태로 1995년 임명된 조명록 총정치국장은 15년이나 그 자리를 유지하였고, 총참모장 김영춘이나 인민무력부장 김일철의 경우도 오랜 기간 동안 같은 자리에서 김정일을 보좌해왔다. 그러나 김정은은 총정치국장 최룡해도 2년 만에 교체하였다. 총참모장의 경우 리영호를 전격적으로 숙청한 것을 포함해 3번 교체하였고, 인민무력부장은 2012년 4월 김정각이 임명된 후 2년 동안 네 차례나 바꾸었다.[26] 김정일 시대 원로들을 군부의 최고위층

25 김갑식, “북한 최고인민회의 제13기 1차 회의 분석”, 『이슈와 논점』 제830호, 국회입법조사처, 2014, p. 4.

26 『중앙일보』 2014.07.08, 19.

에 배치하여 안정을 꾀하려 했던 것과 달리 신군부를 중용하여 변화를 꾀하였다. 김정은은 자신의 측근을 배치하여 군조직의 장악력을 높이는 한편, 잦은 교체로 최고사령관인 자신에게 충성을 다하도록 유도하였다.

2) 제2인자에 대한 부담으로 장성택 제거

북한은 김정일 국방위원장의 사망 2주기를 앞두고 김정은 유일영도를 강화하기 위해 리영호 숙청에 앞장선 장성택도 제거하였다. 장성택의 힘이 커지자 최룡해를 주도로 한 군부가 그를 견제한 것이다. 그러나 이는 당연히 김정은의 의지를 반영한 것이었다. 장성택은 김정은을 최고영도자로 오르게 하기 위해 북한 권력구도를 설계를 하였고, 이를 실행한 버팀목 역할을 한 것은 부인할 수 없는 사실이다. 그러나 김정은은 자신의 권력기반을 강화하고 영도를 공고히 하기 위해서 최고 권력을 나눌 수 없었다. 김정은의 절대 권력을 세우기 위해서는 법과 제도만으로는 한계가 있었고, 정치 공학적 차원에서 실세를 제거한 것이다.

북한은 2013년 12월 8일 당중앙위원회 정치국 확대회의를 열어 장성택의 '반당반종파적행위'를 공개적으로 비판하였다. 즉, "장성택일당은 당의 통일단결을 좀먹고 당의 유일적령도체계를 세우는 사업을 저해하는 반당반혁명적종파행위를 감행하고 강성국가건설과 인민생활향상을 위한 투쟁에서 막대한 해독을 끼치는 반국가적 반인민적 행위를 저질렀다"고 하였다.[27] 장성택의 행위가 수령의 유일적 영도에 도전하는 종파행위라고 하였다. 장성택의 종파행위를 김정은 유일영도체계 확립의 저해요인이라 본 것이다. 그러면서 이러한 행위가 결코 김정은의 유일중심과 유일영도를 흔들 수 없다고 하였다. 연일 계속되는 사설과 정론이 이를 뒷받침해주었다. 장성택의 행위가 당의 유일적 영도를 거세하려 드는 분열적 책동으로 자기세력을 확장하여 도전하려는 종파행위라 하였고, 수령의 권위와 위신을 헐뜯고 수령의 명령에 거부하며 수령의 유일적영도에 도전하는 종파행위는 그대로 놓아둘 수 없다는 것이었다.[28]

12월 12일 국가안전보위부 특별군사재판에서 장성택에게 내린 죄목은 '국가전복음모죄'이다. 특별군사재판부는 "피의자 장성택은 우리 당과 국가의 지도부와 사회주의제도를 전복할 목적 밑에 반당반혁명종파행위를 감행하고 조국을 반역한 천하의 만고역적이다"라고 사형을 선고하였다.[29]

마이클 플린Michael T. Mike Flynn 미 국방정보국장은 상원 군사위원회에 답변서에서, "김정은이 장성택을 처형한 것은 아버지 세대에 남아 있는 가장 영향력 있는 인사를 제거한 것으로, 계파조직이나 자신에 대한 도전을 절대 용납하지 않겠다는 메시지를 강하게 던진 것"이라는 견해를 피력하였다. 장성택 숙청의 가장 큰 수혜자는 당 조직지도부였다고 볼 수 있다. 장성택이 부장으로 있던 행정부는 해체되어 조직지도부에 흡수당했으며, 조직지도부 계열 인물이 김정

---

27 2013년 12월 8일의 당중앙위원회 정치국확대회의에 대한 보도가 다음날 로동신문 1면 전면에 게재되었다. 『로동신문』 2013. 12. 09, 1.

28 사설 〈경애하는 김정은 동지의 두리에 철통같이 뭉쳐 주체혁명의 한길로 억세게 나아가자〉 『로동신문』 2013. 12. 10. 1.; 정론 〈원수님 따라 하늘땅 끝까지〉 『로동신문』 2013. 12. 12, 1.

29 『로동신문』 2013. 12. 13, 2.

은을 보위의 핵심세력으로 등장했다. 이는 당의 권한을 강화하려는 김정은의 통치철학에도 부합하는 것이다. 그러나 장성택의 처형에서도 알 수 있듯이, 김정은의 유일영도에 누가 될 경우 언제라도 같은 처지가 되지 않으리란 보장은 없다.

북한에서 김정은 유일영도체계의 확립을 김정일 사망 2주기 이전으로 정하고, 거기에 맞추어 작업을 진행시켰다. 장성택이 공개적으로 당중앙위원회 정치국 확대회의에서 비판을 받은 후 15일 내에 사형까지 집행한 것은, 모든 일을 김정일 사망 2주기 이전에 끝내기 위한 것이었다. 2013년 12월 17일 김영남의 추모사의 내용은 이것의 완성을 의미하는 것이다. 즉, "경애하는 김정은동지를 단결의 유일중심, 령도의 유일중심으로 높이모시고 일편단심 충직하게 받드는 것은 위대한 장군님의 위업을 끝까지 완성하기 위한 근본담보입니다", "김정은동지의 유일적령도체계를 튼튼히 세우는 사업을 주체혁명의 생명선으로 확고히 틀어쥐고" 나가야 한다고 하였다.

최룡해도 인민군을 대표한 연설에서 '우리는 〈당중앙의 기치아래 단결하고 또 단결하자!〉는 구호를 높이 들고 전군을 경애하는 최고사령관동지와 끝까지 생사운명을 같이하는 옹위부대의기수 돌결대가 되어야 한다'고 하여, 죽음을 불사하고 결사옹위의 총폭탄이 되어야 한다고 강조했다. 2013년 로동신문의 마지막 사설 〈위대한 최고사령관을 모신 민족적 영광을 온 누리에 떨치자〉에서도 "경애하는 김정은 동치를 단결의 유일중심, 령도의 중심으로 높이 받들어 모시며 원수님의 두리에 사상의지적으로, 도덕의리적으로 더욱 굳게 뭉쳐야 한다"고, 김정은을 위한 유일영도단결과 결사옹위를 강조하였다.

3) 인민들의 일심단결 촉구

인민들의 일심단결에 대한 촉구는 장성택 처형 이후 더욱 강화되었다. 북한에서 김정은의 유일영도를 인민들이 '사심 없이 진심으로, 말이 아닌 실천으로' 받들 것을 강조한 것이나, 김정일애국주의를 내세우며 헌신성과 희생성을 강요하는 것은 실제가 그렇지 않은 면이 많기 때문이다. 인민대중제일주의를 내세우며 사상적 일색화를 위한 일심단결 역시 복종과 충성 강요의 일면이다. 이와 같은 동원적 지지는 사회통제가 따르기 마련이고, 이는 그들이 주장하는 인민 속으로가 인민탄압으로 인식될 수 있다는 것을 말해준다. 어느 면에서는 김정은 유일영도체계의 정당성을 확보하고자 하는 것 자체가 인민들의 이반과 반발을 생성할 수 있다.

군부인사에서 군 장성들의 잦은 계급강등과 복권은 김정은 시대에 새롭게 등장한 현상이다. 실제로 대장 계급자가 하루아침에 별 하나나 둘을 떼어 버린 상태로 등장하는 것을 보면, 김정은은 마음대로 수시로 별을 떼었다 붙였다 하였다. 이는 숙청과 강등에 대한 공포를 통해 군부의 충성심을 확보하고 자신의 유일영도를 확실하게 보여주기 위함이었다. 그러나 이는 자신의 군 경력에 대한 콤플렉스일 수도 있고, 아직도 군부를 확실하게 장악하지 못하고 있다는 방증이라는 주장도 있었다.[30] 군부인사의 잦은 교체나 강등 복권 등은 수령결사옹위를 위한 수단이 될 수 있으나, 그들 자신의 신분 위협에 대한 극도의 긴장감을 불어넣어 역효과를 가져올 가능성은 충분히 상존하고 있었다.

30 김일기·이수석, "김정은 시대 북한정치의 특징과 전망", pp. 86-87.

당중앙위원회 정치국 확대회의에서 장성택을 반당반혁명 종파행위자로 몰아치면서 엄청난 부담을 느꼈을 것이다. 그동안 장성택은 그들의 말대로 '당과 수령의 정치적 신임에 의하여 국가의 책임적 위치에 등용된 사람'으로, 각 직장에서는 토요일 정치행사 등에서 '김정은 동지께서 장성택동지에게 주신 말씀'이란 문헌으로 계속해서 학습도 해왔다. 완전한 북한의 제2인자였다고 볼 수 있는 인물이었다. 그런데 그를 반역자로 몰아 처형까지 가기 위해서 권력 엘리트들이나 인민들을 설득할 수 있는 무언가가 필요했다. 여기에서 인민들의 마음을 잡기 위하여 내놓은 것이 상징의 정치, 노래의 정치였다. 로동신문 한 면을 컬러로 장식한 〈우리는 당신밖에 모른다〉라는 제목의 후렴구는 "위대한 김정은동지 우리는 당신밖에 모른다, 위대한 김정은동지 당신께 충실하리라"였다.[31] 바로 다음 날에는 역시 컬러로 3면 전체를 "백두의 혁명무력은 원수님만 따른다, 백두의 혁명무력은 그 령도만 받든다"는 내용의 〈혁명무력은 원수님 령도만 받는다〉를 싣고 있다.[32]

장성택이 처형되고 김정일 사망 2주기 후에 나온 〈그이 없이 못 살아〉의 내용은 "그이 없인 못 살아 김정은동지 그이 없인 못 살아, 우리의 운명 김정은 동지 그이 없으면 우린 못 살아"였다.[33] 이것이 말해주는 것은 무엇일까? 김정은 유일영도체계를 위하여 장성택은 제거하였지만, 엄청난 부담을 안고 있다는 것을 말해준다. 그렇기

31 로동신문의 1면에는 장성택을 단죄하는 확대회의 소식을 보도하고 있고, 2면 전체에 이 노래를 싣고 있다. 『로동신문』 2013.12.09, 2.

32 『로동신문』 2013.12.10, 3.

33 『로동신문』 2013.12.21, 1.

때문에 노래정치를 통하여 인민들은 김정은밖에 모르고 군대도 김정은만을 받들고, 김정은 없이는 살 수 없다고 온 사회에서 읊조리게 만들려는 것이었다. 이는 김정은 체제의 잔인함과 무모함을 피하기 위하기 위한 세뇌작업의 일환으로 볼 수 있는데, 그들의 의도대로 될 개연성은 희박하다. 한계에 달한 인민들의 불안과 불만을 정치적 상징조작방법으로 해소하려는 북한의 대중정치방식의 효용성을 잃게 만들 수도 있다.[34]

그러므로 인민들의 일심단결에 대한 촉구는 장성택 처형 이후 더욱 강화되었다. 김정은은 '모든 것을 인민을 위하여, 인민에 의거하여야'한다고 하였고, 당국은 인민대중중심 사회를 일으켜 세우는 김정은을 목숨으로 결사옹위해야 한다고 설득하였다. 그리하여 김정은을 단결의 중심, 영도의 중심에 받들어 모시고, 온 사회에 김정은 유일영도체계를 철저히 세워야 한다는 것이다.[35]

북한에서는 김정은의 사상과 노선을 생명선으로 틀어쥐고 유일적 영도 밑에 하나같이 움직이는 일심단결은 온 사회의 김일성-김정일주의화 위업실현의 강력한 추동력이라 하고 있다. 그러면서 김일성-김정일주의의 본질은 인민대중중심주의라는 것이다.[36] 김정은은 집권 이후 인민대중친화적 모습을 보여주며, 자신을 그렇게 각인시키는 이미지 정치를 펼쳤다.

---

34 조한범, "김정은정권 권력재편과 위기요인 진단", 『Online Series』, CO 12-23, 통일연구원, 2012, p. 8.

35 『로동신문』 2013. 12. 27, 3.

36 『로동신문』 2014. 02. 19, 1.

제3절 유일영도 합리화의 정치과정

1. 북한 행위의 논리 제시와 유일영도

2014년 신년사에서 올해가 김정일이 온 사회의 김일성주의화 강령을 선포한 지 40돌이 되는 해라는 것을 강조하였다. 그렇기 때문에 사회의 모든 성원들을 김일성-김정일주의자로 튼튼히 준비시키고 일심단결을 더욱 강화해야 한다는 것이었다. 그리고 "유일적 영도체계를 철저히 세우고 당대열의 순결성을 확고히 보장하며 당조직들의 전투적 기능과 역할을 높여야 한다"는 것이다. 이를 위해서 "모든 당원들과 근로자들이 김정일 애국주의를 체질화하고 실천에 철저히 구현하여 부강하고 문명한 사회주의 조국을 일떠세우는 보람찬 투쟁에서 영웅적 위훈의 창조자가 되도록 하여야 합니다"라고 강조하고 있다.

2014년 신년사에서 장성택 숙청과 관련된 대목은 다음과 같다. 즉, "우리 당은 지난해에 강성국가 건설을 위한 투쟁의 벅찬 시기에 당안에 배겨있던 종파오물을 제거하는 단호한 조치를 취하였습니다. 우리 당이 적중한 시기에 정확한 결심으로 반당, 반혁명 종파일당을 적발, 숙청함으로써 당과 혁명대오가 더욱 굳건히 다져지고 우리의 일심단결이 백배로 강화되었습니다"이다. 장성택이 김정은 후계체제구축과 김정일 사후 김정은의 국정장악에 큰 기여를 했다 해도 당과 수령에 충실하지 못하면 어떤 결과를 가져올 것인가를 보여준 것이다.[37]

2월 24일에는 로동당 제8차 사상일군대회가 열렸다. 당의 가장 원로 비서인 김기남은 보고에서 "김정은동지의 유일적령도체계를 철저히 세워야 한다"면서, "원수님밖에 그 누구도 모른다는 절대불변의 신념으로 충정의 일편단심을 가져야 한다"고 하였다. 이같이 북한은 원로들을 전면에 등장시켜 그들로 하여금, 김정은 유일영도체계를 합창케 하고 있다. 김정은 스스로도 사상일군대회 연설을 통해 당의 유일적 영도체계에 도전하는 분파행위는 사상적 변질로부터 온다 하면서, 이를 세우기 위한 사상공세의 목표는 김일성–김정일주의와 그 실현을 인민의 확고한 신념을 만드는 것에 있다고 하였다.

북한에서는 '김정은 동지를 단결의 중심, 령도의 중심'으로 높이 받들고 인민들이 이를 철통같이 다져 나가는 것이 무엇보다도 중요하다고 한다. 김정은의 유일적 영도 밑에 전군, 전당, 전민이 하나같이 움직이는 규율과 질서를 확립하고, 그를 옹호·옹위해 나가야 한다는 것이다. 북한 전역에 김정은 유일영도체계의 확립을 위한 구호로 내걸고 있는 것이 '일심단결, 결사옹위'이다.

2. 정치과정을 통한 유일영도

수령영도체계는 개인의 장악력에 따라 체제의 안정성이 변동될 수 있다. 젊은 김정은이 수령 역할을 수행하면서 느끼게 될 부담을 감

37 정성장, "장성택 숙청 이후 김정은 체제의 안정성 평가", 『국방연구』 제57권 제1호, 한국국방연구원, 2014, pp. 6-7.

지할 수 있다. 정치적 연륜, 충성심 있는 친위세력 확보, 카리스마적 장악력 등 유일영도체제하에서 수령이 구비해야 할 통치능력을 김정은이 단기간 내에 구비한다는 것은 어렵다고 볼 수 있다.[38]

김정은 체제에서 처음으로 최고인민회의 대의원선거가 실시되었다. 북한에서 선거제도는 해당 국가정치제도의 성격을 반영하는 중요한 표징 중의 하나로, 가장 중요한 국가법제도의 반영이라고 하고 있다.[39] 최고인민회의는 국가의 최고주권기관으로 제12기 대의원선거는 2009년 3월 8일에 실시되었다. 헌법에 대의원의 임기를 5년으로 규정하고 있는데, 정확히 5년 만인 2014년 3월 9일 제13기 최고인민회의 대의원선거로 687명의 대의원이 선출되었다. 3월 10일 중앙선거위원회는 보도를 통하여 김정은동지를 최고인민회의 대의원으로 높이 추대한다고 하였다. 즉, '최고인민회의 13기 대의원선거를 위한 제111호 백두산 선거구에서 전체 선거자들이 김정은 동지께 100% 찬성투표하여 대의원에 추대되었다'고 보도하였다. 처음으로 김정은의 이름이 최고인민회의 대의원 명단에 오른 것이다. 이것은 북한 정치과정의 정상화를 의미하는 것이고, 김정은의 선거구가 '백두산 선거구'라는 상징성도 가지고 있었다.

김정은은 4월 9일 개최된 최고인민회의 제13기 1차 회의에서 국방위원회 제1위원장으로 재추대되었다. 김정일 사망 이후 2012년 4월 13일 최고인민회의 제12기 5차 회의에서 헌법을 개정하여 김

---

38 김진하, "김정은 정권의 내구성 진단: 김정일 체제와의 비교를 중심으로", 『Online Series』, CO 12-20, 통일연구원, 2012, pp. 14-15.

39 김희성, "우리 나라 선거제도의 특징에 대한 리해", 『김일성종합대학학보(력사, 법률)』 제62권 제2호(루계 제510호), 김일성종합대학출판사, 2016, p. 66.

정은은 국방위원회 제1위원장에 추대되었고, 선거 이후 구성된 제13기 1차 회의에서 다시 제1위원장에 오른 것이다. 국방위원회 부위원장은 사형당한 장성택 대신 최룡해가 승진 선출되고 김영춘은 해임되었다. 국방위원회 위원 구성은 리용무와 오극렬은 유임되었고 김격식·주규창·백세봉이 해임되는 대신 장정남·조춘룡이 새로 선출되어 7인에서 5인으로 줄어들었다. 이는 정치권력구조에서 국방위원회의 축소를 의미하는 것이었다. 최태복과 김영남도 의장과 상임위원장 그리고 박봉주는 총리에 유임되었다. 김영남은 추대사를 통해 '김정은 동지는 다재다능한 정치실력과 숭고한 덕망을 지닌 백두산 대국의 위대한 영도자'라고 하면서, '전당, 전군, 전민의 총의를 반영하여 김정은 동지를 국방위원회 제1위원장으로 추대를 제의한다'고 했다.

김정은 정권 3년 차를 맞으면서 최고인민회의는 변화보다는 안정을 택하였다. 바로 2년 전에 헌법이 수정될 때 정치권력구조의 개편 없이 영원한 국방위원장이라 하고 그 자리를 제1위원장으로 대신한 것을 그대로 유지한 것이다. 김영남과 최태복 등의 상징적인 원로들은 남겨 그들로 하여금 김정은 자신에게 충성을 다하는 모습을 보이게 하고, 김영춘 등은 해직시켜 세대교체를 통하여 위상을 확고히 하면서 유일영도의 정치 환경을 유지하였다.

3. 권력 엘리트의 충성경쟁 유도

김정은은 유일영도체계를 세우는 과정에서 나타날 수 있는 부작용을 전혀 인식하고 있지 않다고는 할 수 없다. 그렇기 때문에 공안기구의 책임자들은 교체를 하지 않고 지속시키고 있는 면도 볼 수 있다. 로동신문 등을 최대한 활용하여 구호의 정치로 민심을 다잡으려 하였고, 실제로 김정은이 인민들과 함께하는 모습을 내세워 '인민중심정치'를 한다고 홍보하였다.

그러나 김정은의 유일중심, 유일영도를 위한 정치행태는 계속되었다. 2015년 4월 말 김정은 비하 발언과 '군벌관료주의'를 획책했다 하여 인민무력부장인 현영철이 처형되었다. 현영철은 평양부근 사격장에서 재판 없이 3일 만에 전격 처형되었다. 우리 정보기관은 현영철 외에 "마원춘 국방위 설계국장, 변인선 총참모부 작전 국장, 한광상 당 재정경리부장 등 김정은을 보좌했던 측근인사들이 숙청되었다"고 밝힌 바 있다. 그런데 마원춘의 경우 일정 기간 동안 보이지 않다가, 김정은의 현지지도에 계속 동행하고 있어 자숙의 시간을 거친 것으로 생각된다.

이러한 김정은의 정치행태는 처형이라는 극단적인 처방 외에도 좌천시키고, 다시 자리로 불러올리는 방법을 보였다. 총정치국장으로 있던 최룡해가 건강상의 이유로 황병서로 교체되었다.[40] 최룡해는 그 후 김정은의 현지지도 동행 등 지속적인 활동을 하였으나, 리을설의 장례위원회 명단에 이름이 오르지 않아 숙청설이 제기되었다. 북한은 당 창립 70주년을 앞두고 〈백두산영웅청년발전소〉에 완공에 심혈을 기울였다. 백두산영웅청년발전소는 최룡해가 책임을 맡은 사업으로 알려졌고, 김정은이 직접 방문하여 몇 차례 현지지도

40 정성장, "김정인 시대 북한군 핵심요직의 파워 엘리트 변동 평가", 『세종 정책브리핑 2015-4』, 세종연구소, 2015, pp. 19-20.

도 하였다. 또한 김정은은 청년동맹 등 여러 행사에서 수차례 이 사업을 언급하면서 각별한 관심을 표명했다. 그런데 김정은이 백두산영웅청년발전소의 완공을 치하하며 근로자들을 격려하는 자리를 마련하였으나 최룡해는 없었다. 최룡해는 사업성과의 부실로 지방의 협동농장에 내려가 '혁명화' 교육을 받은 것으로 알려졌고, 이후에 다시 김정은의 최측근으로 중용되었다.

김정은은 자신의 유일영도를 위해서 사형이라는 폭압정치와 좌천 등을 통한 충성경쟁의 정치방식을 시도하였다. 국제사회에서 북한의 인권문제 등을 거론하며 '폭압정치'를 비난하고 있지만, 자신들의 정치에 간섭하지 말라 하고 있다. 북한은 서방식 민주주의가 전 세계가 받아들여야 할 보편적이라고 부당한 주장을 하면서 내정간섭을 일삼고 있다고 하였다. 다른 나라들이 경제, 문화, 교육, 외교정책 등을 시비하며 정치사상분야에서의 자유화와 다원주의를 강요하면서, 북한을 '인권탄압'이니 '민주주의 후퇴'라고 하는데 이것은 내정간섭이며 자신들의 체제를 전복하려는 것이라고 주장했다.[41]

북한에서는 김정은 동지의 유일적 영도체계를 세우기 위해서는 그의 명령, 지시에 따라 하나같이 움직이고 당 정책을 무조건 철저히 관철하는 것이 중요하다고 한다. 이에 더하여 "경애하는 김정은 동지의 크나큰 사랑과 믿음을 더없는 영광으로, 삶의 전부로 간직하고 온 넋과 심장을 바쳐 충정으로 보답하자, 이것이 우리 인민모두가 간직하여야 할 혁명적의리이다"라고 주장하였다.[42] 또한 김정은 유일영도체계를 철저히 세우는 것은 모든 당 조직들과 당원들과 근

41 『로동신문』 2015.10.30, 6.

42 『로동신문』 2015.01.12, 1.

로자들이 하나같이 그의 사상과 의도에 맞게 움직이며 당정책을 절대성, 무조건성의 원칙에서 옹호 관철할 수 있게 하는 결정적 담보라는 것이다.[43] 이를 위해서는 인민대중의 일심단결이 무엇보다도 중요한데, 김정은이 이를 확고히 틀어쥐고 나가고 있다.

—

제4절 핵심세력 확보와 제도화 완성

1. 3대 중시와 청년중시정치

북한에서 김정은 유일영도의 정치환경을 조성하기 위하여 권력 엘리트들의 복종과 충성을 이끌어 내는 것이 중요했다. 김정은 체제가 출범하고 3년간은 여기에 온 힘을 기울였다. 김정은 중심으로 체제가 안정되자 확실한 지지기반이 필요했다. 북한은 2015년에 등장하여 지속되고 있는 청년중시정치에서 이제 청년강국을 주창하기에 이르렀다. 북한은 김정은 시대에 청년들이 최대한의 수혜자가 되는 정치를 하여, 그들을 김정은을 결사옹위하는 체제수호 집단으로 만들려 하였다. 이는 당국이 청년들에 대한 감정적 연대에 호소하고 실천적 모습을 영웅시함으로써, 충성하고 체제 순응적인 청년들로 만들어 내려는 정치사회화과정이다.

43 김미경, "경애하는 김정은동지의 유일적령도체계를 철저히 세우는 것은 위대한 장군님께서 세워주신 사업체계, 사업질서대로 일해나가는데서 나서는 선차적요구", 『정치법률연구』 제1호(루계 제49호), 과학백과사전출판사, 2015, p. 11-12.

김정은은 북한정치체제를 당·국가체제로 복귀시키고 당이 정치의 중심이 되는 정치를 펼쳤다. 2015년 10월 10일 당 창건 70주년은 김정은식 영도방식의 방향설정인 당 중시정치를 위한 출발점이라 할 수 있다. 김정은의 영도체계가 조선로동당을 중심으로 이루어 질 것이라는 것을 보여주는 대규모 행사를 하였다.[44] 김정은은 이 열병식의 연설에서 "우리 당은 앞으로 인민중시, 군대중시, 청년중시의 3대전략을 제일가는 무기로 틀어쥐고 최후를 승리를 향하여 힘차게 매진할 것이며 조선혁명을 끝까지 완수할 것"이라고 하였다.

이렇게 김정은 시대의 3대 전략이라 하여 인민중시, 군대중시, 청년중시를 내세웠다. 이는 선대 최고영도자들이 주도했던 것을 총괄하고 있는데, 주체시대의 인민중시, 선군시대의 군대중시, 자주시대의 청년중시이다. 북한은 현 시기를 자주시대라 주창하고, 자주시대를 이끌어 나갈 주역은 바로 청년이라는 것이다. 청년들이 정치의 주인이 되려면 당과 지도자의 두리에 굳게 뭉쳐야 그 역할 다할 수 있다고 한다.

청년중시정치라는 용어가 본격적으로 등장하고 학자들이 계속해서 주장하기 시작한 것도 바로 2015년부터이다. 북한에서 그동안 일반화되었던 선군정치라는 용어를 대신하는 의미도 있었다. 상징 구호처럼 쓰고 있던 선군정치를 거두어들이는 것에 대한 거부감 없이 내세울 수 있는 것이 청년중시정치였다. 왜냐하면 일단 북한에서 군대 구성원의 거의 전부가 청년이기 때문에 전환이 용이할 수 있었다.

---

44 이승열, "조선로동당 창건 70주년의 의미와 남북관계 전망", 『NARS 이슈와 논점』 제1070호, 국회입법조사처, 2015, p. 3.

청년중시정치는 무엇보다도 청년들을 수령의 혁명사상을 대를 이어 옹호고수하고 철저히 구현해나가는 사상과 신념의 강자로 키워 혁명의 종국적 완성을 확고히 담보하는 정치이다.[45] 우리 당의 청년중시정치는 청년들에 대한 숭고한 사랑과 믿음, 조국과 혁명의 미래에 대한 굳은 신념에 기초한 정치로서 세계정치사의 그 어느 갈피에서도 찾아볼 수 없는 새롭고 독창적인 정치라고 한다.[46] 청년들은 진취성이 강한 세대로 정의와 진리를 위해서라면 희생도 두려워하지 않는 용감무쌍한 세대이며 혈기 왕성하고 전투적 기백을 가지고 있다. 그래서 청년들은 혁명과 건설의 가장 어렵고 힘들며 중요한 부문을 맡아 돌파구를 열어가는 선봉대이며 돌격대라고 치켜세운다. 청년중시정치는 청년들이 가지고 있는 훌륭한 특질을 반영하고 있는 과학적이며 혁명적인 정치이다.[47]

김정은 체제에 들어서 나타나는 청년에 대한 강조는 이들이 김정은 시대를 이끌어나갈 세대이며 체제 수호의 근간이라는 판단 때문이다.[48] 청년층은 군대 밑에서 떠받드는 세대이다. 2016년 김정은은 신년사에서 "우리의 청년전위들이 당에 대한 충정과 영웅적 투쟁으로 세상에 둘도 없는 청년강국의 위용을 떨쳤다"면서, "수령님들과

45 김양환, "청년들을 혁명의 계승자로 키우는 우리 당의 청년중시정치", 『김일성종합대학학보(력사, 법률)』 제63권 제1호(루계 제519호), 김일성종합대학출판사, 2017, p. 65.

46 김양환, "우리 당의 청년중시정치의 기초", 『김일성종합대학학보(력사, 법률)』 제63권 제2호(루계 제522호), 김일성종합대학출판사, 2017, pp. 81-82.

47 김양환, "우리 당의 청년중시정치는 청년들을 혁명의 전위로 내세우는 정치", 『김일성종합대학학보(력사, 법률)』 제62권 제4호(루계 제522호), 김일성종합대학출판사, 2016, p. 72.

48 통일부 통일교육원, 『북한지식사전』, p. 649.

당의 품속에서 교양육성된 청년들은 당이 정해준 조선혁명의 침로따라 폭풍처럼 내달리며 선군시대의 선군돌격정신과 청년문화를 창조하였으며 만 사람을 감동시키는 훌륭한 미풍들을 발휘하였다"고 청년들을 추켜세웠다. 그는 다시 당 제7차대회 중앙위원회 사업총화 보고에서 청년중시를 강조하였다. 즉, "청년중시를 전략적로선으로 틀어쥐고 청년들을 주체 혈통을 이어가는 혁명의 계승자로 튼튼히 키움으로써 세상에 둘도 없는 청년강국을 건설"했다면서, "청년들을 시대의 주인공으로 내세우고 청년동맹에 큼직큼직한 일감들을 맡겨 실천투쟁 속에서 청년들을 억세게 키웠습니다"고 하였다.

이제 북한은 김정은 시대의 대표적인 모습을 청년정치로 특화하려 하고 있다. 이것은 현재 세계정치현장의 어디에도 없는 젊은 지도자라는 것을 보여주기 위한 것이고, 청년중시의 정치를 훌륭하게 펼쳐 획기적으로 국가를 발전시켜 나가고 있다는 것이다. 김정은 위원장이 사업총화보고에서 "세계적인 난문제로 되고있는 청년문제, 혁명의 계승자문제를 빛나게 해결하고 세상에 자랑할 만한 청년강국을 일떠세운 것은 우리 당의 긍지이고 커다란 승리입니다. 청년강국을 건설한 것으로 하여 우리 나라는 활력 있고 희망에 넘친 주체의 정치사상강국으로서 그 위용을 더욱 높이 떨치게 되었습니다"라는 주장은 이를 말해주는 것이다.

당대회에서 채택한 당규약 서문에 종전에 없던 다음과 같은 내용을 보면 김정은이 추구하는 청년중시정치가 무엇인지를 알 수 있다. 즉, "조선로동당은 청년운동을 강화하는 것을 당과 국가의 최대의 중대사, 혁명의 전략적 요구로 내세우고 청년들을 당의 후비대, 척후대, 익측부대로 튼튼히 키우며"라 하고 있다.

김정은의 "청년중시는 우리 당과 혁명의 전략적 로선입니다"라는 발언은 북한의 청년문제를 다루는 여러 논문에서 금과옥조처럼 쓰여지고 있다. 북한에서는 청년집단을 "나라의 자주권과 인민의 안전을 굳건히 수호하는 조국보위, 인민보위의 맨 앞장에 서 있는 것도 청년들이고 사회주의경제건설의 모든 전투장들마다에서 비약과 혁신의 봉화를 제일 먼저 추켜들고 나가는 부대도 다름 아닌 청년집단이다"고 하고 있다.[49] 또한 "반만년의 우리 나라 력사에 청년은 어느 때나 있었고 이름을 날린 청년들도 있었지만 오늘의 시대처럼 모든 청년들이 당의 청년전위라는 고귀한 영예를 지니고 조국과 인민을 위해 위훈을 떨치는 보람찬 청춘의 시대는 일찌기 없었다"고 하고 있다.[50] 로동신문 '청년강국의 위대한 력사 영원하리'라는 제목의 기사에서, "청년문제, 이것은 오늘의 인류 앞에 날이 갈수록 더욱 절박하게 제기되고 있는 시대적 과제"라 하면서, "세계적으로 청년문제가 가장 심각한 사회적난문제로 나서고 있는 오늘 우리 조국에서만은 선군청년문화가 꽃펴나고 청춘의 그 이름 빛내이는 새로운 시대어들이 태어나고 있는 것은 경애하는 우리 원수님의 청년중시, 청년사랑이 안아온 빛나는 결실이다"고 주장하고 있다.[51]

이렇게 청년중시를 내세운 가장 중요한 요인은 김정은 지배의 영속성을 위한 지지 세력의 확보이다. 모든 청년들은 자신들을 혁명

---

49 로승일, "경애하는 최고령도자 김정은동지께서 밝히신 우리 당의 3대전략에 대한 사상", 『김일성종합대학학보(철학, 경제학)』 제63권 제1호(루계 제517호), 김일성종합대학출판사, 2017, p. 9.

50 류성일, "청년중시는 우리 당과 혁명의 영원한 전략적 로선", 『김일성종합대학학보(철학, 경제학)』 제62권 제4호(루계 제514호), 김일성종합대학출판사, 2016, p. 22.

51 『로동신문』 2017.08.29, 2.

의 계승자, 청년전위로 내세우는 김정은의 사랑과 믿음을 깊이 새기고 그를 영도의 중심에 두고 굳게 뭉쳐 청년강국의 건설에 앞장서자는 것이다. 김정은은 아직 젊기 때문에 지속적인 유일중심·유일영도체계의 확립을 위하여 청년인재 육성을 위한 장기적인 계획을 진행하고 있다. 여기에서 다시 권력 엘리트들이 형성되어 김정은 개인과 국가의 튼튼한 지원군이 될 수 있을 것이고, 이것이 북한이 주장하는 청년강국이다.

2. 유일영도의 완성의 제도화

북한에서 36년 만의 당대회는 김정은의 유일중심·유일영도를 완성한 것이라 볼 수 있다. 김정은은 개회사에서 '당대회가 영광스러운 김일성-김정일주의 당의 강화 발전과 사회주의위업의 완성을 위한 투쟁에서 새로운 이정표를 마련하는 역사적 계기가 될 것이라 하였다. 김정은이 낭독한 '당 제7차대회 중앙위원회 사업총화문'보고의 마지막은 "자주성을 위한 인민대중의 성스러운 위업, 김일성-김정일주의당의 위업은 필승불패입니다. 모두 다 김일성-김정일주의의 혁명기치를 높이 들고 당중앙위원회의 두리에 단결하고 단결하고 또 단결하여 당의 강화발전과 사회주의위업의 완성을 위하여, 조국의 자주적통일과 세계자주화의위업의 실현을 위하여 힘차게 앞으로 나아갑시다"로 장식하였다. 결국 당중위원회의 두리라는 것은 김정은 자신을 말하는 것이다.

당규약 서문에 '조선로동당은 위대한 김일성-김정일주의당이다'

고 한 것은 바로 김정은의 당이라는 것을 의미한다. 김정은의 업적을 다음과 같이 칭송하고 있다. 김정은동지는 김일성-김정일주의를 영원한 지도사상으로 내세워 당을 하나의 사상으로 일색화된 사상과 신념의 결정체로 만들었다. 그리하여 영도적 수완을 지닌 존엄 높은 당으로 또한 인민의 이익을 최우선 절대시하는 당으로 강화발전시켰다고 한다. 또한 김정은동지는 자주, 선군, 사회주의의 기치 높이 천만군민의 일심단결과 자위적인 핵 억제력을 더욱 강화하여 백두산 대국의 존엄과 위력을 만방에 떨치었다고 하였다.

당대회를 통해 김정은 유일영도에서 가장 중요한 직제를 개편한 것이다. 당위원장이라는 새로운 직책은 당의 최고영도자로 당을 대표하고 영도하는 자리이다. 제1비서의 직제가 없어지면서 비서국은 폐지되고 정무국이 생겨났다. 김정은이 당의 최고직책인 당위원장에 추대됨으로써 김정은 유일영도체계를 확립한 것이다.

당대회 이후 최고인민회의에서는 헌법을 수정하고 김정은을 최고위에 추대하였다. 서문에 "조선로동당의 령도밑에 위대한 수령 김일성동지를 공화국의 영원한 주석으로, 위대한 령도자 김정은 동지를 영원한 국방위원장으로 높이 모신다"는 부분을 "위대한 김일성동지와 김정일동지를 주체조선의 영원한 수령으로 모시고"로 수정하였다. 이는 국가기구의 직제였던 주석이나 국방위원장에 영원히 모시는 것이 아니라, 상징적인 영원한 수령으로 모심으로써 살아있는 권력강화를 꾀한 것이다.

직제 개편을 통해 국방위원회가 폐지되고 국무위원회가 신설되었다. 당연히 국방위원회 제1위원장이 국무위원장으로 대체되었고, 김정은은 국무위원장에 추대되었다. 국무위원회는 국방위원회와 달리 군방부문뿐만 아니라 경제 외교 등 전 분야를 망라하는 국가기구이다. 그러므로 국무위원장은 국가의 모든 부분을 총괄하는 자리가 된 것이다. 김영남 상임위원장은 김정은 국무위원장 추대사에서 "경애하는 김정은동지는 인민에 대한 사랑과 력사를 수놓아가시는 인민의 자애로운 어버이이십니다"라고 하면서, '절세의 위인이며 현시대의 가장 걸출한 정치가'인 김정은동지의 영도가 사회주의강국건설의 생명선이라 하였다.[52]

김정은은 이렇게 당위원장과 국무위원장에 추대됨으로써 유일중심·유일영도를 완성하고 절대권력을 제도화 한 것이다. 이후 헌법이 계속 개정되면서 국무위원장은 종전에 전혀 존재하지 않았던 위상과 위치로 자리매김을 하였다. 이 문제는 제9장에서 상세히 다루었다.

3. 당 · 전체인민의 유일중심

북한에서는 사회주의국가 정치제도를 공고히 발전시켜야 정치사상강국의 위력을 발휘할 수 있다고 한다. 이러한 문제는 김정은이 당 제7차대회에서 제시했다고 주장하고 있다.[53] 그러면 이것을 어떻게 해석할 수 있는가? 당의 현명한 영도에 의하여 '수령, 당, 대중이 하나 되는 사회'가 되어야 한다는 것이다. 즉, "우리 국가의 위력은 전

52 『로동신문』 2016.06.30, 3.

53 당중앙위원회 사업총화보고에서 김정은은 "정치사상강국의 위력은 우리 나라 사회주의국가 정치제도의 우월성과 공고성에 바탕을 두고 있습니다"라고 말하였다.

체 인민이 당의 령도밑에 수령을 중심으로하여 굳게 결합된 일심대오를 이루는데 있으며, 그것은 집단주의에 기초한 우리의 사회주의 국가 정치제도의 근본적 우월성에 바탕을 두고 있다"고 한다.[54] 그러므로 사회주의 국가정치제도를 공고히 발전시켜 나가는 데서 가장 중요한 문제는 수령의 유일영도체계를 철저히 세워야 한다는 것이 북한의 주장이다.

북한에서 당의 유일적영도체계를 세워야 한다면서, 이를 위한 사업을 더욱 심화 발전시켜 전당과 전 사회에 경애하는 원수님의 유일적영도체계를 더욱 세워나가야 한다고 주장하고 있다.[55] 김정은이 군부대, 기업소, 공장 등을 현장방문하고 단체 사진을 찍는데, 그 뒤에는 항상 "위대한 김정은 동지를 수반으로 하는 당중앙위원회를 목숨으로 사수하자"라는 문구가 있다. 결국 북한이 당·국가체제로 변화를 꾀한 것은 그들이 주장하는 정상적인 사회주의체제로의 복원의 의미도 있지만, 당 중심의 정치를 통하여 '김정은 유일중심·유일영도를 실현하기 위한 것이다. 이는 '당의 정치는 수령의 정치'라는 것과 그 맥을 같이 하는 것이다.

북한에서는 "우리는 인민대중의 자주적이며 창조적인 생활과 그를 위한 사회적 조건은 오직 탁월한 수령의 령도에 의해서만 확고히 마련되고 담보된다는 것을 똑똑히 알고 인민의 자애로운 어버이이시며 우리 당과 국가, 무력의 최고령도자 김정은동지의 사상과 령도

54 박철, "사회주의국가 정치제도의 공고발전과 정치사상강국의 위력" 『김일성종합대학학보(력사, 법률)』 제62권 제2호, 김일성종합대학출판사, 2017, p. 70.

55 김양환, "당의 유일적령도체계를 세우기 위한 사업을 더욱 심화시켜 나가는 것은 우리 혁명발전의 요구", 『정치법률연구』 제2호(루계 제58호), 과학백과사전출판사, 2017, p. 13.

를 충정을 다하여 받들어 나가야 할 것이다"라고 주장한다.[56]

—

제5절 유일영도를 위한 정치리더십

젊은 김정은은 북한에서 최고지도자로서 체제를 유지하고 지속하기 위하여 그를 중심으로 한 권력체제구축과 유일영도체계를 구축하는 작업을 했다. 후계자 후견기간이 짧았던 김정은으로서는 최고 영도자로 정권을 안정시켜나가기 위해서 필요한 것은 선대들의 업적을 빌리는 일이었다. 사회주의 대가정을 주장하는 북한 정치문화에서 유훈이 대단한 효력을 발휘한 학습효과가 있었기에 이번에는 김정일의 영생화 사업을 진행하였다. 김정일의 사망을 알리는 첫 보도문에서 '김정일동지의 유훈을 지켜 김정은동지의 영도를 충직하게 받들어야 한다'는 것은 다음 작업을 예견케 하였다.

장의예식부터 김정은을 앞세우고 각 권력기관을 대표하는 이들이 장의차를 호위해서 걷는 모습을 연출했고, 김일성이 잠들어 있는 금수산기념궁전에 김정일을 안치하였다. 김정일의 생일을 광명성절로 하면서 이 장소도 〈금수산태양궁전〉으로 명명하였다. 김일성을 영원한 주석으로 모신 것처럼 김정일을 영원한 국방위원장으로 모시기 위해서이다. 북한이 이렇게 영생화 작업을 통하여 얻고자 했던

56 로성혁, "수령의 령도는 인민대중이 자주적이며 창조적인 생활을 누릴 수 있는 사회적조건들을 마련하기 위한 결정적 담보", 『철학, 사회정치학 연구』 제2호(루계 제157호), 과학백과사전출판사, 2019, p. 8..

것은 김정은의 백두혈통에 대한 정통성 부여와 상징화였다. 또한 김정일의 영생화 작업을 하면서 그의 업적으로 '애민정치과 무적국가'를 내세우며, 이를 계승하여 발전시킬 수 있는 위대한 지도자의 출현이었다.

김정은 유일영도를 위해 필요했던 것은 김정일의 장기간 유훈통치와는 달리 빠른 제도적 장치를 마련하는 것이었다. 그러나 촉박한 시간 때문에 김정은 체제가 공식적으로 출범하면서 당규약과 헌법의 권력구조는 그대로 두고, 김정일에게는 '영원한'이라는 총비서와 국방위원장으로 영생화시키고 김정은은 제1비서와 제1위원장 자리에 추대되었다. 당규약 서문에서 '경애하는 김정은동지는 위대한 김일성동지와 김정일동지의 혁명위업을 승리로 이끄는 당과 인민의 위대한 영도자'라고 칭하였다. 권력승계의 정통성과 정당성의 확보와 유일영도의 승계는 통치이념인 김일성-김정일주의에서도 나타났다. 김정은은 김일성-김정일주의를 새로운 기치로 내세웠는데, 이를 두고 북한에서는 김정은 시대는 선군혁명의 전통과 업적이 전면적으로 계승되고 개화·발전되는 시대로 온 사회의 김일성-김정일주의화가 시대적 사명이라고 하였다.

상징과 제도와 이념만으로는 김정은 유일영도를 가져가기에는 현실적인 난제를 풀어가야 했다. 김정은은 너무 젊은 나이라 정치경험이나 개인적인 카리스마가 부족했다. 또한 김정은의 후계체제 구축과정에서부터 리영호와 장성택은 군부와 당 그룹에서 권력 엘리트들을 이끄는 결정적인 역할을 하였기 때문에, 자신을 보위하는 세력이기도 하지만 큰 부담으로 작용하였다. 김정은은 장성택에 힘을 실어 주면서 일단 리영호를 제거하여 군부의 발호를 막고 견제하였다.

이후 군부를 포함한 권력 엘리트들의 발탁과 강등을 무기로 충성경쟁을 이끌면서, 김정은 자신의 체제를 확립해 나갔다. 이러한 정치과정을 거치면서 감지된 것은 장성택의 세력화였다. 이는 북한을 김정은 중심으로 이끌어 가는 데 걸림돌이 되었다.

당의 유일적사상체계확립의 10대 원칙을 바꾼 것도, 김정은 체제의 완성을 위해서는 유일사상보다 더 중요한 것이 유일영도라고 판단했기 때문이다. 여기에서는 당의 유일적 영도체계와 어긋나게 하는 행동, 간부 직권에 눌려 맹동 맹종하는 행동, 종파주의 현상에 대해 날카롭게 투쟁하여야 한다고 하고 있다. 또한 당의 유일적 영도에 끝없이 충실하고 목숨으로 사수하며 생사운명을 같이해야 한다고 하고 있다. 이렇게 볼 때 김정은 유일영도체계를 위해서는 장성택의 존재를 더 이상 허용할 수 없었던 것이다. 장성택의 처형에서 보여준 것은 어느 누구와도 통치권은 나눌 수 없으며, 자신이외의 세력화는 발본색원하겠다는 의지를 보여준 것이었다.

한편 김정은은 자신의 리더십으로 인민성과 개방·친화에 가치를 두고자 하였다. 북한에서는 인민을 절대화하는 것이 김정은의 모든 사색과 정치의 출발점이라고 하였다. '인민대중제일주의'를 내걸면서 김정은이 이것의 최고의 실천자이니 인민들은 일심단결하여 따르라는 것이다. 김정은을 단결의 중심·영도의 중심에 세우고 그 두리에 굳게 뭉쳐 유일영도체계를 완성시켜 나갔다.

김정은은 청년중시정치를 내세워 자신의 정통성과 국가발전의 힘의 근원을 청년에서 찾고, 지배의 영속성을 위한 지지 세력을 확보하고자 하였다. 김정은 시대 북한의 정치체제는 당 중심의 정치로 변화를 가져갔다. 선군정치를 선당정치로 바꾸는 과정에서 내세운

청년중심정치는 정책 저항을 줄이면서 혁명계승을 확대 재생산할 수 있는 전략노선이다. 김정은은 아직 젊기 때문에 지속적인 유일 지배자로 남기 위해서는 청년층의 절대적 지지를 확보하는 것이 무엇보다 중요하다. 북한에서 김정은 유일영도체계의 확립은 완성되었다고 하지만 아직도 진행 중에 있다. 그렇기 때문에 온 사회에 '일심단결' '결사옹위' 깃발이 나부끼고 있다.

제11장

자강력제일주의와 인민노력동원

제1절 정치사회화와 자강력제일주의

1. 북한 난국의 돌파 방법

정치사회화는 정치학습을 통한 사람들의 태도형성을 의미한다는 것이 일반적인 견해이다. 어떠한 정치체제를 막론하고 그 체제가 추구하는 가치나 신념이나 태도를 내면화시키는데, 전체주의 체제에서는 정치사회화 과정에 국가가 철저히 개입하여 체제유지와 지도자에 대한 충성심을 고취시키고 있다. 북한의 경우 정치사회화과정은 '하나는 전체를 위하여, 전체는 하나를 위하여'라는 집단주의 사고와 행동 패턴을 인민들에게 주입하여 왔다. 주체사상이나 선군사상 같은 정치 이데올로기를 내세우며 전체 인민들의 일심단결을 주장했고, 이를 실현하기 위해 '이즘이나 운동'이 붙은 하위의 실천 이데올로기를 내세워왔다.

김정은 체제가 공식적으로 출범하면서 제시한 새로운 통치 이데올로기는 김일성－김정일주의였다. 이것을 시대정신으로 내세우며 온 사회를 김일성－김정일주의화하여 사회주의 강국건설의 목표로 전진해 나가자고 한다. 여기에서 실천 이데올로기로 등장한 것이 '김정일애국주의'였다. 이는 김정일의 '조국을 위한 애국과 헌신'을 인민들이 따라 배워 생활화하자는 실천운동이었다. 2013년 김정은이 북한을 이끌어 나갈 새로운 전략으로 내세운 것이 '경제건설과 핵무력건설 병진로선'이었다. 병진노선은 경제를 발전시키고 인민생활을 높이기 위해서는 강력한 군사력인 핵무력이 담보되어야 한다는 논리였다. 북한에서는 이를 실현하기 위해 김정일애국주의가 절실하다고 주장하였다.

병진노선에 의한 핵무력 증강이 국제적 제재에 직면하게 되고, 김정은 시대가 본격적으로 도래하면서 좀 더 구체적인 정치구호가 등장했다. '우리의 자원, 우리의 기술, 우리의 힘'에 의거하여 자력갱생하자는 자강력제일주의이다. 2016년 신년사에서 김정은은 "자강력제일주의 높이 들고 나가 사회주의강성국가를 건설해야 한다"고 말하였다. 자강력제일주의는 당 제7차대회를 앞두고 사회주의건설을 위한 인민들의 총동원령으로 이어졌다. 김정은은 인민노력총동원령에서 자강력제일주의를 위한 투쟁을 하자면서, 이것이 만리마의 새로운 조선속도를 창조하는 전략적 노선이라 하였다. 인민노력동원은 자강력제일주의 실현을 위한 수단이 되었다. 이렇게 볼 때 자강력제일주의는 북한의 체제유지와 발전을 위한 정치사회화의 새로운 내용이면서 방법이 되었다.

북한에서 주장하는 '인민중시, 군대중시, 청년중시'라는 인민대중주의는 다르게 보면, 국가를 위해 이들 모두가 투쟁에 나서야 한다는 것이다. 자력으로 과학기술을 발전시켜 핵무력을 확보한 자긍심을 가지고, 전 인민들이 사회주의건설의 주역이 되어 경제건설현장에서 돌격대가 되어야 한다는 것이다. 북한은 위대한 전변의 시대를 마련하기 위한 인민들의 총력전은 집단주의적 노력경쟁운동으로 전개되어야 한다고 주장하였다. 당 제7차대회를 전후로 내려진 70일전투와 200일전투라는 총동원령은 자강력제일주의의 실현이면서 추동력의 상징이었다.

2. 정치사회화의 헤게모니이론과 동원체제

정치사회화에 대한 거시적 접근에서 정치체계의 성격 및 과정을 이해하려는 체계수준이론에서는 '정치사회화는 국민들의 정치생활에 영향을 미치는 집합된 정치관을 획득하는 과정'이라 정의하고 있다. 도슨Richard E. Dawson은 거시적 접근의 하나로 헤게모니이론을 들고 있는데, 헤게모니는 사회에서 선택된 사람들이 전체사회를 지배한다는 뜻으로 사용된다.[1] 정치사회화의 헤게모니이론은 어떻게 정치이데올로기가 지배계급으로부터 피지배계급으로 전달되느냐를 보여주려는 시도이다. 정치사회화에서 헤게모니의 아이디어는 정치권력을 장악한 집단이 그들의 통치를 공고히 하기 위하여 상징을 조종하고 선전과 검열을 이용하는 방법을 말한다.[2] 지배계급이 통치

1 도슨은 정치사회화의 헤게모니이론을 전개하면서, 그람시가 설명하고 있는 '헤게모니'의 도움을 받았다. 그람시는 헤게모니를 제시하고 이를 분석도구로 하여 자본주의사회가 가지고 있는 모순을 설명하고 있다.

력을 확보할 수 있는 방법은 피지배계급으로 하여금 그들이 의도한 대로 어떠한 사회적 습관이나 신념을 습득케 하는 것이다. 이러한 습관이나 신념은 정치사회화를 통해 촉진된다.[3] 그러므로 정치사회화의 헤게모니이론은 어떻게 국가가 의도적이고 직접적으로 정치사회화 과정에 개입하는지를 설명하고 있다.

여기에서 핵심은 국가가 국민들의 복종을 이끌어 내는 것인데, 라보에시Étienne de La Boétie가 『자발적 복종』이라는 저서에서 인간이 복종하는 가장 큰 이유는 습관이라고 말하고 있다. 인간은 본질적으로 자유롭고 그 상태를 계속 유지하기를 바라지만, 이후 인간들이 갖추게 되는 성품은 교육과 양육방식에 의하여 길들여지는 것이라 한다.[4] 중세시대에 나온 이 같은 주장은 현대사회의 정치사회화를 조명할 수 있는 기저로 사용할 수 있다.

정치사회화에 대한 연구에서 사람들이 왜 복종하는가를 체계이론에서는 특수적지지specific support와 확산적지지diffuse support를, 헤게모니이론에서는 설득적 묵종을 이유로 들고 있다. 도슨은 "사람들은 왜 복종하느냐?"라는 문제를 제기하고, 다음과 같이 세 가지를 답으로 제시하고 있다. ① 사람들은 불복종이 처벌을 야기할까 하여 두려워한다. 실제 그것은 사실이며 사회가 경찰력, 법정, 감옥 그 외의 처벌 기구를 가지는 것은 그것 때문이다. ② 사람들은 복종 하도록 매수되었다. 즉, 그들이 국가에 복종하는 것이 결국 자신들에 이

2 Richard E. Dawson & Kenneth Prewitt & Karen S. Dawson, *Political Socialization* (2nd.). Boston, Toronto: Littlle, Brown and Company, 1977, p. 24.

3 김창희, 『비교정치론(제2판)』, 파주: 삼우사, 2013, p. 121.

4 심영길·목수정 역, 에티엔 드 라 보에시 지음, 『자발적 복종*Discours de la servitude volonntaire*』, 서울: 생각정원, 2015, p. 81.

익이 된다는 것이다. ③ 시민들은 국가에 복종하는 것이 옳고 적절하다고 느낀다. 그것으로부터 직접적으로나 간접적으로 이익이 없는 사람들도 마찬가지로 느낀다.[5]

도슨은 헤게모니이론을 제시하면서 특정한 정치체제를 염두에 두고 제시하지는 않았다. 그러나 전체주의 속성을 가지고 있는 북한이 자강력제일주의를 내세우며 인민을 총동원하고 있는 것으로 볼 때, 정치사회화의 헤게모니이론은 가장 적실성 있는 이론적 배경이 된다. 인민들을 정치사회화하여 자발적 복종자로 만들려는 것이다. 북한의 정치환경은 개인주의가 철저히 배격되고 집단주의적 가치관만이 인민들이 지녀야 할 참다운 신조라고 한다.

3. 북한 정치사회화와 동원

북한 헌법 제10조는 "조선민주주의인민공화국은 로동계급이 령도하는 로농동맹에 기초한 전체 인민의 정치사상적통일에 의거한다. 국가는 사상혁명을 강화하여 사회의 모든 성원들을 혁명화, 로동계급화하며 온 사회를 동지적으로 결합된 하나의 집단으로 만든다"라 하고 있어, 의도적 정치사회화 또는 정치교화의 일면을 보여주고 있다.

북한은 정치적 목적을 달성하기 위하여 사람들의 사회적 성격이 조직적으로 규제되고 모든 사회력을 한곳으로 결속하는 정치사회화

5 Richard E. Dawson & Kenneth Prewitt & Karen S. Dawson, *Political Socialization*, p. 207.

작업을 철저하게 진행시켜 동원을 합리화하는 체제를 형성하여 왔다. 김일성 시대와 김정일 시대에도 천리마운동이나 붉은기운동 같은 정치사회화를 통한 인민동원력을 발휘하였다. 김정은 시대는 온 사회의 김일성-김정일주의화를 내세워 규격화된 조직인을 의도적으로 만드는 사회화 작업을 진행시키고 있다. 이렇게 특정 규준을 제시하고 전 인민이 그 규범을 동일시하고 동조할 것을 강요하고 있는 것이다. 북한은 오늘의 시대가 김정은의 영도 밑에 새로운 변혁이 일어나는 장엄한 시대라 주장하면서도, 변혁을 일으키기 위한 혁신이나 개혁보다는 동원을 택하였다. 동원의 중심에는 인민들의 애국정신에 대한 호소가 존재한다. 인민들의 애국심을 불러일으키고 애국적 열의에 의하여 대중을 동원하는 방식인 것이다.[6]

정치사회화와 동원의 핵심적인 연결고리는 복종이다. 인민들의 마음속에 복종과 충성사이의 심리적 연결은 정치사회가 작동하는데 중요하다. 복종을 충성에 연결시키는 것이 정치사회화의 매체들인데, 이들은 복종과 충성을 편리하게 연결시켜 애국심의 창조와 유지의 주된 책임을 맡고 있다. 정치사회화의 매체는 인민들의 충성심을 유지하기 위하여 선전선동과 통제를 사용한다.[7] 이것이 가능한 것은 북한이라는 특수한 사회가 가지는 정치환경 때문이다. 이를 집단주의 가치관, 인민대중중심정치, 동원메커니즘으로 나누어 설명할 수 있다.

6 김창희, "북한 로동당 제7차대회 경제정책의 분석과 평가", 『한국동북아논총』 제21집 제4호, 한국동북아학회, 2016, p. 126.

7 Richard E. Dawson & Kenneth Prewitt & Karen S. Dawson, *Political Socialization*, pp. 211-212.

첫째, 집단주의는 인민들이 조직과 집단을 위해 자신을 희생하고 복종해야 하며 개인보다는 사회와 집단이 더 중요하고 우선해야 한다는 가치관이다. 북한은 인민들의 가치관으로 집단주의를 내세워 집단적 충성심을 앙양시키고 결속력을 강화한다. 집단과 개인은 결코 동화될 수 없는 상충성을 가졌음에도 불구하고, "하나는 전체를 위하여 전체는 하나를 위하여"는 극단적인 집단주의를 표방함으로써 개인의 집단에 대한 예속을 당연하게 받아들이도록 한다.[8] 이 집단적 충성심을 지도자에 대한 충성심과 동일화시켜나갔다. 수령의 영도 밑에 인민대중이 하나같이 움직이는 조직규율에서만 일심단결에 의하여 최상의 높이에 이르게 되며, 지향과 뜻과 행동이 하나로 된 헌신적이며 희생적인 투쟁을 벌일 수 있다고 하고 있다.[9]

둘째, 북한에서는 욕구수준을 공식화함으로써 심성을 조직화한다.[10] 통제기제를 사용하여 사회구성원들을 동질화해 나가는 것이다. 헤게모니의 정상적인 행사는 강제력과 동의의 균형을 이루도록 하고 있으나, 사실상 강제력이 다수의 동의에 기반하는 것임을 믿도록 만들려는 행사가 계속된다. 당의 기관지인 로동신문은 선전선동의 주요 매체로서 이러한 역할을 담당하고 있다. 로동신문의 보도는 전체 기사의 절반 이상이 선전선동부의 지침에 의거하여 작성되고, 단기간의 노력동원을 부추기는 캠페인성 선전선동의 경우 모든 것에 우선하여 보도한다.[11] 그리하여 인민들이 충성하고 신뢰하며 순

8 고영복, "북한의 정치사회화와 동원체제", 북한연구소 편, 『북한사회론』, 서울: 북한연구소, 1977, p. 275.

9 송호철, "일심단결은 우리식 사회주의발전의 기본추동력", 『철학연구』 제3호(루계 제146호), 과학백과사전출판사, 2016, p.16.

10 고영복, "북한의 정치사회화와 동원체제", p. 273.

응하는 의식구조를 가진 인간이 되도록 만들어 간다. 결국 지도자의 요구에 따라 생각하고 행동하는 인간이 되게 한다.

셋째, 북한은 구조적 조직화인 동원메커니즘으로 인민들의 복종을 이끌어 낸다. 천리마운동, 붉은기운동, 제2천리마전진, 만리마속도 등을 내세우며, 이를 자발적 복종이라 하고 노력동원운동을 전개하였다. 그러나 동원이라는 측면에서 볼 때 강제적 조직을 결성하고 국가의 계획에 따라 몰고 가는데, 각종 '돌격대'가 여기에 해당한다.[12] 북한은 이들이 '혁명적 열의'로 자신들의 모든 것을 희생하면서 사회주의건설의 첨병역할을 하고 있다고 한다. 북한 당국은 이들을 영웅이라 칭하고 있고, 영웅칭호를 받는 사람들은 로동신문 등의 각종 매체에서 그들의 충성심과 모범적인 활동상을 보도·전파하여 인민들을 사회주의체제에 대한 자긍심을 갖게 한다. 이를 바탕으로 전 인민의 노력동원 체제를 유지하고 있다.[13]

북한이 인민들에게 내재화시키고자 하는 정치사회화의 내용은 자강력제일주의이다. 김정은은 2016년 신년사에서 자강력제일주의를 주창했고, 당 제7차대회의 개회사에서도 "우리의 영웅적인 김일성-김정일 로동계급과 과학자, 기술자들은 자강력제일주의의 기치를 높이 들고 불굴의 투쟁을 벌이고 있다"고 하였다. 또한 북한에서

---

11 이기우, 『북한의 선전선동과 로동신문』, 서울: 패러다임북, 2015, pp. 89-91

12 북한은 1960년대부터 현재까지 돌격대를 유지해오고 있는데, 대표적인 것은 '청년돌격대'와 '속도전청년돌격대'이다. 돌격대는 어떤 목표를 달성함에 있어 기간의 단축, 조직력의 과시, 규율확립을 통해 당의 정책적 요구를 관철하기 위한 조직이다. 통일부 통일교육원, 『북한지식사전』, 서울: 통일부 통일교육원 교육개발과, 2016, pp. 242-243.

13 이기우, 『북한의 선전선동과 로동신문』, p. 82.

당 제7차대회의 기본정신은 "위대한 김일성－김정일주의 기치를 높이 들고 자강력제일주의 정신을 발휘하여 총공격전, 총결사전을 벌임으로써 주체혁명위업의 최후승리를 앞당겨나가는 것"이라 하였다.[14]

자강력제일주의는 주체적 역량을 강화하여 사회주의강국건설을 앞당기자는 전략노선으로, 미래에 대한 낙원(?)을 제시함으로써 인민들의 애국과 희생을 요구하고 있다. 인민들에게 '핵 보유국' '지상낙원'과 같은 비전을 제시하면서, 이것이 현실로 다가오고 있다는 신념을 갖게 하는 것이다. 김정은은 우리 힘에 의하여 핵무력을 완성했으니, 이제 경제 난국을 헤쳐나가자 면서 자장력제일주의의 실천을 위한 인민총동원령을 내렸다.

—

제2절 김정은 시대의 자강력제일주의

1. 애국과 충정의 노력동원 지속

북한에서 체제유지와 발전을 위해서 많은 상징적인 구호를 내세워 왔는데 김일성 시대를 대표하는 것이 천리마운동이다. 김정일 체제가 공식적으로 출범한 이후에도 "김정일 강성대국건설 구상을 높이 받들고 사회주의건설에서 새로운 천리마 대고조"를 일으키자며 새

14 강명흡, "조선로동당 제7차대회의 기본정신", 『사회과학원학보』 제2호(루계 제91호), 사회과학출판사, 2016, p. 3.

로운 천리마를 주장하였다. '제2의 천리마대진군'이라는 구호의 경제를 통하여 인민들을 독려하였다. 김정은 시대에 들어와 제시한 것은 '김정일애국주의'였다. 김정일애국주의는 '가장 적극적이고 희생적인 헌신'이라면서, 전 인민이 실천운동을 통하여 이를 철저하게 구현하자고 하였다. 인민들의 애국심을 불러일으키고 애국적 열의에 의거하는 대중동원방식이다.

김정은은 자신의 유일영도를 확고히 하고 인민들을 끌어들이기 위해, 정치사회화 헤게모니이론에서 말하는 동의와 강제를 적절하게 조합하고 있다. 자신이 하는 행위는 모두 인민들을 위해서라는 것이고, 이것은 인민생활향상과 직결된다고 주장하고 있다. 김정은은 인민노력총동원령을 내리면서 자강력제일주의를 구현하기 위해 투쟁하자고 독려했다.[15] 이것은 자신의 힘과 자원·기술에 의하여 앞날을 개척해 나가자는 것이며 '김정은의 시대정신'으로 사회주의 건설을 위한 전략적 노선이라 하고 있다.

북한에서 '자강력'이라는 용어가 등장한 것은 2015년 12월부터이다. 물론 그동안 가장 많이 써왔던 '자력갱생'과 유사한 표현이지만, 심각한 국제적인 제재 속에서 활로를 찾으려 제시한 것이 자강력제일주의이다. 김정은은 2016년 신년사를 통하여 그동안 내세웠던 김정일애국주의 대신 자강력제일주의를 높이 들자고 하였다. 즉, "사회주의강성국가건설에서 자강력제일주의를 높이 들고 나가야 합니다. 사대와 외세의존은 망국의 길이며 자강의 길만이 우리 조국, 우리 민족의 존엄을 살리고 혁명과 건설의 활로를 열어가는 길입니다"

15 김창희, "김정은의 정치리더십에 관한연구: 터커의 기능적 접근을 중심으로", 『통일전략』 제17권 제2호, 한국통일전략학회, 2017, p.136.

이다. 그러면서 "우리 당은 인민생활문제를 천만가지 국가가운데서 제일국사로 내세우고 있습니다"고 하며, 집단주의의 위력으로 이를 돌파하고 있다고 했다.

북한에서 말하는 자강력의 핵심은 자신들의 힘으로 완성했다는 핵무력이다. 2016년 1월 6일 제4차 핵실험을 수폭실험이라 하면서, 이것의 성공은 자강력과 국력의 일대 과시라 하였다. 로동신문 사설을 통하여서도 "우리의 지혜, 우리의 기술, 우리의 힘에 의거한 이번 수소탄시험의 완전성공은 자강력제일주의의 거대한 승리"라고 하면서, "자강력은 우리의 생명이니 자강력제일주의를 높이 들고 나가야 한다"고 주장하였다.[16]

로동신문의 정론 "당 제7차대회를 향하여!"에서도 "제 힘을 믿고 일떠서 무에서 유를 창조하고 불가능을 가능으로 전환시키는 조선의 자강력제일주의는 강성국가건설의 대업과 인민의 꿈과 리상을 반드시 우리의 힘, 우리의 기술, 우리의 자원으로 이룩하시려는 우리 원수님의 자주사상과 신념의 거세찬 불길이다"고 하였다.[17]

당 제7차대회의 사업총화보고에서 자강력제일주의가 무엇인가를 상세하게 설명하고 있다. 즉, "자강력제일주의는 자체의 힘과 기술, 자원에 의거하여 주체적 력량을 강화하고 자기 앞길을 개척해가는 혁명정신입니다. 조선혁명의 력사는 자강력에 의하여 개척되고 승리하여온 력사입니다. 자강력제일주의의 기반은 자기 나라의 혁명은 자체의 힘으로 해야 한다는 위대한 수령님들의 혁명사상이며 자강력제일주의를 구현하기 위한 투쟁방식은 자력갱생, 간고분투입

16 『로동신문』, 2016.01.08. 1.

17 『로동신문』, 2016.01.14. 2.

니다"라고 하면서, 사회주의건설의 총노선과 자강력제일주의를 항구적인 전략적 노선으로 틀어쥐고 실현해야 한다고 했다. 자강력제일주의는 혁명과 건설에서 주인의식자각으로 자력갱생·고군분투하며 투쟁기풍으로 애로와 난관을 뚫고 계속하여 혁신하고 전진해야 한다는 것이다.

위대한 당의 영도 밑에 제국주의자들의 온갖 도전과 압살책동을 짓부수고 천만군민이 만리마의 속도로 질풍같이 내달리는 오늘 사회주의강국건설에서 항구적으로 틀어쥐고 나가야 할 투쟁적 기치는 다름 아닌 자강력제일주의이다.[18] 즉, "만난을 헤치고 나아가야 하는 준엄한 혁명의 길에서 그 어떤 시련과 난관도 뚫고 혁명과 건설에 활로를 열어나갈 수 있는 유일한 길은 자체의 힘으로 자기의 힘을 키워나가는 자강의 길이며 자강의 길로 확신성있게 나아갈 수 있게 하는 힘 있는 추동력은 다름 아닌 자력자강의 정신이 자강력제일주의이다. 인민대중이 자력자강의 정신을 지니고 자강력제일주의를 발휘하여 혁명과 건설에 나서는 모든 문제를 자기의 힘, 자기의 기술, 자기의 자원에 의하여 풀어가는 길에 바로 화를 복으로 전환시켜나가는 묘술이 있다"는 것이다.[19]

자강력은 남에게 의존하지 않고 자신의 힘과 기술로 살아가려는 정신력으로, 북한은 스스로 과학기술을 발전시켜 핵무력을 중심으로 하는 막강한 군사력을 가지게 되었다고 주장하고 있다. 이렇게

---

18 김봉덕, "자강력제일주의는 사회주의강국건설의 항구적인 전략적로선", 『김일성종합대학학보(철학, 경제학)』 제62권 제4호(루계 제514호), 김일성종합대학출판사, 2016, p. 38.

19 김봉덕, "자강력제일주의는 사회주의강국건설의 항구적인 전략적로선", p. 38.

북한에서 인민들에게 사회화하고자 하는 자강력제일주의의 핵심적인 요소는 '핵무력을 중추로 하는 군사력'의 완비라고 볼 수 있다. 자강력의 자주정신은 자신들에게만 있는 위대한 힘이며 만능의 보검이라고 한다.

2. 자력갱생과 인민노력동원

북한에서는 김정은이 "자강력을 자기 스스로 자기를 강하게 하는 힘이다"고 했다면서, 자강력은 자기 스스로 발휘되는 힘으로 자기 것을 사랑하며 자기 것에 의거하여 앞날을 개척해 가는 정신력이라고 주장하고 있다.[20] 그러므로 자강력제일주의는 자기의 힘을 강화하고 자기 힘으로 앞길을 개척해 나가는 것으로, 혁명과 건설에서 자강력이 제일이라는 확고한 자각과 믿음이며 자강력을 키우고 그에 의거하여 모든 문제를 풀어가려는 각오와 의지라는 것이다.[21] 자강력제일주의는 북한의 현실을 반영하고 있는 노력동원으로, 인민들의 힘을 결집시키기 위한 통치력의 일환이다. 핵 능력 고도화 목표를 달성하는 과정에서 미국을 포함한 국제사회로부터 강력한 제재를 받고 있는 상황에서 믿을 곳은 자신 스스로 헤쳐 나갈 수밖에 없다는 것이다.[22] 북한에서는 자력갱생과 간고분투는 바로 혁명을 앞

---

20 림철남, "경애하는 김정은동지께서 밝히신 자강력의 본질에 관한 사상", 『철학연구』 제43호(루계 제147호), 과학백과사전출판사, 2016, pp. 8-9.

21 리선일, "자강력제일주의의 사상리론적기초", 『철학연구』 제3호(루계 제146호), 과학백과사전출판사, 2016, p. 25.

22 임을출, "김정은의 경제 리더십", 『김정은 리더십 연구』, 성남: 세종연구소, 2017,

길에 가로막고 나서는 그 어떤 고난과 시련도 맞받아 뚫고 나가는 불굴의 국난 극복정신이라고 한다. 최악의 조건에서도 최상의 성과를 이룩하며 자력자강의 위력으로 자기 앞길을 헤쳐 나가겠다는 위력한 투쟁방식이라면서, 이는 사회주의 강국건설의 최후승리를 앞당기고 당의 혁명위업을 완성해 나가는 데 이바지할 것이라고 한다.[23] 전 인민들은 집단주의적 투쟁정신을 발휘하여 국면을 전환시키고 사회주의강국을 만들어 나가자 하고 있다.

역대 수령들도 자력자강의 정신으로 '고난의 행군'을 '낙원의 행군'으로 전환시켰다. 김일성의 사망인 '민족최대의 대국상'을 당한 후, 우리 인민에게는 자력자강의 삶이냐, 죽음이냐를 판가리는 운명적인 문제로 나섰다. 이제 "우리 군대와 인민은 위대한 수령님들을 모시고 자력자강의 정신으로 혁명의 전성기를 대번영기로 이어온 것처럼, 자강력제일주의를 영원한 승리의 기치로 휘날리며 위대한 김정은 시대를 기적과 번영의 자랑찬 년대들로 빛내여 갈 것이다"라고 주장하였다.[24]

자강력제일주의는 '인민경제의 현대화, 국산화' 실현에 총력을 쏟는 모습으로 구체화되고 있다.[25] 경제강국을 건설하기 위하여 자력자강의 정신으로 인민경제의 주체화와 현대화를 실현해야 하는데, 이를 위한 중핵적인 문제는 원료와 연료, 설비의 국산화를 실현하는 것이라 하고 있다. 100% 자신의 힘과 기술에 의거한 '수소탄실험'은

---

p. 183.

23 리선일, "자강력제일주의는 자력갱생, 간고분투의 투쟁방식으로 구현되는 혁명정신", 『사회과학원학보』 제4호(루계 제97호), 사회과학출판사, 2017, p. 20.

24 『로동신문』, 2017.03.25. 2

25 임을출, "김정은의 경제 리더십", 『김정은 리더십 연구』, p. 184.

과학기술에 기초한 자강력의 발로라고 하면서, 모든 부분과 단위에서 국산화의 기치를 높이 들고 나아가 원료·자재·설비의 국산화를 실현하기 위한 대중적 투쟁을 대중적운동으로 전환시켜야 한다고 주장한다.[26] 국산화를 실현하는 길에는 수많은 애로와 난관이 있지만, 자강력제일주의의 기치를 높이 들고 투쟁해 나갈 때 실현이 가능하다. 설비 자재의 국산화비중을 높이는 것, 이것이 공장 기업소 현대화에서 중핵이며 기본지표이다. 우리식 현대화는 철저한 자력자강의 힘으로, 우리 힘과 기술로 현대적인 설비들을 개발하고 생산 도입하는 국산화를 중핵으로 한 현대화가 되어야 한다. 모든 일군들과 근로자들은 자강력이야말로 제일 큰 힘이고 승리와 번영의 열쇠라는 진리를 심장에 새기고 투쟁해야 한다.[27]

이같이 김정은 시대 북한 정치사회화의 내용으로서 자강력제일주의는 인민들의 힘을 결집시키는 노력동원운동이다. 북한 당국은 인민들에게 북한의 상황을 인지케 하고, 그들의 힘을 극대화시키는 집단주의적 투쟁의 열풍 속으로 몰아넣고 있다. 북한은 지도자를 믿고 따르면 분명히 사회주의강국으로 우뚝 설 것이라고 인민들을 독려하고 있다.

---

26 최길학, "자강력제일주의를 높이 들고나가는데서 나서는 원칙적요구", 『정치법률연구』 제4호(루계 제56호), 과학백과사전출판사, 2016, pp. 24-25.

27 류영철, "자강력제일주의는 경제강국건설의 성과를 담보하는 근본방도", 『경제연구』 제3호(루계 제172호), 과학백과사전출판사, 2016, pp. 3-5.

—

제3절 자력자강의 인민총동원령

1. 만리마창조의 시대정신

북한에서 천리마운동은 자기희생과 헌신성을 끌어내는 운동으로, 노력경쟁운동인 동시에 사상개조운동이었다. 빠른 시일 내에 최대의 성과를 올리고자 내세운 것이다. 김정은은 집권 이후 무언가 내놓을 만한 경제적 성과에 집착하는 면을 보여왔고, 사회를 집단주의적 경쟁의 열풍 속에 밀어 넣으며 더 빨리 비약하기 위한 속도를 주문했다. '조선속도', '마식령 속도' '단숨에 정신'과 '만리마시대'는 김정은 시대에서 생겨난 동원운동을 이끌어가는 구호이다.[28] 북한은 병진노선에 따른 경제부문의 성과와 관련해서는 위성과학자주택지구, 은하과학자거리, 연풍과학자 휴게소, 미래과학자거리, 과학기술전당, 문수물놀이장, 마식령스키장을 예로 들고 있다.[29] 김정은 시대에 들어서서 처음으로 역점 둔 속도전은 원산시 마식령에 스키장을 건설하는 것이었다. 이 사업은 군인들이 동원되어 '단숨에 정신'으로 1년도 안 되어서 완공되었다. 북한에서는 시간 내에 김정은 시대 창조물을 훌륭하게 건설함으로써 새로운 자랑스러운 모습을 보여주어 인민들의 웃음소리가 널리 퍼지고 있다고 한다. 이러한 건설사업은 군인이나 근로자들이 참여하기도 하지만 돌격대에 의하여 이루어진다. 마식령스키장 사업의 경우 김정은이 직접 공사현상을

28 김창희, "북한 로동당 제7차대회 경제정책의 분석과 평가", pp. 119-120.
29 임을출, "김정은의 경제 리더십", 『김정은 리더십 연구』, 세종연구소, 2017, p. 176.

여러 번 찾아 군인들을 계속 독려하며 속도전을 폈다. 여기에서 '마식령 속도'라는 말이 생겨나게 되었다.

마식령 속도는 천리마를 연상케 하는데, '오늘의 시대에는 10배 빠른 새로운 천리마인 만리마속도'로 내달리자는 것이다. 이렇게 탄생한 만리마속도를 김정은은 당 제7차대회 사업총화보고에서도 강조하였다.[30] 이러한 '만리마속도창조'는 북한을 집단주의적 경쟁열풍으로 몰아넣었다. 북한은 "모든 부문과 단위를 자력자강으로 추켜세우며 불가능을 모르는 우리 조국의 힘찬 전진에 비약의 박차를 가하는 것이 집단주의적 경쟁열풍이다"라 하면서, "집단주의적 경쟁열풍은 대중적영웅주의를 높이 발휘하여 겹쌓이는 애로와 난관을 과감히 뚫고가는 원동력이다"고 하였다.[31] 북한에서 "우리 혁명에서 자강력의 역사는 오늘 경애하는 김정은동지에 의하여 굳건히 이어져 이 땅우에는 자강력으로 위대한 전변의 시대, 새로운 만리마의 시대가 펼쳐지고 있다"는 주장은 자강력제일주의의 실현을 의미하는 것이다.[32]

김정은은 2017년 신년사에서도 청년동맹과 직맹, 농근맹, 여맹과 같은 집단주의 조직을 열거하며, 전동맹원들 모두가 혁신자이며 만리마의 속도창조자가 되어야 한다고 하였다. 로동신문은 "만리마의 새 시대를 탄생시킨 위대한 령도"라는 기사에서 "만리마의 새 시대, 불러볼수록 젊음으로 약동하고 거창한 창조와 변혁으로 비약한다"

---

30 즉, "당의 령도 높이 받들고 우리 군대와 인민은 수령의 유훈관철, 당정책옹위전을 과감히 벌려 사회주의건설에서 새로운 조선 속도를 창조하여 10년을 1년으로 주름잡아 달리는 만리마시대를 열어놓았다"고 하였다.

31 『로동신문』, 2016.03.19. 1.

32 최길학, "자강력제일주의를 높이 들고나가는데서 나서는 원칙적요구", p. 24.

면서, 이러한 창조정신이 청년들을 만리마시대를 대표하는 시대정신의 창조자들로 자라나게 한다고 주장했다.[33]

북한에서는 속도전은 사회주의제도의 본성이라면서 자신들의 인민혁명적 지향에 맞는 가장 적극적인 전투형식이라고 한다. 속도전의 극치를 이루고 있는 "만리마속도창조대전은 21세기의 요구에 맞게 모든 부문에서 대비약, 대혁신을 이룩하여 우리조국을 세계가 우러러보는 천하제일강국, 인민의 락원으로 빛내기 위한 성스러운 애국투쟁"이라 하고 있다.[34] 북한에서 대형 건설사업의 경우 돌격대가 투입된다. 돌격대란 해방 직후 등장하여 시대적 상황에 따라 명칭이 변경된, 동원경제의 한 축을 담당하는 상설경제건설 조직이다.[35] 돌격대는 대학 가기가 어렵고 가정 형편이 좋지 않은 청년들이 입당 특혜 등으로 자발적 참여가 많았으나, 현재는 대우가 군대 수준보다 떨어져 다양한 방법으로 동원하고 있다. 2015년 속도전청년돌격대 창립 40돌을 맞아 평양에서 결의대회를 개최하였고, 평양의 여명거리 공사에 동원할 돌격대를 모집한다고 선전하였다.[36] 김정은 체제에 들어 각종 대규모 건설공사가 늘어나면서 각종 돌격대가 현장에 투입되고 있다. 로동신문은 "경애하는 김정은동지께서 618건설돌격대를 성심성원으로 지원한 근로자들에게 감사장을 보내시었다"는 보도를 냈다.[37]

---

33 『로동신문』, 2017.01.09. 2.

34 최영진, "려명거리는 만리마속도창조의 고향", 『천리마』 제8호(루계 제699호), 천리마사, 2017, p. 25.

35 통일부 통일교육원, 『북한지식사전』, 통일부 통일교육원, 2013, pp. 606-608.

36 서유석·김상범, "북한 돌격대조직의 구조와 역할전망", 『북한학보』, 41집 1호, 사단법인 북한연구소·북한학회, 2016, p. 171.

2016년 4월 3일 착공하여 2017년 4월 13일 완공한 여명거리는 '사회주의 선경거리'라 하여 김정은 시대의 상징적인 창조물이다.[38] 여명거리 건설사업은 '청년돌격대'가 주축이 되어 진행되었다. 북한은 "자강력제일주의를 심장마다에 새긴 려명거리건설자들은 우리의 힘과 기술, 우리의 자원에 의하여 적들의 어떤 제재와 압력에도 끄덕없이, 우리 식대로 남들이 보란 듯이 주체의 창조물을 일떠세웠다"하여, 국제적인 제재에도 불구하고 이를 해냈다고 자랑스럽게 여겼다.[39] 또한 "모든 일군들과 당원들과 근로자들은 만리마속도의 창조의 고향인 려명거리건설에서 발휘된 건설자들의 투쟁정신과 일본새를 따라배워 사회주의강국건설의 전구마다에서 만리마속도창조의 불길을 더욱 세차게 일으켜나가야 할 것"이라며, 이곳을 '만리마속도창조의 고향'이라고 부르고 있다.[40]

2. 백두산영웅청년정신

김정은 체제에 들어서 나타나는 청년에 대한 강조는 이들이 김정은 시대를 이끌어나갈 세대이며 체제수호의 근간이기 때문이다. 실제로 북한에서 청년층은 군을 밑에서 든든하게 떠받치는 세대이고, 도

37 『로동신문』 2016.08.10, 2.

38 여명거리는 '금수산태양궁전'과 '룡흥사거리'에 건설한 90만 평방미터의 신시가지로, 여기에는 70층과 50층 등의 아파트를 비롯하여 주택 그리고 공공시설이 들어서 있다. 주로 교육자들과 과학자들이 거주한다.

39 최영진, "려명거리는 만리마속도창조의 고향", p. 25.

40 최영진, "려명거리는 만리마속도창조의 고향", p. 26.

로·교량·발전소 등 기간 시설물 건설에 필요한 노동력의 주요원천이다.[41] 청년들이 경제건설현장에서 비약과 혁신의 봉화를 들면서 첨병역할을 한다는 것을 말해준다. 구체적으로 "우리 청년들이 애국의 구슬땀을 아낌없이 바쳐 당창건 일흔 돐에 드리는 선물로 마련한 백두산영웅청년발전소를 비롯하여 방방곡곡에 일떠세운 자랑찬 청춘대기념비들은 조선로동당의 후비대, 계승자들이 어떻게 준비되고 백두에서 개척된 조선혁명의 대가 어떻게 굳건히 이어지고있는가를 웅변적으로 말해주고 있다"고 하였다.[42] 김정은은 당 제7차 대회 사업총화보고에서 "우리 청년들은 당이 맡겨준 백두산영웅청년발전소를 훌륭히 건설하여 조선청년들의 불굴의 정신력과 자력자강의 힘을 만천하에 과시하고 미제와 그 추종세력들의 머리우에 철퇴를 안기였습니다"라고 하였다. 이는 건설현상에서의 청년들의 노고를 치하하면서 어떠한 국제적인 압력에도 굴복하지 않고 자신의 의지대로 밀고 나가겠다는 것이다. 특히 여기에 바친 청년들의 애국과 희생을 백두산영웅청년정신이라고 했다.

백두산영웅청년정신은 만리마속도로 과감한 공격전을 벌여 단숨에 산도 떠 옮기고 바다도 메우는 불굴의 공격정신으로 백두의 칼바람정신을 원천으로 하고 있다.[43] 북한에서는 백두산영웅청년발전소 3호기를 2016년 1월에 시작하여 120일이라는 짧은 시간에 완공

41 통일부 통일교육원, 『북한지식사전』, p. 649.

42 로승일, "경애하는 최고령도자 김정은동지께서 밝히신 우리 당의 3대전략에 대한 사상", 『김일성종합대학학보(철학, 경제학)』 제63권 제1호(루계 제517호), 김일성종합대학출판사, 2017, p. 9.

43 박미향, "백두산영웅청년정신의 창조와 발양의 원천", 『철학연구』 제2호(루계 제149호), 과학백과사전출판사, 2017, p. 7.

했다고 발표했다.[44] 청년돌격대원들은 10년 동안에 한 공사량과 맞먹는 일을 120일에 해냄으로써 영웅청년신화를 창조했다는 것이다. 이 건설과정을 "자강력을 최대의 무기로 틀어쥐고 착암기가 모자라면 함마와 정대로 바위를 깨면서 완공을 향한 진군의 발걸음을 순간도 놓치지 않는 백두청년들은 눈보라 때문에 한치의 앞도 가려보기 힘든 강추위 속에서도 썰매전, 발구전으로 수송로를 열어나갔고 백두산을 바라보며 강철의 힘을 백배로 다져나갔다"라고 청년돌격대들 추켜세웠다.[45] 김정은이 발전소 건설현장을 네 차례나 직접 방문하여 이들을 독려했고, 앞세대가 해내지 못한 것을 자신의 힘으로 완성시킨 상징물로 삼고자 했다.

김정은 체제에서는 백두산영웅청년발전소의 완공을 '청년중시사상'의 성과로 선전하였다. 이 건설현장에 투입된 청년들의 활약상을 선전하기 위해 새로운 시대정신의 창조인 '백두산영웅청년정신'이라는 구호를 만들어낸 것이다. 오늘의 시대정신인 백두산영웅청년정신은 새로운 만리마속도를 창조하여 천만군민의 일심단결을 분출시켰다고 한다. 북한에서는 김정은이 청년들이 시대의 주인공으로 전열에 서도록 현명하게 이끌어줌으로써 새로운 만리마속도, 청년영웅신화가 창조될 수 있도록 해주었다고 한다.[46]

---

44 1995년 '황토발전소'로 시작해 2004년 '백두산선군청년발전소' 그리고 2015년 '백두산영웅청년발전소'로 명칭을 변경하며, 김정일 시대 시작해 김정은 시대 완공한 수력발전소이다. 오랜 건설기간 동안 성과를 거두지 못하자 김정은이 2015년 4월과 9월 현장을 방문해 동년 10월 3일 5만 kW 1호기와 2만 kW 2호기 건설을 완료했다. 통일부 통일교육원, 『북한지식사전』, p. 298.

45 방철진, "백두산영웅청년정신은 오늘의 시대정신", 『정치법률연구』 제4호(루계 제56호), 과학백과사전출판사, 2016, p. 23.

46 박미향, "백두산영웅청년정신의 창조와 발양의 원천", p. 8.

3. 당 제7차대회 전후 총동원령

당 제7차대회를 앞두고 당중앙위원회 정치국 회의는 2월 23일 70일전투를 벌릴 것을 결정하고, 이를 '력사적인 당 제7차대회를 앞두고 70일전투를 벌릴 것을 호소'라는 편지 형식으로 채택하였다. 이 전투를 통하여 당의 70년의 역사와 더불어 당대회를 분기점으로 인민의 운명과 생활에서 전변을 일으키자고 하였다.[47] 당의 방침인 70일전투가 전개되자 로동신문을 비롯한 매체들이 앞 다투어 보도하였고, 각 사업소들은 실천을 위한 투쟁에 돌입하였다. 특히 로동신문은 지속적인 사설을 통하여 70일전투를 독려하면서 북한사회를 집단주의경쟁열풍으로 몰아넣었고, 김정은도 당 제7차대회 개회사를 통해 '전 인민들이 당의 전투적 호소에 결사관철로 화답하여 70일전투 목표를 초과달성 했다'고 만족감을 표시하였다. 이같이 70일전투는 당대회를 성공적으로 개최하기 위한 총동원령으로, 인민노력동원으로의 자강력제일주의를 합리화하는 것이었다.[48] 김정은은 당중앙위원회 사업총화 결론서에서 '당 제7차대회의 기본정신은 위대한 김일성-김정일주의 기치를 높이 들고 자강력제일주의 정신을 발휘하여 총공격전, 총결사전'을 벌이는 것이라는 것에서도 알 수 있다.

김정은이 내세우고 있는 또 다른 경제발전 추진전략은 국가경제발전 5개년전략이다. 2016년부터 2020년까지 북한의 경제발전을 위한 것으로, 당 제7차대회 사업총화를 통하여 발표하였다. 여기에

47 김창희, "북한 로동당 제7차대회 경제정책의 분석과 평가", p. 120.
48 김창희, "북한 로동당 제7차대회 경제정책의 분석과 평가", p. 121.

서 사회주의 경제강국을 성과적으로 건설하기 위해서는 인민경제 발전을 위한 단계적 전략을 과학적으로 현실성 있게 세우고 실현해 나가는 것이 필요하다는 논리를 내세웠다. 국가경제발전 5개년전략의 목표는 인민경제전반을 활성화하고 경제부문사이의 균형을 보장하여 나라의 경제를 지속적으로 발전시킬 수 있는 토대를 마련하는 것이다.[49] 5개년전략에서 추진해야 할 것을 간추려 보면 다음과 같다.[50]

북한은 당 제7차대회에서 김일성-김정일주의화의 완성을 위해 투쟁하자면서, '국가경제발전 5개년전략'(2016-2020년)을 채택하였다. 이 전략의 목표는 인민경제의 활성화와 균형화를 위해 경제를 지속적으로 발전시킬 수 있는 토대를 마련하는 것이었다. 전략방향으로 병진노선 준수, 에너지문제 해결, 농업생산의 해결과 경공업생산으로의 인민생활향상이 주 내용이었다. 김정은은 경제문제에 대해서는 내각을 통해 리더십을 발휘하고 있다. 북한에서는 내각을 '경제사령부'라 하여 전반적 경제사업을 내각에 집중시키고 있다. 김정은에 의하여 총리에 다시 발탁된 박봉주는 당대회에서 제시된 과업 수행을 위해 5월 26일부터 28일까지 평양에서 '당, 국가, 경제, 무역기관 일군연석회의'를 개최하였다. 여기에서 박봉주는 "사회주의강국건설로선과 국가경제발전 5개년전략은 사회주의위업의 완

49 김창희, "북한 로동당 제7차대회 경제정책의 분석과 평가", p. 121.

50 ① 전력문제 해결, ② 석탄공업과 금속공업, 철도운수부문의 획기적 발전, ③ 기계, 화학, 건설, 건재공업 부문의 현대화 전문화, ④ 농업, 수산업, 경공업 부문의 과학화 등을 통한 인민수요보장, ⑤ 대외경제에서 무역구조개선과 경제개발구 투자환경보장, ⑥ 우리식 경제관리방법의 전면적 확립과 사회주의기업 책임관리제 실시로 요약할 수 있다.

전한 승리를 앞당기는 지름길을 위한 휘황찬 설계도이며 천만군민을 계획혁신, 계속전진, 련속공격에로 고무추동하는 전투적 기치"라고 강조하였다. 각기업소와 공장의 지배인들은 자신들의 분야에서 생산능력을 확장, 현대화 대책강구, 기술개선 등의 원론적인 제안을 하였다. 그리고 국가경제발전 5개년전략 수행을 위한 '충정의 200일전투'를 선포하였다.[51]

당국이 노력경쟁운동으로 200일전투를 선포하자 로동신문을 비롯한 매체들이 나서서 전체 인민들이 200일전투의 돌격투사가 되자고 선동하였다. 북한 전역을 '200일전투에서 승리자가 되기 위한 궐기모임'을 진행하면서 집단노력경쟁의 열풍으로 몰아갔다. 200일전투가 진행되는 동안에도 "군대와 인민의 기세는 하늘을 찌를 듯이 높다"면서, "인민경제의 모든 부문에서 이들이 자력가장의 정신력을 총폭발시키고 있다"고 하였다. 또한 "자강력제일주의를 만능의 보검으로 틀어쥐고 200일전투를 힘있게 벌려 국가경제발전 5개년전략수행의 돌파구를 열어나가자는 것이 현 시기 우리 당의 의도이다"라 하였다.[52] '선군정치는 만능의 보검'이라 했던 북한에서 '자강력제일주의는 만능의 보검'으로 바뀌었다.

최고인민회의 제13기 4차 회의가 6월 29일 개최되어 김정은은 국방위원회 제1위원장에서 국무위원회 위원장으로 추대되었다. 최고인민회의 중요 의안의 하나는 "조선로동당이 제시한 국가경제발전

51 로동신문은 다음날인 29일 이 연석회의를 보도하면서, '국가경제발전 5개년전략수행을 위한 대책과 실천방도 토의, 충정의 200일전투 선포'로 제목을 잡았다. 『로동신문』 2016.05.29, 1.

52 『로동신문』 2016.07.22, 1.

5개년전략을 철저히 수행할 데 대하여"였다. 박봉주는 이 의안에 대한 보고에서 '김정은동지가 경제부문실태에 대한 과학적 분석에 기초하여 국가경제발전 5개년전략을 제시'했다고 하면서, 이 목표를 달성하면 '경제강국건설의 돌파구'인 식량문제와 전기문제를 기본적으로 해결할 수 있다고 하였다. 이 보고에서 에너지 문제 해결, 농업생산구조의 개선, 경공업발전, 건설부문에 모든 역량을 집중하겠다고 하였다.

2016년 6월 1일부터 시작한 200일전투는 12월 15일 끝을 맺었다. 북한에서는 200일전투는 70일전투를 확대 발전시킨 '전 인민의 강행돌파전으로 자력자강의 창조대전'이라고 평가하고 있다. 이는 경제사업에서 인민동원을 합리화하는 것이고, 앞으로도 경제문제를 동원과 구호의 노력경쟁운동으로 풀어나가겠다는 것을 의미한다.

제4절 인민노력동원의 성과와 한계

1. 자력자강에 대한 자평

김정은은 2017년 신년사를 통해 "온 나라가 불가도니처럼 끓어번진 지난해의 련속적인 철야진군에서 전체 당원들과 근로자들, 군인들과 청년들은 고난과 시련을 용감하게 맞받아나가는 굴함없는 공격정신과 어떤 역경 속에서도 당의 부름에 오직 헌신과 헌신으로 대답하는 결사관철의 기상, 서로 돕고 이끌면서 비약을 이룩해 나가는 집단주의의 위력을 남김없이 떨쳤습니다"라고 하였다. 그리고 〈자력자강의 위대한 동력으로 사회주의의 승리적 전진을 다그치자!〉고 하면서, 이것이 새해의 행군길에서 우리가 들고 나가야 할 전투적 구호라고 하였다.

북한에서 자강력제일주의의 과학기술중시는 핵실험과 미사일 시험발사의 성공으로 나타났다는 것이다. 김정은은 신년사에서 '첫 수소탄시험과 미사일의 시험발사, 핵탄두폭발시험, 대륙간탄도로케트 시험발사준비사업 마감단계 등으로 국방력 강화와 위력한 군사적 담보를 마련하여 인민들에게 민족적 긍지와 고무적인 힘을 안겨주었다'고 평가하고 있다.

김정은은 집단주의적 경쟁의 성과를 다음과 같이 자평하였다. 즉, "70일전투와 200일전투기간에 우리는 사회주의강국건설을 위한 새로운 시대정신을 창조하였으며 인민들의 마음속에 당에 대한 믿음, 사회주의에 대한 신념이 더욱 뿌리내리게 되었다"이다.[53] 북한에서는 그 성과를 70일전투 기간에는 계획목표의 144%를 달성했고 공업성장이 1.6배 성장했으며, 200일전투에서 총생산목표의 119% 초과달성했다고 주장하고 있다.[54] 이 전투기간 동안 북한에서 실행된 업적으로 내세우는 것은 다음과 같다. 즉, "백두산영웅청년3호발전소, 원산군민발전소, 능금도간석지 2호제방, 홍건도간석지 1단계, 국토환경보호성 중앙양묘장 나무모야외재배장, 류경안과종합병원,

---

53 『로동신문』 2017.01.01, 1.

54 장은일, "충정의 70일전투와 200일전투에서 자랑찬 승리의 포성을 높게 울리게 하신 경애하신 최고령도자 김정은동지의 현명한 령도", 『사회과학원학보』 제1호(루계 제94호), 사회과학출판사, 2017, p. 7.

료약산샘물공장을 비롯한 현대화된 수많은 공장, 기업소와 병원"들을 새로 건설했다고 한다.[55] 자강력제일주의가 경제건설의 성과를 담보하는 근본적인 이유는 자신들의 자원에 기초하여 인민들의 아름다운 꿈과 이상을 실현해 나갈 수 있기 때문이다.[56] 북한은 국제적인 제재 속에서도 이와 같이 괄목할 만한 성과를 이룬 것은 자력자강의 노력에 기인했다는 것이다.

2. 자발적 복종에 대한 격려

북한은 자강력제일주의를 내세운 자신들의 전략을 정당화하면서, '애국충정의 피와 땀을 아낌없이 바친 전체 인민에게 뜨거운 감사'를 드린다고 하였다. 그리고 전략은 성공적인 결과를 가져왔다고 하며 인민들의 마음을 달래주고 어루만져 주었다. 자신들의 정치사회화 내용인 자강력제일주의가 성공적으로 진행되었다고 판단한 것이다. 실제로 이 모든 사업들이 노동자, 군인, 청년들의 노력동원에 의하여 이루어진 것이다. 북한이 내놓은 성과가 거의 토목·건축에 관계되는 일로 중장비가 사용되어야 할 공사를 인력으로 대신하고 있는 현실에서 볼 때, 얼마나 많은 피와 땀이 들어갔는지를 알 수 있다.

---

55 장은일, "충정의 70일전투와 200일전투에서 자랑찬 승리의 포성을 높게 울리게 하신 경애하신 최고령도자 김정은동지의 현명한 령도, p. 7.

56 류영철, "자강력제일주의는 경제강국건설의 성과를 담보하는 근본방도", 『경제연구』 제3호 (루계 제172호), 과학백과사전출판사, 2016, p. 4.

김정은은 2017년 신년사를 통해 그들을 보듬고 어루만지며 자발적 복종을 끌어내려 하였다. 즉, "나를 굳게 믿어주고 한마음 한뜻으로 열렬히 지지해주는 세상에서 제일 좋은 우리 인민을 어떻게 하면 신성히 더 높이 떠받들 수 있겠는가 하는 근심으로 마음이 무거워집니다"라는 심경의 피력으로 인민들의 마음을 사로잡으려 한 것이다. 그러면서 '안타까움과 자책 속에 지난 한 해를 보냈다'하고, 더욱 분발하고 전심전력하여 인민을 위해 더 많은 일을 할 것이라는 말을 하였다. 이는 김정은이 인민들의 노고를 알고 있으며 항상 자신은 그들과 함께하고 있다는 것이다. 그리고 인민총동원령에 따라준 인민들에게 감동을 주어 어려움에 처해있는 현실을 잊게 하려했다. 김정은은 북한의 어려운 경제 상황을 인정하고 자신에게 돌아오는 원성을 피하면서 인민들의 지지를 끌어들이려 하였다. 그는 수령의 무오류성이란 일반논리를 파괴하고 파격을 택함으로써 인민들에게 감동을 주고자 한 것이다. 2017년 1월 7일과 8일 열린 당, 국가, 경제기관 일군 연석회의에서 보고자들은 "최고영도자 김정은동지께서는 신년사에서 지난해 우리 군대와 인민이 이룩한 기적적인 성과를 긍지높이 총화한 것은, 조국과 인민에 대한 헌신적인 복무와 뜨거운 사랑이 넘치는 것"이었다고 하면서, 전인민들이 총돌격전의 진격로를 힘있게 열어나갈 열의에 넘쳐있다고 하였다.[57]

정치사회화의 매체들은 집단주의적 경쟁이 나은 성과달성을 보도하며, 자신들의 체제에 대한 자긍심을 갖게 하고 더 많은 힘과 땀을 부추기고 있다. 천리마 잡지에 "만리마선구자들은 달린다"라는 보

57 『로동신문』 2017.01.09, 1.

도기사를 통하여 '검덕광업련합기공소 금골광산 4, 5갱 고경찬영웅소대원들의 이야기' 싣고 있다.[58] 김정은원수가 사랑의 축하전문을 보냈고, 이들이 여기에 감화하여 더 증산투쟁과 돌격투쟁을 하면서 만리마의 기수가 되고 있다는 것이다. 조선중앙통신의 "당에 대한 불타는 충정과 자력자강으로 만리마시대의 본보기를 창조한 강원도 인민들의 영웅적위훈"에서는, '강원도정신'이라는 말이 등장하면서 강원도인민들이 자력갱생의 선구자라 하고 있다.[59]

북한에서는 그동안 대내외적인 어려움 속에서도 인민들의 자력갱생과 자급자족의 의지와 정신력으로 매진하여 전투목표를 달성했다고 치하하였다. 그러면서 "우리는 오직 자력자강의 위력으로 우리 삶을 지키고 혁명을 진전시켜나가야 합니다"라는 김정은의 발언을 내세우며, 자강력제일주의를 만능의 보검으로 틀어쥐자고 인민들에게 호소하고 독려하고 있다.

3. 구호정치와 동원의 한계

북한은 사회주의 강국건설에서 정치사상강국과 군사강국은 튼튼하게 다져졌으니, 이제 경제강국건설을 다그쳐 인민들의 행복한 생활

58 고정화, "만리마선구자들은 달린다", 『천리마』 제8호(루계 제699호), 천리마사, 2017, pp. 37-39. 천리마 잡지의 마지막 113페이지에 "모두다 단천발전소건설에로!"라는 포스터가 실려있는데, 건설현장에서 장비를 든 젊은이들의 힘차고 밝은 모습을 보여주고 있는데 그 뒤로 '만리마속도' '수령의 유훈관철' '자력자강'의 깃발이 휘날리고 있다.

59 이는 2017년 3월 25일자 로동신문 4면에 실려 있다.

을 보장해야 한다고 주장한다. 이 문제를 해결할 수 있는 근본 비결이 자강력제일주의를 높이 들고 나가는 것이다.[60] 실제로 인민들의 애국심과 충성심에 호소하여 그들을 노동의 현장으로 끌어들였고 값진 성과를 이루었다고 자랑하고 있다. 그런데 과연 이러한 것들이 얼마나 인민들의 생활을 향상시켰을까? 당국이 그토록 과시하고 내세우는 여명거리는 그림에 떡으로 실제 그들의 피부에 와 닿지 않는다. 실제로 인민들에게 중요한 것은 먹고 살아가는데 필요한 식량과 생활필수품이다.

핵실험에 성공했다고 전 지역에서 경축대회가 열려 수십만 명의 인민들이 참석했고, 각종 돌격대가 건설현상에서 밤낮을 가리지 않고 일했는데 그들에게 돌아온 것은 무엇일까? 그들이 과연 애국심과 충정심의 발로로 자발적으로 집회에 참석하고 돌격대에 지원했는지는 의문이다. 북한에서 집단주의식은 실종되어 각종 돌격대의 참여가 저조할 뿐만 아니라 회피하고 있는 실정이다.[61] 인민들이 강제로 동원되고 있는 것이 현실이다. 각종 돌격대에 인민들의 지원부족으로 학교, 공장·농장 등의 사업소에 강제 배분을 하여 이들을 참여케 하고 있다. 또한 당국은 통제기제를 작동하여 선동하고 감시하고 제재를 가하면서 인민들을 모으고 있다. 그런데 그들이 정말로 지도자의 영도에 감읍하여 자발적 복종을 하며 투쟁을 계속해 나갈 것인가? 김정은이 내세우는 인민중시정치는 인민들을 위한다는 정

60 김봉덕, "자강력제일주의는 사회주의강국건설의 항구적인 전략적로선", 『김일성종합대학학보(철학, 경제학)』 제62권 제4호(루계 제514호), 김일성종합대학출판사, 2016, p. 40.

61 김창희, "김정은의 정치리더십에 관한연구: 터커Robert C. Tucker의 기능적 접근을 중심으로", p. 137.

치인데, 인민들의 생활향상을 위해서 그들을 계속 혹심한 노력동원으로 몰아가는 정책을 펼쳐나가고 있다는 것 자체가 모순이다. 인민중시의 정치가 아닌 인민착취의 정치가 되고 있다는 점이다.

북한에서 인민들의 가계가 시장활동을 통해 대부분 유지되고 있고, 계획경제의 공간도 시장에 의존해 작동되고 있는 현실에서 일방적이고 획일적인 정치사회화의 한계를 노정하고 있다. 즉, 북한에서 집단주의의식은 약화되고 있는데, 시장화가 진행되면서 일탈이 더욱 현실화되고 있는 실정이다. 개인장사를 선호하고 시장을 통한 외부사조 유입 및 주변세계에 대한 동경의식이 확산되면서, 조직생활의 참여 및 기피현상이 사회적 보편현상으로 나타나고 있다.[62] 북한당국은 시장에 대한 딜레마에 처해 있다. 당국이 책임질 수 없는 인민들의 삶을 위해서는 시장을 활용해야지만, 시장의 확대는 체제 불안 요인이 될 수 있기 때문이다.

그럼에도 불구하고 "우리 군대와 인민은 자력자강제일주의를 영원한 승리의 기치로 휘날리며 위대한 김정은 시대의 기적과 번영의 자랑찬 년대들로 빛내여 나갈 것이다"라고 하는 것이 북한의 현실이다.[63] 심리적 동원으로 아무리 '사회주의 낙원'을 주장하고 있지만 현실은 전혀 그렇지 못한 실정이다. 사정이 이렇다 보니 선전선동과 강제기제를 사용하지 않을 수 없고, 이것이 북한 정치사회화 과정에서 나타나는 한계이다.

---

62 통일부 통일교육원, 『2017 북한의 이해』, 통일부 통일교육원 교육개발과, 2017, p. 249.

63 『로동신문』 2017.03.25, 2.

—

제5절 자력자강의 전략노선의 진단과 처방

김정은 체제가 공식적으로 출범하면서 헌법에 '정치사상강국, 핵 보유국, 무적의 군사강국'을 명시하였다. 그리고 김정은은 경제건설과 핵무력건설 병진노선을 시대정신이며, 핵심적인 국가전략으로 제시하였다. 본격적인 김정은 시대가 도래한 2016년 북한은 제4차 핵실험을 단행하였고 당 제7차대회를 개최하였다. 국제적인 제재가 강화되는 과정에서 북한이 주장하고 나선 것이 자강력제일주의이다. 아무리 압박을 가해왔어도 자신들의 기술로 완성한 핵무력으로 자주권과 생존권을 확보했으니, 이제 자신들의 자원과 힘으로 앞날을 개척해 나가겠다는 것이다. 이것을 과시하기라도 하듯 북한은 2016년 9월 9일과 2017년 9월 3일 제5, 6차 핵실험을 단행하였다. 2017년 10월 7일에 있는 당중앙위원회 제7기 2차 전원회의에서도 김정은은 국제제재 속에서도 과학기술이 비약적으로 발전하였다고 하면서, 병진노선의 재천명과 자강력제일주의의 실현을 통한 자력갱생을 거듭 강조하였다.

북한에서는 그동안 어려움을 헤쳐 나가기 위해 노력동원운동을 펼쳐왔다. 김일성 시대를 대표하는 것이 천리마운동이었고, 김정일 시대는 고난의 행군과 붉은기운동, 제2의 천리마운동이었다. 김정은 시대에 들어서 1970년대 시대정신의 재현이라며 김정일애국주의를 내세웠고, 만리마속도를 창조해 가자고 하였다. 북한은 이같이 노력동원운동 내용으로 하는 정치사회화 과정을 통하여 인민들의 복종을 끌어냈다. 다시 북한은 국제제재 등의 어려운 국내외적 환경

속에서 자강이라는 명분으로 핵무력을 합리화하면서, 자강력제일주의라는 기치를 들고나왔다. 자강력제일주의의 주장과 전략이 무엇인지를 몇 가지로 정리해 본다.

첫째, 자강력제일주의는 북한이 체제유지와 발전을 위해 새롭게 내놓은 정치사회화 내용이다. 자신들의 과학기술에 의한 핵과 미사일 개발은 핵실험과 대륙간탄도미사일로 완성되었고, 이것은 사회주의강성국가의 원천이라는 것이다. 핵무력은 자강력이라며 이것은 '조선의 힘'을 보여주는 것이라면서, 대규모 군중대회를 개최하여 인민들에게 자긍심을 심어주었다. 그러면서 미국을 비롯한 제국주의 국가들이 더 이상 우리를 얕보지 못하고, 결국 '무릎을 꿇게 되었다'고 선전선동을 하였다. 이제 핵무력이 확보되었으니 남은 모든 것도 우리 힘으로 해결할 수 있다며 내부결속력을 강화시키고 있다.

둘째, 북한은 국가기본전략인 핵과 경제건설의 병진노선을 가열차게 수행하여 핵무력은 완성되었으니, 경제를 발전시키는 것만 남았다고 한다. 이를 실현하기 위해서는 남에게 의존하지 않고 자신의 '자원, 기술, 힘'으로 자력갱생하자는 것이다. 자강력제일주의를 내세운 가장 큰 의도는 인민노력동원으로, 집단적 노력경쟁을 통하여 모든 사업에서 기적을 창조하겠다는 것이다. 김정은은 국제적인 제재에도 불구하고 대내외적으로 과시할 수 있는 대규모 건설사업에 치중하며, 이를 완공함으로써 자강력제일주의의 성과를 보여주려 하였다. 집단주의적 경쟁의 열풍은 조선속도·만리마속도를 창조하여 10년 걸릴 사업을 1년 내에 완성해 냈다는 것이다. 백두산 발전소 건설에는 청년들의 피와 땀이 서려 있다면서, 그들을 영웅화하면서 이것이 백두산청년영웅정신이라고 하였다. 평양의 여명거리의

70층 아파트는 김정은이 자강력제일주의를 주장한 이후 나온 대표적인 상징물이었고, 이를 대대적으로 홍보하며 이곳을 만리마속도 창조의 고향이라 하고 있다.

셋째, 북한에 대한 국제제재 속에서 자신들이 할 수 있는 것은 자력갱생이었고, 이러한 상황에서도 36년 만에 당 제7차대회를 개최하여 역사적인 전기를 마련했다는 것이다. 당대회를 전후하여 진행된 70일전투와 200일전투는 자강력제일주의 정신으로 목표치를 초과 달성했다면서, 대표적인 토목·건설사업을 예로 들어 내세웠다. 결과적으로 국내외적 어려운 상황 속에서도 자신들의 힘으로 경제를 성장시켰다고 하면서, 자강력제일주의는 사회주의강국건설을 위한 항구적인 전략이라 하고 있다.

넷째, 병진노선을 틀어쥔 상태에서 새로운 처방으로 제시한 것이 국가경제발전 5개년전략이었다. 인민생활향상에 대한 비전을 다시 제시하면서 경제전반에 균형발전을 가져가겠다는 것인데, 이를 들여다보면 전력문제와 식량문제가 주를 이루고 있다. 결국 동력자원을 건설하고 식량증산을 위해 자강력에 의존할 수밖에 없으니 믿을 수 있는 것은 인민들의 노력동원이다. 자강력제일주의는 결국 인민동원정책으로 5개년전략을 완수하기 위해 200일전투에 돌입한 것을 보면 알 수 있다. '새로운 천리마·만리마운동'과 같이 이러한 형태의 동원은 계속될 것이다. 과연 김정은의 정치리더십이 인민의 지지를 얻을 수 있을 것인가?

이렇게 북한이 자강력제일주의로 인민들의 자긍심을 고취시켜 내부 결속을 가져갔고, 어느 정도의 경제성장도 달성되었다는 것도 부정할 수 없는 사실이다. 이는 북한 정치사회화의 주형성의 성과라고 볼 수 있다. 그러나 정치사회화의 결과로 이어지는 복종에는 자신의 희생이 아닌 이익이 있어야 한다. 핵무력은 인민들에게 밥이 아니다. 인민들은 자강력에 의하여 자신들의 생활이 향상되고 있다는 것을 직접 피부로 느껴야 하는데, 상황은 그렇게 전개되지 않고 있다. 자강력제일주의에서 제기되는 문제점은 국가는 인민들을 집단주의적 경쟁으로 몰아가면서, 과연 국가가 자신들을 위해 무엇을 해주고 있느냐이다. 국가가 인민들의 실질적인 생활향상을 시켜주고 있지 않기 때문에, 인민들은 직접 자신의 힘으로 현실을 돌파해야 한다는 생각을 하고 있다. 이는 개인자력주의로 개인주의 성향을 배태시킬 수 있고, 북한 시장화 현상의 확산은 이를 말해주는 일면이다. 여기에서 중요한 것은 북한이 가장 중시하는 집단주의적 가치관이 허물어질 수 있다는 것이다. 인민들은 조직과 집단을 위해 희생하고 복종하기보다는 자신을 더 챙기려한다.

북한은 남의 손에 의존하지 않고 살아가려는 가장 정신력은 자강력의 정수라 하면서, 자신들의 경제강국건설을 가로막는 것이 대북제재라는 것이다. 즉, '경제강국건설을 위한 우리 인민의 투쟁은 미제를 우두머리로 하는 제국주의 연합세력의 2중 3중의 경제봉쇄 속에서 벌어지고 있다'고 한다. 미국이 자주권을 수호하기 위한 자신들의 정당한 조치인 핵무력 강화를 걸고넘어져 경제발전과 인민생활을 가로 막는 대북제재를 조작하고 있다는 것이다. 그러므로 미국과 추종세력들의 제재정책을 뚫고 나가는 길은 오직 자력자강의 정신밖에 없다는 것이다. 자력자강의 정신은 난관극복의 위력무기이고, 자강력제일주의를 구현하기 위한 투쟁방식은 자력갱생과 간고분투이다.[64]

북한은 자강력제일주의가 항구적인 전략노선이라며 이를 틀어쥐고 나갈 것이라고 하는데 이를 바꾸어야 한다. 결국 자력자강 실현의 핵심은 인민노력총동원인데, 이것으로 언제까지 인민들의 희생을 강요할 수는 없다. 북한이 주장하는 인민중시의 정치가 제대로 되려면, 국내외적인 어려움을 자강력제일주의로 풀려고 하지 말고 정치환경을 바꾸어야 한다. 핵무력에 의존하여 계속적인 국제제재의 대상 국가에 머물지 말고, 협상에 임하여 국제사회의 떳떳한 일원이 되어야 한다. 그래야 인민중시정치가 인민착취정치로 되지 않고, 자신들이 주장하는 진정한 강한 국가를 만들 수 있다. 자강력제일주의가 북한이 주장하는 것처럼 '만능의 보검'이 아니니, '개방과 혁신과 행복'이 정치사회화의 주 내용이 될 수 있는 국가로 탈바꿈해야 한다. 그래야 인민들이 국가에 자발적 복종을 할 수 있을 것이다. 결국 북한은 2018년에 들어서 병진노선이 완수되었다고 하면서, 새로운 전략노선으로 경제건설 총집중노선을 내세웠다. 이것이 자강력제일주의를 접는다는 것은 아니지만, 북한경제건설 추진전략에 있어 가장 큰 저해요인인 대북제재를 해제하여 보려는 것이었다.

64 박혜숙, "자력자강의 정신을 틀어쥐고나가는것은 경제강국건설의 근본방도", 『김일성종합대학학보(철학, 경제학)』 제64권 제1호(루계 제514호), 김일성종합대학출판사, 2018, pp. 33-34.

제12장

국가전략노선의 전환

—

제1절 경제건설과 핵무력건설 병진노선

1. 국가핵심전략 노선의 지속

김정은 체제가 공식적으로 출범하면서 인민생활향상에 최우선을 두겠다는 '인민대중제일주의'는 김정은 정치의 모든 사색과 활동의 출발점이라 하였다. 그러나 북한이 치중한 것은 '광명성 3호'라는 장거리 로켓 발사와 제3차 핵실험으로 '선군조선의 위용'을 떨치는 것이었다. 미사일 발사와 핵실험 성공으로 자신감을 얻은 김정은이 국가핵심전략으로 내세운 것이 '경제건설과 핵무력건설 병진노선'이었다. 2013년 3월 당 전원회의에서 채택한 병진노선은 핵무력을 강화함으로써 국가방위력을 높여, 재래식 무기에 투입되는 국방비를 경제건설에 돌려 국가경제를 발전시키겠다는 것이다.

북한은 2014년 3월 14일 국방위원회 성명을 통해 미국의 행정부는 계속 바뀌었지만 '대조선적대시정책'은 계속되고 있다면서 오바마Barack Obama 행정부에 대한 강한 불만감을 표시하였다.[1] 즉, ① 미국은 더 늦기 전에 시대착오적인 대조선적대시 정책과 그에 따른 모든 조치들을 전면철회하는 정책 결단을 내려야 한다. ② 미국은 우리의 핵 억제력에 대한 똑바른 견해와 입장을 가지고 〈선 핵포기〉가 대조선적대시 정책의 〈근간〉이라고 함부로 떠벌리며 어리석게 놀아대지 말아야 한다. ③ 미국은 새로운 대조선 적대시정책의 일환으로 벌리기 시작한 우리에 대한 터무니없는 〈인권〉소동을 당장 중지해야 할 것이다. 이는 미국의 대북핵정책인 '제재와 봉쇄'에 대한 불만과 장성택 처형에 대해 '최악의 인권볼모지'라고 한 것에 대한 대응이었다. 전원회의 결정 1주년인 2014년 3월 31일 사설에서 "최후의 승리를 이룩하는 그 날까지 병진의 기치를 강성과 부흥의 보검으로 억세게 틀어쥐고 나가야 한다"고 주장하였다.[2] 이후 북한은 "우리는 제국주의의 핵위협과 전횡이 계속되는 한 경제건설과 핵무력건설 병진시킬 데 대한 전략적로선을 항구적으로 틀어쥐고 자위적인 핵무력을 질량적으로 더욱 강화해 나갈 것이다"하였다.[3] 북한은 좌고우면하지 않고 핵무기 고도화의 길로 나겠다는 것이다. 이렇게 북한에서는 병진노선을 '정의의 핵보검'이라 하며, 항구적인 국가전략노선이라 하였다.

이러한 상황에서 2015년 10월 16일 미국의 워싱턴에서 박근혜 대통령과 오바마 대통령의 한미정상회담이 개최되었다.[4] 그동안에도

1 『로동신문』 2014.03.15, 1.

2 『로동신문』 2014.03.31, 1.

3 『로동신문』 2014.07.01, 1.

4 박근혜 대통령과 오바마 대통령 간의 한미정상회담은 2013년 5월 7일 워싱턴에서 첫 정상회담을 시작으로 2014년 4월 25일 서울회담 그리고 유엔총회 참석차 뉴욕

북한문제에 대하여 논의되기도 하였지만, 단일 의제로 공동성명이 채택된 것은 처음이었다. 북한에 대한 공동성명Joint Statement on North Korea에서 "한미동맹은 북한의 핵·탄도미사일 프로그램뿐 아니라 여타 도발에 의한 평화 및 안전에 대한 위협에 대응한다는 공약을 견지하고 있다"고 전제하였다. 구체적인 내용으로는 한미 양국의 공동목표인 완전하고 검증 가능하며 불가역적(CVID) 비핵화 목표 성취를 위해 제재를 통한 압박과 더불어 북한과의 대화의 문을 열어놓겠다고 하였다. 또한 양국은 북한을 핵 보유국으로 인정하지 않고 핵무력과 경제건설의 병진노선은 양립할 수 없으므로, 만약 북한이 핵·미사일 프로그램을 포기하겠다는 진정한 의지를 보이고 국제적 의무이행에 동의하면 북한의 밝은 미래를 위한 지원을 계속할 준비가 되어 있다고 하였다.

김정은은 2016년 신년사를 통하여 "남조선당국은 북남대화와 관계개선의 흐름에 역행하여 우리의 〈체제변화〉와 일방적인 〈제도통일〉을 로골적으로 추구하면서 북남사이의 불신과 대결을 격화시켰다" 하였고, '미국은 정전협정을 평화협정으로 바꾸어 조선반도에서 전쟁위험을 제거하고 긴장을 완화하자는 자신들의 요구를 〈대조선적대시정책〉에 매달려 정세를 긴장격화로 몰아가고 있다고" 비난하였다. 북한은 자신들의 자주와 자강의 힘으로 이를 이겨 낼 것이라면서 자위적 국방력을 다져왔다고 하였다. 북한에서 말하는 자강력의 핵심은 자신들의 힘으로 완성했다는 핵무력이다. 2016년 1월 6일 제4차 핵실험을 수폭실험이라 하면서, 이것의 성공은 자강력과

회담에 이어 4번째 개최되었다.

국력의 일대 과시라 하였다.[5] 이제 핵무력 발전이 보다 높은 단계에 이르렀다면서, 이는 미국을 비롯한 적대세력으로부터 생존권을 수호하고 평화 지역의 안전을 담보하기 위한 자위적 조치라는 것이 북한의 주장이다.[6] 자강력제일주의는 자신들의 힘으로 핵무력을 완성했으나 국제사회로부터 제재를 받고 있으니, 믿을 수 있는 것은 자신들 뿐이므로 모든 분야에서 자력갱생·고군분투로 전진하자는 것이었다.[7]

북한은 제4차 핵실험 이후 2월 7일에는 '광명성 4호'를 발사하여 궤도진입에 성공했다고 발표하였다. 북한은 당 제7차대회를 앞두고 자신의 체재의 강건함과 과학기술의 발달을 내세우며 인민들의 자긍심을 고취시키고자 하였다. 즉, "조선로동당 제7차대회를 위대한 승리로 빛내여야 할 올해에 지구관측위성 〈광명성 4〉호 발사의 완전성공과 같은 세상을 놀래우는 대장거, 대사변들로 온 나라가 들끓는다"면서, 약동하는 기상으로 충정과 애국으로 피 끓는 심장을 다 바쳐야 한다고 강조했다.[8] 이 같은 핵무력 완성의 시도는 계속되었고 3월과 4월에는 핵탄두 기폭장치, 고체엔진 지상분출시험, 신형 ICBM(대륙간탄도미사일)엔진 지상분출시험을 하였다. 당대회가 개최되기 전까지 '70일전투'로 모든 전선, 모든 분야에서 만리마시대의 새로운 시대대표 정신이 창조·창출이 되도록 할 것을 요구하였다.[9]

---

5 김창희, "북한의 자강력제일주의와 인민노력동원에 관한연구", 『한국동북아논총』 제22집 제4호, 한국동북아학회, 2017, p. 108.

6 『로동신문』 2016.01.07, 2.

7 김창희, "북한의 자강력제일주의와 인민노력동원에 관한연구", pp. 108-109.

8 『로동신문』 2016.02.24, 1.

김정은은 당 제7차대회에서 당 위원장에 추대되었고 당중앙위원회 사업총화보고에서 '우리 당의 새로운 병진노선은 급변하는 정세에 대처하기 위한 일시적인 대응책이 아니라 항구적인 전략노선이며 핵무력을 중추로하는 방위력을 철벽으로 다지면서 경제건설에 더욱 박차를 가하는 노선'이라고 하면서, '자강력제일주의를 높이 들자'고 하였다. 그러면서 "핵무력을 중추로 하는 나라의 방위력을 철벽으로 다지면서 경제건설에 더욱 박차를 가하여 번영하는 사회주의강국을 하루빨리 건설하기 위한 가장 정당하고 혁명적인 로선"이라고 하였다. 자강력제일주의의 핵심적인 요소는 '핵무력을 중추로 하는 군사력'의 완비라고 볼 수 있다. '선군정치가 만능의 보검'이라 했던 북한에서 '자강력제일주의는 만능의 보검'으로 바뀌었다.

2. 국가 핵심전략으로 핵무력건설

북한의 병진노선에 한미 양국은 우려를 표하면서 완전하고 검증 가능하며 불가역적 비핵화 목표성취를 위해 재제와 압박을 한다는 것이었다. 북한은 2016년 7월 6일 "미국과 남조선당국의 〈북비핵화〉 궤변은 조선반도 비핵화의 전도를 더욱 험난하게 만들 뿐이다"는 정부 대변인 성명을 발표했다. 미국과 남한이 한반도 비핵화에 관심이

9 당중앙위원회 정치국 회의는 2016년 2월 23일 당 제7차대회를 앞두고 70일전투를 결정하였다. 이 전투의 주된 과업이 경제강국건설과 인민생활향상, 사회주의 문명건설에서 혁신과 기적을 일으키자는 것인데, 결국 경제건설을 위한 인민총동원령이다.

일말의 관심이라도 있다면 다음과 같은 원칙을 받아들여야 한다며 5가지를 제시하였다.[10]

북한은 '자강에 의한 핵무력 완성'을 과시라도 하듯 9월 9일 '북부 핵시험장'에서 제5차 핵실험을 단행하였다. 북한은 '핵무기연구소'의 성명을 통해 "핵탄두의 위력판정을 위한 핵폭발시험"을 했다면서, "미국을 비롯한 적대세력들의 위협과 제재소동에 대한 실질적 대응조치"라고 하였다. 또한 "미국의 가증되는 핵전쟁위협으로부터 우리의 존엄과 생존권을 보위하고 진정한 평화를 수호하기 위한 국가핵무력의 질량적강화조치는 계속될 것이다"하였다. 미국은 매년 한미합동훈련시 '공개적'으로 대북 '선제 핵무기 사용위협'의 강도를 높혀 왔다. 유사시 북한에 대한 '핵 선제타격'요소가 포함된 북한 핵무력 위협에 대한 한미양국의 억제 전략에는 북한 전쟁지도부에 대한 '참수작전'까지 포함되어 있었다.[11]

김정은은 2017년 신년사를 통해서 북한이 '동방의 핵강국, 군사강국'이 되었다면서, "수소탄 시험과 각이한 공격수단으로 시험발사, 핵탄두폭발시험이 성공적으로 진행되었으며 대륙간탄도로케트 시험발사 준비사업이 마감단계에 이르렀다"고 밝혔다. 미국에서 2017년 1월 트럼프Donald Trump 행정부가 출범하였고 4월에 '최고 압박과 관여'를 기조로 하는 대북정책을 수립하였다. 대북정책 재검토

10 즉, '① 남한에 들여놓고 시인도 부인도 않는 미국의 핵무기 공개, ② 남한의 핵무기와 기지 철폐와 검증, ③ 미국은 한반도와 주변에 핵 타격수단 유입금지, ④ 미국은 북한에 핵전쟁과 핵 사용 않겠다는 확약, ⑤ 남한에서 핵사용권 가지고 있는 미군철수 선포였다. 『로동신문』 2016.07.07, 1.

11 백학순, "김정은의 외교·안보·통일 리더십", 『김정은 리더십 연구』, 세종연구소, 2017, p. 81.

과정에서 군사적 옵션, 정권교체, 북한의 핵 보유국 인정과 같이 폭넓은 접근법이 논의되었고, 최종적으로 압박을 통해 북한의 태도변화를 유도하는 노선을 선택하였다.[12] 2017년 6월 30일 백악관에서 트럼프 대통령과 문재인 대통령이 정상회담을 가졌다. 상술한 바와 같이 트럼프 행정부는 북한에 대하여 강경정책으로 대응하는 것이었고, 문재인 대통령의 대북접근법은 '대화와 교류, 협력'을 통한 평화적 해결기조였다. 이 회담에서 한미정상은 'CVID 한반도 비핵화'라는 북핵문제해결의 공동목표를 확인하였다.

북한은 병진노선에 의한 경제건설에 힘을 쏟는다 하면서도 실제로는 핵무력 강화에 매진하였다. 김정은의 신년사에서 제시한 '대륙간탄도로켓시험발사 준비사업 마감단계'를 증명이라도 하듯 이를 실행에 옮겼다. 북한에서 미 본토타격을 목표로 하는 ICBM급 화성-14형 미사일은 1차 7월 4일과 2차 28일 두 차례에 비행하는 데 성공하였다고 발표했다. 특히 7월 28일 제2차 시험발사 후 로동신문 1, 2, 3면에 김정은의 서명 모습과 발사를 지켜보는 장면, 발사되어 올라가는 장면 10여 장의 사진을 싣고 있다.[13] 유엔 안보리는 대북제재결의안 제2371호를 채택하였다.

북한은 2017년 9월 3일 제6차 핵실험을 강행하였고, '핵무기연구소'는 '대륙간탄도로케트 장착용 소수탄시험에서 완전성공'이라는 성명서를 발표하였다. 여기에서 "우리의 핵무기설계 및 제작기술이

---

12 이우태 외, 『북핵위기와 북미간 전략환경 인식』 KINU 연구총서 18-13, 통일연구원, 2018, p. 140.

13 그러면서 "대륙간탄도로케트 〈화성-14〉형은 최대정점고도 3,724.9㎞까지 상승 998㎞를 비행하여 공해상의 설정된 수역에 정확히 탄착되었다"고 보도했다. 『로동신문』 2017.07.29, 2.

핵탄의 위력을 타격대상과 목적에 따라 임의로 조정할 수 있는 높은 수준에 도달하였다는 것을 보여주었으며 국가 핵무력완성의 완결 단계 목표를 달성하는데 의의있는 계기"되었다고 주장하였다.[14] 유엔 안보리는 9월 12일 강력한 제재조치를 담은 대북제재결의안 제2375호를 만장일치로 채택하였다. 여기에는 유류공급제한, 해외노동자 제한, 섬유제품 수출금지, 북한과 합작사업 사업 설립·유지·운영 전면금지 등이 포함되었다. 북한은 이에 반발하였다. 특히 미국 트럼프 대통령의 9월 19일 유엔총회에서 한 "미국과 동맹국들을 방위해야 한다면 북한을 완전히 파괴한다는 결정을 내릴 수밖에 없다"는 발언에는 김정은 위원장이 직접 나섰다. 북한에서는 9월 21일 '조선민주주의인민공화국 국무위원회 위원장 성명'을 내놓았다. 즉, "한반도에 격화되고 있는 일촉즉발의 위기상태로 치닫고 있는 상황에서, 미국의 집권자는 정세완화에 도움이 될 수 있는 나름대로 설득력 있는 발언은 고사하고 우리 국가의 〈완전파괴〉라는 력대 그 어느 대통령에게서도 들어 볼 수 없었던 전대미문의 무지막지한 미치광이나발을 불어댔다. 겁먹은 개가 더 요란하게 지저대는 법이다"고 하였다.[15]

북한은 11월 29일에 '새로 개발한 대륙간탄도로케트 화성-15호'를 발사하였다. 이번에는 '조선민주주의인민공화국정부'가 "새형의 대륙간탄도로케트시험발사 성공"이라는 성명서를 발표하였다. 여기에서 "대륙간탄도로케트 〈화성-15〉형 무기체계는 미국본토전역을 타격할 수 있는 초대형중량급핵탄두장착이 가능한 대륙간탄도로케

---

14 『로동신문』 2017.09.04, 1.

15 『로동신문』 2017.09.22, 1.

트로 〈화성-14〉형 보다 전술기술적제원과 기술적 특성이 훨씬 우월한 무기체계로 완결단계에 도달"했다면서, 이것으로 '국가핵무력 완성의 역사적 대업, 로케트강국위업'이 실현했다고 주장하였다.[16] 유엔 안보리가 2017년 12월 22일 채택한 대북제재결의안 제2397호는 북한이 앞으로 더 핵실험을 하거나 대륙 간 사거리를 갖춘 탄도미사일(ICBM급)을 발사할 경우 추가적인 유류제한 조치를 한다는 것을 내용을 골자로 하였다. 만약 유류제한이 추가될 경우 이것은 북한의 거의 모든 산업의 마비를 의미하는 것이었다.

이렇게 북한은 김정은 시대 들어서서 병진노선을 국가핵심전략노선으로 내걸고 이를 추진해 나갔다. 그러나 경제건설보다는 핵무기와 미사일 개발에 사활을 걸고 모든 국력을 쏟아부었다. 국내외적인 어려움 속에서도 자신들의 힘으로 핵무력을 완성했고 경제도 성장시켰다며, 자강력제일주의를 사회주의강국건설의 항구적인 전략이라 하였다. 북한이 주장하는 바와 같이 인민생활향상은 이루어지지 않았고, 국제적인 제재는 더욱 강하게 김정은 체제를 압박하였다.

이삼성은 북한이 ICBM과 결합한 핵무장을 완성했고 이것은 미국의 적대시 정책을 무력화하기 위한 것이라는 큰 명분은 내세우고 있다면서, 북한의 핵무장이 미국의 군사행동을 신중하게 만드는 효과도 있을 수 있다. 그러나 그 반대의 경우도 상정할 수 있어 오히려 북미 사이의 군사적 긴장이 일상화될 수밖에 없고 한반도에서 전쟁위험은 더 커질 수 있음을 상기시켜, 북한이 주장하는 전쟁억제론에 대한 효과에 대한 의구심을 표하였다.[17]

---

16 『로동신문』 2017.11.29, 1.

17 이삼성, 『한반도의 평화와 전쟁』, 파주: 한길사, 2018, pp. 83-84.

—

제2절 대내외 정책노선의 변화와 경제건설 총력집중노선

1. 병진노선의 불균형

김정은은 2016년 신년사에서도 인민생활문제를 천만가지 국사 가운데서 제일국사라 하면서 전력문제와 농업부문 그리고 경공업부문과 건설부문 사업의 중요성을 강조하였다. 그러나 핵무력에 지속적인 투자가 오히려 인민생활의 악화를 초래하고 있는 것이다. 북한에서 '쌀은 곧 사회주의이고 인민들의 먹는 문제를 푸는 것은 절박한 요구로, 먹을 것이 많이 나와야 온 나라가 흥성거리고 인민경제 모든 부문이 활성화된다'는 주장은 여러 곳에서 찾을 수 있다. 인민생활을 높이는데 중요한 것은 첫째도 먹는 문제 둘째도 먹는 문제라 하면서 식량문제를 원만히 해결을 강조하여왔다.[18] 그렇기 때문에 병진노선전략으로 에너지문제를 해결하고 농업과 경공업 분야의 확대를 통해 인민생활을 향상시켜 경제강국을 건설한다는 것이었다. 그러나 김정은은 당 제7차대회 사업총화보고에서 국방과학기술은 최상의 경지에 올라 정치군사강국의 지위에는 올랐지만 경제분야는 아직 여기에 이르지 못하였다고 보고하였다. 특히 농업문제에 대해서는 "식량의 자급자족을 실현해야 합니다. 오늘뿐만 아니라 앞날

---

18 리혁, "경제강국건설의 주타격방향인 농업과 경공업을 추켜세우는데서 나타나는 몇가지 문제", 『김일성종합대학학보(철학, 경제학)』 제62권 제2호(루계 제508호), 김일성종합대학출판사, 2013, p. 81.

까지 예견성있게 내다보면서 식량생산을 늘려야한다"면서, 식량문제 농업문제해결을 끝까지 관철해야 한다고 하였다.

북한은 미국의 대북 적대시 정책과 핵 선제공격에 대비하기 위한 순수 억지의 목적으로 개발하고 있다고 주장한다.[19] 김정은은 국방공업부문에 대하여는 확신에 차 있었다. 자신들의 국방과학기술은 최상의 경지에 올라 국가핵무력완성의 역사적 대업을 실현하여 미국에 실제적인 핵위협을 가할 수 있는 전략국가로 부상했다는 것이다. 이렇게 병진노선이 균형을 잡지 못하고 핵무력건설에 집중되면서, 대북제재는 강화되었고 경제건설은 표류하였다. 북한에서는 강력한 핵무력이 조국과 인민을 담보하고 있으니, 자력자강의 창조대전을 힘있게 벌여 국가경제발전 5개년전략 수행에 집단적 열풍을 일으키자고 독려하였다. 인민들이 불굴의 정신력을 발휘하여 경제건설과 인민생활향상을 위한 생산적 앙양을 일으켜달라고 호소하였다.

2017년 10월 7일에는 당중앙위원회 제7기 2차 전원회의가 개최되었다. 김정은은 보고를 통하여 조선반도를 둘러쌓고 있는 중대한 문제들을 분석평가하고, 당의 당면활동과 경제발전의 방향 그리고 실현을 위한 전략과업과 방도를 제시하였다고 보도하였다.[20] 그러면서 오늘의 현실을 통하여 당이 경제건설과 핵무력건설의 병진노선을 틀어쥐고 힘차게 전진한 것은 천만번 옳았다고 하였다. 이제 '극악무도한 제재압살책동'을 물거품으로 만들고 화를 복으로 전환시

19 전재성, "북한의 핵능력 고도화와 대북 경제제재 심화에 따른 동북아 국제관계의 변화", 『통일정책연구』 제25권 2호, 통일연구원, 2016, p. 4.

20 『로동신문』 2017.10.08, 1.

키기 위한 기본열쇠가 자력갱생이고 과학기술의 힘이라 하면서, 인민경제의 주체화 노선과 자력갱생구호를 높이 추켜들고 경제를 발전시키는 투쟁을 벌여 난국을 돌파하자고 하였다.

김정은이 북한경제를 발전시키기 위해서 가장 중요한 것이 국제사회와의 협력인데, 핵실험이 거듭될수록 유엔 안보리의 대북제재는 강도와 범위가 확대되었다. 특히 2017년 집중된 핵무력 강화는 미국과 유엔 안보리의 대북제재를 심화시켰고 경제상황이 어려워지면서 출구전략이 필요했다. 이를 대남·대미 관계개선으로 돌파하고자 하였다.

2. 전략노선 전환과정

김정은은 2018년 신년사에서 자신들은 어떠한 위협에도 대응할 만큼 '강한 전쟁억제력'이 작동하여 미국도 어찌하지 못할 것이라 하면서도, 남북관계의 개선에 대해서는 강하게 어필하였다. 신년사를 통해 자신들의 핵무력은 미국의 핵위협도 '분쇄 대응'할 수 있다고 주장하면서, 핵무력이 완성되었다는 것을 선포하였다. 그러면서 자신들의 핵무력은 전쟁억지를 위한 것이라는 것을 강조한 것이다. 남북문제는 남북관계개선의 역사적인 해를 만들어야 한다면서, 군사적 긴장상태를 완화하여 평화환경 마련과 관계개선 논의로 출로의 돌파구를 마련하자고 제의하였다. 구체적이고 실질적인 문제로 평창동계올림픽의 대표단 파견과 필요한 당국자 간 만남을 시사하는 내용 등을 내놓았다.

이것은 김정은 위원장의 출구전략으로 그동안 문재인 대통령이 꾸준하게 제기해온 한반도 평화정착과 남북관계 개선에 대한 응답이었다. 북한은 평창동계올림픽 참가 의사를 표명하여, 그동안 단절되었던 대남대화의 물꼬를 떴다. 북한 선수단이 평창동계올림픽에 참가하였는데, 참관대표단 형식으로 고위급인사들도 파견하여 2월 10일에 청와대를 방문하였다. 김여정은 김정은 위원장 특사 자격으로 문재인 대통령을 접견하고 김 위원장의 친서와 함께 남북정상회담 의사를 전달하였다. 이것은 북한 대외정책의 변화를 위한 시도였고, 이에 정의용 국가안보실장 등의 대북특별사절단이 3월 5일 방북하여 김정은 위원장을 만나 4월 말 판문점 평화의 집에서 남북정상회담 개최에 합의하였다.

이 합의에는 북한 대내외정책의 변화에 대한 중요한 내용이 담겨 있었다. 즉, 한반도 비핵화 의지 표명과 군사적 위협이 해소되고 체제안전이 보장된다면 핵을 보유할 이유가 없다는 것과, 비핵화 문제 협의 및 북미 관계 정상화를 위해 미국과 허심탄회한 대화를 할 수 있다는 용의를 표명한 것이었다. 정의용 실장은 워싱턴을 방문하여 트럼프 대통령에게 이 내용을 설명했고, 그는 즉석에서 5월 말 미북정상회담 개최를 수락함으로써 센세이션을 불러일으켰다.[21]

북한은 남북정상회담이 확정되고 북미정상회담이 가시권에 들어오자, 이를 확실하게 자신들의 의지대로 성공시키기 위해서 병진노

21 이후 미국도 북한과 은밀한 접촉이 이루어졌고 3월 31일에서 4월 1일까지 폼페이오Mike Pompeo 국무장관(전 CIA국장, 당시 지명자)이 평양을 방문해 김정은 위원장을 면담하고 북미정상회담과 비핵화 문제 등을 논의하였다. 김창희, “한반도 평화정착과 4.27 판문점선언”, 『한국정치외교사논총』 40집 1호, 한국정치외교사학회, 2018, pp. 136-137.

선의 전환을 표명하였다. 이러한 노선전환의 표명은 향후 개최될 남북정상회담에서 좀 더 확실한 합의를 이끌어 낼 수 있는 마중물이 될 수 있었다. 북미정상회담을 염두에 두고 관계개선을 바라면서 내놓은 김정은 위원장의 강력한 의지의 표명이었다. 남북정상회담이 개최되기 일주일 전에 정상회담에 이르게 된 상황을 놓고, 북한은 '국가핵무력완성' 선포한 후 자신들의 주동적인 행동과 노력에 의하여 전반적인 정세가 유리하게 급변했다고 주장했다. '조선반도'와 그 밖의 지역에서 긴장완화와 평화로의 새로운 기류가 형성되어 국제정치구도에 극적인 변화가 일어났다. 경제건설과 핵무력건설의 병진노선이 빛나게 수행되었다며, 이제 전당과 전국이 사회주의 경제건설에서 총력을 집중하는 것이 당의 전략적 노선이라고 천명하였다.

3. 경제건설 총력집중노선

2018년 4월 20일 당중앙위원회 제7기 3차 전원회의를 개최하고 김정은 위원장의 의정보고를 통해 먼저 "경제건설과 핵무력건설병진로선의 위대한 승리를 선포함에 대하여"를 채택하였다. 여기서 병진노선의 역사적 관철을 내세우며, 이제 당과 국가의 전반사업을 경제건설에 집중시키자면서 '경제건설 총력집중노선'을 제시하였다. 새로운 전략노선은 "혁명발전의 새로운 높은 단계의 요구에 맞게 사회주의경제건설에 총력을 집중할 데 대하여"이다. 새로운 전략적 노선을 실현하기 위한 당면목표는 국가경제발전 5개년전략을 제대로 수행하여 인민경제와 생활을 비약적으로 발전시키는 것이다. 그동안 북한은 병진노선을 국가핵심전략노선으로 항구적이라 주장하며 '정의의 보검'이라 하였는데, 노선의 전환을 위해서는 인민들이 수긍할만한 절차와 설득기제가 필요했다. 그렇기 때문에 북한이 강조하고 나선 것이 '병진노선의 위대한 승리'였다.

여기에는 다음 내용이 포함되었다. 즉, ① 병진노선으로 핵실험과 지하핵실험, 핵무기 소형경량화, 핵무기 운반수단 개발로 핵무기 병기화 실현, ② 핵실험과 대륙간탄도로케트(ICBM) 시험발사를 중지하고, 투명성 있게 담보하기 위해 북부 핵실험장 폐기, ③ 핵실험의 전면중지를 위한 국제적인 지향과 노력에 합세, ④ 핵위협이나 핵도발이 없는 한 핵무기 절대 사용 하지 않고, 핵무기와 핵기술을 이전하지 않음, ⑤ 인적 물적 자원을 총동원하여 사회주의경제를 일떠세우고, 인민생활 높이는 데 모든 힘 집중, ⑥ 사회주의 경제건설을 위한 유리한 국제적 환경을 마련, 조선반도와 세계의 평화와 안정을 수호하기 위하여 주변국들과 국제사회와의 긴밀한 연계와 대화를 적극적으로 해 나갈 것이다.

병진노선의 역사적 과업이 빛나게 관철되었으니 새로운 전략노선으로 나가자는 것이다. 새로운 노선전환은 비핵화를 지렛대로 북미관계를 개선하고 경제발전에 매진하겠다는 의지를 천명한 것이었다. 남북·북미 정상회담을 앞두고 북한은 내외적으로 자신들의 의지를 확실히 보여주기 위해 남북관계를 정상화하고 이를 북미 관계로 이어가 대북제재를 해제하여 답보상태에 대외경제 부분도 발전시키겠다는 것이다.

경제건설 총력집중노선의 결정사항은 다음과 같다. 즉, ① 당과 국가의 전반사업을 사회주의 경제건설에 지향시키고 모든 힘을 총집중할 것, ② 사회주의 경제건설에 총력을 집중하기 위한 투쟁에서 당과 사회단체 그리고 국가기관의 역할 높일 것, ③ 당조직과 정치기관들은 전원회의의 결정집행정형을 정상적으로 장악 총화하면서 철저히 관철토록 할 것, ④ 최고인민회의와 내각은 전원회의 결정서에 제시된 과업 관철위해 법·행정·실무적 조치 취할 것이다.

경제건설 총력집중노선이 새로운 국가전략으로 제기되자 로동신문에서는 이를 좀 더 구체적으로 설명하고 있다. 즉, '병진노선의 승리로 국가의 경제건설이 전환적 이정표가 마련되었다면서, 당과 국가의 전반사업에서 경제사업을 우선시하며 경제발전에 나라의 인적, 물적, 기술적 잠재력을 총동원해야 한다'는 것이다.[22]

새로운 전략노선을 철저히 관철하기 위해 '당, 국가, 경제, 무력기관 일군 연석회의'가 4월 30일 평양에서 진행되었다. 여기에서는 전원회의가 제시한 새로운 전략노선을 높이 받들고 자력갱생의 기치 높이 들어 경제건설대진군을 다그치자고 하였다.[23] 그리고 북한 사회의 모든 분야에서 자력갱생을 강조하면서 자체의 힘과 기술, 자원에 의하여 경제건설 전반에서 활성화하고 인민생활향상에 결정적 전환을 일으켜 사회주의건설의 더 높은 목표를 점령하자는 대회가 전국 각지에서 열렸다.[24]

---

22 『로동신문』 2018.04.23, 1.

23 『로동신문』 2018.05.01. 1, 2.

24 여기의 구호는 "당중위원회 4월 전원회의의 결정을 높이 받들고 경제건설에 더욱 박차를 가하자", "나라의 경제발전과 인민생활에서 획기적인 전환을 일으키자", "집중경제선동으로 온 나라가 부글 부글 끓게하자" 등이었다. 김정은 위원장도 새로운 전략노선의 추진을 점검하면서 5월과 6월에 집중적으로 협동농장, 화장품공장, 방

북한에서는 핵무력건설이라는 역사적 임무를 완수하였으니, “우리가 달성해야 할 투쟁 목표는 국가경제발전 5개년전략수행 기간에 인민경제전반을 활성화하고 상승궤도를 확고히 올려세우며 나아가서 자립적이고 현대적인 사회주의경제, 지식경제를 세우는 것입니다”라고 하였다.[25] 또한 북한에서는 “우리 당의 새로운 전략적로선이 가장 과학적이고 혁명적인 로선으로 되는 것은 무엇보다도 그것이 우리 당 병진로선의 위대한 승리에 토대하여 혁명발전의 높은 단계의 요구를 반영하고 있다”고 주장하였다. 그러면서 노선의 우선 목표는 ‘무엇보다도 먼저 5개년전략수행에 만전을 기하는 것’이고, 장기목표는 “자립적이고 현대적인 사회주의경제, 지식경제를 세우는 것”이라 하였다.[26]

상술한 바와 같이 북한은 최근 5년간 22개에 이르는 경제개발구를 지정하고 관련법과 제도를 정비하면서 개방을 준비해 왔다. 비핵화 논의가 진전되고 대북제재가 완화되면 한국정부를 비롯한 주변국과의 경제협력과 국제기구 가입을 통한 자본 확충 등 경제발전에 필요한 자본유치와 기술유입의 가능성을 높일 수 있다.[27] 특히 김정은 위원장이 관심을 두고 있는 것은 관광분야이다. 경제건설 총력집중이라는 새로운 노선이 제시된 이후에만 김정은 위원장이 ‘원산갈

직공장, 수력발전소, 식품공장 등을 현지지도하였다.

25 안명훈, “경제건설에 총력을 집중할데 대한 새로운 전략로선은 가장 과학적이고 혁명적인 로선”, 『경제연구』 제3호(루계 제180호), 과학백과사전출판사, 2018, p. 5.

26 김철, “새로운 전략적로선의 실현에서 달성해야 할 투쟁목표”, 『사회과학원학보』 제3호(루계 제100호), 사회과학출판사, 2018, p. 7.

27 홍민·최은주, “기존 시장화 논의 검토 및 개념화”, 홍민 외. 『북한 변화 실태 연구: 시장화 종합 분석』 KINU 연구총서 18-19, 통일연구원, 2018, p. 70.

마해안 관광지구' 건설현장을 세 번이나 방문한 것은 개방을 염두에 둔 것이다.

북한은 핵무력 완성을 발판으로 경제건설 총력집중노선을 내세우면서 자발적 비핵화에 대한 실행의지를 밝힌 것이다. 실제로 북한이 '강성국가건설'을 내세우면서 가장 발목을 잡는 부분이 경제문제였기 때문에, 경제에 총력을 집중하여 인민생활을 향상시켜 인민들의 지지를 끌어들이겠다는 것이다.

4. 새로운 전략노선을 위한 핵심 전제인 비핵화에 대한 협상

북한의 새로운 전략노선인 경제건설 총력집중노선은 대외정책변화를 의미하는 것이고, 비핵화를 거래의 대상으로 삼아 대남정책과 대미정책을 펼치겠다는 것이다. 어떤 의미에서 새로운 전략노선을 대내외적으로 천명한 것은 정상회담의 의제에 포함시키겠다는 것이었다. 실제로 세 차례의 남북정상회담이나 두 차례의 북미정상회담에서 비핵화 문제는 주된 논의 주제였다.

2018년 4월 27일 문재인 대통령과 김정은 위원장이 판문점의 남측지역 '자유의 집'에서 만나 정상회담이 이루어졌고, 〈한반도의 평화와 번영, 통일을 위한 판문점선언문〉을 작성하고 서명하였다. 그 내용은 서문과 3개의 절 즉, '1. 남북관계의 전면적·획기적 개선과 발전, 2. 남북 군사적 긴장상태 완화와 전쟁위험 실질적 해소 공동노력, 3. 남북 한반도 항구적 평화체제 구축협력'으로 구성하였다. 1절의 2항에는 '당국간의 협력을 긴밀히하고 민간교류협력을 보장하기 위해 당국자가 상주하는 남북공동연락사무소 개성지역에 설치한다'가 있었다. 2절의 3개 항에는 모든 적대행위 전면중지와 수단 철폐, 서해 북방한계선 일대의 평화수역조성 그리고 군사적 보장대책이 포함되었다. 제3절은 불가침 합의 재확인과 군사적 신뢰구축 그리고 종전선언·평화협정 문제와 완전한 한반도 비핵화 등 4개 항으로 되어 있다. 4.27 판문점선언의 핵심은 '전쟁없는 한반도'와 '핵이 없는 한반도'였다.

남북정상회담에 이어서 북미정상회담이 바로 개최될 것이라고 낙관하였다. 그러나 여러 가지 문제가 발생하며 북미정상회담이 불투명해지자, 5월 26일에는 김정은 위원장의 요청으로 북측의 '통일각'에서 두 번째의 정상회담이 이루어졌다. 정상회담에서는 북미정상회담이 성공적으로 이루어져 한반도의 비핵화와 항구적인 평화체제의 여정을 위해 상호협력하기로 하였다. 로동신문은 다음날 "력사적인 제4차 북남수뇌회담"이라는 기사를 싣고, "6월 12일로 예정된 조미수뇌회담을 위하여 많은 노력을 기울여온 문재인 대통령의 로고에 사의를 표하였다"라고 보도하였다.[28] 양정상은 한반도 평화를 위해서 북미정상회담이 중요하다는 인식을 함께한 것이다.

6월 12일 싱가포르 북미정상회담이 진행되었고 핵심은 북한과 미국사이의 신뢰 형성이었다. 양국정상은 공동성명에서 "새로운 북미관계를 수립하는 것이 한반도와 세계의 평화, 번영에 이바지 할 것이라는 점을 확신하고, 상호신뢰구축을 하는 것이 한반도 비핵화를 증진시킬 수 있다는 것을 인정하면서" 다음 사항을 선언하였다. 즉,

---

28 북한이 제4차 정상회담이라고 표현한 것은 6.15, 10.4, 4.27에 이어 4번째라는 의미이다. 『로동신문』 2018.05.27. 1, 2.

① 북한과 미국사이의 평화 번영을 위한 새로운 관계 수립, ② 북미간 한반도의 지속적이고 안정적인 평화체제구축 노력, ③ 2018년 4월 27일 판문점선언 재확인과 한반도 완전한 비핵화 노력, ④ 전쟁포로와 전쟁실종자의 유해 송환의 내용을 포함하고 있다. 북한의 '핵미사일 시험발사 중단·풍계리 핵실험장 폐기·억류미국인 석방'의 '선의의 조치'가 북미간의 초보적인 신뢰를 만들어 내고 북미정상회담을 성사시키는 발판이 되었다.[29]

북한은 핵무력건설보다는 비핵화를 통한 경제건설 총력집중노선으로 체제안정을 택하였다. 그리하여 상술한 바와 같이 '4.27 판문점선언'에서도 '한반도의 완전한 비핵화'를 명문화하였다. 북미정상회담에서 판문점선언을 재확인하는 수준에서 비핵화 부분을 정리하였다. 이 과정에서 북한 핵실험 주요시설인 '북부 핵시험장'을 폭파하면서 그들의 의지를 들어내 보이기도 하였다. 그러나 북한과 미국은 완전한 체제보장과 완전한 비핵화를 두고 밀고 당기기를 계속하면서 주도권을 놓지 않으려고 하였다.

2018년 9월 5일 김정은 위원장은 남측의 특사단을 만나 제3차 정상회담을 9월 18일에서 20일까지 평양에서 개최할 것을 확정지었다. 여기에서 김정은 위원장은 트럼프 대통령에 대한 강한 신뢰를 표하면서 그의 임기 2021년 1월내에 비핵화 실현에 대한 희망의 의지를 표명했고, 종전선언은 주한미군 철수 등과 무관하다는 점을 강조했다고 특사단은 전하였다. 이는 문재인 대통령의 평양방문의 발걸음을 가볍게 하는 것이었다.

---

29 이종석, "6.12 북미정상회담을 읽는 새로운 코드, '신뢰구축'", 『동아시아재단 정책논단』 제99호, 동아시아재단, 2018, p. 2.

9월 18일 문재인 대통령의 평양방문이 이루어졌고, 평양시민들이 극진하게 그리고 열렬하게 환영하였다. 정상회담이 진행된 후 "9월 평양공동선언"을 채택하였다. 그 내용은 ① 대치지역에서의 군사적 적대관계 종식, ② 상호호혜와 공리공영의 바탕 위에서 교류와 협력 증대와 민족경제 균형발전, ③ 이산가족 문제 해결과 인도적 협력강화, ④ 다양한 분야의 교류협력 추진, ⑤ 한반도를 핵무기와 핵위협이 없는 평화의 터전 만들기, ⑥ 김정은 위원장의 서울 방문이었고, 각 항마다 세부 합의사항을 담았다. 특히 제5항은 한반도를 핵무기와 핵위협이 없는 평화의 터전으로 만들어 나가기 위한 실질적 조치를 담고 있다. 즉, 동창리 엔진시험장과 미사일 발사대의 영구폐기, 영변 핵시설의 영구적 폐기 용의, 한반도의 완전한 비핵화 추진에 협력이 명기되었다. 정상회담에서 '9월 평양공동선언'을 채택한 후, 송영무 국방장관과 노광철 인민무력상이 문 대통령과 김 위원장이 지켜보는 가운데 〈판문점선언 군사분야 합의서〉에 서명하였다. 이를 우리 정부에서는 사실상의 종전선언이라는 표현을 썼고, 북한에서는 사실상의 불가침선언이라고 했다.

김정은 위원장이 기자회견장에서 "조선반도를 핵무기도 핵위협도 없는 평화의 땅으로 만들기 위해 적극 노력해 나가기로 확약했다"는 발언을 하였다. 문재인 대통령은 이를 두고 "남북은 처음으로 비핵화 방안도 합의했다. 매우 의미 있는 성과다"라고 화답했다. 이 같은 양정상의 발언은 한반도 비핵화에 관련한 핵심 사항이었다. 평양정상회담일정 중 가장 의미 있는 일정은 문재인 대통령의 5.1경기장에 모인 15만 명의 평양시민들에게 한 연설로, 김 위원장이 보는 앞에서 한반도 비핵화를 위한 남북공동의 합의를 평양시민들을 증인으로 삼아 확인한 것이었다.[30] 김 위원장의 의지는 문재인 대통령이 트럼프 대통령과의 정상회담과 유엔총회 연설에서 확인시켰다.

—

제3절 국가전략노선 전환의 동인

1. 정상국가의 의지와 정치리더십

김정은 체제가 출범 이후 북한의 정치과정에 나타나는 특징은 당 중심의 정치였다. 그렇기 때문에 당 전원회의에서 국가발전전략노선을 택하였고, 이를 내각에서 법제화하고 추진하였다. 완전한 김정은 시대를 선포하면서 정치권력구도를 당·국가체제로 가져간 것은 당 제7차대회였다. 36년 만에 개최된 당대회는 당 정치 공식시스템 구축이었고, 김정은은 제1비서가 아닌 당위원장에 추대되었다. 정치 제도화 과정을 통하여 김정은 위원장이 추구한 것은 사회주의 국가체제의 본연의 모습을 찾는 정상화였다.[31] 그는 북한을 정상적인 국

30 즉, "양정상은 한반도에서 더 이상 전쟁은 없을 것이며, 새로운 평화의 시대가 열렸음을 8,000만 겨레와 세계에 엄숙히 천명한다. 한반도에서 전쟁의 공포와 무력 충돌의 위험을 완전히 제거하기 위한 구체적 조치에 합의했다. 백두에서 한라까지 아름다운 우리 강산을 영구히 핵무기와 핵위협이 없는 평화의 터전으로 만들어 후손에게 물려주자고 확약했다"것은 전체 연설의 핵심 사항이었다.

31 이러한 상황에서 국방위원회가 '국가의 전반 사업'을 지도하는 것은 비정상이기 때문에, 헌법을 바꾸어 국방위원회를 확대 개편하여 국무위원회를 탄생시켰다. 김정은은 국무위원장에 추대되었고, 그는 당위원장이기도 하여 당과 국가기구 모두에

가로 만들면서 이를 통하여 국가발전을 가져가겠다는 것인데, 정상국가로 국제무대에 활동할 수 있는 여건을 조성하는 데 공을 들였다. 그러나 현실적으로 국제무대에서 정상국가로 활동하면서 경제발전과 핵개발을 동시 추진하기는 어려웠다.[32] 이 과정에서 김정은은 정치리더십을 발휘하였다. 터커Robert C. Tucker가 말하는 기능적 정치리더십은 정치지도자가 정치환경을 진단하고, 진단에 적합한 처방을 내리고, 처방한 정책반응에 대하여 구성원의 정치적 지지를 동원하는 과정이라고 한다.[33] 김정은 위원장은 북한이 처해있는 상황을 위기라고 진단하였다. 그는 국제사회의 압력에도 굴복하지 않고 핵무력을 고수하여 자신의 입지를 다지면서 유일영도력을 발휘해 왔지만, 핵무력을 완성한 다음에는 비핵화를 협상카드로 제시하는 처방을 내렸다. 즉, 김정은 위원장은 미국을 협상테이블로 나오게 만들 수 있는 유일한 길이 핵탄두의 경량화와 대륙간탄도미사일의 완성이라 진단하고, 이를 방편으로 대외정책의 전환이라는 처방을 내린 것이다. 여기에서 중요하게 작용한 것이 대남관계개선에 대한 의지였다.

김정은 위원장의 노선전환의 결단에는 새로운 남측 지도자의 한반도 정책도 큰 변수로 작용하였다. 문재인 대통령은 2017년 5월 10일 취임사에서부터 끊임없이 강조한 것이 평화였다. 한반도 평화를 위해 동분서주하고 여건이 되면 평양에도 가겠다며, 한반도 평화

서 위원장으로 호칭하고 있다.

32 홍우택·박창권, 『북한의 핵전략 분석』 KINU 연구총서 18-14, 통일연구원, 2018, p. 89.

33 Robert C. Tucker, *Politics as Leadership*. Columbia & London: University of Missouri Press, 1981, p. 15.

정착을 위해서라면 모든 일을 하겠다고 하였다. '신베를린 선언'을 통하여서도 '문재인의 한반도 정책'에서도 모든 것의 중심에 '평화와 번영'을 놓았다. 구체적으로 남북관계와 북핵문제를 선순환적으로 풀어 종국적으로 한반도 평화협정을 체결하여 견고한 평화구조를 정착시키겠다는 것이다. 여기에 평창동계올림픽의 참가는 정상회담을 위한 모멘텀으로 작용하였고, 성공적인 정상회담을 위해서는 자신들의 전략노선의 전환을 천명하는 것이 필요했다. 그렇기 때문에 4.27 판문점선언에서 한반도의 완전한 비핵화에 합의하고 이를 진행시키고 있다. 김정은 위원장과 문재인 대통령의 상호신뢰 리더십이 평화라는 목표로의 지향을 가능케 하고 있다.

2. 대북제재와 압박에서 탈피의도

북한이 경제건설과 핵무력건설 병진노선을 추구하였지만 실제로 핵무력건설에 더 비중을 두었다. 그러다보니 원래 계획한 핵개발을 통해 재래식 무기에 대한 의존을 줄여 국방비를 감축하여, 여기에서 여유가 생긴 자금으로 경제부분을 촉진시킨다는 차질이 불가피했다. 북한의 총예산의 30% 정도를 국방예산에 할당하는데, 국방비의 과도한 지출은 인민생활향상이라는 경제건설에 부정적인 영향을 미쳤다. 특히 핵무력 강화에 따른 미국 및 국제사회의 대북제재 조치는 북한 경제전반을 어렵게 만들었다. 유엔 안보리의 대북제재조치 제2371호와 제2375호의 결의가 본격적으로 실행된 이후부터 북한 경제는 크게 영향을 받았다. 2016년 기준으로 북한의 대중수출의

81%에 달하는 상황에서 대북제재에 중국이 적극 동참한 것은 북한 경제에 심각한 영향을 미쳤다. 북한에 대한 석유수출의 절반으로의 제한과 북한 해외노동자 파견 동결과 기간 연장금지로 에너지와 외화확보에 심각한 상황을 초래하였다.[34] 2017년 12월에 채택한 유엔 대북제재 제2397호는 핵실험이나 ICBM을 발사하면 200만 배럴의 경유를 50만 배럴로 줄일 수 있게 되어있다.

북한은 대북제재 속에서도 자강력제일주의를 내세우며 고군분투하였고, 당 제7차대회를 전후하여 70일전투와 200일전투로 공업성장이 배가되었다고 발표하였다. 북한의 2016년 경제성장률이 3%를 상회하였는데, 이는 당 제7차대회의 성과를 위해 그동안의 모든 업적을 모은 결과이고 인민총동원령에 의한 것이라고 볼 수 있다. 그들 스스로도 2016년에 내부 예비력과 잠재력을 남김없이 동원했다고, 박봉주 총리가 제13기 5차 최고인민회의에서 보고한 바 있다. 특히 2017년 상반기에 여명거리를 완공시키면서,[35] 오늘날 미국과 적대세력들의 〈초강경제재〉인 제재봉쇄책동에도 불구하고 세상을 놀라게 하는 기적의 승리와 신화를 창조하였다고 하였다.[36] 그러나 2016년 과도한 투자와 유례없는 대북제재로 2017년에는 -3.5%의 성장률을 기록했다.[37]

---

34 김갑식, "세계로 나아가는 북한", 『평화와 번영, 새로운 시작』, 민주평화통일자문회의, 2018, pp. 93-94.

35 90여 정보의 부지에 4,800세대 44동 초고층과 고층 건물 그리고 40여동의 공공건물과 70여 동의 살림집을 건설하는 대규모 건설사업이다. 최영진, "려명거리는 만리마속도창조의 고향", 『천리마』 제8호(루계 제699호), 천리마사, 2017, p, 25.

36 최춘금, "항일혁명투쟁시기에 발휘된 자력자강의 혁명정신", 『김일성종합대학학보(철학, 경제학)』 제63권 제4호(루계 제526호), 김일성종합대학출판사, 2017, p. 28.

37 김갑식, "세계로 나아가는 북한", 『평화와 번영, 새로운 시작』, p. 62.

김정은은 2018년 신년사에서 2017년을 회고하면서 '국가핵무력의 대업성취'와 '웅장하고 화려한 려명거리와 대규모 축산기지' 건설 등을 내세웠는데, 이는 제재와 봉쇄 속에서 인민과 함께 이루어낸 병진노선을 관철시켰다는 것이다. 그러나 이외에 병진노선이란 단어는 거의 찾을 수 없었다. 2018년은 "공화국핵무력에서 이룩한 력사적 승리를 새로운 발전의 도약대로 삼고 사회주의강국건설의 모든 전선에서 새로운 승리를 쟁취하기 위한 혁명적 총공세를 벌여나가야 합니다. 〈혁명적인 총공세로 사회주의강국건설의 모든 전선에서 새로운 승리를 쟁취하자!〉"면서, 이것이 북한이 들고 나가야 할 혁명적 구호라 하였다. 북한에서는 새로운 전략노선을 내세우면서 병진노선이 밝힌 역사적 과업들이 수행되어, 평화수호의 강력한 보검이 마련되었다는 것이다. 이러한 상황을 진단하고 단판협상으로 일괄타결하는 핵전략 노선으로 방향을 전환한 것이다.[38] 다시 말하면 경제건설을 위한 여건을 마련하고자 대북제재를 완화하기 위한 비핵화의 타협에 나선 것이다.

3. 평화를 통한 체제생존 전략

김정은 위원장의 태도 변화는 단지 미국의 최대압박 때문만은 아니고, 체제생존을 위한 전략이다. 북한의 체제생존전략은 언제나 대외 및 대내차원에서 군사안보와 경제발전의 기반을 동시 확보하는

38 김갑식, "세계로 나아가는 북한", 『평화와 번영, 새로운 시작』, pp. 77-78.

것으로 '자주적 생존전략'의 틀 속에서 이루어졌다는 것이다. 그는 '자주적 체제생존' 전략을 펼칠 수 있는 환경이 마침내 마련되었다는 확신을 가지고 대화와 협상에 나왔다고 보는 것이 현실적 판단이다.[39]

김정은 위원장의 입장에서는 새로운 전략노선이 성공적으로 진행되기 위해선 남북교류협력이 절실한 상황이고, 이를 위해 미국과의 협상을 통하여 비핵화를 완성해야 하는 과제를 안고 있다. 김정은 위원장의 입장에서도 체제가 완전하게 보장된다면 핵을 포기하지 않을 이유가 없다. 4월 판문점 회담 당시에 했다는 "앞으로 자주만나 미국과 신뢰가 쌓이고 종전과 불가침을 약속하면 왜 우리가 핵을 가지고 어렵게 살겠느냐"라는 발언에서 진정성을 엿볼 수 있었다.

2018년 제3차 평양에서 개최된 남북정상회담에서 한반도를 핵무기와 핵위협이 없는 평화의 터전으로 만들 것을 다시 한번 합의했다. 김 위원장도 가능한 빠른 시기에 비핵화를 끝내고 경제발전에 집중하고 싶다는 희망을 피력하였다. 평양의 남북정상회담은 북미간의 지지부진한 협상과정에 촉진 역할을 하였다. 문재인 대통령은 유엔총회 참석차 뉴욕을 방문 하였고, 트럼프 대통령과의 정상회담에서는 북미 관계의 얽힌 실타래를 푸는 역할을 하였다. 문 대통령은 폭스뉴스Fox News와 인터뷰에서 "김 위원장은 그동안 거듭된 핵과 미사일 도발 때문에 대체로 부정적인 이미지가 많습니다. 그러나 김 위원장은 젊지만 아주 솔직 담백한 인물이고, 비핵화에 확고한 의지를 가지고 있는 것으로 확신합니다. 김 위원장은 이제 핵을

39 김학성, "남북 및 북미정상회담이후 한반도 평화정착의 추진방향과 실천과제", 『정치·정보연구』 제21권 3호, 한국정치정보학회, 2018, p. 46.

버리고, 그 대신 경제 발전을 통해서 북한 주민들을 더 잘살게 하겠다는 전략적 마인드를 가지고 있는 인물이라고 생각합니다"라고 한 것은 북한의 상황과 최고지도자의 의지를 전한 것이었다. 문재인 대통령의 신뢰에 답하듯 김정은 위원장은 신년사에서 "당의 새로운 전략적로선을 틀어쥐고 자력갱생, 견인불발하여 투쟁할 때 나라의 국력은 배가 될 것이며 인민들의 꿈과 리상은 훌륭하게 실현될 것입니다"라고 하였다.

물론 비핵화가 미국의 체제보장에 대한 확약이나 실행이 없이는 빠르게 진전되지 않을 것이다. 이를 증명이라도 하듯 북한 리용호 외무상은 2018년 유엔총회 기조연설에서 "미국에 대한 신뢰 없이는 우리 국가의 안전에 대한 확신이 있을 수 없으며, 그런 상태에서 우리가 일방적으로 먼저 핵무장 해제하는 일은 절대로 있을 수 없다"고 말하였다. 이는 북미협상에서 주도권을 잃지 않으려는 것이고, 확실한 주고받기가 이루어져야 비핵화가 완성되리라는 것을 말해준다.

—

제4절 경제건설 총력집중의 지속과 대외정책

1. 기대와 성과와 좌절

김정은이 병진노선을 전환하여 새로운 전략노선을 내세운 데에는 대외정책의 변화가 기본 전제로 깔려 있다. 남북관계와 북미 관계의 개선을 통해 이를 실현하려는 의지였는데, 이것은 비핵화를 통해서 대북제재를 해제하고 국제자본을 끌어들이는 큰 그림이었다. 북한에서는 2018년은 적대세력들의 가혹한 경제봉쇄 속에서도 우리 공화국의 위상과 국력을 만방에 떨친 위대한 승리의 해였다. 경애하는 최고영도자의 대담한 결단과 주동적이며 과감한 조치에 긴장 격화의 악순환만을 되풀이 하던 조선반도와 지역에서는 극적인 변화들이 일어나 긴장완화와 평화를 향한 새로운 기류가 형성되었다.[40]

이러한 기대는 2019년의 신년사 "조미 공동성명에서 천명한 데로 새 세기 요구에 맞는 두 나라 사이의 새로운 관계를 수립하고 조선반도에 항구적이며 공고한 평화체제를 구축하고 완전한 비핵화에로 나가려는 것은 우리 당과 공화국 정부의 불변한 입장이며 나의 확고한 의지입니다"라는 것에서도 알 수 있다. 또한 김정은 위원장이 2019년 신년사에서 '지난해 전체 인민이 경제건설에 총력을 집중할 데 대한 당의 새로운 전략적로선 관철에 나서서 자립경제의 토대를 강화했다'면서, '당의 새로운 전략적 노선을 틀어쥐고 자력갱생, 견인불발하여 투쟁할 때 나라의 국력이 배가 될 것이며 인민들의 꿈과 이상은 훌륭히 실현'될 것이라 하였다.

그러나 북한이 기대했던 하노이에서의 제2차 북미정상회담은 비핵화 절차와 대북제재 완화의 의견 차이로 합의에 이르지 못하였다. 트럼프 대통령은 빅딜을 통해 북한이 모든 핵무기와 대량살상무기를 폐기하도록 이끄는 것이 목표라 하였고, 김정일 위원장은 영변

---

40 김경철, "주체 107(2018)년은 우리공화국의 위상과 국력이 만방에 떨쳐진 위대한 승리의 해", 『김일성종합대학학보(력사학)』 제65권 제1호(루계 제544호), 김일성종합대학출판사, 2019, pp. 2-3.

과 제재완화를 교환하는 단계적 접근이었다. 미국과 북한은 합의에 이르지 못한 부분을 놓고 주장이 달랐다. 미국은 북한이 영변핵시설 해체와 제재전면해제의 교환을 요구했다는 것이고, 북한은 전면해제가 아닌 2016-2017년 유엔 안보리 대북제재 5건 중 인민경제와 생활에 지장을 주는 항목들의 해제만을 요구했다는 것이다. 북한의 주장은 자신들의 경제건설 총력집중노선에 지장을 주는, 즉 경제에 직접영향을 미치는 것에 대해서만 해제를 요구했다는 것이다.

북한은 제2차 북미정상회담이 무의로 끝났지만, "회담에서는 조선반도의 긴장상태를 완화하고 평화를 추동하며 완전한 비핵화를 위하여 쌍방이 기울인 노력과 수십 년간 지속되어온 불신과 적대의 관계를 근본적으로 전환해 나가는 데서 중대한 의의를 가진다는 데 대하여 인식을 같이했다"고 보도하면서, 생산적인 대화를 계속 이어 나가기로 하였다고 덧붙였다. 이는 자신들은 억울하지만 그렇다고 판을 깨지는 않겠다는 것이었다.

2. 정치과정에서 의지표명과 기대

북한은 2019년 3월 9일 제14기 최고인민회의 대의원선거를 치르고 687명의 대의원을 선출하였다. 김정은 시대에 들어 2014년에 이은 두 번째 선거인데, 이번에는 김정은을 대의원으로 추대하지 않았다. 유일영도체계의 최고영도자로써 자신이 굳이 최고인민회의 대의원이 될 필요가 없었다. 이 문제는 제9장에서 헌법개정 문제까지를 포함하여 자세하게 설명했다. 4월 10월에 당중앙위원회 제7기 4차 전원회의가 열려 당 지도부를 개편했고, 11일부터 12일까지 최고인민회의 제14기 1차 회의에서는 헌법이 개정되어 국무위원회의 역할이 확대되었고 외교라인을 강화하였다.[41] 김정은은 12일 '현 단계에서의 사회주의건설과 공화국정부의 대내외정책에 대하여'라는 시정연설을 하였다. 이것은 북미 간의 교착상태에서 상황을 분석하고 향후 방향을 제시한다는 것에서 큰 의미가 있는 것이었다.

북한의 중심과업이 사회주의강국건설을 위해 모든 힘을 경제건설에 집중하는 것이라 하여 경제건설 총력집중노선을 재확인하였다. 그러면서 경제적 자립만이 이 문제를 해결할 수 있다고 하면서 자립적 민족경제노선을 튼튼히 틀어쥐고 자력갱생의 혁명정신을 높이 발휘해나가야 한다고 주장하였다. 그러면서 비핵화 문제에 대하여 미국의 협상 태도에 대하여 불만을 표시했다. 미국의 의도가 "선 무장해제, 후 제도전복야망"을 실현한 조건을 만들어보려는 것이라고 비난하였다.

김정은은 미국과의 협상은 장기성을 띠고 있기 때문에 대북제재는 계속될 것이니, 미국의 핵위협을 핵으로 종식시킨 것처럼 제재문제는 자립과 자력으로 나가야 한다고 하였다. 아무리 어렵더라도 국가의 안전과 인민의 안위에 해가 되는 것은 어떠한 양보나 타협도 없다는 것이고 자력자강의 원칙에서 해결해 나가겠다고 하였다. 그러면서도 "6.12 조미공동성명을 리행해나가자면 쌍방이 서로의 일방적인 요구 조건들을 내려놓고 각자의 리해관계에 부합되는 건설적인 해법을 찾아야 합니다. 그러자면 미국이 지금의 계산법을 접고

41 박봉주가 당중앙위원회 부위원장을 맡고 내각총리에는 김재룡이 선임되었고, 대미협상을 맡았던 최선희가 외무성 제1부상으로 국무위원이 되었다.

새로운 계산법을 가지고 우리에게 다가서는 것이 필요합니다"고 하며 미국이 태도를 바꿀 것을 요구하였다.[42] 북한은 6.12 북미정상회담 1주년에 즈음한 6월 4일 외무성 담화를 통해 '서로의 일방적인 요구 조건들을 내려놓고 각자의 이해관계에 부합되는 건설적인 해법을 찾자'면서, 미국이 '새로운 계산법'을 들고나와야 한다고 강조하였다.

2019년 6월 28일 북한에서는 '김정은 국무위원장 추대 3주년 중앙보고대회'에서 최룡해는 2016년 김정은을 국무위원장으로 추대한 것은 역사적 사변이었다고 회고하였다. 최룡해는 김정은의 최대 업적으로 병진노선을 성공시킨 것이라면서, "경애하는 최고영도자 동지의 투철한 자주신념과 전략적결단, 주동적이며 적극적인 대외활동에 의해 6.12의 특대사변이 이룩되고 조선과 대국들과의 관계가 재정립되고 있으며 세계의 평화와 안전수호, 정의로운 국제사회건설의 새 지평이 열리고 있다"고 밝혔다. 이는 6월 29일 서울에서 열리는 한미정상회담에 자신들이 현 상황을 긍정적으로 보고 있다는 신호로 언제나 협상테이블로 나오겠다는 것을 우회적으로 표현한 것이다.

42 김정은은 '나는 미국이 오늘 관건적인 시점에서 현명한 판단을 내리리라고 기대하며 가까스로 멈춰세워놓은 조미대결의 초침이 영원히 다시 움직이지 않게 되기를 바랍니다'라고 기대감을 표시하기도 하였다.

3. 북미간 평행선과 김정은의 백두산행

미국의 트럼프 대통령이 방한하여 6월 30일 청와대에서 문재인 대통령과 한미정상회담을 가졌다. 이는 문재인 대통령 취임 이후 8번째 정상회담으로 2월 말 북미정상회담 이후 꼬여진 실타래를 푸는 의미가 있었다. 정상회담 후 가진 공동 기자회견에서 북한과의 대화의 중요성을 강조했다. 또한 문 대통령은 "트럼프 대통령이야말로 한반도 평화프로세스의 주인공, 한반도의 피스메이커"라고 말했다. 트럼프 미 대통령이 6월 29일 방한하여 정상회담을 가졌고 양 정상은 DMZ를 함께 방문하였다. 그리고 66년 전 정전협정을 체결했던 판문점에서 김정은 위원장과 3자 회동이 이루어졌다. 트럼프 대통령과 김정은 위원장의 만남 자체에 의미를 두는 것으로 예견했지만, 거의 1시간 정도 진행되어 제3차 북미정상회담의 성격을 가졌다. 여기에서 비핵화 실무회담을 계속 이어 가기로 합의하였다. 그러나 스톡홀름에서 열린 실무회담은 기존의 입장만 되풀이 한 채 끝나고 말았다.

그동안 김정은의 백두산행은 백두혈통에 대한 연출적인 측면도 있지만 실제 무언가 중대한 결정을 내리는 계기가 되기도 하였다. 북한에서는 김정은이 "백두의 혁명정신, 백두의 칼바람정신은 부닥치는 애로와 난관을 맞받아 뚫고 나가는 완강한 공격정신이며 백번 쓰러지면 백번 다시 일어나 끝까지 싸우는 견결한 투쟁정신입니다"라고 했다면서, 백두혁명정신은 시련과 난관에도 굴하지 않고 자체의 힘으로 뚫고 나가는 자력갱생과 간고분투의 정신이라 한다.[43] 2019년 10월 16일 김정은은 백두산 등정에 앞서 삼지연에 들러 "지금 나라의 형편은 적대세력들의 집요한 제재와 압살책동으로 의연 어렵고 우리 앞에는 난관도 시련도 많다"면서, "미국을 위수로 하는 반공화국 적대세력들이 우리 인민 앞에 강요해온 고통은 이제 더는 고통이 아니라 그것이 그대로 우리 인민의 분노로 변했다"고 말했다. 김정은은 12월 3일 다시 백두산 백마등정에서 일제 항일빨치산의 극한투쟁을 연출하며 백두혈통의 항일이 아닌 항미투쟁을 선동(?)하였다. 김정은은 이번 시찰 목적을 "제국주의자들의 전대미문의 봉쇄 압박 책동 속에서 우리 당이 제시한 자력 부강, 자력번영의 노선을 생명으로 틀어쥐고 자력갱생의 불굴의 정신력으로 사회주의 부강조국 건설에 총매진해 나가고 있는 우리 혁명의 현 정세와 환경, 혁명의 간고성과 장기성에 따르는 필수적인 요구에 맞게 당원들과 근로자들, 군인들과 청소년 학생들 속에 백두의 굴함 없는 혁명정신을 심어주기 위한 혁명전통 교양을 더욱 강화하는 사회적 분위기를 세우기 위해서"라고 밝혔다. 결국 이러한 과정은 김정은이 전략노선의 새로운 제기를 예견케 하였는데, 결국 자력갱생의 정신으로 총매진하자는 정면돌파전이었다.

---

43 김금영, "백두의 혁명정신, 백두의 칼바람정신은 영원한 최후승리의 기치", 『철학연구』 제2호(루계 제141호), 과학백과출판사, 2015, pp. 5-6.

—

제5절 새로운 길, 정면돌파전

1. 북한의 당중앙위원회 제7기 5차 전원회의

상술한 바와 같이 북한에서 2018년 4월 20일 당중앙위원회 제7기 3차 전원회의에서 새로운 전략노선으로 경제건설 총력집중노선을 천명한 이후 세 차례의 당중앙군사위원회 확대회의가 개최되었다.[44] 김정은 체제에서는 당중심의 정치를 표명하면서 국방정책과 군사노선에 관해서는 당중앙군사위원회의 지위와 역할을 더 중시하고 있다. 김정일 시대 국방위원회에서 국방과 군사문제의 제반 결정이 이루어진 반면, 김정은 시대는 당중앙군사위원회의 비중이 강화되었다. 2019년 12월 22일 당중앙군사위원회 제7기 3차 확대회의는 2019년 말까지 미국이 새로운 계산법을 가지고 나올 때까지 인내로 기다리겠고, 새로운 길로 갈 것이라는 상황에서 개최된 것이라 관심이 집중되었다. 여기에서 김정은 당중앙군사위원회 위원장은 '나라의 전반적무장력을 정치군사적으로 더욱 강화하기 위한 중요한 정치적대책들과 군사적대책들을 토의결정'하겠다고 밝혔다. 이 확대회의 직후에 당중앙위원회 전원회의가 개최되었다.

---

44 2018년 5월에 열린 당중앙군사위원회 제7기 1차 확대회의에서는 새로운 노선의 관철을 위한 군사적 담보강조로 북미정상회담을 앞두고 '국가방위개선'을 논의하였다. 풍계리 핵실험장 폭파도 여기에서 결정된 것이다. 2019년 9월 개최된 당중앙군사위원회 비상확대회의는 태풍 북상에 대한 대비태세 마련을 위한 것이었다. 김보미, "북한 당 중앙군사위원회 제7기 제3차 확대회의: 분석과 평가", 『ISSUE BRIEF』 통권 162호, 국가안보전략연구원, 2019, p. 1.

2019년 12월 28일부터 31일까지 당중앙위원회 제7기 5차 전원회의가 열렸고, 여기에서 대내외 정세와 투쟁방향, 조직문제가 총체적으로 다루어졌다. 마지막 날 결정서가 발표되었는데 이것은 2020년 북한 신년사로 대체되기도 하였다. 결론은 제재국면이 장기화될 것이니 자력갱생으로 버텨나가자는 '정면돌파전'이었다. 즉, "적대세력들의 제재압박을 무력화시키고 사회주의건설의 새로운 활로를 열기 위한 정면돌파전을 강행해야 합니다. 정면돌파전은 우리 혁명의 당연임무로 보나 전망적인 요구로 보나 반드시 수행해야 할 시대적 과제입니다"라 하였다. 즉, 〈우리의 전진을 저애하는 모든 난관을 정면돌파전으로 뚫고 나가자!〉, 이것이 오늘 전당과 전체 인민들이 들고 나가야 할 투쟁구호입니다.

김정은은 "오늘의 정면돌파전에서 기본전선은 경제전선이라고 하면서 나라의 경제토대를 재정비하고 가능한 생산잠재력을 총발동하여 경제발전과 인민생활에 필요한 수요를 충분히 보장하는 것이 현 시기의 당면과제"라고 하였다. 자신들은 병진로선에서 경제건설 총력집중노선으로 전환했음에도 불구하고 미국의 적대행위가 달라진 것이 없다면서 새로운 전략적무기의 출현을 언급하기도 하였다. 결정서에는 다음과 같은 결정들이 명기되었다.

즉, ① 경제토대를 재정비하고 가능한 생산 잠재력을 총발동하여 경제발전과 인민생활의 수요를 보장할 것, ② 과학기술을 중시하며 교육·보건사업을 개선할 것, ③ 자연재해에 대응하기 위한 국가적인 위기관리체계를 세울 것, ④ 강력한 정치외교적·군사적 공세로 정면돌파전의 승리를 담보할 것, ⑤ 반사회주의·비사회주의화의 투쟁을 강화하고 도덕기강을 세울 것, ⑥ 당을 강화하고 그 령도력을 비상히 높여나갈 것, ⑦ 사회주의건설의 난관을 뚫기 위한 정면돌파전에서 책임과 의무를 다하기 위하여 분투할 것, ⑧ 최고인민회의 상임위원회 내각을 비롯한 해당 기관들은 결정서에 제시된 과업을 철저히 집행하기 위한 실무적 조치를 취할 것이다.

김정은은 '시간은 북한 편'이라며 미국의 대북정책 전환을 간접적으로 촉구하였다. 이는 협상재개의 선결조건이 미국의 정책변화라는 기존의 입장을 재확인한 것이다.[45] 이러한 것은 북한이 주장하는 정면돌파전의 기본방향이 무엇인가에서 알 수 있다. 즉, "오늘의 정면돌파전은 대외적으로 적대세력의 반공화국 고립압살책동을 부수기 위한 공세이고, 대내적으로 국가의 발전 잠재력을 총발동하며 그에 방해되는 요소들을 없애기 위한 투쟁"이라면서, "여기에서 기본방향은 내부적 힘, 자력을 강화하는 것인데, 이는 적대세력들의 반공화국 고립압살책동을 총파탄시키기 위한 선결조건"이라는 것이다.[46] 북한의 2020년 1월 1일 자 로동신문은 전원회의를 다음과 같이 보도하였다. 전원회의는 "전대미문의 준엄한 난국을 정면돌파하고 나라의 자주권과 최고리익을 끝까지 수호하며 자력부강의 기치높이 주체혁명위업의 활로를 열어가기 위한 불멸의 대강을 제시한 것으로 하여 우리 당력사와 자주강국건설사에 특기할 사변"이라고 하였다.

북한의 정면돌파의 정책적 함의는 경제건설 총력집중노선을 유지하되, 대내외 환경변화를 고려 '전술적 병진노선도입'으로 전략노선

---

45 이승렬·이승현, "북한 당 중앙위 제7기 제5차 전원회의 주요내용과 2020남북관계 전망", 『이슈와 논점』 제1648호, 국회입법조사처, 2020, p. 4.

46 『로동신문』 2020.01.30.

을 조정한 것이다.[47] 경제건설 총력집중의 경제문제는 대북제재의 장기화를 기정사실화 하고, 인민들에게 국가사업과 재정사업에서 자체의 역량강화를 주문하기 위한 대내적 조치였다. 김정은은 현 북한경제의 문제점을 제시하면서, 이를 극복하기 위해 '국가상업체계'와 '사회주의상업망'을 통한 국가의 통일적 지도와 관리복원을 강조하고 있다. 이것이 사회주의기업 책임관리제의 폐기를 의미하지 않지만 시장에 대한 정책적 변화는 예상된다. 정면돌파전의 정치군사적과제는 미국의 '대조선적대시정책'이 단기적으로 개선될 가능성이 낮기 때문에, 과도기의 전술적 차원에서 전략무기개발의 정당성과 함께 '새로운 전략무기개발'을 선언한 것이다.

2. 최고인민회의와 당중앙군사위원회 회의

북한은 2020년 4월 11일 당 정치국 회의를 개최한 데 이어 다음날 최고인민회의를 개최하였다. 김정은은 당 정치국 회의를 직접 주재하며 코로나19 대응을 위한 범국가(당중앙위원회, 국무위원회, 내각) 차원의 공동결정서를 채택하고 최고인민회의에 제출할 안건도 결정하였다. 공동결정서의 제목이 '세계적인 대유행전염병에 우리 인민의 생명안전을 보호하기 위한 국가적대책을 더욱 철저히 세울 데 대하여'였다. 여기에서 "조성된 대내외 환경으로부터 출발해 당중앙위원회 제7기 제5차전원회의 결정관철을 위한 사업에서 일부 정

47 임수호·이기동, "안보·경제 딜레마와 북한경제의 '새로운 길'", 『INSS전략보고』 No83, 국가안보전략연구원, 2020, p. 2.

책적 과업들을 조정변경할 데 대한 대책적 문제들을 연구토의했다"고 밝혔다.

공동결정서는 국가적인비상방역사업의 계속강화, 경제건설, 국방력건설사업, 인민생활안정 등을 담고 있다. 이는 정면돌파가 코로나 19로 제약이 될 수밖에 없다는 것을 말하는 것이다. 조선중앙통신은 "지난해 말에 발생한 비루스(바이러스)전염병이 세계적으로 급격히 확산되면서 국경과 대륙을 횡단하는 전인류적인 대재앙으로 번져지고 있는 현실은 비루스감염 위험이 단기간에 해소되기는 불가능하며 따라서 이 같은 환경은 우리의 투쟁과 전진에도 일정한 장애를 조성하는 조건으로 될 수 있다"며 국가계획 변경의 배경을 설명했다. 북한은 로동신문을 통하여 코로나 19의 세계감염실태를 보도하였다. 중국인과 러시아인의 입국 잠정중지 등에 대한 보도를 하였다. 미국 뉴욕에서 20만 2,630명이 감염되고 1만 834명 사망, 전염병 대처능력이 부족하여 많은 사람이 검사와 치료도 제대로 받지 못하고 있는 상태라고 언급했다.[48]

2020년 4월 12일까지 최고인민회의 제14기 3차회의가 개최되었다. 김정은 위원장이 참석하지 않은 이 회의에서는 전날 정치국 회의에서 결정한 안건에 대한 토의가 있었다. 경제문제와 외교문제에 관한 것이었다. 당 전원회의에서 밝힌 경제과업 중 건설사업은 원산갈마해안 관광지구, 순천린비료공장, 어랑천발전소, 단천발전소 건설이었다. 그러나 최고인민회의에서는 집중사업으로 내세운 것이 순천린비료공장건설과 평양종합병원건설이었다. 김정은이 직접 몇

48 『로동신문』 2020.04.16.

차례 현지지도를 하면서 4월 15일까지 완공할 것이라고 했던 원산갈마해안 관광지구는 빠져있었다. 최고인민회의에서 경제건설 총력집중노선의 역점사업인 관광산업분야의 원산갈마해안 관광지구, 양덕군온천 관광지구, 삼지연시 관광단지에 언급이 없었는데, 이는 결국 외국관광객의 유치 목적이기 때문에 당분간 어렵다고 판단했다. 평양종합병원건설에 역점을 두는 것은 코로나19의 영향이라고 볼 수 있다.

또 하나 문제는 외교라인 문제인데 대미협상국이 신설되었다는 것이다. 대미협상국은 북미협상을 향후 장기적인 구도로 꾸려졌을 가능성이 있다. 제2차 북미회담 결렬의 책임으로 정치국 후보위원에서 물러났던 김여정이 정치국 회의에서 후보위원이 된 것은 '김정은-김여정-최선희'라인이 대미외교의 축이라는 것을 다시 보여준 것이다.[49] 김정은이 4월 11일 당 정치국 회의를 주제한 이후 4월 15일 태양절에 금수산태양궁전에 참배하는 모습이 보이지 않자, 김정은 신변이상설에 무게를 두며 우리나라를 비롯하여 세계에 가짜뉴스가 횡행하기도 하였다. 김정은이 다시 모습을 나타낸 것은 5월 1월 순천린비료공장 준공식장이었다.

북한에서 2020년 5월 23일 당중앙군사위원회 제7기 4차 확대회의가 개최되었다. 이는 정면돌파전에 대한 것으로 로동신문에 보도된 안건은 크게 세 가지로 ① 군의 무장력강화를 위한 정치사상적 및 군사기술적 대책수립, ② 군사부문 기구 및 편제상 결함의 검토와 조정 및 새로운 부대들의 조직편성, ③ 국가의 핵전쟁억제력과 전략

49 홍민, "북한 당 정치국 회의 및 제14기 제3차 최고인민회의 분석", 『Online Series』 CO 20-06, 통일연구원, 2020, pp. 4-5.

무력을 상시 격동상태로 운영이다. 특히 이 회의에서 핵전략무기의 개발과 실험을 관장하고 있는 리병철 당군수공업부장을 당중앙군사위원회 부위원장으로 발탁하였는데, 이는 김정은의 '새로운 전략적 무기 출현' 언급의 의지적 표현이다.[50]

북한은 2020년 6월 4일 김여정과 인민군 총참모부의 담화를 통해 남북공동연락사무소 폐쇄, 개성공업지구 완전 철거, 남북군사합의의 파기 등을 시사하였다. 5일에는 통전부 담화에서 김여정의 담화내용을 집행하기 위한 '검토사업에 착수한다'고 언급한 지 사흘 만에 남북 간 연락채널을 전면 차단하였다. 그리고 6월 16일 판문점선언과 남북군사합의서의 상징인 개성공단에 위치한 남북공동연락사무소를 폭파해 버렸다. 북한에서는 모든 문제는 남측이 남북군사합의서를 위반했기 때문이라면서, 자유북한운동연합이 접경에서 날려보낸 삐라를 들고나왔다. 실제로 6월 11일에 살포한 삐라의 내용에는 "잔인한 살인 독재자의 거짓 대화공세, 위장평화공세에 속지 말자" "굶주린 인민의 피땀으로 핵 로켓트 도박에 미쳐버린 김정은을 인류가 규탄한다" "맏형 김정남을 잔인하게 살해한 인간백정 김정은"같이 김정은에 관한 것과 그의 부인 리설주의 외설적 사진까지 합성하여 "리설주 사모님을 과감하게 총살하라" 등이 포함되어 있었다.

북한은 4.27 판문점선언 및 9.19 평양선언의 미이행과 하노이회담 실패에 대한 분노를 남북공동연락사무소 폭파라는 방식으로 표출한 것이다. 이후의 김여정의 담화에서는 청와대를 직접 겨냥해

---

50 이승렬, "북한 당중앙군사위 제7기 제4차 확대회의 분석과 시사점", 『이슈와 논점』 제1721호, 국회입법조사처, 2020, p. 3.

직설적으로 비난하고, 인민군 총참모부도 담화를 통해 '금강산과 개성에 군대 전개, 비무장지대 GP 설치, 접경지역 군사훈련, 대남전단 살포'의 네 가지 대남군사 행동도 예고하였다. 남북공동연락사무소 폭파까지 가져간 의도는 무엇인가. 북한은 4.27 판문점선언에 '확성기 방송과 전단살포를 비롯한 모든 적대행위 중지'를 명시했는데, 대북전단을 살포하여 이를 남한이 위반하고 있다는 것이다. 답보상태에 있는 남북관계를 대남강경노선으로 돌파구를 모색하려는 특유의 벼랑 끝 전략이었다. 또한 경제건설 총력집중노선을 내세웠으나 대북제재가 장기화되고 심각한 경제난에 처해 인민생활이 어려워지자, 그 책임을 밖으로 돌려 인민들의 불만을 잠재우고 결속시켜 보려는 것이다.

북한은 경제건설 총력집중노선을 내세워 인민생활향상과 사회주의경제강국을 모색하였지만 실제의 경제상황은 고난의 행군을 해야 할 지경이었다. 북한에 대한 계속되는 대북제재는 그들의 경제를 아주 어렵게 했고, 이를 타개하기 위해 김정은은 '비핵화'라는 카드까지 꺼내 들고 남북관계와 북미 관계개선을 노렸지만 나아진 것은 아무것도 없었다. 정면돌파전이라는 최후통첩성 전략을 펼쳤지만 공허한 메아리로 들려왔다. 그나마 북한경제를 지탱하게 한 것이 북중무역이었는데 이것도 스스로 끊어버렸다.[51] 북한이 코로나 19를 얼마나 엄중하게 생각하고 있는지는 로동신문의 해외사례와 위험성 경고 그리고 최고인민회의의 결정서가 '세계적인 대유

51 북한은 국경을 맞대고 있는 중국에서 코로나19가 빠르게 확산되자 2020년 1월 30일 국경을 전면봉쇄하여 버렸다. 낙후된 북한의 의료나 보건 수준에서 코로나19가 퍼지기 시작하면, 당국이 이를 대처할 수 있는 방법이 없기 때문이다.

행전염병에 국가적 대책의 철저'였다. 북한 수출입의 90% 이상을 차지하고 중국과의 무역을 차단한 상황에서, 경제적으로 심각한 타격을 받은 것은 북한이었다. 자력자강과 고군분투와 정면돌파전만으로는 경제상황을 호전시킬 수 없고, 불만표출의 효과가 크면서도 직접적인 약한 고리를 찾아 행동한 것이 연락사무소의 폭파였다.

그러나 단순히 불만 표출의 수단으로 치부해 버릴 수 없는 것이 대북삐라 문제이다. 북한 정치체제의 속성한 최고지도자와 그 부인에 대한 삐라 내용은 유일영도 유일중심의 수령영도체제에서 도저히 용납할 수 없는 것이다. 북한은 로동신문이나 성명을 통하여 최고 존엄을 비하 조롱하는 전단살포는 천인공노할 만행이라 비난하고 있다. 북한은 '수령 결사옹위는 우리의 생명'이라면서, "최고 존엄을 건드린 쓰레기들과 그런 망동 짓을 묵인한 자에게 세상이 깨여지는 한이 있더라도 끝장을 보자는 것이 이 땅의 민심"이라 한다. 만약 이 같은 행위가 계속될 경우 어떤 행위가 나올지 예측할 수 없는 실정이다. 백두혈통인 존엄에 대한 훼손을 또 다른 백두혈통인 김여정이 나서서 막고자 하는 면도 있다.

2020년 6월 23일 김정은이 당중앙군사위원회 예비회의를 화상회의로 주재하였다. 여기에서 김정은은 "최근 정세를 평가하고, 총참모부가 당중앙군사위원회 제7기 5차회의에서 제기한 대남군사 행동계획을 보류하였다"고 보도하였다.[52] 북한의 총참모부가 예고한 대남군사행동을 김정은이 보류한 것이다. 북한은 남북정상회담 선

52 『로동신문』 2020.06.24.

언의 미이행과 미국의 대북제재의 장기화에 정면돌파전을 내세워 이를 타개해 보려고 하였고, 남북공동연락사무소 폭파는 한국과 미국에 무엇이든 할 수 있다는 것을 보여준 것이다. 그러나 군사행동을 통한 정면돌파는 남북·북미 관계를 완전히 파국으로 몰고 갈 수 있다고 판단하고 일단 멈춰 선 것이다. 북한이 긴장 수위를 조절하고 경제중심의 '정면돌파전'에 매진하면서, 남북관계나 북미 관계의 개선여지를 남겨둔 것이다.

북한은 2020년 8월 19일 당중앙위원회 제7기 6차 전원회의를 개최하였다. 이 회의에서 김정은 위원장은 2021년 당 제8차대회 소집을 제의하면서, 당 제7차대회 결정한 사업에 대한 '편향과 결함을 분석·총화'하고 새로운 국가발전계획을 제시한다고 하였다. 김정은은 정면돌파전을 내세웠지만 미국 대통령선거의 결과를 주목하지 않을 수 없다. 누가 대통령이 되느냐에 따라 '경제건설 총력집중'을 위한 정면돌파전을 어떻게 가져가야 할 것인가 고민하게 되었다. 그러므로 코로나로 인한 경제상황악화 등을 고려하여 2021년 당대회를 소집하여 목표달성이 어려웠던 '국가경제발전 5개년전략' 대신, 새로운 '국가경제발전 5개년계획'을 제시하겠다는 것이다. 북한의 로동신문은 당 제8차대회가 가지는 의의를 '도전과 난관의 격파와 혁명의 상승을 위한 이정표'라고 하였다. 이는 인민들에게 새로운 비전을 제시하고 김정은의 리더십을 부각시키려는 것이다. 또한 대북경제제재와 결부되어 있는 한반도 비핵화문제를 장기적으로 추진하겠다는 의지로 읽혀진다.

2020년 10월 5일에는 김정은 위원장 주재로 당중앙위원회 제7기 19차 정치국 회의가 열렸는데, 최룡해·박봉주·김재룡 정치국 상무위원과 김여정 등이 참석했다. 이 자리에서 김정은은 국가경제발전 5개년전략을 마무리를 위한 총돌격과 당 제8차대회를 힘 있게 맞이하기 위해 80일전투를 벌릴 것을 주문하였다. 10월 10일 로동당 창건 75주년 열병식에는 신형 ICBM이 등장했는데, 이는 김정은이 예고한 새로운 전략적 무기의 실현이라고 볼 수 있다. 그러나 김정은 위원장은 열병식 연설에서 어려운 경제상황을 참아온 인민들에게 감사를 표하는 데 많은 부분을 할애했고, 핵무력 관련 발언을 자제한 채 기존에 써왔던 '전쟁억제력'이라는 표현을 썼다. 김 위원장은 국내외적 상황을 예의주시하면서 당 제8차대회를 계기로 새로운 전략을 수립할 것이다.

제6절 정책의 단절과 지속

북한은 경제건설과 핵무력건설 병진노선을 내세우고 핵무력건설이라는 역사적 대업을 5년도 안 되는 기간에 완벽하게 달성했다면서, 경제건설에 총력을 집중하는 새로운 전략노선도 반드시 승리할 것이라고 하였다. 경제건설 총력노선의 단기적인 목표는 국가경제발전 5개년전략을 완성시키는 것이다. 구체적으로 내각이 경제사령부로서의 역할과 책임을 다하여 5개년전략을 집행하기 위한 연차별 계획을 현실성 있게 세우고 과학기술에 의하여 자강력을 끊임없이 증대시켜 생산성을 높여 나가겠다는 것이다. 그래서 자력갱생의 정신은 5개년전략의 추동력이라는 것이다. 북한은 '우리 인민은 지난

3년간 겹쌓이는 난관 속에서도 자체의 힘과 기술로 5개년전략 달성을 위한 투쟁에서 괄목할 성과들을 이루었다'면서, '자력갱생의 대고조 불길을 더욱 세차게 지펴 올려야 이를 정한 시간표대로 전진시킬 수 있다'고 한다. 자강력이라는 막강한 잠재력을 최대한으로 폭발시켜 2020년까지 '경제강국건설'의 완전한 기반을 마련하겠다는 것이다. 그러나 북한의 새로운 전략노선을 자강력만으로 발현시킨다는 것에는 한계가 있다.

북한의 비핵화는 정권과 체제안정을 대외적으로 보장받는 과정이자, 경제발전을 통한 김정은 위원장의 리더십이 가시적인 성과에 기초하여 자리 잡는 과정이었다.[53] 북한은 경제건설 총력집중노선에서 다시 병진노선으로 되돌아가지 않으려 할 것이다. 그러나 체제안전이 보장되지 않는다고 할 경우 북한은 체제생존을 위해 자력갱생을 내세우며 벼랑 끝 전술로 가지 않는다고 장담할 수 없다. 장기적인 경제건설 총력집중노선은 유지하되 대북제재의 장기화 등을 고려하여 과도기의 전술적인 차원에서 병진노선 요소를 도입한 것이다.[54] 북한이 2019년 12월 말 4일 동안의 전원회의를 통하여 새로운 전략으로 정면돌파전을 내세우면서, "핵 억제력의 경상적 동원태세를 항시적으로 믿음직하게 유지할 것이며, 억제력 강화의 폭과 심도는 미국의 금후 대조선 입장에 상향조정"할 것이라 하였다. 그렇다고 해서 완전히 협상을 하지 않겠다는 것은 아니고 자신들의 주장이 관철될 때까지 밀고 가면서 버텨보는데 '가시적인 경제성과

53 전재성, "3차 북미정상회담으로 가는 길목에서: 2019년 한국외교과제", 『북한바로읽기 14』 EAI논평, 2019, p. 1.

54 임수호·이기동, "안보·경제 딜레마와 북한경제의 '새로운 길'", pp. 1-2.

와 복락만을 보고 미래의 안전을 포기할 수 없다'는 것이다.

결국 다른 방법이 없고 경제건설 총력집중노선으로 가야하기 때문에 인민설득도 중요하다. 북한에서 정면돌파 선언 이후 계속적으로 "당에 대한 충성을 제일 생명으로 정면돌파전에서 자력갱생의 위력을 최대로 증폭시켜나감으로써 국가의 존엄과 자주권을 세상만방에 더 높이 떨칠 것임"과 같은 주장을 하고 있다.[55] 북한은 국내외정세 상황으로 볼 때 단기간 대북제재해제가 어렵게 되자 장기화에 대비할 수밖에 없는 상황에 있다. 북한의 로동신문은 올해가 정면돌파의 첫해라고 한 것은 장기적인 관점에서 풀어나가겠다는 것이다. 여기에 코로나19의 세계적 감염확산은 실제로 이러한 개연성을 더 높여가고 있다. 그러나 종국적으로 북한은 경제건설 총집중노선으로 정면돌파를 할 수밖에 없을 것이고 그렇게 가야 한다.

이렇게 볼 때 북미 사이에 체제보장과 완전한 비핵화의 줄다리기가 계속될 것이고, 결국 이것은 접점을 찾으면서 합의에 이르리라고 본다. 결국 정전협정의 평화협정 전환은 한반도의 항구적인 평화정착을 위한 핵심적인 과제이다. 그래야 북한도 자신들이 추구하는 경제건설 총집중 전략노선의 단기 목표를 완성할 수 있고, 장기목표인 진정한 사회주의 강국으로 매진할 수 있을 것이다. 북한이 내세우고 있는 새로운 전략노선인 정면돌파전과 당 제8차대회의 새로운 길은 평화와 번영을 위한 노선이 되어야 한다.

---

55 『로동신문』 2020.02.06.

[부록]

조선로동당규약

조선민주주의인민공화국 사회주의헌법

[부록]

조선로동당규약

2016년 5월 6일

서문

조선로동당은 위대한 김일성－김정일주의당이다.

위대한 김일성동지는 조선로동당의 창건자이시고 영원한 수령이시다.

위대한 김일성동지는 영생불멸의 주체사상을 창시하시고 항일혁명의 불길속에서 마련하신 당창건의 조직사상적기초와 빛나는 혁명전통에 토대하여 영광스러운 조선로동당을 창건하시였으며 조선로동당을 사상의지적으로 통일단결되고 높은 조직성과 규율성을 지닌 강철의 당으로, 인민대중의 절대적인 지지와 신뢰를 받는 위력한 당으로, 주체혁명의 대를 굳건히 이어나가는 불패의 당으로 강화발전시키시였다.

위대한 김일성동지는 혁명무력과 인민정권을 창건하시고 혁명의 주체적력량을 비상히 강화하시였으며 항일혁명투쟁과 조국해방전쟁, 민주주의혁명과 사회주의혁명을 승리에로 이끄시여 민족해방, 계급해방의 력사적위업을 이룩하시고 사회주의건설을 힘있게 다그쳐 이 땅우에 자주, 자립, 자위로 위용떨치는 인민대중중심의 사회주의 나라를 일떠세우시였으며 조국통일과 인류자주위업수행에 불멸의 공헌을 하시였다.

위대한 김정일동지는 조선로동당의 상징이시고 영원한 수반이시다.

위대한 김정일동지는 주체사상을 자주시대의 위대한 지도사상으로 심화발전시키시고 조선로동당을 유일사상체계와 유일적령도체계가 확고히 선 사상적순결체, 조직적전일체로 건설하시였으며 인민대중과 혼연일체를 이루고 인민대중의 운명을 책임지고 보살피는 어머니당으로, 높은 령도예술을 지닌 로숙하고 세련된 당으로, 령도의 계승성을 확고히 보장한 전도양양한 당으로 강화 발전시키시였다.

위대한 김정일동지는 온 사회의 김일성주의화를 당의 최고강령으로 내세우시고 혁명과 건설의 모든 분야에서 기적과 변혁의 새 력사를 창조하시였으며 선군의 기치높이 나라와 민족의 자주권을 굳건히 수호하시고 김일성조선을 일심단결된 정치사상강국 무적의 군사강국으로 일떠세우시였으며 조국땅우에 강성번영의 일대 전성기를 펼치시고 조국통일과 세계의 자주화위업수행에서 전환적국면을 열어놓으시였다.

위대한 김일성동지와 김정일동지는 천재적인 예지와 비범한 령도력, 불굴의 의지와 인민에 대한 열렬한 사랑을 지니시고 한평생을 오로지 당의 강화발전과 인민의 행복을 위하여 모든 것을 다 바치신 탁월한 사상리론가, 걸출한 령도자, 인민의 자애로운 어버이이시다.

조선로동당은 위대한 김일성동지와 김정일동지의 성스러운 혁명생애와 고귀한 업적을 천추만대에 빛내여나갈것이며 김일성 동지와 김정일동지의 거룩한 존함은 조선로동당과 더불어 영구불멸할 것이다.

경애하는 김정은 동지는 조선로동당을 위대한 김일성동지와 김정일동지의 당으로 강화발전시키시고 주체혁명을 최후승리에로 이끄시는 조선로동당과 조선인민의 위대한 령도자이시다.

경애하는 김정은동지는 위대한 김일성—김정일주의를 당과 혁명의 영원한 지도사상으로 내세우시고 조선로동당을 하나의 사상으로 일색화된 사상과 신념의 결정체로, 강철같은 통일단결을 실현하고 칼날같은 기강을 확립한 최정예부대로 건설하시였으며 비상한 조직력과 특출한 령도적수완을 지닌 존엄높고 권위있는 당으로, 인민의 리익을 최우선, 절대시하며 인민을 위하여 멸사복무하는 당으로 강화발전시키시였다.

경애하는 김정은동지는 위대한 김일성동지와 김정일동지의 유훈관철에로 전당, 전군, 전민을 불러일으키시고 자주, 선군, 사회주의의 기치높이 천만군민의 일심단결과 자위적인 전쟁억제력을 더욱 강화하시여 백두산 대국의 존엄과 위력을 만방에 떨치시였으며 과학기술에 의거한 자강력으로 세기적인 비약과 혁신을 일으켜나가는 창조와 건설의 대번영기, 강성국가건설의 최전성기를 열어놓으시였다.

조선로동당은 위대한 김일성동지와 김정일동지를 영원히 높이 모시고 경애하는 김정은동지를 중심으로 하여 조직사상적으로 공고하게 결합된 로동계급과 근로인민대중의 핵심부대, 전위부대이다.

조선로동당은 위대한 김일성－김정일주의를 유일한 지도사상으로 하는 주체형의 혁명적당이다.

조선로동당은 위대한 김일성－김정일주의를 당건설과 당활동의 출발점으로, 당의 조직사상적 공고화를 기초로, 혁명과 건설을 령도하는데서 지도적지침으로 한다.

조선로동당은 위대한 김일성동지와 김정일동지께서 이룩하신 주체의 혁명전통을 고수하고 계승발전시키며 당건설과 당활동의 초석으로 삼는다.

조선로동당은 로동자, 농민 지식인을 비롯한 근로인민대중속에 깊이 뿌리박고 그들가운데서 사회주의위업의 승리를 위하여 몸바쳐싸우는 선진투사들로 조직한 로동계급의 혁명적당, 근로인민대중의 대중적당이다.

조선로동당은 조선민족과 조선인민의 리익을 대표한다.

조선로동당은 근로인민대중의 모든 정치조직들가운데서 가장 높은 형태의 정치조직이며 정치, 군사, 경제, 문화를 비롯한 모든 분야를 통일적으로 이끌어나가는 사회의 령도적정치조직이며 혁명의 참모부, 조선인민의 모든 승리의 조직자이며 향도자이다.

조선로동당은 위대한 김일성동지와 김정일동지의 위업, 주체혁명위업의 승리를 위하여 투쟁한다.

조선로동당의 당면목적은 공화국북반부에서 사회주의강성국가를 건설하며 전국적범위에서 민족해방민주주의혁명의 과업을 수행하는데 있으며 최종목적은 온 사회를 김일성－김정일주의화하여 인민대중의 자주성을 완전히 실현하는데 있다.

조선로동당은 당안에 사상과 령도의 유일성을 보장하고 당이 인민대중과 혼연일체를 이루며 당건설에서 계승성을 보장하는 것을 당건설의 기본원칙으로 한다.

조선로동당은 위대한 김일성동지와 김정일동지의 유훈을 생명선을 틀어쥐고 끝까지 관철하며 김일성동지와 김정일동지의 혁명사상과 업적을 견결히 옹호고수하고 끝없이 빛내여

나간다.

조선로동당은 당의 유일적령도체계를 세우는 사업을 주선으로 틀어쥐고 당대렬을 수령결사옹위의 전위대로 꾸리며 경애하는 김정은동지를 중심으로 하는 당과 군대와 인민의 일심단결을 백방으로 강화하고 그 위력을 높이 발양시켜 나간다.

조선로동당은 위대성교양, 김정일애국주의교양, 신념교양, 반제계급교양, 도덕교양을 기본으로하여 김일성—김정일주의교양을 강화하며 자본주의사상, 봉건유교사상, 수정주의, 교조주의, 사대주의를 비롯한 온갖 반동적, 기회주의적사상조류들을 반대배격하며 로동계급적원칙, 맑스—레닌주의의 혁명적원칙을 견지한다.

조선로동당은 당건설과 당활동을 인민대중제일주의로 일관시키고 계급로선과 군중로선을 철저히 관철하여 당과 혁명의 계급진지를 굳건히 다지며 인민의 리익을 옹호하고 인민을 위하여 멸사복무하며 인민대중의 운명을 책임지고 돌보는 어머니당으로서의 본분을 다해나간다.

조선로동당은 사람과의 사업을 당사업의 기본으로 한다.

조선로동당은 사상을 기본으로 틀어쥐고 인민대중의 정신력을 발동하여 모든 문제를 풀어나간다.

조선로동당은 항일유격대식사업방법, 주체의사업방법을 구현한다.

조선로동당은 혁명과 건설에 대한 령도에서 자주, 선군, 사회주의의 로선과 원칙을 일관하게 틀어쥐고나가며 주체성과 민족성을 고수한다.

조선로동당은 선군정치를 사회주의 기본정치 방식으로 확립하고 선군의 기치밑에 혁명과 건설을 령도한다.

조선로동당은 인민정권을 강화하고 사상, 기술, 문화의 3대혁명을 힘있게 다그치는 것을 사회주의건설의 총로선으로 틀어쥐고나간다.

조선로동당은 혁명대오를 정치사상적으로 튼튼히 꾸리고 인민대중중심의 사회주의제도를 공고발전시키며 경제건설과 핵무력건설의 병진로선을 틀어쥐고 과학기술발전을 확고히 앞세우면서 나라의 방위력을 철벽으로 다지고 사회주의경제강국, 문명국건설을 다그쳐나간다.

조선로동당은 청년운동을 강화하는 것을 당과 국가의 최대의 중대사, 혁명의 전략적요구로 내세우고 청년들을 당의 후비대, 척후대, 익측부대로 튼튼히 키우며 근로단체들의 역할을 높여 광범한 군중을 당의 두리에 묶어세우며 사회주의강성국가건설을 위한 투쟁에로 조직동원한다.

조선로동당은 전 조선의 애국적민주력량과의 통일전선을 강화한다.

조선로동당은 남조선에서 미제의 침략무력을 몰아내고 온갖 외세의 지배와 간섭을 끝장내며 일본군국주의의 재침책동을 짓부시며 사회의 민주화와 생존의 권리를 위한 남조선인민들의 투쟁을 적극 지지성원하며 우리 민족끼리 힘을 합쳐 자주, 평화통일, 민족대단결의 원칙에서 조국을 통일하고 나라와 민족의 통일적발전을 이룩하기 위하여 투쟁한다.

조선로동당은 자주, 평화, 친선을 대외정책의 기본리념으로 하여 반제자주력량과의 련대성을 강화하고 다른 나라들과의 선린우호관계를 발전시키며 제국주의의 침략과 전쟁책동을 반대하고 세계의 자주화와 평화를 위하여, 세계사회주의운동의 발전을 위하여 투쟁한다.

제1장 당원

1. 조선로동당원은 경애하는 김정은동지의 령도따라 위대한 김일성동지와 김정일동지께서 개척하시고 이끌어오신 주체혁명위업, 사회주의위업의 승리를 위하여 모든 것을 다 바쳐 투쟁하는 주체형의 혁명가이다.

2. 조선로동당원으로는 조선공민으로서 당의 유일적령도체계가 튼튼히 서고 당과 수령, 조국과 인민을 위하여 헌신적으로 투쟁하며 당규약을 준수하려는 근로자들이 될 수 있다. 조선로동당에는 열여덟살부터 입당할수 있다.

3. 조선로동당원은 후보기간을 마친 후보당원 가운데서 받아들인다. 특수한 경우에는 입당청원자를 직접 당원으로 받아들일수 있다.
   1) 입당하려는 사람은 입당청원서와 당원 두사람의 입당보증서를 당세포에 내야 한다. 김일성사회주의청년동맹원이 입당할 때에는 시, 군청년동맹위원회의 입당보증서를

내야하며 그것은 당원 한사람의 입당보증서를 대신한다.

후보당원이 당원으로 입당할 때에는 입당청원서와 입당보증서를 내지 않는다. 그러나 당세포가 요구할 때에는 다른 입당보증서를 내야 한다.

2) 입당보증인은 3년이상의 당생활년한을 가져야 한다.

입당보증인은 입당청원자의 사회정치생활을 잘 알아야 하며 보증내용에 대하여 당앞에 책임져야 한다.

3) 입당문제는 개별적으로 심의하여야 한다.

당세포는 총회에서 입당청원자를 참가시키고 입당문제를 심의하며 채택된 결정은 시, 군 당위원회의 비준을 받아야 한다.

입당보증인은 입당문제를 토의하는 회의에 참가하지 않아도 된다.

시, 군당위원회는 입당문제에 대한 당세포의 결정을 한달안에 심의하고 처리하여야 한다.

4) 후보당원의 후보기간은 1년으로 한다.

당세포는 후보당원의 후보기간이 끝나면 총회에서 그의 입당문제를 심의하고 결정하여야 한다.

특수한 경우에는 후보기간이 끝나지 않은 후보당원을 당원으로 받아들일수 있다.

후보당원이 당원으로 입당할 준비가 잘 안되였을 때에는 후보기간을 1년까지의 범위안에서 한번 미룰수 있으며 그 기간에도 입당할 자격을 갖추지 못하면 그를 제명하여야 한다.

후보기간을 미루거나 후보당원을 제명할데 대한 당세포의 결정은 시, 군당위원회의 비준을 받아야 한다.

5) 입당날자는 당세포총회에서 입당을 결정한 날로 한다.

6) 당원으로 입당한 사람은 당원증을 수여받을 때 입당선서를 한다.

7) 특수한 환경에서 사업하는 사람과 다른 당에서 탈당한 사람의 입당문제는 당중앙위원회가 따로 규정한 절차와 방법에 따라 취급한다.

4. 당원의 의무는 다음과 같다.

1) 당원은 위대한 김일성동지와 김정일 동지를 영원한 주체의 태양으로 높이 모시고 경애하는 김정은 동지의 령도를 충정으로 받들어 나가야한다.

당원은 위대한 김일성동지와 김정일동지의 유훈을 한치의 드팀도 없이 철저히 관철하고 성스러운 혁명생애와 업적을 길이 빛내이며 경애하는 김정은동지를 결사옹위하고 당의 통일단결을 눈동자와 같이 지키며 당의 유일적 령도밑에 하나와 같이 움직이는 혁명적규률을 세워야 한다.

2) 당원은 위대한 김일성－김정일주의로 튼튼히 무장하고 당의 로선과 정책을 결사관

철하여야 한다.

당원은 혁명적학습기풍을 세워 우리 당의 혁명사상과 그 구현인 당의 로선과 정책을 자기의 뼈와 살로 만들며 당의 사상과 로선, 정책을 무조건 끝까지 관철하여야 한다.

3) 당원은 당생활에 자각적으로 참가하여 당성을 끝임없이 단련하여야 한다.

당원은 당조직관념을 바로가지고 당회의와 당생활총화, 당학습에 성실히 참가하며 당조직의 결정과 분공을 책임적으로 집행하고 비판과 사상투쟁을 강화하며 당의 규률을 자각적으로 지키고 사업과 생활에서 제기되는 문제들을 당조직에 보고하여야 한다.

4) 당원은 혁명과업수행에서 선봉적역할을 하여야 한다.

당원은 김정일 애국주의를 소중히 간직하고 맡겨진 혁명임무를 책임적으로 수행하고 어렵고 힘든 일에 앞장서며 현대과학기술을 배우고 기술실무수준을 높여 자기 사업에 정통하며 로동규률을 자각적으로 지키고 국가사회재산을 주인답게 관리하여야 한다.

5) 당원은 사회주의조국을 목숨바쳐 보위하여야 한다.

당원은 군사중시기풍를 세워 군사를 성실히 배우고 전투동원준비를 튼튼히 갖추며 혁명적 경각성을 높이고 사회주의조국과 혁명의 전취물을 굳건히 지키며 군민일치의 전통적미풍을 높이 발휘하며 조국통일을 앞당기기 위하여 적극 투쟁하여야 한다.

6) 당원은 당적, 계급적원칙을 철저히 지켜야 한다.

당원은 모든 문제를 정치적으로, 계급적으로 예리하게 분석판단하고 당과 혁명의 리익, 인민대중의 리익에 맞게 처리하며 어떤 역경속에서도 혁명적 신념과 지조를 지키고 계급적 원쑤들과 온갖 이색적인 사상요소들, 비사회주의적현상을 비롯한 부정적인 현상들을 반대하여 견결히 투쟁하여야 한다.

7) 당원은 인민을 위하여 멸사복무하며 실천적모범으로 군중을 이끌어 나가야 한다.

당원은 숭고한 인민관을 지니고 인민의 리익과 편의를 위하여 모든 것을 바치며 군중을 교양개조하여 당의 두리에 묶어세우고 혁명과업수행에로 불러일으키며 사업과 생활에서 군중의 본보기가 되고 자신과 가정, 집단을 혁명화하는데서 모범이 되어야 한다.

8) 당원은 혁명적사업기풍과 생활기풍을 세워야 한다.

당원은 백두의 혁명정신, 백두의 칼바람정신을 심장에 쪼아박고 언제 어디서나 혁명적으로, 전투적으로 일하고 생화하며 국가의 법과 규정을 자각적으로 지키고 당, 국가, 군사 비밀을 엄격히 지키며 문화정서적소양을 높이고 생산문화, 생활문화를 확립하기 위하여 적극 노력하여야 한다.

9) 당원은 고상한 도덕품성을 지녀야 한다.

당원은 언제나 겸손하고 소박하며 진실하고 례절이 바르며 사리와 공명을 탐내지 말고 청렴결백하며 사회공중도덕과 질서를 모범적으로 지키며 혁명적 동지애를 높이 발휘하여야 한다.

10) 당원은 매달 당비를 바쳐야 한다.

당비는 월수입의 2%로 한다.

5. 당원의 권리는 다음과 같다.

1) 당원은 당회의와 당출판물을 통하여 당의 로선과 정책을 관철하며 당사업을 발전시키는데 도움이 되는 의견을 발표할수 있다.

2) 당원은 당회의에서 결의권을 가지며 각급 당지도기관 선거에서 선거할 권리와 선거받을 권리를 가진다.

3) 당원은 정당한 리유와 근거가 있을 때에는 어떤 당원에 대하여서나 비판할수 있으며 상급이 주는 어떤 과업이라도 그것이 당의 유일적령도체제에 어긋날 때에는 그 집행을 거부할수 있다.

4) 당원은 자기의 사업과 생활에 대한 문제를 토의결정하는 당회의에 참가할 것을 요구할수있다.

5) 당원은 당중앙위원회에 이르기까지의 각급 당위원회에 신소와 청원을 할수 있으며 그에 대한 심의를 요구할수 있다.

6. 후보당원의 의무는 당원의 의무와 같으며 후보당원의 권리는 결의권과 선거할 권리, 선거받을 권리가 없는 이외에는 당원의 권리와 같다.

7. 당의 규률을 어긴 당원에게는 당책벌을 준다.

1) 당의 유일적령도체계에 어긋나는 행동을 하거나 당의 로선과 정책을 반대하고 종파행위를하거나 적들과 타협하는 것을 비롯하여 당과혁명에 엄중한 손실을 끼친 당원은 출당시킨다.

2) 출당시키지 않을 정도의 과오를 범한 당원에게는 그 과오의 엄중성정도에 따라 경고, 엄중경고, 권리정지, 후보당원으로 내려놓는 책벌을준다. 경고책벌은 6개월, 엄중경고, 권리정지책벌은 1년, 후보당원으로 내려놓는 책벌은 2년을 적용한다. 당책벌은 당원이 과오를 범하게 된 동기와 원인, 과오의 후과와 함께 그의 사업과 생활을 전면적으로 깊이있게 료해하고 신중하게 주어야 한다.

3) 당세포는 총회에서 과오를 범한 당원을 참가시키고 당책벌을 줄데 대하여 심의 결정한다. 특수한 경우에는 본인의 참가없이 심의 결정할수 있다. 당원에게 당책벌을

줄데 대한 당세포의 결정은 시, 군당위원회의 비준을 받아야 하며 당원을 출당시킬 데 대한 당세포의 결정은 도당위원회의 비준을 받아야 한다.

4) 당세포는 당책벌을 받은 당원이 자기의 과오를 깊이 뉘우치고 고치기 위하여 노력하며 사업에서 개선이 있을 때에는 총회에서 책벌을 벗겨줄데 대하여 심의 결정하여야 하며 그 결정은 시, 군당위원회의 비준을 받아야 한다.

5) 당중앙위원회와 도, 시, 군당위원회 위원, 후보위원에 대한 당책벌문제는 당중앙위원회가 정한 절차와 방법에 따라 취급한다.

6) 당중앙위원회와 도, 시, 군당위원회는 당규률문제와 관련한 당원의 신소를 제때에 책임적으로 심의 하고 처리하여야 한다.

8. 정당한 리유없이 여섯달이상 당생활에 참가하지 않고있는 당원에 대하여서는 당세포총회에서 그를 제명할 것을 결정하여야 하며 그결정은 시, 군당위원회의 비준을 받아야 한다.

9. 당원의 등록과 이동은 당중앙위원회가 정한절차와 방법에 따라 한다.

10. 조선로동당원으로서 당과 수령, 조국과 인민을 위하여 투쟁하다가 년로보장 또는 사회보장을 받고있는 당원을 비롯하여 당원으로서의 활동을 제대로 할수 없는 당원은 명예당원으로 한다.
명예당원에게는 명예당원증을 수여한다.
당원을 명예당원으로 넘기는 문제는 시, 군당위원회에 비준한다.

제2장 당의 조직원칙과 조직구조

11. 당은 민주주의중앙집권제원칙에 따라 조직하며 활동한다.

1) 각급 당지도기관은 민주주의적으로 선거하며 선거된 지도기관은 선거받은 당조직 앞에 자기의 사업을 정기적으로 총화보고한다.

2) 당원은 당조직에, 소수는 다수에, 하급당조직은 상급당조직에 복종하며 모든 당조직은 당중앙위원회에 절대복종한다.

3) 모든 당조직은 당의 로선과 정책을 무조건옹호관철하며 하급당조직은 상급당조직의 결정을 의무적으로 집행한다.

4) 상급당조직은 하급당조직의 사업을 계통적으로 지도검열하며 하급당조직은 자기

의 사업정형을 상급당조직에 정상적으로 보고한다.

12. 각급 당조직은 지역단위와 생산 및 사업단위에 따라 조직한다.

어느 한 지역을 맡은 당조직은 그 지역의 일부를 맡은 모든 당조직의 상급당조직으로되며 어느 한 부문이나 단위의 사업을 맡은 당조직은 그 부문이나 단위의 일부 사업을 맡은 모든 당조직의 상급당조직으로 된다.

13. 각급 당위원회는 해당 단위의 최고지도기관이며 정치적참모부이다.

당위원회의 활동에서 기본은 집체적지도이다.

각급 당위원회는 새롭고 중요한 문제들을 반드시 집체적으로 토의결정하고 집행하며 여기에 당지도기관 성원들과 당원들의 책임성과 창발성을 밀접히 결합시켜야 한다.

14. 각급 당조직의 최고지도기관은 다음과 같이 조직한다.

1) 당의 최고지도기관은 당대회이며 당대회와 당대회사이에는 당대회가 선거한 당중앙위원회이다. 도, 시, 군당조직의 최고지도기관은 해당 당대표회이며 당대표회와 당대표회사이에는 당대표회가 선거한 해당 당위원회이다. 기층당조직의 최고지도기관은 당총회(당대표회)이며 당총회(당대표회)와 당총회(당대표회)사이에는 당총회(당대표회)가 선거한 해당 당위원회이다.

2) 당대회, 당대표회 대표자는 한급 낮은 당조직의 당대표회 또는 당총회에서 선거한다. 당대회 대표자선출비률은 당중앙위원회가 규정하며 도, 시, 군당대표회 대표자선출비률은 당중앙위원회가 정한 기준에 따라 해당 당위원회가 규정한다.

3) 당중앙위원회 위원, 후보위원수는 당대회에서 결정한다.

도, 시, 군당위원회 위원, 후보위원수와 기층당조직의 위원수는 당중앙위원회가 정한 기준에 따라 해당 당대표회 또는 당총회에서 결정한다.

당위원회 위원, 후보위원수를 변경시킬 필요가 있을 때에는 해당 당위원회 전원회의 또는 당총회에서 다시 결정할수 있다.

각급 당지도기관의 선거는 당중앙위원회가 만든 선거세칙에 따라 한다.

15. 각급 당조직의 지도기관 성원의 소환(제명)과 보선은 다음과 같이 한다.

1) 당중앙위원회와 도, 시, 군당위원회 위원, 후보위원의 제명과 보선은 해당 당위원회 전원회의에서 한다. 당중앙위원회와 도, 시, 군당위원회 위원이 결원되였을 때에는 해당 당위원회 후보위원 가운데서 보선한다.

필요에 따라 후보위원이 아닌 당원을 위원으로 보선할수 있다.

2) 기층당조직의 지도기관 성원의 소환과 보선은 해당 당총회(당대표회)에서 한다.

규모가 크거나 아래당 조직들이 멀리 널려져있거나 사업상특성으로 당총회(당대표회)를 제때에 소집할수 없는 초급당, 분초급당에서는 당위원회에서 위원을 제명, 보선할수 있다.

3) 상급당위원회는 결원된 하급당위원회 위원장, 부위원장을 파견할수 있다.

16. 당회의는 해당 당조직에 소속된 당원(위원, 대표자)총수의 3분의 2이상이 참가하여야 성립되며 제기된 문제의 가결은 결의권을 가진 당회의참가자의 절반을 넘는 찬성을 받아야 확정된다.

각급 당위원회 후보위원은 해당 당위원회 전원회의에서 발언권만 가진다.

17. 도, 시, 군당위원회의 조직과 해체문제는 당중앙위원회에서, 초급당위원회와 분초급당위원회의 조직과 해체문제는 도당위원회에서, 부문당위원회와 당세포의 조직과 해체문제는 시, 군당위원회에서 비준한다.

당조직의 조직과 해체정형을 시, 군당위원회는 도당위원회에, 도당위원회는 당중앙위원회에 보고하여야 한다.

18. 각급 당위원회는 자기 사업의 성과적보장을 위하여 필요한 부서를 둔다. 부서를 내오거나 없애는 권한은 당중앙위원회에 있다.

19. 당중앙위원회는 정치, 군사, 경제적으로 중요한 부분에 정치기관을 조직한다.

1) 정치기관들은 해당 부문에서 당원들과 근로자들에 대한 정치사상교양사업을 조직진행하며 해당 단위에 조직된 당위원회의 집행부서로서 사업한다.

정치기관들은 당의 로선과 정책을 관철하기 위한 투쟁에 당원들과 군중을 조직동원하기 위하여 당열성자회의를 소집할수 있다.

2) 중앙기관에 조직된 정치국(정치부)들은 당중앙위원회에 직속되여 그 지도밑에 사업하며 자기 사업정형을 당중앙위원회에 정상적으로 보고한다.

정치국(정치부)들은 아래정치기관들에 대한 지도에서 해당 지역당위원회들과 긴밀한련계를 가진다.

3) 정치기관들은 조선로동당규약과 당중앙위원회가 비준한 지도서와 규정에 따라 조직되며 사업한다.

20. 당중앙위원회는 어떤 당 조직이든지 당의 로선과 정책, 당규약을 엄중하게 어기거나 집행하지 않을 때에는 해산하고 거기에 소속되였던 당원들을 개별적으로 심사하여 다시 등록하고 당 조직을 새로 조직할수 있다.

21. 당중앙위원회는 정치, 군사, 경제적으로 중요한 지역과 부문, 특수한 환경에 맞는 당 조직의 형식과 활동방법, 그밖의 당건설에서 나서는 문제들을 따로 결정할수 있다.

제3장 당의 중앙조직

22. 당대회는 당의 최고지도기관이다.
당대회는 당중앙위원회가 소집하며 당대회소집날자는 여섯달전에 발표한다.

23. 당대회의 사업은 다음과 같다.
 1) 당중앙위원회와 당 중앙검사위원회의 사업을 총화한다.
 2) 당의 강령과 규약을 채택 또는 수정보충한다.
 3) 당의 로선과 정책, 전략전술의 기본문제를 토의결정한다.
 4) 조선로동당 위원장을 추대한다.
 5) 당중앙위원회와 당중앙검사위원회를 선거한다.

24. 조선로동당 위원장은 당의 최고령도자이다.
조선로동당 위원장은 당을 대표하며 전당을 령도한다.
조선로동당 위원장은 당 중앙군사위원회 위원장으로 된다.

25. 당중앙위원회는 당대회와 당대회사이에 당의 모든 사업을 조직지도한다.
당중앙위원회는 전당과 온 사회의 김일성-김정일주의화를 당사업의 총적임무로 틀어쥐고 당의 유일적령도체계를 튼튼히 세우며 당과 혁명대오를 수령결사옹위의 전투부대로 꾸리고 그 위력을 높이며 김일성-김정일주의를 구현하여 당의 로선과 정책을 세우고 혁명투쟁과 건설사업을 정치적으로 지도하며 국내외의 각 정당, 단체들과 사업하며 당의 재정을 관리한다.

26. 당중앙위원회는 전원회의를 1년에 한번이상 소집한다.
당중앙위원회 전원회의는 해당 시기 당앞에 나서는 중요한 문제들을 토의결정하며 당중앙위원회 정치국과 정치국 상무위원회를 선거하며 당 중앙위원회 부위원장들을 선거하고 정무국을 조직하며 당 중앙군사위원회를 조직하고 당 중앙위원회 검열위원회를 선거한다.

27. 당 중앙위원회 정치국과 정치국 상무위원회는 전원회의와 전원회의사이에 당 중앙위원

회의 이름으로 당의 모든 사업을 조직지도한다.

28. 당 중앙위원회 정무국은 당내부사업에서 나서는 문제와 그밖의 실무적문제들을 수시로 토의결정하고 그 집행을 조직지도한다.

29. 당 중앙군사위원회는 당대회와 당대회사이에 군사분야에서 나서는 모든 사업을 당적으로 조직지도한다.
당 중앙군사위원회는 당의 군사로선과 정책을 관철하기 위한 대책을 토의결정하며 혁명무력을 강화하고 군수공업을 발전시키기 위한 사업을 비롯하여 국방사업전반을 당적으로 지도한다.

30. 당 중앙위원회 검열위원회는 당의 유일적령도체계에 어긋나는 행동을 하거나 당규약을 위반하는 것을 비롯하여 당규률을 어긴 당원에게 당적책임을 추궁하며 당규률문제와 관련한 도당위원회의 제의와 당원의 신소를 심의하고 처리한다.

31. 당 중앙검사위원회는 당의 재정관리사업을 검사한다.

32. 당 중앙위원회는 당대회와 당대회사이에 당대표자회를 소집할 수 있다.
당대표자회 대표자선출비률과 대표자선거절차는 당 중앙위원회가 규정한다.
당대표자회는 당의 로선과 정책, 전략전술의 중요한 문제들을 토의결정하며 당 중앙지도기관 성원들을 소환하고 보선한다.
당대표자회는 조선로동당 최고지도기관을 선거하거나 당규약을 수정보충할수 있다.

제4장 당의 도, 시, 군조직

33. 도, 시, 군당대표회는 당의 도, 시, 군조직의 최고지도기관이다.
도, 시, 군당대표회는 당 중앙위원회의 지시에 따라 도, 시, 군당위원회가 소집한다.

34. 도, 시, 군당대표회의 사업은 다음과 같다.
   1) 도, 시, 군당위원회와 도, 시, 군당검사위원회의 사업을 총화한다.
   2) 도, 시, 군당위원회와 도, 시, 군당검사위원회를 선거한다.
   3) 당대회, 당대표자회와 상급당대표회에 보낼 대표자를 선거한다.

35. 도, 시, 군당위원회는 다음과 같은 사업을 한다.

당의 유일적령도체계를 세우는 사업을 주선으로 틀어쥐고 당원들과 근로자들이 위대한 김일성동지와 김정일동지를 영원히 높이 모시고 경애하는 김정은동지를 결사옹위하며 당과 혁명대오의 일심단결을 강화하고 당의 로선과 정책을 결사관철하며 당의 유일적령도밑에 하나와 같이 움직이도록 지도한다.

간부대렬을 튼튼히 꾸리고 그 순결성을 보장하며 당장성사업과 당원등록사업을 진행하고 당원들에 대한 당생활지도를 강화하며 인민중시, 인민존중, 인민사랑의 정치를 구현하여 광범한 군중을 당의 두리에 묶에세우며 당 조직들을 튼튼히 꾸리고 그 전투적기능과 역할을 높이도록 지도한다.

위대성교양, 김정일애국주의교양, 신념교양, 반제계급교양, 도덕교양을 기본으로 틀어쥐고 사상사업을 공세적으로 벌려 당원들과 근로자들을 위대한 김일성—김정일주의로 튼튼히 무장시키고 대중의 정신력을 높이 발양시키며 제국주의자들의 사상문화적침투책동을 짓부시고 온갖 이색적인 사상요소들과 비사회주의적현상을 비롯한 부정적인 현상들을 반대하여 투쟁한다.

행정경제사업에 대한 당적지도를 강화하여 해당 지역의 모든 사업이 당의 정책적요구에 맞게 진행되도록 하며 경제사업에서 전환을 일으키고 인민생활을 향상시키며 정권기관과 청년동맹을 비롯한 근로단체조직들을 튼튼히 꾸리고 그 역할을 높이도록 지도한다.

민간무력의 전투력을 높이며 전투동원준비를 완성하고 인민군대를 적극 원호하도록 지도한다.

도, 시, 군당위원회의 재정을 관리한다.

상급당위원회와 당 중앙위원회에 자기의 사업정형을 정상적으로 보고한다.

36. 도당위원회는 전원회의를 넉달에 한번이상, 도, 시, 군당위원회는 전원회의를 석달에 한번이상 소집한다.

도, 시, 군당위원회 전원회의는 당의 로선과 정책을 관철하기 위한 대책을 토의결정하며 도, 시, 군당위원회 집행위원회와 위원장, 부위원장들을 선거하고 정무처를 조직하며 도, 시, 군당위원회 군사위원회와 검열위원회를 선거한다.

37. 도, 시, 군당위원회 집행위원회는 전원회의와 전원회의사이에 도, 시, 군당위원회의 이름으로 행정경제사업과 관련한 당정책관철에서 나서는 중요한 문제들을 토의결정하고 그 집행을 위한 사업을 조직지도한다.

도, 시, 군당위원회 집행위원회는 한달에 두 번이상 한다.

38. 도, 시, 군당위원회 정무처는 간부사업을 비롯한 당내부사업에서 나서는 문제들을 수시로 토의결정하고 조직집행한다.

39. 도, 시, 군당위원회 군사위원회는 당의 군사로선과 정책을 관철하기 위한 대책을 토의결성하고 그 집행을 위한 사업을 조직지도한다.

40. 도, 시, 군당위원회 검열위원회는 당의 유일적 령도체제에 어긋나는 행동을 하거나 당규약을 위반하는 것을 비롯하여 당규률을 어긴 당원에게 당적책임을 추궁하며 당규률문제와 관련한 아래당조직들의 제의와 당원의 신소를 심의하고 처리한다.

제5장 당의 기층조직

41. 당의 기층조직에는 초급당, 분초급당, 부문당, 당세포가 있다.
당의 말단기층조직은 당세포이다.
당세포는 당원들의 당생활의 거점이며 당과 대중을 이어주고 군중을 당의 두레에 묶어세우는 기본단위이며 당원들과 근로자들을 조직동원하여 당의 로선과 정책을 관철하는 직접적전투단위이다.

42. 당의 기층조직은 다음과 같이 조직한다.
1) 당원이 5명부터 30명까지 있는 단위에는 당세포를 조직한다.
당원이 5명 못되는 단위에는 따로 당세포를 조직하지 않고 그 단위의 당원들과 후보당원들을 가까이에 있는 당세포에 소속키기거나 사업의 성격과 린접관계를 고려하여 두 개이상 단위의 당원들을 합하여 당세포를 조직할 수 있다.
특수한 경우에는 당원이 3~4명 있거나 30명이 넘어도 당세포를 조직할 수 있다.
당원이 3명 못되는 단위에는 시, 군당위원회가 추천하는 당원을 책임자로 하는 당소조를 조직할 수 있다.
2) 당원이 31명 이상 있는 단위에는 초급당을 조직한다.
3) 초급당과 당세포사이에 당원이 31명 이상 있는 생산 및 사업단위에는 부문당을 조직한다.
4) 초급당, 부문당, 당세포의 조직형식만으로 기층당조직을 합리적으로 조직할 수 없을 때에는 초급당과 부문당 사이의 생산 및 사업단위에 분초급당을 조직한다.
이상의 당조직형식들이 실정에 맞지 않을 때에는 당중앙위원회의 비준을 받아 다른 형식의 당조직을 내올 수 있다.

5) 다른 단위에 임시이동하여 생활하는 당원들로 임시당조직을 조직한다.

43. 당총회(당대표회)는 당의 기층조직의 최고지도기관이다.

1) 당세포총회는 한달에 한번이상 한다.

2) 초급당, 분초급당, 부문당총회는 석달에 한번이상한다. 당원과 후보당원이 500명이 넘거나 아래당조직이 멀리 널려져있을 때에는 초급당총회(대표회)를 1년에 한번이상 할 수 있다.

44. 기층당 조직에서는 1년에 한번씩 지도기관 사업을 총화하고 새로운 지도기관을 선거한다.

1) 당세포에서는 총회에서 당세포사업을 총화하고 위원장과 부위원장을 선거한다. 시, 군당위원회에 직속된 당세포에 당원이 20명이상 되던 당세포위원회를 선거하고 그 위원회에서 위원장과 부위원장을 선거한다.

2) 초급당, 분초급당, 부문당에서는 당총회(당대표회)에서 해당 당위원회사업을 총화하고 새로운 당위원회를 선거하며 그 위원회에서 위원장과 부위원장을 선거한다. 초급당, 분초급당위원회에서는 필요에 따라 집행위원회를 선거할 수 있다.

45. 기층당 조직들은 다음과 같은 사업을 한다.

1) 당원들과 근로자들 속에 당의 유일적 령도체계를 튼튼히 세운다.
당원들과 근로자들이 위대한 김일성동지와 김정일동지를 영원히 높이 모시고 수령님과 장군님의 유훈을 한치의 드림도 없이 끝까지 관철하며 경애하는 김정은의 동지를 결사옹위하고 당의 로선과 정책을 결사관철하며 당과 혁명대오의 일심단결을 강화하고 당의 유일적 령도밑에 하나와 같이 움직이는 혁명적 규율을 세우도록 한다.

2) 당원들에 대한 당생활조직과 지도를 강화한다.
당원, 후보당원들을 당조직에 빠짐없이 소속시키고 당회의와 당생활총화, 당학습을 높은 정치사상적 수준에서 조직진행하며 당원들에게 당적분공을 정상적으로 주고 총화하며 당원들이 당규약상규범의 요구대로 사업하고 생활하며 혁명과업수행에서 선봉적 역할을 하도록 한다.

3) 초급일군대렬을 튼튼히 꾸리며 검열되고 준비된 사람들을 당에 받아들인다.
초급일군들을 당과 수령에게 충실하고 실력이 있으며 사업작풍이 좋은 사람들로 선발 배치하고 그들이 맡은 일을 잘하도록 지도하며 입당대상자들을 료해장악하고 체계적으로 키우며 당원의 자격을 갖춘 사람들을 엄선하여 당에 받아들인다.

4) 당원들과 근로자들에 대한 사상교양사업을 힘있게 벌린다.

당원들과 근로자들속에서 위대성교양, 김정일애국주의교양, 신념교양, 반제계급교양, 도덕교양을 기본으로 하여 사상교영을 강화하며 부르죠아사상문화의 침습을 막고 비사회주의적 현상을 비롯한 온갖 부정적인 현상들을 반대하여 견결히 투쟁하도록 한다.

5) 군중과의 사업을 실속있게 진행한다.

군중과의 사업체계를 정연하게 세우고 군중을 혁명적으로 교양개조하며 민심을 틀어쥐고 군중을 당의 두리에 묶어세우며 인민의 리익과 편의를 최우선, 절대시하고 인민을 위하여 멸사복무하도록 한다.

6) 행정경제사업에 대한 당적지도를 강화한다.

당의 노선과 정책을 관철하기 위한 대책을 집체적으로 토의결정하고 그 집행을 위한 조직정치사업을 실속있게 진행하며 대중의 정신력을 총발동하여 당의 사상관철전 당정책옹위전을 힘있게 벌리며 과학기술발전을 앞세우고 자강력을 높이 발휘하여 생산과 건설에서 끊임없는 혁신을 일으키며 생산문화, 생활문화를 확립하고 국가사회재산을 주인답게 관리하며 근로자들의 후방사업을 개선하도록 한다.

7) 근로단체사업에 대한 당적지도를 실속있게 진행한다.

청년동맹을 비롯한 근로단체초급일군들을 잘 꾸리고 그들의 역할을 높이며 근로단체조직들의 사업정형을 료해하고 개선대책을 세우며 근로단체조직들에 사업방향을 정상적으로 주고 근로단체조직들이 자립성과 창발성을 높여 본신임무를 원만히 수행하도록 한다.

8) 민방위 사업을 강화하며 인민군대를 적극 원호한다.

로농적위군과 붉은청년근위대대렬을 튼튼히 꾸리고 정치군사훈련을 강화하도록 하며 자기단위의 전투동원 준비를 완성하며 원군기풍을 세우고 인민군대를 성심성의로 원호한다.

9) 3대혁명붉은기쟁취운동과 군자리로동계급칭호쟁취운동을 비롯한 대중운동을 힘있게 벌린다.

10) 상급당위원회에 자기의 사업정형을 정상적으로 보고한다.

46. 당세포위원회는 한달에 한번이상, 초급당, 분초급당, 부문당위원회는 한달에 두 번이상 하며 집행위원회가 조직된 초급당, 분초급당에서는 한달에 위원회는 한번이상, 집행위원회는 두 번이상 한다.

제6장 조선인민군안의 당조직

47. 조선인민군은 위대한 수령 김일성동지께서 항일혁명투쟁의 불길속에서 몸소 창건하시고 위대한 김일성동지와 김정일동지께서 무적필승의 강군으로 강화발전시키시였으며 경애하는 김정은동지께서 이끄시는 혁명적무장력이다.

조선인민군은 당의 위업, 주체혁명위업을 무장으로 옹호보위하는 수령의 군대, 당의 군대, 인민의 군대이며 당의 선군혁명령도를 맨앞장에서 받들어나가는 혁명의 핵심부대, 주력군이다.

조선인민군은 모든 정치활동을 당의 령도 밑에 진행한다.

48. 조선인민군 각급 단위에는 당조직을 두며 그를 망라하는 조선인민군 당위원회를 조직한다.

조선인민군 당위원회는 당중앙위원회의 지도밑에 사업한다.

49. 조선인민군안의 각급 당조직들은 다음과 같은 사업을 한다.

전군의 김일성-김정일주의화를 군건설의 총적과업으로 틀어쥐고 그 실현을 위하여 투쟁한다.

당의 유일적령군체계와 혁명적군풍을 확고히 세워 인민군대안에 당의 사상과 령도의 유일성을 철저히 보장하며 모든 당원들과 군인들을 경애하는 김정은동지를 결사옹위하는 총폭탄으로, 조국과 인민을 위하여 한목숨바쳐 싸우는 당의 참된 전사로 튼튼히 준비시킨다.

간부대렬과 당대렬을 튼튼히 꾸리며 당원들에 대한 당생활조직과 지도를 강화하여 그들의 당성을 끊임없이 단련한다.

위대성교양, 김정일애국주의교양, 신념교양, 반제계급교양, 도덕교양을 기본으로 틀어쥐고 당원들과 군인들에 대한 사상교양사업을 강화하여 그들을 김일성-김정일주의로 튼튼히 무장하고 백두의 혁명정신, 백두의 칼바람정신을 뼈속깊이 새긴 사상과 신념의 강자로 키운다.

인민군안의 청년동맹조직들을 튼튼히 꾸리고 그 기능과 역할을 높이도록 한다.

당위원회의 집체적지도를 강화하고 군사사업을 당적으로, 정치적으로 힘있게 밀어주어 당의 군사로선과 정책을 철저히 관철하며 전투준비를 끊임없이 완성하도록 한다.

오중흡7련대칭호쟁취운동과 근위부대운동을 힘있게 벌려 군인들을 정치사상적으로, 군사기술적으로, 육체적으로 튼튼히 준비시키며 부대의 정치군사적위력을 백방으로 강화한다.

군인들속에서 혁명적동지애와 관병일치, 군민일치의 전통적미풍을 높이 발양시킨다.

50. 조선인민군 각급 단위에는 정치기관을 조직한다.
조선인민군 총정치국은 인민군당위원회의 집행부서로서 당중앙위원회 부서와 같은 권능을 가지고 사업한다.
조선인민군 총정치국아래 각급 정치부들은 해당 당위원회의 집행부서로서 당정치사업을 조직집행한다.

51. 조선인민군 각급 부대들에는 정치위원을 둔다.
정치위원은 해당 부대에 파견된 당의 대표로서 당정치사업과 군사사업을 비롯한 부대안의 전반사업에 대하여 당적으로, 정치적으로 책임지며 부대의 모든 사업이 당의 로선과 정책에 맞게 진행되도록 장악지도한다.

52. 조선인민군안의 각급 당조직들과 정치기관들은 조선로동당규약과 조선인민군 당정치사업지도서에 따라 사업한다.

제7장 당과 인민정권

53. 인민정권은 위대한 수령 김일성동지께서 창건하시고 위대한 김일성동지와 김정일동지께서 강화발전시키시였으며 경애하는 김정은동지께서 령도하시는 인민대중중심의 사회주의정권이다.
인민정권은 사회주의위업, 주체혁명위업수행의 강력한 정치적무기이며 당과 인민대중을 련결시키는 가장 포괄적인 인전대이며 당의 로선과 정책의 집행자이다.
인민정권기관은 당의 령도밑에 활동한다.

54. 당은 인민정권기관안에 당의 유일적령도체제를 튼튼히 세우고 인민정권이 수령의 혁명사상과 그 구현인 당의 로선과 정책을 철저히 관철하도록 정치적으로 지도한다.
당의 인민정권이 인민대중의 자주적권리와 리익의 대표자, 창조적능력과 활동의 조직자, 인민생활을 책임진 호주로서의 사명을 훌륭히 수행하며 사회에 대한 통일적지도기능과 인민민주주의독재기능을 강화하여 사회주의제도를 옹호고수하고 공고발전시키며 사회주의강성국가건설을 다그치도록 지도한다.

55. 각급 당조직들은 인민정권기관 일군대렬을 튼튼히 꾸리고 일군들의 역할을 높이며 인민정권기관들이 본신임무를 책임적으로 수행하도록 지도한다.

제8장 당과 근로단체

56. 근로단체들은 위대한 수령 김일성동지께서 조직하시고 위대한 김일성동지와 김정일동지께서 강화발전시키시였으며 경애하는 김정은동지께서 이끄시는 근로자들의 대중적 정치조직이며 사상교양단체이다.

근로단체들은 당의 외곽단체이고 당과 대중을 련결시키는 인전대이며 당의 믿음직한 방조자이다.

김일성사회주의청년동맹은 조선청년운동의 개척자이신 위대한 수령 김일성동지께서 몸소 무어주시고 위대한 김일성동지와 김정일동지께서 강화발전시키시였으며 경애하는 김정은동지께서 이끄시는 대중적인 청년조직이며 주체혁명, 선군혁명의 대를 이어 나갈 당의 정치적후비대이다.

근로단체들은 당의 령도밑에 활동한다.

57. 당은 근로단체조직들안에 당의 유일적령도체계를 튼튼히 세워 근로단체들을 당에 충실한 정치조직으로 만들며 근로단체들이 당의 사상과 로선을 철저히 관철하도록 정치적으로 지도한다.

당은 근로단체들이 동맹원들속에서 사상교양사업과 동맹조직생활을 강화하고 대중운동을 힘있게 벌려 그들을 당의 두리에 튼튼히 묶어세우며 사회주의강성국가건설에 적극 조직동원하도록 지도한다.

당은 청년중시로선을 일관하게 틀어쥐고 김일성사회주의청년동맹이 당에 끝없이 충실한 청년전위의 대오, 조국보위와 사회주의강성국가건설에 앞장서는 돌격대가 되도록 지도한다.

58. 각급 당조직들은 청년동맹을 비롯한 근로단체일군대렬을 튼튼히 꾸리고 근로단체들의 특성에 맞게 사업방향을 정확히 주며 근로단체조직들이 본신임무를 자립적으로, 창발적으로 수행하도록 지도한다.

제9장 당마크, 당기

59. 당마크는 마치와 낫, 붓이 한곳에서 교차되게 그려진 조선로동당의 상징적 표식이다. 당마크는 조선로동당이 수령을 중심으로하여 조직사상적으로 굳게 뭉친 로동자, 농민, 지식인을 비롯한 근로인민대중의 전위부대이며 인민대중속에 깊이 뿌리박고 인민대중의 요구와 리익을 위하여 투쟁하는 혁명적이며 대중적인 당이라는 것을 상징한다.

60. 당기는 붉은색기폭의 중심에 당마크가 새겨져있는 조선로동당의 상징적기발이다. 당기는 위대한 김일성-김정일주의를 지도사상으로 하고 주체의 혁명전통을 순결하게 이어나가며 전체 인민을 당과 수령의 두리에 굳게 묶어세워 주체혁명위업을 끝까지 완성해나가는 조선로동당의 혁명적이며 대중적인 성격과 불굴의 의지, 투쟁정신을 상징한다.

[부록]

조선민주주의인민공화국 사회주의헌법

2019년 8월 29일

서문

조선민주주의인민공화국은 위대한 수령 김일성동지와 위대한 령도자 김정일동지의 국가건설사상과 업적이 구현된 주체의 사회주의국가이다.

위대한 수령 김일성동지는 조선민주주의인민공화국의 창건자이시며 사회주의조선의 시조이시다.

위대한 수령 김일성동지께서는 영생불멸의 주체사상을 창시하시고 그 기치밑에 항일혁명투쟁을 조직령도하시여 영광스러운 혁명전통을 마련하시고 조국광복의 력사적위업을 이룩하시였으며 정치, 경제, 문화, 군사분야에서 자주독립국가건설의 튼튼한 토대를 닦은데 기초하여 조선민주주의인민공화국을 창건하시였다.

위대한 수령 김일성동지께서는 주체적인 혁명로선을 내놓으시고 여러 단계의 사회혁명과 건설사업을 현명하게 령도하시여 공화국을 인민대중중심의 사회주의나라로, 자주, 자립, 자위의 사회주의국가로 강화발전시키시였다.

위대한 수령 김일성동지께서는 국가건설과 국가활동의 근본원칙을 밝히시고 가장 우월한 국가사회제도와 정치방식, 사회관리체계와 관리방법을 확립하시였으며 사회주의조국의 부강번영과 주체혁명위업의 계승완성을 위한 확고한 토대를 마련하시였다.

위대한 령도자 김정일동지는 위대한 수령 김일성동지의 사상과 위업을 받들어 우리 공화국을 김일성동지의 국가로 강화발전시키시고 민족의 존엄과 국력을 최상의 경지에 올려세우신 절세의 애국자, 사회주의조선의 수호자이시다.

위대한 령도자 김정일동지께서는 위대한 수령 김일성동지께서 창시하신 영생불멸의 주체사상을 전면적으로 심화발전시키시고 온 사회의 김일성주의화의 기치높이 사회주의건설의 모든 분야에서 기적과 변혁의 새 력사를 창조하시였으며 력사상 처음으로 수령영생위업을 개척하시고 주체의 혁명전통을 순결하게 계승발전시키시여 조선혁명의 명맥을 굳건히 이어놓으시였다.

위대한 령도자 김정일동지께서는 세계사회주의체계의 붕괴와 제국주의련합세력의 악랄한 반공화국압살공세속에서 선군정치로 위대한 수령 김일성동지의 고귀한 유산인 사회주의전취물을 영예롭게 수호하시고 우리 조국을 불패의 정치사상강국, 핵보유국, 무적의 군사강국으로 전변시키시였으며 사회주의강국건설의 휘황한 대통로를 열어놓으시였다.

위대한 수령 김일성동지와 위대한 령도자 김정일동지께서는 《이민위천》을 좌우명으로 삼으시여 언제나 인민들과 함께 계시고 인민을 위하여 한평생을 바치시였으며 숭고한 인덕정치로 인민들을 보살피시고 이끄시여 온 사회를 일심단결된 하나의 대가정으로 전변시키시였다.

위대한 수령 김일성동지와 위대한 령도자 김정일동지를 모심으로 하여 우리 공화국은 부강하고 자주적인 국가건설의 근본적이며 중핵적인 과제를 훌륭히 해결한 세계에 유일무이한 국가실체로 빛을 뿌리게 되였다.

위대한 수령 김일성동지와 위대한 령도자 김정일동지는 조국통일위업실현에 불멸의 업적을 쌓으신 민족만대의 은인이시다. 위대한 수령 김일성동지와 위대한 령도자 김정일동지께서는 나라의 통일을 민족지상의 과업으로 내세우시고 그 실현을 위하여 온갖 로고와 심혈을 다 바치시였다. 위대한 수령 김일성동지와 위대한 령도자 김정일동지께서는 공화국을 조국통일의 강유력한 보루로 다지시는 한편 조국통일의 근본원칙과 방도를 제시하시고 조국통일운동을 전민족적인 운동으로 발전시키시여 온 민족의 단합된 힘으로 조국통일위업을 성취하기 위한 길을 열어놓으시였다.

위대한 수령 김일성동지와 위대한 령도자 김정일동지께서는 조선민주주의인민공화국의 대외정책의 기본리념을 밝히시고 그에 기초하여 나라의 대외관계를 확대발전시키시였으며 공화국의 국제적권위를 높이 떨치게 하시였다. 위대한 수령 김일성동지와 위대한 령도자 김정일동지는 세계정치의 원로로서 자주의 새 시대를 개척하시고 사회주의운동과 쁠럭불가담운동의 강화발전을 위하여, 세계평화와 인민들사이의 친선을 위하여 정력적으로 활동하시였으며 인류의 자주위업에 불멸의 공헌을 하시였다.

위대한 수령 김일성동지와 위대한 령도자 김정일동지는 사상리론과 령도예술의 천재이시고 백전백승의 강철의 령장이시였으며 위대한 혁명가, 정치가이시고 위대한 인간이시였다.

위대한 수령 김일성동지와 위대한 령도자 김정일동지의 위대한 사상과 령도업적은 조선혁명의 만년재보이고 조선민주주의인민공화국의 륭성번영을 위한 기본담보이며 위대한 수령 김일성동지와 위대한 령도자 김정일동지께서 생전의 모습으로 계시는 금수산태양궁전은 수령영생의 대기념비이며 전체 조선민족의 존엄의 상징이고 영원한 성지이다.

조선민주주의인민공화국과 조선인민은 위대한 김일성동지와 위대한 김정일동지를 주체조선의 영원한 수령으로 높이 모시고 조선로동당의 령도밑에 위대한 수령 김일성동지와 위대한 령도자 김정일동지의 사상과 업적을 옹호고수하고 계승발전시켜 주체혁명위업을 끝까지 완성하여 나갈것이다.

조선민주주의인민공화국 사회주의헌법은 위대한 수령 김일성동지와 위대한 령도자 김정일동지의 주체적인 국가건설사상과 국가건설업적을 법화한 김일성―김정일헌법이다.

제1장 정치

제1조 조선민주주의인민공화국은 전체 조선인민의 리익을 대표하는 자주적인 사회주의국가이다.

제2조 조선민주주의인민공화국은 제국주의침략자들을 반대하며 조국의 광복과 인민의 자유와 행복을 실현하기 위한 영광스러운 혁명투쟁에서 이룩한 빛나는 전통을 이어받은 혁명적인 국가이다.

제3조 조선민주주의인민공화국은 위대한 김일성―김정일주의를 국가건설과 활동의 유일한 지도적지침으로 삼는다.

제4조 조선민주주의인민공화국의 주권은 로동자, 농민, 군인, 지식인을 비롯한 근로인민에게 있다.

근로인민은 자기의 대표기관인 최고인민회의와 지방 각급 인민회의를 통하여 주권을 행사한다.

제5조 조선민주주의인민공화국에서 모든 국가기관들은 민주주의중앙집권제원칙에 의하여 조직되고 운영된다.

제6조 군인민회의로부터 최고인민회의에 이르기까지의 각급 주권기관은 일반적, 평등적, 직접적원칙에 의하여 비밀투표로 선거한다.

제7조 각급 주권기관의 대의원은 선거자들과 밀접한 련계를 가지며 자기 사업에 대하여 선거자들앞에 책임진다.

선거자들은 자기가 선거한 대의원이 신임을 잃은 경우에 언제든지 소환할수 있다.

제8조 조선민주주의인민공화국의 사회제도는 근로인민대중이 모든것의 주인으로 되고있으며 사회의 모든것이 근로인민대중을 위하여 복무하는 사람중심의 사회제도이다.

국가는 착취와 압박에서 해방되여 국가와 사회의 주인으로 된 로동자, 농민, 군인, 지식인을 비롯한 근로인민의 리익을 옹호하며 인권을 존중하고 보호한다.

제9조 조선민주주의인민공화국은 북반부에서 인민정권을 강화하고 사상, 기술, 문화의 3대혁명을 힘있게 벌려 사회주의의 완전한 승리를 이룩하며 자주, 평화통일, 민족대단결의 원칙에서 조국통일을 실현하기 위하여 투쟁한다.

제10조 조선민주주의인민공화국은 로동계급이 령도하는 로농동맹에 기초한 전체 인민의 정치사상적통일에 의거한다.

국가는 사상혁명을 강화하여 사회의 모든 성원들을 혁명화, 로동계급화하며 온 사회를 동지적으로 결합된 하나의 집단으로 만든다.

제11조 조선민주주의인민공화국은 조선로동당의 령도밑에 모든 활동을 진행한다.

제12조 국가는 계급로선을 견지하며 인민민주주의독재를 강화하여 내외적대분자들의 파괴책동으로부터 인민주권과 사회주의제도를 굳건히 보위한다.

제13조 국가는 군중로선을 구현하여 대중속에 들어가 문제해결의 방도를 찾으며 정치사업, 사람과의 사업을 앞세워 대중의 정신력과 창조력을 높이 발양시키는 혁명적사업방법을 견지한다.

제14조 국가는 3대혁명붉은기쟁취운동을 비롯한 대중운동을 힘있게 벌려 사회주의건설을 최대한으로 다그친다.

제15조 조선민주주의인민공화국은 해외에 있는 조선동포들의 민주주의적민족권리와 국제법에서 공인된 합법적권리와 리익을 옹호한다.

제16조 조선민주주의인민공화국은 자기 령역안에 있는 다른 나라 사람의 합법적권리와 리익을 보장한다.

제17조 자주, 평화, 친선은 조선민주주의인민공화국의 대외정책의 기본리념이며 대외활동원칙이다.

국가는 우리 나라를 우호적으로 대하는 모든 나라들과 완전한 평등과 자주성, 호상존중과 내정불간섭, 호혜의 원칙에서 국가적 또는 정치, 경제, 문화적관계를 맺는다.

국가는 자주성을 옹호하는 세계인민들과 단결하며 온갖 형태의 침략과 내정간섭을 반대하고 나라의 자주권과 민족적, 계급적해방을 실현하기 위한 모든 나라 인민들의 투쟁을 적극 지지성원한다.

제18조 조선민주주의인민공화국의 법은 근로인민의 의사와 리익의 반영이며 국가관리의 기본무기이다.

법에 대한 존중과 엄격한 준수집행은 모든 기관, 기업소, 단체와 공민에게 있어서 의무적이다.
국가는 사회주의법률제도를 완비하고 사회주의법무생활을 강화한다.

제2장 경제

제19조 조선민주주의인민공화국은 사회주의적생산관계와 자립적민족경제의 토대에 의거한다.

제20조 조선민주주의인민공화국에서 생산수단은 국가와 사회협동단체가 소유한다.

제21조 국가소유는 전체 인민의 소유이다.

국가소유권의 대상에는 제한이 없다.

나라의 모든 자연부원, 철도, 항공운수, 체신기관과 중요공장, 기업소, 항만, 은행은 국가만이 소유한다.

국가는 나라의 경제발전에서 주도적역할을 하는 국가소유를 우선적으로 보호하며 장성시킨다.

제22조 사회협동단체소유는 해당 단체에 들어있는 근로자들의 집단적소유이다.

토지, 농기계, 배, 중소공장, 기업소 같은것은 사회협동단체가 소유할수 있다.

국가는 사회협동단체소유를 보호한다.

제23조 국가는 농민들의 사상의식과 기술문화수준을 높이고 협동적소유에 대한 전인민적소유의 지도적역할을 높이는 방향에서 두 소유를 유기적으로 결합시키며 협동경리에 대한 지도와 관리를 개선하여 사회주의적협동경리제도를 공고발전시키며 협동단체에 들어있는 전체 성원들의 자원적의사에 따라 협동단체소유를 점차 전인민적소유로 전환시킨다.

제24조 개인소유는 공민들의 개인적이며 소비적인 목적을 위한 소유이다.

개인소유는 로동에 의한 사회주의분배와 국가와 사회의 추가적혜택으로 이루어진다.

터밭경리를 비롯한 개인부업경리에서 나오는 생산물과 그밖의 합법적인 경리활동을 통하여 얻은 수입도 개인소유에 속한다.

국가는 개인소유를 보호하며 그에 대한 상속권을 법적으로 보장한다.

제25조 조선민주주의인민공화국은 인민들의 물질문화생활을 끊임없이 높이는것을 자기 활동의 최고원칙으로 삼는다.

세금이 없어진 우리 나라에서 늘어나는 사회의 물질적부는 전적으로 근로자들의 복리증진에 돌려진다.

국가는 모든 근로자들에게 먹고 입고 쓰고 살수 있는 온갖 조건을 마련하여준다.

제26조 조선민주주의인민공화국에 마련된 자립적민족경제는 인민의 행복한사회주의생활과 조국의 륭성번영을 위한 튼튼한 밑천이다.

국가는 사회주의자립적민족경제건설로선을 틀어쥐고 인민경제의 주체화, 현대화, 정보화, 과학화를 다그쳐 인민경제를 고도로 발전된 주체적인 경제로 만들며 완전한 사회주의사회에 맞는 물질기술적토대를 쌓기 위하여 투쟁한다.

제27조 기술혁명은 사회주의경제를 발전시키기 위한 기본고리이며 과학기술력은 국가의 가장 중요한 전략적자원이다.

국가는 모든 경제활동에서 과학기술의 주도적역할을 높이며 과학기술과 생산을 일체화하고 대중적기술혁신운동을 힘있게 벌려 경제건설을 다그쳐나간다.

제28조 국가는 도시와 농촌의 차이, 로동계급과 농민의 계급적차이를 없애기 위하여 농촌기술혁명을 다그쳐 농업을 공업화, 현대화하며 군의 역할을 높이고 농촌에 대한 지도와 방조를 강화한다.

국가는 협동농장의 생산시설과 농촌문화주택을 국가부담으로 건설하여준다.

제29조 사회주의는 근로대중의 창조적로동에 의하여 건설된다.

조선민주주의인민공화국에서 로동은 착취와 압박에서 해방된 근로자들의 자주적이며 창조적인 로동이다.

국가는 실업을 모르는 우리 근로자들의 로동이 보다 즐거운것으로, 사회와 집단과 자신을 위하여 자각적열성과 창발성을 내여 일하는 보람찬것으로 되게 한다.

제30조 근로자들의 하루로동시간은 8시간이다.

국가는 로동의 힘든 정도와 특수한 조건에 따라 하루로동시간을 이보다 짧게 정한다.

국가는 로동조직을 잘하고 로동규률을 강화하여 로동시간을 완전히 리용하도록 한다.

제31조 조선민주주의인민공화국에서 공민이 로동하는 나이는 16살부터이다.

국가는 로동하는 나이에 이르지 못한 소년들의 로동을 금지한다.

제32조 국가는 사회주의경제에 대한 지도와 관리에서 정치적지도와 경제기술적지도, 국가의 통일적지도와 매개 단위의 창발성, 유일적지휘와 민주주의, 정치도덕적자극과 물질적자극을 옳게 결합시키며 실리를 보장하는 원칙을 확고히 견지한다.

제33조 국가는 생산자대중의 집체적지혜와 힘에 의거하여 경제를 과학적으로, 합리적으로 관리운영하며 내각의 역할을 결정적으로 높인다.

국가는 경제관리에서 사회주의기업 책임관리제를 실시하며 원가, 가격, 수익성같은 경제적공간을 옳게 리용하도록 한다.

제34조 조선민주주의인민공화국의 인민경제는 계획경제이다.

국가는 사회주의경제발전법칙에 따라 축적과 소비의 균형을 옳게 잡으며 경제건설을 다그치고 인민생활을 끊임없이 높이며 국방력을 강화할수 있도록 인민경제발전계획을 세우고 실행한다.

국가는 계획의 일원화, 세부화를 실현하여 생산장성의 높은 속도와 인민경제의 균형적발전을 보장한다.

제35조 조선민주주의인민공화국은 인민경제발전계획에 따르는 국가예산을 편성하여 집행한다.

국가는 모든 부문에서 증산과 절약투쟁을 강화하고 재정통제를 엄격히 실시하여 국가축적을 체계적으로 늘이며 사회주의적소유를 확대발전시킨다.

제36조 조선민주주의인민공화국에서 대외무역은 국가기관, 기업소, 사회협동단체가 한다.

국가는 대외무역에서 신용을 지키고 무역구조를 개선하며 평등과 호혜의 원칙에서 대외경제관계를 확대발전시킨다.

제37조 국가는 우리 나라 기관, 기업소, 단체와 다른 나라 법인 또는 개인들과의 기업합영과 합작, 특수경제지대에서의 여러가지 기업창설운영을 장려한다.

제38조 국가는 자립적민족경제를 보호하기 위하여 관세정책을 실시한다.

제3장 문화

제39조 조선민주주의인민공화국에서 개화발전하고있는 사회주의적문화는 근로자들의 창조적능력을 높이며 건전한 문화정서적수요를 충족시키는데 이바지한다.

제40조 조선민주주의인민공화국은 문화혁명을 철저히 수행하여 모든 사람들을 자연과 사회에 대한 깊은 지식과 높은 문화기술수준을 가진 사회주의건설자로 만들며 전민과학기술인재화를 다그친다.

제41조 조선민주주의인민공화국은 사회주의근로자들을 위하여 복무하는 참다운 인민적이며 혁명적인 문화를 건설한다.

국가는 사회주의적민족문화건설에서 제국주의의 문화적침투를 배격하며 주체성의 원칙과 력사주의원칙, 과학성의 원칙에서 민족문화유산을 보호하고 사회주의현실에 맞게 계승발전시킨다.

제42조 국가는 모든 분야에서 낡은 사회의 생활양식을 없애고 새로운 사회주의적생활양식을 전면적으로 확립한다.

제43조 국가는 사회주의교육학의 원리를 구현하여 후대들을 사회와 집단, 조국과 인민을 위하여 투쟁하는 참다운 애국자로, 지덕체를 갖춘 사회주의건설의 역군으로 키운다.

제44조 국가는 인민교육사업과 민족간부양성사업을 다른 모든 사업에 앞세우며 일반교육과 기술교육, 교육과 생산로동을 밀접히 결합시킨다.

제45조 국가는 1년동안의 학교전의무교육을 포함한 전반적12년제의무교육을 현대과학기술발전추세와 사회주의건설의 현실적요구에 맞게 높은 수준에서 발전시킨다.

제46조 국가는 학업을 전문으로 하는 교육체계와 일하면서 배우는 여러가지 형태의 교육체계를 발전시키며 교육내용과 방법, 교육조건과 환경을 부단히 개선하여 유능한 과학기술인재들

을 키워낸다.

제47조 국가는 모든 학생들을 무료로 공부시키며 대학생들에게는 장학금을 준다.

제48조 국가는 사회교육을 강화하며 모든 근로자들이 학습할수 있는 온갖 조건을 보장한다.

제49조 국가는 학령전어린이들을 탁아소와 유치원에서 국가와 사회의 부담으로 키워준다.

제50조 국가는 과학연구사업에서 주체를 세우고 선진과학기술을 적극 받아들이며 과학연구부문에 대한 국가적투자를 늘이고 새로운 과학기술분야를 개척하여 나라의 과학기술을 세계적수준에 올려세운다.

제51조 국가는 과학기술발전계획을 바로세우고 철저히 수행하는 규률을 세우며 과학자, 기술자들과 생산자들의 창조적협조를 강화하도록 한다.

제52조 국가는 민족적형식에 사회주의적내용을 담은 주체적이며 혁명적인 문학예술을 발전시킨다.

국가는 창작가, 예술인들이 사상예술성이 높은 작품을 많이 창작하며 광범한 대중이 문예활동에 널리 참가하도록 한다.

제53조 국가는 정신적으로, 육체적으로 끊임없이 발전하려는 사람들의 요구에 맞게 현대적인 문화시설들을 충분히 갖추어주어 모든 근로자들이 사회주의적문화정서생활을 마음껏 누리도록 한다.

제54조 국가는 우리 말을 온갖 형태의 민족어말살정책으로부터 지켜내며 그것을 현대의 요구에 맞게 발전시킨다.

제55조 국가는 체육을 대중화, 생활화하여 전체 인민을 로동과 국방에 튼튼히 준비시키며 우리 나라 실정과 현대체육기술발전추세에 맞게 체육기술을 발전시킨다.

제56조 국가는 전반적무상치료제를 공고발전시키며 의사담당구역제와 예방의학제도를 강화하고 보건부문에 대한 물질적보장사업을 개선하여 사람들의 생명을 보호하며 근로자들의 건강을 증진시킨다.

제57조 국가는 생산에 앞서 환경보호대책을 세우며 자연환경을 보존, 조성하고 환경오염을 방지하여 인민들에게 문화위생적인 생활환경과 로동조건을 마련하여준다.

제4장 국방

제58조 조선민주주의인민공화국은 전인민적, 전국가적방위체계에 의거한다.

제59조 조선민주주의인민공화국 무장력의 사명은 위대한 김정은동지를 수반으로 하는 당중앙위원회를 결사옹위하고 근로인민의 리익을 옹호하며 외래침략으로부터 사회주의제도와 혁명의 전취물, 조국의 자유와 독립, 평화를 지키는데 있다.

제60조 국가는 인민들과 인민군장병들을 정치사상적으로 무장시키는 기초우에서 전군간부화, 전군현대화, 전민무장화, 전국요새화를 기본내용으로 하는 자위적군사로선을 관철한다.

제61조 국가는 군대안에서 혁명적령군체계와 군풍을 확립하고 군사규률과 군중규률을 강화하며 관병일치, 군정배합, 군민일치의 고상한 전통적미풍을 높이 발양하도록 한다.

제5장 공민의 기본권리와 의무

제62조 조선민주주의인민공화국 공민이 되는 조건은 국적에 관한 법으로 규정한다.

공민은 거주지에 관계없이 조선민주주의인민공화국의 보호를 받는다.

제63조 조선민주주의인민공화국에서 공민의 권리와 의무는 《하나는 전체를 위하여, 전체는 하나를 위하여》라는 집단주의원칙에 기초한다.

제64조 국가는 모든 공민에게 참다운 민주주의적권리와 자유, 행복한 물질문화생활을 실질적으로 보장한다.

조선민주주의인민공화국에서 공민의 권리와 자유는 사회주의제도의 공고발전과 함께 더욱 확대된다.

제65조 공민은 국가사회생활의 모든 분야에서 누구나 다 같은 권리를 가진다.

제66조 17살이상의 모든 공민은 성별, 민족별, 직업, 거주기간, 재산과 지식정도, 당별, 정견, 신앙에 관계없이 선거할 권리와 선거받을 권리를 가진다.

군대에 복무하는 공민도 선거할 권리와 선거받을 권리를 가진다.

재판소의 판결에 의하여 선거할 권리를 빼앗긴자, 정신병자는 선거할 권리와 선거받을 권리를 가지지 못한다.

제67조 공민은 언론, 출판, 집회, 시위와 결사의 자유를 가진다.

국가는 민주주의적정당, 사회단체의 자유로운 활동조건을 보장한다.

제68조 공민은 신앙의 자유를 가진다. 이 권리는 종교건물을 짓거나 종교의식 같은것을 허용하는것으로 보장된다.

종교를 외세를 끌어들이거나 국가사회질서를 해치는데 리용할수 없다.

제69조 공민은 신소와 청원을 할수 있다.

국가는 신소와 청원을 법이 정한데 따라 공정하게 심의처리하도록 한다.

제70조 공민은 로동에 대한 권리를 가진다.

로동능력있는 모든 공민은 희망과 재능에 따라 직업을 선택하며 안정된 일자리와 로동조건을 보장받는다.

공민은 능력에 따라 일하며 로동의 량과 질에 따라 분배를 받는다.

제71조 공민은 휴식에 대한 권리를 가진다. 이 권리는 로동시간제, 공휴일제, 유급휴가제, 국가비용에 의한 정휴양제, 계속 늘어나는 여러가지 문화시설들에 의하여 보장된다.

제72조 공민은 무상으로 치료받을 권리를 가지며 나이많거나 병 또는 신체장애로 로동능력을 잃은 사람, 돌볼 사람이 없는 늙은이와 어린이는 물질적방조를 받을 권리를 가진다. 이 권리는 무상치료제, 계속 늘어나는 병원, 료양소를 비롯한 의료시설, 국가사회보험과 사회보장제에 의하여 보장된다.

제73조 공민은 교육을 받을 권리를 가진다. 이 권리는 선진적인 교육제도와 국가의 인민적인 교육시책에 의하여 보장된다.

제74조 공민은 과학과 문학예술활동의 자유를 가진다.

국가는 발명가와 창의고안자에게 배려를 돌린다.

저작권과 발명권, 특허권은 법적으로 보호한다.

제75조 공민은 거주, 려행의 자유를 가진다.

제76조 혁명투사, 혁명렬사가족, 애국렬사가족, 인민군후방가족, 영예군인은 국가와 사회의 특별한 보호를 받는다.

제77조 녀자는 남자와 똑같은 사회적지위와 권리를 가진다.

국가는 산전산후휴가의 보장, 여러 어린이를 가진 어머니를 위한 로동시간의 단축, 산원, 탁아소와 유치원망의 확장 그밖의 시책을 통하여 어머니와 어린이를 특별히 보호한다.

국가는 녀성들이 사회에 진출할 온갖 조건을 지어준다.

제78조 결혼과 가정은 국가의 보호를 받는다.

국가는 사회의 기층생활단위인 가정을 공고히 하는데 깊은 관심을 돌린다.

제79조 공민은 인신과 주택의 불가침, 서신의 비밀을 보장받는다.

법에 근거하지 않고는 공민을 구속하거나 체포할수 없으며 살림집을 수색할수 없다.

제80조 조선민주주의인민공화국은 평화와 민주주의, 민족적독립과 사회주의를 위하여, 과학, 문화활동의 자유를 위하여 투쟁하다가 망명하여온 다른 나라 사람을 보호한다.

제81조 공민은 인민의 정치사상적통일과 단결을 견결히 수호하여야 한다.

공민은 조직과 집단을 귀중히 여기며 사회와 인민을 위하여 몸바쳐 일하는 기풍을 높이 발휘하여야 한다.

제82조 공민은 국가의 법과 사회주의적생활규범을 지키며 조선민주주의인민공화국의 공민된 영예와 존엄을 고수하여야 한다.

제83조 로동은 공민의 신성한 의무이며 영예이다.

공민은 로동에 자각적으로 성실히 참가하며 로동규률과 로동시간을 엄격히 지켜야 한다.

제84조 공민은 국가재산과 사회협동단체재산을 아끼고 사랑하며 온갖 탐오랑비현상을 반대하여 투쟁하며 나라살림살이를 주인답게 알뜰히 하여야 한다.

국가와 사회협동단체재산은 신성불가침이다.

제85조 공민은 언제나 혁명적경각성을 높이며 국가의 안전을 위하여 몸바쳐 투쟁하여야 한다.

제86조 조국보위는 공민의 최대의 의무이며 영예이다.

공민은 조국을 보위하여야 하며 법이 정한데 따라 군대에 복무하여야 한다.

제6장 국가기구

제1절 최고인민회의

제87조 최고인민회의는 조선민주주의인민공화국의 최고주권기관이다.

제88조 최고인민회의는 립법권을 행사한다.

최고인민회의 휴회중에는 최고인민회의 상임위원회도 립법권을 행사할수 있다.

제89조 최고인민회의는 일반적, 평등적, 직접적선거원칙에 의하여 비밀투표로 선거된 대의원들로 구성한다.

제90조 최고인민회의 임기는 5년으로 한다.

최고인민회의 새 선거는 최고인민회의 임기가 끝나기 전에 최고인민회의 상임위원회의 결정에 따라 진행한다.

불가피한 사정으로 선거를 하지 못할 경우에는 선거를 할 때까지 그 임기를 연장한다.

제91조 최고인민회의는 다음과 같은 권한을 가진다.

1. 헌법을 수정, 보충한다.
2. 부문법을 제정 또는 수정, 보충한다.
3. 최고인민회의 휴회중에 최고인민회의 상임위원회가 채택한 중요부문법을 승인한다.
4. 국가의 대내외정책의 기본원칙을 세운다.
5. 조선민주주의인민공화국 국무위원회 위원장을 선거 또는 소환한다.
6. 최고인민회의 상임위원회 위원장을 선거 또는 소환한다.
7. 조선민주주의인민공화국 국무위원회 위원장의 제의에 의하여 국무위원회 제1부위원장, 부위원장, 위원들을 선거 또는 소환한다.
8. 최고인민회의 상임위원회 부위원장, 서기장, 위원들을 선거 또는 소환한다.
9. 내각총리를 선거 또는 소환한다.
10. 내각총리의 제의에 의하여 내각 부총리, 위원장, 상 그밖의 내각성원들을 임명한다.
11. 중앙검찰소 소장을 임명 또는 해임한다.
12. 중앙재판소 소장을 선거 또는 소환한다.
13. 최고인민회의 부문위원회 위원장, 부위원장, 위원들을 선거 또는 소환한다.

14. 국가의 인민경제발전계획과 그 실행정형에 관한 보고를 심의하고 승인한다.

15. 국가예산과 그 집행정형에 관한 보고를 심의하고 승인한다.

16. 필요에 따라 내각과 중앙기관들의 사업정형을 보고받고 대책을 세운다.

17. 최고인민회의에 제기되는 조약의 비준, 폐기를 결정한다.

제92조 최고인민회의는 정기회의와 림시회의를 가진다.

정기회의는 1년에 1~2차 최고인민회의 상임위원회가 소집한다.

림시회의는 최고인민회의 상임위원회가 필요하다고 인정할 때 또는 대의원전원의 3분의 1이상의 요청이 있을 때에 소집한다.

제93조 최고인민회의는 대의원전원의 3분의 2이상이 참석하여야 성립된다.

제94조 최고인민회의는 의장과 부의장을 선거한다.

의장은 회의를 사회한다.

제95조 최고인민회의에서 토의할 의안은 조선민주주의인민공화국 국무위원회 위원장, 국무위원회, 최고인민회의 상임위원회, 내각과 최고인민회의 부문위원회가 제출한다.

대의원들도 의안을 제출할수 있다.

제96조 최고인민회의 매기 제1차회의는 대의원자격심사위원회를 선거하고 그 위원회가 제출한 보고에 근거하여 대의원자격을 확인하는 결정을 채택한다.

제97조 최고인민회의는 법령과 결정을 낸다.

최고인민회의가 내는 법령과 결정은 거수가결의 방법으로 그 회의에 참석한 대의원의 반수이상이 찬성하여야 채택된다.

헌법은 최고인민회의 대의원전원의 3분의 2이상이 찬성하여야 수정, 보충된다.

제98조 최고인민회의는 법제위원회, 예산위원회, 외교위원회 같은 부문위원회를 둔다.

최고인민회의 부문위원회는 위원장, 부위원장, 위원들로 구성한다.

최고인민회의 부문위원회는 최고인민회의 사업을 도와 국가의 정책안과 법안을 작성하거나 심의하며 그 집행을 위한 대책을 세운다.

최고인민회의 부문위원회는 최고인민회의 휴회중에 최고인민회의 상임위원회의 지도밑에 사업한다.

제99조 최고인민회의 대의원은 불가침권을 보장받는다.

최고인민회의 대의원은 현행범인 경우를 제외하고는 최고인민회의, 그 휴회중에 최고인민회의 상임위원회의 승인없이 체포하거나 형사처벌을 할수 없다.

제2절 조선민주주의인민공화국 국무위원회 위원장

제100조 조선민주주의인민공화국 국무위원회 위원장은 국가를 대표하는 조선민주주의인민공화국의 최고령도자이다.

제101조 조선민주주의인민공화국 국무위원회 위원장은 전체 조선인민의 총의에 따라 최고인민회의에서 선거한다.

조선민주주의인민공화국 국무위원회 위원장은 최고인민회의 대의원으로 선거하지 않는다.

제102조 조선민주주의인민공화국 국무위원회 위원장의 임기는 최고인민회의 임기와 같다.

제103조 조선민주주의인민공화국 국무위원회 위원장은 조선민주주의인민공화국 무력총사령관으로 되며 국가의 일체 무력을 지휘통솔한다.

제104조 조선민주주의인민공화국 국무위원회 위원장은 다음과 같은 임무와 권한을 가진다.

1. 국가의 전반사업을 지도한다.
2. 국무위원회사업을 직접 지도한다.
3. 최고인민회의 법령, 국무위원회 중요정령과 결정을 공포한다.
4. 국가의 중요간부를 임명 또는 해임한다.
5. 다른 나라에 주재하는 외교대표를 임명 또는 소환한다.
6. 다른 나라와 맺은 중요조약을 비준 또는 폐기한다.
7. 특사권을 행사한다.
8. 나라의 비상사태와 전시상태, 동원령을 선포한다.
9. 전시에 국가방위위원회를 조직지도한다.

제105조 조선민주주의인민공화국 국무위원회 위원장은 명령을 낸다.

제106조 조선민주주의인민공화국 국무위원회 위원장은 자기 사업에 대하여 최고인민회의앞에 책임진다.

제3절 국무위원회

제107조 국무위원회는 국가주권의 최고정책적지도기관이다.

제108조 국무위원회는 위원장, 제1부위원장, 부위원장, 위원들로 구성한다.

제109조 국무위원회 임기는 최고인민회의 임기와 같다.

제110조 국무위원회는 다음과 같은 임무와 권한을 가진다.

1. 국가의 중요정책을 토의결정한다.
2. 조선민주주의인민공화국 국무위원회 위원장 명령, 국무위원회 정령, 결정, 지시집행정형을 감독하고 대책을 세운다.
3. 조선민주주의인민공화국 국무위원회 위원장 명령, 국무위원회 정령, 결정, 지시에 어긋나는 국가기관의 결정, 지시를 페지한다.
4. 최고인민회의 휴회중에 내각총리의 제의에 의하여 부총리, 위원장, 상 그밖의 내각 성원들을 임명 또는 해임한다.

제111조 국무위원회는 정령과 결정, 지시를 낸다.

제112조 국무위원회는 자기 사업에 대하여 최고인민회의앞에 책임진다.

제4절 최고인민회의 상임위원회

제113조 최고인민회의 상임위원회는 최고인민회의 휴회중의 최고주권기관이다.

제114조 최고인민회의 상임위원회는 위원장, 부위원장, 서기장, 위원들로 구성한다.

제115조 최고인민회의 상임위원회 임기는 최고인민회의 임기와 같다.

최고인민회의 상임위원회는 최고인민회의 임기가 끝난 후에도 새 상임위원회가 선거될 때까지 자기 임무를 계속 수행한다.

제116조 최고인민회의 상임위원회는 다음과 같은 임무와 권한을 가진다.

1. 최고인민회의를 소집한다.
2. 최고인민회의 휴회중에 제기된 새로운 부문법안과 규정안, 현행부문법과 규정의 수정, 보충안을 심의채택하며 채택실시하는 중요부문법을 다음번 최고인민회의의 승인을 받는다.
3. 불가피한 사정으로 최고인민회의 휴회기간에 제기되는 국가의 인민경제발전계획, 국가예산과 그 조절안을 심의하고 승인한다.
4. 헌법과 현행부문법, 규정을 해석한다.
5. 국가기관들의 법준수집행을 감독하고 대책을 세운다.
6. 헌법, 조선민주주의인민공화국 국무위원회 위원장 명령, 최고인민회의 법령, 결정, 국무위원회 정령, 결정, 지시, 최고인민회의 상임위원회 정령, 결정, 지시에 어긋나는 국가기관의 결정, 지시를 페지하며 지방인민회의의 그릇된 결정집행을 정지시킨다.
7. 최고인민회의 대의원선거를 위한 사업을 하며 지방인민회의 대의원선거사업을 조직한다.
8. 최고인민회의 대의원들과의 사업을 한다.
9. 최고인민회의 부문위원회와의 사업을 한다.
10. 내각 위원회, 성을 내오거나 없앤다.
11. 최고인민회의 상임위원회 부문위원회 성원들을 임명 또는 해임한다.
12. 중앙재판소 판사, 인민참심원을 선거 또는 소환한다.
13. 다른 나라와 맺은 조약을 비준 또는 폐기한다.
14. 훈장과 메달, 명예칭호, 외교직급을 제정하며 훈장과 메달, 명예칭호를 수여한다.
15. 대사권을 행사한다.
16. 행정단위와 행정구역을 내오거나 고친다.
17. 다른 나라 국회, 국제의회기구들과의 사업을 비롯한 대외사업을 한다.

제117조 최고인민회의 상임위원회 위원장은 상임위원회 사업을 조직지도한다.

최고인민회의 상임위원회 위원장은 국가를 대표하여 다른 나라 사신의 신임장, 소환장을 접수한다.

제118조 최고인민회의 상임위원회는 전원회의와 상무회의를 가진다.

전원회의는 위원전원으로 구성하며 상무회의는 위원장, 부위원장, 서기장들로 구성한다.

제119조 최고인민회의 상임위원회 전원회의는 상임위원회의 임무와 권한을 실현하는데서 나서는 중요한 문제들을 토의결정한다.

상무회의는 전원회의에서 위임한 문제들을 토의결정한다.

제120조 최고인민회의 상임위원회는 정령과 결정, 지시를 낸다.

제121조 최고인민회의 상임위원회는 자기 사업을 돕는 부문위원회를 둘수 있다.

제122조 최고인민회의 상임위원회는 자기 사업에 대하여 최고인민회의앞에 책임진다.

제5절 내각

제123조 내각은 국가주권의 행정적집행기관이며 전반적국가관리기관이다.

제124조 내각은 총리, 부총리, 위원장, 상과 그밖에 필요한 성원들로 구성한다. 내각의 임기는 최고인민회의 임기와 같다.

제125조 내각은 다음과 같은 임무와 권한을 가진다.

1. 국가의 정책을 집행하기 위한 대책을 세운다.
2. 헌법과 부문법에 기초하여 국가관리와 관련한 규정을 제정 또는 수정, 보충한다.
3. 내각의 위원회, 성, 내각직속기관, 지방인민위원회의 사업을 지도한다.
4. 내각직속기관, 중요행정경제기관, 기업소를 내오거나 없애며 국가관리기구를 개선하기 위한 대책을 세운다.
5. 국가의 인민경제발전계획을 작성하며 그 실행대책을 세운다.
6. 국가예산을 편성하며 그 집행대책을 세운다.
7. 공업, 농업, 건설, 운수, 체신, 상업, 무역, 국토관리, 도시경영, 교육, 과학, 문화, 보건, 체육, 로동행정, 환경보호, 관광 그밖의 여러 부문의 사업을 조직집행한다.
8. 화폐와 은행제도를 공고히 하기 위한 대책을 세운다.
9. 국가관리질서를 세우기 위한 검열, 통제사업을 한다.
10. 사회질서유지, 국가 및 사회협동단체의 소유와 리익의 보호, 공민의 권리보장을 위한 대책을 세운다.
11. 다른 나라와 조약을 맺으며 대외사업을 한다.
12. 내각결정, 지시에 어긋나는 행정경제기관의 결정, 지시를 페지한다.

제126조 내각총리는 내각사업을 조직지도한다.

내각총리는 조선민주주의인민공화국 정부를 대표한다.

제127조 내각은 전원회의와 상무회의를 가진다.

내각전원회의는 내각성원전원으로 구성하며 상무회의는 총리, 부총리와 그밖에 총리가 임명하는 내각성원들로 구성한다.

제128조 내각전원회의는 행정경제사업에서 나서는 새롭고 중요한 문제들을 토의결정한다.

상무회의는 내각전원회의에서 위임한 문제들을 토의결정한다.

제129조 내각은 결정과 지시를 낸다.

제130조 내각은 자기 사업을 돕는 비상설부문위원회를 둘수 있다.

제131조 내각은 자기 사업에 대하여 최고인민회의와 그 휴회중에 최고인민회의 상임위원회앞에 책임진다.

제132조 새로 선거된 내각총리는 내각성원들을 대표하여 최고인민회의에서 선서를 한다.

제133조 내각 위원회, 성은 내각의 부문별집행기관이며 중앙의 부문별관리기관이다.

제134조 내각 위원회, 성은 내각의 지도밑에 해당 부문의 사업을 통일적으로 장악하고 지도관리한다.

제135조 내각 위원회, 성은 위원회회의와 간부회의를 운영한다.

위원회, 성 위원회회의와 간부회의에서는 내각결정, 지시집행대책과 그밖의 중요한 문제들을 토의결정한다.

제136조 내각 위원회, 성은 지시를 낸다.

제6절 지방인민회의

제137조 도(직할시), 시(구역), 군인민회의는 지방주권기관이다.

제138조 지방인민회의는 일반적, 평등적, 직접적선거원칙에 의하여 비밀투표로 선거된 대의원들로 구성한다.

제139조 도(직할시), 시(구역), 군인민회의 임기는 4년으로 한다.

지방인민회의 새 선거는 지방인민회의 임기가 끝나기 전에 해당 지방인민위원회의 결정에 따라 진행한다.

불가피한 사정으로 선거를 하지 못할 경우에는 선거를 할 때까지 그 임기를 연장한다.

제140조 지방인민회의는 다음과 같은 임무와 권한을 가진다.

1. 지방의 인민경제발전계획과 그 실행정형에 대한 보고를 심의하고 승인한다.
2. 지방예산과 그 집행에 대한 보고를 심의하고 승인한다.
3. 해당 지역에서 국가의 법을 집행하기 위한 대책을 세운다.
4. 해당 인민위원회 위원장, 부위원장, 사무장, 위원들을 선거 또는 소환한다.
5. 해당 재판소의 판사, 인민참심원을 선거 또는 소환한다.
6. 해당 인민위원회와 하급인민회의, 인민위원회의 그릇된 결정, 지시를 페지한다.

제141조 지방인민회의는 정기회의와 림시회의를 가진다.

정기회의는 1년에 1~2차 해당 인민위원회가 소집한다.

림시회의는 해당 인민위원회가 필요하다고 인정할 때 또는 대의원전원의 3분의 1이상의 요청이 있을 때 소집한다.

제142조 지방인민회의는 대의원전원의 3분의 2이상이 참석하여야 성립된다.

제143조 지방인민회의는 의장을 선거한다.

의장은 회의를 사회한다.

제144조 지방인민회의는 결정을 낸다.

제7절 지방인민위원회

제145조 도(직할시), 시(구역), 군인민위원회는 해당 인민회의 휴회중의 지방주권기관이며 해당 지방주권의 행정적집행기관이다.

제146조 지방인민위원회는 위원장, 부위원장, 사무장, 위원들로 구성한다.

지방인민위원회 임기는 해당 인민회의 임기와 같다.

제147조 지방인민위원회는 다음과 같은 임무와 권한을 가진다.

1. 인민회의를 소집한다.
2. 인민회의 대의원선거를 위한 사업을 한다.
3. 인민회의 대의원들과의 사업을 한다.
4. 조선민주주의인민공화국 국무위원회 위원장 명령, 최고인민회의 법령, 결정, 국무위원회 정령, 결정, 지시, 최고인민회의 상임위원회 정령, 결정, 지시, 내각과 내각 위원회, 성의 결정, 지시, 해당 지방인민회의, 상급인민위원회 결정, 지시를 집행한다.
5. 해당 지방의 모든 행정사업을 조직집행한다.
6. 지방의 인민경제발전계획을 작성하며 그 실행대책을 세운다.
7. 지방예산을 편성하며 그 집행대책을 세운다.
8. 해당 지방의 사회질서유지, 국가 및 사회협동단체의 소유와 리익의 보호, 공민의 권리보장을 위한 대책을 세운다.
9. 해당 지방에서 국가관리질서를 세우기 위한 검열, 통제사업을 한다.
10. 하급인민위원회 사업을 지도한다.
11. 하급인민위원회의 그릇된 결정, 지시를 페지하며 하급인민회의의 그릇된 결정의 집행을 정지시킨다.

제148조 지방인민위원회는 전원회의와 상무회의를 가진다.

지방인민위원회 전원회의는 위원전원으로 구성하며 상무회의는 위원장, 부위원장, 사무장들로 구성한다.

제149조 지방인민위원회 전원회의는 자기의 임무와 권한을 실현하는데서 나서는 중요한 문제들을 토의결정한다.

상무회의는 전원회의가 위임한 문제들을 토의결정한다.

제150조 지방인민위원회는 결정과 지시를 낸다.

제151조 지방인민위원회는 자기 사업을 돕는 비상설부문위원회를 둘수 있다.

제152조 지방인민위원회는 자기 사업에 대하여 해당 인민회의앞에 책임진다.

지방인민위원회는 상급인민위원회와 내각, 최고인민회의 상임위원회에 복종한다.

제8절 검찰소와 재판소

제153조 검찰사업은 중앙검찰소, 도(직할시), 시(구역), 군검찰소와 특별검찰소가 한다.

제154조 중앙검찰소 소장의 임기는 최고인민회의 임기와 같다.

제155조 검사는 중앙검찰소가 임명 또는 해임한다.

제156조 검찰소는 다음과 같은 임무를 수행한다.

1. 기관, 기업소, 단체와 공민들이 국가의 법을 정확히 지키는가를 감시한다.
2. 국가기관의 결정, 지시가 헌법, 조선민주주의인민공화국 국무위원회 위원장 명령, 최고인민회의 법령, 결정, 국무위원회 정령, 결정, 지시, 최고인민회의 상임위원회 정령, 결정, 지시, 내각결정, 지시에 어긋나지 않는가를 감시한다.
3. 범죄자를 비롯한 법위반자를 적발하고 법적책임을 추궁하는것을 통하여 조선민주주의인민공화국의 주권과 사회주의제도, 국가와 사회협동단체재산, 인민의 헌법적권리와 생명재산을 보호한다.

제157조 검찰사업은 중앙검찰소가 통일적으로 지도하며 모든 검찰소는 상급검찰소와 중앙검찰소에 복종한다.

제158조 중앙검찰소는 자기 사업에 대하여 최고인민회의와 그 휴회중에 최고인민회의 상임위원회앞에 책임진다.

제159조 재판은 중앙재판소, 도(직할시)재판소, 시(구역), 군인민재판소와 특별재판소가 한다.

판결은 조선민주주의인민공화국의 이름으로 선고한다.

제160조 중앙재판소 소장의 임기는 최고인민회의 임기와 같다.

중앙재판소, 도(직할시)재판소, 시(구역), 군인민재판소의 판사, 인민참심원의 임기는 해당 인민회의 임기와 같다.

제161조 특별재판소의 소장과 판사는 중앙재판소가 임명 또는 해임한다.

특별재판소의 인민참심원은 해당 군무자회의 또는 종업원회의에서 선거한다.

제162조 재판소는 다음과 같은 임무를 수행한다.

1. 재판활동을 통하여 조선민주주의인민공화국의 주권과 사회주의제도, 국가와 사회협동단체재산, 인민의 헌법적권리와 생명재산을 보호한다.
2. 모든 기관, 기업소, 단체와 공민들이 국가의 법을 정확히 지키고 계급적원쑤들과 온갖 법

위반자들을 반대하여 적극 투쟁하도록 한다.

3. 재산에 대한 판결, 판정을 집행하며 공증사업을 한다.

제163조 재판은 판사 1명과 인민참심원 2명으로 구성된 재판소가 한다. 특별한 경우에는 판사 3명으로 구성하여 할수 있다.

제164조 재판은 공개하며 피소자의 변호권을 보장한다.

법이 정한데 따라 재판을 공개하지 않을수 있다.

제165조 재판은 조선말로 한다.

다른 나라 사람들은 재판에서 자기 나라 말을 할수 있다.

제166조 재판소는 재판에서 독자적이며 재판활동을 법에 의거하여 수행한다.

제167조 중앙재판소는 조선민주주의인민공화국의 최고재판기관이다.

중앙재판소는 모든 재판소의 재판사업을 감독한다.

제168조 중앙재판소는 자기 사업에 대하여 최고인민회의와 그 휴회중에 최고인민회의 상임위원회앞에 책임진다.

제7장 국장, 국기, 국가, 수도

제169조 조선민주주의인민공화국의 국장은 《조선민주주의인민공화국》이라고 쓴 붉은 띠로 땋아올려감은 벼이삭의 타원형테두리안에 웅장한 수력발전소가 있고 그우에 혁명의 성산 백두산과 찬연히 빛나는 붉은 오각별이 있다.

제170조 조선민주주의인민공화국의 국기는 기발의 가운데에 넓은 붉은 폭이 있고 그 아래우에 가는 흰 폭이 있으며 그 다음에 푸른 폭이 있고 붉은 폭의 기대달린쪽 흰 동그라미안에 붉은 오각별이 있다.

기발의 세로와 가로의 비는 1:2이다.

제171조 조선민주주의인민공화국의 국가는 《애국가》이다.

제172조 조선민주주의인민공화국의 수도는 평양이다.

참고문헌

강남철. “당의 령도를 보장하는 것은 사회주의법건설의 근본원칙”, 『김일성종합대학학보(력사, 법률)』 제62권 제4호. 김일성종합대학출판사. 2016.

강명흡. “조선로동당 제7차대회의 기본정신”, 『사회과학원학보』 제2호(루계 제91호). 사회과학출판사. 2016.

강정구. “한국전쟁과 북한사회주의건설”, 손호철 외. 『한국전쟁과 남북한사회의 구조적 변화』. 경남대학교 극동문제연구소. 1991.

강충희·류승일. 『영원히 인민과 함께』. 평양: 평양출판사. 2007.

강현재. “위대한 김정일동지의 혁명업적과 유훈은 우리가 영원히 틀어쥐고나가야 할 생명선이며 혁명의 만년재보”, 『철학연구』 제3호(루계 제130호). 평양: 과학백과사전출판사. 2012.

강혜석. “김정은 시대 통치담론 변화와 ‘국가’의 부상: 〈김정일애국주의〉와 〈우리국가제일주의〉를 중심으로”, 『국제정치논총』 제59집 3호. 한국국제정치학회. 2019.

고영복. “북한의 정치사회화와 동원체제”, 북한연구소 편. 『북한사회론』. 서울: 북한연구소. 1977.

고유환. “주체사상과 통치담론”, 강성윤 엮음. 『김정일과 북한의 정치, 어제 오늘 그리고 내일』. 서울: 선인. 2010.

고정화. “만리마선구자들은 달린다”, 『천리마』 제8호(루계 제699호). 천리마사. 2017.

곽승지. “김정은 시대의 국가전략: 변화 양상과 전략적 함의”, 북한연구학회기획. 『김정은 시대의 정치와 외교: 선군인가, 선경인가』. 파주: 한울 아카데미. 2014.

권혁범. “북한의 정권수립 및 전개과정”, 양성철·강성학 공편. 『북한의 외교정책』. 서울: 서울프레스. 1995.

김철. “새로운 전략적로선의 실현에서 달성해야 할 투쟁목표”, 『사회과학원학보』 제3호(루계 제100호). 사회과학출판사. 2018.

김갑식. “김정은 정권의 출범과 정치적 과제”, 『통일정책연구』 제21권 1호. 통일연구원. 2012.

김갑식. “김정은 정권 출범의 특징과 향후 전망”, 『NARS 현안보고서』 제185호. 국회입법조사처. 2013.

김갑식. “조선노동당 제7차 대회 분석(1): 총평”, 『Online Series』 CO 16-12. 2016.

김갑식. “북한 최고인민회의 제13기 제4차 회의 분석”, 『Online Series』 CO 16-19. 통일연구원. 2016.

김갑식. “세계로 나아가는 북한”, 『평화와 번영, 새로운 시작』. 민주평화통일자문회의. 2018.

김경애. “온 사회의 위대한 김일성－김정일주의화는 인민대중의 자주위업, 사회주의위업완성의 필수적요구”, 『철학, 사회정치학 연구』 제2호. 과학백과사전출판사. 2019.

김경철. “위대한 령도자 김정일동지의 혁명투쟁력사는 선군혁명령도의 력사”, 『김일성종합대학학보(력사, 법학)』 제54권 제1호, 김일성종합대학출판사. 2008.

김경철. “수령, 당, 군대, 인민의 일심단결은 우리식 사회주의 정치체제의 공고성을 담보하는 중요요인”, 『철학연구』 제3호(루계 제130호). 과학백과사전출판사. 2012.

김경철. “정력적인 전선시찰로 인민군대를 무적필승의 혁명강군으로 강화발전시키신 위대한 령도”, 『김일성종합대학학보(력사, 법률)』 제58권 제2호(루계 제462호). 2012.

김경철. “주체 107(2018)년은 우리공화국의 위상과 국력이 만방에 떨쳐진 위대한 승리의 해”, 『김일성종합대학학보(력사학)』 제65권 제1호(루계 제544호). 김일성종합대학출판사. 2019.

김경현, “위대한 김일성동지와 김정일동지께서 국방중시의 국가정치체제를 마련해주신 불멸의 업적”, 『김일성종합대학학보(력사, 법률)』 제62권 제4호. 김일성종합대학출판사. 2016.

김광남. “혁명의 령도자를 내세우고 받드는 것은 혁명의 운명을 좌우하는 근본문제”, 『김일성종합대학학보(철학, 경제학)』 제58권 제3호. 김일성종합대학출판사. 2012.

김군태. “북한의 강제된 건설동원과 범죄의 일상: 개인의 욕망과 공포의 발현”, 『북한학연구』 제8권 제2호. 동국대학교 북한학연구소. 2012.

김근식. “북한 ‘실리사회주의’의 추진과 좌절: 북한변화에의 함의”, 『북한연구학회보』 제14권 2호. 북한연구학회. 2010.

김근식. “김정은 시대의 ‘김일성－김정일주의’: 주체사상과 선군사상의 추상화”, 『한국과 국제정치』 제30권 제1호. 경남대학교 극동문제연구소. 2014.

김근식. “자축의 승리, 덜 휘향찬 설계”, 『IFES 현안진단』 44. 2016.

김금영. “백두의 혁명정신, 백두의 칼바람정신은 영원한 최후승리의 기치”, 『철학연구』 제2호(루계 제141호). 과학백과출판사. 2015.

김기철. “주체사상에 의한 사회주의와 민주주의의 호상관계에 대한 과학적 해명”, 『김일성종합대학학보(철학, 경제학)』 제58권 제3호(루계 제463호). 김일성종합대학출판사. 2012.

김기철. “인민대중제일주의를 구현하는 것은 우리 당의 본성적 요구”, 『김일성종합대학학보(철학, 경제학)』 제62권 제4호(루계 제514호). 김일성종합대학출판사. 2016.

김남식. 『남노당 연구 Ⅰ』. 서울: 돌베개. 1984.

김동수·안진수·이동훈·전은주. 『2013년 북한 핵프로그램 및 능력평가』 KINU 정책시리즈 13-11. 통일연구원. 2013.

김미란. “선군사상은 선군조선의 국력을 최성기에 올려세울수 있게 하는 위력한 사상리론적무기”, 『김일성종합대학학보(철학, 경제학)』 제56권 제4호. 김일성종합대학출판사. 2010.

김병로. “북한의 시장화와 계층구조의 변화”, 북한연구학회기획. 『김정은 시대의 경제와 사회: 국가와 시장의 새로운 관계』. 파주: 한울 아카데미. 2014.

김봉덕. “자강력제일주의는 사회주의강국건설의 항구적인 전략적로선”, 『김일성종합대학학보(철학, 경제학)』 제62권 제4호(루계 제514호). 김일성종합대학출판사. 2016.

김봉호. 『위대한 선군시대』. 평양: 평양출판사. 2004.

김성수. 『새로운 패러다임의 비교정치』. 서울: 글로벌콘텐츠. 2015.

김성철. 『주체사상의 이론적 변화』 연구보고서 93-18. 민족통일연구원. 1993.

김양환. “정치의 본질에 관한 주체적 이해”, 『정치법률연구』 제1호(루계 제49호). 과학백과사전출판사. 2015.

김양환. “우리 당의 청년중시정치는 청년들을 혁명의 전위로 내세우는 정치기초”,

『김일성종합대학학보(력사, 법률)』 제62권 제4호(루계 제522호). 김일성종합대학출판사. 2016.

김양환. "청년들을 혁명의 계승자로 키우는 우리 당의 청년중시정치", 『김일성종합대학학보(력사, 법률)』 제63권 제1호(루계 제519호). 김일성종합대학출판사. 2017.

김양환. "우리 당의 청년중시정치의 기초", 『김일성종합대학학보(력사, 법률)』 제63권 제2호(루계 제522호). 김일성종합대학출판사. 2017.

김양환. "당의 유일적령도체계를 세우기 위한 사업을 더욱 심화시켜 나가는 것은 우리 혁명발전의 요구", 『정치법률연구』 제2호(루계 제58호). 과학백과사전출판사. 2017.

김연철. 『북한의 산업화와 경제정책』. 서울: 역사비평사. 2001.

김연철. 『70년의 대화』. 파주: 창비. 2018.

김영수. "김정일 총서기: 바람직한 리더쉽과 치적 공과", 『남북한 정치지도자의 치적과 공과』 한국정치학회 충청지회 남북한 건국 50주년 학술대회 발표집. 1998.

김영혁. "경애하는 김정은동지는 혁명의 령도자가 지녀야 할 특출한 위인적풍모를 가장 완벽하게 체현하신 절세의 위인이시다", 『사회과학원학보』 제1호(루계 제86호). 사회과학출판사. 2015.

김영호. 『한국전쟁기원과 전개과정』. 서울: 성신여자대학출판부. 2006.

김용순. "북한의 대미외교형태 분석: 선군리더십의 위기관리", 『박사학위논문』 연세대학교. 2008.

김원국. "선군시대 경제건설로선을 관철하는 것은 인민생활향상의 확고한 담보", 『경제연구』 제3호(루계 제128호). 과학백과사전출판사. 2005.

김인옥. 『김정일장군 선군정치리론』. 평양: 평양출판사. 2003.

김일기. "'공화국 무력 최고사령관' 호칭에 대한 의미 분석", 『ISSUE BRIEF』 통권 122호. 국가안보전략연구원. 2019.

김일기·이수석. "김정은 시대 북한정치의 특징과 전망", 『북한학보』 38집 2호. 북한연구소·북한학회. 2013.

김일성. 『천리마운동과 사회주의건설의 대고조에 대하여』. 평양: 조선로동당출판사. 1970.

김재서. “사회주의경제건설에 총력을 집중하는 것은 현시기 우리 당의 새로운 전략적로선”, 『김일성종합대학학보(철학, 경제학)』 제64권 제3호(루계 제535호). 김일성종합대학출판사. 2018.

김재천. 『후계자문제의 이론과 실천』. 1989.

김재호. 『김정일 강성대국 건설전략』. 평양: 평양출판사. 2002.

김정일. 『주체사상에 대하여』. 평양: 조선로동당출판사. 1982.

김정일. 『사회주의건설의 력사적 교훈과 우리당의 총로선』. 동경: 구월서방. 1992.

김정일. “사회주의는 과학이다”, 『김정일선집 13』. 평양: 조선로동당출판사. 1998.

김진하. “김정은 정권의 내구성 진단: 김정일 체제와의 비교를 중심으로”, 『Online Series』 CO 12-20. 통일연구원. 2012.

김창희. “김일성, 북한의 영원한 지도자”, 김재영 외. 『한국역사인물 뒤집어 읽기』. 서울: 인물과 사상사. 2001.

김창희. “김정일 체제와 ‘선군정치’의 함의와 평가”, 『사회과학연구』 제32집 1호. 전북대학교 사회과학연구소. 2008.

김창희. “김정일 체제의 권력구조 변화와 후계문제”, 『정치·정보연구』 제13권 2호. 한국정치·정보학회. 2010.

김창희. “김정일 정치리더십의 기능적 분석”, 『한국동북아논총』 제17집 제4호. 한국동북아학회. 2012.

김창희. “김정은 체제 구축을 위한 북한의 정치사회화에 관한 연구”, 『한국동북아논총』 제18집 제2호. 한국동북아학회. 2013.

김창희. “김정은 체제 권력구조와 정치행태 분석”, 『통일전략』 제13권 제1호. 한국통일전략학회. 2013.

김창희. “북한의 통치이념 ‘김일성－김정일주의’ 분석”, 『한국정치연구』 제18집 제2호. 서울대학교 한국정치연구소. 2013.

김창희. “김정은 유일영도체계 확립과정과 함의”, 『한국동북아논총』 제19집 제3호. 한국동북아학회. 2014.

김창희. “북한 로동당 제7차 대회 경제정책의 분석과 평가”, 『한국동북아논총』 제21집 제4호. 한국동북아학회. 2016.

김창희. “김정은의 정치리더십에 관한연구: 터커(Robert C. Tucker)의 기능적 접근을 중심으로”, 『통일전략』 제17권 제2호. 한국통일전략학회. 2017.

김창희. “김정은 시대 북한정치의 제도화 과정에 관한 연구”, 『한국동북아논총』 제22집 제3호. 한국동북아학회. 2017.

김창희. “북한의 자강력제일주의와 인민노력동원에 관한연구”, 『한국동북아논총』 제22집 제4호. 한국동북아학회. 2017.

김창희. “한반도 평화정착과 4.27 판문점선언”, 『한국정치외교사논총』 40집 1호. 한국정치외교사학회. 2018.

김창희. 『김정일의 딜레마』. 서울: 인물과 사상사. 2004.

김창희. 『북한정치사회의 이해(제4판)』. 파주: 법문사. 2006.

김창희. 『북한정치와 김정은』. 파주: 법문사. 2012.

김창희, 『비교정치론(제2판)』. 고양: 삼우사. 2013.

김창희. 『김정은 정치의 프레임: 체제·이념·승계·시장·핵』. 파주: 법문사. 2016.

김창희. 『남북관계와 한반도 평화』. 고양: 삼우사. 2019.

김철우. 『김정일 장군의 선군정치』. 평양: 평양출판사. 2000.

김재서. “우리 시대 완성된 혁명의 지도사상으로서의 김일성-김정일주의의 특별한 력사적 지위”, 『김일성종합대학학보(철학, 경제학)』 제62권 제4호(루계 제514호). 김일성종합대학출판사. 2016.

김학성. “남북 및 북미정상회담 이후 한반도 평화정착의 추진방향과 실천과제”, 『정치·정보연구』 제21권 3호. 한국정치정보학회. 2018.

김학준. 『한국전쟁』. 서울: 박영사. 1989.

김학준. 『북한 50년사』. 서울: 동아출판사. 1995.

김현식·손광주. 『다큐먼터리 김정일』. 서울: 도서출판 천지미디어. 1997.

김현철. “사회주의기업 책임관리제의 요구에 맞게 기업소 계획화사업을 개선하는 것은 기업체들과 생산자들이 높은 의욕과 열의를 가지고 일해나가도록 하기 위한 중요한 방도”, 『경제연구』 4. 과학백과사전출판사. 2019.

김현환. 『김정일장군 정치방식연구』. 평양: 평양출판사. 2002.

김현환. 『김일성-김정일주의 연구입문』. 평양: 평양출판사. 2016.

도성철. “국가경제발전전략목표설정에서 나서는 중요문제”, 『경제연구』 제4호(루계 제181호). 과학백과사전출판사. 2018.

렴재연. “경애하는 최고령도자 김정은동지께서 밝히신 자강력제일주의의 기반”, 『김일성종합대학학보(철학, 경제학)』 제63권 제1호(루계 제517호). 김일성종합대학출판사. 2017.

로성혁. "수령의 령도는 인민대중이 자주적이며 창조적인 생활을 누릴 수 있는 사회적조건들을 마련하기 위한 결정적 담보", 『철학, 사회정치학 연구』 제2호(루계 제157호). 과학백과사전출판사. 2019.

류경아·김용호. "북한 체제변화 연구에 대한 비판적 고찰과 대안의 모색", 북한연구학회 기획. 『북한연구의 새로운 패러다임: 관점·방법론·연구방법』. 파주: 한울아카데미, 2014.

류길재. "조선노동당 7차 당 대회를 계기로 본 김정은 정권의 통치전략", 『KINU 통일+』 Vol. 2 No. 2. 통일연구원. 2016.

류영철. "자강력제일주의는 경제강국건설의 성과를 담보하는 근본방도", 『경제연구』 제3호(루계 제172호). 과학백과사전출판사. 2016.

리광. "인민중시, 군대중시, 청년중시의 3대전략은 혁명적당의 제일가는 무기", 『정치법률연구』 제1호(루계 제57호). 과학백과사전출판사. 2017.

리광명. "경애하는 김정은동지께서 김일성－김정일주의를 과학적으로 정식화하신 사상리론의 기본내용", 『정치법률연구』 제1호(루계 제49호). 과학백과사전출판사. 2015.

리금옥. "선군정치는 철학적 사색으로 정화된 정치", 『김일성종합대학학보(철학, 경제학)』 제54권 제1호. 김일성종합대학출판사. 2008.

리동구. "내각중심제, 내각책임제는 경제사업에 대한 국가의 통일적지도관리형태", 『김일성종합대학학보(철학, 경제학)』 제47권 제1호. 김일성종합대학출판사. 2001.

리명일. "우리 나라 국가기관체계의 특징에 대한 리해", 『김일성종합대학학보(력사, 법률)』 제62권 제2호(루계 제510호). 김일성종합대학출판사. 2016.

리명진. "경제개발구사업을 적극 밀고가는 것은 현시기 우리앞에 나서는 중요한 과업", 『김일성종합대학학보(철학, 경제학)』 제49권 제4호(루계 제502호). 김일성종합대학출판사. 2015.

리봉애. "현시기 사회주의분배원칙을 철저히 지키는 것은 사회주의경제관리의 중요한 요구", 『경제연구』 1. 과학백과사전출판사. 2015.

리선일. "자강력제일주의의 사상리론적기초", 『철학연구』 제3호(루계 제146호). 과학백과사전출판사. 2016.

리성환·박길성. 『조국번영의 위대한 기치 김정일애국주의』. 평양: 사회과학출판사. 2013.

리순영. "전후 천리마대고조의 자랑찬 력사와 전통을 창조한 불멸의 업적", 『김일성종합대학학보(력사, 법률)』 제64권 제4호(루계 제540호). 김일성종합대학출판사. 2018.

리영철. "자주, 선군, 사회주의의 상호관계" 『철학연구』 제1호(루계 제148호). 과학백과사전출판사. 2017.

리정남. 『우리 식대로 살아갈데 대한 당의 방침』. 평양: 조선로동당출판사. 1991.

리진규. 『주체의 정치론』. 동경: 구월서방 1988.

리진옥. "우리 식 사회주의는 강위력한 힘에 의하여 담보되는 불패의 사회주의", 『사회과학원학보』 제2호(루계 제95호). 사회과학출판사. 2017.

리혁. "경제강국건설의 주타격방향인 농업과 경공업을 추켜세우는데서 나타나는 몇가지 문제", 『김일성종합대학학보(철학, 경제학)』 제62권 제2호(루계 제508호). 김일성종합대학출판사. 2013.

림철남. "경애하는 김정은동지께서 밝히신 자강력의 본질에 관한 사상", 『철학연구』 제43호(루계 제147호). 과학백과사전출판사. 2016.

마거릿 맥밀런 지음. 권민 역. 『역사 사용설명서: 인간은 역사를 어떻게 이용하고 악용하는가』. 서울: 공존. 2017.

문정인·홍익표·김치관 지음. 『평화의 규칙』. 서울: 도서출판 바틀비. 2018.

박명의. "핵무기전파방지조약으로부터의 탈퇴는 나라와 민족의 자주권을 지키기 위한 가장 정당한 조치", 『김일성종합대학학보(력사, 법학)』 제49권 제4호. 김일성종합대학출판사. 2003.

박미향. "백두산영웅청년정신의 창조와 발양의 원천", 『철학연구』 제2호(루계 제149호). 과학백과사전출판사. 2017.

박영수. "우리식 사회주의는 가장 인민적인 정치방식에 의거하는 사회주의", 『정치법률연구』 제4호(루계 제20호). 과학백과사전출판사. 2007.

박영자. "북한의 집권 엘리트와 Post 김정일 시대", 『통일정책연구』 제18권 2호. 통일연구원. 2009.

박영자. "북한 노동당중앙위원회 제7기 제2차 전원회의 평가 및 권력구조전망", 『KINU Insight 3』. 통일연구원. 2017.

박영자 외. 『김정은 시대 북한경제사회 8대 변화』 KINU 정책연구시리즈 18-01. 통일연구원. 2018.

박영택. 『북한 김정은 체제 이해』. 성남: 북코리아. 2017.

박철. 『사회주의국가 정치제도의 공고발전과 정치사상강국의 위력. 『김일성종합대학학보(력사, 법률)』 제63호 제2호. 김일성종합대학출판사. 2017.

박철. "위대한 령도자 김정일동지께서 선군시대 당건설 력사에 쌓으신 불멸의 업적", 『정치법률연구』 제4호(루계 제20호). 과학백과사전출판사. 2007.

박형중. "7차 당대회 개최의 배경과 전망", 『Online Series』 CO 15-30. 통일연구원. 2015.

박혜숙. "자력자강의 정신을 틀어쥐고나가는 것은 경제강국건설의 근본방도", 『김일성종합대학학보(철학, 경제학)』 제64권 제1호(루계 제529호). 김일성종합대학출판사. 2018.

방철진. "백두산영웅청년정신은 오늘의 시대정신", 『정치법률연구』 제4호(루계 제56호). 과학백과사전출판사. 2016.

배성인. "김정일 정권의 위기극복을 위한 정치담론과 담론의 정치", 『통일정책연구』 제12권 2호. 통일연구원. 2003.

백인학. "북한 사회주의의 건설과정", 이은호·김영재 공편. 『북한의 정치와 사회』. 서울: 서울프레스. 1994.

백학순. 『북한 권력의 역사: 사상·정체성·구조』. 파주: 도서출판 한울. 2010.

백학순. "김정은의 외교·안보·통일 리더십", 『김정은 리더십 연구』. 세종연구소. 2017.

부승찬. "주체사상과 선군사상의 상관관계", 『사회과학연구』 제19집 2호. 서강대학교 사회과학연구소. 2011.

북한사회과학원 철학연구소. 『철학사전』. 서울: 도서출판 힘. 1988.

북한연구소 편. 『북한정치론』. 서울: 사단법인 북한연구소. 1979.

사회과학원 역사연구소. 『조선통사(하) 1958년판』. 서울: 도서출판 오월. 1989.

서대숙 지음. 서주석 옮김. 『북한의 지도자 김일성』. 서울: 청계연구소. 1989.

서대숙. "당·정관계 변화", 전인영 편. 『북한의 정치』. 서울: 을유문화사. 1990.

서대숙. 『현대 북한의 지도자: 김일성과 김정일』. 서울: 을유문화사. 2000.

서보혁 외. 『대북 제재 현황과 완화 전망』 KINU 연구총서 18-03. 통일연구원. 2018.

서성일. "자강력은 우리 식 사회주의의 원동력", 『사회과학원학보』 제2호(루계 제95호). 사회과학출판사. 2017.

서유석·김상범. "북한 돌격대조직의 구조와 역할전망", 『북한학보』 41집 1호. 북한연구소·북한학회. 2016.

손광주. 『김정일 리포트』. 서울: 바다출판사. 2003.

손영수. "온 사회의 김일성-김정일주의화는 온 사회의 김일성주의화의 혁명적계승이며 새로운 높은 단계로의 심화발전", 『철학연구』 제4호(루계 제131호). 과학백과사전출판사. 2012

송호철. "일심단결은 우리식 사회주의발전의 기본추동력", 『철학연구』 제3호(루계 제146호). 과학백과사전출판사. 2016.

신병식. "한국전쟁과 북한사회주의체제이행과정", 『한국전쟁과 북한사회주의체제건설』. 서울: 박영사. 1992.

신복룡. 『한국분단사연구: 1943-1953』. 서울: 한울아카데미. 2001.

신영남. "위대한 수령 김일성동지는 우리 당 선군정치의 기초를 마련하신 희세의 령장이시다", 『정치법률연구』 제2호 루계(제10호). 과학백과사전출판사. 2005.

아치 브라운 지음. 홍지영 옮김. 『강한 리더라는 신화』. 서울: 사계절. 2017.

안영. "조선혁명가들의 결정적역할에 의한 국제련합군 편성과 력사적의의", 『김일성종합대학학보(력사학)』 제65권 제1호(루계 제544호). 김일성종합대학출판사. 2019.

안명훈. "경제건설에 총력을 집중할데 대한 새로운 전략로선은 가장 과학적이고 혁명적인 로선", 『경제연구』 제3호(루계 제180호). 과학백과사전출판사. 2018.

안문석. 『김정은의 고민』. 서울: 인물과 사상사. 2012.

안문석. 『오기섭 평전』. 전북대학교 출판문화원. 2013.

안문석. 『북한 현대사 산책 1』. 서울: 인물과 사상사. 2016.

안문석. 『무정 평전』. 서울: 일조각. 2019.

양문수. "김정은 시대의 경제개혁과 시장화", 북한연구학회기획. 『김정은 시대의 경제와 사회: 국가와 시장의 새로운 관계』. 파주: 한울 아카데미. 2014.

양운철. "북한의 .628 방침과 개혁·개방 가능성", 『정세와 정책』 11월호. 2012.

애나 파이필드 지음. 이기동 옮김. 『김정은 평전 마지막 계승자*The Great Successor*』, 서울: 도서출판 프리뷰. 2019.

에티엔 드 라 보에시 지음. 심영길·목수정 역. 『자발적 복종*Discours de la servitude* *volonntaire*』. 서울: 생각정원. 2015.

연합뉴스.『북한용어 400선집』. 연합뉴스. 1999.

오경섭. "북한 '10대 원칙' 개정: 주요 내용과 정치적 의미",『세종논평』No. 272. 세종연구소. 2013.

오천일. "김일성-김정일주의는 주체시대를 대표하는 위대한 혁명사상",『철학연구』제4호(루계 제131호). 과학백과사전출판사. 2012.

오현철.『선군과 민족의 운명』. 평양: 평양출판사. 2007.

우향숙. "경애하는 김정은동지를 결사옹위하는 것은 우리 군대와 인민의 투철한 신념",『정치법률연구』제2호(루계 제38호). 과학백과사전출판사. 2012.

유석렬. "김일성 개인 숭배 및 권력승계", 전인영 편.『북한의 정치』. 서울: 을유문화사. 1990.

유현석.『국제정세의 이해(제2개정판)』. 파주: 한울아카데미. 2003.

윤황. "북한의 우상화 실태에 관한 분석",『북한학보』38집 2호. 북한연구소·북한학회. 2013.

이관세.『현지지도를 통해 본 김정일의 리더십』. 서울: 전략과 문화. 2009.

이관세. "김정은 후계체제 구축 평가와 전망", 경남대학교 극동문제연구소.『한반도 정세: 2010년 평가와 2011년 전망』. 경남대학교 극동문제연구소. 2011.

이교덕.『북한의 후계자론』연구총서 03-12. 통일연구원. 2003.

이기동. "'선군사상'의 통치 이데올로기 성격에 관한 연구", 북한연구학회 편.『북한의 정치 2』. 서울: 경인문화사. 2006.

이기동. "김정은 후계공식화 중앙군사위 중심으로 당 영도",『통일한국』2010 10월호. 평화문제연구소. 2010.

이기동. "북한 노동당대표자회와 후계체제 전망",『통일시대』2010 10월호. 민주평화통일자문회의, 2010, pp. 24-25.

이기동. "포스트 김정일 후계체제", 강성윤 엮음.『김정일과 북한정치: 어제 오늘 그리고 내일』. 서울: 선인. 2010.

이기동. "김정은의 권력승계 과정과 권력구조",『북한연구학회보』제16권 제2호. 북한연구학회. 2012.

이기우.『북한의 선전선동과 로동신문』. 서울: 패러다임북. 2015.

이삼성.『한반도의 평화와 전쟁』. 파주: 한길사. 2018.

이상우. “정치이념, 사회변화와 대남관계”, 한국공산권연구회 편. 『북한의 오늘과 내일』. 서울: 법문사. 1982.

이상우. 『북한정치입문』. 서울: 나남출판. 1997.

이승열. “북한 ‘수령체제’의 변화와 ‘3대 세습’의 구조적 한계”, 『북한연구학회보』 제13권 제1호. 북한연구학회. 2009.

이승열. “조선노동당 창건 70주년의 의미와 남북관계 전망”, 『이슈와 논점』 제1070호. 국회입법조사처. 2015.

이승열·이승현. “북한 당 중앙위 제17기 제5차 전원회의 주요내용과 2020남북관계 전망”, 『이슈와 논점』 제1648호. 국회입법조사처. 2020.

이승현. “북한정권의 수립과정”, 이은호·김영재 공편. 『북한의 정치와 사회』. 서울: 서울프레스. 1994.

이승현. “갑산파의 숙청과 수령의 형성”, 북한연구학회 편. 『북한의 정치 1』. 서울: 경인문화사. 2006.

이영종. 『후계자 김정은』. 서울: 늘품플러스. 2010.

이우영. “김정은 체제 북한 사회의 과제와 변화 전망”, 『통일정책연구』 제21권 1호. 통일연구원. 2012.

이우영. “사회통제제도의 특성과 변화”, 김계동 외. 『북한의 체제와 정책: 김정은 시대의 변화와 지속』. 서울: 명인문화사. 2014.

이우정. 『권력승계와 정당성: 사회주의체제의 정치변동』. 서울: 신양사. 1997.

이우태 외. 『북핵위기와 북미간 전략환경 인식』 KINU 연구총서 18-13. 통일연구원. 2018.

이윤걸. 『김정일의 유서와 김정은의 미래』. 서울: 도서출판 비전원. 2012.

이정철. “조선로동당 3차 당대표자회 평가: 선군 이데올로기의 제도화”, 『KNSI 특별기획』 제31호. 코리아연구원. 2010.

이정철. “김정은 체제 5년의 북한 정치”, 민족화해협력범국민협의회 정책위원회 엮음. 『김정은 체제 5년 북한을 진단한다』. 서울: 늘품플러스. 2016.

이종석. 『새로쓴 현대북한의 이해』. 서울: 역사비평사. 2000.

이종석. “중·소의 북한 내정간섭 사례연구: 8월 종파사건”, 『세종정책연구』 제6권 2호. 세종연구소. 2016.

이종석. “조선노동당 제7차 대회의 의미와 특징”, 『정책브리핑』 No. 12. 세종연구소. 2016.
이종석. “6.12 북미정상회담을 읽는 새로운 코드, ‘신뢰구축’”, 『동아시아재단 정책논단』 제99호. 동아시아재단. 2018.
이종수 편. 『막스 베버의 학문과 사상』. 서울: 한길사. 1983.
이지순. “북한 서사시의 김정은 후계 선전 양상”, 『북한연구학회보』 제16권 제1호. 북한연구학회. 2012.
임을출. “김정은의 경제 리더십”, 『김정은 리더십 연구』. 세종연구소. 2017.
장동국. “우리 국가제일주의를 높이 들고나가는데서 나서는 중요요구”, 『철학, 사회정치학연구』 제3호(루계 제154호). 과학백과사전출판사. 2018.
장명봉. “북한 개정 헌법(1998.9.5.)의 경제 조항 변화의 고찰”, 『통일경제』 제46호. 현대경제연구원. 1998.
전일. “주체혁명위업의 대는 선군의 대”, 『정치법률연구』 제3호(루계 제39호). 과학백과사전출판사. 2012.
전미영. “선군담론의 기능과 특성”, 강성윤 엮음. 『김정일과 북한의 정치: 어제 오늘 그리고 내일』. 서울: 선인. 2010.
전미영. “김정은 시대의 정치언어: 상징과 담론을 통해 본 김정은 정치”, 『북한연구학회보』 제17권 제1호. 북한연구학회. 2013.
전병근 옮김. Daniel Tudor & James Pearson. 『조선자본주의공화국*North Korea Confidential*』. 서울: 비아북. 2017.
전성훈. “김정은 정권의 경제·핵무력 병진노선과 ‘4.1 핵보유법령’”, 『Online Series』 CO 13-11. 통일연구원. 2013.
전용헌. “북한의 정치체제”, 이은호·김영재 공편. 『북한의 정치와 사회』. 서울: 서울프레스. 1994.
전인영. “조선노동당: 북한 사회의 지도세력”, 전인영 편. 『북한의 정치』. 서울: 을유문화사. 1990.
전재성. “북한의 핵능력 고도화와 대북 경제제재 심화에 따른 동북아 국제관계의 변화”, 『통일정책연구』 제25권 2호. 통일연구원. 2016.
전재성. “3차 북미정상회담으로 가는 길목에서: 2019년 한국외교과제”, 『북한바로읽기 14』 EAI논평. 2019.
전재우. “김정은 호칭변화의 배경과 의도분석”, 『국방논단』 제1762호(19-23). 한국

국방연구원. 2019.
전정식. “자주는 위대한 수령 김일성동지의 절세의 위인상의 상징”, 『김일성종합대학학보(철학, 경제학)』 제64권 제1호(루계 제529호). 김일성종합대학출판사. 2018.
전현준. 『김정일 리더쉽 연구』 연구보고서 94-07. 민족통일연구원. 1994.
전현준. “리더쉽”, 『김정일 연구: 리더쉽과 사상(1)』 연구총서 01-32. 통일연구원. 2001.
전현준. “북한의 제3차 당대표자대회 개최 의미와 전망: 김정은 후계체제 안정적 구축을 위한 포석”, 『통일시대』 2010 8월호. 민주평화통일자문회의. 2010.
정성임. “김정은 정권의 제도적 기반: 당과 국가기구를 중심으로”, 『통일정책연구』 제21권 2호. 통일연구원. 2012.
정성장. “김정일 체제의 지도이념과 성격 연구”, 『국제정치논총』 제39집 3호. 한국국제정치학회. 1999.
정성장. “주체사상의 형성·변화의 논리체계”, 북한연구학회 편. 『북한의 정치 2』. 서울: 경인문화사. 2006.
정성장. “김정일 시대 북한 국방위원회의 위상·역할·엘리트”, 『세종정책연구』 제6권 1호. 세종연구소. 2010.
정성장. “북한 김정은의 실제 영향력, 지도체제의 성격과 핵심 파워 엘리트”, 『jpi 정책포럼』 2012-02. 제주평화연구원. 2012.
정성장. “김정은 체제의 경제 개혁·개방의 전망과 과제”, 『국가전략』 제18권 4호. 세종연구소. 2012.
정성장. “장성택 숙청 이후 김정은 체제의 안정성 평가”, 『국방연구』 제57권 제1호. 한국국방연구원. 2014.
정성장·백학순·임을출·전영선. 『김정일 리더십 연구』. 성남: 세종연구소. 2017.
정세현·황방열. 『담대한 여정』. 서울: 메디치 미디어. 2018.
정영철. “김일성과 김정일의 리더십 비교: 수령체계의 구조적 분석과 전망”, 한국산업사회학회 편. 『경제와 사회』 가을호. 2002.
정영철. “김정은 체제의 출범과 과제: 인격적 리더십의 구축과 인민생활 향상”, 『북한연구학회보』 제16권 제1호. 북한연구학회. 2012.
정영태. 『북한의 당·군·민 관계와 체제 안정성 평가』 연구총서 06-09. 통일연구원.

2006.

조경희. “우리식 경제관리방법을 확립하는데서 나서는 기본요구”, 『경제연구』 제2호(루계 제167호). 과학백과사전출판사. 2015.

조동호. “김정은 시대의 경제정책: 경제·핵 병진노선과 특구전략”, 북한연구학회 기획. 『김정은 시대의 경제와 사회: 국가와 시장의 새로운 관계』. 파주: 한울아카데미. 2014.

조한범. “김정은정권 권력재편과 위기요인 진단”, 『Online Series』 CO 12-23. 통일연구원. 2012.

조한범 외. 『한반도 비핵·평화체제 구축과 남북관계 전략』 KINU 연구총서 18-08. 통일연구원. 2018.

주일웅. “경애하는 김정은 동지는 우리 당과 혁명의 단결의 중심, 령도의 중심”, 『김일성종합대학학보(철학, 경제학)』 제58권 제3호(루계 제463호). 김일성종합대학출판사. 2012.

채규철. “김정은체제의 생존전략: 변화와 지속성”, 『한국정치외교사논총』 제37집 1호. 한국정치외교사학회. 2015.

최광룡. “자강력제일주의의 본질적내용”, 『김일성종합대학학보(철학, 경제학)』 제63권 제호(루계 제520호). 김일성종합대학출판사. 2017.

최길학. “자강력제일주의를 높이 들고나가는데서 나서는 원칙적요구”, 『정치법률연구』 제4호(루계 제56호). 과학백과사전출판사. 2016.

최대석·장인숙 편. 『북한의 시장화와 정치사회 균열』. 서울: 도서출판 선인. 2015.

최명준. “위대한 김일성−김정일주의는 가장 완성된 혁명의 지도사상”, 『철학, 사회정치학 연구』 제2호(루계 제157호). 과학백과사전출판사. 2019.

최성. 『북한정치사, 김정일과 북한의 권력 엘리트』. 서울: 풀빛. 1997.

최수남. “조선청년운동이 걸어온 승리와 영광의 90년”, 『김일성종합대학학보(력사, 법률)』 제63권 제3호(루계 제525호). 김일성종합대학출판사. 2017.

최영진. “려명거리는 만리마속도창조의 고향”, 『천리마』 제8호(루계 제699호). 천리마사. 2017.

최진욱·박영자. “북한의 정치·행정체제: 위상과 운영원리, 그리고 변화”, 김계동 외. 『북한의 체제와 정책: 김정은 시대의 지속과 변화』. 서울: 명인문화사. 2014.

최춘금. “항일혁명투쟁시기에 발휘된 자력자강의 혁명정신”, 『김일성종합대학학보(철학, 경제학)』 제63권 제4호(루계 제526호). 김일성종합대학출판사. 2017.

최학철. “혁명과 건설에서 자강력을 제일로 중시하고 자강력을 키우는데 첫째가는 힘을 넣는 것은 자강력제일주의의 기본요구”, 『정치법률연구』 제4호(루계 제56호). 과학백과사전출판사. 2016.

통일교육원. 『북한의 이해』. 통일교육원. 1997.

통일부 통일교육원. 『남북관계지식사전』. 통일부 통일교육원. 2011.

통일부 통일교육원. 『북한지식사전』. 통일부 통일교육원. 2013.

통일부 통일교육원. 『북한이해』. 통일부 통일교육원. 2014.

통일부 통일교육원. 『북한지식사전』. 통일부 통일교육원. 2016.

통일부 통일교육원. 『북한의 이해』. 통일부 통일교육원. 2017.

통일연구원. 『2009 북한개요』. 통일연구원. 2009.

표권. “선군의 위력, 일심단결의 위력은 위대한 김정일동지의 제일유산”, 『철학연구』 제3호(루계 제130호). 과학백과사전출판사. 2012.

한기범. “북한의 정책결정과정의 조직형태와 관료정치: 경제개혁 확대 및 후퇴를 중심으로”, 『박사학위논문』. 경남대학교. 2009.

한명환. “경제건설에 총력을 집중할데 대한 새로운 전략적로선의 정당성”, 『사회과학원학보』 제3호(루계 제100호). 사회과학출판사. 2018.

한명환. “자력갱생은 조선혁명의 투쟁의 기치, 비약의 원동력”, 『사회과학원학보』 제2호(루계 제103호. 사회과학출판사. 2019.

한승호·이수원. “김정은 시대의 새로운 구호 ‘김정일애국주의’ 의미와 정치적 의도”, 『국방정책연구』 제29권 제2호. 한국국방연구원. 2013.

한은경. 우리 인민정권의 불패성의 근본비결. 『김일성종합대학학보(철학, 경제학)』 제63권 제2호(루계 제520호). 김일성종합대학출판사. 2017.

한주혁. “진정한 의미에서의 사회주의에 대한 고전적정식화”, 『사회과학원학보』 제2호(루계 제91호). 사회과학출판사. 2016.

허동찬. 『김일성 평전』. 북한연구소. 1987.

허성근. “공화국기구발전의 특징”, 『김일성종합대학학보(력사, 법학)』 제51권 제2호(루계 제378호). 김일성종합대학출판사. 2005.

허철수. “선군혁명위업은 필승불패의 혁명위업”, 『김일성종합대학학보 철학, 경제학』 제61권 제1호(루계 제493호). 김일성종합대학출판사. 2015.

홍민. “북한 당 정치국 회의 및 제14기 제3차 최고인민회의 분석”, 『Online Series』 CO 20-06. 통일연구원. 2020.

홍민·최은주. “기존 시장화 논의 검토 및 개념화”, 홍민 외. 『북한 변화 실태 연구: 시장화 종합 분석』 KINU 연구총서 18-19. 통일연구원. 2018.

홍성국. “북한의 7.1 경제조치와 변화”, 『월간 북한』 통권 427호. 북한연구소. 2010.

홍우택·박창권. 『북한의 핵전략 분석』 KINU 연구총서 18-14. 통일연구원. 2018.

홍일명. “온 사회의 김일성—김정일주의화는 온 사회의 김일성주의화의 새로운 높은 단계에로의 심화발전”, 『사회과학원학보』 제2호(루계 제87호). 사회과학출판사. 2015.

홍진철. “북남관계개선은 평화와 통일로 나아가는 출발점”, 『김일성종합대학학보(력사, 법률)』 제63권 제3호(루계 제525호). 김일성종합대학출판사. 2017.

홍현익. “남북, 한·미 정상회담과 북한비핵화의 협상전망”, 『정세와 정책』 제9호. 세종연구소. 2018.

황장엽. 『나는 역사의 진리를 보았다』. 서울: 한울. 1999.

후지모토 겐지 저, 한유희 역. 『북한의 후계자 왜 김정은인가?』. 서울: 맥스미디어. 2010.

『김일성저작선집 제4권』. 평양: 조선로동당출판사. 1968.

『김일성전집 1』. 평양: 조선로동당출판사. 1995.

『김일성전집 2』. 평양: 조선로동당출판사. 1992.

『김일성전집 8』. 평양: 조선로동당출판사. 1994.

『김일성전집 9』. 평양: 조선로동당출판사. 1994.

『김일성전집 94』. 평양: 조선로동당출판사. 2011.

『김일성전집 95』. 평양: 조선로동당출판사. 2011.

『김일성전집 100』. 평양: 조선로동당출판사. 2012.

『김정일선집 14』. 평양: 조선로동당출판사. 2000.

『백두산의 아들 1』. 평양: 평양출판사. 2010.

『백두산의 아들 2』. 평양: 평양출판사. 2011.
『선군－김정일정치』. 평양: 외국문출판사. 2012.
『선군태양 김정일장군 1』. 평양: 평양출판사. 2006.
『선군태양 김정일장군 2』. 평양: 평양출판사. 2006.
『선군태양 김정일장군 3』. 평양: 평양출판사. 2006.
『선군태양 김정일장군 4』. 평양: 평양출판사. 2007.
『세기와 더불어』 계승본 제8권.
『우리 당의 선군시대 경제사상해설』. 평양: 조선로동당출판사. 2005.
『위인 김정일』. 평양: 외국문출판사. 2012.
『정치사전』. 평양: 사회과학출판사. 1973.
『정치용어사전』. 평양: 사회과학출판사. 1970.
『조선말대사전(증보판) 2』. 평양: 사회과학출판사. 2007.
『조선전사 현대편 16』. 평양: 과학백과사전출판사. 1981.
『조선전사 현대편 23』. 평양: 과학백과사전출판사, 1981.
『조선전사 현대편 28』. 평양: 과학백과사전출판사. 1981.
『조선전사 현대편 30』, 평양: 과학백과사전출판사, 1981.
『조선중앙연감 1949』. 평양: 조선중앙통신사.
『주체의 사회주의헌법리론』. 평양: 사회과학출판사. 1977.
『로동신문』, 『민주조선』.
『경향신문』, 『동아일보』, 『연합뉴스』, 『중앙일보』, 『조선일보』, 『통일신문』, 『통일정보신문』,
『한겨레』, 『한겨레 21』, 『한국일보』.

Ahn Mun Suk, "Kim Jong-il's Death and His Son's Strategy for Seizing Power in North Korea", *Problems of Post-Communism* Vol. 59 No. 4, July-August. 2012.

Dawson Richard E. & Kenneth Prewitt & Karen S. Dawson. *Political Socialization* (2nd.). Boston, Toronto: Littlle, Brown and Company. 1977.

Farrell Henry and Jack Knight. "Trust, Institutions and Institutional Change: Industrial Districts and the Social Capital Hypothesis", *Politics and*

Society, Vol. 31, No. 4. 2003.

Gramisci. A.. *Selections from Prison Notebook*. New York: International Publishers. 1971.

Greenstein Fred I.. "Political Socialization", *International Encyclopedia of Social Science*. Vol. 14. New York: The Macmillan Company & The Free Press. 1968.

James M. Burns. *Leadership*, New York: Harper & Row. 1979.

Kelman, Herbert C.. "Building trust among enemies: The central challenge for international conflict resolution", *International Journal of Intercultural Relations*, 29(6). 2005.

Macridis R. C.. *Modern Political Regimes: Patterns and Institutions*. Boston: Little, Brown and Company. 1986.

Mearsheimer John J.. *The Tragedy of Great Power Politics*. Norton: W. W. and Company, Inc. 2001.

Suh Dae-Sook, *Political Kim Il Sung: The North Korea Leader*. New York: Columbia University Press, 1988.

Suh Dae-Sook & Chae-Jin Lee, *Political Leadership in Korea*. Seattle and London: University of Washington Press, 1976, pp. 159-191.

Tucker Robert C.. *Politics as Leadership*. Columbia & London: University of Missouri Press. 1981.

Victer Cha. *The Impossible State: North Korea, Past and Future*. New York: HarperCollins Publishers. 2012.

Wen Cui. "Recent Economic and Financial Reform in North Korea: Implications and Tasks." *Doing Business in North Korea: Business and Finance in the DPRK*. 경남대 극동문제연구소 국제학술회의 발표논문집. 2015, p. 84.

Yang Sung-cheol. *Korea and Two Regimes: Kim Il Sung and Park Chung Hee*. Cambridge, Massachusetts: Schenkman Publishing Co. 1981.

ハンドンソン. "金日成·金正日主義の体系と基本內容", 金日成·金正日主義研究會.『金日成·金正日主義研究』144. 2013.

인명색인

주제색인

ㄷ

ㄹ

ㅁ

ㅅ

ㅇ

ㅋ

ㅌ

0~9

A~Z

김창희(金昶熙)

〈약력〉

전북대학교 법정대학 정치외교학과 학사
전북대학교 대학원 정치학과 정치학 석사, 박사
미국 Missouri 대학교 객원교수
한국정치정보학회 회장
한국정치학회·한국국제정치학회 부회장
한국동북아학회·북한연구학회 부회장
호남정치학회·호남국제정치학회 회장
민주평화통일자문회의 상임위원
통일부 정책자문위원
통일부 통일교육위원
언론중재위원
전북대학교 사회과학연구소장
전북대학교 사회과학대학장
전북대학교 행정대학원장
전북대학교 정치외교학과 교수 역임
(현) 전북대학교 정치외교학과 명예교수

〈주요저서〉

정치문화와 정치사회화(형설출판사, 1990, 공저)
북한의 정치와 사회(서울프레스, 1994, 공저)
환경정치와 환경정책(삼우사, 1996, 공저)
새로운 정치학의 이해(삼우사, 2000, 공저)
정치학(박영사, 2001, 공저)
김정일의 딜레마(인물과 사상사, 2004)
북한정치사회의 이해(제4판)(법문사, 2006)
북한정치와 김정은(법문사, 2012)
비교정치론(제2판)(삼우사, 2013)
김정은 정치의 프레임(법문사, 2016)
남북관계와 한반도 평화(삼우사, 2019)

김일성·김정일·김정은
- 백두혈통과 정치리더십

지은이 김창희
펴낸이 양오봉
펴낸곳 전북대학교출판문화원

초판 1쇄 발행 2020. 12. 30.
초판 3쇄 발행 2025. 9. 30.

전북대학교출판문화원 전라북도 전주시 완산구 어진길 32 (풍남동2가)
전화 (063) 219-5319~5322
FAX (063) 219-5323
출판등록 2012년 8월 20일 제465-2012-000021호

값 32,000원

ISBN 979-11-6372-108-6　　93340